김기림 전집 2
평론

김기림 전집 2

시론(詩論)   시(詩)의 이해(理解)

권영민 엮음

문학개론(文學槪論)   미수록 평론

평론

민음사

『김기림 전집』을 새로 펴내며

　김기림은 1908년 5월 11일 함북 학성(현재는 성진시)에서 출생했다. 1921년 상경해 보성고등보통학교에서 수학한 후 일본으로 유학해 1926년 니혼대학(日本大學) 문학예술과에 입학했다. 1930년 니혼대학을 졸업하고 귀국해 조선일보사 학예부 기자로 생활하면서 시와 시론을 발표했다. 이 시기에 《조선일보》에 발표한 그의 시는 「가거라 새로운 생활로」(1930), 「가을의 태양은 푸라티나의 연미복을 입고」(1930), 「훌륭한 아침이 아니냐」(1931), 「옥상정원」(1931) 등이 있으며, 「시의 기술, 인식, 현실 등 제 문제」(1931), 「현대시의 전망」(1931) 등의 평문도 발표했다. 1933년 이태준, 정지용, 김유영, 이무영, 박태원 등과 '구인회(九人會)'를 결성하고 동인으로 활동하면서 이상(李箱)의 시를 새로운 초현실주의 시로 문단에 소개했다. 서구 모더니즘 문학론을 소개하는 데에 앞장섰으며, 이를 바탕으로 「현대시의 기술」(1935), 「현대시의 육체」(1935) 등을 비롯해 「오전의 시론」(1935)을 완성했다.
　1936년 조선일보사 장학금으로 다시 일본으로 유학해 도호쿠제국대학(東北帝國大學) 영문학과에 입학했다. 장시 「기상도(氣象圖)」(1936)는 태풍의 경로를 표시하는 기상도의 변화를 통해 서구 문명의 동양 진출에 대한 비판적 인식을 시적으로 형상화하고 있다. 일본 유학 중 당대 영문학의 중추적인 이론가였던 I. A. 리처즈를 본격적으로 연구했으며 이러한 관심은 뒤에 그가 펴낸 『시의 이해』(1950)로 심화 확대되었다. 1939년 도호쿠제대를 졸업한 후 김기림은 다시 조선일보사로 복귀했고 평론 「모더니즘의 역사적 위치」(1939), 「과학으로서의 시학」(1940) 등을 발표했다. 그의 전반기 시를 총망라한 시집 『태양의 풍속』(1939)은 한국 모더니즘 시 운동의 실천적 성과로 손꼽힌다. 일제의 탄압으로 《조선일보》가 폐간되자 그는 고향으로 돌아가 함경북도 경성중학교 영어 교사로 활동했다.

1945년 광복 직후 상경해 문단 활동을 재개하면서 이태준, 임화, 이원조 등과 조선문학가동맹(1946)의 조직을 주도했고, 조선문학가동맹 시부위원장으로 활동하면서 새로운 국가 건설을 위해 문학인의 정치 참여를 주장했다. 서울대학교, 중앙대학교 등에서 문학을 강의했고, 시집 『바다와 나비』(1946), 『새노래』(1948) 등을 잇달아 발간했다. 자신의 시론을 모아 한국 현대시 최초의 시론집인 『시론』(1947)을 발간했고, 『문학개론』(1946), 『시의 이해』(1950), 『문장론신강』(1950) 등을 펴냈다. 1950년 한국전쟁 때 피난하지 못하고 서울에 머물러 있다가 북한 인민군에게 피랍되어 납북당한 것으로 알려졌으나 그 후 행방은 제대로 알려진 바 없다.

김기림의 문필 활동은 시 창작과 비평 작업으로 크게 나뉜다. 그는 과거의 시들이 감상성에 빠져들어 허무주의로 흐르고 있다고 지적하면서 여기에서 벗어나기 위해 건강하고 명랑한 '오전의 시론'을 가져야 한다고 주장했다. 실제로 그의 시는 밝고 동적인 이미지를 중심으로 현대 도시 문명의 속성을 형상화한 작품들이 많다. 그는 시적 모더니티를 추구하면서도 그 극복을 위한 다양한 방법을 비평적으로 모색하면서 한국 모더니즘 문학의 이론적 기반을 확립하는 데에 크게 기여했다.

이번에 민음사에서 새로 발간하는 『김기림 전집』은 21세기의 독자들에게 김기림 문학의 전모를 새롭게 보여 준다는 데에 목표를 두고 전체 3권으로 그 내용을 구성했다.

『김기림 전집 1권』은 김기림이 발표한 시 작품 전체를 수록한 책이다. 단행본 시집으로 나온 장시『기상도』(1936)와 창작 시집 『태양의 풍속』(1939),『바다와 나비』(1946),『새노래』(1948)에 실린 시들을 발간 순서대로 수록했으며, 시집에 수록하지 못한 미수록 작품들을 발굴해 함께 실었다. 전집의 편집 방침에 따라 시집에 수록한 작품의 원문을 정본으로 삼았으며 일부 고유어나 난해 어구에는 주석을 붙여 그 의미와 쓰임을 밝혔다. 현대 국어 표기법에 따라 고친 현대어 본을 각 작품의 맨 앞에 수록하여 일반 독자들이 편리하게 이용할 수 있도록 했으며, 잡지나 신문에 발표된 원문도 함께 수록해 원문의 개작과 변모를 확인할 수 있도록 했다.

『김기림 전집 2권』은 김기림이 발표한 시론과 평론을 모두 수록한 책이다. 단행본으로 발간한『시론』(1947),『시의 이해』(1950) 와『문학개론』(1946)은 책의 원문을 정본으로 삼아 현대 국어 표기법에 따라 고치고 한자 표기를 국문으로 바꾸어 수록했다. 단행본에 묶이지 못한 평론을 신문 잡지에서 모두 찾아 현대 국어 표기법으로 고쳐 함께 뒤에 실었다. 일부 외국 인명이나 작품명에는 주석으로 설명을 붙여 글의 이해를 도왔다.

『김기림 전집 3권』은 수필집『바다와 육체』(1948),『문장론 신강』(1950)의 원문을 정본으로 삼아 현대 국어 표기법에 따라 고치고 한자 표기를 국문으로 모두 바꾸어 수록했다. 그리고 단행본에 싣지 않은 산문과 함께 신문 잡지에 발표한 소설, 희곡 등도 모두 찾아 실었다. 발표 당시의 원문을 모두 현대 국어 표기법으로 고쳤으며 한자 표기를 없앴다. 3권의 부록으로는 연대기적으로 요약하여 기술한 김기림의 연보를 덧붙였다.

이 전집을 계획하면서 나는 두 차례 일본 센다이(仙台) 소재 동북대학을 방문한 일이 있다. 영문학과 사무실에서 그의 학적부를 확인하고자 했지만, 태평양전쟁 당시 모두 소실되어 졸업논문의 원본도 학적부와 함께 사라졌다는 것을 알았다. 다만 그가 영문학과 졸업 논문으로 「PSYCHOLOGY AND I. A. RICHARDS(심리학과 I. A. 리처즈)」를 제출해 통과했다는 사실을 당시의 『대학기요(大學紀要)』에서 확인했다. 이 전집을 새로 엮으면서 지금은 절판된 김학동 교수의 『김기림 전집』(심설당, 1988)을 참조했음을 밝혀 둔다.

   이 책의 모든 원고는 버클리대학 동아시아에서 한국문학을 강의하는 동안 틈틈이 정리했다. 버클리대학 동아시아도서관 장재용 박사는 귀중문서보관소에 비치된 한국 해방 공간의 신문과 잡지를 특별 열람할 수 있도록 도와주었다. 그 덕분에 당시 신문에 발표된 김기림의 시 5편과 산문을 찾을 수 있었음을 밝히면서 장재용 박사에게 감사의 인사를 드리고 싶다. 버클리대학이 코로나 사태로 캠퍼스를 폐쇄했을 때 나는 한국학센터의 소장을 지내신 클레어 유 교수님 댁의 1층을 독차지해 살면서 '봄날은 간다'를 혼자 되뇌며 컴퓨터 자판을 두드렸다. 버클리 머리나를 내려다볼 수 있는 교수님 댁 앞뜰에는 커다란 감나무와 올리브나무 이파리가 햇살에 번득였다. 내가 팬데믹의 혼돈 속을 빠져나올 수 있도록 배려해 주시고 이 방대한 전집을 마무리할 수 있도록 도와주신 클레어 유 교수님 내외분의 후의를 잊을 수가 없다.

   많은 자료 정리와 원고의 교열 작업을 도와준 서울대학교 현대문학교실 유한형, 서여진 선생께 고마움을 표한다. 어려운 출판 사정에도 출간을 맡아 주신 민음사에 고마움을 표하며 까다로운 편집 과정의 오랜 시간을 잘 견뎌 주신 민음사 편집부 남선영 팀장께 감사드린다.

2025년 6월
권영민

차례

머리말: 『김기림 전집』을 새로 펴내며　　4

1부　『시론(詩論)』　　15
(백양당, 1947)

서(序)　　17

방법론 시론(試論)
시학의 방법　　21
시와 언어　　33
과학과 비평과 시　　43
비평과 감상(鑑賞)　　53

30년대의 소묘
우리 신문학(新文學)과 근대 의식　　69
모더니즘의 역사적 위치　　83
1933년 시단의 회고　　91
30년대 도미(掉尾)의 시단 동태　　99

감상(感傷)에의 반역
시와 인식　　111
시의 방법　　118
시의 모더니티　　122
현대시의 표정　　131
새 인간성과 비평 정신　　136
기교주의 비판　　143

시와 현실	152
시의 회화성	157
감상(感傷)에의 반역	165
시의 난해성	171
객관세계에 대한 시의 관계	177
시의 르네상스	182
프로이트와 현대시	195

우리 시의 방향

우리 시의 방향	205
공동체의 발견	218
『전위시인집(前衛詩人集)』에 부침	222
시와 민족	226

오전(午前)의 시론(詩論)

현대시의 주위(周圍)	235
시의 시간성	238
인간의 결핍	241
동양인	243
고전주의와 로맨티시즘	245
돌아온 시적 감각	249
각도의 문제	253
용어의 문제	256
의미와 주제	259

| 2부 | 『시(詩)의 이해(理解)』: I. A. 리처즈를 중심하여 (을유문화사, 1950) | 265 |

	머리말	267
	제1장 시의 비밀	271
	제2장 심리학은 어디까지 갔나	280
	제3장 시의 경험	287
	제4장 시의 경험의 성립	304
	제5장 시의 효과	334
	제6장 시의 과학의 쓸모	369
	부록: I. A. 리처즈 비판	374
	I. A. Richards의 저서 목록 및 인용 약호	389

| 3부 | 『문학개론(文學槪論)』 (문우인서관, 1946) | 391 |

	서문	393
	재판을 내면서	396
	I 어떻게 시작할까	397
	II 문학의 심리학	401
	III 문학의 사회학	414
	IV 문학의 장르	420
	V 비평문학	446
	VI 세계문학의 분포 (상)	449
	VII 세계문학의 분포 (하)	457
	VIII 문학과 예술	466
	IX 현대문학의 제 과제	470
	X 우선 무엇을 읽을까	481
	세계문학 기초 서목	484

부록

1 문학의 해석과 이해	491
2 문맥	496
3 장면	499
4 가치의 상대성	503

4부   미수록 평론 507

1

오후와 무명작가들 — 일기첩에서	511
시인과 시의 개념 — 근본적 의혹에 대하여	521
최근 해외 문단 소식 — 하이네의 동상(銅像) 문제	535
노벨문학상 수상자의 프로필	537
표절 행위에 대한 저널리즘의 책임	568
피에로의 독백 — 포에지에 대한 사색의 단편	574
취상(趣想) — 식전(食前)의 말, 우리의 문학	582
인텔리의 장래 — 그 위기와 분화 과정에 관한 소연구(小硏究)	586
상아탑의 비극 — 사포에서 초현실파까지	600
『홍염』에 나타난 의식의 흐름	621
청중 없는 음악회	625
32년 문단 전망 — 어떻게 전개될까? 전개시킬까?	633
로맹 롤랑과 「장 크리스토프」	637
김동환(金東煥)론	640
현 문단의 부진과 그 전망	646
신문소설 올림픽 시대	652
서클을 선명히 하자	659
비평의 재비평 — 딜레탕티슴에 항(抗)하여	661
스타일리스트 이태준(李泰俊) 씨를 논함	669

「무기와 인간」 단평	674
최근의 미국 평론단 — 그랜빌 힉스,《뉴 매시즈》지에서	677
예술에 있어서의 리얼리티·모럴 문제	683
모윤숙 씨의 리리시즘 — 시집 『빛나는 지역』을 읽고	689
여류 문인 편감 촌평(片感寸評)	693
문예 시평	698
현대시의 발전	711

2

장래할 조선 문학은	737
신춘 조선 시단 전망	743
시대적 고민의 심각한 축도(縮圖)	757
을해년(乙亥年)의 시단	760
『사슴』을 안고 — 백석(白石) 시집 독후감	763
『정지용 시집』을 읽고	766
걸작에 대하여	768
민족과 언어	771
고(故) 이상(李箱)의 추억	772
「심문(心紋)」의 생리	777
『성벽』을 읽고 — 오장환(吳章煥) 씨의 시집	779
촛불을 켜 놓고 — 신석정(辛夕汀) 시집 독후감	781
신춘 좌담회 — 문학의 제 문제	783
언어의 복잡성	802
문단 불참기 — 나의 문학 10년기	804
감각·육체·리듬 — 시단 월평	807
시인의 세대적 한계	811
20세기의 서사시 — 올림피아 영화 민족의 제전 찬(讚)	814
시의 장래	817
과학과 인류	821

건국 동원과 지식계급 ― 좌담회	829
전진하는 시정신	854
정치와 협동하는 문학	856
낭독 시에 대하여	860
분노의 미학 ― 시집 『포도』에 대하여	863
예술에 있어서의 정신과 기술	866
새 문체의 확립을 위하여	878
T. S. 엘리엇의 시 ― 노벨문학상 수상을 계기로	883
체험의 문학	887
이상의 문학의 한 모습	890
민족문화의 성격	895
평론가 이원조(李源朝) 군, 민족과 자유와 인류의 편에 서라	900
문화의 운명 ― 20세기 후반의 전망	903
소설의 파격 ― 카뮈의 「페스트」에 대하여	913
시조와 현대 ― 버림받는 시조의 재검토	928

부록   937

해설: 김기림 시론의 비평사적 성격   939

『시론(詩論)』
(백양당, 1947)

1

서(序)

　1930년대는 날로 심해 가는 일제의 정치적 공세 아래서 조선의 지식인들이 그들 최후의 것을 잃지 않기 위하여 비통한 수세(守勢)로 들어간 것을 특정으로 한 시기였다. 정치와 경제에서 잃어버린 모든 손실 뒤에 민족문화에 있어서도 날로 존망(存亡)의 위기가 닥치고 있었던 것이다. 문학인들은 어찌 보면 크로노스의 추적을 피하여 어린 제우스를 산속에 감춘 크레타 신화의 레아 여신의 고지(故智)를 닮아 예술주의라는 연막에 가려서라도 그들의 문학을 지키려 한 듯하다. 그 문학에는 따라서 내면화와 소극성이라는 시대의 정신적 징후가 짙게 흘렀다. 그러나 그것은 유럽의 예술주의처럼 스스로 취한 길이라기보다는 차라리 강요된 둔신술(遁身術)인 듯하다. 그것은 현실의 심각한 영상이 유미적으로 항상 변신을 하고 나타난 메타포의 문학이었다. 그러므로 나는 그것을 일종 의장(擬裝)된 예술주의라고 부르고자 하는 것이다.
　그러나 만주사변(滿洲事變)에서 자신을 얻은 일제는 불손한 그들의 신화의 실현으로 향하여 더욱 길을 재촉하였다. 30년대 중쯤에 와서는 벌써 예술주의의 의장조차 일제 공격의 날을 피할 수는 없었다. 조선의 지식인들이 문화와 같은 정신적인 것조차 정신적 노력에 의해서만은 지켜 갈 수가 없다는 진리를 몸소 깨달아 낸 것도 이때였다.

　1930년에서 비롯하여 약 10년 동안 주로《조선일보》기타 여러 잡지에 실렸던 시(詩)에 관한 제 논문을 정리하면서 나는 정신상 가장 발랄한 나이를 이러한 암담한 시대에 소모한 것이 새삼스레 아깝다. 가장 불행한 시간에 우리는 시를 쓰고 시를 생각하였던 것이다. 초라한 대로 지나간 날 나의 사색과 모색의 발자취일 것임에는 틀림없다. 여하간 나는 나의 청춘이 속하였던 이 시기를 우선 갈피를 잡아 놓고 이제부터야말로 진실로 무게 있고 깊이 있는 일을 이 길에 이바지해야 하겠다.

　나와 사정을 같이한 동료들도 대체로 동감일 줄 안다. 또 나는 '오늘'은 수없는 '어제'의 퇴적 위에서만 솟을 수 있다는 것을 무시할 수가 없다. 다만 '오늘'은 그 어느 '어제'보다도 더 현명해야 할 것임은 두말할 것도 없다. 이 책을 엮는 보람이 만약에 있다고 하면 이러한 점에서일 것이다. 대전 중 50년에 걸친 공백을 넘어 스스로 오늘의 새 설계와 연결을 맺는 의미에서 8·15 이후의 논문 몇도 덧붙였다. 일찍이 1939년 여기 엮은 논문의 대부분을 출판하려 하였을 적에 스크랩에서 일일이 다시 필기해 준 동학(同學) 최경섭(崔曔涉) 씨는 그 뒤 소식이 끊어졌는데, 지금 이 책의 모양을 누구보다도 먼저 씨에게 보여 올리지 못함을 유감으로 생각한다. 특히 씨가 정하게 필기해 준 원고가 전쟁 중 이리저리 뒹굴어 다니는 동안에 「오전의 시론(詩論)」의 일부를 비롯해서 적지않게 흩어져 버린 것은 더욱 유감이다.

1947년 8월 10일, 저자

방법론 시론(試論)

화학의 목표가 공식의 창조라고 하면 예술의 목적은 한 객체의 창조인 것이다. …… 이는 분명히 예술 작품이 추리의 연쇄거나 화학적 법칙과 같은 것이 아니고 그 속에 여러 가지 힘이 대립하면서도 균형을 이루고 있는 그러한 객관적 실체의 일부를 이루기 때문이다.

―샤를 모롱

그 개인의 경험 속에는 미리부터 사회와 외부의 자연과 역사 ― 다시 말하면 사회적 역사가 포함되어 있는 것이다.

―N. 부하린

현대시는 우리 시대가 아니면 쓰지 못할 것이 되어야 한다. 어느 정도 현대의 정세에서 생겨난 것으로 과거의 시인에게서는 볼 수 없는 새로운 요구와 행동과 태도에 조응(照應)하는 것이 되어야 한다.

―I. A. 리처즈

시학의 방법

1 고전적 시학

시학(詩學)이라는 말이 우리에게 전하는 불유쾌한 인상은 그것이 주장 지금까지는 형이상학적(形而上學的)이었던 까닭에 한 과학보다도 한 형이상학을 연상시키는 때문이다.

과학으로서의 시학의 성질을 밝히기 전에 과학 아닌 시학 내지는 그것에 유사한 여러 가지 환영(幻影)을 씻어 버리는 것이 옳겠다. 가령 여러 나라의 시인의 이름과 경력과 일화에 정통하고 또 그들의 약간의 시편을 외울 수 있는 사람이 여기 있다고 하자. 그러나 그것은 시의 과학과는 아무 인연이 없는 한 박식에 지나지 못할 것이다. 박식이 과학이 아님은 조직된 방법과 체계를 가지지 못한 때문이다. 또 시에 대하여 방언(放言)된 몇 개의 명제가 여러 사람에게 오해되고 부연(敷衍)되어 몇 세기를 거쳐 가면서 한 정리(定理)와 같이 통용되곤 했다. 가까이는 가령 월터 페이터의 "시는 음악의 상태를 동경한다."는 말이 "시는 음악을 동경한다."는 의미로 그릇 해석되면서 시를 아주 음악을 만들어 버리자는 어떤 종류의 순수시의 운동이 되기도 했다. '음악의 상태'는 그러나 음악 그것은 아니라고 생각된다. 음악이 빚어내는 심적 효과는 그 질에 있어서 혹은 시가 빚어내는 효과와 같은 것일 수 있을 것이다. 그러나 음악을 시로 만든다든지 시를 음악을 만들어 버린다는 것은 대체 무엇을 의미함일까? 모든 형이상학은 이해된다느니보다는 해석되기 위해서 있는 것이다. 다시 말하면 그것은 그 의미의 다의성 속에 언제고 숨으려 한다. 객관적으로 검증할 길이 없는 이러한 형이상학적 명제는 다만 발언자의 한 의견으로서 취급될 것이고 결코 어떤 객관적인 사실의 기술로서 받아들여서는 아니 된다. 한 의견으로서는 참고할 것이나 그것이 얼른 보아서는 대표하는 듯이 보이는 일련의 사실을 가상하는 것은 위험한 일이다.

내가 여기서 페이터를 예로 든 것은 한 형이상학의 일절이 만약에 오해된다고 하면 어떻게 심각한 결과를 낳을 수 있는가를 우리들과 그리 멀지 않은 시사(詩史)에서 인증하려 한 까닭이다. 페이터는 물론 시보다 음악을 더 높은 예술이라고 생각한 것은 사실이나 시와 음악을 혼동하도록 현명치 못하지는 않았다.

2 가치와 형이상학

우리는 그러나 형이상학의 절멸을 기도하는 것은 아니다. 어떠한 시대에고 간에 형이상학은 있어 왔다. 또 앞으로도 있을 것이다. 형이상학은 조직된 가치 의식인 때문이다. 위대한 형이상학의 체계는 한 시대의 가장 보편적인 가치 의식의 궁전일 수 있다. 이러한 의미에서 형이상학이 사람에게 지식이 아니고 생활하는 데 도움이 되는 지혜를 제공한다는 말은 옳은 말이다. 다만 병폐는 이런 데 있다. 즉 지혜에 지나지 않는 것이 지식으로 행세하려 하고 또 수용되려고 할 때에 더 단적으로 말하면 시사(示唆)에 지나지 않는 것이 객관적 타당성을 주장할 때에 즉 관념이 과학이노라고 나설 때에 사실과 인식이 도리어 몽롱한 안개 속에 휩쓸려 버리는 것이다. 가령 근대의 뭇 위대한 형이상학이 우리에게 준 것이 지식이 아니었고 지혜였다는 것은 누구나 쉽사리 인정할 수가 있다. 쇼펜하우어가 그랬고 베르그송이 그랬다. 인간학이라든지 실존철학은 더욱 그렇게 보인다. 동양철학이라고 불려지는 것은 거의 예외 없이 지혜의 수집(蒐集)이었다. 그런 의미에서 동양철학은 늘 시에 가까우려 한다고 한 임어당(林語堂)의 말은 옳다. 그러나 그는 또한 거기 반해서 서양철학은 늘 과학에 가까우려 한다고 말한다. 우리의 견해로는 파탄은 철학이 과학인 체하는 데서 오는 것 같다. 형이상학이 지혜로서의 한계를 넘어서 지식인 체 가장하는 때 그 결과는 사실의 인식을 혼란시키고 또 사실의 인식 대신에 무수한 환영을 사실의 주위에 흩어 놓는 것이다. 시를 한 과학의 대상으로서 취급하려고 할 때에 우선 우리의 눈앞에 어른거리는 뭇 형이상학적 환영을 물리치려고 하는 것은 이 때문이다.

3 시론

시에 대한 진술 가운데서 근본적으로는 역시 형이상학의 단편이면서도 학문의 모양을 하지 않고 차라리 기술론(技術論)의 모양을 한 점이 다를 뿐인 것으로서 시론(詩論)이라는 것이 있다. 그것은 주로 한 유파 혹은 한 시인의 그 자신의 시의 합리화다. 또는 한 개인이나 유파가 그들이 있기를 원하는 시의 가상을 그리는 것이다. 과거의 용어 예로도 시학과 시론은 구별해 왔다. 가령 아리스토텔레스의 시학이라고 하면서, 부알로의 시론이라고 하는 것 같은 것이 그것이다. 다만 시론은 체계의 완비 때문에 더 많이 상상이 들어가는 시의 형이상학보다도 시인의 작시상의 경험에서 빚어 나온 암시가 풍부한 점에서 더 유용한 경우가 많다. 우리는 한 유파나 시인의 시의 이해를 돕기 위하여 그 시론을 들추어 보는 것은 옳은 일이다. 그러나 어떤 암시 이상으로 모두 시의 과학인 줄 안다면 잘못이다. 이러한 경계 아래서 시론을 읽는 것은 여러 가지로 필요하다. 감상하는 사람에게는 도움이 될 것이요 시사가(詩史家)에게는 좋은 사료가 될 것이다.

4 어떻게 물어야 하나?

시의 형이상학과 및 시론의 존재 이유와 가치를 어느 정도로 인정하면서도 그것들은 과학은 아니라는 이유로 해서 우리의 시학의 설계에서 몰아내야 할 것이다. 그런 다음에 우리가 의도하는 시의 과학으로서의 시학이란 어떤 것인가?

시란 '무엇'이냐?

시는 '왜' 있느냐?

이런 류의 설문에 대해서는 우리는 여러 종류의 서로 대립 혹은 모순된 해답을 예기할밖에 없다. 시에 대한 정의를 내리려고 계획한 과거의 모든 시험은 앞의 것과 같은 방식으로 문제를 세운 것이었다. 그래서 그 여러 가지 정의를 통일할 일의적인 해결이 거기서 나올 리는 없었다. 마치 '바벨의 탑'처럼 소란할밖에 없었다. 그리고 뒤의 것과 같은 설문에 대해서는 당파를 따라서 거의 당파의 수만치 많은 해답을 기대할밖에 없을 것이다. 혹은 정당을 위해서 혹은 교회를 위해서 혹은 정부를 위해서 시는 있는 것이라고도 할 것이다. 여기서도 역시 '바벨의 탑'은 영원한 혼란을 가져올 뿐이다. 이러한 문제 설정 방식은 말하자면 본체론적인 또는 목적론적인 성질의 것이다. 말하자면 모두 형이상학의 문제 설정 방식에서 그대로 따온 것이다. 가령 '세계란 무엇이냐?', '인생은 무엇 때문에 있느냐?' 따위의 설문 방식이다. '세계는 의지다', '인생은 신을 위해서 있다'고 자문자답하는 것이 어떤 형이상학이었고 신학이었다. 그런데 그러한 명제는 아마도 가설이 아니고 사실을 전제로 해 가지고는 증명할 수 없는 것이다. 중세의 신학은 신의 존재를 증명하는 몇 가지 삼단논법을 가졌었다. 그러나 그것은 모두 대전제 미결정의 오류 위에 세운 것에 지나지 않았다. 그러므로 교권으로서 끊어 놓지 않는다면 그것은 끝을 모르는 순환 논법이 되고 말 뿐이다. 19세기의 평단을 그렇게 소연(騷然)케 한 '인생을 위한 예술'론과 '예술을 위한 예술'론이 드디어 오늘까지도 종국적인 해결을 보지 못하고 작가나 시인을 주기적으로 괴롭히는 것은 다름 아니라 문제 제출의 방식 자체가 잘못되었던 탓이다. 즉 '인생'을 위하기를 아주 거부하고 '예술'만을 위한 예술이 사실에 있어서 있느냐 없느냐를 어디까지든지 사실을 좇아서 캐어 보고 난 연후에 할 소리다.

그러면 새로운 시학은 어떤 모양으로 물어야 할까? 그것은 '무엇' 또는 '왜'와 같은 방식의 물음은 일절 버려야 할 것이다. 그것은 다만 시는 '어떻게' 있는가 하는 물음에서 시작해서 거기서 끝나야 할 것이다. 그러므로 시에 대해서 무슨 환상이거나 이상을 그려 내거나 만드는 것이 아니고 시의 사실에, 실로 사실에만 육박할 것이다. 그것이 설정하는 명제는 형식논리의 식에 맞느냐 안 맞느냐 하는 점으로서 완전함을 자랑할 수는 없다. 다만 참이냐 거짓이냐 하는 점에서만 긍정되거나 부정된다. 그것은 시에 대한 아름다운 꿈을 보여 주는 것이 아니라 시의 사실만을 가리킨다. 명제들은 시의 사실 자체와 비춰 보아서만 그 참이고 아닌 것을 결정한다.

5 시학과 그 보조과학

새로운 시학을 위해서 미리부터 준비된 몇 가지 편의가 있다. 우리는 그것들을 현명하게 이용할 것이다. 첫째는 이전의 뭇 형이상학적 시학 속에 간간이 흩어져 있을 시의 사실에 맞는 진술을 뽑아서 자신의 체계 속에 활용할 것이다. 가령 아리스토텔레스의 시학 이후 호라티우스, 부알로 등등의 시에 관한 진술은 위에서 말한 것과 같은 의도 아래서 다시 정선될 것이다. 아리스토텔레스나 호라티우스나 부알로가 각각 구체적으로 취급되고 또 되어야 하는 것은 시사에 있어서의 일이다. 시학이 문제 삼는 것은 다만 이러한 특수한 사건이 아니고 시의 일반적 사실에 대한 인식이다.
다음으로 그것은 근친과학(近親科學)의 업적에서 단순히 그 부분적 진리를 빌려 올 뿐 아니라 기초 개념조차를 참고해야 한다.
이러한 점에서 시학에 가장 중요한 도움이 될 과학으로서는 언어학과 심리학과 사회학이 있다. 지금까지 이런 방면의 선각자는 몇몇 있으나 대개는 어느 일면에만 고집하였었다. 가령 칼버튼 같은 평론가는 문학 연구에 있어서 사회학의 필요를 고조했으나 언어학이나 심리학에 대해서는 등한했다. 리처즈 같은 사람은 시의 연구에 있어서 심리학의 원용(援用)은 역설하면서 사회학은 도무지 돌보지 않는다. 과거의 모든 형이상학적 시학을 모조리 거부하는 리처즈와 같은 태도는 아직도 완전히 과학적이라고 할 수 없다. 씨가 과학적 시학의 건설에 그렇게 출중한 '일'을 남겼으면서도 다만 모든 방면의 혁신자가 그럴 수밖에 없었던 것과 마찬가지로 낡은 것에 대하여 맹렬한 파괴자였다는 것은 양해할 수 있으나 이미 단순한 파괴자의 흥분이 지났을 우리는 고전적 시학에 대하여 냉정한 태도로 임할 수 있을 것이다.

리처즈 자신도 콜리지에게서 '상상(想像)'론을 원용하였던 것이다.

새로운 시학을 계획하는 사람이 항용 붙잡히기 쉬운 유혹은 일거에 고전적 시학에 필적하는 새 체계를 세우려는 충동이다. 여기서 생기기 쉬운 결과는 바로 다른 것이 아니라 '또 하나' 다른 '형이상학'이다. 앞에 말한 리처즈 씨의 저술에서 우리가 받는 인상도 그런 경우가 많았다. 우리가 지금 긴급하게 요구하는 것은 비록 적을지라도 참인 지식이지 결코 한갓 방대하고 정제된 체계가 아닐 터이다. 진정한 의미의 과학은 그 첫 시작에 있어서는 부득이 부분적일밖에 없다. 이 점에 대해서는 랑송의 말은 그대로 긍정되어야 할 것이다.

새로운 시학을 계획하는 사람에 있어서도 이 일이 중요한 것과 꼭 마찬가지로 새로운 시학을 대해 주는 편에서도 그것에 향해서 곧 체계의 '파노라마'를 요구하는 것은 그릇된 일이다.

물론 자연과학에서도 그런 것처럼 과학적 시학 속에도 가설이 들어앉을 자리는 있다. 그 일을 가지고 곧 그 과학성을 힐난하는 것은 과학에 대한 편견에서 오는 오해일 것이다.

그렇다고 해서 가설이 너무 날뛰어서는 아니 된다. 그것은 오직 사실에 비추어 검증할 수 없는데도 꼭 필요한 경우에 한하여 부득이 실로 부득이해서만 씌어져야 할 것이다. 한 권의 형이상학서는 전편이 가설로써 그러면서도 아름답게 씌어질 수 있을 것이다. 과거의 철학의 대부분이 실로 그러한 까닭에 아름다웠던 것이다. 그러나 과학서에는 오직 이상(以上)의 한도 안에서만 가설이 생길 수 있다. 그리고 그 가설은 이미 정해진 같은 체계 안의 다른 정설과 모순되어서는 아니 된다. 이렇게 가설은 잠정적인 것이다. 사실의 검증에 의해서 일반적 명제가 정립되기까지 잠시 대용될 뿐이다.

6 시사(詩史)와 시학

우리는 시학의 대상을 어떤 미학이 보편적인 미의 이상적 모형을 추구한 것처럼 보편타당적인 시의 모형을 설정하는 데 두지 않는다. 가령 순수시의 추구 같은 것도 이런 형이상학적 미학의 여풍을 받은 것이다.

시학이 취급해야 할 시적 사실은 그러면 어떤 것인가? 모든 개개의 시편을 정리해서 구성이나 운율, 압운 등 부분적 장식의 문법과 같은 것을 계획하는 것일까? 그런 것은 아니다.

구체적인 개개의 시를 개인의 소산으로서 또는 한 민족 한 시대의 소산으로서 그대로 취급하는 것은 시사가 하는 일이다. 일반적인 시학은 시는 사람과 사람의 교섭이라는 부면을 가진 언어의 한 특수 형태라는 사실에서 출발한다. 시가 형성하는 의미의 세계는 한 사회 안에 사는 사람의 전통적 교섭의 결과로서 성립하는 것이다. 이 관계를 제외한 시라고 하는 것은 어떤 음의 계열이거나 문자의 나열 이상의 것이 될 수 없다. 이 점이 시학이 언어학과 크게 관계되는 곳이다.

이렇게 시는 사람과 사람, 즉 시인과 독자의 심리적 교섭 위에 성립된다. 즉 시인의 제작 과정이라는 심리 현상의 한 기호로서 시는 있는 것이고 그 기호가 독자에게 미치는 결과는 어떤 심리적 반응에 틀림없다.

이리해서 시는 한 심리적 사실로서 나타난다. 시인의 제작 과정과 독자의 향수 과정과 및 이것을 통틀어서 서로 이루는 전달 작용의 관찰 분석 종합은 우선 시학이 해야 될 일의 중요한 반면(半面)이다. 언어학 특히 의의학(意義學)의 수속(手續)과 성과를 시학이 크게 빌려야 하는 까닭은 여기 있다. 시는 이렇게 물론 심리적 사실로서의 면을 가지고 있지만 그 면을 성립시키는 것은 일정한 문화적 전통의 약속이며, 뿐만 아니라 그것은 늘 문명의 일정한 단계의 역사적 특징을 반영하며 그 시대의 문화의 제면(諸面)과의 사이에 상호 교류의 작용을 가진다. 다시 말하면 시는 이리해서 늘 일정한 역사적 사회에 형성되는 산물이다. 따라서 문명의 어느 특정한 단계의 뭇 특징과 그 시대의 시의 특징과의 사이의 상관관계를 밝히며 같은 시대의 다른 문화의 뭇 부면과의 사이의 교류를 더듬어 찾는 일은 시사가 하는 일이나 시의 역사적 사회적 사실로서의 면을 그 일반적 성질에서 설명하는 것은 시학의 남은 반면(半面)이다.

7 시학은 어떻게 갱신될까?

이리해서 새로운 과학적 시학은 심리적 사실 및 사회적 사실로서의 시에 양면으로부터 육박할 것이다.

여기서 일어날 당연한 한 가지 의문이 있으니 그것은 다른 것이 아니라 이렇게 사실의 세계만을 취급하는 시학은 영구히 하나로서 족하냐 하는 문제다.

물론 과학적 시학은 일조일석(一朝一夕)에 기적과 같이 나타날 것은 아니다. 그 전 체계의 완성은 여러 사람의 부분적 연구의 종합의 결과로서만 기대될 것이다. 그러나 그것이 어느 시간적 경과 뒤에는 꽤 체계를 갖춘 완성에 가까운 과학으로서의 면모를 가질 날이 올 것이다. 그런 연후의 시학도 더 갱신될 운명에 부딪치지 않을까?

문화는 어떤 역사적 방향을 좇아서 새로워 간다. 가치 실현의 과정으로서의 문화 활동은 문명의 진도를 따라서 점점 더 의식적으로 된다. 문화의 창조가 대체로 무의식적이었던 원시사회로부터 고도로 의식화할수록 그 변천은 더욱 급하고 심해 간다. 이리해서 문화의 한 부문으로서의 시는 실로 옛사람이 본다면 황망할 정도로 새로워질 것이다. 어느 단계에 완성되리라고 가정하는 시학이 그대로 이 새로워져 가는 시의 모든 사실을 남김없이 설명해 버릴 수 있을까? 물론 그것은 특수한 시적 변천일 것이나 그 특수성이 늘 한 가지 일반성의 한 예에 그치는 그런 간단한 사례뿐일 수가 있을까?

어떤 단계의 시학이 그 단계에서는 꽤 불편을 느끼지 않다가도 정작 새로워 가는 시를 설명할 수 없을 때 시학은 당연히 갱신되어야 할 것이다.

그러므로 우리는 영구히 완성된 시학이라는 것을 미리부터 규정할 수는 없다. 오늘의 문명 생활이 사람들의 문화적 충동을 더욱더 복잡다기하게 해 갈수록 어떤 문화 부문의 일반성까지에 새로운 사태가 나타나도록 변천이 심할 수 있으며 그 문화 부문을 취급하는 일반적인 과학도 그 사태마저를 포용하고도 남을 수 있게 체계의 확충 갱신을 해야 할 것이다. 이 점은 결코 과학으로서의 약점이 아니고 차라리 당연하고 또 필연한 운명이다. 자연과학에 있어서 새로운 이론의 발전은 그 먼저 이론이 새로이 나타난 사실을 설명할 수가 없었을 때 늘 그 모순을 극복하기 위한 일단의 진전이었던 것이다. 다만 자연에 있어서의 사태란 '나타나는 것'이고 문학에 있어서의 그것은 '만들어지는 것'이라는 차이가 있을 뿐이다.

8 시학의 효용

문화과학을 오직 역사학에만 제한하여 특수적 일면적 문화 현상들만을 취급할 수 있을 뿐이라는 의견과는 달라서 우리는 일반적인 과학으로서의 시학의 가능을 시사와는 따로 이론적으로 타당하다고 생각한다.

이러한 일반적 과학으로서의 시학은 우선 시의 감상에 있어서 기초 교양이 될 것이다. 자연 현상이 아닌 시를 그것에 대한 기초 교양 없이 알려지지 않는다고 노하기만 하는 무모한 신사를 우리는 가끔 만난다. 그들에게 우리는 이것을 줄 것이다. 다음에는 그것은 시의 비평에 있어서 한 가지로 기초적인 준비가 된다. 비평이 구체적인 작품을 취급할 때에 일반적 시학의 준비 없이는 도저히 할 수 없는 일이다. 다만 독단적 비평가가 가령 아리스토텔레스와 같은 고전적 시학의 껍데기 속에 박힌다든지 또는 이류 이하의 비평가가 오직 막연히 정돈되지 못한 시학의 잡다한 원형을 가졌거나 할 수 있다. 셋째로 시사(詩史)를 쓰는 데 역시 기초 준비가 될 것이다. 시의 심리적 사회적 사실로서의 일반적 성질에 대한 분명한 인식 없이는 개개의 구체적 작품의 심리적 효과와 그 사회적 역사적 성질을 해명할 수는 없을 것이다.

그런 일보다도 더 중요한 것은 이리해서 우리는 문화 그것이 우리의 심리적 충동으로서는 어떻게 의욕되고 또 향수되며 사회적 역사적으로는 어떤 기능을 하는가 하는 우리의 문화생활에 대한 자각을 이 일을 통해서 더욱 높일 수 있을 것이다.

—「과학으로서의 시학」,《문장》(1940. 2);『시론』(백양당, 1947), 9~20쪽

시와 언어

A

진종일
나룻가에 서성거리다
행인(行人)의 손을 쥐면 따뜻하리라

—오장환(吳章煥)

B

"아 그래요?" 힐라리는 불쾌했다.

"암 그럼 무슨 험상한 도깨비장난 같구나. 내야 늘 똑같은 모양으로 해마다 이러구 있었지만 자넨 볼 적마다 아주 달러. 뒷방에서 예비학교(豫備學校)로 중학교(中學校)로 대학(大學)으로……."

"그렇기두 하군요. 하지만 나는 인젠 그만이예요."

그는 좀 의기(意氣)등등하게 말했다.

"천만에 그럴 리 있나. 자네 인젠 결혼(結婚)할 테지 그렇지 않으면 수염을 기르고……." "어림없는 소리……." 힐라리는 소리쳤다. "저 좀 봐요. 그건 이런 시골 구석에서 살면 하는 일이지요. 무서운 생활(生活). 이 왼통 시골뜨기 소설(小說)을 봐요."

—Priestly, *The Good Companions*의 일절(一節)

C

$$\frac{d}{dx}(anx) = a\frac{d}{dx}(xn) = anx^{n-1}$$

2+3=5

여기 세 가지 예가 있다. 하나는 시, 다음은 일상 대화, 셋째 것은 수학의 식이다. 이 세 가지 예를 머릿속에 두고서 이 논문을 읽으면 좋겠다.

1

일찍이 우리는 시를 언어의 한 형태라 했다. 거기서 언어라고 한 것은 물론 구식 언어학자가 말하는 죽은 말의 집단이 아니고 산 말, 다시 말하면 회화를 기초에 두고 한 말이다. 이런 의미에서 언어는 한 개의 사회적 행동이다. 역사적 사회라는 일정한 배경 아래서 바꾸어지는 사람과 사람의 교섭이다.

가디너는 일찍이 Language와 speech는 구별되어야 하며 언어학의 주요한 대상은 앞의 것이 아니고 실로 뒤의 것이라고 주장했다. 불란서 학자들이 말하는 Parole이라는 관념에서 따온 생각 같다. Language에서 Parole을 구별하는 생각의 뒤에는 언어를 한 고정된 실체로서 취급하는 낡은 문법 관념과 및 그 관념을 기초로 한 낡은 언어학에 대한 항의가 숨어 있다. 이 항의는 그러면 무엇 때문에 낡은 언어학이나 문법학을 '낡았다'고 하며 또 그 '낡은 것' 대신에 그 앞에 새로 펼쳐진 시야란 대체 무엇이었나?

그것은 다른 것이 아니다. 언어라는 것이 실제로 일어나는 사람과 사람의 관계와 및 그 배경을 이루고 있는 역사적 사회에 눈을 뜬 일에 틀림없다. 그러므로 그것은 19세기의 발견이며 특히 텐[1]의 조국에서 오늘에 이르기까지도 왕성한 학파의 기초 관념을 이루었다. 메이예,[2] 방드리스[3]는 그 대표적 조류다.

우리는 그러나 여기서 시의 '본질'이라든지 '목적'을 묻지 않는다. 그것은 그 해답이 실로 백만 인에게서 백만 가지로 달라질 성질의 문제 제출인 까닭이다.

히틀러는 아마도 시는 당을 위하여 있는 것이고 게르만의 피를 담는 것을 본질로 삼는다고 말할 것이다. 한편 우리들 중의 어떤 시인들은 '아름다운 말'이야말로 시의 본질이요 목적이라고 할지도 모른다. 그러나 우리는 여기서 그러한 의견들의 난투 속으로 뛰어 들어가는 일의 부질없음을 잘 안다. 다만 시의 기능을 냉정하게 살피고 살핌으로써 시의 진상에 한 걸음 더 가까워 가면 그만이다.

2

시를 언어의 한 형태라고 할 때에 그 말은 시란 사람과 사람의 사회적 심리적 교섭 위에 성립된다는 뜻이다. 다시 말하면 전달 작용의 한 부문이라는 말이다.

언어 형태로서 시와 대립적으로 생각되는 것으로는 과학적 명제가 있다.

I. A. 리처즈는 과학적 명제와 구별해서 시를 '가진술(假陳述)'

---

[1] Hippolyte Taine(1828~1893). 프랑스의 문학이론가.
[2] Antoine Meillet(1866~1936). 프랑스의 언어학자.
[3] Emile Benvéniste(1902~1976). 프랑스의 언어학자. 본문은 뱅베니스트의 오식.

이라고 규정했다. 시와 과학은 서로 적대해야 할 것이라고 선동한 것은 주로 19세기의 반동적 노인들이었다. 사실 시인은 이들의 선동에 유인되어 산업혁명 이전의 봉건적 유럽을 노래함으로써 빅토리아조(朝)의 얼굴 찡그린 노인들에게 아첨했다. 그래서 과학을 부정하고 과학자의 일을 경멸하는 것을 신성한 임무로 여기는 시(詩)적 십자군은 반드시 오늘의 우리 주위에도 그리 드물지 않다. 유토피아를 사랑하는 것은 시인의 특권이요, 과학은 늘 그것을 깨뜨리는 악마라는 무고(誣告)가 지금도 가끔 들려온다. 그러나 오늘에 와서는 그것이 소용없는 적의였다는 것이 밝혀졌다. 무엇보다도 과학의 세계를 노래하는 시가 생겼고, 또 시를 대상으로 삼는 과학이 성립되고 있다는 것은 주목할 일이다.

시의 위기라는 말이 과학의 발흥이라는 말과 매우 긴밀한 연상을 가지고 쓰여 온 것은 위에서 말한 오해의 연장이다. 그래서 문화의 영역에서 시의 지위를 과학보다는 훨씬 밑층에 두어서 심하면 플라톤의 우거(愚擧)를 되풀이하려는 의견까지 나온다. 그 결과 오늘의 문화를 더한층 정신적으로 메마른 것으로 만들어 갈 것은 알기 쉬운 일이다. 리처즈가 『시와 과학』 속에서 하려고 한 일의 절반은 이러한 편견을 수정해서 문화의 영역에서 시에 적당한 지위를 주장하려는 데 안목이 있었다. 그러나 이 과제는 여기서 취급하려는 범위를 벗어난 사회학적 성질의 것이다. 그것은 다른 기회로 미루고 우리는 시와 과학적 명제와의 언어 형태로서의 기능을 분석, 비교하기로 한다.

(1) 과학적 명제는 늘 일정한 객관적 사물과 사건을 지시하는 기호다. 그래서 그것은 반드시 이 사물과 사건에 비춰 검증될 의무를 진다. 과학적 명제 속에는 물론 가설이 들어 있다. 그러나 그것은

이미 세워진 체계와의 조화 및 필요 불가결이라는 최소 한계를 벗어날 수는 없다. 그러나 시는 그러한 검증의 책임을 지는 일이 없다.

(2) 과학적 명제는 오직 한 가지 실로 한 가지 일만 명백하고 판명하게 지시한다. 그러나 시에 있어서는 그러한 일의성은 요구되지 않는다.

우리가 일상 쓰는 말이란 이런 두 가지 면이 한데 질서 없이 뒤섞여 있는 것이다. 이렇게 잡박한 일상 용어의 두 극에 서 있는 것이 과학적 명제와 시다.

다시 말하면 현실적인 언어 영역이라는 것은 이 두 극을 안에 싸고서 그 중간에 일상 회화를 안고 있는 사회적 현상이다. 그 하나하나는 일상적인 언어 기능의 두 면 중 하나로서 어떤 한 목적 때문에는 과학적 명제의 형태가 발달되었고 또 정신생활의 어떤 조정과 만족을 위해서는 시가 선택되었다. 가치의 형태로서도 과학과 시는 서로 부정하는 것이 아니고 각각 독자의 권리를 가지고서 문화의 영야(領野) 위에 대립하지 않고 병존하는 것이다. 그 일은 마치 같은 언어 영역 속에 과학적 명제와 시가 병존하는 것과 마찬가지다. 문화의 세계에서 시와 과학의 영분(領分)에 대한 뚜렷한 분별이 없었다는 일의 결과로서 이 두 부문의 근거 없는 대립이 나타나서 시의 위기가 경고되었다 함은 앞에서 말했지만 과학적 명제와 시의 의의학적(意義學的) 분석에 의해서 그 각자에 다른 지위를 찾아냄으로써 이 위기를 해소하려고 한 것은 리처즈의 큰 공적이었다.

과학적 명제와 시의 기능에 대한 뚜렷한 분별을 가지지 못한 데서부터 오는 불행한 결과의 하나는 시에 향해서도 과학적 명제에 향해서와 마찬가지로 책무를 우기는 일이다. 한 편의 시는 객관적으로 움직이고 있는 주로 어떤 사회적 사실을 기술해야 한다는 것이다. 그것은 차라리 그릇된 과학의 모방이다. 과학의 흉내를 내는 동안에 어느새 시가 증발되어 버린 것을 논자는 발견할 것이다.

3

리처즈가 시의 기능을 분석해서 보여 줌으로써 문화의 전 분야에서 시의 지위를 옹호하는 것과 바로 대칭되는 지점에서 언어의 한 형식으로서의 과학적 명제의 기능과 한계를 밝힘으로써 자연과학과 문화과학의 통일이라는 신칸트파 이래의 숙제마저 해결지으려는 노력이 있다. 비트겐슈타인을 선구로 하는 비엔나 서클의 운동에서 비롯해서 카르나프의 '물리어(物理語, physicalism)'의 제창과 및 언어의 논리적 구조의 분석이 그것이다. 오늘은 시카고 대학을 근거로 망명학자 카르나프, 노이라트[4] 등이 중심이 되어 있는 과학통일운동에게 계승되었다. (그들의 이른바 논리적 실증주의에 대하여는 고(稿)를 달리해서 논하련다.)

사실 오늘의 문화과학을 자연과학보다 뒤떨어지게 하고 있는 원인의 하나는 문화과학이 아직도 정리하지 못한 조잡하고 몽롱한 그 어휘와 어법의 운무다. 가령 한 술어가 여러 개의 의미를 겹쳐 가지고는 필자를 따라서 각각 다른 면이 고조되어서 씌어지면서도 오직 철자가 같다는 까닭으로 해서 우스꽝스러운 논쟁을 일으키기도 한다. 어떤 때에는 답안을 가지고 다투는 것이 아니라 똑같은 해답에 이르는 두 가지의 연산 방식의 하나에 각각 의거하

---

[4] Otto Neurath(1882~1945). 오스트리아의 과학철학자. 비엔나 학파의 중심인물.

면서 연산은 오직 한 가지뿐이라고 부질없이 고집하는 경우를 우리는 흔히 보아 왔다. 그 일은 주로 문화과학이 자연과학처럼 수학의 기호를 그대로 전면적으로 채용하지 못하고 면밀한 과학적 도구에서 거리가 먼 일상 언어를 그 용어로 쓰고 있는 상황에서 오는 것이다. 만약에 문화과학이 그 상호 간에는 물론 자연과학과의 공통된 관심 아래서 그 용어의 어휘를 일의적(一義的)으로 정돈하고 아울러 통일된 문법을 세운다면 더한층 높고 완성된 단계로 더 빨리 올라설 것은 자연한 추세다. 문화과학의 여러 분야에서 그 발달을 저해하는 요소는 실로 적지 않게 그 속에 남겨 가지고 있는 형이상학적 잔재다.

그런데 논리적 실증파의 일 중에서도 여기서 중요한 것은 이러한 일반론보다는 그들의 과학적 명제와 형이상학적 명제의 선명한 구분이다. 과학적 명제라고 하는 것은 객관적 검증을 할 수 있는 명제다. 그러므로 신학 속에는 과학적 명제가 한 줄도 없을 것이다. 카르나프는 형이상학적 센텐스들은 사이비 센텐스라고 불렀다.

그런데 이 견해의 중요한 미완성 부분은 형이상학적 명제의 언어 형태로서의 기능에 대하여는 주의하지 않은 점이다. 형이상학이 학문이 아니라는 것은 우리도 지적한 바다. 형이상학이 학문을 가장할 때에 그것은 매우 위험한 불장난을 하는 것이 된다. 논리적 실증파는 형이상학이 학문으로서는 설 수 없다는 것을 굳세게 주장하려는 나머지에 형이상학의 사회적 역할과 및 언어 형태로서의 면은 미처 보지 못하고 형이상학을 전면적으로 부정한 느낌이 없지 않다. 그것은 일종의 범과학주의다. 리처즈가 시와 및 언어의 정서적 기능의 강조에 너무 열중한 나머지 문화에 있어서의 시의 지위를 부당한 보좌(寶座)에까지 끌어올린 것과 좋은 대조다. 이것은 범과학주의에 대한 범시주의(汎詩主義)다.

4

우리는 이 두 극단의 한편에 서서 다른 한편은 부정하는 태도는 독단이라고 생각한다. 우리는 우리들의 정신생활의 어느 분야의 만족을 위해서는 시를 찾고 자연현상의 정밀하고 확실한 인식의 기호로서는 과학적 명제를 쓰고 일상의 대인 교섭을 위해서는 일상 회화를 하면 그만이다. 혼란은 언어의 이 세 형태가 함께 있는 데서 오는 것이 아니라 이 세 형태의 기능에 대한 뚜렷한 분별을 가지지 못하는 데서 온다.

과학적 기술이라든지 또 학문상의 논쟁에 시적 표현을 쓰는 것은 과학에 대한 신화의 반동의 한 형식일 것이다. 오늘의 형편으로는 일상용어를 과학적 기술에 많이 쓸 수밖에 없으나 그럴 때에는 의미의 애매를 가져오지 않도록 개념을 규정해야 할 것이다. 논쟁인 경우에는 더욱 그렇다. 우리 의견으로는 가령 문예비평도 문예작품의 효과라는 대상을 취급하는 이상 그 용어는 늘 과학적 명제이려고 힘써야 하리라고 믿는다. 오늘의 문예비평에서 사람들이 좀 더 냉정할 수가 있다면 그래서 용어를 객관적일 수 있게 힘쓴다면 필요 없는 악의와 오해는 적지 않게 사라질 것이다. 우리가 한 인간으로서 인간과 교섭할 때에는 인식에 관한 일뿐 아니라 그보다도 훨씬 더 넓은 범위로 정의적(情意的) 방면의 교섭이 잦고 또 긴급하다. 이러한 복잡한 인간의 교섭(교통)의 도구로서 쓰이는 일상 회화는 도저히 단순한 과학적 명제만으로 족할 수가 없다. 일상 회화는 더욱 함축이 깊고 많아서 무방하다. 다만 일상 회화가 그대로 과학적 명제인 체할 때는 마치 미신이 지식인 체 행세하려는 것과 마찬가지가 된다.

"말해질 수 있는 것은 분명하게 말해질 수 있다. 그래서 말할 수 없는 일에는 잠잠하여야 한다."라고 한 비트겐슈타인의 말은 과학의 세계에서의 일상적인 요설(饒舌)을 경계한 말이다. 그러나 일상 회화에 있어서 어떤 객관적인 사태나 사물이나 사건에 말이 미칠 때에는 늘 정확을 기해야 할 것은 한 개의 모럴이다.

시는 물론 일상 회화에 그 기초를 둔 것이나 객관세계에 관한 지식하고는 아무 관련이 없다. 다만 사람의 심적 태도의 어떤 조정에 봉사할 뿐이다. 널리 인식의 부면과 정의(情意)의 부면으로 우리의 심적 활동을 편의상 나누어 놓으면 시는 정의의 부면에 그치는 것이다. 여기 고전주의적 주지주의적인 의도 아래서 설계된 시가 있다. 그것은 일부러 정의를 피한다고 선언한다. 가령 T. S. 엘리엇이 그렇고 T. E. 흄이 주장하는 기하학적 예술의 동류(同類)가 될 시가 그렇다. 그러나 그들이 꺼려서 피하려고 하는 것은 감상에의 침몰이었다고 생각한다. 그러한 시라 할지라도 객관적 지식하고는 아무 관련이 없다. 가령 엘리엇의「창(窓)머리의 아침」은 런던(倫敦) 거리의 객관적 진실을 추구하는 기술(記述)과 무슨 관계가 있느냐? 다만 그 작품이 우리의 마음에 일으키는 어떤 내부적 태도의 조정이 있을 뿐이다. 그러므로 주지주의의 시에 있어서조차 그것이 관련하는 것은 지식이 아니고 지성(예를 들면 영상의 신기(新奇) 선명이라든지 메타포, 새타이어, 유머의 인지 등)에서 오는 내부적 만족이다.

5

언어의 여러 형태 가운데서 하나만 고집하는 것은 우리가 취하지 않는 길이다. 여러 형태를 한가지로 인정하되 그 하나하나의 기능을 밝히 인식하고 현명하게 분간(分揀)해 써 나가는 것이 문제다. 이것은 별것이 아니라 언어를 모든 미신과 윤리와 편견에서 떠나서 과학적으로 파악하는 일에 틀림없다. 과학적 시학은 언어의 구체적 사실의 분석과 함께 언어에 대한 모든 신화를 깨트리고 그 대신 과학을 가져올 것이다. 그 어느 것에 있어서도 언어는 한 도구로서 그 기능을 통해서 취급될 것이다.

언어가 객관적인 실체처럼 생각되는 것과는 달라서 일정한 역사적 사회를 배경으로 그것을 거쳐서 일어나는 인간적 교섭이라는 각도를 통해서 언어는 관찰될 것이다. 다시 말하면 언어는 의미의 전달 도구로서 취급될 것이다. 그 의미라는 것은 일정한 사회적 관계에서 구성되어서 실제 있어서는 개개인의 심리적 교섭으로 나타나는 것이다. 이런 의미에서는 새로운 시학 즉 과학적 시학은 넓은 의미의 언어학의 특수 부문을 이룰 것이다.

이 논문 첫머리에 우리는 세 가지 예를 들어 두었다. 그 세 예를 두 번 세 번 읽으면 독자는 반드시 이 논문에서 필자가 말하고 주장하려는 것이 언어의 지극히 평범하고 친근한 실제에서 출발된 것임을 수긍할 줄 믿는다.

—「시와 과학과 회화(會話) — 새로운 시학의 기초가 될 언어관」, 《인문평론》(1940. 5);
『시론』, 21~31쪽

과학과 비평과 시

1

　우리 평단의 통폐(通弊)가 있었다고 하면 그것은 너무나 수많은 문학원칙론이나 창작방법론이 씌어지는 대신에 실제로 구체적 작품에 대한 과학적 분석과 그것을 기초로 한 비평이 지극히 드물었다는 일이라고 생각한다. 신시 운동이 있은 후 20년 가까운 동안 수천 편 발표된 시에서 거푸 두 편이 과학적으로 분석 비평되었다는 소문을 우리는 듣지 못하였다. 오늘의 시는 또한 문학상의 망명처가 되도록 적당한 밀림은 아니다. 우리는 시에 아무러한 형이상학적 아프리오리(a priori)도 신학적 비밀도 붙일 필요가 없다. 시는 일찍이는 신들과 함께 살았다. 다음에는 시신(詩神)의 전령(傳令)이었다. 그러나 오늘은 그것은 우리 소리에 틀림없다. 그것은 과학적 분석과 구명에 견딜 수 있고 또 그렇게 할 절대한 가치가 있다. 새로 씌어져야 할 시학은 미(美)라든지, 영감이라든지, 초시간적 가치라든지 한 형이상학적 술어는 단 한마디도 쓰지 않고도 씌어질 수 있어야 할 것이다.
　어떠한 시기에 어떠한 시인이나 시단이 혼미에 빠져 있다면 그 원인의 적지 않은 부분은 시에 대한 과학적 추구의 부족에 있을 것이다. 물론 과학으로서의 시학은 이미 확립된 것은 아니다. 시의 역사적·사회적 관련의 연구는 사회학에 속하고 시적 경험에 대한 구체적 해명은 심리학에 속할는지도 모른다. 그래서 그 사이에 시학을 위한 일의 영역이 혹은 없을는지도 모른다. 그럴지라도 우리는 그처럼 실망할 것은 없다. 왜 그러냐 하면 우리의 목적은 시학의 구제에 있는 것이 아니고 시의 진정한 인식을 얻는데 있는 까닭이다. 형이상학적 강당미학(講堂美學)이나 시학이 우리에게 준 것은 아름다운 관념과 그리고 실망이었다. 시에 대한 진정한 지식이 아니고 머릿속에서 꾸며낸 정묘한 논리였다. 시에 대해서 말하면서도 시의 사실과는 잘 들어맞지 않는 빌려온 예복이었다.

나는 여기서 잠깐 케플러, 갈릴레오 이래의 학문의 새 전통에 대해서 이야기할 필요를 느낀다.

2

우리는 보통 학문의 형식 분야를 대개 세 가지로 나누어도 무방할 것 같다.

(1) 박식(博識): 동양류의 재래의 학문 형식은 대체로 여기 속한다. 그 결정적 결함은 체계가 없다는 점이다.

(2) 형이상학(形而上學): 그 자체의 정묘한 논리는 갖추고 있다. 누가 헤겔더러 그 체계는 현실하고 맞지 않는다고 말했더니 헤겔은 즉석에 그것은 자기의 체계가 나쁜 것이 아니고 현실이 나쁘다고 대답했다고 한다.

(3) 과학(科學): 갈릴레오 이래의 신전통(新傳統)이다. 주장을 품은 모든 명제는 사실의 검증에 비추어서 그 진가를 결정하는 것을 안목(眼目)으로 한다. 논리 자체는 권리가 없다. 그것이 사실, 실로 사실과 상응하지 않을 때는 거짓이라는 낙인을 얻어맞는다. 과학의 가장 대표적인 것은 이론물리학(理論物理學)이다. 형이상학이 과학 앞에서 드디어 그 지위를 유지 못하는 것은 당연한 일이다. 스스로 학문으로서의 생명인 진리를 포함하고 있다고 주장하는 형이상학적 뭇 명제는 사실에 대한 주장일 수 없는 점에 결정적인 함정이 있었다. 칸트는 벌써 형이상학의 불가능성을 주장하였고 그 인식론은 과학적 인식에 대한 연구였다. 그 뒤에도 여러 가지 모양을 한 형이상학이 곳곳에서 나타났지만 오늘 철학이 과학을 떠나서 있을 수 없다는 결론은 도처에 실증되고 있는가 한다.

학문의 전(全) 영역에는 아직도 재래의 박식 또는 형이상학이 혹은 단독으로 혹은 어울려서 혹은 뚜렷하게 혹은 은연중에 숨어서 널리 남아 있다. 아직은 과학은 여러 세기 동안의 고투에도 불구하고 낡은 인습의 성루(城壘)를 완전히 깨뜨리지는 못했다. 그것은 사람의 뿌리 깊은 몽매 때문이다. 조만간 학문은 모조리 과학으로 통일되어야 할 운명에 있다고 본다. 오늘의 과학의 미숙을 가지고 곧 과학을 훼방하는 것은 물론 어리석은 일이다. 그것은 선사시대 이래의 인류의 깊은 미신을 분쇄해야 할 큰일을 가지고 있다. 그것은 완전한 정신적 일신(一新)을 기도한다. 이렇게 다사다난한 과학은 그 목적을 달하기까지는 아직도 많은 시일을 요망할지도 모른다. 오로지 사람의 몽매의 퇴각과 반비례해서 목적에 점점 가까워 갈 것이다.

과학은 과학적 방법 위에 선다. 개개의 특수한 과학은 그 특수한 방법의 면을 가지겠지만 그것이 언제고 사실에서 출발한다는 것 — 그래서 사실의 면밀한 관찰과 분석에서 시작한다는 것은 공통된 일이다. 그 뒤에는 모든 우상(偶像)에서 (독자는 베이컨의 네 우상 — 인류의 우상, 동굴의 우상, 시장의 우상, 극장의 우상을 생각하라.) 극력 떠나서 사실을 응시해서 마지않는 과학적 태도가 숨어 있음은 물론이다. 과학, 과학적 방법, 과학적 태도는 일련의 새로운 세계관, 인생관, 생활 태도와 조응한다.

비평이 만약에 한 작품이 좋다든지 나쁘다든지 하는 오직 한 개의 명제를 세움으로써 일이 끝난다면 혹은 과학적 태도나 방법을 떠나서 환상적 감탄사 몇 마디만 준비하면 그만일지 모른다. 그러나 그런 비평은 있을 수 없다. 비평은 장단(長短) 간 그 작품에 대한 것이라야 한다. 다시 말하면 그 작품이 일으키는 효과를 사실에 즉(則)해서 기술해야 한다. 그래서 그것은 작품이 일으키는 효과와 대체로 일치해야 한다. 비평가가 판정을 내리는 것은 실로 그러한 준비가 십분 되었을 때 그 위에서 비로소 하는 것이다. 다시 말하면 비평가는 그의 판정을 보일 뿐 아니라 그 판정의 이유를 보여 주어야 한다. 비평은 분석과 판정을 그 일의 부분으로 삼는다. 그러면서도 분석은 그 일의 가장 중대한 대부분을 차지한다. 우리는 이유를 보여 주기 전에는 어떠한 판결도 신용할 수 없다.

3

따라서 비평은 실로 가장 진지한 과학적 태도와 방법 위에서만 가능하다. 오늘의 작가나 시인은 단애(斷崖) 위에서 그 일보전락(一步轉落)을 늘 발아래 위태롭게 느끼면서 죽음과 싸우듯이 제작한다. 그러한 진지한 노력의 결과인 작품에 대해서 자기류의 환상이나 기지(機智)나 인상만을 가지고 처단하려고 하는 것은 현대비평의 윤리일 수도 없다.

우리는 다시 시로 돌아가서 얘기를 계속하자. 형이상학적 방법이 파산한 지대를 수습할 과학적 방법에 의한 시의 연구는 시의 사실에서 출발할 것은 물론이다. 그래서 그것의 치밀한 관찰과 분석에서 일을 시작할 것이다. 시의 비평은 또한 논하려는 시편의 효과의 그러한 과학적 분석과 계산을 토대로 하고 그 위에 내리는 판정을 품은 것이다. 우리는 다시 시의 인식 및 비평에 있어서 과학적 태도와 과학적 방법이 불가피하다는 지금까지의 의논보다도 더 중요한 명제로 옮겨 가자. 즉 과학적 태도는 오늘이 시인의 새 모럴이며, 뿐만 아니라 과학의 발흥과 함께 자라난 세계의 새 정세가 요구하는 유일한 진정한 인생 태도라는 결론이 그것이다. 거기 현대시의 최대의 문제가 숨어 있다. 시의 문제는 결코 인간 문제에서 떨어진 한가한 제목이 아니라는 것을 재인식하게 한다.

필자는 시의 사실에서 이를 논증하련다. 시의 제작의 재료는 말이다. 그것은 단순히 소리나 글자의 모양을 한 기호가 아니고 우리의 경험을 대표하고 조직하고 전달한다. 다시 말하면 우리들의 의식의 활동을 대표한다. 의식이 역사적·사회적 규제를 받는다는 명제는 말이 역사적·사회적 규제에서 자유로울 수 없다는 명제의 동의반복이다. 편편(篇篇)의 시는 한 전체로서 의식의 어떤 통일된 활동을 대표한다. 그래서 독자의 의식에 한 태도를 불러일으킨다. 그것은 인생에 대한 태도다. 시의 산문적 의미가 어떤 인생 태도를 설교한다는 말이 아니고 독자의 마음에 한 편의 시가 전체적 반응으로서 불러일으키는 심리적 태도다. 이 점에서 시에서 모럴을 거세하려는 모든 예술지상주의자의 변설은 결국은 그들이 변호하려는 시가 인생을 도피하려는 태도를 지지하는 시라는 것을 그릇 고백했음에 지나지 않는다.

잠시 시의 인생 태도에 대한 관계를 역사적으로 회고하기로 하자.

어떠한 시대에도 사람은 그가 사는 우주에 대해서 한 세계상을 가지고 있었고 그것과 조화된 인생 태도를 선택한다. 신화는 고대인의 세계상이요 동시에 그 모럴의 원천이다. 호머의 시가 희랍 신화를 인생 태도의 시적 경험으로가 아니고 더 노골한 구체적 기록으로서 대표한 일은 너무나 유명하다. 그 뒤에도 단테의 『신곡』이 르네상스 전야의 신화였고 밀턴의 『실락원』이 청교도의 신화였고 괴테의 『파우스트』도 신화 속에 들 수 있을 것이다.

구라파 사람의 생활이 지금보다는 통일이 있었던 시절에는 시인은 전 구라파 또는 한 국민의 생활상의 지도자인 적도 있었다. 허버트 리드는 영시에 있어서 민요시인은 그 집단과 일치했고 다음의 휴머니즘의 시인은 그 집단의 중심점이었고 그다음의 종교시인은 그 원주(圓周) 위에 섰고 로맨티시스트들은 자기들의 세계를 따로 가지고 있었다고 말했다.

4

19세기를 일관해서 서양의 시는 대체로 전대의 귀족의 의식을 반영했다고 필자는 본다. 사회의 새 변혁에 대해서 시인은 늘 귀족적 결벽(潔癖)에서 소극적으로 비난하고 도망하려고만 했다. 과학과 새 산업 기구의 주인으로서 시민층이 멋대로 자라날 때에 19세기의 시는 슬픈 패배자의 노래였다. 궁정과 장원과 지나간 날의 신화에 대한 달콤한 회고와 향수에서 언제고 깨려고 하지 않았다. 그것은 알지 못하는 이국에 대한 동경으로도 나타나서 세기말에는 동양에 대한 꿈을 불타게 했다. 타고르가 등장한 것도 그러한 분위기 속이었다. 『기탄잘리』와 『루바이야트』가 영국의 세기말 시인들과 끌어안고 우는 동안 인도와 근동에는 영국의 지배가 날로 굳어 갔던 것이다.

우리 신시 운동의 당초에 선구자들이 수입한 것은 바로 이러한 19세기의 전통이었다. 상징파의 황혼, 센티멘털 로맨티시즘……. 그것들은 다시 말하면 센티멘털리즘으로 어느 정도까지는 개괄할 수 있는 도피적인 패배적인 회고적인 인생 태도를 대표했다.

우리가 선구적 공적에도 불구하고 어느 부류의 선배들과 그 말류의 시를 19세기와 함께 경멸하는 것도 주로 그러한 까닭이었다. 20세기의 기계체조장에서 토인의 춤을 추는 그 우스꽝스러운 교태 때문이다. 퇴보와 은퇴를 사랑하는 동양의 예의(禮儀)다. 20세기의 초두까지는 그래도 어떤 시인은 그 국민의 꽤 넓은 범위에 향해서 통일적 영향을 주었다. 가령 테니슨이라든지 키플링에게는 어찌 보면 국민적이라는 형용사가 그리 어색하지는 않았다. 그러나 제1차 세계대전이 지나간 뒤의 구라파에는 국민의 생활이 지리멸렬해지고 같은 지식계급 안에서도 다시 분열을 시작했다. 시인의 소리는 거의 미시적으로 분열해 버린 그가 속한 지극히 적은 한 당파 속에서밖에 들리지 않았다. 허버트 리드는 그 일을 가리켜 오늘의 시인은 혼자 호소한다고 했다. 그 자신의 괴로움, 아픔 및 이상의 세계와 미운 현실의 불균형을 뿜어 놓을 뿐이라고 했다. 그것은 대전 후의 한 세대, 뱅자맹 크레미외[1]가 말한 소위 '불안의 시대'를 통한 시인의 속임없는 모양이다. 깨어진 신화의 조각을 집어 들고 그들은 너무나 어이없어서 찌푸린 시대의 얼굴을 쳐다본다. 이 비참은 결코 약속된 미래 때문의 영광 있는 수난이 아니다. 과거의 태만에서 온 차라리 불미한 형벌이다. 즉 인류의 생활에 새로운 정세가 전개되어 가는 동안에 시인은 그것에 무관심하였고 도리어 반발을 꾀한 형벌이다.

조만간 시대는 질서를 회복해야 했다. 크레미외도 그렇게 말하고 리드도 그렇게 말했다. 질서는 어떻게 회복할까. 문제는 공통되면서도 해답은 아무도 잘 몰랐다. 성급한 사람들, 가령 마리탱 같은 사람은 중세기의 부활을 해답으로서 제출하였다. 파시즘은 이러한 역사의 균열을 가장 교묘하게 이용했다. 질서는 오직 신학적인 형이상학적인 선사 이래의 낡은 전통에 선 세계상과 인생 태도를 버리고 그 뒤에 과학 위에 선 새 세계상을 세우고 그것에 알맞은 인생 태도를 새 모럴로서 파악함으로써만 얻을 수 있었던 것이다. 그것은 물론 쉬운 일은 아니었다. 허나 그것은 벌써 형벌이 아니었다. 희망이었다. 그러함으로써 우리는 역사의 전통에서 시인의 발언이 한 커다란 진폭(振幅)을 가지고 울리는 것을 다시 들을 수 있었을 것이다. 시인은 비로소 아무 기적도 신들의 이름도 그 속에서 구경할 수 없는 20세기의 신화를 쓸 수 있었을 것이다.

---

1   Benjamin Crémieux(1888~1944). 프랑스의 비평가.

우리는 드디어 시와 과학은 결코 서로 대립하고 부정하는 것이 아니고 조화할 수 있는 것임을 또 조화해야 할 것을 깨달아야 했다. 시가 조직하고 통일할 것은 과학적 세계상에 알맞은 인생 태도일 것이다. 그래서 그것은 과학적 태도와 근저에 있어서 일치하는 것이리라.

5

우리는 다시 우리 시단(詩壇)을 살펴보기로 한다.

신시 운동의 시초에 대해서는 이미 논급한 바 있지만 그 뒤에 한 중요한 시기는 20년대의 후반기였다. 한 시기를 다만 환상 이외의 아무것도 아니라고 일소해 버리는 것은 역사에서 무엇을 배우려는 사람의 태도가 아니다. 우리는 한 시기의 동기와 성과를 냉정하게 분석해서 그중에서 실수와 수확을 잘 가려 내야 할 것이다. 여러 가지 초조와 독단에 차 있으면서도 이 시기에 우리 시 속에 과학적 요구가 처음으로 눈뜬 때이므로 우리는 중요하게 보아야 할 것이다. 그리고 30년대의 전반기에 모색한 것은 바로 시의 과학적 파악과 그것에 의한 시의 실천에 대한 노력이었다. 그 노력과 분투에 비해서는 혹은 얻은 것이 성과보다도 실패가 더 많았을지 모른다. 여하간에 30년대의 후반기가 그 전반기의 실패와 성공 위에서만 일보 전진을 꾀한 것은 사실이다.

젊은 세대 앞에서 제시한 역사를 양분하는 새 신화의 건설을 최대의 과제로서 가졌었다. 그리고 가장 면밀한 '말'의 과학자이려 했다. 그들은 시대와 사회의 움직임에 대한 근기(根氣) 있는 응시자이려 했다. 인생에 대한 미쁜 실험자이려 했다.

필자는 역설이 아니라 참말로 이렇게 새로 시를 하려는 사람에게 권하고 싶다. 낡은 미학이나 시학을 읽기 전에 우선 시를 읽으라고. 또 한 권의 미학이나 시학을 읽느니보다는 한 권의 아인슈타인이나 에딩턴을 읽는 것이 시인에게 얼마나 더 유용한 교양이 될는지 모른다고.

우리가 가진 가장 뛰어난 근대파 시인 이상(李箱)은 일찍이「위독(危篤)」에서 적절한 현대의 진단서를 썼다. 그의 우울한 시대병리학을 기술하기에 가장 알맞은 암호를 그는 고안했었다. 다만 우리는 목표를 바로 본 이상(以上) 다음에는 노력이 있을 뿐이다. 우리는 일찍이 20세기의 신화를 쓰려고 한「황무지」의 시인이 겨우 정신적 화전민(火田民)의 신화를 써 놓고는 그만 구주의 초토 위에 무모하게도 중세기의 신화를 재건하려고 한 전철은 똑바로 보아 두었을 것이다.

―「과학과 비평과 시 ― 현대시의 실망과 희망」,《조선일보》(1937. 2. 21~26);
『시론』, 32~41쪽

비평과 감상(鑑賞)

비평과 현대

역사가 한 새로운 건설로 향해서 방금 출발했거나 또한 활발한 그 도정에 있을 때에는 그 사회의 성원들은 사변(思辨)이라는 우울한 일에는 견디지 못하고 훨씬 더 명랑한 행동으로 끌려간다. 그들의 행동에서 흐르는 자연스러운 리듬으로서 노래가 불려진다. 시민사회의 건설과 그 공작이 아무런 모순도 실망도 고민하지 않던 시기에 문학상으로는 리얼리즘이 발흥한 것은 지극히 타당한 일이었다.

그러나 한 사회의 발전이 성숙의 역(域)을 지나서 벌써 노모(老耄)[1]의 징후를 보이기 시작한 때부터는 무한한 미래만 약속하는 듯하던 모든 건설과 진보 사이에 어느새 모순당착이 생기기 시작하여, 말하자면 건설의 노래 대신에 건설의 피로로부터 오는 앓음 소리가 들려오고야 만다. 맹목적인 건설에의 신뢰는 동요된다. 행동은 주저된다. 그러고는 건설의 영광과 행동에로 향하여 강한 회

---

[1] 늙어서 정신이 가물가물함.

의의 시선이 쪼여진다. 그리해서 거기는 현대인의 연약한 정신을 압도할 듯이 두터운 회의의 운무가 휩쓸려 오는 것이다. 그리고 그것은 어차피 고민의 징후를 띨 수밖에 없었다. 시대의 깊은 혼미 속을 헤매는 까닭이다. 한편으로는 그것은 새로운 무엇을 찾으려는 끊임없는 모색이기도 하였다.

그러므로 당시의 지식적인 작가나 시인의 사색은 그들에게 있어서는 피할 수 없는 윤리였다. 즉 소극적으로는 더 구심적(求心的)인 자기반성의 욕구요, 적극적으로는 새로운 모럴의 탐구의 방향을 지시하였다. 그래서 필경에는 그들의 행동이 목적도 희망도 없는 일에 관련하고 있는 것을 깨달았을 때에 그들은 키르케고르나 셰스토프의 절망의 설교에 공명하고야 말았다. 이것이 제1차 대전 이후 약 20년간의 구주(歐洲) 정신사의 축도다.

『스페큘레이션(Speculation)』[2]이라는 제목을 가진 책이 대전 이후의 영국 주지주의(主知主義)의 구약전서가 된 것은 우연한 일이 아니다. 앙드레 지드가 그 시기의 독자에게 가진 매력은 그의 사상의 내용이라는 것보다도 사상에서 사상에로 옮겨 가는 그 끊임없는 콜럼버스적 항해 때문이 아니었을까. 아리스토텔레스 이래 오늘까지 20세기 그중에서도 대전 이후의 십수 년간처럼 문학이 사변적으로 되고 또 문학에 대한 문제가 거진 절망적 노력을 가지고 가장 열렬하고 진지하게 반성되고 추구된 일은 없다.

사람들은 우선 인간적으로 맹목적 행동의 무의미를 알았다. 그런데 문학은 한 번은 반드시 인간에 대한 의견이다. 1차 대전 이후 문학이 흔히는 인간의 절망의 소리를 담은 까닭이다. 다음에는

---

2   T. E. Hulme의 유고집.

모든 분야에 있어서 가치와 권위가 동요될 때에 문학상의 가치와 권위만이 홀로 평형을 지킬 수는 없었다. 문학 자체의 모험이 시작되지 않으면 아니 되었다.

20세기는 분명히 소설의 시대가 아니다. 시의 시대는 더군다나 아니다. 그것을 비평의 시대라고 할 때 그 말은 틀림없이 역사가 한 반성기에 있다는 것을 반증하는 것일지도 모른다. 그런데 어떠한 시대에도 문학상의 새 발견이라고 하는 것은 근기(根氣) 있는 사색과 실험의 선물이었다. 사색의 중지는 지적 성장의 중단을 의미한다. 사색은 지식의 건강과 성장을 가져오는 두뇌의 체조다. 다만 역사의 진통기에 와서는 평시에는 예외적으로 천재에게 위임되던 그것이 지극히 심각해지고 또 일반화한다는 것을 강조했을 뿐이다. 그러므로 가치의 권위가 안정되었을 때에 아무러한 회의도 없이 문학에 종사하는 일을 우리는 행복하다고 하여 부러워하고 그 대신 사색 없는 문학을 영구히 경멸하려는 까닭도 거기 있다.

작가나 시인은 문학하는 일 자체의 이유와 근거를 구명하는 일 없이는 일순간도 일할 수가 없었다. 문학상의 오래인 권위가 거의 결벽에 가까운 민감(敏感)에 의하여 부정되고 새로운 가치의 수립이 도처에서 계획되었다. 즉 그들은 절망적으로 비평의 욕구에 몰려 있었던 것이다. 현상으로서 이 일은 비평가와 작가, 비평가와 시인을 겸한 예를 들면 이른바 '비평가 시인'이 많이 나타나는 일을 결과했다.

이렇게 한 사람에게 있어서 작가 혹은 시인과 비평가가 겸해질 때 비평과 제작의 활동은 각각 어떻게 서로 조화되고 반발하는가. 또한 한 작가나 시인은 거의 예외 없이 다른 사람의 작품의 감상자다. 그러면 한 걸음 나아가서 그것들과 감상과의 사이에는 무슨 충돌이 생기지 않나? 그러한 방면으로부터 이 세 가지 한계를 생각하며 그리함으로써 주로 일반적 비평이 맡아 할 일의 범위에 대한 한 견해를 세워 보려고 한다.

비평과 시론

그런데 작가 또는 시인의 비평 활동은 두 개의 방향으로 향해서 움직인다. 하나는 자신의 제작과 그 활동에로, 다른 하나는 자기 이외의 사람의 제작에로. 그가 완전한 비평가의 위치에 서는 것은 물론 다른 사람의 제작과 마주 설 때다. 비평의 눈이 자기 자신에게로 쏠려질 때 그것은 통렬한 자기반성으로서 나타나는 동시에 한편으로는 그 자신의 문학 활동의 합리화(合理化)의 작용도 하는 것이다. 그러나 작가나 시인의 발표하는 비평, 가령 시론 같은 데는 객관적 비평으로 응용할 수 있는 부분과 그의 생리에서 우러나온 부분이 뒤섞여 있는 것이 보통이다. 다시 말하면 쉴 새 없이 자기반성과 자기 합리화의 작용을 계속하는 동안에 주관적 결점이나 장점에 대한 부정과 옹호의 노력이 어느새 이론화해서 스스로는 주관적이 아니라고 생각하는 그의 비평 속에 심어 버리는 것이다. 가령 T. S. 엘리엇이 개성에서의 도피를 권할 때에 그것을 얼른 비평으로서만 보기에는 무리가 많다. 그것을 차라리 자기반성의 비통한 선언이라고 돌릴 때 그 의미는 더욱 밝아지는 것 같다. 즉 개성의 과잉 때문에 괴로움을 받는 바로 엘리엇 같은 사람에게만 개성에서의 도피는 복음일 것이나 일률적으로 그것을 장려한다면 그 결과는 매우 우스울 것이다.

이렇게 한 작가나 시인이 동시에 비평가일 경우에는 우리는 그가 발표하는 비평 중에서 과연 어느 부분까지를 순수한 객관적 비평으로서 받아들이고 어느 부분까지를 주관적 반성이나 합리화의 이론으로서 받아들일까는 매우 구별하기가 어려운 일이다. 그러나 실제의 효용(效用)으로서는 객관적 비평은 보다 더 독자를 위해서 있으며 또 이익되는 것이요 사실로 작가나 시인을 실질적으로 영향하는 것은 시인의 시론과 작가의 비평의 편이다. 그래서 시인의 시론이나 작가의 비평은 그가 즐기든 말든 간에 그 주체적·생리적 부분과 객관적·논리적 부분은 분리되어서 해명되고 평가되어야 할 것이다. 이러한 일은 순수한 비평가가 해야 할 일의 하나일 것이다.

비평과 감상

감상이라는 것은 한 작품을 받아들여서 공감하고 즐기는 일이다. 감상자는 비평자이기 전에 먼저 향수자다. 한 작품에 대하여 사람은 늘 비평가의 입장에만 서는 것은 아니다. 다만 감상자의 한계 안에만 머물 수도 있다. 대체로 독자는 감상자이고 비평자의 입장에 서게 되는 것은 특수한 경우다. 또한 사실로 작품은 애초부터 비평의 대상으로서 제공되는 것이 아니라 그보다 먼저 감상의 대상으로서 던져지는 것이다. 그런데 감상의 근거가 되는 것은 시론도 비평의 기준도 아니요 주로 취미다. 물론 한 사람의 취미와 그의 비평적 기준은 공통점을 가지기 쉬운 것으로서 가령 한 유파(流派)는 그들이 즐기는 작품의 종류의 성질이 일치되기 쉬운 것이 사실이다. 그러나 한 사람의 취미는 다만 그의 비평의 기준에만 영향되는 것이 아니라, 그의 생리와 전(全) 교양, 사교, 직업 그러한 것들의 총화가 결정하는 것이라고 생각한다.

그런데 이 감상의 문제에 관련해서 우리는 두 가지의 곤란을 가지고 있다. 첫째, 한 시인이나 비평가가 다른 사람의 작품을 감상할 때에 먼저 그 자신의 시론이나 비평의 기준이라는 색안경을 쓰고 거기에 걸리는 모든 것을 향수(享受)하기 전에 혐오하고 또는 거절해 버리는 경향이 생기기 쉽다. 그래서 스스로 그 감상의 범위를 줄여 버리는 것을 왕왕이 본다.

나는 비평이라는 활동의 필요를 부인하는 것은 아니다. 오히려 그 반대다. 다만 감상만은 우선 될 수 있는 대로 선입견의 간섭이 없는 상태에서 하며 또한 될 수 있는 대로 그 범위를 넓히는 것이 자신의 발전을 위하여 자기의 생의 확충을 위하여 자기반성을 위하여 매우 수확이 많으리라는 일을 강조하려는 것이다.

시인의 시론이나 작가의 비평은 그것의 특수한 가치에도 불구하고 객관적 비평으로서 스스로 자태를 갖출 때에 그것은 크게 경계해야 할 한계를 스스로 알지 않으면 아니 된다. 즉 시론은 그것이 보다 더 객관화될 때에 비평에 더욱 가까워 가고 그 주관적 조건의 필요에서 생긴 고립한 방법론으로 웅크려 버렸을 때에 그만큼 비평에서 멀어진다. 뒤의 것은 대체로 편협하고 일방적인 것이어서 그 도가 심하면 심할수록 더 경계할 것이나 시인은 혹은 그것을 가지고 성급하게 다른 사람의 작품에도 비평으로 응용하려고 할 경우를 우리는 충분히 상상할 수가 있다. 즉 당자도 의식하는 일이 없이 일방적인 편협한 방법론을 객관적 비평의 원리나 기준으로서 긍정해 버려서 무상명령적(無上命令的)으로 다른 사람의 작품에 적용하려고 할 때에 위험이 잉태되는 것이다.

감상에 관련해서 일어나는 또 다른 곤란은 이것이다. 즉 감상자가 자칫하면 감상과 비평을 혼동해 버려서 감상의 입장에서 비평을 하는 일이다. 다시 말하면 그의 취미에 입각해서 다른 사람의 작품을 판단해 버리는 경우다. 일찍이 인상주의라고 하는 것은 사실로 비평이 아니고 감상의 기술이었던 것이다. 19세기와 함께 그것은 종멸했을 터이나 오늘에도 간혹 그러한 혼동이 우리 사이에 보이는 것은 유감이다.

비평의 기능

나는 비평과 시론, 감상의 관계를 생각해 보면서 비평을 둘러싸고 있던 혼돈한 운무를 한 겹 두 겹 벗기려고 애썼다. 그러면 비평이 해야 하는 일은 어떤 것인가.

우리는 우선 비평과 비평학과 비평론을 각각 구별해야 할 것 같다. 비평의 일반적 형태와 가능성과 기능과 같은 것을 대상으로 한 것은 비평학이다. 한 유파나 개인의 특수한 비평의 방법·태도와 그 이론을 전개하는 것은 비평론이다. 다시 말하면 비평학이나 비평론은 모두 비평에 관해서 있는 것으로서 하나는 비평과 비평론들에서 일반성을 발견하는 것이고 하나는 비평에 관한 구체적 논의다.

그러면 비평이란 어떤 것이냐. 비평은 바로 '작품에 관하여' 있어야 할 것이다. 에즈라 파운드가 그가 편찬한 『현역시화집』의 서문 속에서 영국의 비평이 작품에 대하여 말하지 않고 보다 더 비평 자체에 독자의 주의를 끌려고 하는 일을 통렬하게 공격한 것은 정당하다. 사실 우리의 손으로 된 평론의 대부분은 '작품에 관하여' 있지 않고 그 자체에 관해서 있었으며 따라서 작품에 대하여 말해야 할 비평의 제1차적 임무를 떠나서 그 자체의 준비운동에 몰두하였다. 우리는 실질적 비평을 가져 본 일이 지극히 드물다. 파운드는 같은 글 속에서 비평하는 예술에 사실로 진보 발전을 가져오는 사람을 최상급의 비평가라고 하였고 다음에 제작된 최상의 것에 독자의 주의를 끄는 사람을 그 다음가는 우량한 비평가라고 하였고 이렇지도 저렇지도 않고 최상의 작품에서 도리어 독자의 주의를 그가 쓰는 것 자체로 옮기게 하는 비평가를 제2급 이하거나 또는 독충(毒蟲)이라고 한 말은 우리에게 시사하는 많은 것을 가지고 있다고 생각한다.

엘리엇은 한 걸음 더 나아가서 "물론 비평적 저서나 논문이 많아지는 것은, 사실로도 많아지고 있지만, 작품 그것을 읽는 것보다 작품에 관한 저작을 읽는 악취미를 만들어 낼 것이다. 그 일은 취미를 교육하는 대신에 의견을 공급하는 것이다."라고 말하였다. 우리도 작품을 읽기 전에 그것에 대한 비평을 읽음으로써 그 작품에 대하여 어느덧 한 개의 편견을 주사(注射) 받아 가지고 있는 때가 얼마나 많은지 모른다. 오늘에 이르기까지도 단테나 셰익스피어에 대해서조차 뭇 사람은 그 작품에서 얻어 세운 자신의 의견이 아니라 전파된 남의 의견을 그대로 품고 있는 것이 대부분의 사실이다. 오늘의 우리가 어떤 작가나 작품에 대하여 가지고 있는 관념이란 게 대체로 이러한 이식된 편견인 경우가 많다. 작품에 관한 비평만을 읽는 것도 이처럼 불구(不具)한 일인데 더군다나 직접 작품에 관한 것이 아닌 비평론만을 많이 읽게 된다고 하는 것은 병적 분위기를 표징(標徵)하는 것이 아니면 아니 된다.

그러나 불행하게도 흔히 있기 쉬운 문단의 통폐는 사람들이 작품 대신에 비평만을 읽는 일이다. 그것도 더군다나 작품과 관련이 없는 비평론인 때가 많다. 이 폐해를 없애기 위해서도 우선 비평가는 비평이 아니라 다른 사람의 작품을 읽고 그러함으로써 구체적인 작품에 관한 실제적 비평을 보여 주어야 할 것이라고 믿는다.

다음에 비평은 철학이기 전에 과학이라야 할 것이다. 다시 말하면 비평가는 대상으로서 제공되었거나 선택한 작품을 판단하기 전에 그것을 구성하고 있는 뭇 계기를 분석하여 그 상호 간의 관계와 전체와 그 각 부분과의 관계를 구명해야 할 것이다. 분해한 다음에는 해명해야 할 것이다. 그리고 비교하고 판단하는 것은 비평이 해야 할 최후의 일이다. 나는 비평의 기준은 비평하는 작품이 갈릴 때마다 갈려야 된다는 엘리엇류의 의견에는 반드시 동의하고 싶지는 않다. 만약에 비평가가 판단하기 전에 충분히 또 공평하게 분석하고 해명하였다고 하면 그다음에는 그 일류의 기준을 가지고 판단할 권리를 그는 주장할 근거가 십분 있다고 생각한다.

또한 분석도 아니하고 해명도 아니하고 다만 판단만 제시되었을 때 우리는 그 판단의 이유를 알 수 없어서 어쩔 줄 모른다. 어떤 의견의 이유를 설명하는 일이 단순히 의견만을 가지고 오늘의 독자에 강박하려고 하는 것은 무리하기 짝이 없다. 우리는 사실로 우리의 주위에서 과학이기를 도피하고 성급하게도 철학이고 싶어 하는 돈키호테식의 부어오른 아리스토텔레스들을 많이 구경할 수 있는 것은 뼈아픈 풍경의 하나다. 그 위에 이 종류의 평가가 덕성조차 없을 경우에는 한 작품 속에서 기도된 여러 가지 문학상의 실험이나 발견에 대하여 고의로 무시하고 나오거나 또는 맹목이어서 오직 자기의 판단에 유리한 난점만을 가려서 공격하거나 폄하(貶下)하는 재료를 삼을 때에 그 작가나 시인이 받는 피해는 실로 큰 것이다. 그는 그 억울한 손해를 어디 가서 보상받아야 할지 모른다. 이러한 폭행에 가까운 비평에서 문학을 보호하는 것은 틀림없이 문학의 진보를 위하는 일이 될 것이다.

또한 비평가는 그의 분석과 해명의 과정을 거쳐서 그 작가나 시인의 입장을 추출(抽出)해야 할 것이다. 예를 든다면 한 작품이 어떠한 의도에서 씌어졌다는 것을 제시하고 그러한 의도로서는 그 작품이 얼마나 성공하고 실패했다는 것을 보여 주는 것이 좋을 것이다. 그다음에는 그는 그러한 것까지 통틀어 넣어서 그 작품에 대한 자기 일류의 판단을 내릴 것이다.

될 수만 있으면 비평하는 작품에 관해서 성립할 수 있는 여러 개의 의견을 제시한 후에 자기의 의견의 정당성을 강조한다면 더욱 좋을 것이다. 비평이 어느새 고정해 버려서 그러한 그 자신의 의견에만 모든 문학적 활동을 언제까지고 통일하려고 한다면 그것은 위험한 일이다. "비평 이론의 오류의 하나는 한 편에 한 사람의 가정적(假定的) 시인을 생각하고 다른 편으로 한 사람의 가정적 독자를 생각하는 일이다."(엘리엇) 비평은 시대와 함께 더 욕심을 말한다면 시대에 앞서서 움직여져야 할 것이다. 어떠한 시대에도 어떠한 곳에서도 진보에 봉사하는 것은 사물에 대한 객관적 파악 위에 선 의견이지 편견은 아니다. 그리하여 비평은 늘 문학과 함께 발전하며 성장해야 할 것이다.

시론·비평·감상의 한계

시인·비평가·감상자가 각각 다른 사람일 때에는 오직 한 가지 입장에 대한 파악이 밝으면 그만이지만, 만약에 이 세 가지를 한 사람이 겸할 때에 사실로 그렇게 명료하지 않을지라도 이 세 가지 입장을 한 사람이 뒤섞여서 경험하는 것이 오늘의 작가나 시인의 공통한 경험이지만, 그 경우 그것을 혼동함으로써 저도 모르게 과오를 범하는 일은 없는가. 또는 그 한계를 분명히 하지 못한 까닭에 스스로 혼란을 느끼는 일은 없는가. 또한 그것들 사이에 간격이나 모순을 느끼는 일은 없는가.

있다. 그것은 작가나 시인의 내면적으로 부딪치는 사색의 암초를 이루고 있는 것 같다. 세 가지의 혼동으로부터 오는 과오는 이미 지적했거니와 그 밖에도 한 사람의 시인이 비평가로서 제시한 비평의 기준과 그가 실제로 제작한 작품 사이에 생기는 거리는 그대로 그의 내면적 분열을 불러오지 않을까. 예를 들면 허버트 리드가 그의 『근대시의 형태』의 모두에서 토로한 고민도 그러한 것이다. "만약에 한 문학비평가가 우연히 시인일 경우에는 그는 딜레마를 경험하기 쉽다. 그것은 그보다도 더 산문적인 친구들의 철학적 평정(平靜)이 경험하지 않은 일이다. …… 그러한 '비평가 시인'(크리포에트)이 시의 형태 또는 구조와 같은 기본적인 문제를 파 들어갈 때에 그는 그 자신이 경험하는 사실에서 피해 낼 수 없다. 그는 그의 이론과 실제와의 사이에 무슨 방법이든지 통일을 세워야 할 것이다." 그러한 고민은 오늘의 시인이나 작가에게 있어서 거의 공통된 일이다. 우리는 대체 이 어려운 딜레마를 어떻게 가리고 나갈까.

나는 생각한다. 우리는 우리의 내부에 웅크린 시인과 비평가와 감상자의 입장을 밝혀서 그 위치를 정해 주어야 할 것이다. 그래서 우리는 그것을 각각 구별해서 구사함으로써 딜레마로부터 풀릴 길을 찾을 것이다. 그러한 일은 물론 어려울 것이나 그렇다고 내버릴 것이 아니고 어떻게든지 노력해서 얻어야 할 일이다.

첫째, 시인은 제작자다. 제작의 도정에 있어서는 그에게는 그의 예술만이 진실하다. 그는 오직 한 개의 방법론을 좇아간다. 그것은 그의 제작상의 신념과 필요를 체계화한 것이다. 따라서 그것은 주관적인 생리적인 부분 즉 자기반성과 자기 합리화의 측면을 농후하게 지니고 있다. 그가 시인의 한계를 넘어 디디지 않은 한 그것으로도 좋다. 그러나 그가 한 번 그의 경계를 넘어서 비평가가 되려고 할 때에는 그의 생리적인 자산(資産)은 모두 털어 버리고 객관적인 방법과 태도와 기준을 준비해야 할 것이다.

둘째, 비평가는 먼저 분석자다. 다음에는 판단자다. 시종일관 과학적인 객관적인 입장에 서야 한다. 그는 그의 시론을 초월해야 한다. 그것마저를 다른 대상과 함께 같은 계열에 놓을 흉도(胸度)가 있어야 한다.

셋째, 감상자는 향수자다. 분석이나 판단의 강렬한 요구를 느끼기 전에 우선 받아들여서 그중에서 일부를 선택해 가지고 일부를 거절한다. 그 일은 그의 자유에 속한다. 비평가에게는 그러한 자유가 허락되지 않는다. 그는 한 번은 거절하고 싶은 것도 그렇지 않은 것도 평등하게 분석해서 평가해야 하니까.

나는 최후로 리드가 제시한 이론과 실제의 상극에 대한 문제를 다시 생각해 보려고 한다. 시론이나 비평 속에서 보인 이론은 물론 제작의 이상에 관해서 말한 것이다. 그래서 실제의 제작과 그 이상과의 일치는 시인의 노력의 목표일 것이고 그의 제작이 그 이상에 미치지 못한다고 해서 곧 그 책임은 이상(理想)이 질 것은 아니고 오직 제작의 수양의 부족이 져야 할 것이다. 이상은 높을 수록 좋고 그것을 추구하는 시인의 시작은 항상 불행하게도 그 근방에조차 가까이 가지 못하는 것이 통례다. 그것은 시인의 영구한 비극이나 그렇다고 저간에 타협적 통일 같은 것은 도저히 용납되어서는 아니 된다.

"산문적 사색에서는 그는 바로 이상에 의하여 점령되어야 하나 시를 쓸 때에는 그는 오직 현실성을 취급할 수 있을 뿐이라고 말하련다."라고 한 엘리엇의 말은 그대로 리드의 고민에 대한 사실상의 해답일 것이다.

──「현대 비평의 딜레마──비평·감상·제작의 한계에 대하여」,《조선일보》(1935. 11. 29~12. 6);
『시론』, 42~54쪽

30년대의 소묘

맨 처음의 힘차고 뚜렷한 선언(宣言)
피스톤의 몽몽(濛濛)한 성명(聲明) 뒤에
더 주춤거림 없이 허나 여왕처럼
급행차는 정거장을 떠난다.
고개도 수그리지 않고 모르는 척 억누른 채
초라스레 밖에 지저분한 집들과 가스 공장과
드디어는 묘지에 비석(碑石)으로 씌어진
죽음의 음침한 글장을 그는 지나간다.

―스티븐 스펜더

우리 신문학(新文學)과 근대 의식

1

우리 신문학이 시작된 후 항용 삼십 년의 시일이 지나갔다고 한다. 삼십 년이라고 하면 서양류로 치면 겨우 한 세대다. 그러나 우리가 이삼십 년 동안에 겪은 문학적 경력은 실로 몇 세대가 아니라 삼사 세기에 필적한다. 서양에 있어서도 소위 구십 년대 이후라고 하는 것은 거진 십 년 만씩에 세대가 바뀌었다. 그것은 물론 문명의 진전이 가속도적으로 급격해 가는 때문일 것이다. 그러나 우리의 경우는 그것과는 달라서 다만 후진 사회의 당연한 욕구로서 현대 문명을 집약적으로 효과적으로 또 될 수 있는 대로 짧은 기간에 흡수하여 그 수준에 하루바삐 도달하려 함이었다.

조선에 있어서의 지금까지의 신문화의 코스를 한마디로서 요약한다면 그것은 '근대'의 추구였다. 따라서 이른바 신문학의 발생 당초의 그 성격은 서양에 있어서의 르네상스와 부합되는 점이 많다. 그도 그럴 것이 르네상스는 근대정신의 발상이었고 '근대'를 추구하는 후진 사회가 우선 르네상스의 정신과 방법을 채용한 것은 극히 자연스러운 일이었다.

근대 시민사회의 '이데올로기'로서의 근대정신의 발아였던 '르네상스'의 특징으로서 '세계와 인간의 발견'을 든다. 이렇게 새로 발견된 인간이란 개성 있는 한 불가침체(不可侵體)였고 계몽 시대에 이르러서는 이성의 이름에 의하여 절대화했다. 또 근대의 초 시작에는 여러 나라 나라의 민족국가의 형성 운동으로 해서 구주 지도는 여러 토막으로 갈라지면서도 '인간의 복음'은 상인들의 배에 실려 국경을 넘어 서로 왕래했을 뿐 아니라 전 세계에 범람하기 시작했던 것이다. 상업의 새 시장은 곧 다소간 르네상스의 영토이기도 하였다. 상품이 이렇게 '근대' 그것의 형성과 실로 밀접하게 결합하고 있었다는 것은 재미있는 일이다.

이렇게 르네상스의 세계화의 과정은 근대 시민사회 자체의 숙명적인 의욕이었다. 상품과 자본은 간단없이 국경을 뛰어넘어서 모든 미개발 대륙 혹은 도서(島嶼)에 '근대'를 부식(扶植)하면서 돌아다녔다. 그래서 이 근대 문화의 뜻하지 아니한 선교사들이 처음 가지고 들어간 것은 다름 아닌 '르네상스'의 복음이었다. 그리하여 '근대'는 실로 세계적 규모로 진전하면서 있었다.

이태리 그중에서도 피렌체에서 단(端)을 발(發)하여 서구 제국(諸國)을 휩쓸고 다음으로는 동양의 제(諸) 후진국가에까지 흘러온 르네상스의 유역을 더듬어 보는 것은 문화사의 재미있는 과제의 하나일 것이다. 이러한 르네상스의 전파에 있어서 적지 않게 매개의 노(勞)를 다한 것은 기독교회였다. 원래가 그것은 세계 종교여서 로마(羅馬)의 세계 국가의 한 과목으로서 채용된 것도 그 때문이다. 근세에 들어와서 신교의 분열, 국민교회의 분립 등이 있으면서도 그것의 세계성이라는 근본 성격에는 변함이 없었다. 그래서 선교사들의 등 뒤에는 어느덧 상인이 대선 것과 마찬가지로 르네상스의 정신이 또한 그들의 등에 의지하여 후진국가와 민족 속으로 들어갔던 것이다. 말하자면 선교사는 르네상스의 또 하나 뜻하지 않은 사도였던 것이다.

2

대원군의 집정으로써 비롯하는 조선 최근세사는 다름 아닌 은사국(隱士國) 조선이 담을 넘어 들어오는 이른바 '근대'를 어쩔 수 없이 맞아들이기 시작하여 이래 의식적 또는 무의식적으로 그것을 추구해 온 시기였다. 이조를 일관하여 지배해 오던 유교 문화에 반기를 든 전연 이질의 문화가 낡은 문화의 주초(柱礎)를 파 들어가기 시작했던 것이다. 인간 본위의 이 세계적인 근대 문화의 선봉이 낡은 문화와 부딪혀서 이곳에서처럼 처참한 피의 제전을 연출하고 고투한 유례는 드물 것이다. 생각하면 주로 19세기 후반에 혹은 선교사 혹은 무장 상선을 거쳐서 편린적(片鱗的)으로 흘러 들어온 '근대'라는 전연 빛 다른 세계에 향해서 이조 오백 년의 갖은 악몽에 찬 고집한 은둔자가 한 일은 실로 문을 굳게 닫고 사력을 다하여 그것을 배제하는 일이었다. 한일합병으로써 끝나는 이조 최후의 약 반세기간은 조선이 그 자신의 근대화를 필사적으로 회피하려고 하여 빚어낸 세계 문화사상 침통한 돈키호테의 재연이었다. 18세기의 저 불란서의 앙시클로페디스트[1]에도 필적할 정약용(丁若鏞) 등의 계몽사상 김옥균(金玉均) 등의 정치적 개혁 운동은 그 무모한 반동자의 갓신에 짓밟혀 그만 죽어 버렸다. 게다

---

1   앙시클로페디스트(encyclopaedist). 프랑스 백과전서파.

가 또 당시 태평양의 서안을 무대로 하고 일어난 국제간의 착잡한 각축은 드디어 이 완고하고 빈한한 지대를 돌볼 여유가 없이 되었다. 조선의 근대화를 더디게 한 또 한 가지 조건은 조선이 '근대'와 접촉한 것이 직접적이 아니고 대부분은 일본이나 청국을 거쳐서 한 간접적 교섭이었던 일이다. 즉 자극은 피부에 부닥친 것이 아니라 늘 소문의 형태로 전해 왔던 것이다. 여러 차례에 걸친 이른바 양이(洋夷)의 침범으로 하여금 그 직접적인 계기를 만들기에는 강화(江華) 수비가 지나치게 강하였고 평양(平壤) 난민의 돌팔매가 너무나 숙련하였던 것이다. 이리하야 가장 순조롭고도 급속했어야 할 조선의 근대화라는 과제는 그 첫걸음에서부터 불구한 모양을 띠었다. 피녀(彼女)의 최초의 세계사적 등장은 할 수 없이 관중의 조소와 식자의 통탄을 뒤집어쓸밖에 없었다.

3

그러나 잠시 열렸다 닫혔다 하는 동안에 비좁은 문틈을 새어 들어오고 또 유신(維新) 일본을 거쳐 밀려 들어온 '근대'의 섬광은 드디어 개화사상이라는 형태로 차츰 허울과 틀이 잡혔던 것이다. 다시 말하면 한 필수한 과정으로서 조선에도 르네상스는 피녀 자신의 호오(好惡)에 불구하고 진행되기 시작한 것이다. 신문학의 발생은 조선에 있어서의 르네상스 정신의 한 발화였고 나중에는 차츰차츰 그것의 가장 뚜렷하고 중요한 부면으로 발전하였다.

조선에서 이 르네상스가 싸워야 할 첫 적은 그것의 앞길에 완강하게 막아선 봉건적 유교적 구사상이었다. 그것은 이조 오백 년간 조선 사회의 골수에 맺히고 세포에 스민 치명적인 독소였다.

그러한 관념 형태의 마술적 표현 수단은 다름 아닌 한문이었다. 르네상스의 가장 굳센 한쪽 날개였던 신문학은 구사상과 결전하는 데 있어서 그 새로운 무기로 채용한 새로운 표현 수단은 이른바 언문(諺文)이었고 구어였다. 반드시 곧 그대로 구어가 아니었다고 할지라도 적어도 구어에의 의욕이 밑에 숨은 과도기적 형태로서의 문어였다.

개화사상이 바라 마지않는 것은 근대사상 내지 정신이라는 한 신선한 세계관, 인간관, 사고방식이었는데 이렇게 새로이 발견된 인간이 그 자신에 알맞은 표현 수단을 가지려 한 것은 당연한 일이었다.

서구 제국(諸國)에 있어서 근세 초에 그때까지도 국가나 교회의 공용문이고 또 유일한 학술어였던 '라틴'을 물리치고 각각 그 자신의 방언을 근거로 표준어를 형성해 간 것과 이 땅에 있어서도 역시 유일한 학술어요 공용문이었던 한문의 질곡을 버리고 조선말로써 새로운 시대와 민중의 가장 자연스럽고 적절한 표현 전달의 수단이라고 생각한 것은 서로서로 부절(符節)이 맞는다. 지금의 영어, 독어, 불어와 및 그 문학들은 이러한 공통된 자각에서 발생한 것으로 이태리에서조차 본래의 '라틴'은 어느덧 밀려가고 구어로 남은 '라틴' 속어에 기초를 둔 새로운 언어로서의 오늘의 이태리어를 형성함에 이르렀던 것이다. 우리 소설이나 시가 의식적으로 한문자(漢文字)나 한문(漢文) 구조를 배격하는 데는 이러한 역사적 의의가 깃들어 있었던 것이다. 오늘에 이르기까지도 소설이 (물론 그 전신인 이야기책이 순 한글로만 씌어졌다는 데도 까닭이 있겠지만) 늘 순 한글로 씌어지고 있는 것은 반드시 홀홀하게 여길 일이 아니다.

이렇게 개화 조선이 그 자신의 언어와 및 그것에 의한 문학을 수립하였다는 것은 조선 문화사상(史上) 획기적인 성과였던 것이다.

4

임화 씨의 신문학사 연구로 현대 소설의 어머니로서의 이른바 신소설의 성격이 매우 천명되었는데 그것은 거진 공통하게 '유토피아'적 요소가 중심 계기가 된 것으로써 우리 밖에 있는 '놀라운 세계' 즉 문명사회로 향하여 호기(好奇)와 경이의 눈을 뜨고 있었다. 신구(新舊) 두 대차(對蹉)되는 정신의 갈등, 즉 중세와 근대의 투쟁 같은 것이 작품의 기축이 된 것은 역시 춘원의 일부의 작품에서 시작된 듯하다. 새로운 문학이 바라고 힘쓴 일은 오로지 봉건적 '이데올로기'를 부숴 버리는 일, 유교적 질서, 영구한 정체에서 신분적 구속에서 인간을 해방하는 일이었다. 권리와 창조의 주체로서의 개성의 주장이었다.

그러나 우리 신문학의 '이데 ― '는 결코 이 초기의 단계에 그리 오래는 머물지 않았다. 그것은 서구가 이미 5세기나 6세기를 두고 걸어온 근대문학의 형성 과정을 그대로 더듬어 속성(速成)해야 했다. 실로 삼십 년이라는 짧은 동안에 그것을 졸업해야 할 벅찬 짐을 걸머지고 있는 것이다. 우리 신문학사가 나이로는 극히 어리면서도 그 내용에 있어서는 서구 제국(諸國)의 근대문학사 전부에 필적하는 복잡성을 가지게 되는 것은 그 때문이다. 그래서 소설에 있어서는 인도주의, 자연주의, 사실주의, 경향문학, 인상주의, 심리주의, 시에서는 로만주의(魯漫主義), 상징주의, 사회파, 모더니즘…… 이렇게 최근 구라파 문학이 체험한 내용을 우리도 또한 그러나 자못 창황하게 바삐바삐 소화된 상태에서 혹은 체한 대로 받아들여야 했다.

그러면 오늘의 우리 문학은 근대정신을 완전히 붙잡았으며 그것을 체현하였는가? 그래서 20세기적 단계에까지 도달하였는가? 이렇게 스스로 물어볼 때에 유감이나마 우리 생활과 사고, 사고와 생활 사이에는 중세와 근대의 틈사귀가 그대로 남아 있는 구석이 있으며 또 한 정신 속에도 봉건사상과 인문주의가 동서(同棲)하며 한 작가나 시인의 문학 속에 19세기와 20세기가 뒤섞여 있으며 한 상징시인 속에 로만파와 민요시인과 유행가수가 겹쳐 있는 것조차 도처에서 쉽사리 구경한다. 그러면 이러한 혼돈과 '아나키'[2]는 대체 어디서 오는 것일까? 이하에 나는 그 원인으로 생각되는 점 몇 가지를 들어 보려 한다.

첫째, 남은 실로 여러 세기를 거쳐 필연한 발전의 결과로 얻은 열매를 우리는 극히 짧은 동안에 모방 혹은 수입의 형식을 거쳐 속성해야 하는 동양적 후진성 때문인가 한다.

둘째, 보다 더 근본적인 원인으로 문화 전반의 지반을 이루는 조선 사회 그것이 근대화의 과정이 지지(遲遲)할 뿐 아니라 정상적이 아니었다는 것을 들어야 하리라고 생각한다. 그것은 우선 생산 조직을 근대적 규모와 양식에까지 끝끝내 발전시키지 못하고 있다. 고도로 발달된 생산의 근대적 기술은 오직 전설이나 일화로밖에는 우리에게 알려지지 못하였다. 그와 반대로 소비의 면에서는 모든 근대적 자극이 거진 남김없이 일상생활의 전면에 뻗어 들어온다. 말하자면 '근대'라고 하는 것은 실은 우리에게 있어서는 소비도시

---

[2] 아나키즘(anarchism). 무정부 상태.

와 및 소비생활 면에 '쇼윈도'처럼 단편적으로 진열되었을 뿐이다.

5

이러한 토양 위에서 근대정신의 정연한 발화를 바라는 것은 오히려 무리다. 그러나 우리는 이러한 현상에 반드시 실망만 하는 것은 아니다. 위에서 말한 것은 물론 개괄적인 기술이고 개별적으로는 근대정신의 정확한 파악자(把握者)를 찾을 수 있으며 또 그것의 발견인 문학도 지적할 수가 있다. 혼돈은 차츰차츰 질서로 향하여 정돈될 것이다. 역사는 반드시 사실만의 퇴적이 아니고 거기는 창조의 의지가 참여할 여지가 있는 것을 알기 때문이다. 뒤떨어졌다는 일만은 그러므로 그리 큰일은 아니다. 그 민족이 창조적 열의와 전진의 의지에 불타는 동안은 약간의 후진성쯤은 극복할 수 있을 것이다.

당장의 문제는 그러나 그런 데만 있는 것이 아니다. 실은 엉뚱한 딴 곳에서 튕겨져 나왔다. 그것은 이것이다. 우리가 개화 당초부터 그렇게 열심으로 추구해 오던 '근대'라는 것이 그 자체가 한 막다른 골목에 부딪쳤다는 것이 바로 그 일이다. 그리하여 르네상스 이래 오늘까지도 근대사회를 꿰뚫고 내려오던 지도 원리는 그것에서 연역할 수 있는 모든 답안을 남김없이 끄집어 내놓아 보였다. 그래서 얻은 최후의 해답이라는 것이 결국은 근대라는 것은 이 이상 발 하나 옮겨 놓을 수 없는 상태에 다다랐다는 심각한 인상이다. 파리의 낙성(落城)으로써 가장 상징적으로 표현된 곤혹이 바로 그것이다. 일찍이 이원조(李源朝) 씨는 우리 논단의 원리의 상실을 통탄하였다. 원리의 상실이란 다름 아닌 사상의 상실이라고 하면 오늘 남은 것은 사유만의 형해라는 것이 우리 자신의 속임 없는 소묘일 것이다. 최근 십 년간 우리가 끌어들인 여러 가지 사상, 모더니즘, 휴머니즘, 행동주의, 주지주의 등등은 어찌 보면 전후 구라파의 하잘것없는 신음 소리였으며 '근대' 그것의 말기적 경련이나 아니었든가? 그렇다면 대체 지난 십 년 동안의 우리의 노력은 무엇이었나? 우리는 저도 모르게 한낱 혼돈을 수입한 것이며 열매 없는 도로(徒勞)에 그치고 만 것일까? 그것을 긍정하는 것은 그러나 조급한 판단일까 한다. 이상의 혼돈이 '근대' 그것의 피할 수 없는 과정이라면 우리에게 있어서 그것은 차라리 미래를 위한 값있는 한 체험이었을 것이다. 우리는 거기 바친 정신과 시간의 소모를 굳이 후회할 것은 없다. 다만 그것들을 응수할 적의 우리의 태도가 그것들을 체험에까지 심화할 수 있도록 진지하였든가 또는 한낱 경박한 모방 행위에 그쳤는가 하는 데 따라서 그것들은 혹은 우리 문학과 정신 속에 좋은 비료로서 침전할 수도 있었고 혹은 한낱 지나가는 바람결이 되고 말 수도 있었을 것이다.

6

나는 앞에서 우리는 혹은 지난 십 년 동안 서양의 혼돈을 수입하지나 않았나 하는 의문을 걸어 보았다. 사실 오늘에 와서 이 이상 우리가 '근대' 또는 그것의 지역적 구현인 서양을 추구한다는 것은 아무리 보아도 우스워졌다. '유토피아'는 뒤집어진 세음이 되었다. 구라파 자체도 또 그것을 추구하던 후열(後列)의 제국(諸國)도 지금에 와서는 동등한 공허와 동요와 고민을 가지고 '근대'

의 파산이라는 의외의 국면에 소집된 세음이다.

　벌써 한 지역만을 요리할 수 있는 원리의 성공이라는 것은 가망이 없다. 그것은 조만간 세계적 규모에서 시련을 이기고 승리를 증명하기까지는 오늘의 원리라고 불리워질 수가 없다. 이런 의미에서 우리는 오늘을 단순한 서양사의 전환이라고 부르지 않고 보다 더 함축 있는 의미에서 세계사의 전환이라고 형용한다. 또 원리의 발견이라는 세계사적 계기는 반드시 구라파만의 당면한 특권이 아니다. 왜 그러냐 하면 종점에서는 선후의 구별 없이 한데 모여 서게 되는 것이고 동시에 새로운 출발점에서는 한 열에 설 수 있는 때문이다. 우리의 초조와 흥분은 실로 여기 유래하는 것이다.

　그렇다고 해서 오늘 기울어져 가는 '근대' 그것에 매질(罵叱)이나 조소만 퍼붓는 것은 그리 자랑이 될 것이 없다. 그것은 거리의 야지꾼조차 쉽사리 할 수 있는 일이다. 차라리 우리는 전보다 더 주밀한 관찰과 반성과 계량을 준비해야 할 때다. 우리는 지나간 삼십 년 동안의 우리 자신의 체험을 토대로 '근대' 그것을 다시 면밀하게 검토할 필요가 있겠다. 개인주의 자유주의 민주주의 등등 '근대'를 지도하던 뭇 원리는 벌써 휴지가 되었다 한다. 이 뭇 원리는 흘러간다 할지라도 '근대'의 기초에 가로누운 이른바 근대정신 그것 속에는 물론 버릴 것도 많겠으나 한편 추려서 새 시대에 유산으로 넘길 부분은 무엇무엇일까? 가령 사실의 정확한 계산과 법칙에 대한 열렬한 경도로써 표현할 수 있는 과학 정신은 '근대' 그것의 청산장에서 어떻게 취급되어야 할 것인가? 그것은 근대문명 그것의 착잡거대(錯雜巨大)한 구조의 기사(技師)가 아니었던가? 그것을 부려 온 고주(雇主)의 실책은 오늘 와서는 감출 수 없으나 그렇다고 해서 기사(技師)의 지식과 지혜의 산모인 과학 정신조차를 고발하려는 것은 무모나 만용이 아닐까? 잘못된 것은 고주의 의욕이었다. 새로운 세계의 구조에 있어서도 과학 정신은 의연히 가장 정확한 지표일 것이고 또 과학은 가장 신뢰할 수 있는 조언자일 것이다.

또 근대 상업주의의 모든 성공과 시책의 추진력이 되었던 모험의 정신은 그것이 국가나 개인의 분별없는 이욕(利慾)에 봉사하는 동안 도처에서 실수만 저질렀다 할지라도 이성과 지성의 참여에 의해서 창조의 정신으로 변신할 수도 있는 것이 아닐까?

이 순간에 우리는 '오늘'이라는 것의 성격에 대하여 확호(確乎)한 판단을 내리지는 못하고 있다. 그것을 벌써 새로운 시대의 진수식(進水式)으로 보고 경이는 벌써 시작된 듯이 말하는 사람도 있다. 그러나 한편으로 보면 시작된 것은 실은 아직도 새로운 시대가 아니고 '근대'의 결산 과정이나 아닐까? 새로운 시대는 오히려 당분간은 먼 혼란과 파괴와 모색의 저편에 있는 것이나 아닐까? 그렇다고 하면 지금 이 순간에 우리에게 던져진 긴급한 과제는 새 세계의 구상이기 전에 먼저 현명하고 정확한 결산이 아닐까 한다. 우리가 깊이 생각해야 할 중요한 점이 여기 숨어 있다고 나는 생각한다.

또 새로운 원리의 발견이거나 역사적 결산이거나 그것은 어떠한 개인의 머리에서 번득이는 천재적 환상만으로서는 아무것도 아니다. 비록 개인의 창의가 아무리 뛰어났다 할지라도 한 민족의 체험으로서 결정되고 조직된 연후에 비로소 시대의 추진력이 될 수 있게 된 것이 '오늘'이라는 역사적 일순(一瞬)의 특이한 성격인 것 같다. 왜 그러냐 하면 오늘의 이 창조와 결산의 이상스러운 향연에는 실로 각 민족이 민족의 자격으로써 참여하고 있으며 그것이 유일한 방식이 되어 있는 때문이다. 서양에서도 동양에서도 돌진하고 대립하는 것은 오직 민족뿐이다. 민족은 민족을 부른다. 그것은 개인주의의 제국(諸國)에서조차 낮잠 자던 민족을 불러 일으켰다. 제(諸) 민족의 전람회라 일컫는 미국조차 그 증언은 어떤 단일한 민족적 보증을 얻으려 하고 있다. 그래서 이번 역사의 전환은 한 철인이나 문인의 창조라느니보다도 각 민족 즉 그 성원의 집단적인 체험과 의욕의 투자를 요구한다.

그러나 여기는 한 한계가 있다. 앞에서도 이미 말이 미친 일이 있지만 오늘에 와서는 한 민족만을 구할 수 있는 원리라는 것은 벌써 있을 수 없다. 한 민족을 건질 수 있는 것은 동시에 그것은 세계적인 원리여야 한다. 그것은 한 민족의 창조적 의욕을 제 민족의 지지 위에 실현할 수 있는 보편적인 원리여야 할 것이다. 가령 로젠베르크의 신화설은 분명히 한 민족의 체험에 뿌리를 박은 것일 터이나 그것은 그대로 타민족에게 무리 없이 통용될 수 있을까? 딴은 베르사유의 질곡을 깨뜨리기 위한 전선을 조직하는 데는 민중의 절호한 흥분제였다. 그러나 나치스의 앞에 제출된 것은 벌써 한낱 독일만의 문제가 아니고 구라파 전체의 문제인 오늘에 와서는 로젠베르크는 차라리 독일 민족만의 신화 대신에 구라파 전체의 신화를 고안해야 하였다.

그런데 구주(歐洲)에 있어서 혹은 결산기 뒤에 앞으로 기대하는 신질서의 건설에는 제 민족이 민족의 자격으로 참가할 것으로 보이는데 이 민족을 내포하면서도 민족을 초월해야 할 신질서에 있어서 민족 상호간의 정신적 이해와 융합을 가능하게 할 유력한 수단은 무엇일까? 수백의 조문(條文)이나 규약이 달할 수 있는 형식의 한계를 넘어서 그것의 저편에 다시 깊이 맺어질 수 있는 것은 서로서로의 문화의 접촉과 포용과 존경이라는 노력이다. 민족과 민족의 정신은 오직 문화라는 운하(運河)를 통해서 왕래할 수 있다는 일은 매양 잊어버리기 쉽다. 그렇다고 해서 거기는 꾸며 보이는 포즈나 제스처가 섞여서는 아니 된다. 그것은 차라리 오해와 반발의 작인(作因)을 지을 따름일 것이다. 한 민족의 문화는 늘 그 자신의 존엄과 독창성과 의욕을 가지는 것이고 따라서 거기로 통하는 길은 오직 애(愛)와 존경을 거쳐서만 뚫려진다. 한 민족이 세계에 향해서 실로 그 자신이 이해되기를 원한다면 그것은 자신의 문화를 버림으로써 얻어질 리는 만무하다. 보다도 그 전통 및 생리와 보편성과의 충격과 조화와 충격의 끊임없는 운동을 따라 그 자신의 문화를 더 확충하고 심화하고 진전시킴으로써 이루어질 수 있을 뿐이다.

7

조선은 근대사회를 그 성숙한 모양으로 이루어 보지도 못하고 근대정신을 그 완전한 상태에서 체득해 보지도 못한 채 이제 '근대' 그것의 파국에 좋던 궂던 부딪치고 말았다. 벌써 새로이 문화적으로 모방하고 수입할 가치 있는 것을 구라파의 전장에서 기대할 수는 없다. 또다시 불구한 상태 그대로서 창황한 결산을 해야 하게 되었다. 그것은 어찌 보면 미증유의 창조의 시기 같기도 하다.

우리 문학은 여하간에 이상에 열거한 여러 문제를 해결할밖에 없을 것이다. 그것을 게을리하는 문학에는 우리는 아무것도 기대하지 않을 것이다. 그리고 그것이 이 세계사적인 중대한 포인트에 서서 문제의 처리에 반드시 고려에 넣어야 할 몇 가지 좌표도 미비하나마 암시하였다고 생각한다.

—「조선 문학에의 반성」,《인문평론》(1940. 10);『시론』, 57~69쪽

모더니즘의 역사적 위치

여기는 늙은이들의 나라가 아니다.
젊은이는 서로서로 팔을 끼고
새들은 나무숲에 ―
물러가는 세대는 저들의 노래에 취하며 ―

―W. B. 예이츠

    문학사는 과학이라야 할 것은 말할 필요도 없다. 사실의 객관적 인식에 충실해야 하는 것은 우선 그 안목일 것이다. 그러나 그것은 개개의 사건(유파·작품·작가·이론 등등)의 특수성을 붙잡아 끄집어내는 동시에 그 사건의 계열을 한 체계에 정돈해야 한다.
    어느 시기에 특히 문학을 하는 사람들 사이에 문학사를 요망하는 기운이 움직인다고 하면 그것은 그 시기의 문학이 자신의 계보를 정돈함으로써 거기 연결한 전통을 찾아서 그 앞길의 방향을 바로잡으려는 요구를 가지기 시작한 증거일 것이다. 이러한 조건이 어느 사이에 엄정하게 객관적이라야 할 문학사에 시대의 주관적 요구를 침투시킨다. 문화과학의 시대성이란 이런 데서 오는 것 같다.

우리들 사이에서 은연중에 들려오는 우리 신시사(新詩史) 요망의 소리는 틀림없이 수년래 시단의 혼미 속을 걸어오던 끝에 어디로든지 그 바른 진로를 찾아야 하겠고 그래서 교훈을 받으려 역사를 우러러보게 된 데서 일어난 것이 아닐까. 시선은 바로 돌려야 할 데로 돌려졌다.

우리 신시의 역사는 단순한 계기(繼起)·병존처럼 보이는 현상의 잡답 속에서도 (모든 역사가 그런 것처럼) 분명히 발전의 모양을 갖추었던 것이다. 긍정과 부정과 그 종합에서 다시 새로운 부정에로 ─ 이렇게 그것은 내용이 다른 가치의 끊임없는 투쟁의 역사였다. 새로운 가치가 요구되어서는 낡은 가치는 배격되었다. 신시의 여명기로부터 시작한 로맨티시즘과 상징주의는 이론적으로는 벌써 20년대의 중쯤에 끝났어야 할 것이다.

20년대의 후반은 물론 경향파(傾向派)의 시대였으나 30년대의 초기부터 중쯤까지의 약 5~6년 동안 특이한 모양을 갖추고 나왔던 모더니즘의 위치를 역사적으로는 어떻게 규정해야 할 것인가. 30년대의 중쯤에 와서는 벌써 이 모더니즘, 아니 우리 신시 전체가 한가지로 질적 변환을 일으켰던 것이다. 그 변환이 순조롭게 발전 못 한 곳에 그 뒤의 수년간의 혼미의 원인이 있었던 것이다. 이 탄탄한 발전을 초시작에서 막아 버린 데는 외적 원인과 함께 시단 자체의 태만도 또한 원인이 되었던 것이다.

이 소론의 목적은 제1차의 경향파의 뒤를 이어 제2차로 우리 신시에 결정적인 가치전환을 가져온 모더니즘의 역사적 성격과 위치를 규명해서 우리 신시사 전체에 대한 일관된 통견(洞見)을 가져 보자는데 있다. 새삼스럽게 필자가 이 제목을 가린 것은 30년대 말기 수년 동안의 시단의 혼미란 사실은 시인들이 모더니즘을 그 역사적 필연성과 발전에서 보지 못하고 단순한 한때의 사건으로 취급할 위험이 보이는 때문이다. 영구한 모더니즘이란 듣기만 해도 몸서리치는 말이다. 다만 그것은 어떠한 역사의 계기에 피치 못할 필연으로서 등장했으며 또한 그 뒤의 시는 그것에 대한 일정한 관련 아래서 발전한 것이 아니면 안 된다는 결론을 가짐이 없이는 신시사를 바로 이해했다고 할 수는 없다. 또 모더니즘의 역사성에 대한 파악이 없이는 그 뒤의 시는 참말로 정당한 역사적 코스를 찾았다고는 할 수 없다.

그런데 신시의 발전은 그것의 환경인 동시에 모체인 오늘의 문명에 대한 태도의 변천의 결과였다는 것은 매우 흥미있는 일이다. 모더니즘은 특히 이 점에 있어서 의식적이어서 그것은 틀림없이 문명에 대한 새로운 태도를 가져왔다. 이 일을 이해함이 없이는 신시사 전체는 물론 모더니즘은 더군다나 알 수 없이 된다.

19세기 중엽 이래 서양 문명은 더욱 급격하게 동양제국을 그 영향 아래 몰아넣었다. 일본·중국·인도 등 제국에서 일어난 신문학 — 소설, 서양 시의 모양을 딴 신체시(新體詩) 등은 맨 처음에는 서양 문학의 모방에서 시작되었다. 그것은 그 문학의 모체인 문명의 침입에 따라오는 불가피한 일이었다.

이렇게 색다른 문명의 진행을 따라서 거기는 반드시 거기 상응한 형식과 정서를 가진 문학이 자라나고 있었다는 사실은 '문학의 고고(孤高)'를 믿는 신도들에게는 놀라운 추문(醜聞)일 것이다. 동양의 젊은 시인들은 벌써 이태백(李太白)이나 두보(杜甫)처럼 노래하지는 않았다. 그러나 아직까지도 자신의 고유한 성향을 대부분 그대로 가지고 있는 그들이 먼저 맞아들인 것은 그들의 재래의 정서에 가장 근사한 로맨티시즘과 그 뒤에는 세기말의 시였다. 세기말의 시는 서양에 있어서는 그 문학이 가장 동양에 접근했던 예다. 여기 시먼스[1]와 예이츠와 타고르가 악수할 가능성이 있었던 것이다.

우리 신시의 선구자들이 이윽고 맞아들인 것은 로맨티시즘이었고 다음에는 이른바 동양적 정조에 가장 잘 맞는 세기말 문학이었다. 그런데 이 두 문학은 한결같이 진전하는 역사적 현실에 대하여 퇴각하는 자세를 보이는 문학이다.

로맨티시즘의 혁명성은 물론 인정하나 그것의 목표는 잃어버린 중세기의 탈환이었지 결코 새로운 시민의 질서가 아니었다. 로맨틱의 귀족들이 처음에는 그렇게 혁명적으로 보이다가도 필경 '7월 14일'적 돌진에서는 몸을 뒤로 끈 까닭은 실로 여기 있었다. 산업혁명의 불길 아래 형체 없이 사라져 가는 성과 기사와 공주의 중세기적 잔해의 완전한 종언에 눈물을 뿌린 최후의 만가(輓歌) 시인은 이른바 90년대의 사람들이었다.

은둔적인 회상적인 감상적인 동양인은 새 문명의 개화를 목전에 기다리면서도 오히려 그 중심에는 허물어져 가는 낡은 동양에 대한 애수를 기르면서 있었다. 애란(愛蘭)[2]의 황혼과 19세기의 황혼이 이상스럽게도 중복된 곳에 예이츠의 『갈대 속의 바람』의 매력이 생긴 것처럼 우리 신시의 여명기는 나면서부터도 황혼의 노래를 배운 셈이다. 20년대의 처음에 이르러서는 이들 선구자와 그 말류들은 벌써 신문학의 건설이라는 위대한 목표를 바라보면서 돌진하기를 그치고 맞아들인 황혼의 기분 속에 자신의 여린 감상을 파묻는 태만에 잠겨 버렸다.

1 아서 시먼스(Arthur Symons, 1865~1945). 영국의 시인, 평론가.
2 아일랜드의 한자 표기.

최초의 반격은 20년대의 중쯤부터 시작된 경향문학의 이론가의 손으로 되었다. 그것은 주로 사상의 반격이었다.

그러나 조선에서 '시에 있어서의 19세기'의 문학적 성격이 폭로되어 주로 문학적 입장에서 배격되기 시작한 것은 30년대에 들어선 뒤의 일이다.

모더니즘은 두 개의 부정을 준비했다. 하나는 로맨티시즘과 세기말 문학의 말류인 센티멘털 로맨티시즘을 위해서고, 다른 하나는 당시의 편내용주의(偏內容主義)의 경향을 위해서였다. 모더니즘은 시가 우선 언어의 예술이라는 자각과 시는 문명에 대한 일정한 감수를 기초로 한 다음 일정한 가치를 의식하고 씌어져야 된다는 주장 위에 섰다.

(1) 서양에서도 오늘의 문명에 해당한 진정한 의미의 새 문학이 나온 것은 20세기에 들어선 다음의 일이다. 20세기 속에 남아 있는 19세기 문학 말고 진정한 의미의 20세기 문학의 중요성은 여기 있는 것이다. 영국에 있어서는 조지안[3]은 아직도 19세기에 속하며 문학에 있어서의 20세기는 이미지스트에서 시작되었던 것이다. 불란서(佛蘭西)에서는 입체시(立體詩)의 시험 이후 다다, 초현실파에, 이태리의 미래파 등에 20세기 문학의 징후가 나타났다.

조선에서는 모더니스트들에 이르러 비로소 20세기의 문학은 의식적으로 추구되었다고 나는 본다. 낡은 센티멘털리즘은 다만 시인의 주관적 감상과 자연의 풍물만을 노래하였다. 오늘의 문명의 형태와 성격에 대해서도 그것이 그 속에 사는 사람들의 심정에 일으키는 상이한 정서에 대해서도 완전한 불감증이었다.

---

3   조지 시대. 영국 조지 1세부터 조지 4세까지의 재위 기간(1714~1830)의 시기.

모더니즘은 우선 오늘의 문명 속에서 나서 신선한 감각으로써 문명이 던지는 인상을 붙잡았다. 그것은 현대의 문명을 도피하려고 하는 모든 태도와는 달리 문명 그것 속에서 자라난 문명의 아들이었다. 그 일은 바꾸어 말하면 우리 신시 사상에 비로소 도회의 아들이 탄생했던 것이다. 제재(題材)부터 우선 도회에서 구했고 문명의 뭇 면이 풍월 대신에 등장했다. 문명 속에서 형성되어가는 새로운 감각, 정서, 사고가 나타났다.

　(2) 서양에 있어서도 20세기 문학의 특징의 하나는 (특히 시에 있어서) 말의 가치 발견에 전에 없던 노력을 바친 데 있다. 과거의 작시법에 의하면 말은 주장, 운율의 고저, 장단의 단위로서 생각되었고 조선에서는 음수 관계에서만 평가되었다.

　말의 음으로서의 가치, 시각적 영상, 의미의 가치, 또 이 여러 가지 가치의 상호작용에 의한 전체적 효과를 의식하고 일종의 건축학적 설계 아래서 시를 썼다. 시에 있어서 말은 단순한 수단 이상의 것이다. 모더니즘은 이러하여 전대의 운문(韻文)을 주로 한 작시법에 대항해서 그 자신의 어법을 지어냈다. 말의 함축이 달라졌고 문명의 속도에 해당하는 새 리듬을 물결과 범선의 행진과 기껏해야 기마행렬을 묘사할 정도를 넘지 못하던 전대의 리듬과는 딴판으로 기차와 비행기와 공장의 조음(燥音)과 군중의 규환을 반사시킨 회화의 내재적 리듬 속에 발견하고 또 창조하려고 했다.

　그래서 모더니즘이 전통적 센티멘털 로맨티시즘에 향해서 공격한 것은 내용의 진부와 형식의 고루였고 편내용주의에 대한 불만은 그 내용의 관념성과 말의 가치에 대한 소홀이라는 점이었다.

　그런데 조선에 있어서 모더니즘은 집단적 시 운동의 모양은 갖지 못했다. 또 위에서 말한 특징을 개개의 시인이 모조리 갖춘 것은 아니다. 오직 대부분은 부분적으로만 모더니즘의 징후를 나타냈다. 또 그것이 반드시 의식적인 것도 아니고 시인적 민감에 의한 천재적 발현인 경우가 많았다. 그러나 여하간에 위에서 말한 두 가지의 지표를 통해서 우리는 몇 사람의 우수한 시인과 그 시풍을 한 개의 유파로서 개괄하는 것은 타당한 일이다. 더군다나 그들의 활약한 30년대의 전반기에 있어서 시단의 젊은 추종자들이 압도적으로 이 영향 아래 있었던 사실은 이 시기를 한 개의 특이한 역사적 에포크로서 특징짓기에 족하다.

가령 최초의 모더니스트 정지용(鄭芝溶)은 거친 천재적 민감으로 말의 주로 음의 가치와 이미지, 청신하고 원시적인 시각적 이미지를 발견하였고 문명의 새 아들의 명랑한 감성을 처음으로 우리 시에 이끌어 들였다. 신석정(辛夕汀)은 환상 속에서 형용사와 명사의 비논리적 결합에 의하여 아름다운 상징적인 이미지들을 빚어내고 있었다. 그들은 운문적 리듬을 버리고 아름다운 회화를 썼다. 좀 뒤의 일이지만 시각적 이미지의 적확한 파악과 구사에 있어서 누구보다도 뛰어난 김광균(金光均) 씨, 신석정의 시풍을 인계하면서 더욱 조소적인 깊이를 가진 장만영(張萬榮) 씨, 그 밖에 박재윤(朴載崙) 씨, 조영출(趙靈出) 씨 등등에 이르기까지 일관한 시풍은 시단의 완전한 새 시대였다.

그러나 모더니즘은 30년대의 중쯤에 와서 한 위기에 부닥쳤다. 그것은 안으로는 모더니즘의 말의 중시가 이윽고 그 말류의 손으로 언어의 말초화로 타락되어 가는 경향이 어느새 발현되었고, 밖으로는 그들이 명랑한 전망 아래 감수하던 오늘의 문명이 점점 심각하게 어두워 가고 이즈러 가는 데 대한 그들의 시적 태도의 재정비를 필요로 함에 이른 때문이다.

이에 시를 기교주의적 말초화에서 다시 끌어내고 또 문명에 대한 시적 감수(感受)에서 비판에로 태도를 바로잡아야 했다. 그래서 사회성과 역사성을 이미 발견된 말의 가치를 통해서 형상화하는 일이다. 이에 말은 사회성과 역사성에 의하여 더욱 함축이 깊어지고 넓어지고 다양해져서 정서의 진동은 더욱 강해야 했다.

전 시단적(全詩壇的)으로 보면 그것은 그 전대의 경향파와 모더니즘의 종합이었다. 사실로 모더니즘의 말경에 와서는 경향파 계통의 시인 사이에도 말의 가치의 발견에 의한 자기반성이 모더니즘의 자기비판과 거의 때를 같이하여 일어났다고 보인다. 그것은 물론 모더니즘의 자극에 의한 것이라고 보여질 근거가 많다. 그래서 시단의 새 진로는 모더니즘과 사회성의 종합이라는 뚜렷한 방향을 찾았다. 그것은 나아가야 할 오직 하나의 바른길이었다.

그러나 그 길은 어려운 길이었다. 시인들은 그 길을 스스로 버렸고 또 버릴밖에 없다. 가장 우수한 최후의 모더니스트 이상은 모더니즘의 초극이라는 이 심각한 운명을 한 몸에 구현한 비극의 담당자였다.

30년대 말기 수년은 어느 시인에게 있어서도 혼미였다. 새로운 진로는 발견되어야 했다. 그러나 그것은 어떤 길이든지 간에 모더니즘을 쉽사리 잊어버림으로써만 될 일은 결코 아니었다. 무슨 의미로든지 모더니즘으로부터 발전이 아니면 아니 되었다.

——「모더니즘의 역사적 위치」,《인문평론》(1939. 10); 『시론』, 70~78쪽

1933년 시단의 회고

1

시험 삼아 1933년 동안의 몇 개의 큰 잡지의 시란(詩欄)을 살펴볼 때 우리는 거기에 전개되는 아나키의 상태에 놀라지 않을 수 없다. 거기는 로맨틱이나 심벌리즘의 잔재를 반추하는 무기력한 타성 작용이 폭로되어 있는 것을 본다. 더욱 놀라운 것은 한 시란 속에서 엘리자베스 시대와 '슈투름 운트 드랑' 시대와 파르나시앵(parnassien)과 그러한 여러 개의 시대가 지극히 조잡한 형태로 한 시대의 수준에 어깨를 나란히 하고 부침하고 있는 일이다. 그것은 한 개의 산 전람회가 아니라 차라리 박물관을 연상시킨다. 이렇게 한 개의 불가능이 현실적으로 가능한 곳에 조선 시단의 특수 사정이 있었는가 보다. 우리는 1933년에 다시 등장하여 활동한 월탄(月灘), 안서(岸曙), 늘샘 등의 시를 얻어 보고 기뻐하였다. 그러나 그들이 새 시대의 시에 아무것도 가할 수 없는 것을 발견하였을 때 우리는 과거의 대가들에 대하여 일종의 환멸을 느꼈다. 월탄에게서 본 것은 일찍이 『흑방비곡(黑房秘曲)』이 짜내던 그 현란한 상징주의의 향기가 아니었다. 안서의 새로운 의장인 듯한 소위 평면시 서사시는 그것들이 발표될 적마다 그것은 오직 뮤즈(시신)가 떠나간 뒤의 텅 빈 상아탑의 잔해에 불과한 것을 더욱 깊이 인상시킬 뿐이었다. 그리고 선배들의 뒤를 이어야 할 새 세대는 (물론 우수한 몇 사람의 시인은 제외하고) 진실로 시대적으로 그들의 일을 계승하여 발전시키고 있다고 할 수 있을까.

여기에 로맨티시즘의 에피고넨(Epigonen)이 있는가 하면 저기는 센티멘털리즘이 있다. 그것들은 진정한 의미의 로맨티시즘도 아니다. 허버트 리드의 말을 빌리면 그것은 센티멘털 로맨티시즘의 일종에 불과하다. 거기는 아직도 예술가와 아마추어의 구별조차 확립되지 못하였다. 우리는 시험 삼아 매슈 아널드가 그의 시집(1852년판) 서문에서 인용한 괴테의 말을 참고로 생각해 보자.

아마추어로부터 예술가를 구별하는 것은 최고의 의미에서의 건축학이다. 즉 창조하고 형성하고 축조하는 것을 실행하는 힘이다.

거장의 이 말을 염두에 두면서 우리 시단을 둘러볼 때 우리는 거기에 미만(彌滿)해 있는 불명예스러운 아마추어적 경지를 부인할 용기를 가질 수 없다. 또한 거기는 사실의 단순한 통지에 불과한 것이 시의 형상을 가지고 얼마나 많이 등장하는지 모른다.

리드는 "어떤 길이의 시든지 시는 가시적이다. 그렇지 않으면 그것은 지루하다. 그것은 동작의 힘 또는 영상의 힘에 의하여 가시적이라야 한다. 그것은 시(詩)인 동안은 통지적(通知的) 또는 개념적일 수 없다."고 말하였다.

그러나 우리들의 주위에는 그러한 통지 혹은 개념의 집적(集積)에 불과한 시가 얼마든지 흩어져 있다. 여기에 또 시집 『빛나는 지역』으로 대표되는 센티멘털리즘의 범람이다. 나는 기회 있을 적마다 센티멘털리즘에 대하여 항쟁하려고 했고 나 자신 속에서도 때때로 머리를 치켜들려고 하는 센티멘털리즘을 청산하는 데 필사의 노력을 바쳐 왔다. 센티멘털리즘은 예술을 부정하는 하나의 허무다.

시의 제작 과정에 있어서 센티멘털리즘은 예술적 형상의 작용을 방해하고 시의 내용으로서, 즉 한 개의 사회적 모럴로서 나타날 때 단순한 치정의 옹호에 그치고 만다. (시인 박용철(朴龍喆) 씨는 시론으로 센티멘털리즘을 주장하였는데, 그 점에 있어서 씨는 나와 대척점에 서 있다.)

2

이러한 거의 사(死)에 가까운 권태와 정돈(停頓)에 대하여 가장 민감하여야 할 시인들이 아무러한 통렬한 비판과 반성이 없이 한 개의 에피고넨으로 만족하는 것은 대체 무슨 까닭이었을까.

가장 창조적인 시인은 어떤 완성된 시파의 에피고넨으로서 정지하지는 아니할 것이다. 그는 월탄이 노래한 그러한 세계를, 또는 안서가 노래한 세계를 그들과 똑같은 모양으로 노래하는 일이 무의미한 것을 느낄 것이다. 그것은 사실 필요하지 않은 일이다. 그는 서서히 그 자신의 독창적 세계의 건축에로 출발할 것이다. 그의 속에는 실로 전래의 모든 거장의 일부분이 깃들여 있을 것이다. 버지니아 울프가 그의 『어떤 젊은 시인에게 보내는 편지』 속에서 말한 것처럼 "과거의 모든 시인이 그의 속에 살아 있고 조만간 모든 시인이 그의 속에서 나올 그러한 시인"일 것이다. 다시 말하면 오늘의 시인은 그의 예술적 주장의 과정에서 과거 시사(詩史)의 모든 발전단계를 경험한 후 거기서부터 별다른 새 세계를 준비하는 시인일 것이다. 프로이트에 의하면 모든 사람은 그 모태 안에서 인류가 몇억만 년 동안 지내온 진화의 전 계단을, 즉 아메바로부터 현대의 사람에까지 이르는 과정을 단축하여 경험한다고 한다. 오늘의 시인은 모든 과거의 전통적 분위기를 그 태반과 함께 차 버리고 낡은 시대의 치명적인 침묵을 깨뜨리는 반역자라야 할 것이다. 예술사상에 있어서 새로운 반역은 한 개의 생명이며, 힘이며, 발전이며, 창조며, 아니 예술 자체다.

"만약 군(君)이 미에 대한 욕망을 가지고 있다고 하면 오늘날에 와서는 새로운 미를 창조하는 길밖에 없다. 군은 과거의 위에서 군 자신을 더 길러 갈 수는 없다. 그것의 재산은 없어졌다. 과거는 아무 데서도 실재가 아니다."(윈덤 루이스)

그러므로 내가 오늘의 동료들에게 권하고 싶은 것은 과거에 대한 노예적 맹종의 미덕이 아니다. 차라리 일견 무모한 모험과 실험의 미덕에 대하여서다.

"우리들의 가장 우수한 소설가들은 항상 실험가였다."는 페레스포드의 말은 시인에게도 그대로 맞는 말이다. 그러면 우리들 속에서는 아무 데서도 그러한 실험적인 정신이 움직이지 않았던가. 아니다. 움직였다. 그러한 무모(?)한 반도자(叛逃者)들의 난폭한 굉음을 우리는 이 소란한 무질서 속에서도 희미하게나마 들을 수가 있었다.

정지용(鄭芝溶)

첫째로 조선 신시 사상에 새로운 시기를 그으려고 하는 어린 반역자들의 유일한 선구자인 시인 정지용 씨의 뚜렷한 발자취가 그것이다. 그렇게 다변(多辯)한 비평가들도 씨가 가진 가치와 신시 사상의 위치를 가장 정당하게 인식하고 지정해 놓았다는 말을 과문(寡聞)한 나는 들은 일이 없다. 일찍이 잡지 《신동아(新東亞)》 (1933년 12월)에 양주동 씨가 한 정지용 씨에 대한 평은 정지용 씨의 빛나는 진가가 당연히 가져야 할 명예라고 나는 생각한다. 벌써 20년대의 후반기부터 그는 전혀 빛다른 시풍을 가지고 잡지 《조선지광(朝鮮之光)》, 계간 《시문학(詩文學)》 등을 무대로 초창기를 겨우 벗어난 조선 시단에 고만(高慢)한 이단자의 소리를 보냈던 것이다. 그리고 몇 해 동안 그의 시는 도무지 얻어 볼 수가 없었다. 그러던 것이 1933년에 와서 잡지 《가톨릭 청년》의 창간과 함께 다시 그 지상에서 그 완미(完美)에 가까운 주옥같은 시편을 발표하여 조선의 어린 시단에 작용할 수가 있는 것은 1933년 우리 시단의 큰 수확이었다.

그는 실로 우리의 시 속에 '현대의 호흡과 맥박'을 불어넣은 최초의 시인이었다. 일시 시단을 풍미하던 상징주의의 몽롱한 음악 속에서 시를 건져 낸 것은 크다. 그래서 상징주의 시의 시간적 단조에 불만을 품고 시 속에 공간성을 이끌어 넣었었다. 시는 시간적이어서 공간적인 회화에 명료하게 대립한다고 한 것은 레싱의 『라오콘』[1]이 가진 단순한 생각이다.

---

1 1766년에 간행된 예술비평서.

그런데 레싱 이후 로맨틱 시대를 지나 상징주의 시대에 이르기까지 시는 단순히 시간성 속에 규제할 것이라는 이 기계적 해석이 시인들의 머리를 지배하였다. 시에 있어서 그것이 가진 공간성이 중요하게 보여지기 시작한 것은 20세기 들어서의 중요한 신시 운동의 산물이 아닌가 한다. 시간적이라고 하는 것은 필연적으로 음악적인 것, 다시 말하면 가청적(可聽的)인 것을 의미한다. 브레몽의 순수시의 주장은 시의 이 방향을 극단으로 전개시킨 것이다. 이디스 시트웰도 이 방향을 중시한다. 이 점이 그가 다른 이미지스트와 구별되는 점이다. 이와 반대로 공간적이라 함은 회화적인 것, 다시 말하면 가시적인 성질을 의미한다. (엘리엇, 커밍스 등의 시의 특징이다.)

그런데 미래파나 초현실파의 그림에는 시간적 동존성(同存性)이 의식적으로 기도되었으며 사상파(寫象派)의 시 속에서는 어떻게 의식적으로 가시성이 존중되었는가. 이곳에 현대의 모든 예술의 장르와 장르의 혼선이 숨어 있다. 그래서 시인이면 시인, 음악가면 음악가들의 추구하는 목표 속에는 포에지(poesie)라고 하는 것에 대한 단일적인 공통한 요구가 그 저류에서 흐르고 있는 것이다. 현대시의 이러한 근본적 요구를 우리 가운데서 가장 뚜렷하게 파악한 것은 이 시인이었다. 어떤 평가(評家)들은 그의 시의 감각성을 지시하여 (실로 영광스럽게도 필자까지를 넣어서) 다소 경멸의 뜻을 포함시켜서 신감각파라고 명명한 일도 있다. 그러나 그들이 감각이라는 이 말을 관능적인, 말초신경적인 의미로 쓰지 않고 가장 야성적이고, 원시적이고, 직관적인 감성을 가리켜서 쓴 것이라면 이 말은 타당할는지도 모른다.

그는 실로 그러한 특이한 감성의 창문을 열어서 현대의 심장에서 움직이고 있는 지적 정신, 더 광범하게 말하면 고전적 정신을 민감하게 맞아들여서 그것에 상당한 독창적인 형상을 주었다. 시는 무엇보다도 우선 언어를 재료로 하고 성립되는 것이라는 것을 명확하게 인식하고 시의 유일한 매개인 이 언어에 대하여 주의한 최초의 시인이었다. 그래서 우리말의 각개의 단어가 가지고 있는 무게와 감촉과 광(光)과 음(陰)과 형(形)과 음(音)에 대하여 그처럼 적확한 식별을 가지고 구사하는 시인을 우리는 아직 알지 못한다. 그뿐 아니라 단어와 단어의 특이한 결합에 의하여 언어의 향기를 빚어내는 우수한 수완을 씨는 가지고 있었다.

그래서 그는 안서(岸曙) 등이 성하게 써 오던 '하여라', '있어라'로 끝나는 시행들에서부터 오는 부자연하고 기계적인 리듬의 구속을 아낌없이 깨 버리고 일상 대화의 어법을 그대로 시에 이끌어 넣어서 생기 있고 자연스러운 내적 리듬을 창조하였다.

시는 어디까지나 산문과 달라서 응결(凝結)하는 데 생명이 있는 것이다. 씨는 그의 시에서 모든 불필요한 부분을 털어 버리고 어떤 때에는 시의 한 행을 오직 한 개의 단어에 집약해서까지 시를 가장 정수(精粹)한 상태로 순화시켰다. 모든 선구자의 운명과 같이 씨는 불우하였던 것이다. 그러나 씨의 진가는 차츰차츰 알려져 갔다. 그것은 기꺼운 일이다.

신석정(辛夕汀)

그리고 우리는 정지용 씨처럼 현대 문명 그 속에서 그 주위와 자아의 내부에 향하여 특이하고 세련된 시안(詩眼)을 돌리는 것이 아니라 현대 문명의 잡답(雜踏)을 멀리 피한 곳에 한 개의 유토피아를 음모하는 목가시인 신석정을 잊을 수는 없다. 그가 꿈꾸는 시의 세계는 전혀 개성적인 것이다. 그는 목신의 조는 듯한 세계를 조금도 과장하지 아니한 소박한 리듬을 가지고 노래한다. "녹색 침대", "공상(空想)의 새새끼" 등 그가 쓰는 이미지(영상)는 전혀 독창적인 미(美)를 가지고 있었다. 그는 조음난조(操音亂調)에 찬 현대 문명의 매연을 모르는 다비드의 행복한 고향에 피폐한 현대인의 영혼을 위하여 한 개의 안식소를 준비하려 하고 있다. 그의 목가 그 자체가 견지에 따라서는 훌륭하게 현대 문명에 대한 간접적인 비판이기도 하다.

현대시는 기술의 방면에 있어서 여러 가지의 새로운 방법을 개척하였다. 주로 잡지 《신여성(新女性)》의 시란을 통하여 꾸준히 아름다운 시를 보여 주던 시인 박재륜(朴載崙) 씨는 1933년 중에 《신여성》에 발표한 몇 편의 시만으로도 그가 시단의 일반적 수준보다 높은 실력에 도달한 것을 스스로 말하였다. 그가 구사하는 이미지는 결코 전통적인 것은 아니었다. 그러한 특이한 이미지를 연결하여 빚어내는 그의 메타포(은유)는 자못 함축 많은 사상의 의문(衣紋)과 깊이를 가지고 있었다.

시인 박재륜 씨는 그의 시에서 항상 어법에 대한 주도(周到)한 주의와 조탁(彫琢)을 베풀고 있었다. 다만 단어 그것의 미보다도 단어와 단어의 결합에서 오는 의미의 교향에 깊은 관심을 가지고 이를 구사하고 있었던 것이다.

―「1933년도 시단의 회고와 전망」, 《조선일보》(1933. 12. 7~13); 『시론』, 79~86쪽

30년대 도미(掉尾)의 시단 동태

1

다만 한 편의 시를 사화집 속에 남김으로써 기억되는 시인이 있다. 그것은 과연 시인의 영광일까? 몇 사람의 동호(同好)의 사(士)가 무슨 계기를 만들어 가지고 혹은 꽃을 두고 인정을 두고 시를 써서 바꾸는 시회(詩會)라는 것이 있었다. 거기서는 주제가 똑같고 통일되었으니까 짓는 사람이나 읽는 사람이나 노리는 것은 주로 표현의 묘였다. 한 편의 시(詩)가 또는 한 편 속의 한 구절이라도 절묘한 것이 있으면 그것이 찬탄된다. 이것은 동양의 오래인 습관이다. 그러므로 한 시대의 시 속에 그 시대의 정신을 추구해 보거나 한 시인의 시인적 발전 속에 시대를 살아 나간 한 정신의 역사를 더듬어 본다든지 하는 일은 얼마 돌보지들 않는 습관이 우리 속에도 있다. 삼천 년 전 혹은 이천 년 전에 한 번 이룬 찬연한 문화 뒤에는 오직 타성에 지배된 오랜 동양적 정돈(停頓) 속에서 빚어진 필연한 결과다. 따라서 그러한 분위기에서는 형성하는 정신이 자라나는 것이 아니고 면밀한 장인바치 기질이 유전될 뿐이다. 서양 문화에 대립시켜서 동양 문화의 특징을 장식성에 있다고 말한 사람도 있지만 동양에 장식미술이 정묘한 발달을 했고 또 널리 동양 미술의 대부분이 장식성을 띠게 되었다는 것은 결코 우연한 일이 아니다. 유교 문화의 한 작은 저수지였던 이조 시대의 유물인 그 골동에서 우리는 이러한 장식성, 혹은 장인바치 기질의 가장 심한 예를 본다.

한 편의 시 또는 그 한 구절에서 오직 정묘한 언어의 자수(刺繡)를 계획한다는 것 또 시를 대할 적에 그 어느 구절의 교치(巧緻)를 극(極)한 말재주만을 찾는다는 것은 시를 짓거나 읽는 바른 태도일까? 그것은 옳은 일일까? 이 일의 시비는 잠시 말하지 말고 이러한 장인바치 기질이 우리 시인 사이에 오늘까지 남아 있고 아니 더 성해 가고 또한 시에게 언어의 자수(刺繡)만을 찾는 독자가 많이 있고 또 늘어 갈는지도 모른다는 일은 이해가 바뀌려는 시간에 깊이 반성해야 할 일의 하나라고 필자는 생각한다.

2

여기 사화집(詞華集) 편찬 방침의 중요성이 있다. 다만 막연히 좋다고 하는 시편만을 수록하는 방침이 있다. 대중을 목표로 하고 짜는 사화집의 대부분이 이에 속하고 One-poem poet라는 말이 생기는 것도 이런 사화집 때문이다. 시인은 전연 제 마음과는 딴 모양으로 전연 의외의 시에 의해서 대표되는 때가 대부분이다. 스티븐 제임스는 시인에게 향해서 이런 충고를 했다. 만약에 한 시화집에 열 명 이상의 시인이 수록될 경우에는 참가를 거절함이 좋다. 또 자기의 시가 열 편 이상 수록될 수 없는 경우에는 역시 사절하는 것이 현명하다고. 제1의 방침은 한 시인에 대한 착각을 결과하기가 쉽고, 시대라고 하는 장소를 잃은 선녀와 같은 모양으로 시가 독자 앞에 나타나게 되기 쉽고, 발전이라고 하는 중대한 각도를 시나 시인에게서 거세하는 불행한 결과를 낳기 쉽다. 제2의 방침은 화초라든지 전쟁이라든지 연애라든지 한 일정한 공통된 주제를 표준으로 하고 수록하는 것이다. 그것은 매우 편의(便宜) 있는 때가 많다. 앞엣것과 같은 오해를 가져올 위험은 퍽 적다.

또 시대와 유파에 대한 어느 정도까지의 통찰을 가질 수 있도록 주밀한 설계 아래서 특정한 각 시기의 한 나라의 시사를 방불(彷彿) 시키려는 의도로 된 사화집이 있다. 가령 칼러쿠치 교수의 『옥스퍼드 영사화집(英詞華集)』 같은 것은 그러한 유용한 것의 대표일 것이다. 또 『사상파(寫象派) 시화집』이라든지 에즈라 파운드 편찬 『액티브 앤솔러지』 모양으로 한 유파의 문학 운동의 표현인 것도 있다.

우리는 1940년 초에 임화(林和) 씨 편 『현대조선시인선집』과 이하윤(異河潤) 씨 편 『현대서정시선』의 두 사화집을 맞았는데 후자는 우리가 말한 제2의 카테고리에 속하는 것으로서 현대시를 서정시와 서정시 아닌 것으로 나누어서 취급한 것은 매우 현명한 일이었다고 생각한다. 다만 이러한 좋은 수확들이 장인바치 의식으로서만 향수될 것을 염려하여 금후의 사화집 편자는 임화 씨가 전기(前記) 사화집에서 말한 시대적 관점과 역사적 관점을 더욱 명료하게 구현하기를 희망한다.

3

그러면 장인바치 기질에 대립하는 것은 무엇인가? 필자는 그것을 진정한 의미의 시정신이라고 한다. 시정신이라는 말이 항용 단순한 시인적 기질의 동의어로 씌여지는 경향이 있는 것은 매우 반갑지 못한 일이다. 정신이라는 말은 단순한 심리 이상의 것을 의미한다. 막스 셸러의 현상학적 심리학에 있어서의 정신이라는 것도 그렇다고 생각한다. 문화의 형성이라는 일을 떠나서는 정신이라는 말은 난센스다. 한 시대가 품고 있는 문화 의욕을 자신 속에 나누어 가지고 그것을 시에 구현해 가는 창조적 정신이야말로 시정신이라는 말에 해당한다. 그래서 한 시인의 경력은 동(動)하는 역사 속에서 끊임없이 확대되고 높아 가는 한 시대의 가치 의식을 체현하여 그것을 발전시켜 가는 한 특수한 정신사에 틀림없다. 여기 시가 보편성을 가지는 계기가 있다. 다시 말하면 시란 가치의 형성이고, 뿐만 아니라 그것은 좁은 개성의 울타리를 넘어서 한 시대의 보편적인 문화에 늘 다리를 걸쳐 놓고 있는 것이다. 한 편의 당시(唐詩)나 고시조는 결코 이러한 것으로서는 우리의 감상을 받지 못한다.

4

이리해서 장인바치 기질로부터 시정신을 구별하는 선(線)은 동시에 시의 구세대와 신세대를 구별하는 경계선이기도 한다. 심하게 말하면 고대와 근세를 갈라놓는 경계선이며 동양적 부동성에 반역하는 창조적 정신의 출발점이다. 근년에 우리 고전에 대한 관심과 열의가 팽배한 것은 매우 좋았으나 그것이 시뿐 아니라 문화의 넓은 영역에 의외에도 동양적 부동성마저를 지지하는 경향을 가져왔다면 모처럼 발흥된 좋은 기운에서 가장 원치 않았던 열매를 띠게 된 세음이다. 임화 씨의 「시단의 신세대」(《조선일보》)라는 논문은 지난해 동안 우리 사이에 시에 대해서 쓰여진 가장 정열적인 문자였고 또 거기 해당한 감명을 각 방면에 깊이 남겼거니와 씨가 추장(推獎)한 두 시인 즉 김광균(金光均) 씨와 오장환(吳章煥) 씨 속에 공명하는 것은 결코 단순한 언어의 문양이 아니었다. 그런 것이라면 우리는 딴데서 수두룩하게 발견할 수 있을 것이다. 물론 시란 한 시대의 방언의 특이한 부문임에는 틀림없다. 따라서 그것은 의미의 형성이다. 다만 그것이 다른 언어 양식과 달라서 보다 농후하게 그 시대의 정서 생활의 흔적을 남겨 가진다는 점이 주목되어져야 할 따름이다.

분수(噴水)처럼 흩어지는 푸른 종(鐘)소리
—김광균 씨, 「외인촌(外人村)」, 시집 『와사등(瓦斯燈)』에서

파 — 란 기폭(旗幅)이 바람에 부서진다
—동씨(同氏), 「가로수」, 동서(同書)에서

등에서 가장 그 전형적인 어법을 보이는 김광균 씨의 『와사등』에서 오는 경이(驚異)란 주장 어디서 오는 것일까? 그것은 우리가 공감할 수 있는 현대의 방언인 때문이 아닐까? 우리는 과거의 문법과 어법을 한 가지로 쓸 대로 써 버려서 그것은 우리의 객관적 인식과 주관적 정서를 기호(記號)하는 수단으로서 너무 낡아 버린 것을 느낀다. 자연과학에 있어서 수식은 우리의 객관적 인식의 기호로서 경이에 해당한 발달을 하였고 뭇 문화과학의 용어에까지 이를 확장시키려는 기호논리학의 기도는 언어의 과학적 명제로

서의 기능에 아주 새로운 가능성을 개척하고 있다. 이 방면에 있어서도 과거의 형식논리학은 날로 정밀해 가는 오늘의 물리학과 및 과학으로서의 확립하려는 오늘의 문화과학, 사회과학의 의욕을 만족시킬 수가 없다. 이와 마찬가지로 정서를 기록하고 유발하는 언어로서의 시의 문법 내지 어법도 빅토리안[1]은 더군다나 조지안의 방언을 가지고는 만족할 수가 없었다. 남포(南浦)의 뱃사공은 가령 안서(岸曙)의 어법에 매우 동감할 것이다. 브리지스의 말은 상원 의사록과 일치할 것이다. 그러나 현대인의 정서의 현을 건드려 울리기에는 너무나 단순하고 단조하다. 이것은 매우 애매한 비유일지 모르나 19세기의 시인이 튀기는 풍금은 줄이 하나뿐인데 현대의 시인의 그것은 무척 줄이 많다. 다시 말하면 더 고도의 하모니를 나타낼 수가 있다. 또 19세기의 마음은 오직 한 줄만 때려도 감동했는데 현대의 마음은 여러 개의 줄을 동시에 혹은 계속해서 건드림으로써 빚어지는 복잡한 뉘앙스에서만 비로소 감동한다.

    김광균 씨를 작년이나 금년에 나온 신인처럼 취급하는 데 대해서는 필자는 매우 의외로 생각한다. 그는 벌써 30년대의 전반기부터 우리 사이에서 특이한 존재였는데 다만 요사이에야 여러 군데서 늦게 주목하기 시작했달 따름이다. 그는 맨 처음부터도 특이한 방언을 가지고 나타났다. 그것이 우리의 요망을 유다르게도 만족시키는 작용을 갖춘 것을 사람들은 그리 주의하지 않았다. 소월(素月)이나 박용철(朴龍喆) 씨가 아무리 울라고 강권해도 울지 못하던 사람들도

---

[1] Victorian. 빅토리아 여왕 시대(1837~1901).

슬픈 도시엔 일몰(日沒)이 오고
시계점 지붕 위에 청동(靑銅) 비둘기
바람이 부는 날은 구구 울었다.

—김광균 씨, 「광장」, 『와사등』 속에서

에 이르러서는 어느새 제 자신의 소리 없는 흐느낌 소리를 깨쳐 듣고는 놀랐다. 그가 전하는 의미의 비밀은 임화 씨도 지적한 것처럼 그 회화성에 있는데 사실 그는 소리조차를 모양으로 번역하는 기이한 재주를 가졌다. 벌써 레오나르도 다빈치나 미켈란젤로에서 개화하기 시작한 근세 문명의 정신도 음악의 그것이라느니보다 조소(造塑)의 정신이었다. 청각의 문명은 기사 로망스나 민요와 함께 흘러가고 시각의 문명 촉각의 문명이 대두해서 지상의 면모를 일변시켰다. 그러다가 입체파의 이론에 의해서 더욱 고조된 조소의 정신은 다름이 아니라 19세기 말엽 이래 인류를 엄습해 온 불안 동요 속에서 안정을 찾는 다시 말하면 조형예술로서 고정하려는 의욕의 발현이 아닐까? 그러므로 가장 히스테리해 보이는 이 운동이 사실은 철저한 미시적 사실주의(寫實主義)에 틀림없었던 까닭도 여기 있었으리라고 생각한다. 생성하고 변화하는 것을 꺼리고 따라서 그러한 것과 운명을 공유하는 것을 불쾌하게 생각하고 무기적(無機的)인 기하학적인 예술을 고조한 T. E. 흄의 이론은 안으로 돌아가 보면 사실은 동요 속에서 안정을 찾는 열렬한 현대 그것의 소리였다. 회화적인 사상파(寫象派)는 그리해서 흄의 이론의 온상에서 눈뜰 수 있었던 것이다. 음악적인 것 그것은 비유적으로는 사라져 가는 것 불안한 것 동요하는 것이다. 회화적인 것 그것은 영속하는 것 고정하는 것이다.

김 씨의 시에서 부딪치는 것은 이러한 끊임없이 안정을 구하는 정신이 아닐까? 거기 심어 있는 감상이란 안정을 깨뜨리는 현실의 잔인한 압력과 안정을 구해서 마지않는 강한 면과의 상충과 규각(圭角)에서 오는 떨리는 그림자가 아닐까?

5

이렇게 동요 속에서 안정을 찾는 노력은 허무와 혼돈으로부터 유(有)와 질서로 정돈하려는 예술의 근본적인 형상 작용과 관련을 가졌다. 우리가 위에서 회화와 음악을 대립시킨 것은 해석의 편의상 쓴 한 비유에 지나지 않는다. 이 예술의 근본적 성격에 있어서는 음악이나 회화나 조각이나 문학이나 마찬가지다. 우리는 지금까지 이미지라는 말을 시각적인 이미지에 한해서 써 왔는데 심리학의 용어 예를 채용한다면 청각의 이미지라는 말도 쓸 수가 있다. 그러면 음악과 회화에 있어서 다른 것은 이미지의 종목이고 형상이라는 점에서는 마찬가지다. 문학작품에서 음악적 구조나 회화적 음영을 말할 수 있는 것은 예술의 이러한 보편적 성격 때문에 가능한 것이다.

그런데 오장환 씨의 『헌사(獻詞)』의 세계는 거진 『와사등』의 세계와는 대척적으로 시각적 이미지보다도 청각적 이미지에 차 있는 것을 본다. 회화라느니보다는 차라리 음악의 세계다. 희랍적 명확에 대한 '게르만'적 방탕이고 '카오스'다. 『와사등』보다는 몇 층 더 어둡고 캄캄한 심연이다. 그것보다도 훨씬 더 젊어서 따라서 격렬하게 움직이는 세계다. 오 씨의 특이성은 이렇게 현대인의 정신적 심연을 가장 깊이 체험하고 그것에 적응한 형상을 주었다는 점에 있다. 따라서 우리의 정신사의 계열을 쫓아서 본다면 『와사등』의 시인보다도 더 가까운 새 시기에 속한다. 김광균 씨의 마음은 30년대 전반의 마음을 많이 남겨 가지고 있다느니보다는 근본적으로는 그 시기의 마음이다. 그러나 오장환 씨의 마음은 바로 이 순간 이 장소 그중에도 청년의 마음이다. 멸(滅)해하는 것에 대한 영탄이라고 하는 점에 『헌사』의 외모에 지나지 않는다.

> 모름직이 멸(滅)하여 가는 것에 눈물을 기우림은
> 분명(分明) 멸하여 가는 나를 위로(慰勞)함이라. 분명 나 자신을 위로 함이라.
> ――오 씨의 「영회(咏懷)」[2]의 일절(一節), 『헌사』 속에서

이것은 오 씨의 심정의 솔직한 고백이라고는 들리지 않는다. 왜 그러냐 하면 그에게는 멸하여 가는 것을 아낄 만한 과거라는 것이 없다. 보들레르가 잃어버린 귀족의 세계에 필적한 매력 있는 대상을 그는 과거 속에서 가지지 못했다. 그러면 그가 그렇게 아까워서 호곡(號哭)하는 것은 무엇이냐? 19세기의 로맨티시즘은 중세기의 꿈에 대한 향수요 영탄이었다. 그러나 『헌사』의 로맨티시즘의 향수는 차라리 무너져 가는 미래로 향한 것이며 거기에 대한 영탄이다. 작일의 영광에 대한 회상이 아니다. 카렌다의 마지막 장을 떼 버리고 다시 더 제껴야 할 장이 없어서 거기 무명(無明)과 허무와 심연에 직면하는 시간의 심정이다. 그리해서 지금 그가 막 전송(餞送)해 보낸 최종 열차 다음에 그가 타고 갈 다음 열차는 아무 다이얼에도 없다. 「The Last Train」의 아름다운 허읍(噓

---

2 '咏嘆'의 오식.

泣)이 여기 까닭이 있는 것이다. 청춘에게는 과거는 그리 문제가 아니다. 그것은 아무래도 좋았다. 다만 미래만이 관심의 대부분을 차지한다. 그것은 무한한 소재요 가능성이라야 할 것이다. 그러나 젊은 미켈란젤로가 다비드의 영상을 품고 열렬한 충동으로써 대리석에 마주 섰을 때 의외에도 그것이 대리석이 아니고 진흙 덩이였다면 그 위에 부실부실 무너지는 썩은 흙이었다면 어쨌을까? 오 씨는 이리하여 현대의 마음에 거기 알맞은 언어의 옷을 입혀 놓았다. 센티멘털리즘을 그처럼 타기할 수 있었던 우리가 자칫하면 그의 울음소리에 감동되는 까닭은 바로 여기 있다.

  필자의 견해로서는 『와사등』과 『헌사』는 각각 다른 성격을 가진 것으로서 가령 『와사등』의 시인이 쉽사리 『헌사』의 세계로 동화하리라고는 생각되지 않는다. 여기는 한 가지 연령의 차이가 한 구량(溝梁)을 만들어 놓은 까닭이다. 즉 『와사등』은 말하자면 성년의 시인데 『헌사』는 청년의 시다. 나는 결코 두 시인의 연령의 실상을 가지고 말하는 것이 아니라 시의 세계의 성질을 말하는 것이다. 물론 거기는 실제의 연령의 차이가 중대한 작용을 하는 것은 사실이다. 말하자면 『와사등』은 30대 이상의 사람에 더 많은 이해자를 가진 것이고 『헌사』는 보다 더 20대의 사람들 사이에 공명을 불러일으킬 것 같다. 따라서 『와사등』으로부터 『헌사』에 이르는 길은 일종의 불가역의 경로가 아닐까?

    ——「30년대 도미(掉尾)의 시단 동태(動態)」,《인문평론》(1939. 12);『시론』, 87~96쪽

감상(感傷)에의 반역

시는 둥근 열매처럼
살에 닿고 묵묵해야 할 것입니다.

시는 새들의 나름처럼
말이 없어야 할 것입니다.

시는 달이 떠오듯
시간 속에서 꼼짝 말아야 할 것입니다.

시는 해당(該當)해야 할 것입니다.
흡사할 것은 아닙니다……

시는 의미할 것이 아니라
존재할 것입니다.

─아치볼드 매클리시

시와 인식

　시를 전연 한 개의 물리적 대상으로 생각하고 음(音)이면 음, 형(形)이면 형으로 각각 분해할 수 있다고 생각하는 시파(詩派)가 있었다. 그것은 될 수 있는 일일까.
　이렇게 시가 한 개의 기술로서 문제된 것은 보들레르가 자신을 연금사(鍊金師)라고 부른 때부터 시작한 것 같다. 그렇게 이는 극히 근대적 사건이다.
　자유시는 시의 리듬을 고전적 격식의 고루한 장벽에서 해방하였다. 그래서 시에 있어서 음이라고 하는 것은 매우 관심되지 아니하면 안 된다. 그러나 그것은 결코 음악의 음은 아니다.
　음악의 대상은 순수한 음 즉 의미를 초월한 추상적 음과 그러한 음 상호간의 관계다. 즉 음악의 음은 음 자체며 시의 음은 의미 있는 단어의 언어적 사실로서의 구상적 음을 말함이다.
　우리들이 아폴리네르의 유희를 극단으로 신장시켜 시의 활자 배열의 면에 너무나 많은 무게를 허락한다고 하면 그 일은 차라리 화가나 인쇄공에게 미는 것이 좋을 것이다. 왜 그러냐 하면 거기는 벌써 회화의 영분(領分)이 시의 세계를 빼앗고 마는 까닭이다. (그러나 나는 시의 인쇄를 인쇄공에게만 맡길 수 없다. 인쇄는 시에 있어서 매우 중요한 의의를 가지고 있다.)

　그런데 시의 기술 문제는 처음부터도 그 주제를 떠나서는 생각할 수 없다. 어떤 초점을 가진 구성의 문제다. 즉 목적의식에서 독립한 음이나 혹은 형 자체의 문제가 아니다. 우리들이 만약에 시에 있어서 형이나 음만을 기술의 문제로 다루기 시작한다면 우리는 벌써 고갈한 형식 유희에 떨어지고 마는 것이다. 일찍이 의고주의(擬古主義)에 항의를 제출하고 자유시의 세계로 시를 해방하였을 때 우리는 형식 편중에서 벌써 탈각하였을 터이다. 그러면 시의 기술 문제의 본질은 무엇이며 그것은 어떻게 제기될 것인가.

　시를 몇 개의 요소로 분석하는 것은 소박한 요소심리학에 근거를 둔 것이다. 시는 한 언어적 전체 조직이다. 그러므로 그것을 어떤 몇 개의 요소로 구분하는 것은 매우 곤란한 일이다.

　한 시대의 시대정신 즉 그 시대의 '이데'는 그것에 가장 적응한 구상 작용으로서의 양식을 요구한다. 정신적·혁명적 앙양기는 적극적인 로맨티시즘의 양식을 요구하였다. 과학적·물질적 정신이 횡일(橫溢)한 시대에는 실험적인 과학적인 리얼리즘의 양식을 요구했다. 인류가 높은 이상을 잃어버리고 회색의 박모(薄暮)에서 방황하던 세기말적 퇴폐 시대에는 심벌리즘 또는 소극적인 로맨티시즘의 양식을 요구하였다.

　그러므로 시인은 그가 위치한 시대 — 즉 과거로부터 미래로 향하는 특정한 시간성 — 는 어떠한 특수한 '이데'에 의하여 추진되고 있는가를 항상 이해하지 아니하면 아니 된다. 따라서 그것의 특수한 구상 작용으로서의 양식의 발견에 열중하지 아니하면 아니 된다. 그러므로 시의 혁명은 양식의 혁명인 동시에 아니 그 이전에 '이데'의 혁명이라야 한다. 그렇다고 '이데'의 혁명에 그침으로써 시의 혁명이 완성되었다고 볼 수는 없다. 한 개의 '이데'가 필연적으로 발전 형성한 특수한 양식을 획득하였을 때 비로소 시의 혁명은 완성되는 것이다.

그러므로 과거에 있어서 입체파의 시는 시의 혁명은 아니었다. 아폴리네르의 입체시 「비」를 보통의 시의 관례대로 배열하면 한 편의 서정시에 불과하다. 그것은 당대의 다른 서정시인과 색별(色別)할 혁명적 '이데'를 가지고 있지 못하다.

추억 속에 죽고 말았던 것같이
아낙네들의 목소리로서 비는 내리 퍼붓는다.
나의 생의 불가사의한 기회에 내리 퍼붓는 것도 너구나.
오 작은 물방울이여 그리고 저 소란한 구름도
이 청각의 모든 세계에 소리를 친다.

아폴리네르는 이러한 서정적인 소곡을 다만 특수한 소위 입체적 인쇄 형식으로 즉 비 내리는 모양으로 배열했을 뿐이다. 다다이즘은 시를 파괴하였다. 파괴 자체가 목적의 전부며 동시에 행동의 전부였다. 쉬르레알리슴은 단어와 단어 상호간의 충돌 반발 등 인공적 교호(交互) 작용에 의하여 생기는 일종 의미의 분열을 추구했다. 거기에서 어떠한 의외의 의미가 생긴다고 하여도 거기 대하여는 시인은 아무 책임이 없다고 한다. 즉 시를 전연 무계획한 무의식의 발현으로서 이해하는 것이다.

그러나 시의 혁명이란 것은 '폼' 그것의 파괴에서 종결하는 것이 아니라 함은 이미 역설한 바이다. 시는 비유해 말하면 항상 유기적 화합 상태의 전체로서 우리들의 감상의 안계(眼界)로 들어오는 것이다. 시는 한 개의 생명 비슷한 것이다. 많은 성급한 시파나 시인이 너무나 조급하게 20세기적이고 싶은 까닭에 시를 3요소 즉 의미, 음, 형으로 나누고 그중의 하나를 부당하게 과장하는 것은 우리의 눈에는 고집이나 편협으로밖에는 보이지 않는다. 진정한 시의 혁명은 시의 생명의 발전이 아니면 아니 된다. 시는 본질적으로 음의 순수예술인 음악도 아니며, 형의 순수예술인 조각이나 회화도 아니며, 그리고 의미의 완전하고 단순한 형태인 수학일 수도 없다. 음 혹은 의미나 형을 고립시켜 강조하는 많은 시인 혹은 그 유파는 시의 본질에 대한 무지나 편견에서 나오는 것이다. 그들은 '이데'의 양식의 유기적 필연적 관계를 잊어버린 것이다. 회화적 시, 음악적 시는 있어도 회화인 시, 음악인 시는 없다. 그러므로 톨스토이를 시인이라고 부르는 것은 엄정한 의미에서는 어폐가 있다. 시는 제일 먼저 말의 예술이다. 근대에 와서 인쇄술의 발달을 따라 문자의 예술로 재전(再轉)한 느낌이 있다. 시가 민중의 입에서 구송되어진다느니보다 차라리 인쇄에 의하여 문자로 우리들의 시각을 거쳐 소리 없이 향수된다.

시인은 그의 의식에 떠올라 오는 어떠한 몇 가지의 상념을 어떻게 객관화하고 구상화할까에 최대한도의 노력을 집중하는 것이다. 그리하여 먼저 그 상념 자체를 정돈하는 것이다. 그 과정에 있어서 수많은 단어가 기용되어 시인의 정신의 입김을 받아 가지고 별다른 살아 있는 언어로서 그의 목적을 위하여 약동하게 되는 것이다. 그것이 시의 기술이다. 그의 시는 어떠한 정도로든지 그 시인의 정신의 호흡을 들려주지 아니하여서는 아니 된다.

즉 시인은 사람의 관념계에 뒹구는, 잠자고 있는 말을 주워다가 그의 목적 때문에 생명을 불어넣어 산 말을 만드는 것이다. 말이 우리들의 자전이나 어휘의 창고 속에 감금당하여 있는 동안은 무진장의 가능을 포함하고 있으나 한 개의 정지(靜止)의 상태며 따라서 가사(假死)의 상태다. 그것이 시인의 호흡을 받아 활동하게 될 때에 비로소 숨 쉬기 시작한다. 시인의 이 말의 창고 속에서 그의 등불로 비추어서 선택 작용을 하지 않고 말 자체의 가능성을 고려하지 않고 막연히 어떠한 말과 말을 반발 충돌시킴으로써 시를 창조하였다고 생각한다면 그는 사체를 번롱(翻弄)하는 고고학자가 되고 만다. 말은 항상 목적 때문에만 살 수 있는 것이다.

이 말은 스스로 아래와 같은 것을 의미한다. 시인의 시야를 채우며 또 그 의식에 떠오르는 수없는 현실의 단편을 그 자신의 목적에로 향하여 선택하여 새로운 의미 세계를 만드는 것이다. 왜 그러냐 하면 언어라고 하는 것은 기호이기 때문이다. 그것은 수없는 현실의 단편의 그 어느 것을 대표하거나 또는 그 상호간의 관계를 표시하기 때문이다. 따라서 시인은 평범한 눈이 발견할 수 없는 현실의 어떠한 새로운 의미를, 또 한편으로 언어가 가지고 있는 숨은 의미를 부단히 발굴하여 보여 주는 것이다. 사람들은 시인의 도움으로 현실의 숨은 의미를 이해함으로써 그의 인생을 더 풍부하게 할 수 있을 것이다.

만약에 리얼리즘이 다만 사실주의로서 해석된다면 이러한 의미의 리얼리즘의 예술은 우리에게 필요하지 않다. 왜 그러냐 하면 거기 보여지는 현실은 우리들의 일상 만나는 현실과 무엇이 다를 것이 있느냐. 번잡 이외의 아무것도 아니다. 이리하여 시는 새로운 현실의 창조요 구성이다. 이렇게 새로이 출현한 현실의 재생산은 다시 말하면 한 새로운 '의미의 통일이며 조직'이 되는 것이다. 쉬르레알리스트는 주관을 강조하는 표현주의나 이미지스트에서 한 걸음 더 나가서 그 자신의 주관의 소리에 귀를 기울이며 언제까지든지 그 속에 탐닉하려고 한다. 그러나 우리들의 주관을 관념할 때 완전히 '정지(靜止)한 상태의 주관'을 관념할 수는 없다. 어떠한 형태로든지 동요할 때에 비로소 주관을 관념할 수 있다. 그리고 객관세계에서 전혀 독립한, 객관세계가 절대로 삼투하지 아니한 순수한 주관의 세계란 있을 수 없다. 그러한 주관의 활동이란 가능할 수 없다. 본능이라든지 선천성이라든지 잠재의식이라든지 어떠한 주관의 순수한 속성만이 시의 내용을 이룰 때 우리는 도시 거기서는 예술의 보편성을 찾아낼 수는 없다. 그것은 우리들의 상호 이해 이전에 속한 세계이기 때문이다. 시를 너무나 독특한 주관의 진공 중에 유폐하는 것을 가정할 때 우리는 그러한 시를 비판 감상의 대상으로 삼을 수가 어떻게 있는가. 그러한 시인의 주관 이내에서 계기(繼起)하는 주관 이내의 사건은 가령 있다고 가정했댔자 우리들의 이해는 그 문전에서 거부되고 말 것이다.

 시는 시인의 주관이 부단히 객관에로 작용할 때, 그래서 그것이 이러한 상호작용에 의하여 선율(旋律)할 때 거기 발생하는 생명의 반응이다. 이 말은 결코 시에 있어서 객관성만을 고조함이 시의 가치의 수준을 높이는 일이라 함을 1퍼센트도 의미하지 않는다. 주관의 소리만이 시일 수 없는 것과 마찬가지로 객관적 사실의 나열만이 시도 아니다. 그것은 자연 자체다. '자인'(존재)이다.

 그러므로 우리가 빈척(擯斥)하려는 시인은 주관의 상아탑 속에 점차 은둔하는 너무나 소극적인 시인과 아울러 객관적 사물의 해골을 부지런하게 진열하는 일에 싫증을 느끼지 아니하는 정력적인 사무가다. 존재는 가치가 아니다. 가치는 활동 속에서만 발생한다. 가치라고 하는 것은 생활의 더 높은 단계로 향하는 노력에서 생긴다.

그러면 인식 일반에 있어서의 주관과 객관의 문제는 어떤 것인가. 그것은 시에 있어서의 그 문제와 다른 것인가. 우리는 일찍이 말한 일이 있다. 주관은 차라리 객관세계의 일부분이며 주관이 소멸한 뒤에도 객관은 의연히 존재한다 함을. 그러나 이러한 객관세계가 어떻게 주관세계로 도입되는가. 즉 인식의 가능의 문제다. 이와 동시에 주관세계에서 내용화한 객관세계란 무엇인가. 즉 인식의 내용 문제가 그것이다. 우리의 인식은 주관과 객관의 상호작용의 관계에 있어서만 가능하다. 그리고 이렇게 성립되는 인식의 내용은 주관 내에서 활동하는 객관의 활동의 과정이다.

이리하여 우리는 가장 결정적인 문제의 하나를 밝혀야 되겠다. 그것은 현실의 문제다. 개념의 정당한 내포에 있어서 현실이라 함은 주관까지를 포함한 객관의 어떠한 공간적·시간적 일점을 의미한다. 바꾸어 말하면 그것은 역사적·사회적인 일초점(一焦點)이며 교차점이다. 현실은 시간적으로 부단히 어떠한 일점에서 다른 일점에로 동요하고 있다. 예술에 있어서 어떠한 현실의 단편이 구상화되었을 때 그것은 벌써 현실 이전이다. 거기는 고정된 역사와 인생의 단편이 있을 따름이다. 다만 상대적 의미에서 이렇게 부단히 추이하고 있는 현실을 여실히 포착할 수 있는 주관은 역시 움직이고 있는 주관이 아니면 아니 된다. 그러므로 끊임없이 움직이는 시의 정신을 제외한 시의 기술 문제란 단독으로 세울 수 없는 일이다.

　　―「시의 기술·인식·현실 등 제 문제」,《조선일보》(1931. 2. 11~14);『시론』, 99~105쪽

시의 방법

선량한 휴머니스트의 일군은 표현이라는 말을 묘사(描寫)라는 말과 대립시켜서 고조한다.

표현주의자는 말한다 ―

예술이 자연을 묘사하는 것은 예술의 모욕이다. "예술은 자연을 모방한다."고 한 플라톤의 말은 그가 생존한 시대가 현대에서 먼 것처럼 그렇게 현대의 제너레이션과도 거리가 먼 것이라고!

그들에게 있어서는 오스카 와일드의 그 반대의 명제, 즉 "인생은 예술을 모방한다."는 명제가 더 절실하다.

그것은 옳은 일인가?

표현주의자(표현파까지 포함한다.)는 객관성은 예술에 있어서 아무것도 의미하지 않는다는 의견을 가지고 있다. 그러므로 표현주의자는 일종의 '히로이즘'이다. 그것은 이윽고 목적성을 포기(抛棄)하고 발작적으로 탈선하는 것을 예술에 있어서의 영웅적 행위(?)라고 칭찬한다. 거기는 조직과 질서와 조화가 대담하게 무시되고 격렬한 주관의 자연발생적인 전율이 요구된다. 이러한 의견을 보증하는 과학적 근거를 우리는 초기의 심리학 속에서 구할 수 있다. 정적(情的) 활동을 정신 활동의 일분야로써 명확하게 구분할 수 있다는 초기의 심리학의 가정이 이 정적 활동을 예술 속에서 극단으로 고조하는 표현주의자에게 있어서는 유력한 증인이 될 수 있었던 것이다.

여기에 한 사람의 시인이 있어서 어떠한 때에 발동하는 자신의 주관을 느낀다고 하자. 그것을 그대로 문자라는 수단을 통하여 구상화할 때 '시다!' 하고 감격하였다고 하자. 우리 시단은 격정적인 센티멘털한 이 종류의 너무나 소박한 시가의 홍수로써 일찍이 범람하고 있었다. 나는 그것들을 일괄해서 자연발생적 시가라고 명명하려고 한다. 그것들은 길가에 한 그루의 나무가 서고 있는 것처럼 있고 한 개의 조약돌이 물가에 있는 것처럼 그렇게 있다. 거기는 혹은 동기의 미는 있을지 모른다. 그러나 시가 그 발생적 동기에 있어서 어떻게 미적이었다고 하는 것은 그 시의 결국의 가치를 결정하는 것은 못 된다. 우리들이 비판의 대상으로 삼는 것은 시의 생성 과정에 있어서의 시인의 태도 즉 한 개의 독창적인 방법론과 그리고 고정화한 완성된 시 그것이다. 시인은 시를 제작하는 것을 의식하지 않으면 아니 된다. 시인은 한 개의 목적, 가치 창조에 향하여 활동할 것이다. 그래서 의식적으로 의도된 가치가 시로써 나타나야 할 것이다. 이것은 소박한 표현주의적 방법에 대립하는 전연 별개의 시작상의 방법이다. 나는 그것을 주지적 태도라고 부른다. 그래서 이러한 태도에 입각한 주지적 시인은 "나는 나의 작품에서 전연 예기하지 아니한 종국에 도달하였다."고 한 드퀸시인가의 고백을 진실이라고 믿지 아니하며 존중하지도 아니할 것이다. 이러한 신비주의는 시인의 길드적 심리에서 발생한 일종의 거짓이라고밖에 생각도 하지 않을 것이다.

자연발생적 시는 한 개의 '자인'(존재)이다. 그와 반대로 주지적 시는 '졸렌'(당위)의 세계다. 자연과 문화가 대립하는 것처럼 그것들은 서로 대립한다. 시인은 문화의 전면적 발전 과정에 의식한 가치 창조자로서 참여하여야 할 것이다.

이러한 주지적 방법은 자연발생적 시와 명확하게 대립하는 것처럼 단순한 묘사자와도 대립한다. 시에 있어서 객관세계의 묘사를 극도로 경멸하고 주관세계의 표정만을 열심으로 고조하는 표현주의자는 실상에 있어서는 한 개의 묘사자에 그쳤다. 왜 그러냐 하면 그는 생리적으로 정신적으로 움직이는 자연의 일단편으로서의 자기를 충실하게 묘사하고 있는 까닭이다.

시는 나뭇잎이 피는 것처럼 물이 흐르는 것처럼 자연스럽게 던져서는 아니 된다. 피는 나뭇잎 흐르는 시냇물을 지배하는 것은 자연의 법칙이다. 가치의 법칙은 아니다. 시는 위선 '지어지는 것'이다. 시적 가치를 의욕하고 기도하는 의식적 방법론이 있지 않으면 아니 된다. 그것은 시작상의 태도라고 불러도 좋다.

그것이 없을 때 우리는 그를 시인이라고 부르는 대신에 단순한 감수자(感受者)라고 부를 것이다. 그는 다만 가두에 세워진 호흡하는 카메라에 지나지 않는다. 카메라가 시인이 아닌 것처럼 그도 시인은 아닐 것이다. 시인은 그의 독자(獨自)의 카메라 앵글을 가져야 한다.

시인은 단순한 표현자 묘사자에 그치지 않고 한 창조자가 아니면 아니 된다.

—「시작(詩作)에 있어서의 주지적 태도—현대시 평론」, 《신동아》(1933. 4);
『시론』, 106~108쪽*

* 편집자 주

이 글은 「시작(詩作)에 있어서의 주지적 태도」라는 제목으로 발표 당시 다음과 같은 '서언(序言)'으로 시작되었다. 그런데 『시론』에 수록하면서 이를 삭제했다. 삭제된 부분을 여기에 그대로 옮겨 놓는다.

서언(序言)

나는 나의 시를 발표할 때마다 거진 동시에 나의 시론을 발표하는 것이 매우 좋았을 것이다. 그러나 그렇게 하도록 좋은 기회가 없었다. 나는 그윽히 현대를 호흡하는 시인은 반드시 그 시의 배경에 시론을 준비하여야 하리라고 생각하고 있다.

시인은 항상 '시에 대하여' 그리고 '시를 어떻게 지을까에 대하여' 사색하는 사람이 아니면 안 된다. 시론은 시인의 자기 발전의 박차이며 또한 새로운 시의 발생을 위한 부단의 노력을 의미한다. 그러나 시론은 시학하고는 엄밀하게 구분되어야 한다. 시학은 시와 뭇 시론까지를 대상으로 할 수 있다. 그러나 시론은 시인의 독자성을 가진 시작의 방법론이다. 여기서 아리스토텔레스의 「시학」이 '시학'이고 호라티우스의 「시론」이 '시론'인 이유가 있다.

나는 나의 시에 대하여 아니 시 일반에 대하여 부단히 사색한다. 그래서 나의 시는 내가 그것을 제작하던 때에 가장 가까운 때의 나의 사유하는 방법론의 실험에 불과하다. 여기에 발표하려는 것은 나의 시론을 담은 여러 개의 긴 논문 중의 하나다. 그리고 이것이 발표될 때는 벌써 나는 이 시론보다도 전방에 나아가 있을지도 모른다. 그리고 그중의 어떤 부분은 정정했으면 하고 생각하게 되는지도 모른다. 아니 한 개의 논문 속에서조차 연락이 없는 때가 있을 것을 예상한다. 그러나 그러한 일은 나를 실망시키지 못할 것이다. 모든 순간에서 발전하고 움직이는 자신을 발견할 수 있다면 그것은 차라리 나의 기쁨이 될 것이다.

그렇다고 해서 나는 이 말을 나의 시론을 모르는 공격자로부터 안전하게 하려고 하는 둔사를 삼으려는 것은 아니다. 공격에 대하여는 시인할 것은 시인하고 반박할 것은 반박할 것이고 또 묵살할 것은 영구히 묵살할 것이다.

시의 모더니티

1

시는 어떠한 시대에도 자라 간다. 그것은 사람과 함께 사는 까닭이다. 시는 한 개의 엑스터시의 발전체(發電體)와 같은 것이다. 한 개의 이미지가 성립한다. 회화(會話)의 온갖 수사학은 이미지의 엑스터시로 향하여 유기적으로 전율한다. 그래서 시는 꿈의 표현이라는 말이 거짓말이 아니 된다. 왜? 꿈은 불가능의 가능이다. 어떠한 시간적 공간적 공존성도 비약도 이곳에서 가능하니까. 이 이상의 엑스터시가 어디 있을까? 영상을 통하지 않고 추상화한 주관의 감정이 직접 독자의 감정에 감염하려고 하는 그러한 경향의 시가 있다. 첫째는 감상적 낭만주의의 시다. 다음에는 격정적 표현주의의 시다. 그러나 우리들의 감정은 이러한 시들의 위협 아래서 매우 억울한 곤경에 서게 된다. 과연 격렬한 혹은 애수에 가득한 감정이 있음은 아나 그것이 인생의 구체적 사건과 어떻게 관련이 있는가를 알 수 없는 한 그러한 감정을 그대로 노출시킨 시와 독자의 사이에는 아무 교섭도 성립될 수 없다. 다만 우는 것을 보고 우리들의 눈물은 울어질 수는 있으나 그것은 억울한 눈물의 강요다. 무엇 때문에, 다시 말하면 어떠한 구체적 사건과 관련해서 그가 우는가를 이해할 때 비로소 우리들의 울음은 진실하게 울어진다. 그러므로 시인은 그의 엑스터시가 어떠한 인생의 공간적 시간적 위치와 사건하고 관련하고 있는가를 보여 주어야 할 것이다. 그는 항상 즉물주의자(即物主義者)가 아니면 아니 된다.

2

시는 한 개의 주제에만 고착할 것은 아니다. 시의 형식적 인습을 습득함으로써만 시를 쓸 수 있다고 생각하는 사람은 포프가 망나니였던 것처럼 망나니다. 또한 시인은 단 한 벌의 옷밖에 가지지 못한 황정승의 아내처럼 그의 개성으로서 착색된 그의 시풍이라는 옷만 입고 다녀야 한다는 옛날의 시학을 곧이들어서는 안 된다.

비록 한 조각의 시라 할지라도 그 속에는 시적 정신이 굳세게 움직여야 한다. 그래서 그 속에서 그 정신의 시대에 대한 감각과 비판에 접촉할 수 있을 때 우리는 처음으로 우리들이 바라는 시를 찾았다고 할 수 있을 것이다.

3

어린 부르주아는 스포츠맨일 수 있다. 그러나 늙은 부르주아는 지둔하기 짝이 없다. 하지만 문제가 이윤에 관한 한 그의 중추신경조직은 백 퍼센트로 긴장한다. 그래서 자본은 전 세계를 분주히 질구(疾驅)한다. 그리고 그들은 스포츠의 팬이다. 프롤레타리아의 생활 자체는 둔중하다. 그러나 그들이 참여하는 기계의 세계를 보라. 오늘의 전 문명의 역학을 보라. 그래서 '스피드'(속도)는 현대 그것의 타고난 성격의 하나다.

4

감성에는 두 가지 딴 카테고리가 있다. '다다' 이후의 초조한 말초신경과 퇴폐적인 감성과 다른 하나는 아주 프리미티브한 직관적인 감성이 그것이다. 새로운 시 속에서 후자의 감성을 거부한다는 것은 무슨 고루한 생각일까.

우리들이 가지고 있는 문학 속에 흐르고 있는 타성적인 감각에 싫증을 느끼지 않는다는 것은 무슨 일일까. 우스운 일이다. 나는 강아지와 같은 그 놀라운 충실에 감탄할 뿐이다. 사실 그러한 감각에서 인류는 무엇을 얻었을까? 그것은 과거의 지식의 되풀이에 불과하다. '풀은 푸르다.'고 가르쳐져 왔으니까 너도 '풀은 푸르다.'고 감각해야 한다고. 시인이여 너는 이러한 비속주의자의 말은 곧이듣지 말아라. 프리미티브한 감성은 새로운 관념(인류의 재화)을 찾아낸다. 새로운 시인에게는 이러한 감성이 필요하다.

시라고 하는 것은 결국 시인의 마음이 외부적 혹은 내부적 감성에 의하여 요동되었을 때의 그 마음의 비상성(非常性)의 표현이다. 그것이 독자의 의식 면에도 거의 같은 진폭을 가진 파문을 일으키는 것이다.

5

　우리들의 선행자가 자유시 운동을 일으켰을 때 그들은 시의 리듬(운율)이나 멜로디까지를 포기한 것은 아니다. 다만 그 구속을 파기하였을 것이다. 어떤 새로운 시인은 리듬의 지리한 음악에게도 작별을 고하였다. 사실 일세를 횡행하던 너무나 로맨틱한 센티멘털한 망국적인 리듬은 지적인 투명한 비약하는 우리의 시대와 함께 뛰놀 수 없다.
　우리들의 시단에는 아직까지도 미래파적인 돌기(突起), 폭음, 섬광 — 그러한 것들을 지상에 폭발시킨 대담한 운동이 없었던 까닭에 '새납과 쟁맥이'의 조잡한 음악인 것들(망국적인 감상적인 리듬)은 오래 두고 채 회신(灰燼)이 돼 버리지 않았던 것이다.
　로맨티시즘의 시는 감정을 추구하였다. 상징주의는 기분과 정서를 애무한다. 그러나 감정은 시의 본질은 아니다. 만약 감정이 시의 본질이라면 우는 얼굴과 노한 목소리가 제일 시적일 것이다. 시대는 시에서 소재 상태의 감정을 구축(驅逐)해 버렸다. 그래서 건강하고 신선한 감성은 현대의 새로운 성격이다. 각 시대의 시는 그 시대의 '이데'의 특색을 따라 시의 각 속성 중에서 그 하나를 번갈아 고조함으로써 한 시대색(時代色)을 이루기도 했다. 오늘의 시인은 인공적이고 외면적인 부자연한 리듬에는 일고도 보내지 않고 언어의 가장 자유스러운 구체적인 상태에서 시적 관계를 발견할 것이다. 그래서 새로운 시는 비로소 내면적인 본질인 리듬을 담게 될 것이다. (이것은 인간 생활의 실제의 회화(會話)를 미화하는 부차적 효과도 가지고 있다.) 광범한 어휘 속에서 그의 엑스터시를 불러일으킨 이미지에 대하여 가장 본질적인 유일한 단어가 가려져서 그 이미지를 대표할 것이다. 이 일은 시작상에 있어서 가장 지적인 태도다.

6

스윗타스는 말하였다.
"무슨 까닭에 우리들의 기계는 아름다운가. 그것은 그들은 일하고 움직이는 까닭이다. 무슨 까닭에 우리들의 집은 아름답지 아니한가. 그것은 그들은 아무 일도 하지 아니하고 멍하니 서 있는 까닭이다."

그는 이 짧은 말 가운데서 현대시에 대한 매우 중대한 세 개의 명제를 포함시켰다.

첫째, 우리들의 시는 기계에 대한 열렬한 미감을 가지게 되었다는 것. '운동과 생명의 구체화'(페르낭 레제)로서의 기계의 미를 인정하는 것이다. 그리고 그것은 명일의 사회질서와 인간 생활에 있어서 새로운 기조가 될 것이다.

둘째, 정지(靜止) 대신에 동(動)하는 미(美). 그것은 미학에 있어서의 새 영역이며 시에 있어서의 새 역학의 존중이다. 행동의 가치에 대한 새 발견이다.

셋째, 일하는 일의 미(美). 다시 말하면 노동의 미다. 움직이지 않는 것은 죽음이다. 움직이지 않는 신, 움직이지 않는 천국 열반(涅槃)은 죽음의 상태가 아니고 무엇일까. 활동은 생명이다. 진보(進步)다. 그것은 그 자체가 미다.

7

　시사(詩史)상의 한 유파를 다른 유파에 속한 비평가들이 이론적으로 배격함으로써 완전히 극복한 것처럼 자만하는 것은 소박한 생각이다.

　다만 가치의 최후의 결정권은 시간만이 가지고 있으며 어떤 유파에 대한 가치판단의 대상은 그날그날의 목숨을 가진 끊어지기 쉬운 비평이 아니고 작품 그 물건이다. 그러니까 파문했던 윌리엄 블레이크나 버틀러도 현명한 시간은 필경 영구한 망각 속에 그들을 버려두지 않고 건져 주었다. 평범한 포프는 제자들을 경계하였다. "말은 양식으로서 같은 법칙을 지킬 것이다. 너무 새롭거나 너무 낡은 것은 광상적(狂想的)으로 보일 것이다. 그의 손으로 새로운 것이 실험되는 그러한 사람이 되지 말아라. 그리고 옛것을 정리하는 최후의 사람이 되지 말아라." 왜 그러냐 하면 고전을 완전히 정리하는 사람과 또 문학의 영역에 있어서 처녀지로 돌진하는 실험적 정신의 소유자는 언제든지 그 시대의 뭇 우물(愚物)로부터 이단자로 취급되며 박해될 운명에 있는 때문이다.

　포프가 드리운 중용의 길은 영문학에 있어서 오래인 전통이며 따라서 그것을 평범에 타락시키고 만 완전한 수신(修身) 교과서의 표본이다. 이러한 주위에 에워싸여 있는 시트웰 형매(兄妹)들은 의연히 불행할 수밖에 없었으며 제임스 조이스는 종내 영국으로 들어 못 갔던 것이다.

8

지나간 날의 시는 '나'의 정신세계의 일부분이었다. 새로운 시는 '나'를 여과(濾過)하여 구성된 세계의 일부분이다. 그것은 새로운 세계다. 낡은 '눈'은 현실의 어떤 일점에만 직선적으로 단선적으로 집중한다. 새로운 '눈'은 작은 주관을 중축으로 하고 세계, 역사, 우주 전체로 향하여 폭사적(輻射的)으로 부단히 이동 확대할 것이다.

과거의 시	새로운 시
독단적	비판적
형이상학적	즉물적
국부적(局部的)	전체적
순간적	경과적
감정의 편중	정의(情意)와 지성의 종합
유심적	유물적
상상적	구성적
자기중심적	객관적

이렇게 모든 점에 있어서 금일과 명일은 명료하게 대척(對蹠)한다. 그래서 필연적으로 시는 새로운 계단에서 일단 더 진전할 것이다.

9

세계 시에 있어서 신생면(新生面)을 개척하려는 야심 있는 시인은 그의 유전(遺傳)인 망국적 감상주의에서 그 자신을 구원하는 데 노력하는 동시에 선명한 원색이라든지 혹은 통속성만을 주장하는 평범한 사실주의의 속학(俗學) 앞에서 당황해서는 아니 된다. 우리에게 있어서 중대한 것은 사물의 표면을 흐르는 '빛'과 '그늘'이 아니다. '빛'과 '그늘'의 '밸류'(가치)였기 때문이다.

10

그래서 한 편의 시는 그 자체가 한 개의 통일된 세계다. 그것은 일양적인 시인의 개성(혹은 시풍)이 아니고 한 시편로서의 독창성에 의하여 독자를 붙잡을 것이다. 그것은 항상 청신한 시각에서 바라본 문명 비평이다. 그래서 시는 늘 인생과 깊은 관련을 가지게 된다. 단지 소비 체계에 속한 향락적 장식물이 아니고 적극적으로 인생에 향하여 움직이는 힘을 시는 가지지 않으면 아니 된다. 그래서 비로소 시는 문화 현상 속에서 한 개의 가치 형태로서의 위치를 요구할 권리를 가지게 되며 또한 당연히 영광 있는 그것의 위치에 향하여 시는 의식적으로 노력하여야 할 것이다. 따라서 시에 나타나는 현실은 단순한 현실의 단편은 아니다. 그것은 의미적인 현실이다. 그리고 그것(현실)이 전 문명의 시간적 공간적 관계에서 굳세게 파악되어서는 언어를 통하여 조직된 것이 시가 아니면 아니 된다. 여기서 의미적 현실이라고 한 것은 현실의 본질적 부분을 가리켜 한 말이다. 그것은 현실의 한 단편이면서도 그것이 상관하는 현실 전부를 대표하는 부분이다.

──「포에지와 모더니티 ── 현대시 평론」,《신동아》(1933. 7);『시론』, 109~117쪽*

---

* 편집자 주
이 글은 『시론』에 수록하기 위해 원문의 내용을 부분적으로 고쳐 놓은 점이 발견된다. 특히 아래와 같은 '서두'가 생략되어 있다. 여기에 생략된 서두 부분을 그대로 소개한다. 또한 여기서 언급하고 있는 이원조의 글은「근래 시단의 한 경향 ── 특히 낭만파와 감각파에 대하여」,《조선일보》, 1933. 4. 26~29)라는 평문이다.

요술쟁이의 수첩에서

미지의 시학도 이원조(李源朝) 씨는《조선일보》혁신호 문예면에서 꽤 넓고 상세하게 시작자로서의 필자를 문제 삼았다. 그것은 우리들 사이에서는 가장 성행해져서 좋은 일의 하나다. 왜 그러나 하면 토론이라는 것 비판이라는 것은 새로운 더 높은 층계에로의 발전을 내포한 준비 행동인 까닭이다.

따라서 모든 비판 토론은 늘 더 높은 다른 층계에로의 발전을 의욕하지 않으면 안 된다는 그 역정리도 정당하다. 그러나 나는 지금 이 씨의 비판이 비판으로서의 이러한 성격을 갖추고 있는가 없는가를 말하려는 것은 아니다. (그것은 현명한 독자의 비판에 맡긴다.) 다만 씨는 그의 논문 속에서 필자를 '요술쟁이'라고 명명한 일이 있는데 나는 새삼스럽게 그 말을 기억하면서 그것을 나의 이 작은 글의 제목으로 인용하려고 우연히 생각하였다. 왜 그러냐 하면 '요술쟁이'라는 말을 씨가 '언어의 요술쟁이'라는 의미로서 썼다면 나는 그것을 노(怒)하는 이보다도 오히려 달게 받고 싶은 까닭이다.

일찍이 보들레르는 스스로 연금사라고 즐겁게 불렀다. 필경 사포나 바이런이나 엘리엇이나 콕토도 '언어의 요술쟁이'에 불과하다. 사실상 그들이 평범한 언어 위에 꾸미는 훌륭한 건축은 비속한 비평가의 눈들을 중국인의 요술 이상으로 현혹시켰을 것이다. 그러나 그들의 시는 확실히 요술 이상의 것이다. 한 대의 포플러는 바라보는 각도와 시간과 더욱이 바라보는 사람의 정신적 상태라던 망막의 생리적 상태를 따라서 포플러 그대로도 보여지기도 하고 전연 한 개의 푸른 잠옷을 걸친 마녀로도 나타난다. 그래서 이러한 착각에 대하여는 생리학자가 친절하게 설명해 줄 것이다.

나는 이곳에서 생리학자가 되려는 것은 아니다. 모든 반역 설명 질문 이전에 더 충분히 내 자신을 이야기하는 것이 편리하다고 생각하였다. 그래서 한 '언어의 요술쟁이'의 비법을 공개하기 위하여 나의 수첩의 일부를 발표하기로 하였다.

현대시의 표정

어떤 문화 속에서 어느 사이에 원시(原始)에의 요망(要望)이 생겼을 때 그 문화는 벌써 기울임 당하였음을 예언하여 틀림이 없다.

어떤 문화가 이미 지나간 먼 원시를 꿈꾸기를 시작하는 것은 그 자체가 충분히 늙어 가고 있는 것을 고백하는 것이다.

지극히 건강하고 야만이고 조야하던 원시 형태에서 예술이 문화적 가치 형태에서 예술이 오늘의 경지에 이르기까지에는 그것은 사람의 많은 노력과 고난을 필요로 하였다.

시인이 목표로 하는 가치의 현실이 그대로 사람의 생활을 지도할 때까지는 그 시는 아직 건강 상태에 있는 것이다.

현대의 예술의 내부에서 원시에의 동경이 눈뜨기 시작한 것은 벌써 오랜 일이다. 그것은 자못 강렬하게 움직여서 바야흐로 현대 예술의 내부에 자기 분열을 일으켰다고도 할 수 있다.

원시성의 동경 — 그것은 현대 예술의 어떤 위대한 불만의 표현이다.

　퇴폐기의 예술일수록 원시적 욕구는 더욱 강렬한 듯하다. 타이티의 토인을 그려 도망한 것은 고갱 개인이 아니라 차라리 구라파 화단 자체였을지 모른다. 포브에게 있어서는 원시는 예술 자체였으며 따라서 예술의 전 규범이었다.
　더한층 단순(單純)에로 향하려고 하는 욕망이 시 속에 나타난 것은 상징파가 고답파의 베르사유 궁전과 같은 풍만하고 웅장한 시에 불만을 느꼈을 때부터라고 할 수 있을 것이다.

　이미지스트(사상파)의 간결한 시라든지 미래파의 표현의 최소한도에 도달한 의음시(擬音詩)에 이르러서는 단순에의 동경은 열병적이 되고 말았다. 언뜻 보아 불가해의 비난을 면치 못하는 극단의 단순 속에서도 예민해진 감수성을 가진 현대의 독자는 많은 암시를 받았다.
　단순(Simplification)과 암시(Suggestion)는 원시성의 두 개의 S이다.

　우리는 현대의 화가 가운데서도 육색(肉色)을 애완하는 버릇을 가진 사람을 많이 발견한다. 그리고 조야(粗野)한 터치를 또한 현대인은 굳세게 바라는 일면이 있다.

　조야는 힘의 상태다. 그것은 또한 건강의 발로다.

　완성된 균정(均整)이라고 하는 것은 다수한 힘의 상쇄(相殺) (중화) 상태일는지 모른다. 그러므로 그것은 어찌 보면 죽음의 경지다.

조야라 함은 힘의 영웅적 약동이다.

그리하여 현대 예술이 도달한 죽음과 같은 균정에 포만(飽滿)한 현대의 감각은 조야 속에 자신의 불만을 구제해 주는 활로를 발견하고 작약(雀躍)하였다.

시는 비장이라든지 '영혼의 앙양하는 흥분'(포우)과 같은 심오하고 복잡한 정조를 벌써 추구하지 않는다.
또한 환상의 저쪽 나라에서 잠자는 신비로운 정서의 휘장을 더듬는 데도 벌써 염증을 느꼈다.

오늘에 있어서 시가 차지하는 것은 동해의 물결과 같이 맑고 직절(直截)한 감성이다.

명랑(明朗) — 그렇다. 시는 이제는 아무러한 비밀도 사랑하지 않는다.
현대를 호흡하는 새로운 시인들은 그러한 까닭에 복잡 미묘한 감정을 완농(翫弄)하는 것을 꺼리고 우선 '언어의 경제'를 그 미덕의 하나로 삼는다. 그리하여 폴 볼 이전의 시인에 의하여 항상 감정의 표백을 과장시키는 데 유용하게 쓰여지고 있던 운율과 격식까지를 내던질 것이다. 과거에 있어서는 시의 본질이며 생명이라고까지 규정되어 있던 리듬(운율)이라든지 격식을 쓰레기통에 집어넣는 것은 현대의 시인에게 있어서는 결코 상찬할 만한 모험도 아무것도 아니다. 그것은 벌써 한 개의 상식으로 화하였다.

그리하여 그들은 너무나 시적인 언어의 선택에 고심하던 것을 끊고 생명의 호흡이 걸려 있는 일상의 회화 속에서 시를 탐구한다. 시인은 벌써 무슨 현학적이고 오묘한 말씨를 가장할 필요는 없었다. 그것은 지성에 의한 감정의 정화 작용을 한편에 가지고 있다. 이도 또한 시의 원시적 명랑에 대한 욕구다.

시의 세계에서 돌진을 감행하는 자는 어떠한 유(類)에 속한 시인일까? 그는 결코 암흑과 사(死)와 정일(靜溢)을 사랑하지 아니할 것이다. 광명을 활동을 사랑하는 그의 순진한 마음은 나아가 태양 아래서 약동하는 생명을 포옹할 것이다. 그는 정열을 가지고 붉은 피가 흐르는 생활 속에 그의 작은 자아를 파묻을 것이다. 우리들은 현대시의 광야 위에 나타날 이 놀라운 원시적이고 무모하고 야만한 돌진을 축복할 것이 아닐까?

퇴폐와 권태와 무명 속에서 헐떡이는 현대시를 현재의 궁지에서 건져 내어 가지고 태양이 미소하고 기계가 아름다운 음악을 교향(交響)하는 가두로 해방하지 아니하면 아니 될 것이다.

우리들의 주위로부터 우리의 귀는 늙어 빠진 근대 문화의 괴로운 숨소리를 귀 아프게 듣는다.

원시적인 조야한 야만한 부르짖음이 어디로서든지 울려와서 그 권태로 찬 분위기를 깨트려 주지 않고 우리가 어떻게 견딜 수 있으랴? 그러나 그것은 전연 낡은 문화의 말초라든지 야만에의 복귀로 생각해서는 아니 된다. 문화의 영역에 있어서의 새 출발

때문에 필요한 힘의 회복을 위하여서일 것이다.

——「현대예술의 원시에 대한 욕구」,《조선일보》(1933. 8. 9)와
「현대시의 성격 원시적 명랑」,《조선일보》(1933. 8. 10);『시론』, 118~122쪽*

* 편집자 주
  이 글은《조선일보》에 2회에 걸쳐 연재했던 원문을 일부 수정하고 제목을 바꾸어 실었다.

새 인간성과 비평 정신

문학은 영구히 인생을 대상으로 하거나 그렇지 않으면 인생을 대상으로 한 것을 대상으로 한다. 그것은 또한 인생의 냄새를 완전히 떨어 버릴 수 없는 숙명을 가지고 있다.

농도의 차는 있을지언정 작가는 그가 지상에서 쓰는 한 무슨 형태로든지 인생과 관련을 가지지 않을 수 없다. 문제는 그가 적극적으로 인생에 향하여 동력(動力)하려고 의도하느냐 않느냐에 있다.

그러나 그것은 도대체 문학 이전의 문제다. 문학의 문제는 차라리 그 작가가 얼마나 깊이 인생의 진실에 육박하여 그것을 형상화할 수 있었느냐에 있다. 문예사조의 방향의 문제는 대체로 뭇 작가의 태도 및 그러한 것들이 결과하는 작품에 나타나는 보편적인 시대색(時代色)에 의하여 추상될 것이다. 그런데 우리 문학 속에는 한때 확실히 인생에서 멀어져 가는 경향이 나타나고 있었던 것도 사실이다.

문학의 가장 순수한 형태인 시에 있어서 더욱 그러했다. 그 경향은 대체로 문학에 있어서 형식주의에의 방향을 지시하는 점에서 일치했다. 이것은 조선만이 가지고 있는 특수한 것은 아니었다. 서양에 있어서는 벌써부터 그러한 경향이 예술의 모든 분야에 굳세게 나타났었다.

예를 들면 회화에 있어서는 문학적인 내용적인 모든 것을 구축(驅逐)하고 선, 색채, 음영 등의 결합과 배치에 의한 형이상학적 미(美)만을 추구하는 경향이 유럽 화단(畵壇)의 유력한 경향이던 때가 있었다. 시에 있어서도 주제라든지 철학을 거부하고 소재로서의 언어의 순수한 음이나 형(形)의 결합, 반발에 의하여 물리적인 효과만을 겨누는 시파가 있었다. 조선에서도 편내용주의, 공식주의의 풍미에 대하여 반발한 나머지 문학의 옹호가 그릇 형식의 옹호로 되어 버린 인상을 준 때가 있었다.

이러한 경향은 또한 문명사적 근거가 있다. 근대 문명은 인간에서 출발해서 이미 인간을 무시하는 경지에까지 이르렀다.

근대의 지식계급을 형성하는 층은 인간을 떠난 기계적인 교양을 쌓은 사람들이며, 그들은 또한 도회에 알맞도록 교육되어 왔다. 전원은 벌써 그들의 고향도 현주소도 아니다. 그들의 메카는 더욱 아니다.

현대 문화 자체와 지식계급의 도회 집중 경향은 이 일을 가장 밝게 설명해 준다. 현대 문명의 집중 지대인 도회에서 그들의 생활은 노골하게 인간을 떠나서 기계에 가까워 간다. 인간에서 멀어지는 비례로 또한 그들과 민중과의 거리도 멀어지는 것이다.

지식계급이 산출하는 현대문학에 편형식주의(偏形式主義)의 사조가 나타나는 것은 필연한 사태의 하나일 것이다. 그렇다고 해서 형식주의 반정치주의가 문학의 각 분야에 있어서 영구한 승리를 독점하고 있으리라고는 생각할 수가 없었다. 또 30년대처럼 문학 현상이 지리멸렬한 때는 없었다.

시는 시 자체의 작은 세계에 국척(跼蹐)하려고 하였고, 소설은 고도로 발달된 기술 속에 그것의 작은 운동장을 발견하고 있었고, 비평은 그 직무를 완전히 태만에 붙인 게으른 탈주병이 되었다.

이러한 아나키의 상태에 문학도 사람도 그렇게 오랫동안 견디고 있을 수는 없었다. 이윽고 문학은 인간을 그리워하게 될 것이었고 심오한 휴머니티(인간성) 위에 문학의 모든 분야를 새로이 건축하려는 욕구가 나타나고야 말 것을 우리는 믿었다. 그것은 광범하고 또한 전체적인 새로운 휴머니즘의 문명 비판의 태도를 확립하고 그 위에 모든 문학 현상을 통일할 것이었다. 유럽에 있어서는 이러한 경향이 부분적으로 대두하였다. 그것은 주로 정치에의 관심의 형태로 나타났었다.

프랑스의 신진 평론가 페르난데스의 행동주의에도 나타나 있었고 또 지드의 전향, 일부 쉬르레알리스트의 집단적 전향도 이러한 사태를 예고하였다.

영국에서는 그 엄혹(嚴酷)한 엘리엇의 주지주의의 온상에서 자란 오든, 스펜서, 데이루이스 등이 사회주의의 신념을 들고 나왔었다.

이윽고 세기의 색채로서 나타날 새로운 휴머니즘은, 그러나 공상적인 로맨티시즘은 물론 아닐 것이고, 종교적 미온적 톨스토이즘은 더욱 아닐 것이었다. 그것은 이미 20세기적인 리얼리즘의 연옥(煉獄)을 졸업한 더 광범하고 심오한 인간성의 이해 위에 서서 더 고귀하고 완성된 인간성을 집단을 통하여 실현할 것을 목적으로 하리라고 생각되었다. 집단은 20세기의 귀중한 발견의 하나라고 생각한다. 우리들은 다시 한번 인생 그 속에 우리들의 토대를 찾고 그 위에 인간성에 입각한 새 문학을 세우려 했다. 이 일은 그 일 자체가 문명의 강한 비판이 될 것이다. 그리하여 우리는 비로소 우리들의 노작(勞作)의 가치를 발견할 것으로 알았다.

이상은 물론 지식계급의 양심과 결벽을 신용한 뒤에 할 수 있는 말이다. 문학의 어느 장르에 있어서도 고도의 지적 작용의 참가 없이는 문학의 제작이라고 하는 것이 전연 불가능하다.

지드는 이것을 '악마의 참가'라고도 하였다. 문학의 각 장르 속에서도 가장 왕성한 지적 활동을 요하는 것이 비평이고, 지적 활동의 가능성이 가장 넓게 허락되어 있는 영역도 또 그것이다.

전면적으로 그다지 활발하지 못한 우리들의 문학 활동의 전 분야에서도 다른 각 분야의 현상에 비하여 더한층 위미부진(萎靡不振)하는 것이 비평이었다. 나는 여기서 그 원인을 구명하는 것이 목적이 아니다. 현상으로서 그것은 우리들의 지적 활동의 위축의 여실한 표명이었다는 것을 지적하면 그만이다. 고전주의 이래 가장 지적인 세기에서 호흡하면서도 가장 지적이 아니었다고 하는, 이보다 더 비통한 비극이 어디 있으랴.

강렬한 지적 활동의 조력이 없는 곳에서의 위대한 문학의 출현은 차라리 단념하는 것이 더 현명할 것이다. 조선 문학의 현실 속에서 무엇보다도 더 비관할 사실이 있었다고 하면 우선 나는 비평의 휴식이라고 말하고 싶다.

첫째 비평은 그 독자성을 획득하여야 할 것이었고, 또한 그것은 문학의 다른 각 분야와 평등하게 차라리 더 왕성하게 행하여져야 할 것이었다. 그러함에는 우선 그것은 소설이나 시에의 추수

(追隨)에서 해방되어야 할 것이었다.

비평의 가장 비속한 형식으로 월평(月評)이라는 것이 있다.

그것은 흔히 저널리즘의 수요에 의하여 되는 급조품이며, 또는 기술 비평이나 부분 비평에 그치는 일이 많다. 그러한 것이 비평의 전부인 것처럼 통용되는 곳에서는 그 무용론을 주장하는 작가들의 편에도 당연한 논거가 있는 것이 된다.

사실 비평가는 작품의 모든 부분에 있어서 작가가 기도한 작은 기술적 실험 같은 것까지 발견할 수는 없으며, 그러한 일을 하는 데는 매우 서투를 것을 면치 못한다. 그러한 것들은 작가들 자신의 여기(餘技)에 맡겨 두어도 족할 게다. 그 대신 비평은 다른 방면에 더 넓은 일의 무대를 가지고 있지나 않을까.

예를 들면,

(1) 작가의 인간적 발전과 그 작품 활동의 발전 과정의 상호 관계에 있어서의 작가의 성장의 고찰

(2) 문학의 기술, 사고 방법, 내용에 있어서의 시대성의 약속과 사회성의 제약의 제시와 해명

(3) 한 시대의 문학 활동의 근저에 흐르는 문학 정신의 발굴

(4) 새로운 시대에의 민감과 선견(先見)의 명(明)에 의하여 오늘의 문학을 내일의 문학으로 앙양할 것을 종용하는 일 등.

비평의 일은 다시 말하면 더 종합적인 전체적인 방향에 가로놓여 있지나 않을까. 비평은 개개의 작품의 인상적인 해석에만 그치지 않고, 나아가서는 문학 일반의 더 보편적인 문제의 해명에 더 자유로운 일터를 발견할 것이다. 그리함으로써 비평은 단순한 추수물(追隨物)로서의 비좁은 제약을 벗어나서 그 독자의 더욱 확호(確乎)한 존재 이유와 가치를 획득할 것인가 한다. 그러므로 작

가가 비평가에게 기대할 것은 숙련한 목공의 일의 지도보다도 더 한층 고도의 문학 정신의 지도성에 대해서다.

비평가는 단순히 '현명한 독자'여서는 아니 된다. 그는 비평 무용론(無用論)의 작은 안전지대에서 자신의 일에 아무 반성도 앙양도 꾀하지 않고 차라리 비평을 겁내는 작가의 태만을 용서하여서는 아니 된다. 그와 동시에 그는 생경한 공식주의로 작가의 자유로운 창작 활동을 제어하는 무모를 되풀이해서는 아니 된다.

비평가도 작가도 한가지로 우리들의 문학 활동의 현실 속에서 우리들의 오늘의 문학을 축조하는 동시에 내일의 문학을 설계하는 현실적인 과학적 태도에 충실하지 아니하면 아니 된다. 한 작가의 내부에서 하는 지적 작용을 비평은 우리의 문학 활동 전체의 속에서 함으로써 지리멸렬한 현상에서 우리 문학을 정리하여 부단의 향상으로 인도할 것이다.

우리는 그러한 건전한 비평 정신의 재건을 기도하여야 하겠으며, 또한 비평이 우리의 문학 활동의 전 영역 속에서 그 적당한 지위를 도로 찾아서 그 기능을 십분 발휘할 때가 올 것을 믿고 싶다. 30년대에 앉아서 문학의 장래를 말하는 것은 국외자에게 있어서는 하나의 희극이요, 그 속에서 일하는 당사자에게 있어서는 비극임에 틀림없다. 혹은 우리 문학의 전도는 예상할 수 있는 최악의 경우에 있을지도 모른다. 우리는 이 거의 참을 수 없는 사회적 냉담과 모멸과 학대와 모든 객관적 불리를 견디어 가면서도 오히려 이 일을 계속하여야 할 보람을 알고 우리에게야말로 인내가 최상의 미덕인 것을 깨달아야 했었다. 그러한 까닭에 이 일은 우리에게 있어서 더욱 야심적이 아니면 아니 된다. 돈을 구하여 떠날 것이고 명예를 구하여 떠날 것이고 지위를 구하여 떠날 것이다. 탈락자는 각각 그들의 가는 곳으로 보냄이 좋다.

오직 인내에 찬 무리만이 갚음 없는 이 일 속에 남아 있을 것이다. 이것은 우리들의 한 결의였다.

우리는 다만 미래를 믿음으로써 위안을 받으려 한다.

그러나 우리 중의 아무도 단순한 꿈꾸는 로맨티스트여서는 아니 된다.

우리야말로 현실 속에서만 미래를 발견할 줄 아는 참된 리얼리스트여야 될 필요를 세계의 누구보다도 가장 잘 느끼는 사람들이고자 한다.

―「장래할 조선 문학은」, 《조선일보》(1934. 11. 16~18); 『시론』, 123~130쪽

기교주의 비판

기교주의 발생의 환경

우선 기교주의 발생의 환경에 대한 간단한 소묘에서 시작하련다.
시적인 사고나 감정은 아마도 만인에게 속한 것 같다. 그것을 가지는 것은 반드시 시인의 특권은 아니다. 실로 노고(勞苦) 그것처럼 인생의 뒷골목을 걸어가는 한 방물장수 늙은이조차 때로는 시적인 사고나 감정을 가질 수 있다. 그러므로 어떤 사람이건 문자를 아는 한도 안에서는 시를 쓸 수 있는 것이다. 많은 문학청년이 대개는 시로부터 시작하는 것이 통례인 것 같다. 사실 시는 소설처럼 광범하게 읽어지지 못하는 대신에 더 많은 범위의 사람에 의하여 지어지고 있으며, 또한 지어지려는 충동을 받고 있는 듯하다.

소설은 문학의 한 형태로서 더 많이 감상될 수가 있도록 되었고 시는 더 많이 자기표현에 이용될 수 있도록 되어 있는 것 같다. 그래서 이러한 자연스러운 사태의 결과로서 조선은 많은 시를 쓰는 사람을 가지고 있다. 환경과 시대가 던져 주는 우연의 혜택으로 그중의 몇 사람은 다행하게도 시인이라고 불려질 수 있었다.

사실 시는 어떠한 시대에도 많은 바보와 그리고 지극히 적은 수효의 천재의 손에 의하여 씌어져 왔다. 그러면 대체 시적 바보와 천재는 어떻게 구별되는가.

우선 시적 사고와 감정은 그 감수되고 소유되는 방식에 있어서 차이가 있다. 따라서 그 함축에 우열의 차가 생길 것은 물론이다. 여기에 천재의 활동을 위한 기회가 있는 것이다. 더한층 나아가서 단순히 시를 쓸 수 없는 사람으로부터 시인을 구별하는 것은 그 비범한 표현력이다. 나는 여기에 한 사람의 시적 범인(凡人)으로부터 천재에 이르는 세 단계를 편의상 가정하려고 한다.

(1) 평범한 시적 사고나 감정을 소유한 사람. (물론 그것을 더욱 빈약한 표현을 빌려 시에 담아 놓는 사람들까지 포함한다.)

(2) 높은 시적 사고나 감정은 가졌으나 표현력에 있어서 부족한 사람.

(3) 뛰어난 시적 사고나 감정을 훌륭한 표현력으로 구상화할 수 있는 사람.

나는 여기서 조심성 없이 천재라는 말을 썼으나 그것은 역시 편의상의 가정에 불과하다. 이상의 계단은 한 시인의 내적 발전의 단계이기도 하다. 진정할 줄 모르는 발랄한 시적 정신이 정진하는 방향은 실로 이 계단에 연(沿)하여서다. 우리가 경멸하고 기피하려고 하는 것은 다만 (1)의 상태에 정돈하는 일이다. 즉, 지극히 평범하고 우연하고 잠정적인 시적 사고나 감정을 시의 전부라고 생각하여 그것들을 주책없이 나열하고 배열함으로써 시가 되었다고 안심한다. 감상과 시를 혼동하기조차 한다. 그것을 일층 선동하는 것은 구식 로맨티시즘의 시론이다. 그것은 때때로 내용주의라는 새로운 복장을 바꾸어 입으나 역시 자연의 존중이라는 소박한 사상에서 출발하는 것은 마찬가지다. 즉, 어떠한 사고나 감정의 자연적 노출을 그대로 시의 극치라고 생각했다. 영감(靈感)이라는 말이 매우 존중되었으며, 그것은 시의 원천이며 동시에 시인의 특권을 지키기 위한 신비로운 주문인 것처럼 생각되었다. 오늘까지도 오히려 이 영감이라는 말이 시인의 태만에 대한 자위의 구실로 남아 있다. 그러나 현대인은 딴은 영감이라는 다소 신비적인 인상을 주는 말은 피한다. 그 대신에 더 범속한 문구로서 감흥(感興)이라는 말을 쓴다. 이러한 분위기 속에서 실로 얼마나 많은 평범이 천재라고 하여 옹호되어 왔는가.

당대에 이미 편성된 시학은 대체로는 반세기 이전까지의 사고를 정리한 것에 지나지 않는다. 사람들은 적어도 반세기의 여백을 격(隔)하여 죽어 버린 시대와 교섭하려 한다. 이 구원할 수 없는 저회(低徊)와 평정 속에서 들려오는 것은 시의 신음 소리뿐이다.

대체 그들의 시의 어디서 뛰어난 시적 사고를 발견했느냐. 우수한 시적 표현의 완성은 더군다나 찾을 수가 없다. 이러한 소박하고 원시적인 사고와 병립하여 시의 빈곤을 더욱 초래하는 데 힘이 된 것은 관념주의다. 그것은 한 개의 학설이나 사상이 그대로 시가 될 수 있는 것처럼 생각하는 지극히 간단한 신념에 기인한다. 한 학설이나 사상이 시 속에 나타날 때에는 그것은 시적 사고로 순화되고, 정리되고, 통제된 뒤가 아니면 아니 된다. 어떠한 사상적 흥분도 그대로 시가 될 수는 없다. 많은 로맨티시스트의 일시적 감흥에 의한 즉흥시가 아직 발전하지 못한 시의 소재의 경지를 벗어나지 못한 것처럼, 생경한 관념적 시는 관념에의 몰입에만 그치지 않고 시로서의 완성을 도모하여야 할 것이다.

이러한 혼돈 속에서 진정한 시적 자각, 다시 말하면 시적인 사고와 형상에의 자각에 이르기까지에 시단은 거의 4분의 1세기라는 긴 시간을 요하였다.

조선에 있어서 기교주의 발생의 환경을 요약하여 말하면 시단을 에워싼 소박한 어떤 종류의 원시적 상태라 하겠다. 그 배경에는 강렬한 문화적 욕구가 있어서 소박한 자연 상태의 정리에 의한 고도의 문화가치의 실현을 기도하였다. 여기에 30년대 초기의 이른바 기교주의의 문화사적 의의가 있었다.

그런데 우리의 신시 운동은 반드시 내부적 자각에 의하여서만 진전한 것은 아니다. 그것을 더욱 촉진시킨 외부적 자극으로서의 선진 제국의 시 운동의 영향을 거기서 부정할 수는 없다. 외국의 좋은 시론이나 시 운동의 영향을 받으면서 한 나라의 시가 성장해 가는 것은 절대로 굴욕이 아니다. 그것은 차라리 더욱 바라고 싶은 일이다. 약간의 편협한 국수 사상가는 이러한 문학의 외적 영향을 과소평가하거나, 심하면 배격하려고 하나 그것은 무모 이외의 아무 일도 아닐 게다. 오늘에 있어서는 벌써 한 나라의 문학은 세계적 교섭에서 전연 절연된 상태에서 존립할 수는 없다. 이러한 견지에서 나는 여기서 잠깐 우리들의 시 운동에 자극이 되었다고 생각되는 서양 근대시가 오늘에 이르기까지의 특징을 살펴 가면서 그것과 우리들이 가지고 있는 기교주의와의 관계에 미치고자 한다.

순수시

상징파에 의하여 그렇게 존중되었던 시의 음악성은 순수시에 있어서 시의 본질에까지 높여졌다. 그래서 이 음악성에 의한 시의 순수화의 기도가 그대로 브레몽[1]의 이론의 근저가 되어 있다. 그는 1926년 프랑스 아카데미에서 이 주장을 발표하여 구미의 시단에 널리 비상한 파문을 일으켰다.

허버트 리드는 이에 대하여 말하기를, 비록 한 개의 주장으로서 명료한 모양을 갖춘 것은 브레몽에 의하여서나 사실은 영시(英詩)의 전통이야말로 이 순수시의 방향을 더듬어 온 것이라고 하였다. 그는 "모든 예술은 항상 음악의 상태를 동경한다."는 월터 페이터의 유명한 문구와, 또 "영혼이 시적 감정에 충동되어 숭고한 미를 창조하려고 애쓸 때에 그 위대한 목적을 거의 달성하는 것은 음악에 있어서다." "음악이 유쾌한 사념과 결합되었을 때 그것이 시다."라는 포의 말도 인용하여 가며 순수시는 사실에 있어서 영시의 전통일 뿐 아니라, 이론상으로도 이렇게 영국이 선배라는 것을 확인시키려고 애썼다. 프랑스에 있어서 이 순수시의 주장이 한때 프랑스 시단이 포에 열광적으로 경도했던 사실과 아울러 생각할 때에 리드는 결코 억설(臆說)을 세운 것 같지는 않다.

형태시

시에 있어서의 음악성의 고조는, 시의 본질은 시간성에 있다는 견해에서 이것을 중심으로 하고 편성된 낡은 형태학에서 나온 것이다. 순수시의 이론은 여기에 새로운 현대적 해석을 부여한 데 지나지 않는다. 그런데 여기에 시의 순수화를 이와는 딴 방향으로 향하여 기도한 시론이었다.

---

[1] 아베 브레몽(Abbé Henri Brémond, 1865~1933). 프랑스의 문학평론가. 『순수시』, 『기도와 시』 등을 간행했다.

이것은 시의 본질은 시간성에 있다기보다는 차라리 공간성에 있다고 생각하는 또 다른 형태학에 근거를 가진 것이다.

즉, 시는 음악성에 의하여 성립하는 것이 아니라 좀 더 회화성에 본질적인 것이 있다는 새로운 미학에 기인하여 출발한 것이나, 드디어는 인쇄의 형태성의 효과와 결합한 이른바 형태시가 나타나게 되었다. 이 기운을 가장 촉성(促成)한 것은 입체파의 운동인 것 같다. 시에 있어서의 입체파는 회화상의 입체파처럼 시의 의미에 있어서까지 그렇게 분명한 미학을 수립할 수는 없었고, 차라리 외형에 대한 변혁에 그쳤다. 좀 더 적절하게 말하면 인쇄술의 시적 표현이라고도 말할 수 있다. 아폴리네르나 콕토의 이상스럽게 지면에 활자를 배열해 놓은 시도 그 의미는 지극히 온건한 서정시인 것이 많았다. 막스 베버의 시는 더 많이 의미적인 것을 거세하고 순수한 포멀리즘의 시로 가까이 오고 있었다. 의미의 연계와 통일을 전연 무시한 스타일의 곡예에 그친 거트루드 스타인[2] 류의 시도 이 계열에 속하는 것이라 하겠다. 이러한 시에서 의미의 맥락이나 음악성을 구하는 것은 잘못이다. 시인은 그 속에서 그러한 것은 계획하지도 않았던 까닭이다. 그는 차라리 그러한 것들은 비시적인 협잡물이라고 생각한 것이다. 그래서 그러한 것들을 탈각하고 순수한 스타일의 기계적 효과 내지는 인쇄미의 발휘로써 시의 극치라고 생각한 것이다.

초현실파는 일찍이 시에 있어서 주제의 포기를 선언하였다.

그것은, 그들의 의견에 의하면, 주제는 시에 있어서 비본질적인 것인 까닭에 차라리 방기한 것이다. 브레몽이 순수시의 대표

---

[2] 거트루드 스타인(Gertrude Stein, 1874~1946). 미국의 시인·소설가. 어감을 중시한 실험적인 작품을 썼다. 소설 「3인의 여인」이 있다.

자라고 지명한 폴 발레리는 시를 장기(將棋)나 수학 문제에 비유하였다. 대체 수학의 상태처럼 명징한 것이 또 어디 있느냐. 발레리는 틀림없이 시의 구경(究竟)의 순수한 상태를 이러한 명확하고 명료한 것으로 의욕한 것이다.

나는 근대시의 이러한 여러 조류에 공통된 순수화의 경향의 원인으로 아래의 몇 가지를 추려 내 보려고 생각한다.

(1) 사회 정세의 변이. 과학문명의 급속한 발전을 따라서 그 속에서 호흡하는 사람들의 생활 감정에 예기할 수조차 없었던 변화가 왔다. 그래서 그것은 그 변모를 따라서 시에 향하여도 항상 새로운 양식을 구하였다.

(2) 과학 사상은 우선 유럽 사람의 머릿속에서 신의 관념을 붕괴시켰고 종교를 무너뜨려 버렸다. 그것은 나아가서 시를 에워싸고 있는 오랜 신비의 보자기를 그냥 버려두려고 하지 않았다. 시는 드디어 잔인한 과학의 해부 대상에서 그 모든 비밀의 의상을 벗기우고 나체 그대로 해체당하였다. 그래서 거기 최후에 남은 것이 음(音)이거나, 혹은 벽돌 조각 같은 문자의 형해(形骸)거나, 또는 아라비아숫자 같은 것이었다.

(3) 왕성한 세력으로 문학의 전 분야를 풍미하기 시작한 소설, 산문의 협위(脅威)에 대항하여 시는 그 자체의 독자성을 주장하여야 했다. 그것은 그것의 본질을 파악 제시하여 산문과의 구분을 명료하게 하여야 할 필요에 직면했다.

(4) 시인은 한 시대 이전의 선조들이 세워 놓은 가치의 체계에 무조건하고 신뢰를 가질 수는 없었다. 사실 19세기 이래의 예술가들처럼 황망하게 뒤를 이어서 가치의 부정을 감행한 일은 일찍이 선대에서는 보지 못하였다. 이 일은 내면적으로는 많이 시인의 결

벽에 기인한 일이다.

(5) 무엇보다도 조화와 충실한 인간성을 잃어버린 공소(空疎)한 현대 문명 자체의 병적 징후다.

그런데 근대시의 이러한 순수화의 경향이 항상 기교주의의 방향을 더듬어 온 것은 주목할 일이다. 나는 이제 여기서 기교주의의 내용을 규정하지 않으면 안 되겠다. 이 말은 시의 가치를 기술을 중심으로 하고 체계화하려고 하는 사상에 근저를 둔 시론을 지칭한 것이다. 그러나 낡은 '예술을 위한 예술'론이라든가 심미주의 혹은 예술 지상주의와는 엄연하게 구별되어야 한다. 즉 예술 지상주의는 차라리 윤리학의 문제에 속하나 기교주의는 순전히 미학권 내의 문제다. 조선에 있어서의 기교주의 혹은 시의 순수화의 기도 등은 물론 한 운동의 형태를 갖춘 일도 없고 그렇게 뚜렷하게 일반의 의식에 떠오르지 못했다. 그러나 우리는 30년대 전반기를 통하여 이것을 개별적으로는 얼마간이고 지적할 수가 있고, 또한 한 경향으로서도 우리가 추상할 수가 있었다고 생각한다. 이 기운이 유래하는 내부적 동기에 대하여서는 이미 말하였고, 전술한 선진 제국의 새로운 시 운동의 영향도 지적할 수가 있다.

여기서 잠깐 근대시의 발달에 있어서 특정이 되어 있는 기교주의 및 시의 순수화 운동에 대한 간단한 비판을 시험코자 한다.

한 개의 혼돈한 상태는 물론 그 자체가 야만한 것이다. 그러나 음악성이나 외형 같은 각각 기술의 일부에 지나지 않는 것을 추상하여 고조하는 것은 시의 순수화가 아니고 차라리 일면화(편향화)라고 할밖에 없다.

기술의 일면만을 부조(浮彫)하는 것은 확실히 명징성을 획득하는 일이다. 그러나 그것은 어디까지든지 시의 기술의 일면에 그쳐야 할 것이다. 전체로서의 시는 훨씬 그러한 것들을 그 속에 통일해 가지고 있는 더 높은 가치의 체계가 아니면 아니 된다. 20세기의 시 속에는 분명히 파괴의 요소가 많이 있었다. 다다와 같은 것은 파괴적 정신 이외의 또 이상의 아무것도 아니었다. 초현실주의는 이 파괴의 면을 그 속에 많이 상속해 받은 것도 사실이었다. 그런데 파괴의 작용은 일면에 있어서는 분석의 과정이었다. 분석은 시를 여러 부면으로 해체하였으며, 필경에는 시의 일면화의 현상을 결과한 것인가 한다. 그래서 이윽고 순수시는 음악 속에, 형태시는 회화 속에 각각 시를 상실해 버리고 말지나 않았을까. 근대시의 순수화의 과정은 시의 상실의 과정인 느낌이 있다.

　이미 그 역사적 의의를 잃어버린 편향화한 기교주의는 한 전체로서의 시에 종합되어야 할 것이다. 그것은 한 조화 있고 충실한 새 시적 질서에의 지향이다. 전체로서의 시는 우선 기술의 각 부면을 그 속에 종합 통일해 가지고 있어야 할 것이 다. 그러한 전체로서의 시는 그 근저에 늘 높은 시대정신이 연소하고 있어야 할 것이다.

　　　──「시에 있어서의 기교주의(技巧主義)의 반성과 발전」,《조선일보》(1935. 2. 10~14);
　　　　『시론』, 131~139쪽

시와 현실

아리스토텔레스 이래 오늘까지 2천3백 년 동안에 수천 수만의 시가 나왔건만 아직까지도 모든 사람을 한꺼번에 설복(說服)시킬 만한 시의 정의가 나타나지 못한 것은 사실이다. 또는 영구히 그럴는지도 모른다.

시학이 붙잡았다고 생각한 시 일반이라고 하는 개념은 결국은 그 시학과 같은 시대 또는 그 전 시대까지의 시에서 추상한 것에 지나지 않는다. 그동안에 생동하는 시는 그 시학의 경계를 넘어서서 새로운 들로 달음박질치고 있는 것이다. 어떠한 시대에고 새로운 시는 항용 비시적(非詩的)이라는 구실을 가지고 심하게 비난되었다. 그것은 비난하는 편의 시학이 그 새로운 시보다 키가 몇 자 모자란다는 것을 의미할 뿐이다. 어느새 이 비시적이라던 시는 시일이 지남을 따라서 시사(詩史)상에 그 위치를 차지하고 만다. 그러므로 말의 엄정한 의미에서 우리가 정의할 수 있는 것은 어느 한 시대의 시뿐인 것이다.

우리는 사실 '오늘의 시'를 가지면 그만이다. 어제까지의 시는 역사의 소유에 맡기면 그만이다. 그런데 이 '오늘의 시'조차가 결코 특정한 한 종류의 시뿐이 아니다. 오늘이라고 하는 특정한 시간을 흐르고 있는 수많은 시의 물줄기가 한데 합쳐서 이루어지는 것이다. 물론 그중에는 대소의 구별이 있어서 주류라는 것이 형성되어 있을 것이나 그렇다고 다른 작은 물줄기는 무시해도 좋다는 말은 의미하지 않는다.

벌써 우리는 우리의 시 속에 여러 개의 조류를 가지고 있다. 그 일만으로도 우리 시단은 향상했다고 주장할 수가 있다. 나는 잡다한 조류를 이야기하기 전에 시의 종류의 분화에 대하여 독자의 주의를 환기하려고 한다. 시라고 하면 곧 서정시를 연상한 것은 오래인 동안의 우리의 비좁은 습관이었다. 그 일은 결과로서는 시에 오직 한 종류의 범주를 설정함으로써 만족하였고 나아가서는 오직 한 개의 규범을 고집하는 데까지 이르렀다.

시는 첫째 형태적으로 단시와 장시로 구별된다. 시는 짧을수록 좋다고 할 때 포(Poe)는 장시의 일은 잊어버렸던 것이다. 장시는 장시로서의 독특한 영분(領分)을 가지고 있다. 어떠한 점으로 보아 더 복잡다단하고 굴곡이 많은 현대 문명은 그것에 적합한 시의 형태로서 차라리 극적 발전이 가능한 장시를 환영하는 필연적 요구를 가지고 있는 것처럼 보이기도 한다. 현대시에 혁명적 충동을 준 엘리엇의 「황무지」와 최근으로는 스펜더의 「비엔나」와 같은 시가 모두 장시인 것은 거기에 어떠한 시대적 약속이 있는 것이나 아닐까. 나는 있다고 생각한다. 또한 의미의 성질로 보아서 시는 서정시 이외에 철학적인 시, 풍자적 묘사적인 시도 가능할 것이고 또 있어서 좋을 것이다.

고요한 정서를 노래함으로써 만족한 것은 18세기까지의 목인(牧人)의 생활이었다. 오늘의 우리는 시에서 그 이상의 것을 기도하고 싶은 충동을 느끼는 것이 사실이다. 그런 것을 느끼지 않는다고 하면 거기는 태만 이외의 또 무슨 구실이 있을까. 그동안에 우리는 벌써 그러한 충동이 우리 속에 실현되고 있는 사실을 예증(例證)할 수도 있다. 우리는 앞으로도 시의 세계를 그 비좁은 서정의 영토에만 제한하지 말고 새로운 종류로 더 넓혀 확장할 것이나 아닐까.

이 30년대의 전반기의 수년 동안 기교파의 세력이 시단을 압도하였다고 말한 임화(林和) 씨의 말은 옳다. 어떠한 역사적 사실을 있는 그대로 인정한다는 것과 판단한다는 것은 다른 일이다. 비록 기교파에 반대하는 사람들이라고 할지라도 이 4~5년내 기교주의가 시단의 주류를 이루었다는 사실은 인정할밖에 없을 것이다.

기교파를 다시 정밀하게 분류한다면 그중에서 언어에 대한 고전주의적 신념을 시론으로 한 일파와 일군의 첨예한 형이상학파와 수에 있어서 그보다 더 많은 사상파(寫像派)로 구분할 수가 있다. 그러나 그들은 모두 현실에 대하여 도망하려는 자세를 가지는 점에서 일치한다.

원래 보들레르를 원조로 하고 근년의 초현실파에 이르기까지 불란서를 중심으로 한 근대시의 특징은 그것이 일관해서 현실을 추악한 것으로 인정하고 그것을 초월한 곳에 아름다운 시의 세계를 상정하려는 데 있었다. 자신의 시의 전통을 가지지 못하고 주로 서양 시에서 그 자양을 더 많이 섭취하여 온 우리 신시가 그러한 영향을 강하게 받은 것은 피할 수 없는 일이었을 것이다. 그 위에 우리를 에워싼 현실이 시인을 기쁘게 하기에는 너무나 미웠다.

그러나 우리들 속에 현실도피의 태도 가운데는 강한 현실 증오의 감정이 어느 정도까지 흐르고 있었던가. 서양의 초현실주의자들의 그것에 필적한다는 자신이 있을 수 있을까. 1936년 6월에 파리에서 문화의 옹호를 위한 국제작가회의가 열렸을 때 그들은 어떠한 문화를 옹호할 것인가 하는 문제를 우선 고려하지 않으면 아니 되었다. 그것은 물론 근대 문명의 현실을 지지하는 문학은 아니었다. 차라리 그것을 비판하고 초극하려는 문학이었다. 과연 우리들의 기교파는 옹호되어야 할 문학 중에 들었을까. 그보다 국제작가회의가 적대하려는 세력이 무해 무익한 가련한 카나리아로서 방임하거나 도리어 장려할 그러한 종류의 문학 속에 들지나 않았을까. 만약에 그렇다면 그것은 바로 시의 명예가 아니고 굴욕일 것이다. 필자가 수많은 동료에게 한 개의 '돌아 우편(右便)! 앞으로!' — 즉 현실에의 적극적 관심을 제의한 까닭도 거기 있었다.

국제작가회의 석상에서 루이 아라공의 얼굴을 발견할지라도 제군은 도무지 놀랄 것은 없었다. 그는 벌써 옛날의 초현실주의자 아라공이 아니었다. 전후의 영국의 시에서는 엘리엇의 작품에서 보는 것처럼 일관해서 현실의 반영이 농후한 것은 오래전부터의 일이었다. 드디어 30년대에 들어서부터 뉴 시그니처, 뉴 컨트리에서 출발한 젊은 시인들은 이러한 현실의 수동적 반영에조차 불만을 품고 보다 더 적극적인 관심을 가지고 대전 이후의 영시에 제2의 변혁을 가져오면서 있었던 것이다. 새로운 문화는 바로 이러한 새로운 의도와 설계를 통해서 내일에로 발전할 것이었다. 왜 그러냐 하면 언제든지 비판자·초극자만이 내일에 참여할 권리를 가질 수 있는 까닭이다.

그러나 이러한 의견은 곧 기교주의에 대신해서 편내용주의를 가져오려는 것이라고 이해되어서는 아니 된다. 내용의 편중은 벌써 1930년 이전에 청산한 오류였다. 차라리 내용과 기교의 통일을 통한 전체성적 시론이 요망되었다.

  1930년 직전의 경향시는 암만해도 내용 편중에 빠졌던 것 같고 그것이 기교를 의식하고 내용과 기교를 통일한 한 전체로서의 시에 도달하는 것은 오히려 그 뒤의 과제가 아니었던가 생각한다. 나는 물론 우(右)로부터 기울어지는 전체성의 선을 그려 보았다. 경향시가 만약에 금후 전체성의 선을 좇아서 발전을 꾀한다고 하면 그것은 물론 좌(左)로부터의 선일 것이다. 이 두 선이 어떠한 지점에서 서로 만날까. 또는 반발(反撥)할까는 그 뒤의 과제다.

—「시인으로서 현실에 적극적 관심」,《조선일보》(1936. 1. 1, 4);『시론』, 140~144쪽*

---

*   편집자 주
    이 글은 「시인으로서 현실에 적극적 관심」이라는 제목으로 "시 종류의 분화", "시에 있어서의 전체주의", "우리말에 대한 시인의 윤리" 등으로 나누어 3회에 걸쳐 연재되었지만, 『시론』에서는 1, 2회 연재분만 실으면서 그 제목을 '시와 현실'이라고 고쳤다.

시의 회화성

1

시와 서정시라는 두 말은 구별되어 씌어져야 할 것이다. 우리 시단에서는 '시=서정시'라는 관념이 한 개의 상식이 되어 있지만 그것은 변태적 현상이다.

서정시는 서사시와 함께 시의 한 종류에 지나지 않는다. 서사시(혹은 사시(史詩))가 로망에 지위를 물려준 후 서정시는 시의 전 영역을 차지하여 왔다.

그러나 언어의 가장 엄밀한 해석에 의하면 서정시는 다만 주로 사람의 감정을 대상으로 한 시에 지나지 않는다. 감정을 대상으로 하지 않는 시도 있을 수 있으며 이미 있어 왔다. 그러므로 서정시는 어떠한 종류의 시에 부여한 상대적인 명칭에 불과하다. 시의 전체는 물론 아니다.

2

그러나 '시는 감정의 표현'이라는 시론이 시단을 지배하던 동안은 '시=서정시'라는 독단이 아무 의문 없이 통용되는 편의를 가졌다.

그런데 감정을 대상으로 한 시는 이미 이미지스트(사상파(寫像派))의 시대에 사멸한 것이라고 생각하였다. 사멸까지는 아니 했어도 이미 그 시대를 종결한 것으로 생각해 왔다.

로맨티시즘은 모든 속박에서 감정을 제한 없이 해방하는 것이 목적이었다. 그러므로 로맨티시즘 시대는 동시에 서정시의 황금시대였다. 빅토르 위고의 시며 포(Poe)의 시론이 전성했으며, 바이런, 셸리의 분방한 열정이 찬미되었다.

상징주의는 감정의 지극히 담백한 상태인 정서를 사랑하였다. 그러니까 여전히 서정시의 시대였다.

이미지스트는 이미지(영상)의 창조를 목적하였으므로 따라서 감각을 새로운 가치에 있어서 발견하였다. 그러나 그러한 영상의 감각을 통하여 역시 감정의 세계를 상징하려고 하였던 까닭에 그것도 서정시의 범주를 아직 완전히 벗어나지 못했다. 예를 들면, 리처드 올딩턴의 「포플러」라는 시는 '포플러'를 중심으로 한 한 개의 화사한 영상의 축연이나 그것을 싸고 있는 것은 여전히 부드러운 정서의 분위기다.

3

위에서 보아 온 것처럼 이상스러운 일은 시의 역사는 차츰차츰 감정을 떨어 버리면서 왔다는 것이다. 사람의 희로애락(喜怒哀樂)이라는 가장 원시적 감정을 대상으로 하던 시의 시대는 훨씬 옛날에 물론 지나갔다. 아마도 독일의 '폭풍노도의 시대'가 그 최고조였을 것이다.

상징주의 시대에 와서는 그 시는 훨씬 이러한 감정의 거친 부분을 떨어 버렸다. 이미지스트는 정서까지를 아주 떨어 버리지는 못하였지마는 이미 그 내부에 서정시의 강대한 적(敵)을 기르면서 있었다. 조소성(彫塑性)에의 추구가 그것이다. 그것은 다른 방면으로 보면 회화의 동경이다. 다시 말하면 이미지스트의 시 속에는 서정시와 또한 서정시를 부정하는 것이 함께 깃들어 있었던 것이다.

4

그런데 감정의 동기에는 항상 구체적인 사건이 있겠지만 감정 자체는 지극히 추상적인 것이다. 그것은 음악에 있어서 가장 적의(適宜)한 구상자(具象者)를 발견한다. 그러므로 서정시는 가장 음악적인 것을 이상으로 했다. 정형시와 자유시를 막론하고 그것은 반드시 운율을 밟아 왔다.

일부의 사람들은 자유시는 운율을 버린 것처럼 말하지만 그것은 오해다. 자유시는 다만 정형시에 있어서의 운율의 구속을 깨뜨리고 자유로운 호흡에 맞는 자유로운 운율을 창조하려고 하였을 따름이다. 운율의 본질에 한층 더 가까워 간 점에 있어서는 자유시는 차라리 정형시보다도 더 충실한 운율의 봉사자였다.

서정시가 직접한 감정의 표현으로서의 명예에 만족하지 않고 점차로 감정을 세탁해 버리면서 있는 동안에 그것은 어느새 서정시가 아니고 따라서 차츰 그것이 생명처럼 존귀해 하던 음악성조차를 잃어버리며 왔고, 드디어는 음악성에 결별했다. 그래서 필경에는 신(新) 산문시(散文詩)의 제창을 봄에 이르렀다.

5

우스운 일은 많은 사람들은 운율이야말로 시의 본질인 것처럼 생각하고 하는 일이다. 세상의 수없는 시의 시작자(試作者)들은 운율을 밟아서 말을 나열함으로써 시를 지었다고 생각한다. 그래서 세상에는 괴상한 망령들이 운율의 제복을 입고는 시라고 자칭하면서 대도를 횡행한다. 그때 시신(詩神)은 아마도 그들의 부엌에서 슬프게 울는지 모른다.

한편으로 새로운 시적 정신은 어느새 이 운율이라는 예복(禮服)이 그들의 몸에는 옹색한 것을 느끼기 시작했다. 그것은 혹은 결혼식에는 써도 괜찮을지도 모르나 가두에서 사무소에서 농원에서 공장에서 모든 산 시의 현실 속에서는 그것은 얼마나 불편한 것이냐?

그래서 벌써 음악은 우리들의 우상이 아니다.

20세기의 시의 발전이 그 회화의 역사와 어떻게 밀접한 관계가 있었는가에 대하여는 다른 독립한 제목으로 연구하려고 하지만 우선 20세기의 음악은 시에 대하여 회화가 가진 것처럼 그렇게 긴밀한 관계를 가지지 못하였다.

사티[1]의 음악은 세잔이나 피카소나 마티스의 그림처럼 그렇게 시에 영향할 수 없었다.

20세기 시의 가장 혁명적인 변천은 실로 그것이 음악과 작별한 때부터 시작된 것 같다.

---

1 에리크 사티(Éric(Erik) Satie, 1866~1925). 프랑스의 작곡가. 신고전주의 음악의 선구자.

6

에즈라 파운드는 시를 세 가지로 분류하였다.

(1) 멜로포이아: 거기서는 언어는 그 평범한 의미를 초월하여 음악적 자산으로 채워진다. 그래서 그 음악적 함축이 의미의 내용을 지시한다.

(2) 파노포이아: 가시적인 상상 위에 영상의 무리를 가져온다.

(3) 로고포이아: 언어 사이의 이지(理智)의 무도(舞蹈), 즉 그것은 언어를 그것의 직접한 의미 때문에 쓰는 것이 아니다. 언어의 습관적 사용 언어 속에서 발견하는 문맥, 일상 그 상호 연락, 그것의 기지(既知)의 승인과 반어적(反語的) 사용의 독특한 방법을 고려한다.(*How to Read*, p. 25)

그중에서 주로 귀로 들을 수 있는 것은 멜로포이아뿐이고, 다음의 둘은 하나는 주로 시각에 다른 하나는 그러한 관능의 매개를 통하지 않고 직접 의식 속에 향수되는 것이다. 그래서 멜로포이아는 장엄한 운율이라는 것보다도 아름다운 회화로 우리들의 시에 남아 있을 뿐이고 우리들이 요망하는 시는 주로 2와 3에 속한 시였다. 현대의 시가 주로 귀와는 친하지 않고 눈과 친하고 있는 사실을 지적한 것을 나는 다른 시론가의 시론 속에서도 읽은 것을 기억한다.

7

그리하여 20세기의 시에서 음악성을 구축한 회화성이란 무엇이며 그것은 대체 어떠한 형태로서 나타났는가.

(1) 문자가 활자로써 인쇄될 때의 자형 배열의 외형적인 미.

물론 시가 단순히 낭독되지 않고 인쇄되어 읽혀지기 시작한 뒤에 활자로서의 형태미가 시의 새로운 속성으로 등장한 것이다.

아폴리네르, 콕토 등의 입체파(立體派) 이래 그것은 이미 상식이 되어 버려서 시에 있어서 이 활자의 외형적 형태미만을 추구하는 극단의 시파(詩派) 포멀리즘까지 생겨났다. 현대의 회화 운동에 가장 많은 영향을 받은 것은 아마도 이 유파일 것이다. 사실 이 유파에 포함할 수 있는 시인으로서 같은 성질의 회화 운동에도 참가한 사람들이 많았다.

그러나 우리는 이 포멀리즘에 어떠한 종류의 시간적 가치는 부여할지언정 그것은 전면적으로 긍정할 수는 없다. 왜 그러냐 하면 문자의 활자로서의 형태미는 어디까지든지 시의 우연적 미며 본질적인 것은 아닌 까닭이다.

(2) 독자의 의식에 가시적인 영상을 출현시키는 것을 목적으로 하는 때의 그 시의 내용으로서의 회화성.

이것이 즉 올딩턴, 커밍스 등의 사상파의 노골한 목적의식이었으며 파운드가 말한 '파노포이아'다.

물론 우리는 시를 그 형이상학적인 음악성까지 순화하려는 순수시의 주장이 현대에도 있는 것을 무시하지는 않는다. 그러나 그것은 어디까지든지 예외적이고 시의 발전의 대세는 항상 회화성을 동경하면서 있는 것은 사실이다.

8

위에서 나는 주로 로맨티시즘 이후의 시의 기술의 발전과 그것의 방향을 살펴 왔다. 그래서 그것이 음악성에서 회화성에로, 대체로 그러한 방향을 더듬어 온 것을 구명했다. 그러면 금후 시는 기술적 방면에 있어서 어떠한 길을 걸어가고 말 것인가.

그것을 판단하는 것은 매우 곤란한 일이다. 다만 나의 신념을 표명해 둠으로써 그치려고 한다. 즉 시에 있어서 음악성만을 고조하는 것은 병적이다. 그와 동시에 극단으로 회화성을 주장하는 것도 병적이다. 단순한 외형적인 형태미에로 편향하는 포멀리즘은 더욱 기형적이다. 그렇다고 의미의 곡예에 그치는 것도 부분적인 일밖에 아니 된다.

로맨티시즘은 물론 원시적인 유치한 것이지만 상징주의 이래 모든 시파들은 시의 기술의 일부분을 과장하기에 급급하였다. 거기는 시대의 약속과 요구가 물론 있었다.

이제부터의 시인은 선인들의 노력에 의하여 발견한 새로운 방법들을 종합하여 한 개의 전체로서의 시를 파악하여야 할 것이다.

인공적이라는 한 가지 이유로 선인의 공적을 전부 부정하는 것은 야만에의 복귀다. 로렌스의 원시주의는 그 자체가 근대 문명의 비판으로서만 의의가 있다. 그가 현대의 이교도(異敎徒)요, 사교도(邪敎徒)인 까닭이 거기 있다. 즉 인류의 역사를 발전이라고 보지 않고 관념적인 부정 속에서 용맹한 혼잣소리를 중얼거린 데 지나지 않는다.

그렇다고 단순히 기술의 종합적 파악에 의하여 시의 문제는 끝나는 것은 아니다. 그것만이라면 그것은 여전히 일방적인 형식주의에 떨어지고 말 것이다.

그러한 기술에의 새로운 인식은 능동적인 시정신과 그리고 또한 불타는 인간 정신과 함께 있지 아니하면 아니 된다. 20세기의 시는 많은 경우에 그 고도의 기술적 발달과 그 배후의 치열한 시 정신에도 불구하고 단순한 기술적 운동에 그치고 더 근원적인 인간적인 정신을 분실(紛失)하고 있는 것이 사실인 것 같다.

잃어버렸던 인간성을 어디 가서 찾을까. 물론 생활 속에서 아름다운 행동 속에서밖에는 찾을 데가 없다.

결국 생활은 문학의 영구한 고향이다. 그러나 현대의 시인의 고향에서 너무 먼 곳에 있었다. 여기에 시인의 고민이 있었다.

──「현대시의 기술(技術)」,《시원》(1934. 5);『시론』, 145~152쪽

감상(感傷)에의 반역

1

시는 항상 필요 이상으로 슬픈 표정을 하지 않으면 안 되었다.

2

명랑성은 애매(曖昧)와 감상(感傷)에 대립한다. 그보다도 그런 것들을 차라리 부정한다. 없는 의미를 있는 것처럼 꾸미는 데서 애매가 생긴다. 필요 이상으로 슬픈 표정을 하는 것이 감상이다.

3

그러나 사람들은 명랑성이란 암흑의 거죽이라는 것을 잊어버리기 쉽다. 강면(江面)에 뜨는 평정만을 보고 그 강은 죽었다고 비난하는 사람이 많다. 물밑을 흐르는 진정할 줄 모르는 물굽이에 대하여 사람들은 생각한 일이 없다. 비극이 비극적인 것은 그중의 인물이 우는 때가 아니다. 차라리 그 속에 나타나는 인생의 동떨어진 위치가 관객을 울리는 것이다. 시가 스스로 울음으로써 독자를 울리려고 하는 시가 있다. 그런 경우에 우리는 차라리 그러한 치기(稚氣)를 웃을밖에 없다.

시는 충분히 오만해도 좋을 것이다. 그러나 시를 한 개의 성운(星雲) 상태처럼 예단할 수 없는 가능성의 상태로 제시함으로써 실로 한 창조의 신인 것처럼 뽐내는 시인이 있다. 사해(死海) 속에는 한 마리의 고기도 살지 않을 수도 있으며 날이 새고 보니까 그것은 의외에도 보잘것없는 황야인 때도 있다. 예를 들면 마테를링크나 브라우닝도 그러한 사해나 황야의 일종이었다.

암흑 속에 깊이 잠겨서 그것에 침투하려고 하는 문학이 있었다. 낡은 자연주의의 문학과 러시아의 인도주의 문학이 그것이었다. 그릇 리얼리즘이라고 불려 오기도 하였다. 그와는 반대로 암흑을 암흑으로 시인하고 그 속에 빠져서 자신을 잊어버리는 것이 아니라 암흑을 초극하려는 정신을 정신으로 하는 문학이 있다. 그것은 암흑의 저편에 태양이 있을 줄 안다. 그러한 의미에서 르네상스의 정신과 통하는 점이 있다.
중세기적 암흑은 로마 구교적 회색으로 칠해졌지만 그것에 그 이상 견딜 수 없었던 총명한 사람들은 그러한 음울한 기독교의 교리 이상에 그리스와 로마의 명랑한 이교(異敎)의 생활과 또 생의 희열이 있음을 발견한 것이 르네상스다.

암흑을 암흑대로 쓴 시가 있다. 암흑을 초극하는 치열한 정신을 가진 시가 있다. 암흑을 초극한 후의 대낮을 쓴 시가 있다. 그것은 시의 세 개의 포즈다.

　암흑을 암흑대로만 쓰는 시는 때때로 심각하게 보여서 대체로 동양인을 기쁘게 하나, 그것은 암흑 이외에 광명에의 가능성을 보지 못하고 암흑을 전체인 것처럼 인상시키는 점에서 여전히 센티멘털리즘이다. '90년대'는 바로 그것이었다.
　20세기의 암흑은 혹은 19세기의 암흑보다 더 심각할는지 모른다. 그렇지만 20세기인은 이미 센티멘털리즘은 흑노(黑奴)들의 미덕에 지나지 않는다는 것을 충분히 알았을 것이다. 지금쯤 슬픈 망향가를 부르는 못난이 '니그로'가 어디 있을까.

　현실을 전부 인정하지 않고 꿈의 상태만을 인정한 초현실주의도 역시 센티멘털리즘이었다.
　현실의 이해로부터 그것을 초극하려는 자기가 오늘의 시인의 정신의 위치며 방향이다. 그러나 너무 지나치게 현실을 믿는 것도 너무 지나치게 내일을 믿는 것도 함께 센티멘털리즘이 될 염려가 많다. 그러한 위험에서 시인을 구원해 내는 것은 명징(明澄)한 지성에 틀림없다.

　리얼리즘이라고 하는 말은 정신의 방향으로 보아서 로맨티시즘이라는 말보다는 차라리 센티멘털리즘과 대립하는 말인 것 같다. 문학의 태도로서는 로맨티시즘은 고전주의에 대립하는 것인가 한다.

　지성은 현실에 대한 태도로서는 리얼리즘을 대표하고 문학 태도상 다시 말하면 예술 활동에 있어서는 고전주의를 대표한다. 더 엄정하게 말하면 고전주의와 로맨티시즘의 원만한 전쟁의 상태를 대표한다.

로맨티시즘과 고전주의의 투쟁은 개인의 마음에도 존재하고 있는 것을 기억할 것이다. 그래서 그 투쟁에서 작품이 생기는 것이다…… 그것을 통제하려는 투쟁이 크면 클수록 그 작품의 미는 더 커지는 것이다…… 이것은 앙드레 지드의 말이다. 이 말 중에서 통제하는 것은 고전주의고 통제당하는 것은 로맨티시즘이다.

로맨티시즘은 센티멘털리즘에서 그렇게 먼 거리에 있지는 않다. 허버트 리드는 그의 『근대시의 형식』 속에서 교묘하게도 센티멘털 로맨티시즘이라는 말을 썼다.

오늘에 와서도 마리탱, 장 콕토 등이 가톨릭시즘으로 돌아가고 있지만 그것은 중세기의 암흑으로 돌아가는 것을 조금치도 의미하지 않는다. 다만 중세기 속에 때때로 나타나고 있던 지성에 매혹된 것에 지나지 않는다.
   그들은 얼른 보면 르네상스의 휴머니즘을 부정하는 것 같으면서도 그것을 부정하기 위하여 준비한 무기는 역시 르네상스에서 물려 가진 지성이 아니냐.
   그들은 그들의 지성조차를 버리고 중세기의 시민이 되려고까지는 하지 않을 것이다. T. S. 엘리엇이 "문학에 있어서는 고전주의, 정치에 있어서는 왕당파, 종교에 있어서는 영국 국교"라고 선언하였을 때 거기에 통일된 저류는 지성임에 틀림없다.

그러나 이론적으로나 논리적으로 거기서는 모순을 발견할 수 있는 빈틈이 얼마든지 있다. 다만 그의 독단이 독단인 줄을 번연히 알면서도 그러한 파탄(破綻)에서 그를 건져 주는 것은 그가 단순히 비평가만이 아니고 실로 시인이라는 점이다.

4

이상은 주로 정신의 위치와 태도상의 명랑성이다. 다음에 우리는 현대시의 표정을 명료하게 할 때가 왔다. 그의 표정은 활동 속에 있는 사람의 얼굴에서 찾을 수 있는 표정이다. 오늘 밤 속에서 내일 아침을 빚어내는 사람의 얼굴이다. 결국 완전한 정신은 완전한 육체에 깃들어서 비로소 완전할 수 있다는 것이 진리다. 여기에 건강하고 명징한 명랑성을 볼 수가 있을 것이다. 음울, 패배감, 은둔, 탐닉 ― 그러한 세기말적인 아무것도 그것은 거절할 것이다. 그것은 아폴로적인 것이 아니다. 차라리 디오니소스적인 것이다.

시(제작 필한 작품으로서)는 애매성과 감상성을 배제함으로써 명랑성에 도달할 수가 있다. 그것은 시인의 꾸준한 지적 활동에 의하여 얻을 수가 있는 일이다.

통제되고 계획된 질서 이외에 마저 정리되지 않은 부분이 남아 있으면 그 부분이 애매성을 가져온다.

또한 시를 감정에 맡겨 두는 것은 위험한 일이다. 감정은 늘 혼돈하려고 하고, 비만하려고 하는 경향을 가지고 있다. 이 감정의 비만이 다시 말하면 감상(感傷)이다. 시를 이러한 비대증에서 건져 내서 그것에 스파르타인과 같은 건강한 육체를 부여하는 것이 오늘의 시인의 임무다.

—「현대시의 기술(技術)」,《시원》(1934. 5);『시론』, 153~158쪽

시의 난해성

1

시는 늘 고독 속을 걸어가야 한다고 하는 일은 시의 비극(悲劇)이요 동시에 영광(榮光)일 것이다.

어떠한 시대에도 진보적인 시의 전위부대는 비난과 적막 속에 버리어진 시기를 반드시 가졌다고 해도 과언이 아니다.

한때의 진보적인 시를 포위한 적군의 가장 큰 공격은 '그것은 알 수 없다.'는 비난이다.

'알 수 없다. 그러니까 나쁘다.'

이러한 간단한 논리는 얼른 들으면 매우 공중을 즐겁게 하는 음향을 울리나 자세히 그 내용을 살펴보면 그 속에는 몇 개의 허구와 인식 부족과 악의(惡意)가 포함되어 있는 것을 발견할 것이다.

'알 수 없다는 것'은 바로 추한 것, 악한 것, 거짓이라는 판단은 암만해도 이기적인 것이 아닐까 한다. '알 수 없는 것'이 추하고 악할 때도 있겠으나 또한 알고 보면 의외에 미(美)하고 선(善)할 때도 있을 것이다. 추하다든지 악하다든지 하는 가치판단은 언제든지 그 대상을 똑바로 인식 이해한 연후의 일이라야 할 것이 아니냐.

　예를 들면 T. S. 엘리엇 같은 사람의 시는 가장 이 종류의 화단(禍端)을 많이 받은 것 가운데 하나일 것이다. 그럼에도 불구하고 그의 시는 영국에 있어서의 20세기 전반의 시의 한 시기의 종점이요, 동시에 출발점이라는 것 ─ 오늘의 영시의 신시대는 그의 시에서 한 여명을 경험하였다는 사실은 오늘에 와서는 그의 찬동자도 비난자도 한가지로 인정할 수밖에 없는 일이 되었다.

　그러므로 우리들의 흥미는 이러한 지극히 단순한 비난 공격에 대하여 반박한다든지 공격하는 데 있지 않다. 그보다도 현대시가 대체로 알 수 없다는 인상을 주는 점에 대하여 ─ 즉 그것의 난해성은 과연 어디로부터 오는 일이며 그러한 난해성의 장벽을 넘어서 현대시에 가까워질 수 있는 가능성은 없을까 하는 점에 대하여 생각해 보고자 한다.

2

　일찍이 폴 부르제[1]는 문학을 현동적(現動的, 액추얼)인 것과 역사적(히스토리컬)인 것의 두 가지로 나누었다. 현동적이라 함은 현실로서 우리를 고무시킬 수 있는 것을 가리킨 말이요, 역사적이라 함은 비록 현존한 작가라 할지라도 우리에게 직접한 영향을 미칠 수 없는 작가까지라도 넣어서 형용한 말이다. 따라서 이 구별 속에는 스스로 윤리(倫理)가 섞여 있는 것이다.

1　폴 부르제(Paul Charles Joseph Bourget, 1852~1935). 프랑스의 작가·비평가.

우리의 흥미는 오로지 시에 있어서도 이 현동적인 것에로 집중함은 물론이다.

그런데 현대에 있어서의 현동적인 시의 특성의 일면은 허버트 리드의 말을 빌리면 "……가장 넓은 범위의 가능한 호소 — 즉 공동체 그것과 동량의 범위로부터 가장 좁은 호소의 범위 — 즉 오직 시인 한 사람에게만 호소하는 범위에로 진전해 왔다."는 점임은 속일 수 없는 일이다.

대체로 르네상스는 인간을 발견하였다고들 말한다. 이 새로이 발견된 인간은 인간 일반이 아니고 구교 마제(馬蹄) 아래서 신음하던 개인이었다. 이 일을 확인시킨 것은 루소인가 한다.

로맨티시즘은 문학에 있어서의 개인의 무제한한 주장에 틀림없었다. 개인의 해방은 개성의 고조를 결론함은 자연스러운 일이다. 그래서 이래(以來) 개성은 모든 문학에 있어서 근원적인 것으로서 고집되었다. 그러니까 오늘에 와서 T. S. 엘리엇이 주장한 개성에서의 도피가 혁명적인 의견으로 취급되는 것이다.

정치사상에 있어서도 근대를 풍미한 민주주의의 근저(根底)를 이룬 것은 개인주의 사상이었다. 개인주의적 자유경쟁에 의한 경제의 수정 방법으로서 제출된 통제의 사조와는 별다른 문명사적 의의를 가지고 문학에 있어서도 개성의 통제의 문제가 논구(論究)되어야 할 시기가 왔다. 그런데 개성이라고 하는 것은 전체와 연결하는 일반적 보편성을 가지고 있는 동시에 일반으로부터의 격리를 바라는 반면도 가지고 있는가 한다. 그래서 개성의 원심력은 객관성이라고 부를 수 있고 구심력은 주관성이라고 부를 수 있을 것이다.

개인이라는 말과 개성이라는 말과 주관이라는 말은 흔히는 같은 의미로 씌어지지마는 나는 우선 이렇게 각각 구별해 놓고 개인에서 개성에로, 개성 중에서도 다시 극단의 주관성에로 연장된 선과 평행하여 근대시의 발전의 선을 가상해 본다. 그래서 현대시의 난해성이 내면적인 원인은 시가 너무나 극단으로 주관화한 데 있지 않은가 하고 생각한다.

3

나는 시의 난해성의 외재적 원인을 생각해 보고자 한다. 이는 물론 내면적인 원인이라고도 할 수 있겠으나 오늘의 모든 조급한 비난이 유래하는 것이 주로 이 방면이며 이는 허물의 대부분은 비난하는 편에 있는 까닭에 외재적이라고 편의상 부른 것이다.

첫째로 새로운 시는 새로운 가치의 체계에 속하는 것인데 새로운 가치의 체계에 대한 이해 없이 새로운 시를 대하니까 이를 알 수 없는 것은 자연스러운 일이다. 장기의 법칙을 모르면 장기의 묘미란 그에게는 피안(彼岸)에 속하는 일일 것이다. 그러나 아직 장기를 배우지 못한 사람들 중에는 다행히 자기가 장기를 모르니까 장기는 나쁘다는 폭언을 토하는 이는 없다. 언제든지 고정된 기성 미학만 고수하여 이에 비추어서만 시를 논평하려는 것은 어쩌면 그렇게도 보수당(保守黨)이냐. 일찍이 미래파·입체파·다다·초현실파·모더니즘에 대한 보수당의 모든 비난은 실질에 있어서 전통적 미학이 이들 신정신을 재기에는 너무 작았거나 그렇지 않으면 신정신이 엄청나게 옛날의 미학보다 컸거나 두 가지 중의 하나임을 스스로 증명하고야 말았다.

둘째로 어떤 전위적 작품을 그것이 그 뒤에 끌고 있는 역사를 이해함이 없이 알려고 함은 무리한 일이다. 이것은 영화의 이야기지만 언젠가 들어 왔던 「상선(商船) 테나시티」[2]가 외국에서는 그렇게 높이 평가되었음에도 불구하고 조선에서는 식자들 사이에서조차 그다지 평판이 좋지 못한 것은 무슨 까닭이었을까. 나는 생각하기를 이는 전혀 조선의 비교적 고급한 관객조차가 「상선 테나시티」가 그 뒤에 끌고 있는 역사를 외국 관객들처럼 감명 깊게 이해할 수 없는 까닭이었던가 한다. 우리는 순서 없이 단편적으로밖에는 외국 영화를 감상할 수 없는 매우 불리한 관객일 수밖에 없다. 즉, 「상선 테나시티」의 가치는 어느 순간의 구주 영화의 상식의 수준 위에 한 새 방향을 보여 준 점에 있었던가 한다.

새로운 시에 있어서도 그것의 역사적 위치에 대한 이해 없이는 알 수 없는 것이 차라리 무리가 아니다.

4

현대시의 난해성의 내면적 원인은 거의 시 자체의 숙명이어서 그 타개책으로서 시의 보편성의 문제와 개성의 객관적 방향과 시의 독창성 문제 등이 벌써부터 진지한 시도(詩徒)와 심리학자의 목전에 과제로 되어 왔다. 그리고 외재적 원인으로부터 오는 난해성은 사실로 난해성이 아니고 비난하는 편의 태만의 결과임도 알았다.

그들의 비난이 정당하려면 '시는 진보하여서는 안 된다.'는 계엄령(戒嚴令)을 가지고 시의 영역에도 한 사람의 히틀러가 나타나

---

[2] 프랑스의 극작가 샤를 빌드라크(Charles Vildrac, 1882~1971)가 1920년에 쓴 3막 희곡.

는 날에만 가능할 것이다.

모든 문화의 영역에서 그런 것처럼 시에 있어서도 새로운 가치 체계의 발견은 진보를 의미할 것이고 그와 반대되는 모든 음모는 다만 퇴보에의 길일 것이다.

―「현대시의 난해성」,《시원》(1935. 5);『시론』, 159~164쪽

객관세계에 대한 시의 관계

한마디 한마디의 말은 각각 한 개의 객관적 사물을 대표하거나 그렇지 않으면 그러한 사물에 대하여 있는 것이다. 다시 말하면 그것의 위치라든지 동작이라든지 형상이라든지 성능이라든지 또는 그것들 상호간의 관계를 기호한다.

말을 소재로 써야 하는 시는 결국은 그러한 말들이 대표하는 사물의 세계(자연=객관세계)와 어떠한 모양으로든지 관계하지 않을 수가 없다.

아무리 주관적인 시에도 사물은 참여하고 있다. 지극히 고립한 주관적인 것으로 보여지는 것은 따라서 그 속에 쓰이는 말이 대표하는 사물이 전연 별다른 것이 아니라 다만 그러한 말들의 대표하는 객관세계에 대하여 가지는 관계는 결코 한결같은 것은 아니다.

그렇게 여러 가지로 관계하는 모양을 따라서 시가 형성하는 가치의 세계도 커다란 차이를 가져오는 줄 안다.

A 사물을 통하여 시인의 마음을 노래하는 것.

B 사물에 대하여 (또는 사물에 부딪쳐서) 시인의 마음을 노래하는 것.

C 사물의 인상

　　D 시 자체의 구성을 위한 사물의 재구성

　시가 사물에 대하여 가지는 관계를 대체로 이렇게 추출(抽出)할 수가 있다. 이를 따라서 우리는 시에 있어서 네 개의 범주를 예상할 수가 있다.

　그런데 이 순서는 또한 로맨티시즘 이후의 근대시의 발전의 여러 단계를 그대로 나타내기도 했다.

　이제 이와 상응하여 근대시의 역사를 대략 구분해 본다.

　(1) 표현주의 시대 — 로맨틱, 상징파, 표현파까지를 포함한다.

　(2) 인상주의 시대 — 사상파

　(3) 과도 시대 — 초현실파, 모더니스트

　(4) 객관주의

　(1)은 물론 주관을 노래하기 위하여 사물을 쓰거나 그렇지 않으면 사물에 대하여 주관을 노래하는 시대나 범주를 말함이요, (2)는 사물의 인상을 노래하는 시대나 범주다.(표현파와 사상파는 시기를 거의 같이하고 나타나서 엄밀히 말하면 거기는 시간적 전후의 관계는 명료하지 않으나 대체로 표현파는 사상파와는 대치되는 광범한 의미의 자기표현의 시의 계통에 속하였다고 생각하므로 이렇게 구분했다.) (4)는 사물에 의하여 주관을 노래하거나 또는 사물의 인상을 표현하는 것이 아니고 다시 말하면 시가 주관의 방편이 아니고 시가 사물을 재구성하여 시로서 독자의 객관성을 구비하는 그러한 새로운 가치의 세계를 의미한다. 이는 전연 지금까지의 시의 관념과 대치하는 범주로서 실로 시의 혁명조차를 의미한다. 브르통 등의 초현실주의라든지 T. S. 엘리엇 등의 모더니즘은 (4)에 이르기까지의 모색의 시대 — 즉 과도기였다고 생각한다.

객관주의의 시는 아직은 완전히 발화한 것은 아니다. 그러나 도달하지 않은 것도 아니다. 이하에 우리 신시의 발전의 단계와 거기에 상응하여 변천해 온 객관에 대한 시의 관계를 생각해 보기로 한다.

신시 운동 발발 이래의 조선의 시는 표현주의의 시대를 벗어나지 못하였다. 즉 주관의 영탄이 시의 유일한 동기요 또한 과실(果實)이었다. 그것은 시인의 감정과 의지 위에 입각하는 것으로서 제1인칭 혹은 제2인칭의 것이 많았다.

주관의 불결한 호흡이 그대로 주책없이 끼얹혀 있었다. 이러한 주관의 무의식적 유로(流露)에 대하여 우리는 거의 관대를 강제당하였다. 주관은 일종의 신앙까지 참가하여 무조건하고 최고의 시적 가치에까지 끌어올려졌다. 별로 이에 대하여 회의하거나 반성하지 않았다. 고독감이라든지 애상(哀傷)이라든지 연민이라든지 우울이라든지 울분이라든지 그 자체가 시적 가치처럼 오해되었다. 시가 만약에 단순히 어떤 개인의 때때로 일어나는 감흥의 발현이라면 그것은 우리가 절계(節季)를 따라서 넥타이의 빛깔을 가는 일 이상으로 크게 떠들 일은 못 될 것이다. 거기서는 사물은 단순히 울거나 웃기 위한 방편에 지나지 않았다.

우리 시단에 이미지의 향연과 에스프리의 향기가 대량적으로 발로된 것은 아마 30년대 이래의 일인 것 같다. 많은 젊은 시인들이 끝이 없는 주관의 영탄에 불만을 가지고 새로운 시의 왕국을 동경한 까닭이었다.

그것은 이 일만으로도 충분히 높이 평가되고 논의되어야 할 의의 있는 역사적 사건이었다. 그런데 이는 모두 주관의 인상의 영역을 거의 벗어나지 못하였다. 그것이 모두 너무나 단편적이라는 점에 있어서는 모든 표현주의 시와 마찬가지였다. 이러한 사상 파적 시는 결국은 신비나 감흥 대신에 '이미지'를 애완함에 그치기 쉽다. 거기 씌여진 사물은 시인의 투영(投影)이요, 사물 자체의 성격은 아니었다.

우리 시단에서 낡은 표현주의적 풍조를 일소하기 위해서는 당분간은 모처럼 대두한 이러한 새로운 기풍이 더욱 활발하게 미만하여야 할 것이었다. 우리와 같은 후진 시단에서는 피치 못할 불명예스러운 수업(修業)임도 안다. 그러나 조만간 우리 시단에서도 이 새로운 푯말을 너머서 또 다른 단계로 향하려는 의욕이 동할 것이다. 그것은 틀림없이 객관주의적 시에의 방향이어야 할 것이었다.

여기에 와서 사물은 비로소 사물 자체의 성격이 발견되어 새로이 구성되는 시의 건축(建築)에 그 독자의 성격을 가지고 참여할 것이다.

우리들을 에워싼 문명은 우리로 하여금 아름다운 시적 이미지만 주무르고 있기를 허락하지 않는다. 또한 우리 자신도 그러한 일에는 곧 쉽사리 싫증이 나고야 말 것이다. 그러한 견해에서 나는 동서고금의 시를 똑같은 안경을 쓰고 향락 감상하려는 이디스 시트웰의 의견 같은 것에는 반대한다. 그것은 일종의 에피큐리어니즘이요, 딜레탕티슴이어서 문명에 대한 인생에 대한 시인의 적극적 정신을 말살하기 쉽다. 우리들의 시는 영탄이나 감흥이나 에

스프리의 발화나 이미지의 화려에만 만족할 수가 없고 그 이상으로 사람의 사고의 조직에 관련하며 또한 문명의 인식과 비판에 관련되어야 할 것이다. 그것은 틀림없이 시인 자신의 감흥이나 인상의 무질서한 일부분이거나 연장이 아니고 시인에 의하여 만들어지는 별개의 가치의 세계로서 독립하여 그 자체의 질서를 질서로서 가질 것이다.

──「객관에 대한 시의 포즈」, 《예술》(1935. 5); 『시론』, 165~169쪽

시의 르네상스

1937, 8 양년 동안 시집의 출판이 전에 없이 성해졌다. 이는 혹은 시의 르네상스의 전조(前兆)나 아닌가 하는 의혹을 품게 하였다. 엄밀한 의미에서 시의 르네상스라고 하는 말은 어느 한 시대가 시에서 가장 그 적절한 표현의 방편을 찾았으며 따라서 문화의 부면에 시가 특별히 뚜렷하게 나타나며 또 시를 향수하는 범위가 비교적 눈에 띄도록 넓어졌을 때 그러한 기운을 가리켜 불러야 할 것이다.

그러면 이 '시집의 홍수'는 과연 이러한 시대적 요구를 그 배경에 가지고 있었으며 또 그 전보다도 훨씬 넓은 층의 독자를 흡수하고 있었던가. 시는 분명히 많이 쓰여지고 있었다. 그러나 그 반면에 시는 실로 지극히 적은 사람들 사이에서만 읽혀지고 있는 것이 도리어 사실이었다. 또 그렇게 적은 사람 속에서도 시가 바로 읽혀지는 일은 더욱 드물었다. 누구의 말처럼 시는 인쇄되고 잊어버려지기 위하여 쓰여지는 것 같기도 하였다.

말하자면 30년내의 우리 신문학 운동 자체가 일종의 르네상스 운동이었던 것은 두말할 것도 없다. 우리 앞에는 우리들이 전대에 구경한 일이 없던 아주 새로운 세계, 새로운 문명 즉 구라파라고 하는 현대한 표본이 갑자기 제시되었던 것이다. 모든 사회적 노력과 문화적 목표는 우선은 이 표본을 어서 바삐 끌어들이는 일이고 다음에는 그 거울에 비추어서 자신의 문화를 새로 발견하는 데로 향했다. 우리는 이러한 의미에서는 늘 문화주의자요 이상주의자였다.(이 말은 물론 문화와 물질적 근거를 절단시켜서 생각하는 관념적 문화주의를 의미하는 것은 아니다.) 그 당초부터 어느 시기까지는 그 뒤에서는 사회적·물리적 지반도 움직이고 있었다. 그 뒤에 와서는 문화는 그 추진력으로서의 물질적 지반이 매우 희미하였다. 문화 사업의 한 부면인 출판 방면을 보더라도 그것은 종래 희생적·봉사적인 성질을 벗어나지 못하고 있었다. 행이랄까 불행이랄까, 여기서는 다른 데서와 같이 적어도 저널리즘의 표면에서만은 시가 소설에서 아주 쫓겨 버리지 않고 만 제일 큰 원인은 이러한 데 있었다고 생각한다. 이 현상을 보고는 마치 여기만은 시가 예외로 왕성한 것처럼 말하는 논자를 전에 더러 보았으나 그것은 커다란 오해다.

    시의 퇴각은 세계적인 현상이었다. 오늘의 문화는 늘 세계적 교섭에서 분리해서 생각할 수는 없다. 한 나라의 문화 속에서 전통적인 것이 강하게 그 자체를 지키려고 하는 동시에 그것을 초월하려는 힘 사이에 이처럼 격렬한 싸움이 있은 일은 없었다. 그래서 보편적인 것은 점점 뚜렷하게 또는 은근히 특수적인 것을 무너뜨리면서 있었다. 우리는 이 일 속에 일찍이 양적이 아니고 질적인 세계 문화의 발생과 발전을 추단(推斷)한 일도 있거니와 문화의 세계적 교류라는 사실만은 속일 수 없는 일이다. 시의 퇴각이 세계적으로 공통화하고 있었다는 일은 우연한 일치가 아니고 거기는 유기적인 상관이 있었던 듯하다. 우리는 이러한 의미에서 잠시 구라파의 사정을 살펴보는 것이 우리 자신의 위치를 자각하는 데 도움이 크리라고 생각한다. 가령 영국의 예를 보면 시는 지극히 적은 벌(閥) 사이에서밖에 읽혀지지 않았고 시집의 출판은 거의가 한정판이고 대체로 자비출판이 아니면 수반(數盤)을 모르는 동인 출판사의 출판이었다. T. S. 엘리엇은 벌써 고전이라고 해서 읽지 않고 그 뒤의 신인들의 것은 알 수 없다고 해서 읽지 않고 결국은 아무도 그리 시는 읽지 않는 모양이다. 불란서에서도 쉬르레알리슴의 시는 그 이론이 여러 방면에 물의를 일으킨 것처럼 그렇게 이해 있는 독자를 얻었다고는 말할 수 없다.

어떤 논자는 이러한 시의 세계적 퇴각에 대해서 헤겔류의 간단한 설명을 내렸다. 말하자면 시는 한 안티테제인 셈이다. 또는 그 원인으로 로맨티시즘의 시대에 비해서 20세기는 정서가 빈곤해진 데 있다고 한다. 이렇게 정서(情緖)를 죽인 범인으로서는 물질문명 또는 과학이 고발되었다. 이러한 견해 속에는 물론 들을 만한 점도 있었다. 그렇지만 그것은 사실의 전면은 물론, 핵심은 더군다나 붙잡지 못한 편견이었다. 물질문명의 시대에도 그것에 적응한 시가 있을 수 있고 또 있어 왔다. 과학과 시를 적대(敵對)시키고 이간시키는 것은 그 두 가지 기능에 대한 바른 인식을 가지지 못한 속견(俗見)에서 오는 것이었다. 우리는 시의 부진의 원인을 19세기 처음부터 더욱 급하게 전개된 사회적 분업과 그로 인한 문화 의식의 분열과 문명의 부조화 속에 구하는 것이 차라리 옳다고 믿는다. 오늘의 문명이 조화 있는 발달을 하고 있다고는 아무도 말할 수 없을 것이다. 근대인이 봉건적인 신분적 구속을 벗어났다고 좋아한 것은 한때의 꿈ㅈㅈ이고 그들은 어느새 기계문명 속의 한 치륜(齒輪)처럼 각각 정해진 위치에서 매일 똑같은 회전을 하고 있을 수밖에 없었다.

　우리는 이러한 기계적 인간의 전형을 엘머 라이스[1]의 희곡에서 많이 구경하였다. 사회의 상하에는 과잉된 문화 의식 때문에 병신된 초지식층으로부터 아래로는 문화와의 사이에 여가와 여유라는 편의를 거의 가지지 못한 넓은 층에 이르기까지 가지각색의 문화 의식의 정도가 분포되어 있다. 물질문명은 거대한 압력에 밀려서 날로 나아가고 또 그 은혜는 일부에 독점되는가 하면, 한편에서는 정신문화의 어떤 부문은 아주 돌보아지지 않는다. 조화 있는 인간이나 조화 있는 문명은 도저히 현실의 것일 수 없었다. 시는 바로 현대 문명의 담당자가 가장 귀중하게 생각지 않는 것들 중에서도 필시 수위였을 것이다. 그러한 우중에도 여기서는 그 사회적 발달이 오래인 전통의 맥락을 더듬어 되어 왔다느니보다도 갑자기 몇 세대를 건너뛰면서 새로운 문명을 받아들여야 하였으므로 한 시대 한 지역 속에 살면서도 그 물질생활과 정신생활에 있어 심하면 한 개인에 있어서도 실로 20세기와 19세기, 아니 봉건시대 내지 고대가 한데 어깨를 나란히 하고 있는 기이한 모순이 우리 사이에는 대수롭지 아니한 사실이 되어 있었다. 그래서 문화 의식의 혼란을 횡으로뿐 아니라 종으로까지 더욱더 심하게 만들었던 것이다.

　이 일은 우리들의 시에도 그대로 반영되었다. 19세기의 사람이 19세기의 시를 쓰는 것은 그들의 당연한 권리일 것이다. 그러나 오늘에 와서는 비록 그것이 바이런에 필적한다고 치더라도 19세기의 시를 쓰는 것은 좀 우습다. 우리는 우리 시단에서 19세기적

---

[1] 엘머 라이스(Elmer Rice, 1892~1967). 미국의 극작가. 대표작 「거리의 풍경」.

영광과 끊임없이 싸워 왔다. 시에서뿐 아니라 우리들의 세계관과 태도 속에서 봉건시대와 19세기를 하루 바삐 끊어 버려야 할 것이었다. 시대에 뒤떨어진 것을 명예로 생각하는 시인이 있다고 하면 그것은 행복스러운 둔감(鈍感)이다. 혼잡한 역사가 한데서 우물거리는 우리들의 정신에서 자랑스럽지 못한 유물을 몰아내고 그 대신 과학적인 인생관 인생 태도로써 신장해야 할 것이었다.

보들레르 이래 근대시가 발전해 왔다고 말할 때 우리는 그때 그때의 독자수의 통계를 참고한 일은 없다. 위대한 작품은 늘 그 시대 시대의 우수한 감성이 발견하고는 공명하고 일반 독자는 그 뒤에 좇아 선다. 산을 불렀으나 오지 않는 까닭에 자기편에서 산으로 향해서 걸어간 마호메트는 말하자면 아라비아의 대중소설가였다. 우리들의 마호메트들도 산으로 향해서 가기는 했으나 그들이 산하고 친했다는 이야기는 그리 듣지 못했다. 그런데 시는 결코 한때의 의사만으로써 이렇게고 저렇게고 만들어질 수 있는 것이 아니고 시인의 전 인격적인 감성과 사상과 교양과 경험을 통해서 성숙하는 열매다. 시인의 그 자신의 감성과 체험과 교양을 속일 때 그는 사실에 있어서 독자를 속이는 것이다. 이 말은 결코 시의 프로파간다 성(性)을 부인하는 말은 아니다.

시의 의미에 시인의 지향(志向)이 참여할 여지가 있다고 하면 그것은 모럴일 수 있고 그런 한도 안에서는 시의 프로파간다 성은 성립된다. 물론 모든 시가 프로파간다라야 할 것도 아니고 그런 것도 아니지만 여하간에 시의 프로파간다 성은 가능한 것이다. 그렇지만 그 작용은 시인의 전 인격을 통하여 그 모럴이 작렬하고 또 그것이 시가 독자의 마음에 일으키는 구체적 전체적 직접적인 반응을 통해서 감수될 때에만 비로소 시로서의 효과를 발휘할 수 있다.

여기에 우리들이 경계해야 할 시에 대한 그릇된 태도가 있다. 즉 통일된 시적 효과를 고려하는 것이 아니라 시의 산문적 의미를 통해서 추리되는 실로 논리적으로 추리되는 시인의 지향만을 가지고 평가의 기준을 삼으려는 태도가 그것이다.

더욱 생각할 일은 그렇게 찬양되는 모럴이라는 것을 눈여겨보면 우리들이 구하는 것과는 인연이 멀고 우리들의 현실적 체험에서 우러나온 것도 아니고 우리들의 상처의 요처(要處)에는 닿지 못하는 한낱 기성의 감상에 지나지 않는 때가 많았다.

우리는 여기서 다시 영·불 두 나라 시단이 대전 이후 걸어온 길과 또 그 뒤의 발전을 간단히 바라보면서 그 속에서 우리에게 참고 될 몇 개의 문제를 주어 보려고 한다.

대전이 끝나고 뒤를 이어 20년대의 약 10년간은 영국도 뱅자맹 크레뫼[2]가 말한 불안의 시대였다. 그동안의 영시단에는 누구나 아다시피 T. S. 엘리엇이 군림하고 있었다. 절망과 현훈(眩暈)과 조소와 무력과 ― 그러한 것이 토색(土色) 운무와 함께 런던 거리를 휩싸고 있는 숨 막히는 시대였다. 그러나 그것은 결코 사람 사람이 언제까지고 견디고 있을 분위기는 아니었다. 30년대의 개막과 함께 이 황무지에는 재건의 기운이 움직이기 시작했다. 시인의 관심은 물론 시가 문화의 아름다운 꽃임에도 불구하고 그늘에서 시들고 있는 일에 향해서 등한할 리가 없었다. 이러한 문화의 불균형의 교정은 결코 시를 정정함으로써 될 일이 아니고 그보다도 실로 그 지반이 되어 있는 비틀어진 문명 그 자체를 정정함으로써만 이루어질 것을 깨달았다. 그래서 그들은 행동의 목표를

---

2 뱅자맹 크레뫼(Benjamin Crémeux, 1888~1944). 프랑스의 비평가. 비평집 『불안과 재건』.

발견했고 희망 있는 행동 속에 정열을 부을 곳을 찾았다. 이와 전후해서 불란서에서는 쉬르레알리스트의 분열이 있어서 그 한 조각은 역시 행동의 세계로 달아났고 그리하여 행동과 실천에 대한 관심이 젊은 시인을 끌었다. 마치 구라파의 시인들은 중세 말엽 근세 벽두처럼 이제 다시 새로운 희망에 축복되어 흥분한 듯싶었다.

전후 그들의 조국과 근린(近隣)에 밤을 새고 나면 뜻밖에 전개되어 가는 새 사태는 그들의 예상을 배반하고 있었던 것이다. 믿을 수 없는 현실. 그들의 희망을 도무지 보증하려고 하지 않는 미래. 이윽고 그들의 행동 자체에 대한 정열이 현실의 찬바람을 맞아서 식어 가고 또 그들이 민중에게 약속할 내일에 대해서 스스로 신용하지 못하는 비극이 닥쳐오는 듯했다. 그들의 앞에는 또 다른 밤이 가까워 오는 듯싶었다. 그들이 새벽이라고 믿는 것은 밤의 환각인 것 같기도 했다.

대전 이후의 시(내지는 모든 예술의 부문)에 쉬르레알리슴이 끼친 동요는 상당히 심각한 것이 있었다. 쉬르레알리스트는 사실로 너무나 지나치게 많은 현대인의 의식 때문에 앓았고 또 현대의 지식계급의 고민을 가장 몸으로써 당한 사람이다. 살바도르 달리의 그림 앞에 설 때 우리는 거기서 몰려나오는 너무나 처참한 신음 소리 때문에 모골이 송연해질 지경이다. 그들의 작품을 읽거나 보고는 그 뒤에 남는 너무나 무거운 절망 때문에 기절할 성싶은 때도 있다. 그들의 예술이 얼마 친구를 얻지 못하고 마는 것은 물론 그중에는 너무나 병리학적 요소가 많은 까닭도 있지만 한편에는 그들의 고민과 세련된 감성에 대해서 이 편이 이해가 없거나 이해를 가지려고 노력하지 않는 까닭에도 있다.

쉬르레알리스트는 앞에서도 보아 온 것처럼 이미 오래전에 두

편으로 쪼개져서 한 편은 행동의 세계로 달려가고 남은 일파만이 종래의 고루(孤壘)를 그대로 지켜 왔다. 행동과 현실로 동료의 한 구석이 떨어져 나갔을 때 남은 동료들은 껄껄 웃었다. 사실 여기서나 거기서나 현실과 행동에서는 때때로 사람들은 기묘한 환의술(換衣術)을 베풀 위험이 있었다. 현실에 대한 관심이란 이런 위태로운 일면도 있기는 하다. 그러나 초현실 속에서는 그 위험이 없다. 이 점에 혹은 초현실의 윤리가 있었는지도 모른다. 행동을 위해서는 가두의 교통 상태가 매우 위험하게 되면 될수록 초현실의 세계를 추구하던 사람은 점점 더 고도의 초현실의 세계로 날아올라가고 말았다. 따라서 이 일파의 예술이 그 뒤로 더욱 추상화해 가리라는 것은 추측할 수 있었던 일이다. 같은 도피라고 할지라도 거기는 적극적인 것과 소극적인 것의 구별이 있다고 우리는 생각한다. 하나는 시대를 초월하려는 도피, 다른 하나는 시대에 채 못 미치는 도피, 뒤의 것은 현실을 종내 모르는 행복한 유희요, 앞의 것은 현실의 진통을 너무 느끼는 까닭에 하는 절망적인 도망이다. 쉬르레알리스트의 도피가 우리에게 어떤 공감을 가지게 만드는 것이 있었다고 하면 그 적극성 때문이다. 우리는 도피 그 자체에는 물론 반대하나 같은 도피 중에서는 소극적인 것보다는 적극적인 것을 훨씬 높이 평가하는 것이 옳다고 생각한다.

    행동에 실망한 사람들에게 다시 유혹을 느끼게 하는 것은 도피일 것이다. 그러나 죽자꾸나 하고 현실을 도망하는 사람도 현실의 종점에조차 닿을 수 없는 것이다. 그들이 가는 곳마다 어느새 현실은 쫓아가서 그들을 에워싼다. 도피가 성공한 듯이 보이는 것은 순간적이거나 그렇지 않으면 환상 속에서다. 당자야 응하든 말든 현실은 시인을 향해서 직면하기를 강요한다. 시인은 차라리 그것을 뚫어지게 노려보아야 할 것이다. 각각으로 변모하는 현실에 대한 예리한 비판자라야 할 것이다. 그러한 변화무쌍한 단편적인 현실의 가상에 흐르는 덜 동하는 통일된 현실의 정체를 붙잡기에 힘써야 하는 것이나 아닐까. 시대는 시인에게 향해서 과학자 이상의 냉철한 관찰과 분석과 인과관계의 추구를 명하는 듯하였다. 과학자 이상이라고 하는 것은 과학자가 이지(理智)의 힘으로써만 대상을 노릴 때에 시인은 구체적으로 정의(情意)마저 움직여 전 인격을 통하여 감수하기까지 해야 하는 까닭이다. 구라파에도 여기에 못지않은 청풍명월이 있을 터인데 여기서처럼 청풍명월을 노래한 시를 전후에는 그리 구경하지 못하는 것은 아직도 우리는 행복한 셈이었을까.

    시집의 출판이 성해졌다고 하는 일은 어쨌든 반가운 일임에 틀림없다. 설사 그 일이 직접 시의 르네상스를 의미하지 않는다고 할지라도 우리는 이 기운을 시의 르네상스를 가져오는 한 계기로서 원용하는 길을 생각해 볼 필요가 있는 것이다. 그래서 그 일 속에서 경계할 것과 장려할 것을 가려서 피하고 노력할 것은 노력해야 할 것이다. 시의 르네상스를 위해서 시의 지반과 환경은 우리를 비관시키는 조건만이 풍부하다. 진정한 의미의 시의 르네상스는 문명의 정정(訂正)을 선행조건으로 하는 것이 물론이다. 조화 있는 문명 속에서만 그것은 발견될 것이다. 시가 이러한 문명의 조화와 균형을 잃고 지나치게 문화의 면에 떠오를 때 그것은 도리어 문화의 불구를 표시하는 경우도 있을 것이다. 페터류의 '시를 위한 시'의 주창은 이러한 불건전성을 품고 있다. 우리는 시의 이해에 서서 판단할 것이 아니라 그보다도 전체적 문화의 이해에서 시를 보아야 할 것이다. 원칙적으로 시의 르네상스를 위해서 긍정할 재료를 현실 속에 갖지 못하면서도 우리는 이 문제를 내버릴 것은 물론 아니다. 현실이 제공하는 재료는 우리에게 무위(無爲)의 구실을 준비해 준다느니보다는 차라리 새로운 결의의 자극을 주는 점에 값이 있는 까닭이다.

 이러한 간점(看點)에서 시의 비평과 교양의 두 가지 문제가 제기되어야 한다. 새로 출판된 이미 알려진 분 혹은 처음으로 대하는 분들의 시집을 읽을 때 거기 보이는 진전의 자취란 놀라운 정도의 것임을 깨달을 수 있다. 적어도 그 2, 3년 이전과 비교만 해도 우리들 중에서 시에 관심을 가지는 사람들이 결코 게으르지 않았다는 것을 느끼게 했다. 처음 대하는 분의 시작에조차 우리가 선배들 속에서 불행히 구경하던 속중취미(俗衆趣味)에 대한 교태는 보이지 않았다. 그러함에도 불구하고 아직도 거기는 앞에서 우리가 시에 대한 그릇된 태도의 하나로서 지적한 모럴과 시적 가치에 대한 오해가 여전히 보이고, 19세기적인 유물이 적지 않게 보존되어 있는 것을 발견하였다. 조사(措辭)에 대한 미숙조차 눈에 띄었다. 적어도 이러한 일은 참으로 시의 진보에 도움이 되는 유용한 비평을 수립하고 또 시인과 독자 사이에 시의 진정한 교양을 깊게 하고 넓게 함으로써 적지 않게 구(救)할 수 있는 과실이었다.

 그러면 우리가 세워야 할 유용한 비평이란 어떤 비평이었던가. 시에 간접 직접으로 관계 있는 평론은 이미 과잉될 정도로 우리가 날마다 접하고 있지 않았던가. 그러나 그것은 대부분이 문학 일반 혹은 시의 일반적인 이론의 제창이었다. 그 대신 실제의 작품을 주밀하게 분석 비교 평가한 실제적 비평은 얼마나 드물었던가. 문학 이론의 수입 제창도 물론 있어야 할 일이었다. 그러나 그것이 작품에 대한 실제의 비평과 밸런스를 잃고 성행할 때 문학의 발전과 관계를 가지지 못하고 이론만이 혼자 따로 나가서 유희하고 있게 되기 쉬웠다. 우리 사이에 과잉될 정도로 많이 제시되는 문학 이론은 실제로 문학작품에 어느 정도로 채용되어 성과되었던가. 우리는 냉정히 이 점을 반성할 것이다. 이러한 문학 이론이 문학의 사실에 대한 면밀한 관찰과 분석과 깊은 통찰을 지닌 것이 아니고 다만 약간의 원칙론과 관념론을 배합해서 머릿속에서 빚어진 것일 때 그 위험은 실로 파괴적이다. 즉 그것은 그 독자의 머리에 문학에 대한 견해의 그릇된 주형(鑄型)을 어느새 부어 넣는 까닭이다. 대다수의 관념적 형이상학적 미학·시학은 모두 이러한 독소를 품고 있다. 우리가 바라는 것은 문학의 과학, 시의 과학이다. 문학을 공부하려는 사람들의 귀중한 시간과 정력이 얼마나 이러한 유해무익한 관념적인 미학·시학 때문에 낭비되고 있는가. 그러나 아직까지는 만족한 시의 과학, 문학의 과학이 나타나지 않았다. 이 일은 금후의 세대가 스스로 달성해야 할 과제의 하나다. 다만 극히 부분적으로밖에 몇 권 그러한 유용한 책이나 페이지를 지적할 수 있을 뿐이다. 당분간은 우리는 제 손수 될 수 있는 대로 실제의 작품에 접해서 직접으로 산 문학을 배우는 것이 관념적인 문학론의 해독(害毒)에서 우리 자신을 보호하는 가장 유효한 방법이라고 생각한다. 서머싯 몸은 자기는 늘 머릿속에 열두 개가량의 희곡을 준비해 가지고 다닌다고 말했지만 사실 몇 권의 문학개론과 몇 편의 문학평론과 그리고 약간의 센스만 있으면 누구나 언제고 열두 개가량의 문학 논문을 머릿속에서 만들어 내기는 아주 쉬운 일이다. 그러나 그것은 얼마나 위험한 불장난이냐.

우리가 바라는 것은 과학적인 문학 이론이다. 다음에는 실제

작품의 분석 평가를 주로 일삼는 실제적인 비평이 훨씬 왕성해지는 것은 우리 문학의 발전을 위해서 얼마나 더 도움이 될지 모를 것이다. 비록 한 작품이라고 할지라도 철저히 분석해서 그 구조와 전개가 작가가 거기서 시험한 새 기술과 거기 구체화된 작자의 사상과 그것들이 독자에게 주는 효과의 신선도와 심도(深度)와 그것들 전체의 밑에 흐르는 사회적인 지반의 힘과 계기마저를 될 수 있는 대로 주관을 섞음이 없이 우선은 작품이 주는 대로 받아서 제시하고 다시 거기에 비교 판단을 내린다고 하는 것은 얼마나 어려운 일이냐. 그러나 작자나 독자가 아니 문학 그것이 비평에 향해서 요구하는 일은 바로 그 일이다.

이러한 실제적 비평은 직접 시작에 종사하는 시인이 아니고서는 충분히 할 수 없다는 관점에서 비평 전문가의 것보다도 실제가의 것을 더 높이 평가하려는 T. S. 엘리엇의 의견은 문자 그대로 믿을 것이 아니라 영시단의 일부 비평 전문가에 대한 야유로 들을 때에 더욱 재미있다. 사실 우리는 시인 자신이 얼마나 무딘 시의 비평가인가를 발견하는 적이 적지 않다. 요컨대 비평가가 한 작품이나 작가를 비평하려고 할 때에 실험실로 들어가는 과학자와 같은 경건하고 냉정한 태도로써 대하며 그 손에 쥐인 기구가 과연 과학적 메스냐 아니냐 하는 점이 문제다. 출판되어 나오는 많은 시집 속에서 지극히 적은 몇 편이 겨우 이러한 실제적 비평의 대상이 되나 마나 하다고 하는 것은 시의 내일을 위해서 치명상이다.

우리는 또 시와 비평이 서로 용납할 수 없는 것처럼 말하는 사람을 구경하나 그는 불행히 좋지 못한 비평만 본 때문에 겁을 낸 것이고 진정한 비평은 언제고 시를 기르고 돕는 것이다.

시에 대한 바른 교양, 유용한 교양이 어떤 것인가 하는 것은 앞에서 비평에 대한 이야기를 할 때에 벌써 충분히 암시되었다고 생각한다. 우리는 여기서 다시 한번 시의 교양이 시 자체의 보편화를 위해서뿐 아니라 문화 전체에 대해서 얼마나 중대한 관계를 가지고 있는가 하는 점을 돌보고자 한다.

시의 교양의 목표는 시인과 독자에게 시의 사실에 대한 인식과 감상력의 확대 심화를 도모하는 데 있는 것은 물론이다. 그런데 이 문제는 교육 문제 일반과 끊어서 생각할 수는 없는 일이고 또 그 사회의 문화 전체의 진보와 관련시켜서만 생각될 것이다.

왜 그러냐 하면 시는 한 사회가 쓰고 있는 정신적 교통(交通)의 도구로서의 언어의 가장 함축이 깊은 형태인 까닭이다. 그 속에는 그 사회의 정서 생활의 깊이와 문화적 감성이 가장 세련된 모양으로 담겨 있다. 거꾸로 이야기하면 시는 또한 그러한 것들을 순화시키고 훈련하는 가장 유효한 수단인 셈이다. 한 사회가 언어를 가지고 있고 또 문화사회일 적에 거기서는 언제고 시가 쓰여질 것이다. 사물의 인식에 있어서는 가장 정확한 심벌로서의 물리어(物理語)를 쓰고 실천 생활에 있어서는 시 그것을 회화로 쓰는 때가 온다고 하면 그래서 시가 벌써 쓰여지지 않는다고 하면 그것은 오히려 시의 행복스러운 종언일 것이다. 왜 그러냐 하면 거기서는 사람들은 일상 대화 자체에 있어서 시를 쓰고 있으니까.

――「현대와 시의 르네상스――문화 부면과 그것의 향락 범위」,《조선일보》(1938. 4. 10~16);
『시론』, 170~182쪽

프로이트와 현대시

1

대전(大戰) 이후의 시가 프로이트 씨라느니보다 정신분석학에 진 부채는 실로 크다. 그 영향은 국경을 문제 삼지 않고 적어도 세계적 호흡 속에 자라 가는 모든 나라의 시단에 유형무형으로 그러나 압도적으로 미쳤다. 프로이트라는 네 글자는 마치 전후의 새로운 시로 들어가는 한 피치 못할 관문처럼 되어 버렸다. 첫째로 그것은 시의 제재에 아주 새로운 영토를 제공하였다. 둘째로 시의 기술에 혁명을 가져왔다. 셋째로 오늘의 시에 별다른 철학을 가져왔다.

2

사람의 의식의 세계만을 취급하는 시는 거진 여지를 남기지 않고 그 광맥의 전부를 파 버린 느낌이 있다. 남녀 간의 애정이라든지 자연에 대한 흥취라든지 그러한 것들은 마치 영원한 제목처럼 암송되었다. 프로이트는 위선 이렇게 개척될 대로 다 개척되어 버린 시의 제재에 한 새 영토를 제공하였다. 그가 문을 열어 보인 무의식이라고 하는 세계는 지금까지 시가 숨 쉬고 있던 의식의 세계보다는 훨씬 더 넓고 깊은 세계였다. 뿐만 아니라 그때까지는 오직 하나뿐인 독립한 세계였던 의식의 활동을 조종하는 것은 사실은 흑막 뒤에 숨은 무의식의 활동이라고 말해 버렸을 때 그때까지의 시의 비밀이란 모두 우스꽝스러운 것이 되어 버렸다. 시의 영역이 단순한 의식에서 무의식에까지 넓어졌다는 말은 다시 말하면 시의 사람 — 생활과 현실까지 넣어서 — 에 대한 이해가 그만치 깊어지고 넓어진 것을 의미한다. 더 밝히 말하면 시인이 제 자신에 대해서 말할 때에도 그의 어린 시절로부터의 모든 경력과 또 원시인으로부터 문화인으로 자라 온 동안의 전종족사(前種族史)뿐만 아니라 인간 이전의 동물 시대의 흔적까지를 껴안고 있는 것이라 한다. 그는 무의식 활동을 분석함으로써 그 어두컴컴한 무의식의 심해(深海)에서 잠자고 있는 종족 발생적인 뭇 유물의 퇴적을 본다. 그래서 프로이트가 근대시의 종점처럼 보이는 지점에서 망설이는 최후의 시인들 앞에 갑자기 펴 놓은 가장 큰 선물은 꿈(혹은 환상)이었다. 그것은 오늘의 신화를 만드는 일이었다.

 신화는 일찍이 시의 고향이었다. 오래인 이별 뒤에 프로이트는 시에게 갑자기 고향으로 돌아가는 길을 열어 놓았다. 가령 프로이트가 꿈의 해석에 쓰는 여러 가지 '심벌'들은 현대의 신화를 만드는 유력한 도구를 암시한다. 부모의 상징인 임금과 여왕, 나체에 해당하는 의복이나 제복, 3이라는 숫자는 남근을 대표한다. 같은 수단으로 쓰이는 단장(短杖), 양산, 말뚝, 수풀, 단도, 기구(氣球), 비행기, '체펠린'[1]도 거기 관련해서 쓰여진다. 성적(性的) 심벌

---

1 페르디난트 그라프 폰 체펠린(Ferdinand Graf von Zeppelin, 1838~1917). 1900년 최초의 경식 비행선을 제조함.

로서는 물고기와 특히 유명한 뱀이 있다. 동굴이나 항아리 궤짝이나 호주머니나 특히 보석 바구니는 여성의 심벌로 쓰인다. 이러한 심벌에 대한 지식을 가지고 전후의 시를 펴 든다면 우리는 시인이 그의 주관적인 의미를 담은 여러 가지 심벌과 마주친다. 여기 한 예로 뱅자맹 페레[2]를 보라.

참한 인간

삶은 병아리와 복화술자(複話術者)의 싸움은
북소리처럼 우리에게는
도시 위를 지나간
티끌의 구름의 의미를 가졌다
너무 요란스럽게 불었으므로
너펄모자가 흔들렸다
그리고 수염이 삐죽하게 일어서서
코를 깨물었다
너무나 요란스럽게 불어서
코가 도토리처럼 쪼개졌다
도토리는 멀리 작은 우사(牛舍) 속으로
퉁겨졌다
거기서 제일 어린 송아지는
그 아버지가 유황(硫黃)을 탄
소시지 가죽을 한 유리잔으로

---

2 뱅자맹 페레(Benjamin Péret, 1899~1959). 프랑스의 초현실주의 시인.

엄마 젖을 빨고 있었다.

허버트 리드 씨는 이러한 심벌들이 보편성을 가질 수 있다는 낙관설을 주장하고 초현실주의의 전도를 축복했다. 풍월을 찾아서 시집을 사는 사람도 있을 것이다. 연애를 찾아서 시를 뒤져 보는 사람도 있을 것이다. 말의 음악을 찾아서 혹은 이미지를 찾아서 시로 가는 사람도 있을 것이다. 그러나 전후의 많은 독자들이 무의식의 세계의 찬란한 무대를 구경하기 위하여 시를 찾아가고 또 그 일 때문에 시를 즐기는 것을 우리는 알고 있다.

무의식을 취급하는 시가 부딪쳐야 할 두 가지 난관이 있다. 하나는 그것이 단순한 어떤 증상의 기술(記述)이 아니려면 보편성을 가져야 한다는 일이다. 지금까지의 시의 향수(享受)를 성립시킨 것은 사람의 의식의 보편성의 예상이었다. 물론 문화 의식과 교양의 차이는 인간 일반의 보편적 의식이라는 소박한 가치의 표준을 시에 있어서 세울 수는 없다. 그러나 역사의 각 단계는 거기 상반하는 문화적 수준을 반드시 예상시킨다. 여기 상대적인 보편성이 성립되는 근거가 있다. 무의식의 세계까지를 이해한다는 것은 그만치 사람사람이 서로서로 엉키고 껴안는 교섭의 범위가 커진 뒤의 일이다. 그러므로 무의식을 취급한 시에 있어서 그것이 어떻게 하면 보편성을 얻어 갈까 하는 문제는 19세기적 인사의 모든 반항에도 불구하고 시간의 추이와 함께 해결될 수 있는 것이었다.

다음으로 무의식의 세계를 단순히 묘사하는 것은 지나간 날의 소박한 사실주의에 지나지 않는 것이 아닐까? 다만 달라진 것은 묘사의 대상뿐이 아닌가 하는 문제다. 무의식의 세계가 시적 향수(享受) 속으로 들어오려면 한번은 의식화되어야 할 것은 피치 못할 것이다. 다시 말하면 '의미'로서 전달되어야 한다. 뿐만 아니라 그것은 시적 향수(享受)를 성립시키는 '의미'여야 한다. 이 일은 새로운 미학의 건설을 요구한다.

3

의식의 메커니즘은 주로 심리학이 보여 주는 것이나 심리학의 한 분야로서, 그들 자신의 말을 빌리면, 낡은 심리학에 대신할 새로운 심리학으로서의 정신분석학은 의식의 메커니즘과는 전연 다른 무의식의 메커니즘을 펴놓아 보여 준다. 시가 프로이트 씨의 연구에서 암시받은 가장 큰 소득은 사실은 이 무의식의 메커니즘을 시의 기술(技術)에 응용한 일이었다. H. 크라이튼 밀러 박사가 든 무의식이 여덟 가지 특징 가운데서 가장 오늘의 시의 기술에 관련되는 것은 (1) 무시간성, (2) 그 에너지가 한 관념 속에서 쉽사리 다른 관념으로 옮겨 가는 것, (3) 비윤리성의 세 가지다.

예전 시는 무언중에 고전극의 '삼일치'와 같은 약속에 충실해서 다만 회상이라든지 예상이라는 형식 아래서만 과거나 미래가 현재에 종속적으로 후종(後從)할 수 있었을 뿐이다. 그 일은 스스로 문법에 대한 충실을 의미한다. 그러나 오늘의 시에는 과거나 미래나 현재는 다만 동등한 권리와 중량을 가지고 서로서로 아무 예고 없이 등장한다. 이 일은 실로 혼란에 가까운 변혁이었다.

새로운 시는 시간의 문법적 질서의 무의미를 비웃는다. 신화는 역사를 초월한 곳에 그 위엄을 세운다. 그리해서 새로운 시는 스스로 신화고자 한 것이다.

시간성의 구속을 잃어버린 새로운 시는 동시에 논리를 버렸다느니보다는 오히려 '비논리'의 미를 발견할 것이다. '19세기'의 피안에 서서 한 새로운 시에 향한 비난은 주로 이 점이었다. 그래서 그들은 새로운 시가 스스로 발견이라고 믿는 것을 오직 파괴라고 고집한다. 이리해서 아주 거리가 먼 두 개의 현실을 그것들과는 아무 관계가 없는 면에 동시에 가져오는 한 개의 이미지, 가령 르베르디의 "흰 헝겊 조각처럼 접어진 대낮"은 아리스토텔레스 이래 19세기까지의 모든 사고의 풍속에 위반한다. 그것은 자칫하면 근세 문명 그것의 모든 질서 및 권위와도 상극한다.

그리해서 관념과 관념은 시간적 계열과 논리를 무시하고 서로 끌어오고 끌려가고 튀기고 움직인다. 전연 우리의 의식의 경험에는 속하지 않는 일이 대수롭지 않게 꿈속에서는 실현하는 것은 우리 자신이 벌써 잘 알고 있는 프로이트가 밝히 보여 준 것이다.

4

그러나 프로이트에게서 전후의 새로운 시가 받은 것은 이러한 기술상의 암시에 그치지 않는다. 전후의 구라파 사람들을 엄습한 절망은 그 무슨 구실을 얻어 보기 전에는 다만 자살로 사람을 몰아낼 밖에 없었다. 현대라는 것의 위선과 가면을 매도하기 위하여 시인은 정신분석학이 가르치는 냉혹한 분석을 이용했다. 즉 그것은 새로운 시에게 현대를 부정하는 이유를 보여 주었다. 어두운 숙명론의 그림자를 뒤집어쓴 인과율은 무의식이라는 심연을 굽어보면서 거기에 현대라는 이 추한 결과를 낳은 모든 험상한 원인들을 노려보는 것이다. 이런 의미에서 현대 문명의 통렬한 비판이었던 것이다. 총명한 과학의 아들들인 구라파의 젊은 시인들에게는 정신분석학은 한때 가장 그들의 사고의 습성에 맞는 과학의 명제로서 비추었던 것이다.

그러나 이 일은 각도만 달리하여 보면 현대시는 꿈과 환상 속에 현실로부터의 좋은 피난처를 찾은 것이라고도 말할 수 있다. 사실 무의식의 만연한 기술(記述)에 빠져서 헤어 나오지 못한 시의 익사체를 우리는 왕왕 구경했다. 이 점에서는 그것이 도피의 시며 정신분석학은 그 가장 중대한 교사범(敎唆犯)이라는 고발이 항용 들려온 것은 반드시 이유 없는 일이 아니었다.

5

이리해서 정신분석학은 20세기의 가장 큰 문학 운동의 하나인 초현실주의에 이론적 기초를 주었다. 또 이 문학 운동에 직접 참여하지 않았을지라도 간접으로 의식하고 혹은 의식하지 않는 동안에 수많은 시인에게 영향을 주었다. 물론 로트레아몽과 같은 선구자를 상정하나 초현실주의 선언에서 앙드레 브르통이 고백한 것처럼 초현실주의는 프로이트에서 최대의 암시를 받았던 것이다.

그러나 지금 앉아서 생각하면 전후 약 10여 년간 새로운 시가 정신분석학에 경도한 것은 너무나 열광적이었다. 남은 문제는 이 열광기에 해 놓은 일들을 다시 냉정하게 계산함으로써 다음 시대가 상속하여야 할 값있는 부분만을 정리하는 일이다. 그리고 우리는 그러한 값있는 부분이 프로이트의 영향 속에 적지 않게 있는 것을 믿는다.

——「프로이드와 현대시」, 《인문평론》(1939. 11); 『시론』, 183~189쪽

우리 시의 방향

아 말라고스터 산봉우리야
너 잠잠하지 않으면 안 된다
사뭇 적적한 레벤톤아
대지(大地)로 하여금 다사롭게 해 다오

얼음 바람 휘몰리는 산맥들은
초록 동산이 되려무나
그래 인민군대로 하여금
얼지 않도록 하렴

서릿발 번쩍이는 길마다
네 절로 눈을 치워라
구름 몰리는 가을
서러운 9월달 날씨는
한겨울 전선(前線)에서 묵은
의용군을 지꺼리지 말렴

―― 호세 헤레라 페테레

우리 시의 방향

전언(前言)

시를 이야기하는 것은 이 역사적인 자유로운 자리와 반가운 날을 함께 나누지 못하고 이미 고인이 된 시단의 여러 선배와 동료 이상화(李相和), 김소월(金素月), 이장희(李章熙), 이상(李箱), 박용철(朴龍喆) 제씨의 기억에 깊은 경의를 올림으로써 이 보고와 전망의 모두의 의무를 삼고저 한다.

침략의 소묘

이번 대전(大戰)의 마지막 몇 해 동안 적이 이 땅에서 저지른 문화의 악마적 침략과 파괴 속에서 우리 시도 그 표현의 전통적 수단이었던 말을 약탈당하였고 자유로운 시의 정신은 학살당하였던 것이다. 그동안 시의 정신을 팖으로써 표현 수단으로서의 민족의 말의 여명(餘命)을 보존하려는 일부의 계획도 있었으나 이는 드디어 수단과 정신을 둘 다 적의 수중에 넘겨주는 결과를 가져왔던 것이다.

폭력과 조직을 한 손에 가진 적의 거진 일방적 공세 아래서 이 나라의 정치 경제 문화의 모든 영야(領野)가 역사상 유례를 볼 수 없는 가장 전형적인 제국주의의 진탕(震盪)의 희생이 되었을 적에 우리의 시도 또한 같은 운명을 나누었다. 우리들의 팔월 십오일은 이 나라의 정치상 문화상 최대의 급급한 순간에 실로 찾아왔던 것이다.

8·15와 건설의 신기운(新氣運)

민족문화의 가장 적절 유효한 전달 표현의 수단이었던 우리말은 다시 우리 손에 돌아왔다. 적의 무장과 압력이 하루아침에 결정적으로 무너진 이 땅 위에는 우리들의 자유와 행복과 정의의 실현을 약속하는 새로운 공화국의 희망이 갑자기 찾아왔던 것이다. 정치도 산업도 문화도 모든 것이 우리들 앞에 새로운 건설의 영야(領野)로서 가로놓여지게 되었던 것이다. 지식인과 청년과 학생은 이 위대한 창의와 이상의 무한한 가능성에 대하여 말할 수 없는 흥분과 감격에 휩싸였으며 적의 무모한 침략 전쟁의 노예였던 대중은 그들의 팔다리에 감겼던 쇠사슬이 녹아 물러남을 따라 막연하나마 그들의 끝 모르던 굴욕과 착취의 역사는 벌써 끝났고 새로운 희망에 찬 시대가 시작되면서 있다고 하는 것을 느꼈던 것이다. 시는 새로운 문화의 건설의 한 날개로서 처참한 폐허에서 불사조와 같이 떨치고 일어났을 때 그것은 틀림없이 이 새 나라의 것이었으며 그중에도 새로운 나라의 등불이며 별이고자 하였다.

정치와 시

일찍이 우리 시는 될 수 있는 대로 정치를 기피한 적이 있었다. 그것은 다름 아니라 한때 이 땅에서는 정치라면 적의 침략 정책의 추궁뿐이었을 적에 시는 그 자신의 피해를 될 수 있는 대로 적게 하기 위하여 이러한 의미의 정치로부터 비통한 대피와 퇴각을 결행하는 길을 가졌던 것이다. 그러나 오늘은 벌써 사정은 달라졌다. 오늘에 있어서는 정치란 우리들 자신의 손으로 하는 우리들의 생활의 설계와 조직이여야 되게 되었으며 이러한 정치의 단계에 있어서는 시가 시의 왕국을 구름 속에 꾸미는 것보다는 한 새 나라의 건설이야말로 얼마나 시인의 창조 의욕에 불을 질러 놓은 것이랴? 우리는 우리의 암담한 날의 기억의 한 교훈으로서 정치의 보장이 없는 곳에 문화의 자유도 시의 자유도 없었던 것을 잘 알고 있다. 새 나라는 또한 시의 자유를 보장하는 나라여야 할 것이다. 우리들이 그리는 새로운 공화국이 만약에 의외에도 뮌헨과 로마의 악몽가들의 모방자의 손에 약취(掠取)된다고 하면 이는 또 다시 시의 자유도 문화의 자유도 아무 자유도 없는 날을 예상해야 할 것이다. 이러한 가능한 음모의 실현을 막기 위하여는 시인은 자유와 정의를 지키는 넓은 동맹군의 일익(一翼)이 되어야 할 것이다. 파란(波蘭) 시인 미츠키에비치[1]의 말과 같이 "그것이 없이 지낼밖에 없는 경우를 당해 보지 않고는 그것이 그에게 무엇을 의미하는가를 알 수가 없는 것이다." 그것이란 무엇이냐? 말할 것도 없이 미츠키에비치와 더불어 우리가 한가지로 오랫동안 잃어버

---

[1] 아담 베르나르트 미츠키에비치(Adam Bernard Mickiewicz, 1798~1855). 폴란드의 시인·극작가.

렸던 것 — 우리들의 운명을 지키고 생활을 지키고 문화를 지키고 또 그 자유로운 성장을 지켜 주는 우리들 자신의 나라였던 것이다. 일찍이 플라톤은 그의 공화국에서 시인을 몰아내려 했던 것이다. 그들은 '이데'의 그림자의 또 그림자를 모사한다는 구실로 해서 이 철인의 나라로부터 제외되었던 것이다. 그러나 우리는 새로운 공화국에 일러 줘야 할 것이다. 시인이야말로 이 새 공화국을 지킬 가장 열렬한 시민의 한 사람일 것이라는 것을 —.

전진하는 시정신

시의 정신의 자유는 그러나 언제든지 전진하는 자유일 것이며 후퇴하는 자유는 아닐 것이다. 이제 우리의 시가 만일에라도 봉건적 특권적 귀족 문화의 세계로 물러서는 일이 있다면 이는 역사에 대한 반역일 것이다. 미신과 노예 상태의 합리화와 무지 위에 피었던 귀족적 특권층의 문화는 새로운 문명의 전개에 그만 현훈(眩暈)을 일으켰던 시인들이 스스로 그 정신의 안정을 구하여 의식적 무의식적으로 동경하고 추구하는 시의 고향인 듯한 착각을 제공한 적이 있었다. 구라파에 있어서는 유파로는 상징파의 주조가 그것이었고 이 땅에서도 우리들의 심리에는 적지 아니 이 봉건사회의 메커니즘이 뒤섞여 있는 것은 부정할 수 없다. 시인의 정신은 현재 속에조차 안주할 수가 없다. 그것은 차라리 미래 속에 사는 것을 명예로 삼을 것이다. 하물며 과거 속에 살려 함이랴? 정확히 말하자면 시인의 정신은 늘 현재와 미래가 나뉘는 지저에 위치한다느니보다도 이동하는 것이다. 그것은 현실의 진실한 모양과 의미를 파악함으로써 거기 발생하며 자라 나가는 이상의 싹과 요소에 가장 민감하며 또 그것을 북돋아 가는 원정(園丁)일 것이다. 그러한 까닭에 인도의 옛 민요가 현명하게 표현한 것처럼 민족의 등불이며 사공이었던 것이다. 그것은 어떤 가장 난숙한 시대에도 그러했지만 특히 시인을 에워싸고 있는 현실이 말할 수 없이 추악하고 불의일 적에 시인이야말로 새로운 세계의 계시자며 예언자래야 할 것이다. 그러한 암흑과 무지와 압제가 오랫동안 한 민족의 무거운 운명이었을 적에 인도와 켈트의 민중은 항상 시인의 소리를 찾았으며 또한 진실한 시인들은 민족의 심령의 귀에 늘 희망과 용기와 불굴의 정신을 속삭였던 것이다. 위대한 역사의 한 시기와 또 한 세계의 여명(黎明)에 서서 울린 단테의 경종은 다름 아닌 미래의 소리가 아니었던가? 진보적 민주주의라는 말이 있다. 우리는 그것을 이렇게 이해한다. 불란서 혁명 이후 19세기를 통하여 과거의 민주주의는 주로 맨체스터나 마르세유의 주주(株主)들이나 상인의 민주주의였던 것이다. 언제 우리가 가지려는 민주주의는 일부가 아니라 만인의 정치적 경제적 문화적 민주주의일 것이다. 시인을 말할 것도 없이 늘 진보의 편이고 미래의 동반자일 것이다.

민족적 자기반성

그러나 나는 조선의 시인에게는 한 개의 예외를 청하고 싶다. 우리는 반드시 한 번은 과거로 다녀와야 하리라고 생각한다. 다름이 아니라 우리의 굴욕과 배신과 변절과 거짓과 아첨(阿諂)에 찬 36년 특히 최후의 수년간을 우리는 쉽사리 잊어서는 아니 될 것이다. 안타깝게 쳐다보는 민중에게 아무 표정도 지어 보일 수 없었으며 더군다나 대중을 속이며 역사를 속이며 가장 무서운 것은 스스로의 양심을 속여 가며 침략자의 복음을 노래하던 날을 너무나 값싸게 잊어서는 아니 된다. 나는 감히 돌을 잡으라고 하지 않는다. 누가 누구에게 돌을 던지랴? 돌을 던질 대상은 반드시 우리들 주위에만 있는 것이 아니고 실로 우리들의 정신의 내부에 먼저 있는 것이다. 위대한 민족의 수난기에 있어서 민족을 배반한 정치적 문화적 모든 반역 행위는 물론이지만 우리들의 정신의 내부에서 범한 온갖 사소한 반역에 대하여서도 우리들 자신이 먼저 준엄해야 할 것이다. 8·15 이후 실로 어디서보다도 먼저 우리들의 시 속에는 이러한 통절한 회오의 소리는 들려왔다. 나는 생각한다. 우리들은 우리들의 아픈 상처와 과실 때문에 좀 더 통렬하게 통곡해야 하겠다. 민족의 통곡 소리가 좀 더 침통하게 이 땅을 진동하지 않는 한 조선 민족의 앞날에는 맑은 하늘은 얼른 트이지 않으리라 본다. 1936년의 소비에트 새 헌법은 드디어 언론 집회 행렬 등의 자유와 함께 '양심의 자유'를 법률로써 옹호하였다 한다. 양심은 이 나라에서 재건되어야 하며 더군다나 확립되어야 할 것이다. 그것은 우리가 세우려는 새 나라의 한 이상이다. 페어스의 말과 같이 술을 마시면 정권을 얘기하고 다른 정당의 지도자들을 서로 욕하고 부르짖고 떠들고만 있는 동안은 조선에서는 비극의 역사가 아직 끝나지 않은 것이다. 술을 마시면 머리를 뜯으며 므두가 "아, 나는 죄인이다." 하고 신음하기까지는 우리는 더 형벌을 감수해야 될 민족인지도 모르겠다. 시인이 만약에 한 집단의 심장이라면 인제야 가장 준열한 자기비판의 풀무를 스스로 달게 거쳐야 할 것이다. 그리함으로써 우리는 민족적으로 새로운 공화국에 발을 들여 놓을 진정한 시민권을 가지게 될 것이다. 인제야 시인은 그가 쓰는 것에 대해서 양심의 보장을 해야 될 것이다. 그의 한 권의 시집을 번복하라고 강요될 적에 '아니다' 하고 대답할 수 있어야 할 것이다. 그러면 '일장만을' 하고 강요되었을 적에도 '아니다' 하고 대답할 수 있어야 할 것이다. 그 오직 한 절 한 줄만의 변경을 요구받을지라도 "아니 한 자일지라도 할 수 없다"고 대답할 수 있어야 할 것이다. 그것은 거기 정렬된 아름답고 조화된 언어의 질서를 파괴당하는 때문뿐 아니라 한마디 한마디가 모두 시인의 성실 그것에서 우러나온 피할 수 없는 또 갈아 낼 수도 없는 진실이기 때문이다.

새로운 인간 타입

우리들의 젊은이들은 적의 침략 동안 그릇된 신화와 세계관과 인생관을 부식(扶植)받았었다. 이러한 무리한 문화 침략의 희생이 된 우리 젊은이들의 심정은 부자연하고 삐뚤어진 모양으로 자라 나올밖에 없었다. 우리들은 눈에 보이는 면에서는 적이 남기고 간 독소와 손해와 파괴의 자취를 얼른 알아볼 수 있다. 그러나 눈에 보이지 않는 곳에 특히 젊은이들의 심정에 남긴 파괴의 자취란 실로 형언할 수 없이 큰 것이 있다고 생각한다. 짓밟히고 눌리고 마음껏 휘저어 버린 뒤의 청년의 심정이란 자연스러운 발현과 자연스러운 성장을 가져 못 본 한 처참한 정신의 황야가 아니고 무엇이랴? 청년의 마음에서 모든 압박감과 부질없는 굴곡을 제거해 주어야겠다. 아무 거침없이 자유롭게 자라고 세계와 인생의 현실을 쭈그러듦 없이 대담하게 직면하며 그것을 극복해 나가는 적극적인 정신 개인의 껍질 속으로 옴크리고 들지 않고 민족과 세계를 이중으로 개성의 주위에 포용하며 높고 넓은 역사적 시야에로 개성을 개방하는 끊임없는 확충과 발전의 선상을 움직이는 정신의 소유자를 우리는 북돋아 나가야 하겠다. 르네상스가 발견한 인간은 문화적 인간이며 세계적 인간을 이상으로 하였다. 그러나 그것은 그 특이한 역사적 사회적 제약 때문에 할 수 없이 이익인(利益人)으로서의 면이 압도적이 되고 말았다. 인제 우리가 새 나라와 새 시대에 기대하는 새 인간은 이익인을 완전히 지양(止揚)한 집단인, 과학인, 세계인, 문화인일 것이다. 우리의 젊은 세대는 이러한 새로운 인간으로서 성장해야 할 것이며 그 위의 세대들은 앞서 말한 것처럼 한 커다란 민족의 통곡(慟哭)을 거쳐 말하자면 한 카타르시스를 거쳐 다시 한번 순화되고 정화되어 낡은 시대의 독소와 악습을 모조리 떨어 버린 뒤에 새 나라의 건설에 나가지 않으면 아니 될 것이다. 시는 민족의 진통의 신음으로서 심정의 황야에 재건자로서의 임무를 짊어져야 할 것이다.

시의 새 지반

허버트 리드의 말을 빌릴 것도 없이, 시인은 언제고 한 공동체에 소속하는 것이다. 그가 표현하는 개성은 결국은 역사적 사회적 소산임을 면할 수 없으며 과거의 일부의 천재적 심리적 개성론은 말하자면 공상적인 관념론의 한 분파였던 것이다. 또 표현의 수단으로 쓰이는 언어 자체가 결코 그들이 생각하는 것처럼 천사와 영감(靈感)이 보낸 선물이 아니고 장구한 역사와 광범한 사회적 문화적 교류의 현실적 전달 수단인 것이다. 지나간 날 진보적 지식층과 대중과의 문화적 교섭이 침략자의 간섭으로 하야 단절될밖에 없었을 적에 시의 고립이라고 하는 것은 당연한 일과 같이 보여 왔다. 우리가 건설하려는 새로운 문화는 말할 것도 없이 넓은 대중적 기반을 개척해야 할 것이다. 오랫동안 우리로부터 격리되었던 그 대중이란 무엇이냐? 신라 노예 국가의 귀족 문화를 배양해 가던 고대의 노예에서 시작하여 고려 이조의 봉건사회를 통하여 토지에 얽매인 채 특권적 귀족 양반 사회의 착취의 대상이었으며 또 끝끝내는 이른바 한일합병으로 하야 한말 특권 계급이 일본 제국주의의 손에 팔아넘긴 다음부터는 다시 수척한 일본 제국주의의 노예로 화(化)하였던 수천 년의 쇠사슬 자국이 그대로 사지에 남아 있는 광명을 모르는 수난자들이 아니냐. 그들은 이제야 새로운 역사에 등장하기 위하여 만단(萬端)의 준비를 갖추면서 있다. 새로운 문화는 이 일어나는 대중의 의욕과 고민과 이념을 조직하며 형상화하며 또 그것들이 침투된 것이 아니면 아니 될 것이다. 대중, 그것은 새로운 시의 온상이며 영야(領野)일시 분명하다. 시인은 이 상(傷)하고 주린 그러나 새 나라의 주인이 될 대중을 그 생활을 통해서 포옹하고 이해해야 할 것이다. 시인과 대중의 분리는 근대사회의 분화 과정이 낳은 한 불행한 결과였던 것이다. 새로운 공화국은 이러한 분화를 허하지 않을 것이다. 대중을 꺼리게 한 것은 낡은 귀족 취미의 유습이었다. 전 세기(前世紀)의 70년대의 노서아의 청년남녀들이 부르짖은 말 '인민의 속으로'(브나로드)라고 한 말이 새삼스레 우리의 폐부를 찌른다. 19세기 말의 이른바 데카당스의 시대에 가장 깊고 큰 번민을 가진 자 즉 토스카의 벌레가 가장 몹시 좀먹은 사람들은 몽마르트르의 카페에 모여들었던 것이다. 그 속에는 물론 세계의 고민을 한 몸에 맡은 듯한 보들레르도 있었다. 오늘에 있어서는 가장 깊고 큰 번민을 가진 시인은 아마도 인민 속으로 들어갈 것이다. 그리하여 생활의 체험을 통하여 인민의 진실한 모양을 붙잡게 될 것이다. 거기는 우리 시의 새로운 원천이 무진장으로 있을 것이다.

초근대인

우리는 일찍이 이번 전쟁이 일어나던 1939년에 이 전쟁이야말로 르네상스에 의하여 전개되기 시작했던 '근대'라는 것이 한 역사상의 시대로서 끝을 마치고 그것이 속에 깃들인 뭇 모순과 불합리 때문에 드디어 파산할 계기라고 보았으며 또 계기를 만들어야 되리라는 견해를 표명한 적이 있다. 문화의 면에 있어서는 '근대'는 그 지나친 '아나키'의 상태 때문에 대량적으로 한편에 있어서는 무지와 빈곤의 압도적 횡일(橫溢)의 결과 정신의 황무지가 남아 있는데 다른 한편에는 문화적 과잉으로부터 오는 정신의 낭비와 퇴폐가 퍼져 가고 있는 불균형을 가져왔던 것이다. 문화의 건강을 회복하기 위하여도 근대는 이번 전쟁을 통하여 스스로의 처형의 하수인이 되었던 것으로 알았다. 우리들의 신념은 오늘에 있어서도 그것을 수정할 아무 필요도 느끼지 않는다. 오늘 전후의 세계는 물론 '근대'의 결정적 청산을 가져 오지 못하고 있다. 또 이 나라 안에서만 해도 8·15 이후 오늘까지 이르는 동안의 혼란한 정치적 정세는 우리들이 기대하는 새로운 세계의 탄생의 진통으로만 보기에는 너무나 병적인 데가 있다. 그러함에도 불구하고 우리는 주장한다. 우리는 이 땅에서 실패한 근대의 반복을 보아서는 아니 될 것이다. 새로운 시대 근대를 부정하는 새로운 시대가 지구상의 어느 지점에 시작되어도 상관이 없을 것이다. 세계사의 한 새로운 시대는 이 땅에서부터 출발하려 한다. 또 출발시켜야 할 것이다. 봉건적 귀족에 대하여 한 근대인임을 선언하는 것은 르네상스인의 한 영예였다. 오늘에 있어서 다시 초근대인임을 선언하는 것이야말로 새 시인들의 자랑일 것이다.

시의 시련

나는 이상에서 우리 시의 앞에 전개되면서 있는 몇 가지 새로운 전망과 아울러 거기 직면한 중요한 중심 문제의 몇을 집어서 제시하였다. 정치와 시의 문제에서 비롯해서 시의 정신의 살 곳으로서 미래를 발견하였으며 시의 정신이란 구경(究竟)에 있어서는 전진만을 아는 정신이며 그것은 민족과 시대의 선두에서 그 향하는바 방향을 제시하는 예언자며 격려자라는 것을 말하였다. 다시 우리 시는 위대한 민족적 참회의 제단에 바치는 가장 임리(淋漓)한 제물이라는 것도 제시하였다. 거기 우리가 효망(曉望)하는 새 인간 타입의 소묘도 잠시 시험해 보았다. 새로운 시의 풍요한 원천으로서 넓은 대중의 지반을 제의하였으며 이 중대한 역사의 전환기에 있어서 시인에게 필수한 역사적 의식의 실체에 대하여도 언급하였다. 그러나 나는 반드시 오늘의 시인에게 어떤 옹색한 틀을 준비하야 뒤집어씌우려는 것은 아니다. 다만 대체의 방향과 전망을 제시함으로써 만족하려 한다. 우리 시는 이제야말로 전에 가져 못 보았던 가장 풍부하고 다양한 가능성을 부여받았다. 백(百)의 시론(詩論)보다는 한 권의 뛰어난 시집이 나와야 할 것이며 백(百)의 시론가보다는 한 사람의 참 시인이야말로 우리들이 대망하야 마지않는 바일 것이다. 위대한 민족은 위대한 시련을 거쳐서 비로소 이루어지는 것처럼 한 위대한 시인과 시의 시대를 준비하기 위하여 실로 끊임없는 모색과 모험이 필요한 것이다. 나는 우리 시가 당면한 여러 가지 곤란한 과제와 또 시를 에워싼 험악한 기류를 한가지로 한 시련이라고 생각하고자 한다. 어저께의 문제는 이미 어저께의 시인들이 해결하였던 것이다. 어저께의 문제를 가지고 또 선인(先人)이 지어 준 해결을 가지고 오늘의 시인이 만족한다고 하면 그것은 안일이요 태만임에 틀림없다. 오늘의 시인은 오늘의 문제를 스스로 해결해야 하며 다시 내일의 문제를 찾아 나가야 할 것이다. 그러면 시인이 끌어안는 문제란 어떤 범위의 것이냐? 그것은 시인의 내부에서 시작하여 민족에로 다시 민족을 넘어서 세계에로 확대한다. 그뿐만 아니라 공간을 넘어서 역사의 세계에까지 전개한다.

우리 신시(新詩)는 삼십수 년 전에 민족문화 건설의 한 첨병으로서 침략자에 대한 항의로서 출발한 영광스러운 역사를 가지고 있다. 르네상스가 발견한 새로운 근대적 인간의 의식과 세계관의 제시자로서 등장하였었다. 몇 개의 계단을 거쳐 한 중단기를 지나 이제야 시는 새로운 시대를 가지게 되었다. 여러 가지 시련을 스스로 달게 받아들여 그것을 통하여 그 정신을 높이고 굳혀 감으로써 인류의 정신사에 한 확호(確乎)한 위치를 차지하게 될 것이다.

시의 정신의 자유라는 것은 한낱 사치한 장식이 아니었다. 그것은 이 나라에 돌아온 여러 가지 자유-언론의 출판의 집회 결사의 자유들과 마찬가지로 수많은 순교자와 투사들이 저 악마적인 고문과 극형에 견디면서 오히려 불굴히 싸워 얻은 선물이며 파시즘과 제국주의를 타도하기 위하야 바친 연합 제국(諸國)의 데모크라시의 전사들의 피의 값으로 우리들의 시의 자유도 얻어진 것임을 명기하자. 안이하게 향락하고 감수하기에는 너무나 비싼 선물이다. 다만 인류의 높은 이상(理想)의 충실한 수직(守直)이 되어 자라 가는 세계 문화에 공헌함으로써만 그것은 그것의 책무를 이행할 수 있을 것이다.

——「우리 시의 방향」, 《조선일보》(1946. 2. 14~15);『시론』, 193~204쪽*

* 편집자 주
  이 평문은 1946년 2월 8일 조선 문학가동맹이 주최한 '제1회 전국문학자대회'에서의 강연 내용을 그대로 옮긴 것이다.

공동체의 발견

아무도 현훈(眩暈)을 일으키지는 않았다. 다만 새로운 사태와 마주 설 정신적 자세를 어떻게 바로잡는가가 문제였으며 또 시간을 요하는 일이었다. 시인은 그렇다고 해서 곡예사처럼 아무렇게고 재주를 넘을 수는 없다. 자기의 정신을 새로운 시대에 향하여 어떻게 초점을 맞출 것인가. 그의 신념을 시대의 거센 조류의 어느 곳에 뿌리박을 것인가. 그런 것들이 시인의 전(全) 인격을 통하여 우러나올 적에 비로소 우리는 새로운 시를 구경하게 될 것이다. 알고 있는 일들이다. 그러나 알고만 있어서는 논문은 되어도 시는 아니 된다. 지성과 정의(情意)와의 휘연(揮然)한 전일(全一)의 세계가 그 자체의 언어를 갖출 적에 시는 탄생한다. 이 착잡다단(錯雜多端)한 현실 세계 속에서 바른 역사의 지향을 가려듣는 날카로운 지성은 얼마나 귀중한 것일까? 그러나 그것은 전 인격의 속임 없는 안광(眼光)이라야 할 것이다. 편견이나 인습적인 사고방식을 모조리 벗어 팽개치고 대담한 과학적인 안광을 가지고 나타날 새로운 지성은 그러나 그것이 전 인격적인 체험을 거쳐서 정의(情意)가 빈틈없이 삼투할 적에 그럴 적에만 시가 될 수 있다는 것은 새삼스레 시의 길이 한 수업의 과정임을 느끼게 한다.

8·15 이래 시인들은 이러한 자신의 과제를 내면적으로 어떻게 제기하며 또 해결해 왔는가. 사고에 있어서 생활의 의욕에 있어서 한 육체적인 생리로서 시인은 어떻게 성장해 왔는가?

이른바 해방시의 이름으로 불러지고 있는 시들은 아직 한 단초에 지나지 않았다. 그러나 이러한 시를 통해서 한 가지 특징은 그 어느 것이고 한 공통된 민족적인 감각과 감정과 의식의 발로라는 일이다. 다시 말하면 우리 시가 해방시를 통해서 얻은 자못 중대한 것은 한 공동체의 의식이었던 것이다. 물론 전에도 그런 것이 우리 시 속에 없는 것은 아니나 이번에서처럼 단일적인 앙양된 상태에서 시인의 감정이 엉킨 적은 없었다. 그것은 시인의 한 새로운 재산으로 한층 더 발전시키고 키워 가야 할 일이다.

이 점에 있어서 가장 자신을 가진 것은 과거에 이른바 '경향파'의 영향 속에서 자라 온 시인 또는 그러한 영향을 직접 북돋던 시인들이었다. 《횃불》, 《우리문학》 등에서 활약한 시인들이 그것이다. 《심화(心火)》의 박아지(朴芽枝) 또 박세영(朴世永), 조벽암(趙碧岩), 윤곤강(尹崑崗) 등 제씨(諸氏)다. 그들은 또 하나의 강점으로서는 시종일관해서 감상주의에 대하여 굳센 반발을 보이고 있는 것이다. 이러한 건실성과 소박성은 우리 시단의 한 좋은 저장으로서 보육해 나가야 할 일이었다. 다만 이러한 경향의 시는 자칫하면 상식에 떨어질 염려가 있다. 생활의 체험과 높은 정조만이 그러한 위험을 제거할 수 있을 것이다. 다른 한편으로 새로 자라나는 말하자면 낭만적 민족시인의 그룹이 있다. 《상아탑(象牙塔)》을 거쳐 발표하는 특징 있는 영탄을 주로 하는 시인들이다. 작년 말 전후의 정치적 혼돈과 암담은 이러한 영탄을 위해서 늘 좋은 시제(詩題)를 제공하였다. 그러나 그들의 옆에서는 늘 감상주의라는 위험한 적이 따라다니면서 침입의 기회를 노리고 있는 것을 잊어서는 아니 된다. 가장 비장한 표정을 하면서도 거기 상응한 충실한 의미가 안을 받치지 못할 적에 감상주의는 종이 한 겹의 얇은 것이다. 개인적으로는 《상아탑》에 관련이 없으면서도 이용악(李庸岳) 씨는 이 새 로만시(魯漫詩)의 먼 선구였다.

최후로 과거에 구라파의 새로운 시를 민감하게 섭취하고 있던 말하자면 주지주의 계열의 시인들은 어쩌고 있는가? 자연발생적인 민족 감정은 그들의 세계의식에 일정한 논리적 과정을 거쳐 정착해야 하고 또 공동체 의식은 지성을 거쳐서는 이미 들어왔으나 생활의 체험으로는 근거를 아직도 갖추지 못했다. 여기 오장환(吳章煥) 씨의 괴로운 몸짓이 있고 김광균(金光均) 씨의 숨 가쁜 침묵이 있는 것 같다.

여기 한 가지 주목할 일은 8·15 이전의 문학적 습성에 얼마 젖지 않은 시단의 새로운 세대가 차츰 자라 나가고 있는 일이다. 가령 잡지 《학병(學兵)》에 청신하게 등장한 김상훈(金尙勳), 박산운(朴山雲) 제씨다. 앞으로 직장에서 공장에서 농촌에서 새로운 풍속과 생리를 가진 시인들이 나타날 것을 기대한다.

위에서 말한 이러한 모색과 노력 속에서 우리 시단은 그러나 희망에 찬 새날을 준비하고 있다고 해도 좋을 것이다. 한번 얻어 본 공동체의 의식은 8·15 이후의 우리 시의 가장 크고 귀중한 보고다. 여기다가 우리는 다시 세계사의 감각과 의식을 부어 넣어 완전히 우리 것을 만들어야 할 것이다. 여러 갈래가 결국은 나중에는 한 갈래로 향하여 각각 자신들의 특수한 지리와 경사로부터 정신적 자세를 바로 갖추어 가고 있는 것이라고 생각한다. 요는 피차가 성실을 잊지 말 일이다. 시인 각자가 그 생리와 인격의 전부를 기울여서만 자신과 시대와 민족과 세계의 문제를 시와의 관련에서 해결해 나가야 할 것이다.

한 가지 크게 서로 경계해야 할 일은 새로운 모양으로 한편에서 일어나는 예술지상주의의 협위(脅威)다. 그중에도 그것이 어떠한 정치적인 불순한 외재적 의도에 이용되어 추진되는 기미가 있음은 불행한 일이다. 시인은 모두가 커다란 공통된 세기적 고뇌를 가지고 있을 것이며 그러한 의미에서 정치적으로 분립 돌격하기 전에 피차의 문제를 들고 솔직하게 공통된 시련에 임할 수 있을 것이다. 외재적 '데마고그'의 장중(掌中)을 떠나서 시인만이 모여 앉으면 문제는 오 분간에 풀리고 말지도 모른다. 이것은 지극히 총총한 소묘에 불과하다. 더 상세한 논의는 다른 기회에 펴 보고자 한다.

─「시단 별견(瞥見) ─ 공동체의 발견」,《문학》(1946. 7);『시론』, 205~208쪽

『전위시인집(前衛詩人集)』에 부침

생각하면 그것은 일순의 회고조차 휴식조차도 허락하지 않는 긴박한 일 년이었다. 말할 수 없이 찬란한 무지개가 갑자기 우리들 길 앞에 피었을 적에 이윽고는 한없는 고난의 길이었음에도 불구하고 우리는 도시 황홀하지 않을 수가 없었다. 우리는 그토록 모두가 너무나 젊었던 때문이다. 그러므로 아무고 후회하지는 않는다. 더군다나 첩첩한 고난에 싸여 있기는 하였을망정 비길 데 없이 큰 희망에 차 있는 길인 이상 모두가 잘 견디어 나갈 줄도 알았다…….

이러한 것이 말하자면 오늘 이 나라에 자라 가고 있는 새로운 젊은 세대의 감정이요 표정이요 결의요 생리가 아닌가 한다. 총총한 일 년 뒤에 우리는 우리 시의 세계에도 일찍부터 이러한 새 세대가 머리를 추어들고 다가오고 있었던 것을 바로 느낀다. 그것은 사회적으로는 이 나라 역사가 있은 후 가장 정치적 관심이 높았던 때며 젊은 시인은 시인이기 전에 먼저 이 회오리바람에도 필적할 정치의 세계의 한 갈래일밖에 없었다. 한 개인의 시의 운명보다도 먼저 민족의 운명이 압도적으로 시인들의 생각을 휩쓸고 있었던 것이다. 너무나 당연한 일이었다. 이러한 격동의 시대에 냉정을 잃지 않기에는 그들의 생리는 너무나 많은 피의 양에 지배되었던 것이다. 우리는 1936년 서반아 내란이 전 세계 특히 구라파의 젊은 작가와 시인을 그 물굽이 속에 어떻게 끌어넣었던가를 잘 보아 알고 있다. 중요한 일은 이러한 정치적 관심과 생동이 어떻게 시 속에 침전하야 시의 전(全) 조직에 유기적으로 흡수 동화되는가 하는 문제다. 그때에 비로소 그것은 시의 문제로서 그 바른 위치에 안정된다고 할 수 있을 것이다. 이 공간의 정치적 사회적 관심과 정열은 인제로부터 우리 시뿐 아니라 문학의 모든 분야에 걸쳐 그것의 폭을 넓히고 깊이를 두텁게 하며 질적으로 새로운 함축에 배인 것을 만드는 데 도움이 되어야 할 것이다. 한 개의 사회적 격동이라든지 역사적 변혁을 문학 속에 정착시키는 것은 결코 용이한 일은 아니다. 사실상 이에 상당한 꽤 긴 시간의 여과와 또 작가나 시인의 심각한 예술적 시련 분해 반추 응결의 전 과정을 거쳐야 하는 것임도 우리는 지나간 문학사의 교훈에서 잘 알고 있다.

그러나 우리가 겪고 있는 이 시대적 격동이라는 것은 우리에게 있어서 단순한 한 객관적인 대상이 아님은 물론이요, 여느 말로 하는 체험에만 그치는 것도 아니요, 실로 그 체험은 우리들의 정신을 송두리째 뒤흔들어 바꾸어 놓는 그런 종류의 비상한 것이다. 다시 말하면 우리 문학에 도도하게 넘쳐 흘러온 이 격동을 다시 사회적 정치적 시야와 정신적 태도에까지 결정적으로 높이고 퍼지게 하는 것이야말로 더욱 중대한 일이라 하겠다.

그런데 이 두 가지 일은 한가지로 제각기씩 그 특별한 심리적 위상으로부터 오는 위험을 지니고 있다. 하나는 감상주의의 함정이요, 다른 하나는 개념화의 한발(旱魃)이다. 그리하여 오늘 우리들의 젊은 시인들 앞에는 이 두 가지 위험을 피하기 위한 두 개의 적신호를 장만해야 할 것이다. 오늘의 새로운 시의 항로는 역시 자못 늠름하면서도 한편 이처럼 자못 조심스러운 해도(海圖)를 준비하여야 하게 되었다. 여기 다섯 젊은 시인들 즉 김상훈(金尙勳), 박산운(朴山雲), 이병철(李秉哲), 김광현(金光現), 유진오(兪鎭五) 제씨의 시가 보이는 생리는 분명히 시대의 거센 기류의 모든 징후를 농담(濃淡)의 차는 있을망정 모두가 받아 가지고 또 그들 앞에 벅차게 다가오는 새 시대라고 하는 것을 애써 가슴을 벌려 그대로 껴안으려 한다.

조금씩 서로 닮은
비슷비슷한 얼골들
모두 다
해바라기처럼 싱싱한 포기포기

———이병철 작「대열(隊列)」에서

이는 대중 속에서 나누는 생활의 감정에서만 올 수 있는 리리시즘이다. 시인은 자기의 호흡과 맥박에 맞는 자기의 말을 찾기 시작하였다. 사실상 젊은 시인들이 그들의 마음속에서 한 예술적 형상으로 향하야 용솟음치는 생각의 혼돈에 뒤흔들렸을 적에 그들이 가지고 있는 언어의 소재의 가난 때문에 얼마나 막막하고 안타까웠으랴? 물론 아직도 그들이 자기 생리에 합치하는 저들의 말을 완전히 제어하였다고는 생각지 않는다. 그러나 이는 그동안 우리말이 당해 온 박해에 비추어 볼 적에 부득이한 일이었으며 이 땅의 모든 작가나 시인이 한결같이 당장 눈앞에 가지고 있는 곤란이다.

이러한 여러 가지 곤란한 과제를 예상하면서도 우리 시의 새 세대의 한 부대는 우리 시의 앞날을 위하여 한 굳은 약속을 던져 준다. 때때로 거기는 임리(淋漓)한 감정이 그대로 육색(肉色)을 들 추어 내놓기도 한다. 그러나 그들의 천분은 개념의 사막에 떨어져 메마르는 것을 삼갈 것을 보증한다고 생각한다. 시의 건전을 위하 여는 얼마마한 적당한 리리시즘의 온도가 필요한가도 잘 알고 있 는 듯싶다.

─「새로운 시(詩)의 생리(生理) ─일련(一連)의 새 시인(詩人)에 대하야: 『전위시인집』에 부침」, 《경향신문》(1946. 10. 31); 『시론』, 209~211쪽

시와 민족

1

8·15 직후에 조선 시인이 찾아 얻은 커다란 수확은 공동체 의식의 자각이라는 의미의 말을 나는 어디서 쓴 일이 있다. 일제 아래서 엉키고 엉겼던 반제 의식의 개방의 한 결과였다. 공동한 운명 아래 짓눌렸던 민족의 반항 의식은 해방과 함께 불시에 무제한한 건설의 가능성을 예기하면서 동시에 민족의 양심은 이 위대한 건설을 어떤 일부 특권층의 독점이나 횡령에 맡겨서는 안 되겠다는 것, 민족의 공동한 참여와 소유를 만들어야 되겠다는 것을 사람들로 하여금 직감시켰던 것이다. 이러한 감정과 의식의 가장 뚜렷한 대변자의 하나는 시인이었다는 것은 그리 놀랄 일이 아니다. 누구보다도 순정과 천진 속에 살기를 원하는 시인들로서는 그 밖에 다른 도리는 없었던 것이다. 그리해서 민족의 공동의 감정과 신념을 노래했으며, 호소하는 것을 그들의 새로운 천직으로 여겼던 것이다. 누구나 다 민족시인인 듯했다. 이것이 8·15 이후 시인에게 일어난 첫 변화였다.

2

정치적 현실의 엄숙하고도 무자비한 움직임은 그러나 언제까지 시인의 소박하고 천진스러운 감정만으로 헤아릴 수는 없었다. 그처럼 찬란하던 공동체 의식에도 어느새 냉혹한 역사의 현실은 차츰 금을 내기 시작하였던 것이다. 민족 공동의 복리보다 먼저 특권의 유지와 옹호가 앞설 적에 금은 깊이 패기 시작한 것이다. 그것은 다름 아닌 민족에 대한 반민족적 음모요, 소수자의 대다수에 대한 반역이었다. 그리하여 특권적인 소수에 대한 인민대중의 권리와 이익은 자못 굳세게 옹호되어야 했다.

시인이 감정의 분류(奔流) 속에서 다시 자세를 바로 갖추었을 적에 그가 그렇게 열렬하게 껴안았던 민족 그 속에 반민족적인 요소가 어느새 심각하게 머리 든 것을 그는 보았다. 이 민족과 그 공동체 의식을 지니고 나아가며 나아가야 하던 또 나아갈 수 있는 것은 다름 아닌 인민대중이며, 인민대중이야말로 역사적 사회적 현실적인 민족의 중추며 공동체 의식의 유지자였던 것이다. 반민족적인 요소를 제외한 연후에 민족 전체의 유루(遺漏) 없는 복리 위에 세울 민족의 공동 의식과 연대감의 연면한 응결로서의 우리 민족의 실체였던 것이다. 사회적으로는 자연발생적인 민족에의 확대로부터 인민에의 재결정이었으며, 민족에 대한 파악이 현실의 시련을 거쳐서 막연한 관념으로부터 실체에로 순화 앙양되는 과정이었다. 이것 이 8·15 이후 시인의 세계에 일어난 제2단의 변화요 발전이었다.

3

그런데 8·15 직후에 시인이 받은 첫 번째 변화를 어째서 자연 발생적인 것이라고 하느냐. 그 당시에 전 민족을 휩쓸었던 일대 흥분은 오래고 혹독한 억압이 일시에 풀려 버린 데서부터 온 역학적인 반발 작용이었던 것임은 우리가 스스로 느끼는 바다. 이 흥분은 그 뒤 그 반발력이 강하였던 만치 꽤 오래 두고 우리들의 정치 활동과 사회생활의 전반에 격심한 파문을 남긴 것이다. 그러나 흥분 속에서는 위대한 과학이 나올 수 없는 것처럼 위대한 정치도 또 위대한 예술도 나오기는 어려웠던 것 같다. 하지만 이 흥분 속에 또한 장래(將來)할 위대한 정치와 위대한 예술의 인자와 계기가 숨어 있음도 속일 수 없는 일이다. 그 인자와 계기를 바로 그리고 잘 붙잡아서 그 장래에 살리느냐 못 살리느냐에 문제는 달려 있는 것이다.

민족이라는 개념은 민족해방운동의 전 역사를 통해서는 매우 혁명적인 함축을 가졌음을 모두 일치해서 인정했다. 그러나 8·15 이후 민족 내부에 반민족적 요소의 분해 작용이 일어나자 이에 대한 치열한 투쟁 사이에 헛갈려서 민족이라는 개념이 어느새 행방불명이 되어 버릴 염려가 있는 것은 한 기우에만 돌릴 일일까.

민족이라는 개념이 다른 민족의 침략의 도구로 쓰여질 때와 또 민족 내부의 지배와 피지배, 착취와 피착취 관계를 도호(塗糊)하기 위하여 이용될 때 그것은 물론 반동성을 띠어 오는 것으로 준열한 비판과 폭로 앞에 내세워져야 할 것이다. 그러나 민족의 공동 의식을 살려 민족 공동의 복리의 현실을 위한 지배와 피지배, 착취와 피착취 없는 전 인민적인 민주국가의 건설에 민족의 이름으로 결속함은 당면한 건국의 혁명적 무장으로서 민족의 개념을 살리는 길이 아닐까. 그리함으로써 모든 반민족적 반동 요소를 제거한 공동사회의 건설을 더욱 효과적으로 추진시킬 수 있는 것이 아닐까. 더구나 민족 앞에 제국주의의 위협이 환영(幻影) 이상의 것으로 자꾸만 닥치는 오늘의 현실에 있어서랴.

시인은 그가 한번 껴안았던 뜨거운 민족적 연대감과 공동 의식을 우리 시의 앞날에 결실시킬 중대한 인자로서 북돋우고 키워가야 할 것이다. 그것을 숭고한 시정신에까지 결정시키고 순화시키고 높여서 한 에포크나 에콜이나 시 운동에까지 발전시켜야 할 것이다.

4

시인은 일찍이 분노에 타는 노래로 모든 반동의 광란과 반민족적 독소의 발효를 꾸짖었던 것이다. 우리 시가 분노라는 감정을 시적 감정에까지 끌어올렸다고 하는 것은 우리 시의 한 새로운 수확이었음에 틀림없다. 왜 그러냐 하면 그것은 우리 시가 전에 가져 본 일이 그리 없는 새 경험인 때문이다. 우리 신시는 일찍이 그 초창기에 있어서 주로 감정에 의지하는 낭만주의나, 또는 그보다도 부드러운 정서의 조화를 추구하는 시법을 서양으로부터 받아들였던 것이다. 그것은 오랜 동안 우리 시의 조류를 이루었으며 그 여운은 오래 두고 꽤 근기(根氣) 있게 흘러왔었다. 그래서 우리 민족 독특한 불행한 조건으로 해서 여러 가지 감정과 정서 가운데서도 특히 애수와 우울과 애도 이러한 소극적인 것들이 시인의 일관한 재산으로 되어 왔다. 감정 그보다도 정서야말로 조선에서는 자못 중요한 시의 지주였다.

그러나 8·15는 이러한 희박하고 섬세하고 유연한 정서의 세계에 던져진 큰 격동이었다. 황혼이나 미명과 같은 희박한 분위기는 그 이상 유지할 수가 없었다. 그리하여 정서의 시대는 일시에 물러가고 감정의 시대가 온 것이다. 어찌 보면 상징주의의 퇴각이요 낭만주의의 복귀라고도 할 수 있을 것이다. 그러나 감정의 내용에는 한 개의 변환이 왔다. 첫째, 말할 수 없는 희열과 감격의 파도가 밀려오는 앞에서 시인은 우선 그것을 노래해야 했다. 시인은 그러나 그것을 말할 화술이나 화법의 준비가 되지 않았었다. 그들은 오랜 동안 애수와 비통과 우울과 회의를 알리는 가냘픈 속삭임밖에는 가지지 못했던 것이다. 풍속이 다른 풍토에 갑자기 나선 이방인 같기도 했다. 흔히들 8·15를 취급한 시에 걸작이 없다고 한다. 그것은 주장 시인이 전연 새로운 제재에 닥쳐서 그것에 알맞은 화법을 체득할 사이가 없은 데서부터 온 것인가 한다. 8·15를 옛날의 낭만주의 화술을 가지고 노래한 작품의 거의가 부자연한 것을 가지고 있었을 적에 임화(林和) 씨의 「발자욱」이 뛰어난 수확인 비밀도 여기 있었다. 그러나 반동적 조류의 물굽이에 항거하여 시인의 순정과 정열이 폭발할 때 시인 특히 젊은 시인들은 그것에 맞는 '분노의 언어'를 스스로 발견하였다. 이른바 낭독 시의 출현은 그 단적인 표징이다. 비탄이나 애수가 수월하게 시가 될 수 있을 적에 희열을 다루기란 지극히 어려웠으며 희열보다는 그래도 분노가 더 쉽사리 시인의 발성에 맞는 것이었다는 사실은 우리에게 한 교훈이라 하겠다. 시인이란 아마도 영구히 슬퍼하며 노해야 할 프로메테우스일지 모른다.

5

　모든 반민족적 반동의 발호에 대하여 시인은 자못 준열하게 질타하여 왔으며 또 계속해서 질타하리라. 한편에 있어서 시인은 까닭 없는 분열, 피할 수 있는 균열(龜裂)에 대해서는 이를 틀어막고 끌어다가 아물게 하고 또 무너져 가는 공동 의식을 아름다운 조국의 건설을 위하여 수습하고 엉키게 하는 단결과 통일을 노래하리라.

　반동의 파랑(波浪)이 날로 거칠어지매 일부에서는 벌써부터 한번 댔던 민족의 외연에 미친 시선을 회색의 내부 세계로 다시 거두고 마는 경향이 아닌 게 아니라 사실로 있어 왔다. 한번 버린 고립은 어느 의미에서도 벌써 우리가 다시 돌아갈 고향은 아닌 것이다. 민족에의 앙양, 그것은 우리 시의 한 혁명이었다. 왜 그러냐 하면 초창기 이래 일관해서 서양의 개인주의적인 근대시의 조류를 받아 온 우리 신시의 전통을 깨뜨리고 신생면(新生面)을 가져올 획기적 사건이기 때문이다. 시대의 행진을 거스르는 눈보라가 앞을 가릴 적마다 미래에 대한 전망이 막막해질 적마다 시인의 마음은 마치 주기적인 향수처럼 고독과 정서, 부드러운 옛 시의 경지로 이끌리곤 할지 모른다. 더구나 이 비좁은 지역이 날이 갈수록 세계사의 거센 물결이 뒤몰아 굽이치는 진동의 중심이 되어 있는 오늘이다. 이 격렬한 자극은 낱낱이 시인의 정신에 스며들고야 말 것이다. 시인의 가냘픈 감정은 자칫하면 그것에 압도되고 말지도 모른다. 그러나 시인은 민족의 불행과 희망을 한꺼번에 걸머져야 할 정신의 순교자와도 같은 것이다. 단순한 감정만으로 처리해 가기에는 현실의 사태는 너무나 폭주(輻輳)하고 압도하는 듯하다.

가장 요구되는 것은 현실의 초점에 대한 예리한 감수와 똑바른 파악과 흐리지 않은 전망이다.

한번 개인으로부터 민족으로 옮겨진 시인의 입장은 어떻게 해서든지 그대로 유지될 뿐 아니라 더 깊이 뿌리박고 터가 잡혀야 할 것이며, 또 세계사 그것의 발전의 방향에 연이어져야 할 것이다. 시상(詩想)의 동기는 늘 애써 개인적 심경의 좁은 테두리를 벗어나 민족적 주제에 연결되어야 할 것이다.

동기에 있어 보이는 새로운 의도는 반드시 효과에 있어서 그대로 실현된다고 기약키는 어렵다. 동기와 효과 사이에 동가(同價)의 관계가 성립되려면 시인은 그 동기에 알맞은 새로운 화술을 체득해야 할 것이다. 여기 시의 대중화의 과제와 연관된 새로운 문체의 수립이 문제되어 오는 것이다.

그러면 민족의 입장에서 붙잡는 민족적 주제는 다시 대중의 말에 통하는 새로운 문체를 구비함으로써 진정한 민족의 시는 확립될 것이다.

―《신문화》(1947); 『시론』, 212~217쪽

오전(午前)의 시론(詩論)

그 비만하고 노둔(魯鈍)한 오후의 예의(禮儀) 대신에
놀라운 오전의 생리에 대하여 경탄한 일은 없느냐?
그 건장한 아침의 체격을 부러워해 본 일은 없느냐?

까닭 모르는 울음소리, 과거에의 구원할 수 없는 애착과 정돈
그것들 음침한 밤의 미혹과 현운(眩暈)에
너는 아직도 피로하지 않았느냐?

그러면 너는 나와 함께 어족(魚族)과 같이 신선하고
깃발과 같이 활발하고 표범과 같이 대담하고 바다와 같이 명랑하고
선인장과 같이 건강한 태양의 풍속을 배우자.

— 시집 『태양의 풍속』 서문에서

현대시의 주위(周圍)

한 개의 주장은 그것을 긍정함으로써 이(利)를 볼 수가 있다. 또한 부정함으로써 이를 볼 수도 있다. 여기에 순전히 시를 사랑하는 이 또는 알려고 하는 이들에게 이야기하려는 나의 의견은 혹은 독단일는지도 모른다.

또한 나는 나의 말이 퇴각(退却)이라든지 정돈이라든지 태만에 대하여는 너무나 가혹하다는 비난을 받을 것을 예상한다. 그러나 사실 나는 '19세기'를 옹호할 수 있는 아무러한 말도 알지 못한다.

나는 반드시 나의 의견이 긍정되는 것만 바라는 것은 아니다. 만약에 나의 말을 부정함으로써 제군이 한 걸음 더 나아갈 수 있다면 그것은 이 논문의 별개의 성공일 것이다.

붓을 잡을 때마다 통절히 느끼는 것은 오늘에 사는 작가나 시인처럼 불행한 사람들은 없다는 일이다.

실로 벌써 말해질 수 있는 모든 사상과 논의와 의견이 거진 선인들에 의하여 말해졌다. 그들은 우리가 말할 수 있는 것을 별로 남겨 두지 않고 그들의 머리에 떠오르는 뭇 일을 인색함이 없이 토로해 버렸다. 남아 있는 가능한 최대의 일은 선인이 말한 내용을 다만 다른 방법으로 설명하는 정도라는 것을, 더군다나 자신의 작품에서 발견하는 때 우리들의 자존심은 여지없이 쓰러진다. 낡은 일을 낡은 방법으로 언제까지든지 써 가면서도 아무렇지도 않게 생각하고 있는 작가나 시인을 내가 행복스럽다고 말한 것은 그 까닭이다.

그렇건마는 시는 언제든지 정지할 줄 모르는 움직이는 정신 속에 살아야 한다는 것은 얼마나 무서운 일이냐. 교양이라는 것은 이 위에 없이 귀중한 것이지만 그것이 진보에 봉사하지 못하고 오히려 정돈을 합리화하는 데만 쓰여질 때, 시는 차라리 그러한 태만한 교양에 대하여는 반항을 선언하고 야만의 지위로 잠시 돌아간 때도 있었다.

여기에 또 한 가지 장애가 있다.

그것은 속중(俗衆)은 언제든지 새로운 '에스프리'를 무서워한다는 일이다.

이 일은 정치적 속중이나 문학적 속중이나 그렇게 틀림이 없다. 속중은 새로운 에스프리에 아주 익어 버리기까지는 그들의 앞에 그들과는 너무나 현격한 현명(賢明)이 제시되었을 때 그것에 가까이 가기를 주저한다. 속중은 언제든지 그들이 가지는 문학 속에 약간의 흥행물이 섞여 있기를 바란다. 그런데 시는 그 시대의 에스프리일 뿐 아니라 더욱이 그 시대의 모든 문학의 에스프리이기도 하다. 여기에 현대가 가지고 있는 몇 가지의 특징적인 시간적인 곤란과 또한 지리적 곤란을 아울러 헤일 수가 있다.

이러한 장애물 경주장에 있는 것이 바로 오늘의 시인이 통과할 수밖에 없는 순간이다.

여기에 기록된 것은 지금까지의 나의 시에 대한 사색의 총결산은 아니다. 나는 무슨 의미로서고 간에 나의 사색이 정지하는 것은 바라지 않는다. 다만 너무나 지루한 길에 한 푯말을 세움으로써 자신의 사고를 정리하려고 할 뿐이다.

—「오전의 시론 1」,《조선일보》(1935. 4. 20)

시의 시간성

　우리는 한 개의 종점(終點)이요 동시에 출발점이다. 과거는 이 한 점에서 퇴각하고 내일은 이 한 점에서 밝아 올 것이다. 우리에게는 지금까지의 역사상의 모든 수확을 소유할 권리가 있다. 동시에 그 위에 무엇이고 플러스할 의무도 있다. 이는 시의 나라에 입적하려는 시민의 최초의 권리요 의무다.

　시라고 하는 것은 아무리 순수한 상태에서도 그것은 불결한 흡지(吸紙)의 일종임을 면하지 못한다. 어떠한 경우에도 그것은 시대의 반점(斑點)을 발라 가리고 있다. 우리는 역사가 도무지 건드려 본 일이 없는 사막 속에서와 같이 살 수는 없다.

　시는 우선 시 자체의 역사를 가지고 있다. 다음에는 시대성의 이름으로 대표되는 역사 일반의 시간성의 제약을 받을밖에 없다. 역사 일반의 시간성은 그것을 시가 소극적으로 반영하는 것과 적극적으로 그 속에 현대에 대한 해석을 가지려고 할 때의 두 가지의 경우를 예상할 수가 있다. 아무리 반시대적인 예술일지라도 자연발생적으로는 시대의 어느 부분적인 병증(病症)일망정 대표하는 것이 사실이다. 이에 반하여 시 속에서 시인이 시대에 대한 해석을 의식적으로 기도할 때에 거기는 벌써 비판이 나타난다. 나는 그것을 문명 비판이라고 불러 왔다.

이 비판의 정신은 어느새에 '새타이어'(풍자)의 문학을 배태(胚胎)할 것이다.

다시 말하면 시에 있어서의 시간의 문제는 하나의 시를 그것의 발전 과정에서 이해하는 것을 의미하며 다른 하나는 시인에게 그가 호흡하고 있는 현실 그것에 육박(肉迫)하기를 요구하며 현실의 순간을 입체적으로 이해하는 것조차 명령한다. 하나는 비평의 시대성을 의미하고 다른 하나는 시의 시대성을 의미한다.

엄밀한 의미에서 우리는 벌써 셰익스피어를 엘리자베스조의 사람들처럼 감수(感受)할 수는 없다. 우리의 감수성에는 시대의 때가 발려 있는 것을 속일 수 없는 까닭이다. 시에 대한 일반의 요구와 시인 자신의 시에 대한 관념의 내용도 시대를 따라서 다른 것이 사실이다.

그러므로 시의 이해에 있어 가장 중요시되어야 할 범주는 시간이다. 시간성에 대한 이해도 없으면서 오늘의 시를 알 수 없다고 하는 무고(誣告)들은 실로 일고의 가치조차 없는 무모한 것이다. 우리는 이것을 '시간주의'라고 명명해도 좋을 것이다. 시간주의라 함은 제작과 비평에 있어서 인식과 판단의 최초의 표준을 시간, 다시 말하면 역사의 위에 두는 견해를 이름이다.

시의 시대성이 극단으로 고조된 현상이 유파(流派)다. 그들은 한 개의 공통된 시대성을 유대로 한 공통된 예술 활동을 의욕한다.

그런데 유파는 그 자체의 존재 이유를 굳건하게 하기 위하여서는 시의 시간성이라는 것이 현재의 순간에서 미래의 무한에로 연장되고 있다는 사실을 무시하기 쉽다. 유파만의 가치를 가지고 있는 시인은 한 개의 역사적 사건으로서의 흥미의 대상임에 그친다. 시인은 단순히 현재의 지상(地上)만을 굽어볼 것은 아니다. 내일을 노려보는 것 — 다시 말하면 오늘을 넘어서 나아갈 길에 대한 추구(追求)를 게을리해서는 아니 될 것이다. 그러나 이 말은 조금치도 시인은 현재를 무시해도 좋다는 말을 의미하지 않는다.

시인은 항상 시대의 사람이며 동시에 초(超)시대의 사람인 것이다.

새로운 시대의 사고는 새로운 표현 양식을 요망한다. 그런데 한 시대는 그것의 예술 속에서 그 정신의 집중적, 상징적인 표현을 가진다. 그러니까 뛰어난 예술은 항상 그 시대의 양식(스타일)을 나타냈다. 예술은 또한 그 시대 양식에까지 앙양되려는 노력에 살아야 할 것이다. 한 시대의 예술적 표현의 욕구, 시의 시대적 양식화의 노력, 그것은 시의 극치에 있어서 종합되고야 말 두 선이다. 또한 시의 시간성의 문제의 다른 한 개의 해결이다.

—「오전의 시론 2」,《조선일보》(1935. 4. 21~23)

인간의 결핍

그 속에 인간이 참여하는 것을 극도로 배제하는 예술이 있다. 예술뿐 아니라 근대 문명의 모든 영역에서 인간이 쫓겨나고 있는 사실은 누구나 쉽사리 지적할 수 있는 일이다. 인간의 결핍, 그것은 근대 문명 그 자체의 병폐다.

문학에 있어서 인간을 거부하는 이러한 주장은 일찍이 영국에서는 T. E. 흄이 체계를 세워서 나중에는 T. S. 엘리엇에 의하여 계승되었다. 문화가 인간적인 것을 세척해 버리고 그 독자의 세계로 증발될 때 그것은 이윽고 진공의 상태에 이를 것이다.

오늘의 지식계급을 구성하는 사람들은 벌써 어려서부터도 이러한 분위기 속에서 인간을 고려하지 않는 방향에로 지적 훈육을 받아 왔다. 문학에 있어서는 이는 고전주의의 체계를 형성함에 이르렀다. T. E. 흄은 빅토리아니즘의 포화(飽和)된 인간주의에 대한 비판으로서 이러한 비인간적인 고전주의를 생각하였으나 그것은 표면적인 현상이고 오늘에 와서는 이 비인간성이야말로 고도로 발달된 근대 문명 그 자체의 본질임이 밝혀졌다.

하나 인간을 점점 멀어져 가고 있는 예술이 장식(데코레이션)의 일종으로 떨어지고 말 염려가 많은 것은 명료한 일이다. 초현실주의의 시와 같은 것도 문학의 장식인 경우가 많다. 천사들의 형이상학적 유희에 그치는 시들은 장식적인 벽화를 상상시킨다. 어떠한 정신적 형해(形骸)를 가리켜 시의 본질이라고 생각하는 가설 밑에서 추상(抽象)된 한 개의 방향으로 시의 순수화를 기도하는 모든 청교도적 의견은 결국 시를 장식의 일종으로 만들어 버리는 결과를 가져올 것이다. 이 일은 나아가서는 기술에의 편향이라는 현상을 나타낸다.

  또한 문학적 이미지(영상)를 유지함으로써 겨우 극히 희박한 정도의 인간성을 남겨 가지고 있는 시가 있다. 그러나 그 속에서 인간적 감격과 비판이 참가하지 아니한 시는 문자의 장식에 지나지 않을 게다. 그것은 지상의 모든 것으로부터 허공에로 눈을 돌리고 아름다운 황혼이나 찬란한 별들의 잔치에 참여하려고 하는 일이다. 모두 대낮에 피로한 오후의 심리다. 진공의 상태는 사실에 있어서 지극히 순수하고 청결한 상태일 것이다. 그러나 불행한 일은 너무나 깨끗한 공간에서는 사람은 살 수가 없다는 것이다. 사람의 생존을 위해서는 실로 약간의 탄산가스와 박테리아를 포함한 다소 불결한 공기가 필요한 것인지도 모른다. 여기에 시에 있어서 인간의 참여를 요하는 근거가 생겨난다.

—「오전의 시론 3」, 《조선일보》(1935. 4. 24)

동양인

 이상에서 내가 근대 문명 그것의 중요한 결함을 지적하였지마는 다시 시야를 좁혀서 30년대 초기의 시단으로 돌아오면 거기서는 또한 이와는 매우 다른 풍경의 나열을 구경할 수 있었다.
 즉 그 주위에는 여러 종류의 비만증이 범람하고 있는 것을 보았다.
 우선 너무나 비만한 정서가 있었다. 다음에 과잉된 주제(主題)의 횡행이 있었다. 압도된 흥분의 폭행이 있었다. 18세기적인 감정을 오늘도 오히려 19세기적인 모양으로 아무렇게나 노래 부르는 태평한 할미새도 있었다. 시단의 한구석에는 이조 오백 년의 꿈이 그대로 잠자는 평화한 마을도 있었다. 저 주책없이 늘어놓는 다변을 들었느냐. 이러한 너무나 비만한 병적인 육체들은 대체 어디서 그들의 지방질을 섭취하였던가. 그것은 결국 시는 일시적 감흥의 쓰레받기에 지나지 않는다는 인습을 골자로 한 낡은 시론에서 그 불균형한 영양을 얻은 것이다.
 대체로 동양인은 사물을 전체적으로 통솔하는 지성이 결여한 것이 통폐다. 서양인의 피아노는 '키'가 수십 개나 되는데 동양인의 피리는 구멍이 다섯 개밖에 아니 된다. 타고르가 그만한 성공을 한 것은 우연하게도 그가 위대한 우울의 시대를 타고난 까닭인가 한다. 우리의 감정은 T. S. 엘리엇의 시보다도 예이츠의 울음소리에 얼마나 신통하게도 적응하느냐.

그처럼 떠드는 한 사람의 발자크나 한 사람의 드라이저조차가 동양에서는 한 어색한 문학적 이방인일지도 모른다. 인간의 결핍이 아니라 지성의 결핍은 동양의 목가적 성격의 결함인 것 같다.

건축을 한대도 밤낮없이 삼간초옥이나 짓는 데 익숙하다. 그러한 집은 타고르가 살기에 얼마나 알맞은 집이냐. 주밀한 설계도는 물론 해 본 일이 없고 거대한 구조를 가진 대건축에 우리는 어떻게 서투른지 모른다.

이러한 결함을 자위하는 의견이 있다. 즉 동양적인 것의 본질은 정적(情的)인 데 있다는 자기도취부터 의식적으로 그러한 방향에로 우리의 예술을 시들어 버리게 하는 견해가 있다. 나는 이러한 퇴영적인 패배주의적 호소 속에서는 믿을 만한 아무것도 찾아내지 못한다.

일찍이 나는 말한 일이 있다. "시는 언어의 건축이다." 그렇다. 시는 어디까지든지 정확하게 계산되어 설계되고 구성되어야 한다.

내가 기회 있는 대로 지성(知性)을 고조하고 센티멘털리즘을 배격하려고 하는 것은 이 순간에 있어서의 모든 모양의 육체적 비만과 동양의 성격적 결함으로부터 애써 도망하려는 까닭이다.

—「오전의 시론 4」,《조선일보》(1935. 4. 25)

고전주의와 로맨티시즘

    고전주의와 로맨티시즘은 단순히 문예사조상의 반대 개념일 뿐이 아니고 예술가의 마음속에서도 이 두 가지의 정신은 끊임없는 투쟁을 계속하고 있다. 우리는 이 로맨티시즘이라는 말 대신에 휴머니즘이라는 말을 바꾸어 넣어도 좋다.
    만약에 정치의 영역이라면 그러한 정신의 진통은 필요치 않을 것이다. 그러나 특정된 예술의 영토 안에서는 이 전쟁은 휴전을 바랄 수 없는 것 같다. 왜 그러냐 하면 로맨티시즘 내지 휴머니즘은 예술의 제작 과정에 있어서 파괴의 작용을 하는 까닭이다. T. E. 흄은 말하였다.
    "사람을 충분한 가능성의 저축기(貯蓄器)처럼 생각하는 견해를 나는 '로맨틱'이라고 부르고 사람을 매우 유한한 한정된 생물로 보는 것을 '클래시컬'이라고 부른다."고.
    이 제한없는 인간성의 신뢰는 부정적인 육체적인 악마와 통한다. 여기에 제재를 가하여 질서를 주고 형상을 주려는 것이 고전주의 정신이다.
    다시 말하면 인간성에 대한 비인간적인 지성의 대립이다.
    그런데 사람들은 어떤 까닭인지 이 두 가지 중에서 오직 하나

만 읽으려 한다. 우리는 반드시 그중의 하나만을 가려서 가담할 필요는 없다. 우리들의 과거의 여러 시대는 이 두 정신을 교체해 가면서 신봉하였다.

현대에 오기까지는 아무도 이 두 가지의 극지(極地)의 중간 지대를 생각한 일은 없다. 투쟁 속에서도 거기에 얽혀지는 연면한 관계를 명료하게 생각해 본 사람은 드물다. 예술은 육체의 참가, 다시 말하면 휴머니즘의 조력(助力)에 의하여 비로소 생명성을 획득한다는 것은 어떠한 고전주의자도 부정할 수 없을 것이다. 로맨티시즘은 질서 속에 조직됨으로써 고전주의에 접근해 가고 고전주의는 또한 그 속에 육체의 소리를 끌어들임으로써 로맨티시즘에 가까워 간다. 이 두 선이 연결되는 그 일점에서 위대한 예술은 탄생되는 것이라고 생각한다.

나는 여기에 다른 한 개의 비유를 제시하련다.

고전주의에 의하여 대표되는 지성을 시의 골격이라고 하면 육체로서 대표되는 휴머니즘은 근육이요 혈액일 것이다. 완전한 시란 결국은 골격과 근육과 혈액이 한 개의 전체로 통일된 건강한 체격을 연상시킨다.

너무나 여윈 지성은 도리어 육체를 동경할 것이고 비만한 육체는 또는 견고한 골격에 대한 욕구를 가지게 될 것이다.

대체로 르네상스는 인간의 발견에 의하여 휴머니즘을 부화(孵化)하였고 한편으로는 그것을 말살하려는 '카인'인 줄도 모르고 헬레니즘에서 아드리아의 바닷빛같이 명징한 지성을 배우는 모순을 범하였다.

르네상스에 그 연원(淵源)을 가진 이른바 근대정신 속에는 이 두 가지의 상반한 정신이 살고 있어서 드디어 둘 사이에 조화를 발견 못 하고 그 투쟁이 근대의 정신사와 동시에 문명사를 전개시킨 것이 아닌가 생각한다.

변증법은 이 정신의 투쟁의 방식을 설명하여 주었다. 그래서 오늘의 문명은 그것이 너무나 인간의 소리와 육체를 무시함으로써 가장 병적 고전주의의 시대를 이룬 것처럼 생각된다.

현대의 새로운 고전주의(예를 들면 흄이나 엘리엇에 의하여 대표되는 것)는 문학에서 인간을, 육체를 완전히 쫓아내기를 기도하여 인간의 냄새라고는 도무지 나지 않는 비잔틴의 기하학적 예술을 존중하였다. 물론 이는 전에도 말한 것처럼 영국에 있어서 빅토리안과 그 말류(末流)의 물결하고 혼탁된 인간적인 너무나 인간적인 휴머니즘의 경향에 대한 반동으로서는 충분히 시대적 의의를 가지고 있기는 하다. 그러나 그들의 이상하는 완전히 인간성을 말살한 예술, 생명적인 것에서 아주 단절된 상태에 있는 예술은 지극히 투명한 지성의 상태에 도달할는지는 모르나 드디어는 한 개의 허무에로 발산하고 말 것이다. 허무 속에서는 예술도 인간도 한 가지로 소실되고 말 것이다.

하나 허무로 통하는 것은 반드시 지성만이 아니다. 시에 있어서의 로맨티시즘의 방임은 시 이외의 외재적인 인간적 가치의 발호를 결과하기 쉬워서 이윽고는 역시 이를 소실할 우려가 많다. 도덕이라든지 교훈이라든지 한 것들이 시보다 앞서서 고려될 때에는 시 그것은 잊어버리기 쉽다. 그중에서도 가장 유치한 것은 사람의 본질이라든지 감정을 그대로 숭배하는 소박한 야만주의다. 사실에 있어서 로맨티시즘의 정신이 발흥하던 시기에는 예술로서는 그렇게 성공한 시기가 아니었다고 함은 역사가 우리에게 잘 보여 주었다. 바이런의 정복(征服)은 지금 생각하면 실로 우스운 열중(熱中)에 지나지 않았다. 19세기 초엽은 문학상 예술상으로는 그리 성공한 것이라고는 생각되지 않는다.

비인간화한 수척한 지성의 문명을 넘어서 우리가 의욕하는 것은 지성과 인간성이 종합된 한 새로운 세계다. 우리들 내부의 센티멘털한 동양인을 깨우쳐서 우리는 우선 지성의 문을 지나게 하여야 할 것이다. 만약에 시가 피동적으로 현대 문명을 반영함으로써 만족한다면 흄이나 엘리엇의 고전주의가 바른 것이 될 것이다. 그러나 우리의 시 속에 현대 문명에 대한 능동적인 비판을 구한다면 그것은 그 속에 현대 문명의 발전의 방향과 자세를 제시하고야 말 것이다.

그런데 우리 시단은 대체로 얼마나 문명 그것보다도 뒤떨어져 있었더냐. 문명 그것에 대한 인식이 거진 우리 시인들에게는 굳세게 파악되어 있지 아니하였다는 것도 우리들이 태만하다는 증거에 틀림없다. 이 타기할 만한 태만과 그리고 자기도취에서 우리는 일각이라도 바삐 깨어나야 했었다.

우리는 지금 갑자기 문명을 버리고 야만으로 돌아갈 수는 없다. 역사를 발전하는 것이라고 믿는 사람들에게는 문명은 절망을 교사하지는 않는다. 그것은 다음 단계로의 발전을 확신시킨다. 내일의 문명은 르네상스에 의하여 부과된 휴머니즘과 고전주의가 종합된 세계를 가져와야 할 것이다. 너무나 기계적인 것으로 달아나고 만 문명이 인간과 육체의 협동에 의하여 생명적인 것에로 앙양되어야 할 것이라고 생각한다. 그것은 고전주의나 로맨티시즘의 일방적 고조나 부정이 아니고 그것들의 종합에 의하여 도래할 것이나 아닌가고 생각한다.

—「오전의 시론 4」,《조선일보》(1935. 4. 26~28)

돌아온 시적 감격

우리는 흄 등을 배워서 르네상스를 멸시할 것은 없다. 따라서 새삼스럽게 중세기에 애착할 수도 없다. 원죄를 인정함으로써 끝없는 비판 속에 실망할 필요도 없고 너무나 지나치게 생의 가능성을 신앙(信仰)할 수도 없다. 우리는 믿을 수 있는 아무러한 신도 가지고 있지 않다. 그것을 가지고 있는 것은 지극히 행복스러운 몇 사람에 지나지 않는다. 그래서 드디어 아무것 속에서도 시적 감격을 찾지 못하고 있는 것이 대부분의 전후 시인들의 속임 없는 자태였던 것 같다. 어디선가 새로운 시의 감격의 원천을 찾아야 할 것이다.

우리는 벌써 보들레르 이래 차츰차츰 시를 잃어버리면서 온 것이 사실이다. 버지니아 울프가 문명에 대한 관심을 현대 시인에게 권고한 것은 거지반 시들어 버린 우리들의 시적 감격의 부흥을 바라는 노파심에서였다.

나는 전후의 대부분의 양심적인 시인이 시적 감격을 상실하고, 따라서 시가 단애(斷崖)에 직면하고 만 책임을 현대의 문명에게 돌린다. 이렇게 살풍경인, 인간을 무시한 문명 속에서 그 속에 사는 가장 민감한 시인들의 신경은 위축될밖에 없었다. 일찍이는 탄력에 찼던 마을이 이윽고 '밤'을 안고 어두운 지붕 밑에서 드디어 울음조차 울 수 없이 억울하게 되었던 것이다.

그러나 이러한 허무를 허무로서 긍정하기만 하면 그것은 허무에 그치고 마는 일이었다. 문명에게 시달려 맥 빠져 자빠진 우리의 마음을 깨우쳐서 문명의 정체를 응시시켜야 할 것이었다. 그래서 그 본질을 발견함으로써 그것이 새로 향하여야 할 방향까지를 찾아보아야 할 것이었다. 그것은 생의 가능성의 광신(狂信)이 아니고, 발전하는 역사와 활동 속에서 생의 가능성을 찾아내는 일에 틀림없다.

여기에 현대시의 새로운 시적 감격의 원천이 있었던 것이다. 그것은 구체적으로는 시 속에서 다시 인간의 소리를 불러일으키는 일이었다.

인간적인 감격에 대하여 여기 문학적인 감격이라고도 할 수 있는 것이었다. 즉 시에 있어서의 '낡은 것에 대한 결벽(潔癖)'과 동시에 '새로운 것에 대한 정열'이다. 다시 말하면 문학적 혁명 정신이다. 그것은 젊은 모험의 정신이다.

저 미래파와 다다와 쉬르레알리스트들은 거진 이해자가 전무한 적막 속에도 그렇게 수없는 돌진을 감행하게 한 것은 실로 이 문학적 정열이었다. 이 모험의 정신을 통하여서만 그들을 이해할 수 있는 것이다. 그들의 악착한 노력이 단순히 곡예나 헛일처럼만 눈에 비치는 관중들은 구주에도 얼마든지 있었다. 그러한 눈을 가진 것을 자랑삼아 이야기한 사람들은 결국 자신이 노인이라고 함을 공언한 것에 지나지 않았다. 우리 시단에서는 그러한 '젊은 노인'들을 제군은 얼마든지 보았을 것이다.

우리는 이제 인간적 감격과 문학적 감격의 상호 관계를 생각할 시기에 이르렀다. 우리는 20세기를 잡아서부터 도처에 문학적 감격의 발흥을 보았다. 그러나 그것이 이윽고는 아주 문학적으로 퇴각(退却)의 자세를 취하게 되고 만 것도 구경하였다. 그것은 대체 무슨 까닭일까. 문학적 감격 그것만의 방향을 더듬을 때에 그것은 이윽고 단순한 형식-기술에 대한 지향에 그치고 만다. 그래서 필경에는 오직 기술에의 열중 속에 시를 아주 잃어버릴 뿐 아니라 그들의 문학적 감격도 함께 잃어버리고 마는 일이 왕왕 있었다. 이것은 20세기의 많은 문학상의 신정신(新精神)들의 대부분이 당하고 만 운명이었다. 그래서 양심적 시인은 누구나 랭보와 같이 시에서 도망할 먼 항해를 그리게 되었다.

그러면 이 문학적 감격은 어떻게 영속적으로 보존될 수 있을까. 그것은 다만 인간적 감격과 함께 있어서만 부단히 타는 생명으로서 살아 있을 수 있었을 것이다. 메마른 형식과 기술만의 풍양(豊穰) 속에서는 시는 드디어 아름다운 시체가 되어 누워 있을 것일 우리는 제어하는 바이다.

그런데 일찍이 보들레르는 경이(驚異)라는 말을 썼다. 경이라고 함은 대상에서 항상 새로움을 발견하는 일임에 틀림없다. 그러한 의미에서 시는 항상 경이를 담고 있어야 한다 함은 옳은 말이다. 기성의 관념을 담는 것도 지나간 교리를 개념의 모양으로 그대로 쑤셔 넣는 것도 시를 죽이는 일이다. 기성의 관념이나 교리(教理)가 시 속에서 다시 살아날 수 있는 것은 시인이 그것들에 무슨 새로운 입김을 불어넣는 때뿐일 것이다. 이렇게 발견된 한순간의 경이는 시인의 내부에 어떤 계속적인 감격으로 자라나서 그의 예술적 형상화의 전 과정을 거쳐 혈액처럼 흘러서 그것에 발랄한 생명을 부여하게 되는 것이다.

인간적 감격을 늘 그 시작 속에서 가진다고 하는 것은 기성의 모든 가치와 상식화한 관념에 대한 불만에서 끊임없이 그것의 비판에로 시인의 정신을 끌어가는 일이다. 그래서 그것은 인간의 사고의 발전에 늘 한 변혁을 준비하는 것이다.

한편에 있어서 생기 있는 문학적 감격은 시의 기술적 방면에 있어서의 항상 비약적인 변혁을 가져올 것이다. 가장 위대한 시는 그 사고와 함께 그것을 효과 있게 구체화하는 기술에 있어서도 그 전대의 것의 반대파의 입장에 서게 됨은 이 까닭이다.

시인의 정신 속에서 일어나는 관념의 부단한 파괴와 건설, 생활에서 오는 새로운 체험, 기술 영역에 있어서의 근기(根氣) 있는 탐험, 이러한 일은 다만 활동하는 정신에서만 기대할 수 있는 일이다. 결국은 시적 감격이란 정신의 활동 속에 깃드는 것이라 함은 명백한 일이다. 고정된 관념, 고정된 사상, 고정된 논리, 고정된 인식, 고정된 교리의 해석에 시종하는 고정된 시 속에 있는 것은 감격이 아니고 타성이요 태만이요 죽음일 것이다. 결국에 있어서 세계를 고정한 것으로 볼 때에 거기서는 시적인 아무것도 발견하지 못할 것이다.

만약에 굳이 세계를 움직이는 것으로서 향수한다고 하면 시적 감격의 광맥이 끊어질 줄 모르고 솟아날 것이다.

―「오전의 시론 6」,《조선일보》(1935. 5. 1~2)

각도의 문제

각도의 문제에 관련해서 보수적 시인들이 보이고 있는 두 개의 충실(忠實)이 있다. 하나는 선인들이 정해 준 한 개의 각도를 늘 소중하게 지키고 있는 일이고 다른 하나는 그들은 항상 한자리에서 바뀌는 사물을 바라볼 줄을 모른다는 일이다.

일찍이는 공간만의 인식이 극한인 때도 있었다. 그중에서도 망막(網膜)에 비칠 수 있는 물체의 평면이 파악되는 전부인 유치한 시대도 있었다.

이 점에 있어서 입체파라는 말은 새로이 고려되어야 할 충분한 가치를 가지고 있다고 생각한다. 사파로서의 입체파가 그 지도자들의 정신적 빈곤 때문에 단순히 시의 인쇄의 이변에 그치고 만 것은 시를 위하여 슬픈 일이었다. 우리는 이 아폴리네르 등의 일시의 발작적 운동으로서의 입체파보다도 단순히 입체파라는 말 그것에서 오는 새로운 의미를 배울 필요가 있다고 생각한다.

사물을 공간적으로 인식할 경우에도 평면적임에 그치는 것은 인식의 불구(不具)를 결과한다. 우리는 우리의 각도를 이동시킴으로써 사물을 입체적으로 이해할 수가 있다. 평면의 저편에 숨어 있는 비밀을 우리의 것으로 만들 수가 있을 것이다.

여기에 또한 새로운 각도가 제시되었다. 그것이 시간이다. 어떤 사물이 끌고 있는 시간에 대한 이해 없이 그 사물을 완전히 이해했다고 말할 수는 없을 것이다. 시간을 발견하였다는 점에 있어서 초현실파의 시는 우리에게 많은 시사를 주었다. 그렇다고 우리의 위치는 공간의 일점 또는 시간 위에만 얽매어 둘 필요는 없다. 공간과 시간 ─ 그 속에서 우리들의 각도의 이동, 변화의 가능성은 시간·공간 자체의 한계처럼 넓을 것이다.

같은 사물이라도 카메라의 앵글을 바꿈으로써 거기에서 발견되는 가치도 각각 달라질 것이다.

그런데 우리의 주위에서 들려오는 피리 소리는 어저께나 오늘이나 동에서나 서에서나 너무나 한결같다. 평생을 구멍이 없는 뿔피리를 불거나 그렇지 않으면 밤낮없이 똑같은 시를 쓰는 것에 싫증이 나지 않는다고 하는 일도 분명히 기적임에 틀림없다.

우리들의 대부분은 단음(單音)을 사랑하는 버릇을 좀체로 떨쳐 버리지 못했다. 그래서 여기서부터 단순과 단조에 대한 착각이 일어났다. 즉 단순은 시작상 지극히 고귀한 미덕이나 그러나 그것은 시 속에 쓰여진 개개의 이미지나 메타포가 지극히 명확하고 직절(直截)한 것을 의미하는 것이고 시는 오직 다만 한 개의 이미지나 메타포를 가져야 된다는 말은 1퍼센트도 의미하지 않는다. 즉 단조에 빠지는 것을 허락하는 아무러한 관대도 의미하지 않는다. 단조, 그것은 우리들 동양인이 가장 빠지기 쉬운 예술상의 함정이고 동시에 모든 위대한 예술이 삼가 피하는 예술적 결함의 하나다. 또한 시의 구조에 있어서도 오해된 단순, 즉 단조와 통일은 혼동되어 쓰여지는 경우가 많았다. 즉 단시에서는 그렇지도 않지만 장시에 있어서는 그 구조가 자못 복잡해 보이는 것만 가리켜서 단순하지 않다는 구실로 비난하는 소리를 들었다. 그러나 그러한 외관상의 복잡에도 불구하고 거기에 만약에 '다양 속의 통일'이 있기만 하면 비난될 것은 아니다. 「신곡(神曲)」이 그러했고 「실락원(失樂園)」이 그러했다. 또 「황무지(荒蕪地)」가 그렇다. 이러한 과오는 대체로 단시만을 좋아하고 장시를 꺼려하던 사상파에게도 있었다.

콕토는 이러한 말을 했다.

"진짜 리얼리티란 우리들이 날마다 접촉하고 있음으로써 기계적으로밖에는 보이지 않는 사물을 마치 그것을 처음 보는 것처럼 새로운 각도로써 보여 주는 것이다."

오늘의 시인은 언제든지 그 자신의 각도를 준비해야 할 것이며 또한 각도를 변화시키고 이동시킬 줄도 알아야 할 것이다.

──「오전의 시론: 기초편 속론」,《조선일보》(1935. 6. 4)

용어의 문제

　비유해서 말하면 시는 늘 살아 있는 것이다. 이 말은 거기서 쓰여지는 말도 역시 살아 있어야 한다는 것을 의미한다.
　시를 떠나서 말 자체만을 보더라도 그것은 분명히 살아 있는 것이다. 우리는 고어 자전 속의 말을 가지고 이야기하지는 않는다. 살아 있다고 하는 말은 늘 성장하는 것을 전제한다. 그것은 그 자체의 흐름을 가지는 동시에 여러 가지 외적 충격과 영향을 받아서 그 자체의 흐름을 굵고 넓게 만들면서 흘러가는 것이다. 시에 있어서 쓰여지는 말도 당연히 이러한 살아 있는 말이 아니면 아니 된다. 다시 말하면 그 어느 시대고 간에 그 시대의 시는 그 시대의 말로 쓰여져야 한다는 말이다. 우리는 바로 현대의 말로써 써야 한다. 또 쓸 수밖에 없다. 왜 그러냐 하면 죽은 말은 이미 우리들의 산 사유(思惟)나 감정의 옷으로서는 잘 맞지 않는 까닭이다. 갓과 망건을 쓰고 신은 축구 선수의 모양은 상상만 해도 우습지 않느냐.
　현대의 말 가운데에서도 더군다나 일상의 회화 속에서 말을 주어서 쓰고 또 회화에까지 가까워지려는 노력은 우리 시단에 역시 1930년 직전에서 시작된 것으로 기억한다. 시가 '아름다운 회화(會話)'임으로써 일상의 회화를 미화시킨다고 하면 그것은 결코 시가 억지로 피할 일은 아닐 것이다.

그런데 여기서 한 가지 문제되어야 하는 것은 같은 현대의 말이라도 사회적 계층의 분화를 따라서 여러 가지 말의 차이가 있다는 일이다. 그래서 그러한 말들처럼 그 계층이 짊어지고 있는 문화의 활력과 피로의 농도를 선명하게 보여 주는 것은 없다. 시인이 피로한 말을 가지고 시를 써야 한다고 하면 그 이상 불행한 일이 어디 있느냐.

영국에 있어서 엘리엇의 불행은 이러한 곳에도 있었고 또 오든, 스펜더, 루이스 등의 행복은 또 여기도 있는 것이라고 생각한다. 오늘 시를 쓰는 사람의 대부분은 지식 계층인 이상 그들은 그들의 계급의 말에 가장 능란하고 민감할 것은 물론이다. 따라서 그들의 시에 쓰여지는 말도 역시 그들의 오늘의 말일 것은 지극히 자연스러운 일이다. 부유한 유한계급의 말은 그들의 부엌에서 그들의 사랑에서 그들의 연회장에서 벌써 얼마나 기운이 빠졌고 힘이 없고 죽음에 가까워지고 있느냐. 시인은 그러한 말에는 구토를 느낄 것이다. 더군다나 증조부나 더 올라가서 이조 초기의 말을 가지고 시를 써서 해골들과 친하려는 시인을 우리 주위에서 만나지 않으리라고 기필하기 어렵다는 것은 이 얼마나 우리 시단의 불행이냐.

지식계급의 말은 물론 이러한 유한계급의 말과는 다르다. 그러나 그들이 걸머진 문화의 피로는 그들의 말에 심각하게 영향하여 많이 활기를 잃어버리고 있다. 그래서 오늘의 시에 쓰여지는 말에는 다소의 피로와 또 무기력이 섞여 있음을 면치 못할 것이다.

그러나 조만간 시인은 그들이 구하는 말을 찾아서 가두로 또 노동의 일터로 갈 것은 피하지 못할 일이다. 거기서 오고 가는 말은 살아서 뛰고 있는 탄력과 생기에 찬 말인 까닭이다. 가두와 격렬한 노동의 일터의 말에서 새로운 문체를 조직한다는 것은 이윽고 시인 내지 내일의 시인의 즐거운 의무일 것이다.

시인처럼 생명적인 것에 더 잘 매혹되는 사람은 없을 것이다. 부유한 유한계급의 말은 벌써의 일이고 지식계급의 말조차가 얼마나 연설하기에 알맞지 못하냐. 연설할 수 있는 말만이 산 말일 것이다.

나는 그러나 여기서 시에 있어서 웅변만을 옹호하는 것은 아니다. 웅변이란 허세와 수사(修辭)가 많이 차기 쉬운 것이다. 그러한 허장성세는 삼가야 할 일이다. 내가 말하는 연설은 웅변이 아니라도 좋다. 더듬어도 좋다. 다만 직접 심장에서 심장으로 올려가는 말을 가리킨 것이다.

지식계급의 말은 보다 더 '머리'로써 이야기해지고 있고 하층계급의 말은 보다더 '심장'으로써 말해진다.

―「오전의 시론: 기술편」, 《조선일보》(1935. 9. 27)

의미와 주제

 말은 항상 어떤 사물 내지 그 관계를 대표하는 기호다. 그 대표되는 것이 말에 있어서 가상적인 부분이다. 그것이 말의 함축이요 의미다. 따라서 기호로서의 말이 다른 객관적 세계와 서로 관련을 맺고 있는 부분도 주로 이 의미의 방면이다. 또한 의미의 단편이 종합되어 시 한 편의 '이데'가 되고 그 개개의 '이데'가 시인의 전 사상 체계에 유기적으로 연결되어 있는 것이다.
 그런데 시에서 의미는 한동안 매우 학대되었을 뿐 아니라 나아가서는 의식적으로 거부되었다. 순수시는 시의 음악성을 고조함으로써 의미를 경시하였고 포멀리즘은 의미를 떨어 버린 모양만의 예술을 이상(理想)했다. 그들은 각각 의미를 거세함으로써 '소리뿐인 시' '모양뿐인 시'를 기도하였다. 이 일은 모두 시의 독립에 대한 의욕에 깊이 원인한다. 그들은 객관에의 종속과, 사상에의 예속에서 시를 독립시키기 위하여는 시 자체의 순수성을 옹립하여야 한다고 하였다. 그리함에는 틀림없이 그러한 외적 권위를 부정하는 것이 첩경이라고 주장했던 것이다.
 전후의 세계는 커다란 사상의 건설기인 동시에 한편에 있어서는 커다란 사상의 상실기였다. 그것은 혼미와 확신의 혼합의 시기였다. 사상의 혼미와 상실은 시에 있어서의 의미의 거세와 긴밀한 관계가 있었음은 물론이다. 기호로서의 말의 소리와 모양의 반발·충돌·결합·견인(牽引)에 의하여 생기는 수리적(數理的)인 효과의 가능성이 문제가 되었다. 그것은 시의 기술의 중요한 부면이기는 하다.

그러나 시의 가능성을 겨우 이 한도에 그치게 하려고 하는 것은 말을 한 개의 벽돌이나 재목과 같은 무기적인 것이라고 생각하는 조급한 판단에서 나온 일이 아닐까. 한 덩어리의 흙덩이에 어떠한 모양을 줌으로써 그것은 벽돌이 된다. 그 개개의 벽돌이 어떠한 질서에 의하여 배열되고 쌓여질 때 그것은 건축의 외곽이라는 별다른 형태를 얻는다. 거기서 선과 면의 작용은 한 덩어리의 흙 그것에서 애초에 기대할 수조차 없었던 효과인 것은 분명하다.

그런데 벽돌에 있어서 그 개개의 벽돌이 이루어지는 데는 한 개의 질서(또는 원리라고 해도 좋고, 목적이라고 해도 좋다.)가 필요하였고 전 건축에 있어서는 한 개의 전체적인 질서가 필요하였던 것이다. 그래서 그 경우에 흙은 한 외재적 질서에 향하여 변통성을 내재해 가지고 있을 뿐으로서 면이라든지 선은 건축에 있어서 흙덩이가 가질 수 있는 형태의 극한이었다. 형태는 항상 외방으로부터 부여된 질서의 소산이었다. 다만 그것뿐이었다.

그러나 시의 재료로서 쓰여지는 말은 개개의 말 속에 의미의 가능성을 내재해 가지고 있는 것이다. 우리는 말의 소리와 모양의 운동과 자세에 의하여 생겨나는 물리적인 효과는 필연적으로 거기에 나타나는 의미를 어떻게 막을 수 없다. 말은 의미를 떨쳐 버릴 수가 없고 따라서 시는 의미를 가지도록 숙명(宿命)되어 있다. 그 일은 결국 말의 기능은 유기적이라는 데 귀인(歸因)한다.

근대시에서 의미가 점점 확대되어 온 것은 시의 독립에의 요구와 무사상(無思想)과 말에 대한 인식의 부족에서 온다는 것은 앞에서 말하였지만 다시 나는 그 원인의 하나를 근대의 말기적인 인간 거부의 문학사조 속에서도 발견한다. 드디어는 명백히 비인간성의 예술을 주장한 유파가 있었다. 예를 들면 무기적(無機的)인 예술, 기하학적 선 등을 존중하여 불연속성의 이론을 세운 T. E. 흄과 그의 고전주의를 전수한 T. S. 엘리엇의 개성 도피의 설이 바로 그것이라고 생각한다. 이것은 물론 인간성과 뚜렷하게 대립하는 근대 문명의 메커니즘과 신통하게도 부합하는 설이다. 그러므로 그들의 고전주의는 근대 문명의 반영일지언정 비판자는 될 수 없다. 엘리엇의 시의 한계는 여기 있는 것인가 한다.

그런데 의미는 말의 내부를 흐르는 피와 같은 것이라고 생각한다. 그런 까닭에 의미를 빼어 버린 뒤의 말의 퇴적 또는 행렬은 신기하게도 흄이나 엘리엇 등이 바라는 기하학적인 비잔티움의 모자이크에 가까우나 암만해도 공동묘지나 박물관밖에는 연상시키지 않는다. 그것들 속에 청신한 피가 흐를 때에 그것은 비로소 사해(死骸)이기를 그치고 우리들의 인간성에 호소해 오는 것이라고 생각한다. 의미의 재발견, 그것은 인간성의 부흥과도 이렇게 관련하는 것이다.

파운드는 말하였다. "음악이 무도로부터 너무 멀리 떨어질 때 그것은 시들어 버린다."고. 나는 차라리 시가 의미로부터 멀리 떨어질 때 그것은 사멸한다고 생각한다.

참고로 시에서 의미가 취급된 방식의 변천을 돌아보자.

상징주의 이전의 시는 의미에 약간의 운율을 입혀 놓음으로써 지어졌다. 상징주의 시는 나타난 의미 이상의 신비와 함축을 그 속에 계획함으로써 초자연적인 효과를 거두려 한 것이다. 그것은 심령학의 가장무도회였다. 시의 의미에 심오하고 막연한 회색의 세계를 환출(幻出)시키려고 한 것은 베를렌, 마테를링크 등의 솜씨나, 사실 마테를링크의 회색의 온실은 회색의 온실처럼 텅 빈 이상의 아무것도 아니었다. 이러한 습관은 시를 도리어 황혼의 숲으로 끌고 들어갔다.

그러나 사상파는 훨씬 시를 명랑한 것으로 만들었다. 그들은 시에서 어떠한 명확한 영상 이외에 아무러한 비밀도 요구하지 않았다.

초현실주의의 내용의 세계란 무의식의 세계니까 지극히 투명하지 못하다. 그것을 가리켜서 비밀을 가장하는 일종의 의태(擬態)라고 비난하지만 그들 자신으로 하여금 변명시킨다면 그것은 이 위에 없이 투명하다고 할 것이다. 그들은 시에서 의미 같은 것을 문제삼고 있지 않다. 거기에 알 수 없는 비밀이 있다고 생각하는 것은 낡은 시학의 영향 아래서 길러 난 감상자의 기대라고 할 것이다.

그러나 숙명적으로 의미를 짊어진 말 그것을 무시하고 구사한 결과는 의미의 세척이 아니고 의미의 혼란임을 어찌할 수가 없었다. 이렇게 보아 왔을 때에 상징주의의 의미는 허장성세였다는 것을 쉽사리 발견할 수가 있다. 장 폴랭이 말한 것처럼 말의 의미란 언제든지 상대적인 것이어서 거기는 늘 몇 개의 의미가 가능한 것이다. 말의 다양성, 여기에 상징파의 편의가 있었던 것이다. 그러나 오늘날 시인의 말의 이러한 약점을 이용하는 것은 비겁한 일이다. 그는 우선 의미를 말의 다른 모, 즉 소리와 모양과 함께 말의 기능의 동심(童心)으로 파악하여 가장 정확한 계산에 의하여 운용함으로써 명석 분명한 것으로써 제시하여야 할 것이다.

의미의 문제와 관련해서 드디어 머리에 떠올라 오는 것은 주제의 문제다.

그런데 이 두 가지 개념은 지금까지는 혼동되어서 생각되었다. 그 시의 의미가 무엇이냐 하는 말은 곧 그 주제가 무엇이냐를 말하는 것이라고 하는 생각이 그대로 통용되었다.

개개의 작품은 그 작품 자체의 질서를 가지고 있고 또 있어야 한다고 앞에서 나는 말했다. 그 시의 의미는 소리 모양을 거느린 채 어울려서 이 질서에 합치하는 것이다. 그래서 한 시의 전체를 통일하는 이 질서를 규정하는 것이 바로 주제라고 생각한다. 일찍이 브르통은 아라공의 시 「적색전선(赤色戰線)」이 한 개의 주제에 귀의하였다는 구실로 비난한 일은 유명하다.

의미를 거부한 현대시의 어떤 과격파는 주제마저 내던져 버렸다. 통일이라는 것, 조화라는 것, 균정(均整)이라는 것은 위대한 예술의 속성이면서 현대처럼 그것들이 천대를 받은 적이 없다. 그것은 현대 문명의 혼란과 거기서부터 오는 개성의 분해 작용, 이러한 것의 피할 수 없는 반영이었다. 정신분석학은 혼돈·분열·변환 그러한 것이 의외에도 '아름다운 혼'의 숨은 면이라고 가르쳤다. 자기 분열의 고민은 전후의 시에 여러 가지 영상의 동존 및 연상의 무질서한 비약에서 오는 인상의 혼란을 가져왔다. 여기에 주제는 고려될 여지가 없고 의식의 혼란이 탁류와 같이 흘러넘친 것이다. 또한 모든 편내용주의가 시로 침입하는 관문은 주제다.

시의 자율성을 옹호하여 온 나머지 시는 마침내 모든 외재적 가치의 침입을 거부하기 위하여 그것들이 가장 접근하기 쉬운 통로인 주제 그것조차를 아주 내던져 버린 것이 되었다. 그 결과는 시를 방어하려는 것보다도 차라리 혼마저 잃어버리고 말았던 것이다. 가령 전후의 시의 사상의 상실은 그러한 잃어버린 것 중의 가장 귀중한 것의 하나일 것이다.

아름다운 감성에 담긴 아름다운 관념의 질서 — 그것은 아름다운 시임에 틀림없다. 우리는 반드시 모든 사상적 주제·정치적 주제의 복귀를 거부하도록 편협해서는 아니 될 것이다. 그러나 여기 명심할 것은 무슨 사상이나 정치적 주제가 시에 들어올 때에는 완전히 시 속에 용해되어 한 개의 전체로서의 시의 질서에 일치되어야 한다는 것이다. 그리함으로써만 그 주제는 시적 효과를 거둘 수가 있다는 일이다.

―「오전의 시론: 기술편」,《조선일보》(1935. 10. 1~4);『시론』, 219~249쪽

『시(詩)의 이해(理解)』
— I. A. 리처즈를 중심하여
(을유문화사, 1950)

2

머리말

    오늘 시를 읽는 사람은 아무리 둘러보아야 그리 많아 보이지는 않는다. 양복이나 양장을 한 사람들의 수만치도 될 성싶지 않다. 사람들은 시집을 사거나 들고 다니는 일에, 만년필이나 라이터만치도 관심을 가지는 것 같지 않다.
    그렇지만 시는 읽는 사람의 인격과, 그리고 사람과 사람 사이의 관계에 어떠한 유력한 작용을 하고 있다는 것만은, 어떠한 사람도 체면상으로만이라도 부인하지는 않는다. 만약에 그렇다고 하면 시의 그러한 심리적 사회적 기능은 이왕이면 보다 더 능률 있게 발휘시키는 것이 득이겠다. 또 될 수만 있으면 좋은 시를 생산하는 게 좋겠다.
    아까도 말한 극히 적은 그 소중한 시의 애독자조차가 시를 이용하는 방식과 정도에 있어서는 매우 차이가 있어 보인다. 대체로는 거죽만 핥는가 하면, 대충 씹어 던지는 게 보통인 것 같고, 실로 희한한 몇 분만이 알맹이의 속맛마저를 맛보는 것 같다. 이렇게 시의 건강한 소화술(消化術)은 그리 보급되어 있지 않다. 시에 대한 얘기를 많이 안다는 것만으로는 야담 재료밖에 될 것이 없다. 무엇보다도 시 그것을 알아야 할 것이다. 항용 시를 감상(鑑賞)한다고 한다. 나는 시를 안다는 일이 하도 소홀치 않은 일이기에, 감상이라는 말로서는 늘 부족해서, 시의 이해라는 말을 써 왔다.

시를 한 개의 사실이거나 형식이거나 존재로만 보지 않고, 한 능동적인 기능의 면에서 본다고 하면, 그것은 그 자체의 기능을 발휘하는 저의 역학적 영역으로서 두 개의 장소(場所, Field)를 가지고 있어 보인다. 그 두 개는 기실은 한 통일된 장소의, 전체와 거기 연달은 유기적 부분과의 관계에 서 있는 것이다. 그 장소의 하나는 개인의 심리요 다른 하나는 사회인 것이다. 그리하여 새로운 과학적 시학, 주로 시의 경험으로서의 면을 밝히는 시의 사회학이라는 두 기둥 위에, 아니 차라리 그 두 분야의 종합 위에 서게 되리라는 것은 저자의 연래의 소견이다.

저자는 이 작은 책에서 제 공부 삼아, 우선 시의 심리학적 해명의 약도나마 시험하려 하였다. 저자가 아는 범위에서는 이 방면에 있어서 지금까지 가장 중요한 일을 한 I. A. 리처즈 교수의 이론을 길잡이로 가리는 것이 타당하다고 생각했다. 그는 1920년대에, 시에서 T. S. 엘리엇의 한 업적을 시학과 비평론에 남겼던 것이다. 이 방면에서의 그의 영향은 30년대를 거쳐 오늘에 이르기까지 실로 압도적이었다. 그의 『비평의 원리』(1924)는 지금은 그 방면의 한 고전적인 교과서처럼 되어 버렸다. 뿐만 아니라 언어학, 그중에도 의의학(意義學), 사전학(辭典學)과 교수법(敎授法), 철학 방면에까지 그의 영향은 널리 미쳐서 영국과 미국 두 나라 학계에서 이미 부동의 지위를 쌓아 올렸다. 일찍이는 케임브리지에서, 현재는 미국에 건너가 하버드에서 강좌를 맡으면서 지금도 꾸준히 연구를 계속하고 있다.

저자는 교수의 이론을 소개, 비판하면서 약간의 자기 소견도 붙여 보았다. 다행히 이 작은 책을 통해서, 현대 문화의 불행한 '집시'의 일족인 시가 좀 더 깊은 이해와 친근을 얻는다면 실로 기쁘겠다. 동시에 난해하기로 이름난 리처즈 이해의 도움이라도 한편 된다면 뜻하지 않은 부산물을 거두는 셈이겠다. 인용한 책들 가운데서 특히 리처즈의 저서만은 자주 나오기에 약호(略號)를 쓰기로 했다. 그의 저서 목록과 함께 책 끝에 붙였기에 참고하면 좋겠다.

또 저자는 일부러 한글만으로 이 책을 쓰기로 했다. 이 정도의 학술 논문이면 한글만으로 씀으로 과연 얼마만한 득실이 있나를 시험해 보기 위해서였다.

1949. 5. 10.
저자

제1장 __ 시의 비밀

그저 안다고 하는 관점에서라면 사실들은 모두 마찬가지로 중요하며 구별할 거리가 안 된다. 그러나 설명하기 위해서는 어떤 사실들을 다른 것들보다 매우 더 중요하다. 그러므로 그저 알고자 한다느니보다는 설명하기를 원할 적에는 그러한 유별난 중요한 사실들에 우리의 주의를 집중시키며 다른 것은 넘겨 버리게 된다.

─K. 스티븐, 「마음의 오용(誤用)」에서

한 개의 예술 작품은 한 토막의 끊어진 '물건짝'이 아니라, 그 전후좌우에 일정한 사회적 관련의 그물을 늘이고 있는 한 기능적인 존재다. 존재라느니보다는 사건이라고 부르는 게 옳을 만큼 끊임없고 복잡한 작용이 그 한 점에 집중하였으며 또한 그 한 점에서 시작하여 끊임없는 작용을 일으키는, 한 역점(力點)과 같은 것이라고 하겠다.

그러한 예술이 영향을 받으며 또 그 기능을 발휘하는 일정한 사회적 테두리와 그것을 에워싼 시간의 한계가, 그 예술의 움직이는, 비유해 말한다면 숨 쉬는 장소인 것이다. 그러한 장소 안에 만들어진 한 개의 작품은 발표와 동시에 그 장소 안에서 금방 현장성(現場性, Actuality)을 획득한다. 그것은 방금 일을 저지른 범인과도 같이 심각하게 우리의 경험 속으로 달려드는 것이다. 아무리 뛰어난 고전 작품도 그러한 임리한 '현장성'을 가지고는 우리에게 다가들지는 못한다. 잘 되었거나 못 되었거나, 오늘의 절박한 문제를 품고 오늘의 기압 아래서 숨 쉬는 오늘의 예술만이 가질 수 있는 긴장성이 바로 이 '현장성'인 것이다.

한 시대 한 사회의 예술은 이러한 무수한 역점을 통해서 얽히고설킨 사회적 관련을 이루는 것이려니와, 첫째는 그 등 뒤에 끌고 있으며 또 현재의 이 시각에도 각각으로 이루어 가는 전통의 강물 속에 개개의 작품은 던져지는 것이다. 그것은 제가 출발하는 그 위치에서 전통을 그대로 인계하거나 또는 반발함으로써 처음부터도 스스로 '운동하는 것'으로 나타나는 것이다. 다음으로 그 무수한 지점을 떠받치고 있는 사회의 물질적인 기초에 대하여는 제약을 받으며 한편 반사작용을 한다는 관계에 서고 있는 것이다. 그리하여 물질적 기반이 토대가 되어 움직이는 인간의 전체적인 역사적 생활의 관념적 구조의 한 부문을 예술은 이룬다.

한 예술가가 팔을 걷고 제작에 달라붙을 적에 그가 할 수 있는 모험이란, 그렇게 엄청난 것이 될 수는 없다. 그는 우선 일정한 전통의 약속에서 오는 일정한 예술 양식의 유산을 거진 강제적으로 상속받아야 한다. 그 한 부분을 변경한다든지, 가감하는 것은 할 수 있어도 그 양식(樣式)을 모조리 버릴 수는 없다. 그런다면 그는 벌써 그 '장르'의 예술가는 아닌 것이다. 혹은 현대의 영화 모양으로 한 개의 새로운 예술의 '장르'를 발명하여 새 창조의 길을 열 수는 있다.

그리하여 시인이 스스로 제작에 달라붙을 적에 유산으로 상속

받는 것은 일정한 시의 양식일밖에 없다. 헤아릴 수 없는 시의 충동에 몰려 붓을 잡아

내 언제 신(信)이 없어 님을 언제 속였관대
월침삼경(月沈三更)에 온 뜻이 전혀 없네
추풍(秋風)에 지는 잎 소리야 낸들 어이하리오.

라고 적고 읊었을 적에 황진이(黃眞伊)는 그때의 시조의 양식을 이용하였던 것이다. 셰익스피어가 극시(劇詩)를 쓰는 남은 틈에 서정시적 충동 또는 필요에 부닥쳐 채용한 것은 그때에 이탈리아에서 새로 끌어 들여온 '소네트'(14행시)이었다. 상징파 시인이 시작한 자유시(vers libre)는 그 이전의 정형시에서 '정형'을 마이너스하였을 뿐이지 유럽 서정시의 양식의 본질적인 모는 그대로 받아 발전시켰던 것이다.

 그런데 시는 문학의 다른 부문과 마찬가지로 말을 그 표현 전달의 수단으로 삼는 예술의 한 형태다. 말은 일정한 사회집단, 특히 민족의 테두리 안에서 그 성원 사이의 의사를 소통하는 데 쓰이는, 말하자면 한 사회적인 교통수단인 것이다. 그것은 그 민족이 오래인 세월을 두고 공동생활을 해 오는 동안에 그 민족의 온갖 경험과 지식과 지혜를 부어, 두고두고 쌓아 올린 역사적인 문화재다. 시인은 그러한 민족의 공유재산을 자기의 연장으로서 이용하는 것이다. 그러므로 시인은 이러한 공동재산을 이용하는 데 대한 거기 상당한 의무를 걸머지고 있는 것이다. 그가 때때로 제 나라 말에 공헌을 해야 하는 것은 결코 그의 대단한 자랑이 될 수 없고 도리어 당연한 의무를 다하는 것뿐일 것이다. 그러므로 시인

의 쓰는 말에는 민족이 공동하게 쓰는 모와 그 시인 한 사람의 특수한 창안이 기이하게 배합이 되어 있는 것이다.

　시가 갖고 있는 사회적 연관은 기실은 시인의 경험의 세계에 흡수되고 집중되었다가 무수한 독자들의 경험의 세계로 발산하는 것이다. 시인과 독자들 사이의 이 경험을 매개하는 것이 다름 아닌 작품인 것이다. 작품은 그러므로 말에 의한 일정한 시적 양식으로 모양을 잡아 놓은 비교적 완결된 경험을 다른 사람의 경험의 세계로 전달하는 한 의미 연관의 형태로서 있는 것이다. 예술의 사회적 기능이 실현되는 가장 단초적인 단순한 관계는 이렇게 시인의 경험에서 시작하여 작품을 다리로 독자 편의 경험에서 끝맺은 교섭이다. 시인의 경험에는 자기 이외의 다른 사람들과 함께 나누고 있는 것도 있으려니와 그에게만 고유한 부분도 있는 것이다. 독자는 시에서 시인과 더불어 나누고 있는 경험은 비교적 쉽사리 받아들일 것이나, 시인에게만 고유한 경험의 부분은 이미 알고 있는 경험을 실마리로 해서 해석(解釋, Interpretation)이라는 방법으로 그것에 접근해 가는 것이다.

　작품으로써 연결되는 시인과 읽는 편의 경험의 세계란, 시의 통일된 의미를 이룰 주요한 부분인, 그곳에 모였다가는 퍼지는 초점과 같은 것이라 하겠다. 그래서 시인의 편으로 친다면 어떠한 동기(모티브)에서 시작하여 구상하며 형체를 이루며 다져 가는 창작의 전 과정과, 읽는 편으로서는 작품을 거쳐 그것에 반응하는 전 과정이 말하자면 시의 경험이라고 부를 대상인 것이다. 객관적인 역사적, 사회적 연관도 시의 경험으로 한 번 번역됨으로써 비로소 주체화되어 작품으로서 변신할 수 있게 되는 것이다.

　시의 경험 그중에서도 시인의 편에서 일어나는 창작 과정을 일체 신비로운 안개 속에 파묻어 두거나, 시신 뮤즈나 천재의 일이라 하여 건드리지 않으려고 드는 것은 미신이다. 형이상학적 환상과 가설을 함부로 꾸며내는 것은 더군다나 금물이다. 그 비밀의 안개는 한 겹 두 겹 차례로 벗겨져야 할 것이다. 그래서 그 실상이 밝혀져야 할 것이다. 시를 받아들이는 향수 과정(享受過程)이 또한 마찬가지 사정에 놓여 있다. 많은 사람이 시를 읽으나, 그러므로 참말 잘 읽는 방법과 같은 것은 별로 생각되어 본 적이 드물다.

  시의 경험의 정확한 파악은, 그리하여 한편에서는 더 효과 있는 창작의 실천을 위한 도움이 될 것이요, 또 한편에서는 더 능률적으로 더 실속 있게 시를 읽을 수 있는 길을 닦을 터이다.

  그렇건마는 시의 경험의 전모를 과학적으로 밝히는 일은 아직도 지극히 유치한 경지에 있다. 저 희랍의 대학자였던 『시학(詩學)』의 저자로부터 오늘에 이르기까지 시에 대한 논의는 주장, 형이상학적 사변(思辨)으로 불행하게도 차 있었던 것이다. 무엇을 가리켜 형이상학적이라고 하나? 과학적이 아니고 과학에 반대되는 논의들을 가리켜 하는 말이다. 사실을 다루며 어디까지든지 사실에 충실하려 들지 않고, 도리어 사실로서 안을 받치지 못한 관념을 즐겨 주무르며 그러한 그림자와 같은 관념의 논리와 체계와 장기에 열중하는 것이다. 무엇을 가리켜 사변이라고 하나? 사실을 관찰하며 계산하며, 그것을 기초로 하여 정식(定式)을 얻는 것이 아니라, 얼른 보면 그럴듯한 아프리오리한 대전제로부터 출발한 추리의 전개를 말하는 것이다. 그러면서도 I. A. 리처즈의 말대로 비평에 대한 저술은 아리스토텔레스 이래 그 시대 시대의 일류가는 지성의 참여를 얻었던 것이다.

그러나 만약에 우리가 예술이 제공하는 현저하게 가까이 갈 수 있는 경험에 비추어, 이러한 문제에 머리를 쓴 최고급의 정신이 거둔 성과가 무엇인가를 헤아려 볼 적에, 우리는 거의 텅 빈 창고를 찾아내는 것이다. 조금씩인 구상(構想), 경고의 제공, 많은 예리한 뿔뿔이 난 견해, 약간의 눈부신 추단, 많은 수사(修辭)와 적용된 시, 끝 모르는 혼란, 당당한 독단, 적지 않은 편견과 엄청난 생각과 잔재주, 신비주의의 범람, 다소 독창적인 궁리, 여러 가지 맞지 않는 착상, 함축 있어 보이는 암시와 무작정한 발견 — 이러한 것들로 되어 있다고 보탬 없이 말할 수 있다.

아리스토텔레스, 롱기누스, 호라티우스, 부알로, 드라이든, 애디슨, 워즈워스, 콜리지, 칼라일, 매슈 아널드와 약간의 다른 현대의 저술가들의 제일 유명한 논설의 몇몇 표본을 보임으로써만도 이 주장이 옳다는 것을 밝힐 수 있을 것이다. "사람은 누구나 자연 모방 활동에서 기쁨을 얻는다.", "시는 주장 일반적인 진리와 관련한다.", "그것은 열광에 가까운 정열을 요한다. 우리 자신을 떠나서 상상(想像)으로 변해 버린다.", "아름다운 말은 마음의 진정한 유난한 빛이다.", "단순성과 통일성만 가지고 있다면 나머지는 마음내키는 대로 작품을 버려두어라.", "취미를 가지고는 다툴 것이 없다.", "좋은 글은 바른 생각이 시초요 원천이 되는 것이다.", "우리는 결코 자연으로부터 우리를 유리시켜서는 아니 된다.", "즐거움이야말로 비록 유일한 목적은 아닐망정 줏대되는 목적이다. 교훈은 오직 여벌로 용허될 수 있다.", "환상의 기쁨은 이해의 기쁨보다 더 건전에 통한다.", "힘찬 감정의 순순한 넘침", "가장 훌륭한 질서를 갖춘 가장 훌륭한 말", "움직이는 인간의 전 심령" "다양 속의 통일", "상상력의 종합적이며 마술적인 힘", "대상을 노리는 시선", "사실의 핵심의 해방", "내용과 형식의 동화", "생의 비판", "우리의 생존에 유리한 공명", "함축성 있는 형식", "인상의 표현" 등등……,

지나간 날 예술의 가치를 해명하고 말려고 시험한 가장 우수한 사상가의 손으로 이루어진 봉우리 꼭대기가, 비평 이론의 높다란 봉우리가, 절정이 무릇 이러한 것이다. 그들 중의 더러는 아니 사실상 많은 것이 반성을 위한 유익한 출발점이 된다. 그러나 통틀어서, 또는 단독으로, 또는 어떻게 어울려서라도, 요망하는 바를 채워 주지는 못한다. 그것들의 위와 아래, 테두리와 가장자리에서는 특정한 시와 예술 작품을 받아들이기 위한 값있고 도움 될 것들을 찾아낼 수 있다. 주석과 해석과 칭찬과 궁리하기를 즐기는 정신을 사로잡기 쉬운 많은 것이 있을 수 있다. 그러나 여기 끌어온 것과 같은 이러한 암시 정도를 떠나서는 아무러한 설명도 찾아볼 수 없는 것이다.

그리하여 시를 과학적으로 파악하며 밝혀 체계가 선 시학 또는 더 분명하게는 시의 과학을 세우는 것은 아직도 미완성 상태에 있는 것이다.

시를 사람사람의 경험에서 떼어서 객관화시켜, 한 개의 독립한 문화재로 설정해 놓고 그 사회적·역사적 관련을 분석하며 밝히는 것은 시의 사회학이라고 할 부문의 일이겠다.

개인개인의 생활의 산술적 합계가 아니고 차라리 인간 생활을 꾸려 가는 데 있어서 가장 중요하고도 기본적인 전제로서 사람의 생활의 전체적 조직으로서의 사회라는 것을 자각하게 된 것은 그리 오랜 일은 아니다. 그러기까지는 문학도 다만 어떤 특수한 개인들의 정신 활동에 가져다 붙이고, 오로지 그러한 것으로서 기술되었다. 고전의 훈고(訓詁), 주석, 작가들의 전기(傳記) 만들기 — 그러한 일들이 주장 문학 연구의 몫이었다. 오귀스트 콩트에서 시작한 프랑스 학파는 처음으로 문학의 사회학적 구명의 길을 연 선구였다. 콩트[1]가 그의 유명한 『영문학사』 서문에서 문학을 한갓 천재의 정신적 활동에만 돌리던 재래의 풍속을 일축해 버리고, 그것을 어디까지든지 한 사회적 사실로서 파악하고 해명하기 위한 간점(看點)으로, 민족(Race), 환경(Milieu), 시대(Moment)의 셋을 내세운 것은 너무나 유명한 상식이 되었다. 그 뒤 한 세기를 지나는 동안에 프리체, 루카치 등의 연구에까지 발전하고 만 것이다.

이렇게 시의 물질적 기초가 되는 그 역사적 사회적 지반을 밝히며 그것을 제약하는 방식을 캐내며, 사회적인 문화재로서의 시의 존재 방식과 기능을 조직적으로 연구하는 것을 거시적(巨視的, macroscopic) 방향이라고 하면, 그러한 외부적인 관계가 주체화되어 작용하는 구체적 장면인 시의 경험을 밝혀 예술이 사람의 경험에 뭉쳤다가 퍼지는 그 미묘한 과정과 관계를 파악하는 것은 미시적(微視的, Microscopic)인 방향이라고도 하겠다. 제1차 대전 뒤 20년대에 유럽의 다른 나라들과 마찬가지로 심리주의적 경향에 휩싸여 있던 영국 시단과 평단에 지극히 큰 충동을 주었으며, 그 뒤 오늘날까지도 무시할 수 없는 은근한 영향을 미치고 있는 I. A. 리처즈의 업적은, 이 뒤의 방면, 즉 시의 심리학의 뛰어난 실례라고 해 무방하겠다. 그는 실로 시의 경험의 과학적 분석의 무게와 필요와 가능성을 스스로 깨닫고 그 일을 체계 있게 실천에 옮긴 첫 사람이었다고 해 무방하겠다.

그가 스스로 느낀 당면 목표는 물론 제1차 대전 뒤의 영국 시단에 비평 원리를 제공한다는 일이었으나, 그의 업적은 그 당시

---

1 여기에서 '콩트'는 분명한 오식이다. 텐(Hippolyte Taine)으로 바로잡는다.

영국 시단을 압도하고 휩쓴 난해한 모더니즘의 시 운동에 이론적 근거를 간접으로 보여 주었던 것이다. 시에 대한 학문적인 논의가 자칫하면 대학의 철학이나 미학 강단의 관념의 장난거리처럼 되어 있기 쉬운 적에, 리처즈는 스스로 몸은 케임브리지대학 강단에 두었으면서도 그의 시학과 현역 시단과의 사이에 능동적인 교섭을 세워 놓았던 것이다.

이론적인 인식과 실천과의 대립과 그 종합을 거쳐 쉬지 않고 전진하는 것이야말로 모든 과학의 건전한 발전의 역사인 것이다. 옳은 시학의 길로 그것이 충분히 과학이기 위해서는 그 길밖에는 별 도리가 없을 것이다. 시의 진보에 아무 이바지도 되지 못하는 시학은 있어 보았댔자 부질없는 것밖에 될 것이 없다.

제2장 __ 심리학은 어디까지 갔나

심리학은 우리가 그것에 부과하려는 요청에 비한다면 부적절할는지 모른다. 그것은 그 자체의 성격과 그 발전의 정확한 방향에 대하여 아직도 긴가민가할지도 모른다. 그러나 급속히 자라 가며 (우리의 현재의 문명이 이어 가는 한) 인류의 장래에 깊은 영향을 미치고야 말 것으로 보이는 중요한 지식의 부분으로서의 심리학의 존재에 대해서는 벌써 의심할 여지가 있을 수 없다.

—G. C. 폴듀겔

언어심리학(言語心理學)이 시의 심리학의 일에 어떤 준비가 될 수 있으리라는 것은 있을 법한 일이다. 특히 의의학(意義學, Semasiology, Semantics)의 연구 결과가 시의 심리학에 옆으로부터 던져 주는 광명은 소홀히 여길 수 없다. 얼른 보면 리처즈의 연구는 그와 오그던(C. K. Ogden)이 공동으로 쓴 『의미의 의미(The Meaing of Meaning, 1923)』라는 저술에 기초를 두었다고 할 수 있다. 루돌프 카르나프, 모리스 등의 말의 논리적 분석은 간접으로 이 문제에 빛을 던져 준다고 함도 부인할 수 없다.

나아가서 시의 경험을 다루는 데 있어 오늘의 심리학 그것이

이 일에 통용될 어떤 일반적인 관점과 전제를 제공하리라 함은 확실한 일이겠다. 우선은 사람의 마음의 활동에 대한 일반적인 이론은 오늘까지의 심리학의 성과에서 빌려 올밖에 없으며, 그다음에 그 영역을 넘어서 그 전문적인 프로그램을 진행시켜야 할 것이다.

그러나 우리가 심리학의 현상을 바라볼 적에 한 과학으로서 그것이 지극히 미숙한 상태에 머물러 있다는 것을 발견할밖에 없이 된다. 시의 경험을 다루는 데 빌려다 쓰려면 적지 않은 불편과 지장을 유감이나마 각오해야 하겠다.[1]

첫째 자연과학의 어느 것, 예를 들자면 물리학에서와 같이 통일성과 일의성(一義性)이 아직은 없다는 점은 심리학의 가장 큰 약점일 것이다. 근대의 여러 과학이 발달해 온 경력을 더듬어 보면, 그것은 다름 아닌, 그것들이 철학이라는 종가에 반역하고 갈라져 나와서 독립하는 경로였다고 하는 것은 잘 알려진 일이다. 그렇다면 심리학이야말로 그 애매하고 모호한 종가에서 뛰쳐나온 아마도 막내아들일지도 모른다. 심리학을 철학에서 과학에로 갈라 내세운 것을 항용 분트(Wilhelm Max Wundt)라고들 한다. 그러나 그것이 아직껏 케케묵은 철학의 웃옷을 아주 벗어 버리지 못한 증거로는 거기 이른바 여러 유파(流派)의 입장이 서로 대립하여 과학으로서의 한 갈래뿐인 움직일 수 없는 권위를 세우지 못하고 있는 것을 보아도 알 수 있다. 자연과학에서는 그 어느 분야에서도 한 제목에 대해서 아주 대립되는 두 주장이 오래 똑같은 권리로 제각

---

[1] "만약에 물리학에서 성취해 온 것에 멀리 비교할 만한 무엇이, 심리학에서 이루어질 수 있기만 하다면, 기사(技師)가 생각해 낼 수 있는 어느 것보다도 오히려 더 뚜렷한 실제적인 결과를 기대할 수 있으리라는 것은 오래 두고 인정되어 왔다. 심리 과학에 있어서의 맨 처음의 열매 있는 한 걸음 한 걸음은 그 행진이 더디었던 것이다. 그러나 그것은 벌써 인간의 앞길을 변화시키기 시작하고 있는 것이다."(SP, p. 12)

기 진리라고 버틸 수는 없다. 이윽고 그 하나가 자리 잡히면서, 다른 하나는 무너져 버리거나, 또는 둘이 종합됨으로써 문제가 해결되고 마는 것이 보통이다.

그런데 심리학에 있어서는 그와 반대로 분명히 상극하는 여러 학설과, 그것에 근거를 둔 유파가 서로서로 제가 옳다고 권리를 주장한다. 20세기의 첫 무렵에는 정신분석학이야말로 새 세기의 아들인 듯이 유행하더니 한편 행동주의 심리설(行動主義心理說, Behaviorism)과 형태주의(形態主義, Gestalt Theory)가 뒤를 이어서 무대 전면에 등장했다. 바른편 맨 끝에는 내관(內觀) 심리학조차가 의연히 그 오랜 지지를 지키고 있다.

"육박하는 통로에 있어서, 입장에 있어서, 선택된 발굴 영역에 있어서, 연구 방법에 있어서, 설명의 원리에 있어서, 또 하나 덧붙인다면 철학적 배경에 있어서, 이 모든 것들의 가지각색인 모양은 도대체 과학으로 친다면, 이는 매우 가엾은 상태에 있다는 인상을 읽는 사람에게 줄 것이다. 어떠한 다른 자연과학에도 이러한 혼란과 모순은 나타나지 않는다."[2] 라고 한 말은 바른말이다. 그 위에 다시 각 유파 사이에 쓰는 술어가 서로 다르고 질서가 없어 한층 더 곤란을 가져오는 것 같다.[3] 과학상 술어이려고 하면서도 한 가지 말에 여러 유파가 붙여 주는 뜻과 내용은 각각 엉뚱하게 다른 경우가 많다. 이리해서 각 유파 사이에는 열매를 맺을 보람 있는 토론의 발전을 기대하기가 어렵고, 한갓 쓸데없는 동문서답에 그치고 말기 쉽다. 그렇지 않아도 그 다루는 문제와 대상의 성질상 어떤 통계학적 개괄 이상으로는 양적 정식(量的 定式)이 어려워서, 물리학에서와 같은 정

---

2 F. Aveling, *Psychology*, The *changing Outlook*, p. 89.
3 Cf. op. cit., p. 141.

확하고 정밀한 기술 방식을 갖지 못한 터인데, 게다가 술어가 여러 가지 다른 뜻을 가지고 있는 채 정리 못 된 데서, 과학으로서의 안정성은 더욱 적어진다.

시의 경험을 다루는 데 있어서 가장 쓸모 있을지 모르는 감정심리학(感情心理學)조차가 "두 개의 다른 학설 위에 서 있는 것이다. 하나는 주장하기를 감정의 첫 시작은 마음속의 내부적 경험이어서 그것에 덩달아 — 내장기관에 거기 따르는 변화를 일으킨다고 한다. 다른 학설은 저 유명한 제임스-랑게설(James-Lange Theory)로서, 감정을 늘 육체의 생리상 변화, 특히 심장, 혈관 및 근육의 긴장도에 일어나는 변화에 따라오는 2차적인 현상이라고 생각한다".4

과학에 있어서는 맨 마지막의 시금석은 사실의 검증인 것이다. 자연과학에도 여러 가설이 남아 있는 게 실상이다. 그러나 그 경우에도 가설은 비록 검증을 거쳐 입증은 아니 되었을망정 과학적 추리상 어쩔 수 없는 틈바구니를 막는다는 최소한도에 그쳐야 할 것이다. 그래서 어느 과학의 부문을 막론하고, 그 체계 속에 가설이 많이 남아 있고 하는 것은 과학으로서는 자못 떳떳하지 못한 일이다. 그런데 우리가 갖고 있는 심리학 체계 속에는 도대체 가설인 부분이 실상 적지 않다. 이른바 실험심리학(實驗心理學)이라고까지 부르는 특수한 부문조차 있기는 하나 그것도 도저히 물리학, 화학에 있어서의 실험에 대등할 만한 것이 되기에는 앞길이 멀다.

리처즈는 그러나 결코 오늘의 심리학의 연약한 상태 때문으로

---

4   V. M. Bekhterev, "Emotion as Somato-mimetic Reflex", *Feelings and Emotions*(The Wittenberg Symposium, 1927) 중에서.

해서 아주 실망하지는 않는다. 그는 심리학이 이윽고 거두고 말 미래의 성과에 대하여 깊이 믿어 마지않는 것이다.[5]

심리학의 통일은 언제고 한번은 이루어지고 말 것이며, 사람의 마음의 활동에 대한 지식도 또한 차츰 더 확실해지리라고 믿고 있는 것이다. 오늘의 상태에 있어서조차 "정세를 살펴보면 막대한 연구의 업적이 여러 방향으로 이루어져 왔으며 또 이루어지고 있는 것이 확연하다. 그리고 이러한 여러 심리학 체계의 때로 대립하는 주장과, 표면은 서로 떠밀고 있음에도 불구하고 거죽만 핥는 학도의 눈에 비치는 것보다는, 훨씬 많은 일치점이 그들 사이에는 사실로 있는 것이다".[6] 그래서 얼른 보면 대립 상극하는 학파와 학설은 점점 더 접근되어 갈 가능성이 있어 보인다. 카를 빌러(Karl Bühler)는 1927년 비텐베르크 학회의 토론석상에서 아래와 같이 말한 일이 있다.

나는 행동주의 학파면서 내관론자(內觀論者)라고 생각한다. 또 장래에는 우리들 모두가 행동주의 학파면서 동시에 내관론자일 것이다. 나는 우리가 두 용납지 못할 입장에 섰다고는 생각지 않는다. 그렇지 않고 우리는 한편 것과 다른 편 것에 서 있는 것임에 틀림없다고 생각한다…… 그리고 나는 동물심리학의 영역에서는 행동주의학파고자 한다. 그래서 행동주의가 실험을 행하며 아이들이나 동물을 관찰할 수 있는 것을 이용하는 방법을 가르치는 한도 안에서는 그렇다. 나는 내 바로 출판한 새 저서 『심리학의 위기』속에서, 행동주의 그 자체는 매우 좋은 관점으로서, 심리학의 가능한 관점의 하나며 필요한 관점의 하나라는 것을 보이려고

---

5 Cf. PC, pp. 346~347.
6 F. Aveling, op. cit., p. 84.

힘썼다. 그러나 행동주의의 술어들은 다른 관점에서 얻은 약간의 사실을 필요로 한다. 가령 내관에서 얻은 것 같은 것이 그것이다. 우리는 그 이상의 것을 요구한다고 나는 생각한다. 아마도 앞으로 우리는 그것을 사회적 관점이라고 부를는지도 모른다. 이 세 관점은 모두 필요하며 동시에 마찬가지로 가능한 것이다. 행동주의 그것만으로는 조직적 심리학의 온 과정을 맡아 하거나, 또는 온 영역을 도맡을 수는 없는 것이다.[7]

또 서로 대립하는 유파들은 반드시 언제고 그들의 주장을 서로 부정하고 달려드는 것도 아니다. 프로이트가 아래와 같이 말할 적에 그는 이 일을 말한 것이다.

사실 정신분석학은 다른 편에서 주장한 일을 그리 자주 부정하는 것은 아니다. 대체로 정신분석학은 오직 이러한 주장에 그 무엇을 덧붙였으며, 때로는 공교롭게도 지금까지는 지나쳐 버린 것인데 또 정신분석학에 의하여 새로 덧붙은 것이 바로 본질적인 것이었다.[8]

블로일러(Eugen Bleuler)와 융(Carl Gustav Jung)은 이미 "실험심리학(實驗心理學)과 정신분석학 사이의 첫 다리"를 그들의 연상(聯想) 실험에서 놓았다고들 보고 있다.[9]

이리하여 심리학은 모든 상반하는 학설과 이론을 차츰 통일, 조화하면서 신경학, 생리학, 의학 등의 여러 관련된 과학의 성과를 이용하면서, 차츰 한 개의 과학으로서 자라 간다고 한 왓슨(J.

---

7   *Feelings and Emotions*, p. 191.
8   S. Freud, *A General Introduction to Psycho-analysis*, p. 28.
9   Cf. op. cit., p. 86.

B. Watson)의 말은 심리학의 앞길에 매우 유리한 전망을 펴 보여 주는 것이다.[10]

---

[10] G. B. Watson, *Psychology from the Standpoint of a Behaviorist*, pp. 19~22.

제3장 __ 시의 경험

　　어느 아름다운 작품이 당신에게 그 자신을 전해 오는 그 방식을 주의하오. 사람은 다른 새 사람을 우연히 만나듯 우연히 그것을 만나오. 그 작품의 얼굴에는 흉내 낼 수 없는 빛과 그림자가 다른 사람과 비슷한 데와 함께 말할 수도 없이 항시 개성(個性)과 함께 흐르는 것이오. 그것은 제 자신의 생명을 가지고 있소. 눈에 띄지 않는 수없는 영향이 그 얼굴의 윤곽을 잡아 놓는 것이오. 당신이 필연코 알 리 없는 무수한 일이. 그러나 거기서 당신의 한 전체적 인상을 끄집어내는 그러한 일 말이오.

　　　　　　　　——샤를 모롱, 「예술과 문학에 있어서의 미의 성질」에서

　　시의 경험을 분석함에 앞서서, 그러면 우리는 오늘의 여러 심리학파의 어느 한 이론을 근거로 삼을 것인가. 그보다도 여러 학파의 학설을 종합하여 취사선택해서 독자적인 전제를 세울 것인가? 리처즈의 견해를 들으면, 우리의 목적이 심리학 그것의 연구에 있지 않고 시의 경험의 분석에 있어서 심리학의 성과와 방법을 갖다 쓰려는 것인즉 둘째 번 길을 취하는 것이 더 옳겠다고 그는 생각하는 것이다. 그러한 방침 아래서 시험한 그의 문제 설정의 실상을 살펴보면 아래와 같다. 첫째 지을 적과 읽을 적의 두 고비

로 나타나는 시의 경험의 분석, 특히 시를 받아들일 적에 마음속에 일어나는 경로를 소상하게 해부해 보여 주었다. 다음에는 낮은 시의 경험에서 높은 그것을 가려내는 일은 어떻게 행해지는가 — 즉 가치판단의 실제를 분석하는 일에서 시작해서부터 그 근거와 기초마저를 찾아내려 했다. 다시 한 걸음 나아가서 시가 문명 그것 속에 차지하고 있는 위치와 또 그 속에서 맡아 하는 일의 몫을 바로 찾아내려 했다. 그중에서도 시와 문명의 관계에 대한 맨 나중 문제는, 바로 시의 사회학과 심리학이 기이하게도 서로 마주치는 십자길 어부름[1] 같아 보인다.

1. 마음의 그림(假像)

사람의 마음의 활동이라고 하면 주장 의식의 모에 국한해 온 것은 오래인 버릇이었다. 이 의식의 모를 넘어서 헤아리기 어려운 무의식 세계의 비밀을 펼쳐 보이려고 한 곳에 프로이트의 정신분석학의 새로운 매력이 있었던 것이다. 꿈과 신화와 시는 더군다나 쉽사리 서로 연결될 어떤 도랑을 가졌던 것이다. 이와는 반대로 파블로프(Ivan Petrovich Pavlov)의 조건반사 실험에서 출발한 듯한 왓슨 등의 행동주의심리학(Behaviorism)은 우리가 관찰할 수 있는 가장 단순하고도 순수한 행동, 즉 자극과 반응이라는 최저 사항을 과학으로서의 심리학의 출발점으로 삼으려 했던 것이다. 그 뒤의 형태심리학은 신경학(神經學)과 전자학(電磁學)의 이론을 종합해서 한 대담한 유추를 감행하려 한 데까지 이르러, 오늘의 심

---

[1] '어울림'의 방언.

리학이 앞으로 어떠한 열매를 가져오리라는 것은 좀체로 헤아리기 어려운 형편이다. 더군다나 교육과 산업과 의술 방면에 실제로 쓰여져 적지 않은 효과를 나타내고 있는 점은 심리학에 어떤 유망한 징조를 보여 주는 것 같다.

그러해서 리처즈는 홀홀히 어느 한 학파나 한 학설에 쉽사리 가담해서 거기 편벽되게 그의 시학의 기초를 세우려 하지는 않는다. 그렇지 않고 어디까지든지 여러 학설 속에서 그의 당면한 요구에 들어맞는 부분을 추려 모아 가되 장래의 심리학은 보다 더 엄정한 과학의 선을 따라 말하자면 이론물리학을 한 표본으로 삼고 나갈 것이라는 원칙에 서 있는 것이었다.

사회적 역사적 사실로서의 시가, 한 경험으로서 현실적으로 일어나고 지나가는 장소로서의 사람의 마음을 육체와 대립하는 의미의 영혼이라든지 정신으로 여기지 않고 생리상 신경계통의 기능으로서 규정하려 드는 곳에 리처즈의 독특한 착안이 있는 것 같다. 사람의 마음을 신비화하며, 육체를 떠난 다른 원리에 의해서 움직이는 아주 다른 세계로서 상정하려는 일체의 신비주의 — 접신 사상(接神思想), 영감설(靈感說), 이원론(二元論)을 부정하는 것이다.

우리는 자연 마음을 수에 있어서 세 가지 속성을 가진 변동하면서도 꽤 지속하는 동뜬 정신적인 종류의 것으로 생각하기 쉽다. 그 속성은 즉 인식하며 의욕하며 느끼는 그 능력으로서, 대상을 알아차리며 이와 관련을 짓는 존재의 세 가지 더 줄일 수 없는 방식인 것이다. 사실의 면밀한 검토에 의해서 이 모든 세 가지 일을 의식적으로 하는 것과 마찬가지로 무의식적으로 하는 것으로 생각할 수밖에 없이 될 적에, 이 실체에 대한 맹렬한 충격이 온다. 무의식한 마음이라고 하는 것은 쓸모는 있을지 몰라도 꽤 뚜렷한 만든 그림〔假構〕인 것이다. 그래서 신경계통에 일어나는 일은 쉽사리 만족할 만한 대용물로 받아들이게 된다. 이런 논거에서 의식적인 마음을 같은 만든 그림으로 인정하게 되는 데 이르기까지는, 비록 사람들은 이를 어렵게 생각하지만 그리 큰 거리는 없다. 이 곤란의 어떤 것은 관습에서 오는 것이다. 우리는 우리가 그 만든 그림에 대해서 참이라고 믿던 것이 얼마나 많이, 보다 덜 만든 그림으로 보이는 대용 사항(代用事項)으로 진술할 수 있나를 깨닫는 때 그것은 김이 빠진다. 그러나 그 곤란의 많은 것은 그 근원이 감정적이요 이지적이 아니며, 더 특수한 경우로는 종교적이다. 그것은 욕망과 무서움과, 경우를 따라서는 법열(法悅)에 연유하며, 사상의 이름 아래 횡행하는 감정에 연유한 것으로서 얼른 치워 버리기 어려운 곤란이다.

　마음이 신경계통 또는 차라리 그 활동의 일부라는 것은 오래전부터 분명해졌다. 철학적 선입견을 가진 심리학자 사이에서는 일반적으로는 괴이하게도 이 사실의 인정을 늦추어 오기는 했어도 —. 신경학이 한 걸음 나아감을 따라 (그런데 이 부문의 결정적인 진보는 아마도 1차 대전이 남긴 오직 하나인 유산이지만) 그 증거는 어쩔 나위 없는 것이다. 신경계통에 대한 우리의 지식이 현재 처해 있듯이 정위공작(定位工作)의 세 부분의 대부분은 꿰뚫어 낼 나위 없이 흐릿하며, 우리가 하는 설명이 정신적 사태에 관한 명사(名辭)로서 하느니보다는 보다 덜 만든 것이랄 따름이라는 일은 털어놓고 인정해야 하리라는 것은 참말이다. 그러나 앞날의 연구로써 내용이 충실해질 수 있음직한 설명의 종류는 행동주의 심리학파와 정신분석학자들의 연구를 거쳐 많이 밝혀져 왔다. 두 편의 가정과 성과는 형태심리학파의 근자의 실험적 및 이론적 연구가 보이는 그러한 길로 바로 잡혀야 할 것이기는 하나 —.

우리는 우리의 육체며 더 특수하게는 우리 신경계통이며, 또 한층 더 특수하게는 그것의 더 높고 더 중심인 조정 부면(調整部面)이며, 그래서 마음이란 충동의 한 체계라는 생각은 유물론이라고 지목되어서는 아니된다.[2]

사람의 마음의 활동을 신화화하는 어떠한 생각도 인정하려 들지 않고 현대의 과학이 보장할 수 있는 최대한도의 재료에만 의거하려고 하는 것은 리처즈의 겸손한 태도라 하겠다. 그러므로 그는 심리학의 가장 힘 있는 근거로서는 신경학을 채용하려 드는 것이다.

신경계통은 환경이나 또는 신체의 안으로부터 오는 자극이 적당한 행동으로 결실하는 수단이다. 모든 마음의 사태는 자극과 반응 사이의 어디선가 적응하는 과정이 진행되는 가운데 일어난다. 하나하나의 마음의 사태는 그 근원 자극에 가지고 있으며, 성격과 그리고 결과는 행동 또는 행동을 위한 조정 속에 가지는 것이다. 그 성격은 때로는 내관(內觀)에 비칠 수 있다. 도대체 느끼거나 느껴지는 경우에 그렇듯이 느끼는 것이 의식이다. 그러나 많은 경우에 아무것도 느껴지지 않아서, 그러한 마음의 사태는 무의식적이다. 어떤 사태는 의식적이고 다른 것은 무의식적이 되는 까닭은 현재로서는 신비에 속한다. 신경학이 서로서로 사이에 연락을 붙일 여러 가지 암시를 던져 주는 데 성공한 사람은 아직까지는 아무도 없다. 어떤 중요한 점에서는 의식적인 마음의 사태와 무의식적인 그것은 서로 다를 것임에 틀림없으나, 그것들이 무엇이냐 함에 대하여는

---

2   PLC, pp. 82~84.

아무도 아직은 마음 놓고 생각해 볼 수는 없다. 다른 한편에 있어서 그것들은 서로 같은 여러 가지 모가 있다. 그런데 이것이 현재로는 우리의 연구에 가장 길이 열린 여러 모다. 마음의 사태가 일어나는 과정은 분명 자극에서 시작해서 행동에서 끝나는 것이지만, 그것은 우리가 충동이라고 불러 온 것이다. 실제의 경험에 있어서는 단 하나인 충동은 물론 결단코 일어나지 않는다. 가장 단순한 사람의 반사운동조차, 서로 의지하는 충동의 매우 복잡한 뭉치인 것이다. 그래서 실제의 사람의 행동의 그 어느 것에서도, 일어나는 때를 같이하며 연결된 충동의 수란 헤아릴 수 없다. 단순한 충동은 사실상 한 극한이다. 그리하여 심리학이 관계하는 단 하나인 충동은 얽히고 복합적인 것이다. 마치 우리가 배고픈 충동이나 또는 웃으려는 충동이나에 대하여 말하듯이, 단순한 충동들이 문제인 것처럼 말하는 것이 가끔 편하기는 하나, 그러나 우리는 우리의 모든 활동이 어떻게 얽혀져 있나를 잊어서는 아니 된다.

　자극을 출발점으로 삼는 것은 어찌 보면 그릇 나가는 일이 된다. 어느 순간에 우리가 받을지 모르는 가능한 자극 가운데서 오직 몇몇만이 실제로는 열매를 맺는다. 어느 자극을 받아들여서 어느 충동이 뒤따르느냐는 우리의 관심 가운데에서 어느 것이 활동하느냐와, 우리 활동의 일반적인 구조에 달리는 것이다. 이것은 신체의, 되쳐들며 뿌리 깊은 욕망의 충족, 또는 불안정의 상태에 의해서 대단히 제약된다. 배고플 때와 배부른 때와는 부엌간 음식 냄새의 자극에 대해서 우리는 달리 반응하는 것이다. 배 탄 손님들이 눈치도 못 차리는 바람결의 우연한 일이 배의 선장으로 하여금 돛을 낮출 수밖에 없이 만든다. 이 점에 있어서 사회적인 욕구는 항용 개인적인 욕구와 마찬가지로 중요하다.

　이리해서 친구들 앞에서 뽐내 보려고 해서 친구를 데리고 화랑(畵廊)을 거니는 어떤 사람들은 저들뿐일 경우에 받는 것보다는 사실상 훨씬

더 그림 폭들에서 자극을 받을 것이다.[3]

이리하여 리처즈는 히틀러식의 소박한 연상심리학(聯想心理學)의 일체의 남은 찌꺼기조차를 거부한다. 세상에 태어날 적의 사람의 마음을 한 백지와 같은 것으로 정해 놓고, 거기에 차츰 관념의 무리가 하나씩 둘씩 적혀진다는 생각은 분명 어리석은 18세기의 가설일세 옳다.[4] 또 사람의 마음을 지(知), 정(情), 의(意) 세 요소로 된 것이라고 한 이른바 요소심리학(要素心理學)은, 고전물리학의 요소라는 생각에서 따온 단순하기 짝이 없는 것이라 하여 물론 돌보지도 않는다.[5]

모든 신비주의와 이원론과 유심론의 농무를 헤치고 마음의 활동을 신경계통에까지 환원시킨 리처즈는, 그러한 소상한 분석만으로는 마음의 실상을 밝혔다고 생각하지 않는다. 즉 사람의 마음의 활동을 한 정태적인 것으로 상정하는 것은 실상에서 훨씬 먼 것으로, 그보다도 그 동태에 있어서 다시 말하면 그 기능의 면을 통해서 이를 붙잡으려 한 것이다. 그리해서 마음의 실상은 서로 끊임없이 작용하며 관련되는 여러 충동이 어울려 이루어 가는 한 전체로서 상정한다.

관심이라는 것이 어떤 것이라는 것을 이해하기 위해서는, 우리는 마음을 매우 미묘하게 어울린 균형의 체계로, 우리가 건강 상태에 있는 동안은 쉬지 않고 자라 가는 체계로서 생각해 보아야 할 것이다. 우리가 다

---

[3] Cf. op. cit., pp. 85~87.
[4] Cf. PLC, p. 104.
[5] Cf. op. cit., p. 82.

닥치는 정황마다가 어느 정도로 이 균형을 헷갈라 놓는 것이다. 그것들이 새로운 안정 상태로 퉁겨 돌아오는 여러 방식이 우리가 그 정황에 반응하는 충동들인 것이다. 그런데 이 체계에 있어서 줏대되는 균형이 우리들의 주장 가는 관심인 것이다.[6]

이러한 이론은 크뤼거(Felix Emil Krüger)의 전체성심리학(全體性心理學) 또는 형태심리학이 주장하는 것과도 매우 통하는 것이라 하겠다. 크뤼거는 이렇게 말한 적이 있다.

현실적인 경험의 구분지을 수 있는 부분이나 부면이, 마치 물리적 실체의 부분 즉 분자나 원자처럼, 서로 갈려 나가는 것은 결코 아니다. 우리가 거기서 비교에 의해서 구분하는 모든 것은 항상 지극히 치밀하게 서로서로의 내부와 둘레에 얽혀 있는 것이다. 그래서 언제고 예외가 없이, 그것은 한 전체성 속에 뿌리박고 있는 것이다. 그래서 그것에 의하여 침투되며, 다소간 완전하게 폐쇄되어 있는 것이다.[7]

우리는 다시 형태심리학의 대변자 쾰러(Wolfgang Köhler)의 마음에 대한 이른바 역학적(力學的)인 설명을 들어 보기로 하자.

경험과 행동의 밑에 흐르는 경과에 대한 우리들의 근본적인 가정은 내관론자와 행동주의 심리학파의 양편에 다 대립하는 것임에 틀림이 없다. 즉 국부적이며 서로 독립한 사태의 국부적인 자극에 대한 반응이 아니고, 유기체는 한 능동적인 자극의 뭉치에 대하여 한 전체적인 과정에

---

6   SP, p. 20.
7   F. Krüger, "The Essence of Feeling", *Feelings and Emotions* 속에서.

의하여 반응한다. 그 과정은 한 기능적인 전체로서 전체적 정황에 대한 그것의 반응인 것이다.[8]

2 시의 경험의 특징

시의 경험은 시인에게 있어서는 그가 어떤 시의 동기에 관심을 일으키는 순간에서 시작해서, 말을 통해서 그것을 발전시키고 조직하고 통일하는 경로 전부이며, 읽는 편에 있어서는 말이라는 기호 조직의 해석을 통해서 한 시가 대표하는 어떤 독특한 경험의 이해에서 끝나는 경로 전부일 터이다.

경험의 세계에 있어서 시의 경험이 차지하는 자리는 유다른 것일세 옳다. 그러한 특이성을 과장해 가지고는 한 옛날 사람들은 그것을 시의 신 뮤즈의 혜택에 돌렸으며, 낭만주의자들은 적어도 그것을 보통 일이 아닌 영감이라 하여 신비로운 것으로 만들어 버리는 것이었다.

그러나 시의 경험은 다른 경험의 세계와 결코 본질에 있어서 구별될 성질을 띤 것은 아니라고 리처즈는 주장하는 것이다. 숲 속을 거닐다가 회의(懷疑)의 안개를 뚫고 떠오르는 한줄기 빛에 소스라쳐 "나는 생각한다. 그러므로 내가 있다."고 소리치던 데카르트의 경험이나 좋은 음식을 반기고 나쁜 냄새를 피하는 보통 사람의 보통 있는 경험이나

---

8   W. Köhler, *Gestalt Psychology*, p. 106.
    그러나 한편에 있어서 행동주의 심리학의 대표자인 왓슨도 "가장 적은 감각적인 자극에 사람이 반응할 적에도 단순히 손가락 하나 꺼덕이거나 '붉다'는 말 한마디를 할지라도, 온 몸이 그 반응하는 작용에 있어서 맞추어 간다."고 말한 일이 있다.(Watson, op. cit., p. 82)

밤이 지나간 뒤 눈떠 오는 지식 —
한길을 찾는 돌망창 길.
울타리 위에는 이슬 맺힌 거미줄과
대낮의 텅 빈 정거장

을 쓴 시간의 스티븐 스펜더(Stephen Harold Spender)의 경험 사이에는 무슨 넘을 수 없는 도랑이 있다고 생각하는 것은 신비주의의 남은 버릇인 것이다. 말하자면 시의 세계는 그 밖의 다른 세계와 동떨어진 실재는 아닌 것이다. 따라서 거기는 그것만의 고유한 무슨 특수한 법칙이 지배하거나 본질에 있어서 갈리는 어떤 특색이 있다고 주장할 거리가 없다는 것이다. 이러한 생각은 어찌 보면 시를 여태까지의 신성한 보좌로부터 부당하게도 끌어내리는 것이 되지 않을까 하여 낭만주의자들은 염려할지도 모른다. 그런대도 할 수 없는 일이다.

시의 경험은 다른 경험의 세계와 매 마찬가지 세계에 속하며 본질적으로는 같은 성질을 가진 것이면서도, 다만 지극히 엄격하게 제한이 된 경험일 따름이다. 일종의 질이 같은 통일, 또는 조화된 경험의 한 뭉치로서 거기 어떤 질이 다른 요소가 뛰어들 적에는 쉽사리 그만 그 통일이 무너지고 마는 그런 종류의 경험이라고 할까 —.

그것은 거리 바닥이나 산기슭에서 얻는 경험보다는 더 높이 더 미묘하게 조직된 것이다. 그것은 가냘픈 것이다. 그 위에 그것은 전달할 수 있는 것이다. 오직 조금씩 차이를 두고 많은 다른 사람들의 정신에 의하여 경험될 것이다. 이 일이 가능하다고 하는 것은 그것의 조직의 한 조건인 것이다. 그것이 그 가치가 매우 흡사한 많은 다른 경험과 다른 것은 바로

이 전달성에 있는 것이다. 이러한 이유로 해서 우리가 시를 경험하거나 계획할 적에는 우리는 그것에 개인적인 여러 성미가 뒤섞인다든지 뚫고 들어오지 않도록 보존하여야 한다. 우리는 그 시를 이러한 것들에 의하여 뒤범벅이 되지 않도록 해야 할 것이다. 그렇지 않으면 우리는 그것을 읽는 데 실패할 것이며 그 대신 어떤 다른 경험을 가진다. 이러한 이유로 해서 우리는 시와 우리의 경험에서 시 아닌 것과의 사이에 틈바구니를 꼭 지르며 지경을 긋는 것이다. 그러나 이는 같지 않은 것 사이의 분간이 아니고, 같은 활동 안의 다른 체계 사이의 갈림이다. 그 사이의 도랑은 철필을 움직여 가는 충동과 담배 피우면서 글을 쓰는 사람의 담뱃대를 움직이는 충동과의 사이의 도랑보다 더 큰 것은 아니다. 그래서 시의 경험의 비연합(非聯合) 분리는 다만 그것을 그 밖의 요소와 영향으로부터 해방하는 일이다.[9]

시의 경험은 이리해서 우선은 다른 경험과 매 마찬가지 세계에 소속해 있는 것으로, 다만 그 특이한 잘 정돈된 조직 상태를 얻는다는 때문으로 해서 다른 경험들과 구별될 따름이라고 한다. 이것이 그 첫째 특징이다.

둘째 특징은 앞에서도 말했듯이 그 전달성에 있다. 전달이라고 하는 것은 글자 그대로 경험을 바꾸는 것을 일컫는 것이다. 사람과 사람이 피차간에 바꿀 수 있으며 또 바꿀 가치가 있는 경험도 있으려니와 그렇지 못한 것도 있을 터이다. 시는 그 앞의 것에 속하는 것으로 특히 말이라고 하는 기호 조직을 중매로 하는 경험의 교환이다. 기호 조직인 까닭에 그것은 늘 어떤 뜻(意味)을 지니

---

[9] PLC, pp. 78~79.

고 있어야 하며 의미 없는 기호라고 하는 것은 기호도 아무것도 아닐 것이다. 그런데 말은 사람이 그때그때 일정한 의미를 그 상대편에 전하여 자기의 뜻을 이루기 위하여 오랜 세월을 두고 쌓아 올린, 말하자면 역사적 사회적인 문화의 연장인 것이다. 그리해서 시의 경험은 서로 바꿀 수 있는 경험이면서 동시에 스스로 바꿀 보람이 있다고 결정하는 경험이며, 따라서 그것의 전달을 통해서 어떤 의사가 이루어지는 것임을 알 수 있다.

시의 경험의 셋째 특징은 다른 예술의 경험과 마찬가지로 그 통일성, 전체성에 있다. 그러므로 피아노 건반 하나하나에서 울려 나오는 소리나 또는 캔버스에 칠한 빛깔 하나하나는 오직 우리 귀나 눈에 한 단조로운 감각으로서 나타날 뿐이지만, 그것이 이웃한 다른 소리나 빛하고 어울려서 이루는 형태야말로 뜻하지 않은 결과를 사람의 정의(情意)의 세계에 남긴다고 하였다.[10]

마지막으로 그것은 마음의 지적 기능과는 구별되는 정의의 기능에 속하는 경험의 분야라는 것이다. 그러면 정의의 경험이란 어떤 것인가. 리처즈에 의하면 정의의 경험을 특징짓는 두 가지 일이 있다. 그 하나는 사람의 몸의 뭇 기관에 조직적인 체계를 통해서 이루어지는 한데 풀리며 침투된 반응이라는 일이다. 다른 하나는 어떤 결정적인 종류의 한 떼의 행동을 가지려는 경향이다.

3 시의 경험의 생리=심리적 기초

마음과 몸을 아주 딴 것으로 갈라서 생각하는 것은 낡은 형이

---

[10] Cf. Ibid., p. 171.

상학의 이원론적인 생각의 남은 자취거나 오랜 종교적인 생각의 뿌리 깊은 버릇이다. 그러한 방식으로 생각해 가면 사람의 이지(理智)의 활동이나 정의(情意)의 작용이 모두 사람의 마음의 신비스러운 속성으로 보이기 쉽다. 그런 게 아니고 그러한 마음의 활동은 결국은 일정한 생리 현상을 기초로 한 것이며, 따라서 대립된 두 세계가 아니라 한 가지 현상의 발전된 전개라고 해야 옳을 것이다.

　예술이 관련하는 정의 작용도 기실은 일정한 생리 현상의 종합으로 나타나는 것이라 하겠다. 즉 맨 처음에는 내장과 혈관 계통, 특히 호흡기관과 내분비선의 변화가, 어떤 본능적인 경향을 촉발하는 정황에 대한 반응으로서 일어나는 것이다. 이러한 모든 변화의 결과로서 신체 내부에 연유한 감응의 파동이 의식에까지 떠오르는 것이다. 이러한 감응이 적어도 정의의 특수 의식의 중추를 이루는 것이다.[11] 이러한 감응 또는 그것들의 영상(映像 또는 心像, Image)이 어떤 정의적 경험의 중요한 성분으로서 그것에 유다른 색조나 톤이나 질량감, 경도(硬度), 첨예도(尖銳度) 같은 것을 붙여 주는 것으로 보인다.

　그러나 한편에 있어서 신경계통에 일어나는 반응에서 오는 의식의 변화도 지금 말한 변화보다 더 중요하면 했지 못하지는 않은 것이다. 아니 이 신경계통의 활동이 바로 모든 운동을 조직하며 통어하며 정황의 자극에 대한 근육의 반응을 통솔하는 것이다.

　이제 우리는 실제로 시를 읽는 때의 경험을 돌보아 보자.

11　Cf. PLC, pp. 101~102.

비애! 너는 모양할 수도 없도다.
너는 나의 가장 안에서 살았도다.

너는 박힌 화살 날지 않는 새
나는 너의 슬픈 울음과 아픈 몸짓을 지니노라.

너를 돌려보낼 아무 이웃도 찾지 못하였노라.
은밀히 이르노니 행복이 너를 아주 싫어하더라.

(1) 여기서 첫째 받는 것은 쓰여진 또는 인쇄된 글자에서 눈으로 들어오는 시각적 감각이다.
(2) 다음에는 이 감각과 매우 긴밀하게 연결되어 있는 영상이 생긴다.
(3) 읽는 사람을 따라서 어느 정도 비교적 자유롭게 이와 관련해서 떠오르는 영상들이 뒤따른다.
(4) 시 속에 쓰여진 말들이 대표하는 여러 가지 사물에 대한 관련, 또는 생각들.
(5) 이 모든 과정을 포섭한 정서적 반응이 온다.
(6) 이리해서 시를 읽는 경우의 전 경험의 총 결과로서 정의적(情意的) 태도가 어울린다.[12]

(1) 시를 주장 인쇄된 활자로써 읽게 된 것은 15세기 구텐베르크의 활판 인쇄술의 발명 이래 인쇄술의 발달을 따라 생긴 풍속이

---

12 Cf. Ibid., pp. 117~119.
    Boring, Langfelt und Weld, Psychology, pp. 344~353.

다. 고대와 중세에 시는 추장 입을 통해서 구전되어 후세에 전해지기도 했고, 또 전파되기도 했다. 글로 적어서 전해지기 시작한 것도 훨씬 나중 일이었다. 글로 적은 것을 읽을 적에도 소리를 높여 읽었으며, 듣는 편에서도 추장 귀로 들었을 따름이다. 그러니까 시가 처음 받아들이는 편에 들어갈 적에는 눈이 아니라 귀로, 시각(視覺)이 아니라 청각(聽覺)을 거쳤던 것이다. 그러나 인쇄술이 생겨서 발달한 다음에는 시는 활자로 인쇄되어 그것이 눈을 거쳐 묵독되는 것이 보통이었다. 즉 활자의 시각적 감각이 시를 이끌어 들이는 첫 관문이 되었다. 그러나 인쇄의 모양 그 자체는 시 그것과는 관련이 없는 딴 실용미술의 분야에 속하는 것이다. 한때 입체파의 시인들, 예를 들면 아폴리네르(Guillaume Apollinaire), 콕토(Jean Cocteau) 같은 사람들이 시를 어떤 입체적 효과를 노리고 유별나게 인쇄한 적이 있었으나 그것이 시의 본질적 면과는 아무 관련이 없었음은 물론이다.

(2) 활자의 시각적 감각이 일으키는 영상(Image)에 두 가지가 있다. 그 하나는 그 글자들이 가진 소리의 청각적 영상이다. 그것은 반드시 실제로 발음할 적의 최소한도의 운동과는 구별되는 것이다. 이 두 영상은 다만 글자로써 대표되는 말 그것하고 맞닿은 영상이요, 그 말들이 대표하는 사물의 영상이 아님을 주의해야 한다. 지금 말한 이 두 영상은 혹은 언어적 영상이라고도 하고 혹은 시의 형식적 구조라고도 불려지는 것이다.

(3) 말이 우리의 마음의 눈에 일으키는 시각적 영상이 시에 있어서 꽤 중요한 모임은 부인할 수 없으나, 19세기 이후 시의 시각적 이미지를 과대평가하는 경향이 생긴 것도 주목할 일이다. 특히 제1차 대전 바로 전에 일어난 영국과 미국의 사상파(寫象派,

Imagists)의 시 운동은 이것을 너무 강조한 느낌조차 있었다. 현대시에 시각적 영상의 가치를 의식시킨 것은 현대의 그림의 영향이었음도 알 수 있다. 다음으로 영화의 영향을 역시 들 수밖에 없다. 시각적인 그림의 공간적 시간적 배합을 그 중요한 표현 수단으로 삼는 이 매력 있는 새 예술의 장르가 예술의 다른 부문에 미친 가지가지 영향은 헤아릴 길이 없을 정도다. 그리하여 시가 가지는 시각적 영상의 선명한 정도가 그 시의 가치를 결정하는 요인인 듯한 그릇된 생각마저 떠돌기에 이르렀던 것이다. 그 영상 자체에는 결국 고유한 가치가 있는 게 아니라, 그 영상이 유도하는 정의적 효과를 위한 수단이라고 리처즈는 주장하는 것이다.

(4) 이렇게 해서 마음에 들어오는 충동은 진공관(眞空管) 속에 들어오듯, 순수하게 그것에 고유한 효과를 나타내는 게 아니라, 이미 있어 온 어떤 복잡한 충동의 조직 속에 떨어지는 것이다. 그 충동은 시 속의 말들이 가리키는, 또는 관련하는 사물을 생각하게 한다. 그것을 항용 시의 뜻이라고도 하고 내용이라고도 하여 왔다. 시간과 공간을 차지한, 즉 '언제' '어디' 있는 사물이라는 의미의 사물에 대한 분명한 제한을 시는 보여야 한다는 생각이 떠돌았다. 그러나 시에 있어서 사물에 대한 지시는 읽는 사람을 따라 뚜렷한 한계가 있는 것도 아니요, 시인마다 일정한 것도 아니다. 거기는 정도의 차와 자유로운 연상을 위한 여지가 넉넉히 있어 무방하다. 또 그러한 언뜻 보아 시간 공간의 제약을 지닌 듯한 사물은 그 사물 자체의 그 엄격한 시간, 공간성 때문에 있는 것이 아니라 한 전체적인 효과를 위해 있는 것이다.

(5) 정의(情意)라고 하는 것은 태도의 한 징상(Sign)이다. 태도가 어떤 것인가를 직관적으로 알게 하며 또는 느끼게 하는 징상이

다. 과학적 인식 모양으로 따져서 궁리해 아는 게 아니라 바로 알아내는 것이다. 즉 궁리하는 데 쓰는 것은 기호(Symbol)인 데 대해서 이것은 대표하는 사물과 유기적 관계가 있는 것이다.

(6) 예술적 경험에 있어서 가장 중요한, 아니 그 핵심이자 결론인 것이 태도다. 그 태도의 치밀성과 모양에 시의 가치는 달려 있다고 리처즈는 주장한다. 어떤 의식적 경험이 어떻게 강렬하다든지 충격을 일으킨다든지 하는 게 문제가 아니다. 그런데 가치가 있는 것은 아니라고 한다. 그보다도 생의 해방과 충실을 위하여 뭇 충동을 어떻게 잘 조직하였나 하는 것이 가치를 결정하는 지표가 된다는 것이다. 정의가 비록 태도의 징상이라고는 하면서도 가장 중요한 것은 태도 그것이다. 즉 어떤 새로운 경험의 흔적이 가장 잘 나타나는 것은 그 경험을 치르고 난 직후에 그가 장차 가지려는 행동의 준비에서인 것이다. 그리하여 경험의 이러한 결과는 그의 인격에 그만큼 새로운 변동을 일으키는 것이다. 시가 빚어내는 태도는 다른 예술의 경우와 마찬가지로, 마음의 구조에 가장 심각하고도 영속적인 변동을 일으키는 그러한 종류의 것이겠다.

제4장 __ 시의 경험의 성립

　본질적으로는 시론은 말의 어떤 격률(格律)을 맞춘 배치로 해서 생겨 나는 상상적인 또는 명상적인 경험과 그리고 그런 경험의 가치를 다루는 것이라고 해도 무방하다.

―G. R. 하밀톤

　현실에서 내가 서서히 배워 낸 것을 얼마만치나 인쇄해 놓은 책장에서 배울 것인가. 또는 아마도 우리는 책장에서는 배우지 못하는 것으로, 그렇지 않고 현실에서 배워 낸 다음에 책장에 쓰인 것을 인정할 수 있을 따름이다…….
　책장에서 잠자고 있는 것은 시가 아니다. 그것은 청각을 통해서 살아와야 한다. 상상 속의 소리에서 가지는 더 섬세한 청각을 통해서 ―. 사람들은 그것을 어떻게든 들어야 한다. 그래서 그 도취에서 아름다움이 생기는 것이다.

―에즈라 파운드

1 경험의 교환

시는 결국 사람과 사람 사이에 어떤 비상한 경험을, 그렇지 않으면 비록 경험이라 할지라도 가장 잘 조직된 모양으로 어떤 경험을 매개하며 전담하는 말의 가장 세련된 한 양식인 것이다.

본질적으로는 보통 경험과 다르지 않은 시적 경험이, 그러면서도 다름 아닌 시적 경험이기 위해서는 그 시초에 있어서 적어도 두 가지 중의 어느 것이라야 할 성싶다. 즉 그것은 이 순간에서 다음 순간으로 사람들의 몸과 마음을 스치며 지나가 버리는 일상적인 경험의 무리에서 동떨어지게 뛰어난 어떤 비범한 경험일 경우가 많다.

내 귀는 소라 껍질
바다 우짖음을 서러워하는 —[1]

으로써 시작하는 장 콕토의 「칸(Cannes)」이라는 시든지

어저 내 일이사 그럴 줄을 모르던가
있으라 하면 가련만 제 구태여
보내고 그리는 정은 저도 몰라 하노라

의 한편 속에 엿보이는 시인 황진이의, 애정과 질투와 뉘우침과, 그리고 봉건 여성에게서는 드물게 보는 자의식의 억누를 수 없는

---

[1] Mon oreille est un coquillage
qui aime le bruit de la mer.

뒤볶음으로 해서 나타나는 유별난 마음의 갈등을 보자. 그러면서도 그는 복잡다단하여 갈래갈래 제물로 달아나는 마음의 갈피를 서로서로 죽이지는 않으면서도 잘 휘몰아, 어지럽게 흩어져 더듬는 듯한 말씨 속에 거느려 제쳐 나가는 것이다. 그러므로 시인에게 먼저 요구되는 소질이 있다면 그것은 이렇게 남다른 경험을, 남 못 하는 때와 곳에서 가질 수 있다는 일일 것이다. 다음으로 시인에게 요청되는 첫 훈련이 있다면 그것은 뒤범벅이 되고 뿔뿔이 난 경험의 혼돈 상태를 잘 통어하며, 그것을 멈춰 서게 하는 게 아니라 움직이는 가운데서도 조화를 이루어 가는 '동하는 질서'를 저며 주는 재간일 것이다.

그리해서 이 훈련은 드디어 아무렇지도 않은 경험일망정 그것을 잘 조직하고 부림으로써 새로운 모양을 갖추게 하는 놀라운 재주를 시인으로 하여금 부리게 하는 것이다.

그건 늙은이들의 나라가 아니다.
젊은이들 서로서로 껴안고 숲속의 새들
—저들 쓰러져 가는 세대들—은 저들의 노래가 한창[2]

「비잔티움으로 배 저어(Sailing to Byzantium)」의 모두를 시작하는 데 쓰인 경험의 조각은 반드시 예이츠(William Butler Yeats)만의 유별난 것은 아니다. 낡은 세대와 새 세대와의 교대, 사라져 가는 것의 애원성—그것은 차라리 고래로 누구나 두고두고 느끼는

---

2 That is no country for old men. The young
   In one another's arms; birds in the trees,
   Those dying generations —at their song;………

범연한 일일지 모른다. 다만 예이츠는 이 두 대조와 물러가는 것의 숙명이라고도 할 비극적인 계기를, 그 경우에 자못 적절한 이미지를 배합해서 한 극적 장면에까지 끌어올린 그 탁월한 경험의 구사력으로 우리를 놀래 주는 것이다.

보통 사람은 그의 태도에 안정과 명석을 유지하기 위해서는 대체로는 정황이 일으키는 충동의 대부분을 억눌러야 할 필요에 직면한다. 그는 그것들을 조직할 능력이 없다. 그러므로 그것들은 처치될 수밖에 없다. 같은 처지에 설 적에 예술가는 훨씬 당황하지 않고 그것들은 포섭할 수가 있다. …… 우리가 통어할 수 있는 전부라는 것이 겨우 좁은 자극의 영역밖에 아니 된다. 그래서 우리는 그 나머지는 지나쳐 버린다. 그러나 예술가는 그러지 않는다. 필요하기만 하면 마음 내키는 대로 부린다.[3]

우리가 시인을 찾아가는 것은 우리가 지나쳐 버리는 경험이 거기 보석같이 빛나 있거나, 그저 무심히 여기던 경험이 살려져 있기 때문일 것이다. 그리해서 시인과 보통 사람의 차이라고 하는 것은 이러한 정도의 것에 지나지 않는 것 같다. 시인이 보여 주는 신기한 경험은 그러므로 황당무계한 것이어서는 아니 된다. 딴 데서도 말했거니와 전달할 수 있다는 한계 안에서 보여 주는 신기로움이라야 할 것이다. 그러나 그 신기로움과 그 남다른 훈련이 없다면 우리는 구태여 시인을 찾아갈 것이 없을 것이다.

정상하다는 것은 표준이 되는 것이지, 매사가 그러하며 그대로이기

---

[3] PLC, pp. 184~185.

쉽듯 보통이 되는 일은 아니다. 규범의 뭇 성격을 묻는다든지 누가 정상이냐고 묻는 것은 가치문제를 제기하는 것이 된다. 예술가는 보통에서 떠난다. 그러나 다른 사람들도 그러기들 한다. 그러나 예술가가 떠나는 것은 그 때문으로 해서 그의 작품에 우리가 다가붙는 이유의 하나다. 다른 사람들이 떠나가는 것은 우리가 그들에게 다가붙지 않는 이유일지도 모른다…….

……만약에 예술가가 조직한 것이 일반이 그것에 접근하는 것을 불가능하게 하도록 괴짜라면, 또는 일반이 거기 접근하는 것이 (사람이란 원체가 그런 것이므로) 이익보다 손해가 크다면, 제아무리 그 자체는 훌륭하다 치더라도 우리는 그것을 내팽개쳐 마땅하다.

……그러나 평상시의 보통 사람이 손실 없이는 접근할 수 없는 심리상태라고 하는 것은 거의 언제고 결함이 있어 보이는 것이며, 그 결함 자체가 접근을 막는 장애물이라는 일을 주목하는 것은 재미있는 일이다.[4]

그러함으로써 비로소 "시인의 임무는 보다시피 경험의 한 뭉치에 질서와 연결을 붙임으로 해서 그것에 자유를 주는 일이다."[5]

이렇게 시인이 자기의 동떨어진 경험 또는 평범한 경험을 억누르며 북돋우며 휘몰아 가며 질서를 주며 통어하며 조직해 갈 적에, 그는 말이라는 연장을 기실은 써 가면서 하고 있는 것이다. 말은 조직된 경험에 맨 나중에 입히는 때때옷이 아니라, 경험 그 자체에 어울린 채 그것과 함께, 아니 바로 그것이자 이것인 관계에서 조직하는 일 자체에 참여한다느니보다도 침투해 있는 것이다. 그러므로 말이 없는 곳에 시가 있을 수 없으며, 말을 모르는 것에

4 Ibid., pp. 194~195.
5 SP, p. 61.

시가 생길 수 없다. 시의 경험은 그대로 말이 이루어져 가는 경로인 것이다. 시인은 경험을 잘 부리는 사람이라는 말은 그대로, 그는 말을 잘 부리는 사람이라는 말의 번복밖에 아무것도 아니다.

시인의 편에서 있은 이러한 경험을 시를 매개로 읽는 편이 다시 경험할 적에는 우선순서로 보아서는 그는 시를 거쳐서 거꾸로 거슬러 시인의 경험에까지 소급해 올라가야 한다. 그러므로 그것을 역(逆)경험이라고 불러 무방하다. 그러나 이 역경험은 다시 시인의 경험을 그 순로를 따라 도로 구성하기 위한 피할 수 없는 순서일 따름이다. 다음에는 간 길을 다시 좇아서 시인이 경험한 방향대로 순조롭게 저도 경험한다. 그러므로 그것을 추(追)경험이라고도 한다. 즉 아래와 같은 관계가 선다.

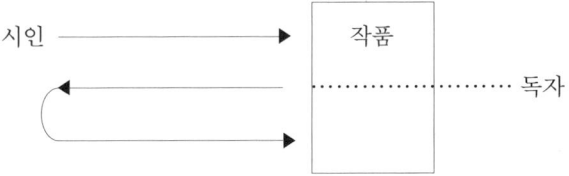

이 역경험과 추경험의 전 과정이 곧 읽는 편의 해석(解釋, Interpretation) 작용이다. 해석이 해석하는 편의 제멋이, 될 수 있는 대로 덜 섞이는 반면에, 시인 본래의 의도에 가장 가까이 보탬도 없고 줄임도 없이 상등해 가는 이상적인 경지가, 말하자면 이해 또는 요해(了解, Apprehension)인 것이다. 읽는 편에 요구되는 가장 큰 덕은 바로 이것이다.

2 전달 작용

시란 요컨대 시인이 겪는 처음에는 산만하던 어떤 정의(情意)의 경험이 뭉쳐서, 그 뭉치가 다시 조정되고 조직이 되어 가는 동안에 차츰 말이라는 기호 조직으로 객관화해 가서는 그것을 통해서 다른 사람에게 그 경험이 전해짐으로써 이루어지는 사람과 사람의 특수한 교섭인 것이다. 한 가지 조심할 것은 한 경험이 조정되고 조직될 적에 그 첫 시작부터도 말의 형상 작용으로서 나타나는 것으로 말이 없다고 하면 조정도 조직도 될 수 없는 것이다. 다시 말하면 시라고 하는 것은 사람과 사람이 경험을 서로 바꾸는 한 사회적인 방식인 것이다. 그러므로 경험의 교환이 가능한 곳에, 또 가능할 적에만 시는 이루어지는 것이다. 말이 본시 사회적인 것과 같이, 시도 또한 이렇게 사람의 사회적 관계를 전제로 하지 않고는, 또 기초로 하지 않고는 있을 수가 없는 것이다. 이것이 시의 경험의 특징의 하나를 이루는 전달성이었다.

우리는 이 전달 작용이 서 가는 근거를 더 소상히 찾아보기로 하자. 리처즈는 그것을 사람의 심리가 한결같다는 점(Uniformity)에 두는 것이다. 일찍이 마르(Nikolai Yakovlevich Marr)는 자연법칙이 설 수 있는 귀납법의 가능성의 근거를 '자연의 한결같음'에 둔 것은 유명한 일이지만 리처즈가 인간 심리의 한결같음을, 한 요청으로 생각함은 이와 서로 통하는 것이라고도 하겠다. 사람의 마음속에 일어나는 충동이라고 하는 것은 그 일어나는 모양이나 종류가 대체로 만 사람에게 공통된 것으로 생각된다. 또 밖으로부터 자극을 받아들이는 모양이나, 거치는 길이라고 하는 것도, 한결같은 것으로 보인다. 그런 의미에서는 사람의 심리가 한결같다

함은, 까다로운 철학적 궁리를 떠나서, 우선 허락될 수 있을 것이다. 그리하여 대개 같은 경우에 같은 조건 아래서 같은 일을 당할 적에 사람들이 겪는 경험은 대체로 비슷한 것일 터이며, 또 때와 곳을 달리한 경우일지라도 어떤 조건 아래서 겪은 다른 사람의 경험을 자기의 것으로서 풀이하여 받을 수 있으리라 함도 있을 법한 일이다. 다만 현장에서만 느낄 수 있는 절박감(切迫感, Immediacy)과 현행성(現行性, Actuality)은 거세되었을망정, 가상(假想, Fiction)의 세계라는 한계 안에서는 매우 근사한 경험을 물려 가질 수 있는 것이다. 시에 있어서의 전달 작용 즉 시의 경험의 교환은 이렇게 현장에서 가상의 세계로 차원이 옮아질 뿐, 두 경우의 경험은 방정식의 두 변(邊)처럼 똑같지는 못할망정, 근사하리라는 것은 단정할 수가 있는 일이다. 더군다나 시는 전달의 저편에 있어서 창작되어 가는 동안에 벌써 더 효과 있는 전달을 기약하기 위해서는, 시의 형상화의 약속을 따라 현장성이 거칠거리는 부분을 떨어 버리는 것이다. 그 일은 어찌 보면 시를 만들어 가는 동안의 기술적 공정의 주요한 부분이 되어 있기도 한 것이다.

사람의 심리와 능력에 심한 고저를 인정하지 않고, 일종의 수평성을 가장하는 것은 고전주의의 생각이었다. 이런 의미에서는 고전주의는 천재의 원수인 것이다. 사람과 사람 사이의 차이만을 내세우는 것은 낭만주의의 버릇이었다. 그러므로 그것은 극단의 개인주의의 변신이었던 것이다.

그러나 한편에는 우선 반드시 서로 한결같지 아니한 충동이 있다고 하는 것도 인정해야 할 것이다.[6] 사람사람끼리 너무나 닮

---

6   Cf. PC, p. 190.

은 생리 조직은 말할 것도 없거니와 심리 작용에 있어서도 그 기초적인 모에 있어서는 서로 닮았다는 것을 인정하면서도, 세부와 말단에 와서는 서로 갈리고 달라지는 것도 또한 숨길 수 없는 사실이다.

앞에서 '같은 조건 아래서'라는 말을 쓰기는 했으나, 기실은 우리가 그때그때 당하는 정황이라고 하는 것은 좀체로 꼭 같다는 법은 없는 것이다.7 정황 자체는 같은 경우일지라도 그것과 마주 서는 사람은 저마다 다른 개체 발전(個體發展, Ontogenetic)의 내력을 갖고 있는 것이며, 거기다가 종족 발전(種族發展, Philogenetic)의 흔적이 가미되어 그 위에다가 다른 사회적 환경의 독특한 낙인을 받아 가지고 있는 것이다. 그러므로 전달 작용의 가능성의 근거가 될 '인간 심리의 한결같음'은 다만 기초적인 틀(Pattern)에 있어서 용인될 것이다.

전달 작용을 가능하게 하는 중요한 근거는 오히려 사회적 역사적 전통에서 찾아야 할 것이 아닌가 생각된다. 진공관 속의 '정황'이라고 하는 것이 현실에는 있을 수 없는 것처럼, 사람은 나면서부터 자기야 원하든 말든 간에, 한 전통을 유산으로서 받아 가진다느니보다는 형성되어 가는 전통 그 속에 태어나는 것이다. 전통은 어떤 사회가 역사를 거쳐 쌓아 올린 것이며 또 끊임없이 키워 가는 그러한 성질의 것이다. 한 민족의 말이라고 하는 것이 벌써 그 전통의 소산이요 전통 자체인 것이다. 그러한 말에 의탁한다는 의미에서 시는 벌써 전통의 굴레를 벗어날 수가 없는 것이다. 또한 시는 어떤 사회 안에서 그 자체의 역사를 갖고 있다는 점

---

7 Cf. Ibid., pp. 195~196.

에서 두 겹으로 전통적인 것임을 면치 못한다.

그리하여 전통이라고 하는 것은 한 집단이 한동안 역사를 거쳐 오는 길에 그 성원들이 공동으로 투자해 온 공동재산인 것이다. 그 어느 한 자손만의 것도 아니요, 그 어느 한 사람의 손으로만 된 것도 아니다. 어찌 보면 만 사람의 지문이 골고루 남아 있으면서, 내 지문과 네 지문을 분간할 수 없이 얽히어 겹놓여져서, 한 사람의 것이 아닌 한 커다란 모든 사람의 지문이 되어 버린 것이 바로 전통인 것이다. 이러한 전통의 사회적 연대 관계 속에 시의 전달을 가능하게 하는 주요한 계기가 있는 것인가 한다.

그러나 이러한 가능성을 믿고, 시는 그 전달 작용을 제멋대로 버려두어 좋을 것인가. 활발한 전달자는 사람과 사람 사이의 경험의 같은 점을 잘 알아차려서 서슴지 않고 그것을 이용할 줄 아는 사람이다. 또 한번 안 경험을 인연으로 해 가지고, 아직 겪어 본 일이 없는 일을 상상 속에서 유추해 가지고, 사람들이 함께 가질 수 있는 경험으로 창조해 갈 수도 있다. 또 지나가 버린 경험을 따로 뚜렷이 내세우며, 그것에서 암시를 받으며, 자유자재하게 그것을 이끌어 가면서 당장에는 관계없는 개인적인 혼잡물을 억눌러 나가는 것은, 말하자면 전달을 받는 편의 좋은 재능이라 할 것이다.[8]

대체로 사람들이 활발하고 예민한 유다른 전달 능력이 없어도 전달을 하려고 하면 오래고도 변화 많은 친분과, 친절한 친근과, 그 사정이 항용 서로 화응하는 생활이 필요한 것이다. 그리고 이러한 전달 능력을 가지고도 난처한 전달의 성공 여부는 지나간 경험의 동일성이 이용되는 정

---

[8] Cf. Ibid., p. 180.

도에 달리는 것이다. 이러한 동일성이 없다고 하면 전달은 불가능한 것이다.⁹

그리하여 경험의 동일성은 전달을 이루어지게 하는 매우 중요한 요소가 되는 것이다.

이렇게 전달 작용은 첫째 사람의 심리의 한결같음, 둘째 전통, 셋째 경험의 동일성에 그 가능성의 근거를 갖고 있는 것이다.

다음에 우리는 전달 작용이 일어나는 마음의 경로를 살펴보기로 한다. 리처즈 자신의 이에 대한 해명을 들으면,

말하자면 전달은 다른 사람의 마음이 영향을 받아 가지고 그 마음속에 맨 처음 사람의 마음에 있은 경험과 비슷하며 또 그 경험에 의해서 부분적으로는 생겨나는 그러한 경험이 일어나도록, 한 사람의 마음이 그 환경에 작용할 적에 일어나는 것이다.¹⁰

그러나 여기서 다시금 주의할 것은 이렇게 교환되는 경험이라고 하는 것은 마치 이 호주머니에서 저 호주머니에 옮겨 넣는 동전 모양으로 글자 그대로 자리를 바꾸는 그러한 것은 아니다. 그런 것은 엄청난 환상이요 가상치고도 심한 것이다.¹¹

다시 말하거니와 어떠한 자극도 우리를 자극하듯 똑같은 모양으로 남도 자극하리라고 생각하는 것은 당치 않은 일이다. 또 같은 자극이 여러 사람에게 일으키는 반응에도 형형색색의 차별이

---

9   Ibid., p. 178.
10 Ibid., p. 177.
11 Cf. Ibid., p. 175.

생긴다는 것이 더 사실에 닿는 이야기일 것이다. 앞으로 일어날 사태는 언제고 이미 있었던 사태와 방금 안에서 진행되고 있는 사태에 의해서 규정되는 것이며, 이렇게 현재는 눈에 띄지 않는 곳에서 일어났으며 또 일어나고 있는 일은 좀체로 알아내기 어렵기 때문에 사람들은 그 일을 등한히 여기고 있는 것뿐이다. 세상에는 꼭 같은 내력, 꼭 같은 환경이라는 것은 사실상 있기 어려운 것이다.[12] 서로서로가 갖고 있는 내력이 조금씩 다르고 환경이 또한 여러 가지 차이를 갖고 있는 데다가, 그러한 다른 내력과 환경의 온갖 배합은 복잡다단한 도식을 나타낼 것이다. 그래서 이러한 속에 떨어지는 시가 던지는 한 자극은, 마치 호수에 던진 돌멩이 모양으로 천 갈래 만 갈래의 파문을 일으키는 것이다. 그래서 같은 자극과 그것에 대한 실제의 반응의 수많은 예를 모아 본 결과에서 얻는 자극과 그것에 대한 실제의 반응의 수많은 예를 모아 본 결과에서 얻는 자극과 반응의 귀납적인 관계라고 하는 것은 통계적인 것이 아니면 근사치에 지나지 않는 것이다. "왜 그러냐 하면 똑같은 경험의 엄밀한 이동으로서 정의(定義)되는 그러한 전달이란 생겨나지 않는 것이다."[13] "그리하여 시의 전달 작용이 요구하는 것은 겨우 한결같으면서도 충분히 변화가 있는 그러한 반응이며, 또 육체적으로 처리할 수 있는 자극에 의해서 뚜렷이 내세울 수 있는 그러한 반응이면 그만인 것이 된다."[14]

리처즈는 오늘 심리학이 다닥치고 있는 여러 가지 과제를 밝히는 데 있어서 전달 작용이라는 모가 가지고 있는 쓸모를 매우

---

12 Cf. Ibid., pp. 195~196.
13 Ibid., p.176.
14 Cf. Ibid., p. 193.

크게 보는 것이다. 그중에도 예술을 중매로 해 가지고 우리가 주고 받는 경험을 설명하는 데 있어서는, 전달 작용의 해명을 거치는 것이 지극히 필요한 일이 된다. 왜 그러냐 하면 예술이야말로 전달 활동의 가장 순수한 전형이요 최고의 형식인 때문이다. 그러나 예술가 자신은 그 창작 과정에서 일일이 전달을 의도하고서 계획적으로 의식적으로만 일에 종사하는 것은 아니다.[15] 물론 그렇다고 해서 예술가는 아무 계획도 의식적인 지향도 없이, 이미 있어 온 전달 형식에 몸을 맡겨 버리기만 하면 되는 것은 아니다. 예술가의 창작 활동은 특히 작품의 골격을 세우는 일에서는 기실은 이러한 의식한 의도가 줏대가 되는 것이요, 세부의 완성을 이루어 가는 과정에는 의식을 초월한, 무의식의 활동이 적지 아니 참가하고 있는 것이 사실이다. 이 예술 창작의 무의식 면을 너무 지나치게 내세우면 이른바 낭만주의적 방탕으로 떨어지고 말게 된다. 영감(Inspiration)이라는 말도 이런 데서 생긴 것이다. 리처즈의 시의 경험의 분석은 이 전달 작용의 해명이라는 네 길 가운데에서 그의 『의미의 의미』 등의 연구에서 이룬 의의학(意義學, Semasiology, Semantics)과 교차되는 것이다.

3 상상(想像)

예술은 모방이라고 한 말은 아리스토텔레스의 고전적인 정의로서 널리 알려지고 있다. 그는 그의 유명한 『시학』 모두에서 "서사시(敍事詩), 비극, 희극, 주신 찬가(酒神讚歌)는 또한 대체로는 피

---

[15] Cf. Ibid., pp. 25~26.

리와 라이어 음악은, 이 모든 것은 가장 일반적인 견해로는 모방이다. 그러나 서로 다른 수단 방법과 다른 대상과 또는 서로 다른 모방의 방식을 따라 세 가지 점에서 서로 다르다."[16]

또 이렇게도 말하였다.

모방하는 일은 어릴 적부터 사람의 본능이다. 이로 하여 그는 다른 동물로부터 구별된다. 즉 그는 만물 중에서 가장 모방적이며, 이 본능을 통하여 제일 첫 교육을 받는다. 마찬가지로 모든 사람은 모방에서 자연 기쁨을 얻는다. 이는 우리가 모방적 예술 작품을 볼 적에 경험해 보아 분명하다. 왜 그러냐 하면 우리는 그 작품에서 기쁨을 가지고 더 정확하게 모방이 되었으면 그만큼 더 기쁨을 가지고, 만약 실상이라면 괴로움 없이는 차마 바라볼 수 없는 대상들을 묵상하며, 가장 천하고 가장 흉악한 짐승들과 시체와 그런 것들의 형상과 같은 대상들을 묵상한다. 그런데 그 이유는 배우는 것은 철학자에 국한된 것이 아니라 만인에게 공통한 자연스러운 기쁨이라는 데 있다. 다만 많은 사람들은 더 일시적이며 대충으로 그것을 나누어 가지고 있다는 것이 다를 따름이다. 그들이 그림에서 받는 기쁨은 거기 유래한다. 그림을 봄으로써 모든 사물의 있는 양을 배우며, 미루어 알며, 찾아낸다. 예를 든다면 이 사람은 이렇게 특수한 사람이라고 함과 같은 것이 그것이다. 왜 그러냐 하면 만약에 우리가 표현된 대상이 구경하는 사람이 본 일이 없는 물건이라고 친다면, 그 경우에는 그의 기쁨은 모방에서 오지는 않고, 다른 솜씨, 빛깔 또는 어떤 그러한 원인에서 올 것이다.

그러면 모방은 이렇게 우리에게 자연스러우며, 다음으로 곡조와 운

---

16 Aristotle, *Poetics*, I, 1.

율이 또한 자연스러우므로(왜 그러냐 하면 격률(格律)은 분명 운율의 일종이므로) 본래부터 이러한 경향이 자못 강한 사람들은 저절로 조잡하고 즉흥적인 시험을 해 보게 되었다. 그게 차츰 개량되어서는 시가 탄생하였다.[17]

    이러한 모방설은 자연을 있는 그대로 충실하게 다시 나타내는 것으로서 예술의 임무라고 생각하는 추종자를 후세에 많이 낳았다. 예술에 있어서 싱싱히 작용하는 몫을 그들은 자연 낮보게 되었던 것이다. 첫 무렵의 사실주의(寫實主義)의 이론은 사물을 '있는 그대로 그리는 것'을 구호로 삼은 것으로, 어찌 보면 자연의 충실한 모방을 목표로 한 것이라고도 하겠다.
    그러나 아리스토텔레스의 본의는 거기 있지는 않았다. 그는 역사와 시의 구별을 산문과 운문이라는 형식에서 찾지 않았다. 역사학자 헤로도토스의 저술을 운문으로 고쳤댔자 시는 안 된다고 하였다. 시는 있을 법하며, 그럴 수밖에 없는 일반적인 진리와 관련할 적에 역사는 그와 반대로 특수한 것을 다룬다는 것이다. 역사에 대한 규정은 오늘의 관점으로 보면 틀렸어도 시에 대한 규정에는 다시금 생각하게 하는 점이 크다.[18]
    사실 고래로 예술은 이미 현실로 있는 대상의 모방에만 그치지 않고, 이미 있는 재료 또는 있을 법한(possible) 한 인물과 사례를, 오늘까지의 과학과 상식이 승인할 정도로, 즉 있을 법한 사태로 배치하며 구성한다. 그러므로 예술이 내놓은 인물이나 사태는 곧 어느 특정한 시간과 공간에 반드시 실재하는 것이 요구되는 것이 아니라, 다만 그런 경우에는 그런 일이 있을 수 있다는 것을 승

---

17 Ibid., IV, 6.
18 Cf. Ibid., IX, 1.

인받으면 되는 것이다. 과학이 주장하는 진리는 그 일반성이 사실과 부합함으로써 성립되는 것이나, 예술에 있어서는 사실에 부합한다느니보다 어떤 사정 아래서는 어떤 사람은 이러저러하게 행동할 수 있다는 의미에서, 즉 어떤 전형적 사태 아래서는 어떤 전형적인 결과가 생겨나게 하는 전형성(典型性)에 의해서 진실성을 획득하는 것이다. 이 일은 특히 모양을 가졌거나 이야기 줄거리를 가진 예술의 장르에 있어 그렇다.

　시의 경험을 한 전체성을 띤 조직이라고 한다면 거기는 부분의 배치와 결합이 있을 터이다. 그러한 배치와 결합이 과학과 상식과 시의 전통이 승인할 정도로 즉 현재까지 우리가 도달한 해석력을 가지고 무리 없이 받아들일 수 있을 경우에는 우리는 그것을 있을 법한 것으로써 통용시킨다.

　우화(寓話, Fable)에서와 같이 우리가 현실 세계에서는 전연 만날 수 없는 가공의 대상과 사태를 꾸며낼 적에는 기실은 현실에 있을 수 있는 대상이나 사태를 그 부분으로 해체하여 그것을 당장은 있을 법하지 않은(impossible), 그러나 비유를 더듬는다면 어디선가 찾아볼 수 있는 방식으로 다시 구성하는 것이다. 그러면 부자연한 배치로 하여 우리는 유머, 희극성, 환상을 느끼는 것이다. 뿐만 아니라 그러한 꾸민 대상, 꾸민 사태는 대체로 어떤 두 겹의 의미 구조, 예를 들면 비유와 같은 것을 품은 경우가 많다. 이러한 숨은 의미, 또는 유머, 환상 등은 어떤 비범한 효과 때문으로 해서 지지받는 것이다.

　시의 경험에 있어서도 그 배치와 결합이 '있을 법한'이라는 인습을 아주 무시하고, 의외의 모양, 비범한 방식, 엄청난 비약을 할 때가 있다. 거기 따르는 것은 역시 유머, 환상, 아이러니 등 통틀어 말한다면 신기한 느낌의 기습(奇襲)에서 오는 효과다.

이미 있는 경험을 그 즉석에서 어떤 예술적 형상으로 모방하는 것은 지각의 도움을 주장 빌면 그만이다. 그러나 그 지각 자체도 실상은 기억의 도움으로 매우 보충되는 것이다.

시간적으로 떨어져 있는 경험을 예술적 형상으로 모방하려 할 적에는 우리는 전혀 기억에 의존할밖에 없게 된다. 그러나 시에 있어서 시인이 나타내는 경험은 모두가 이러한 지나간 경험인 것은 아니다. 차라리 현실에 있는 경험, 있는 경험보다도 훨씬 많이 있을 법한 경험을 만들어 내는 것이다. 때로는 있을 법도 하지 않은 경험조차를 만들어 내는 것이다. 또 그러한 있을 법한 경험, 있을 법도 하지 않은 경험을 현실이 아닌 어디서 겪는 것이다. 현실에서는 만나지 못하는 일이 만들어지며 경험되는 신기한 장소는 다름 아닌 상상의 세계며, 그것을 만들며 경험하는 것이 상상 작용이다. 시인의 활동은 지각이나 기억의 작용을 물론 무기로 쓰지만 가장 중요한 무기는 실은 상상 작용인 것이다. 지각과 기억도 상상의 도가니 속에서 무진장한 재료로서 활용되는 것이 보통이다.

우리는 이 상상에 대한 롱기누스(Longinus)의 유명한 구절을 다시 생각해 보자.

그러므로 마음의 세계 안에서 하는 생각과 묵상을 위해서는 전 우주도 오히려 충분치 못하다. 그러나 우리의 상상은 가끔 공간의 한계를 넘어 뛴다. 만약에 우리가 우리 생활을 이모저모로 재 보며, 이르는 곳마다 얼마나 더 많이 눈부신 것과 위대한 것과 아름다운 것으로 가득 차 있는가를 보아 안다면 우리는 곧 우리가 세상에 태어난 목적을 알아낼

것이다.[19]

영국에서는 일찍이 드라이든(Dryden)은 발명(Invention)의 뜻으로, 애디슨(Addison)은 마음의 눈에 그림을 만드는 힘이라는 뜻으로, 상상이라는 말을 쓴 일도 있다. 한편에서는 현실에 없는 것을 생각하는 것을 통틀어 상상이라고 불러 온 것이다. 드라이든의 말을 들어 보자.

시인의 상상력의 첫 행복은 바로 발명, 혹은 사상의 발견이라고 할 것이다. 다음 행복은 환상 또는 변화라 할까, 판단이 제목에 맞게 적절하게 표현한 그러한 생각을 끌어내는 것, 만드는 것이다. 셋째 행복은 말솜씨라 할까, 그렇게 발견되며 변화한 생각을 적당하고 의미 깊으며 음향이 좋은 말로 옷 입히며 꾸며내는 기술이다. 상상의 재빠름은 발명과 환상의 풍부함과 표현의 정확에 나타난다.[20]

이렇게 해서 된 시를 그는 교묘하게도 '재치 있는 글(Wit-writing)'이라고 하였다. 17세기 마지막과 18세기 대부분을 영국에서 유행하던 대표적인 시론의 구호였다고도 하겠다.
다시 현재에 들어 와서 대표적인 정의를 찾는다면 앙리 베르그송이 그의 『도덕과 종교의 두 원천(*Les deux sources de la morale et de la religion*)』 속에서 시험한 것을 참고할 수가 있다. 즉 "지각에도 없

---

19 Longinus, *On The Sublime*, XXXV. 3(Translated by W. Rhys Roberts).
20 Quoted by Hebert Read in his Form in *Modern poetry*, p. 40.

고 기억에도 없는 구체적인 표현을 상상이라고 부른다."[21]

리처즈는 상상론을 위하여 한 권의 방대한 책을 냈거니와 그는 거기서 19세기 초두의 비평가요 시인인 콜리지의 상상론을 기초로 해 가지고 일단의 발전을 꾀했던 것이다.

"저 종합하는 신비한 힘은 우리는 그것에 다른 것은 제쳐 놓고 상상이라는 이름을 붙여 주는 것이지만, 대립되거나 잘 맞지 않는 뭇 성질의 균형 또는 조화에 신기감과 청신감의 낡고 익숙한 대상과의 균형 또는 조화에서 나타나는 것이다. 보통을 넘는 정서와 보통을 넘는 질서와의, 항시 눈떠 있는 판단과 침착한 긍지와, 열정과 깊고 열렬한 감정과의 균형 조화에 나타난다." 또는 "잡다한 것을 통일된 효과로 줄이며 일련의 생각들을 어떤 한 개의 줏대되는 생각 또는 감정에 의하여 고쳐 바로잡는 능력을 가진 음악적 기쁨의 느낌"[22]이라고도 하였다. 콜리지가 이윽고 떨어진 '초월론(超越論)'의 함정은 제쳐 놓고라도 앞의 것으로써 콜리지는 상상의 정의에 한 고전적인 표본을 내린 것이라고 하였다. 콜리지는 상상의 좋은 예로서 셰익스피어가 비너스에게서 떠나가는 아도니스의 모양을 노래한 구절을 인용했다.

보라. 빛나는 별이 어떻게 하늘에서 쏴 내리나,
그도 그렇게 아닌 밤 비너스의 눈에서 밀려간다.

Look how a bright star shooteth from the sky

---

21 "On appelle imaginatives les re presentations conccretes qui ni sont ni des perceptions ni des souvnirs."
22 S. T. Coleridge, *Biographia Literaria* ll, pp. 12, 14.

So slides he in the night from Venus' eye.

여기 이미지를 좇아가면 갈수록 부분부분의 관련성이 더욱더욱 뚜렷해진다. 여기서 작자는 매우 자연스럽게 아도니스의 떠남이 비너스의 마음에 남은 그 공허감과 캄캄함을, 사라지는 별 꼬리의 이미지와 덧붙여 함께 맛보는 것이다. '보라'라는 동사는 별에 걸리는 눈살과 아도니스를 좇는 비너스의 눈살과 오버랩되어 있으며, '별'은 빛의 근원이면서 붙잡을 수 없는 것, 멀리 떨어져 있는 것을 의미하며, '쏴 내린'다는 말로써, 돌연한 일, 돌아오지 못하는 것, 떨어져 버리는 것을, '하늘'은 빛의 본고향이었으나 지금은 황량한 것, '밀려간다'는 총총할 뿐 아니라 숙명적인 것, '아닌 밤'은 캄캄한 현장의 장면이면서도 아도니스를 잃어버린 비너스의 아득한 심사와 또 세계인 것이다. 이러한 가지가지 뜻이 여기서는 하나로 통일되어 있는 것이다. 읽는 사람은 얽히고설키는 뜻의 교차를 느끼는 동안에 어느새 셰익스피어의 의도한 바에만 그치지 않고 스스로 그 의미의 운동에 밀려, 읽는 사람 자신의 상상을 발전시켜 가게 된다. 시인이 거기 계획한 뜻을 더듬어 가는 동안에 읽는 사람 자신이 어느새 스스로 시인이 되어 가며 창조자가 되어 가는 것이다. 시인의 상상의 힘에 밀려 읽는 사람도 저도 모르게 상상의 날개를 타 버리는 것이다.[23]

콜리지는 상상을 제1차적인 것과 제2차적인 것의 두 종류로 나누었다. "제1차적인 상상을 사람의 모든 지각의 생동하는 힘이며 줏대되는 기

---

23 Cf. IC, p. 83.

관이라고 주장한다. 유한한 정신에 있어서의 무한한 '나의 존재'에서 일어나는 영원한 창조 행동의 되풀이로서 주장한다. 제2차적인 상상은 나는 자각한 의지와 함께 있는 앞의 것의 반향이라고 생각하며, 그러면서도 그 작용하는 종류에 있어서 제1차적인 상상과 마찬가지인 것으로 여긴다. 그것은 다시 창조하기 위하여 풀어놓으며 흩어 놓는 것이다. 또는 이 과정이 불가능해지는 데서도 어떻게 해서든지 이상화하며 통일시키려 한다. 모든 객체는 (객체로서) 본질적으로 정착되어 있으며 죽은 것인데도 상상은 본질적으로 살아 움직이는 것이다."

즉 제1차적인 상상은 우리들의 보통 감각의 세계를 이루는 일, 지각과 다름이 없다. 즉 객관세계를 반영하는 우리의 의식 세계의 전후 통일과 연락을 유지하게 하는 작용이라 하겠다. 이에 대해서 제2차적 상상은 우리의 세계를 고쳐 가며 시를 낳는 힘이며, 동물적 욕구 외의 여러 가지 가치를 인생에서 시인하게 하는 힘이다. 물리학과 화학과 생리학과 영양과 생식의 냉냉한 세계를 넘어서 또 다른 가치의 세계를 펼쳐 놓은 힘이다. 미개한 단계에 대하여 문명한 단계를 찾게 하는 힘이다. "문명 생활을 받쳐 가는 무수한 모든 지각은 제2차적 상상의 소산이다. 비록 그것이 만들어지는 과정은 말 ─ 그 최고의 예인 시에 있어서 가장 잘 추궁되지만 가치의 세계의 그물의 남은 방면도 같은 원천에서 나온다. 이리하여 시와 생의 조정 사이에 연결이 있다 함은 놀라울 것이 없다."[24]

---

[24] IC, p. 59.

4 상상과 환상

상상(想像, Imagination)은 항용 환상(幻想, Fancy)과 혼동된다. 이 두 심리 현상의 구별에 처음 주목한 것도 콜리지였다. 그는 환상과 상상은 매우 명석하고도 매우 다른 능력으로, 일반으로 생각되듯 뜻이 같은 두 말이 아니며 똑같은 능력의 높고 낮은 정도 문제도 아니라고 생각했다.

우리는 잠시 리처즈가 시험한 상상과 환상의 구별을 살핌으로써, 상상의 정체를 더욱 밝히는 동시에 아울러 환상이 무엇인가도 더 소상히 하고자 한다.

상상에 있어서는 그 결합된 효과는 각 부분이 하나하나씩 서로 강조됨으로써 또 강조된 다음에 생겨나는 것으로, 그 이상적인 경우를 생각한다면 어느 한 부분도 가능한 제 성격은 살리면서 동시에 전체적 효과에서는 다른 부분과 조화되는 것이라야 한다. 그리하여 그 구조에 있어서는 각 부분이 벽돌을 회로 쌓아 올리듯 하나하나씩 맞붙은 게 아니라 산 유기체의 세포들처럼 자라나는 것이다.

이에 반해서 환상에 있어서는 각 부분의 가능한 성격 가운데서 한정된 고정한 성격만이 효과 속에 들어오는 것이다. 맨 나중의 효과가 집중적으로 강조되는 것으로서 부분 사이에 서로 관련을 가지는 것은 오직 선택된 구석뿐으로, 다른 부면에 대해서는 엄중한 경계선을 막아 놓는 것이다. 그 구조는 마치 벽돌을 쌓아 올리듯 정묘하게는 되었으나 피가 통하지 않는 것이다.[25]

---

25 Cf. C1, pp. 62, 120~121.

그리하여 상상에 있어서 만약에 감성과 이성이 그것을 잘 통솔하지 못한다면 그것은 광상(狂想, Mania)이 되어 버릴 것이요, 환상에 있어서 역시 감성과 이성이 미처 통제하지 못한다면 망상(妄想, Delirium)이 되고 만다.[26] 그러므로 환상의 가장 흔하고도 특징 있는 효과는, 냉정한 점과, 사태에 휩쓸려 들지 않고 한 걸음 떨어져서 바라볼 수 있는 점에 있다고도 하겠다. 정착성을 갖고 있다는 점과 결정성을 갖고 있다는 점은 환상의 중요한 특색이다. 그리하여 리처즈는 환상이란 결국 시간과 공간의 질서에서 해방된 기억의 한 형식이라고도 하였다. 그것은 우리가 선택이라고 부르는 의지 작용과 한데 얽히거나 그것으로 하여 수정을 받는 것이다. 환상은 보통 기억과 함께 실상은 연상(聯想)의 법칙에 의하여 마련된 모든 재료를 받아들여야 한다.[27]

상상이 의미의 각 단위를 한데 풀어 녹여 새 사태를 다시 만들어 낼 적에, 환상은 한갓 그것들을 다시 모아서 고쳐 정리하는 것이다. 상상에 있어서는 우리 마음은 앞에서 말하다시피 자라 가는 것이지만, 환상에 있어서는 오직 대상(Objects)으로서 틀이 박힌, 과거의 산물을 닮았을 따름이지 하틀리(David Hartley)의 연상 작용의 법칙을 충실하게 지키는 셈이 된다. 상상은 그렇지 않고 창조요 구성이다. 하틀리에 대한 칸트(Kant)의 대립이라고도 하겠다.[28]

콜리지는 일찍이 환상의 대표적인 예의 하나로 셰익스피어의 「비너스와 아도니스(Venus and Adonis)」에서 아래 구절을 빼냈다.

---

26 Cf. Ibid., p. 74.
27 Cf. Ibid., p. 58.
28 Cf. Ibid., p. 59.

한껏 조용히 그 여자는 지금 사내 손을 잡는다.
흰 눈의 감방 속에 갇힌 한 떨기 나리꽃인가
백옥 오래기에 감긴 상아(象牙)인가
그처럼도 흰 벗이 그처럼도 흰 원수를 싸안는다.

Full gently now she takes him by the hand,
A lily prison'd in a gaol of snow,
Or ivory in an alabaster band;
So white a friend engirts so white a foe.(361~364)

콜리지는 나아가서 환상을 이렇게 설명한다.

첫째 이는 대체로는 같지 않은 영상(映像)들을 유난히 눈에 띄는 한두 특징을 끄집어내서 한데 얽어 놓는 능력이다.

둘째 그 영상들은 '정착성과 결정성'을 갖고 있는 때문에 한데 얽었을 때나 산산이 갈라놓았을 때나 제각기씩 제대로 있을 수 있다.

셋째 그 영상들 사이에는 아무런 자연적 또는 정신적인 연계성은 없으면서도, 어떤 우연한 합치로 해서 시인이 억지로 욱여붙이는 것이다.

넷째 그 영상들을 이렇게 욱여 맞붙일 적의 마음의 활동은 선택이라고 부르는 '의지의 경험적 현상'이다.

앞에서 본 예의 첫 두 줄의 영상을 하나하나 뽑아내면 아래와 같다.

아도니스의 손, 비너스의 손, 나리꽃, 흰 눈의 감방.

아도니스의 손과 나리꽃은 이쁘고 희다는 점에서 같은 데가 있다. 나리꽃은 물론 순결의 표정이라는 모도 있다. 그 이상 더 나가지는 않는다. 둘을 얼려 보았댔자, 꽃은 꽃, 손은 손대로 남아 있는다. 비교되는 부분과 부분 사이에는 그저 같은 점이 있다는 이상으로 아무런 서로 침투하는 것과 같은 일은 없다. 그뿐이다.[29]

상상을 가리켜서 중앙집권제적 조직이라고 하면, 환상은 연방제적 구조라고 할 수 있을 것이다. 앞의 것에 있어서는 의미 구조의 각 단위는 어떤 공통된 협력하는 목적을 위해서는 제각기가 가진 자주성을 바쳐 버리는 것이다. 이에 대해서 뒤의 것은, 한마디 한마디 말의 뜻은 제각기 거의 자동적이어서, 어떤 목적을 위하여 그것들을 모아 놓은 그 목적에 대하여는 그것 자신으로서는 아무 관련이 없는 것이다. 상상에 있어서는 의미의 각 부분은 — 그것이 이해되는 방식이거나 마음속에 일으키는 그 효과가 결합하는 모양, 둘 다에 관해서 — 서로 피차에 수정하는 것이다. 환상에 있어서는 의미의 각 부분은 마치 서로서로 독립한 듯이(그것들이 아주 딴 전체에 소속하였더라도 그리했을 것처럼) 이해된다. 그래서 물론 한데 모여서는 그 부분들은 만약 달리 모였던들 그렇지도 않았을 공동 효과를 나타낼망정, 각 부분의 효과는 잠시 그대로 있다가 나중에는 갈려서 그렇게 하는 한도 안에서만 충돌하거나 결합하는 것이다.[30]

인제 시에 있어서의 상상과 환상의 차이를 소설에서 찾는다면, 지혜와 꾀와 기지(機智)에 의해서 정묘하게 꾸며 가며 때때로 의외의 장면과 사연을 펼쳐 놓아서 사람을 놀래 주는 탐정소설

29 Cf. Ibid., p. 77.
30 Ibid., pp. 86~87.

은 환상의 가장 전형적인 예라 하겠다. 이에 대해서 통일된 체험의 세계로서, 인생에 대한 어떤 종합적인 전망을 보여 주는 이른바 본격적 소설은 상상의 구조를 갖는 것이라 하겠다. 우리는 T. S. 엘리엇의 「프루프록의 연가(The Love Song of J. Alfred Prufrock)」를 펴 보기로 하자. 책을 펴자 초두는 이렇게 시작된다.

그럼 갑시다. 당신과 나와,
수술대 위에 마취된 환자처럼
저녁이 하늘을 등지고 퍼져 갈 적에 —
갑시다. 그 어떤 반나마 사람 떠난 거리를 거쳐,
하루 밤재기 값싼 여관집과
굴껍질 흩어진 톱밥 깐 음식점
뒤볶는 밤과 밤 계속하는 중얼거리는 구석박이 거리를 거쳐 —
휘몰리는 의문으로 당신을 끌어가려는
음험한 내용을 가진
지루한 토론처럼 이끌어 가는 거리거리를 지나 —

Let us go then, you and I,
When the evening is spread out against the sky
Like a patient etherized upon a table.
Let us go, through certain half-deserted streets,
The muttering retreats
Of restless nights in one-night cheap hotels
And sawdust restaurants with oyster-shells;
Streets that follow like a tedious argument

Of insidoys intent

To lead you to an overwhelming question……

첫 세 줄에 나오는 "수술대", "마취된 환자", "저녁" 등의 영상, 그리고 다음 몇 줄의 "반나마 사람 떠난 거리", "값싼 여관집", "굴껍질", "톱밥", "음식점", "중얼거리는 구석박이(피난처)" 등의 영상은 각각 뜀박질하는 영상들의 현란한 뒤따르는 등장을 보여 주나, 앞에서는 "저녁" 뒤에서는 '황량한 거리'라는 두 중심 되는 테마가 있어서 그것에로 향하여 다른 영상들이 서로 껴안으며 관련을 맺으면서도 집중하는 것이다. 하나하나의 영상은 그것대로는 그리 의미가 없다. 떼 놓고 보면 왜 거기 있는지도 모르는 집 잃은 아이처럼 멍해 보인다. 그러나 한번 중심 주제가 제시되고 거기 대한 제 임무를 받으면 곧 그 이웃의 다른 영상들과도 서로 작용하면서 공통된 중심 제목으로 향하여 협동하는 것이다. 그래서 이미 황혼 속에 멈춰 서 있는 근대 문명, 퇴폐적 분위기에 마취된 문명, 속 깊이 병들어 누운 문명, 그것은 정신적인 징후일 터이나, 한 걸음 나아가서 그 구체적인 표현으로서의 황량한 도시의 거리거리(황무지의 예고다.)가 이번에는 머리 어지러운 소득 없는 현학(衒學, Pedantry)과 빼는 몸짓(Snobbery)으로 차 있는 토론의 비유로 한결 심각해진다.

그러나 이 정도의 영상의 전개도 한 세대 먼저 사람들의 상식으로 본다면 무슨 엄청난 것으로 보일 것이다. 이제 스티븐 스펜더(Stephen Harold Spender)에서 딴 예를 찾아보기로 한다.

모든 이 사건들에서 이 폭락에서 전쟁에서 경기에서

이태리 놀잇날에서 모험자를 위한

회전등 토막토막 비비는 불빛에서

저녁나절 네거리의 군중에게서 날짐승 사냥에서,

두 가닥 난 나리꽃과 가닥 난 촛대 아래 눕건

가로등 가의 밤과 평화로부터 숨어서

얼어붙은 자루처럼 보도에 벋어 버렸거나 하여

우리들 아무리 죽음으로 융성할지라도,

이 모든 사건들로부터 고독한 시간은 솟아 올 게다.

안개 속에서 터져 나오는 불통처럼,

혼란 위에 뛰쳐나 우리들의 과거에서 풀려서

영낙없이 시간은 우리를 버리고 갈 게다.

From all these events, from the slump, from the war, from the boom,

From the Italian holiday, from the skirring

Of the revolving light for an adventurer,

From the crowds in the square at dusk, from the shooting,

From the loving, from the dying, however we prosper in death

Whether lying under twin lilies and branched candler

Or stiffened on the pavement like a frozen sack, hidden

From night and peace by lamps:

From all these events: Time solitary will emerge

Like a rocket bursting from mist: above the trouble

Untangled with our pasts, be sure Time will leave us,

여기서는 영상들 사이의 이동이 전개라느니보다는 비약이라고 할 정도로 매우 급해진다. 그 영상들은 하나하나가 뚜렷하며 분명하여 의심할 여지가 없다. 처음에는 오직 제각기 늘어서는 것 같이만 보이며, 벽돌을 쌓아 올리듯 주워 놓는 것만 같다. 두 번 되풀이되는 "이 모든 사건들"이라는 문구로써 겨우 한데 얽혀 놓아서 현대 문명의 급한 템포에라도 비길 총총한 템포 때문에 무너질 듯 무너질 듯 위태롭던 영상의 무더기는 한데 쌓인 채, 같은 위치에서 전의 자세를 유지하는 것이다. 이는 환상이 미약한 초보적인 상상의 오라기에 겨우 얽매어져 오로지 붕괴를 면한 경우라고 해 무방하겠다.

그러나 말라르메(Stéphane Mallarmée)의 상징주의와 테니슨(Alfred Tennyson)류의 서정주의(Lyricism)와 조지안의 소박한 자연주의의 형식 논리에 반항하고 일어난 현대시인들은 스펜더에서 보듯 그들의 환상에 무제한한 자유로운 활동을 허락하여 상징파나 조지안의 시의 풍속에만 젖어 온 눈에는 어떤 현대 시인들의 수법은 너무나 현란하며 불연속적이며 논리를 무시한 것으로 비치기 쉽다. 특히 현대시의 어떤 것에서 보듯 영상을 그저 늘어만 놓고 그 사이에 맥락을 붙여 주는 구문(構文, Syntax)이 아주 없어서 읽는 사람으로 하여금 그 상상을 발동시켜 제멋대로 시를 꾸며 가게 버려두는 일조차 많다. 에즈라 파운드(Ezra Loomis Pound)는 현대에 있어서 그러한 시를 퍼뜨려 놓은 장본인으로 지목되고 있는 것이다. 이러한 구문의 결여는 상상력의 활동을 위한 도리어 좋은 조건을 제공하는 일조차 있다. 구문법이 지극히 단순하며 거지반 글자 하나하나가 독립한 뜻을 가지고 있는 한문은 이러한 까닭으로 해서 상상이 활동할 여지가 많아서, 이런 점에 한시(漢詩)의 유다른 함축성이 있어도 보인다. 이 구문을 생략하는 법은 현대 시인뿐 아니라 셰익스피어도 벌써 흔히 쓴 수법으로 되어 있다. 그는 또한 상상 작용의 참 묘리를 안 시의 기술자였다고도 하겠다.[31]

현대의 초현실주의(Sur-realism)의 기술은 전연 관계없는 두 개의 영상을 돌연 한데 충돌시킴으로써 거기서 말의 어떤 새 효과를 노린 것이라든지, 꿈의 세계의 생리를 펼쳐 보이려 한 점 같은 것은 한편 그들이 상상과 환상의 기묘한 배합을 시의 기술로써 얼마나 부리고 있나를 보인 것이라고도 하겠다.[32]

---

[31] Cf. Ibid., p. 91.
[32] Cf. David Cascoyne, *A Short History of Surrealism*, pp. 52~56.
참고로 Paul Eluard와 Max Ernst의 공저로 되어 있는 초현실주의의 전형적 저작 *Repetition* (1922) 속에는 엘뤼아르의 작품 하나를 싣는다.
양(羊)
눈을 감으렴 검은 얼굴/ 거리의 정원들을 닫으렴/ 지혜와 땅땅함/ 권태와 평온/ 각각으로 이들 슬픈 저녁들/ 마음 편하고 민감하고 가벼운/ 유릿장과 유리문, 과일나무/ 꽃 피어 나는 과일나무는/ 사라져 간다.

제5장 __ 시의 효과

어떠한 무지스러운 단련, 예술과 과학에 대한 어떠한 열중이, 종족과 종족의 윤리 관념의 어떠한 흥망이 우리와 저 먼 완벽의 날 사이에 끼어들지는 아무나 상상도 추측도 할 수 없다. 그러나 만약에 인류가 거기 도달한다손 치더라도 그날에는 시인들은 오히려 더 먼 미래를 살피면서 그보다 한 걸음 앞설 것이다. 왜 그러냐 하면 시인이 항시 요구하며 꿈꾸며 계획하는 것은 이상으로서의 인간, 장래할 인간, 현재보다 한 계단 높고 초월한 인간, 그 어느 꿈의 지평선에서 어른거리며, 그 자신이 되기를 원하는 것에 좀 더 가까운 그러한 인간이기 때문이다.

―맥스웰 앤더슨

자기의 문학적 유산을 돌보지 않는 국민은 미개해지는 것이다. 문학을 생산하지 않는 국민은 사상과 감성의 활동도 멈추는 게 된다. 한 국민의 시가(詩歌)는 민중의 말에서 생명을 얻으며 그 대신 그것에 생명을 붙여 주며, 그것의 최고 절정과 그 위력과 그 가장 미묘한 감성을 표시하는 것이다.

―T. S. 엘리엇

1 태도(態度)의 조직

리처즈는 『문학비평의 원리』 속에서 시의 경험의 여러 층계를 가정해 놓고 그 각층에 대하여 위에서 말한 것같이 매우 소상한 분석을 하였거니와,[1] 그의 이론의 중심을 이루는 것은 그러나 아마도 태도에 대한 부분일 것이다. 그의 주장을 요약하면 마침내는 태도(Attitude)란 정의(情意, Emotion)의 동의어나 마찬가지며, 시라고 하는 것은 또한 요약해 말하면 정의적인 말(Emotive Language)의 일종이라는 데 이르고 만다. 그런데 주의할 것은 그에게 있어서 태도라는 말은 상식적인 의미에서가 아니고 심리학상의 전문적 용어로서 쓰여지고 있는 것이다.

우선 그가 말하는 '태도'의 정의를 살피기로 하자. 그에 의하면 태도란 '행동을 지향하는 상상(想像) 속의 초발붙임(端初的)인 활동 또는 경향'이라고 하였다.[2] 이렇게 요약하기 전에 그는 예술 작품과 태도와의 관계에 언급하면서 이렇게도 말하였다.

그러나 실제적인 근육운동까지는 가지 않는 상상 속의 행동, 초발붙임인 행동은 아주 장성한 사람에게 있어서는 밖에 나타나는 행동보다 더 중요한 것이다. 사실 지적(知的)이며 세련된 사람과 노둔하고 거칠은 사람과의 사이에는 밖에 나타나는 행동이 초발붙임인 상상적 행동에 의하여 바뀔 수 있는 한도의 차이가 있는 것이다. 지적인 사람은 '보다 더 낮은 사람이 몸소 시험해 봄으로써 발견해야 할 적에' 사물의 작용을 알아낼 수가 있다. 예술 작품에 의하여 일으켜지는 반응은 바로 이것과 마찬

---

1   Cf. PLC, ch. XVI.
2   Ibid., p. 112.

가지다. 그것을 '이해하며' 또 이해하지 못하고 마는 차이는 대체에 있어서는, 상상적인 시초의 단계에서 요구된 반응을 할 수 있어서 그 단계에서 반응이 서로서로 사이에 조정하는 것과, 밖에 나타나며 또 남김없이 전개되기까지 이르지 않고는 반응을 할 수도, 그것을 조정할 수도 없는 것과의 차이다. 내포된 활동의 종류는 다를망정 수학자의 경우와의 비교는 그리 어긋나지 않을 것이다. 학생이 하는 것보다는 절반도 안 되게 그는 종이 위에 기록한다는 사실은 그가 보다 덜 활동한다는 증거는 아니다. 그의 활동은 그 반응이 단순히 초발붙임이며 상상적인 첫 단계에서 일어나는 것이다. 마찬가지로 익숙한 시의 독자나 음악회로 가는 사람의 경우에 아무러한 밖에 나타나는 운동이나 정의(情意)의 눈에 띄는 증상이 없다는 일은, 초시작인 사람에게서 때때로 보는 혼란과 비교할 적에 숨은 활동이 없다는 것을 표시하는 것은 아니다. 예술 작품이 요구하는 반응은 많은 경우에 오직 초발붙임인 사상의 단계에서 얻을 수 있는 종류의 것이다.

우리는 여기서 다시 심리학상 태도라는 말이 어떤 함축을 가지고 다른 심리학자들에 의해서 쓰여지고 있나를 잠시 참고 삼아 살피기로 한다. 우선 클라파레드(Ed Claparede)는 이렇게 말한다.

정의(Emotion)란 한 모양의 의식, 게슈탈트의 의식, 이러한 중첩된 유기적인 인상의 의식밖에 아무것도 아니다. 바꾸어 말하자면 정의는 유기체에 있어서 전체적 태도의 의식이다……
의식이 정의에 있어서 붙잡는 것은 말하자면 유기체 자체의 모양, 즉 그것의 태도인 것이다.[3]

---

3 *Feelings and Emotions*, pp. 128~129.

또 C. G. 융은 이 개념이 심리학에 들어온 내력을 살핀 다음에 아래와 같은 소상한 정의를 내렸다.

태도=이 개념은 심리학에 있어서 비교적 근자의 수확이다. 그것은 뮐러와 슈만에서 시작되었다. 한편 쿨페는 태도를 특정한 정황이나 꾸준한 충동에 대한 감각기관이나 기관 중추의 예비 태세라고 정의한다. 어빙 하우스는 이것을 더 넓은 의미에서 버릇이 된 행동에서 이탈된 따로따로의 행동에, 버릇이 된 행동의 양식을 끌어넣는 운동 현상으로 생각한다. 이 개념에 대한 우리들의 용법은 어빙 하우스의 태도의 개념에서 더 나아간다. 우리에게 있어서는 태도는 어떤 방향으로 행동하거나 반응 운동을 하려는 마음의 준비인 것이다. ······

준비 상태는 나는 그것을 태도라고 생각하거니와 항시 어떤 주관적인 심리적 요인과 내용의 일정한 결합으로 해서 이루어진다. 그래서 그것은 이러한 또는 저러한 일정한 방향으로 행동을 규정하거나, 또는 밖으로부터 오는 자극을 이러한 또는 저러한 일정한 방식으로 받아들이는 것이다. 능동적인 내부지각은 태도를 제껴 놓고서는 불가능한 것이다. ······

태도는 기대를 의미한다. 기대는 항상(함부로가 아니라) 가려 가면서 활동한다 — 그것은 방향을 붙여 준다.⁴

리처즈가 태도라는 술어에 붙여 쓰는 의미도 결코 다른 심리학자들의 이러한 용법에서 유달리 벗어난 것은 아니다. 차라리 그 선을 좇는 것임은 명백하다.

그런데 리처즈가 시의 경험의 전 과정의 핵심에 태도를 갖다

---

4 C. G. Jung, *Psychological Types*, pp. 526~527.

놓고 여기에 그의 심리학적 시학 체계의 출발점을 둔 데는 상당한 이유가 있었던 것이다. 즉 그는 앞에서도 말한 것처럼 시는 유달리 뚜렷한 정의적 언어의 한 전형이라고 생각하는 것이다.[5]

시는 무척 많이 진(眞) 가(假)가 가능한 진술과 기호의 배열로 되었으면서도 그런 것들은 그 진가 여부 때문에 쓰여지는 것이 아니라 그것들을 받아들임으로써 일어나는 태도를 위해서인 것이다.[6]

다시 말하면 시뿐만 아니라 모든 예술 작품에서 받는 망판(網版)의 반응이란 리처즈에 의하면 거기 서로 응하는 태도의 조직으로서 결실되는 것이다. 그는 명심해서 미적 경험의 특징과 한계는 그것이 밖으로 나타나는 행동의 바로 직전에서 끝나는 점에 있다는 것을 강조하는 것이다. 그 암시하는 내용 속에는 혹은 칸트의 유명한 '무관심의 관심(Disinterested interest)'과도 통하는 데가 있어 보인다. 밖으로 나타나는 행동을 내부적인 태도로부터 엄밀하게 끊어 놓은 그의 메스는 같은 논리의 당연한 귀결로서, 드디어 시로부터 신념(信念, Belief)을 끊어 버리는 것이다. 왜냐하면 신념은

---

5 "······시 속에 나타나는 진술(陳述)은 감정에 미치는 그 효과 때문에 있는 것이고, 그 자체를 위해서 있는 것은 아니다."(PC, p. 186)
   "셰익스피어를 읽으면서 가령 'How true!' 하고 말하는 사람은 그의 작품을 잘못 이용하고 있는 것이어서, 비교해 말한다면 시간을 낭비하고 있는 것이다. 문제가 되는 것은 요컨대 받아들이는 것― 즉 한 걸음 더 나아간 반응을 불러일으키는 것과 발전시키는 일이다. ······ 정의적(情意的)으로 쓰여진 진술에서 결과하는 정의와 태도는 그 진술이 언급하는 사물로 끌어갈 필요는 없다."(PLC, p. 273)
   "암시에 의해서 주로 효과를 내려고 해서 쓰여진 정의적(情意的) 언어는―모든 시에서 분명한 것처럼―마치 그것이 과학적 기능을 가진 것처럼 해석된다고 하면 매우 그릇 나가는 것이 될지 모른다."(FAE, p. 61, note)
6 MM, p. 259.

너무나 긴밀하게 외부적 행동과 연결되어 있는 때문일 것이다.[7] 그리해서 시의 경험에 있어서의 태도의 조직이라는 중심 활동은 그 자체의 자기 충족 속에 목표가 있는 것이라 한다. 일찍 브래들리(Andrew Cecil Bradley)의 유미주의(唯美主義, Aestheticism)에 반기를 들었던 그는 여기 이르러 어느새 다소간 모양을 바꾼 현대식 새 유미주의로 떨어진 느낌이 없지 않다. 그로 인함인지 그의 태도론은 예술의 경험에 있어서 태도가 일어난다는 일을 지적하였을 뿐, 태도 그것의 성질에 대한 분석은 하지 않았다.

태도가 행동을 지향함에 있어서 두 갈래의 서로 상반되는 방향이 있음을 우리는 알 수가 있다. 그래 그 두 방향 사이에는 여러 모양의 미묘한 음영이 있어 보인다. 리처즈는 말하자면 태도의 내용 또는 성질의 차이에 대해서는 그리 흥미를 느끼지 않는 것 같다. 그러나 1차 대전 뒤의 약 10년간에 걸쳐 유럽을 휩쓴 소극적인 시의 조류에 항거해서 일어난 다음 30년대의 시의 적극적인 의욕과 기풍을 설명하기 위해서는 태도론은 다시 태도 그것의 내용의 질적 차이를 캐내지 않으면 아니 될 것이다. 나아가서는 태도 그것이 생활과 현실에 대하여 가지는 관계와 의미를 밝혀야 할 것이다. 예술 작품이 빚어내는 태도란 결국 생활 태도인 것이다.

2 두 개의 태도

시를 받아들이는 과정에 있어서 그 망판(網版)의 효과로서의 태도는 질적으로 여러 가지 음영을 가지고 있다 함은 앞에서도 말

---

7 PLC, pp. 274~277.

했거니와 질이 다른 태도의 두 극단은 각각 반대되는 두 방향을 가리킨다. 즉 태도의 극한이라고도 할 외부 행동의 바로 한 걸음 앞의 선(線)에서 장차 밖으로 향하여 스스로를 실현하려는 적극적인 태세의 그것과, 외부와는 등을 지고 자꾸만 안으로 안으로 움츠러들려는 소극적인 것의 구별이 그것이다. 태도의 이 두 종류의 상반하는 지향은 하나는 생활 속에 충실한 열매를 맺는 데 반해서 다른 하나는 생활의 거부로서 나타난다. 이 일은 시뿐 아니라 모든 종류의 예술 작품에서도 쉽사리 그 예를 찾을 수 있다. 하나를 실천 속에 반영되어 환경에 가공하며 생활을 고쳐 가며 높여 가는 생활 예술이라고 하면, 다른 하나는 생과 생활을 등진 부정(否定), 도피의 예술이라고 할 것으로 이 둘은 시대를 달리해서 갈리기도 하며 혹은 같은 시대에 두 대립되어 항쟁하는 인생관 세계관의 표식으로 대조되기도 한다. W. H. 오든은 이렇게 말하였다.

언제고 두 종류의 예술이 있다. 도피의 예술 — 왜냐하면 사람은 음식을 요구하듯 도피를 요구하는 때문에 — 과 비유(比喩)의 예술 — 그것은 사람에게 미움을 버리고 애정을 배우도록 가르치는 것 — 이다.[8]

이 비유의 예술에서 얻어 받는 태도는 그 받아들이는 편의 실제 생활 속에 충실한 결과를 남기는 말하자면 적극성의 것이라고 하겠다. 현실의 사정없는 분석과 관찰을 거쳐서 새 현실의 창조를 의도하는 실천의 예술일 것이다. 그러한 예술은 늘 생활과 연관을 가질 뿐 아니라 생활 속에서 솟아나서 생활 속으로 돌아드는 생활

---

8   W. H. Auden, Psychology and Art, p. 259.

을 위한, 생활의 예술일 것이다. 예술가의 관심은 끊임없이 생활과 현실 속에 집중되는 것이며, 더군다나 그에게 있어서는 눈에 보이는 그대로의 정태(靜態)로서의 생활이나 현실이 아니고, 온 인류의 참가 속에 끊임없이 이루어져 가는 동태(動態)로서의 생활과 현실이야말로 그의 예술의 장소인 것이다. 예술은 결코 한 시대의 기록이라는 말이 의미하듯 객관적인 거울과 같은 것에 그칠 수 없고, 제 자신도 역사를 이루어 가는 데 그대로 참여하고 있는 것이다.

다른 한편 도피의 예술은 현실을 있는 그대로 파악하기를 꺼려 하며, 그것에 솔직히 반응하기를 회피하며, 현실 아닌 빈 세계 또는 현실을 멀리 넘어선 가공의 세계와만 교섭하려 드는 것이다. 이러한 예술을 통해서 사람들은 인생과 현실에 대한 진상을 파악하기를 게을리하게 되며, 거기 대한 흥미를 잃게 되며, 생활의 끊임없는 창조에 대한 의욕을 죽여 버리게 되며, 그리함으로써 사회와 인생에 있어서 불합리와 악(惡)이 날뛰는 것을 그저 방관하거나 묵인하는 결과가 된다.

신념이라는 것은 역사에 있어서 일정한 내용을 가진 생활 체제를 실현할 것을 굳이 믿으며, 또는 그 실현을 위한 노력을 긍정할 뿐 아니라 실천으로써 추진하는 데까지 가고 마는 것이다. 생활예술이 일정한 신념을 기초로 한 사회적인 이상을 의식적으로 좇아가고 있음은 쉽사리 알 수 있으려니와, 도피의 예술에 있어서는 따라서 신념이 문제가 될 수 없으며 '무(無)의 교리'가 그것에 대신되는 것임은 말할 것도 없다.

신념이라고 하는 것은 지성에 의한 어떠한 세계와 인생에 대한 인식을 내용으로 하고, 그것을 굳센 정의(情意)가 떠받치고 있다느니보다는 한데 침투되고 엉켜서 된 상태라고 할 수 있다. 그런데 그것은 한편에 있어 일정한 굳어진 세계관, 인생관에서 유래하는 경우가 많다. 따라서 그것이 어떤 고정된 세계관·인생관에 기초를 둔 채 구체적인 현실을 파악하는 마당에서 이미 준비되었던 관념만 들고 나와서 현실을 거기 쑤셔 넣으려고 만들 적에는 생생한 것이 될 수 없고, 거기는 태도의 유형화, 경화(硬化)가 생기기 쉽다. 늘 생생한 구체성을 생명으로 삼는 예술 그것에 있어서는 그것은 어떤 치명적인 결함이 되기 쉽다. 예술에 있어서의 신념은 어떤 세계관·인생관을 기초로 하면서도 그것들은 기본적인 방향을 결정하는 역학적인 기능을 할 따름이고, 끊임없이 이루어져 가는 역사의 현실적이며 구체적인 동태의 관찰과 파악으로 늘 팽팽하며 생생해 있어야 할 것이다. 신념을 증명하기 위한 예술이라느니보다는, 예술이 형상을 갖추어 가는 동안에 구체적 현실의 보증을 거쳐 스며 나오는 신념이라고 함이 옳을 것이다. 가령 시면 시 속에 어떤 신념의 개념적 내용이 어떻게 말해졌나가 문제가 아니라, 시의 재료로서의 그때그때의 현실의 뭉치의 해석에 신념은 구체적인 모양으로 펴지고 스며 있는 것이다. 다시 말하면 신념은 차라리 여러 가지 변모한 모양으로 한 시편의 기조가 되어 있는 태도로 번역되어 있는 것이라고 하겠다.

또 외관상 신념이 갖추는 징후를 보이면서도 지성의 보증 즉 이지적 인식이 떠받치지 않는 상태를 가리켜 우리는 미신이라고 부르는 것이다. 거기 지성이 밀어 주는 힘이 약한 때문으로 해서 미신은 늘 안정되지 못한 채 동요하기 쉬우며 들떠 있어서 사람들의 마음이 몹시 약해진 틈을 타서 출몰하는 것이다. 신념처럼 굳건하고 끈적끈적하여 생활의 지침이 될 수는 없는 것이다.

우리는 시험 삼아 아래 매우 뚜렷이 대조되는 두 시편을 끌어와 보자.

급행열차[9]

스티븐 스펜더

힘차고 뚜렷한 첫 선언
피스톤의 캄캄한 진술(陳述) 뒤
더 서두르지도 않고 여왕처럼 미끄러져
급행열차는 역을 떠난다.
머리도 수그리지 않고 모르는 척 늠름하게
그는
초라스레 밖에 닥아붙은 집들과
가스 공장과 드디어 묘지의 비석으로 인쇄된
음침한 죽음의 글장을 지나간다.
거기 저편에 망망한 시골이 펴져 있다.

9 Express(Stephen Spender).
After the first powerful plain manifesto/ The black statement of pistons, without more fuss/ But gliding like a queen, she leaves the station./ Without bowing and with restrained unconcern/ She passes the houses which humbly crowd outside,/ The gassworks and at last the heavy page/ Of death, printed by gravestones in the cemetery./ Beyond the town there lies the open country./ Where gathering speed, she acquired mystery,/ The luminous selfpossession of ships on ocean./ It is now she begins to sing — at first quite low/ Then loud, and at last with a jazzy madness/ The songs of her wistle sdreaming at curves,/ Of deafening tunnels, brapes, innumerable bolts/ And always light, aeral, underneath/ Goes the elate metre of her wheels/ Steaming through metal landscape on her lines/ She plunges new eras of wild happiness/ Where speed throws up strange shapes, broad curves/ And paralles clean like the steel of guns./ At last further than Edinburgh or Rome,/ Beyond the crest of the world, she reaches night./ Where only a low streamline brightness/ Of phosphors on the tossing hills is white./ Ah, like a comet through flame she moves entranced/ Wrapt in her music no bird song, no, nor bough/ Breaking with honey buds, shall ever equal.

거기서 속력을 내며 그는 신비를
대해에 뜬 배들의 눈부시는 무게를 갖춘다.
그가 노래하기 시작하는 것은 이때다.
처음에는 아주 낮게 다음에는 높게
드디어는 재즈처럼 미쳐서
굽이마다 소리치는 기적의 노래
귀 막히는 굴, 브레이크, 수없는 쇠진 못의 노래를 ─
그러고는 가볍게 바람처럼 쇠바퀴의
드높은 노래는 흘러간다.
철길 금속(金屬)의 풍경 속을 김 쐬며 지나
그는 거친 행복의 새 시대에 뛰어든다.
거기선 속력을 이상한 모양과 흰한 굽이
대포 강철처럼 선명한 평행선을 튀겨 올린다
드디어 에든버러 또는 로마보다도 멀리
세계의 꼭대기를 지나 그는
넘노는 언덕 낮은 인(燐)빛 유선(流線)의 빛만이 흰
밤에 닿는다.
아아 불꽃을 뚫고 오는 별꼬리처럼
아무 새 노래도
달디단 순이 트는 어느 가지도 비할 수 없는
그의 음악에 싸여 취한 듯
그는 달린다.

나귀 쌍통[10]

―이디스 시트웰

나귀 쌍통이
별들의 나귀 젖을 마셨다.
젖빛 타래 줄이 하는 사랑방과 금빛 창살로부터 꺼지면서
콜롬바인을 주려 장옷을 이루었다.
바다의 나귀를 발꿈치에 채어
물줄기마다 멋대로 소리치며
신묘한 모래에 쏴 내리면서―
그리고 물개들은
수염 여윈 나무 밑마다
바벨의 탑을 쌓노라 지껄인다.
'지금 들리는 것은
카인과 아벨이 또 싸우는 걸까'
그들의 흰 레이스 두른 집을 망친 젖은 별들의 젖을 마시고 취한
나귀 쌍통이 나귀 쌍통이다
금빛 창살에서 쫓겨난―

이 두 편의 시를 각각 두 번 세 번 그 뜻을 씹어 가면서 읽는다

---

10 Ass-face(Edith Sitwell).
Ass-face drank/ The asses' milk of stars……/ The milky spirals as they sank/ From heaven's saloons and golden bars,/ Made a gown/ For Col-umbine,/ Spiriting down/ On sand divine./ By the asses' hide of the sea/ (With each tide braying free)./ And beavers building Babel/ Heard benead each tree's thin beard,/ Said, Is it Cain and Abel/ Fighting again we heard?/ It is Ass-face, Ass-face,/ Drunk on the milk of stars,/ Who will spoil their houses of white lace―/ Expelled from-the golden bars.

고 하자. 그 결과 읽는 사람의 마음속에 시의 반응으로서 일어나는 어떤 태도는 서로 성질이 매우 다른 것임을 느낄 것이다. 읽는 사람이 미리부터 갖고 있던 감정이나 태도로 굳게 무장하지 않고, 그러한 것을 될 수 있는 대로 버리고 텅 빈 마음을 벌려서 될 수 있는 대로 시가 주는 대로를 받아들인다면 응당 그렇게밖에는 아니 될 것이다.

    우선 앞의 시부터 먼저 보기로 하자.

    힘차고 억센 피스톤의 움직임을 연상시키는 역학적인 이미지(映像 또는 心像)는 처음부터도 꿈틀거리는 어세(語勢)에 밀려 우리 앞으로 다가드는 것이다. 기계로서의 저의 속력에 자못 자신만만하면서도 어디까지든지 당황하게 서두르지 않고 늠름하게 움직이는 급행열차의 숨 쉬는 듯한 모습은 다시 저 거만스럽고도 당당한 그러나 숙명적으로 여성의 교태를 어찌지 못하는 여왕의 이미지와의 처음에는 당돌한 결합, 나중에는 자연스러운 조화로 하여 더욱 생동하는 것이다. 원시의 첫 세 줄에 흩어 놓은 파열음 'P, K, T'와 마찰음 'F, S'에서 울려오는 소리의 효과는 여기서 매우 적적하다.(註를 보라.) 높아 가는 속력을 보이기 위하여 거기 흘러가는 집과 공장과 묘지의 옮아감. 속력이 가지는 절망에라도 비길 그 어쩔 수 없는 육박하는 위기감은 무덤 앞의 비석들의 에피소드 때문에 더욱 비극성을 돋운다. 다시 바다 위의 기선과의 대조, 눈에 보이는 것으로부터 소리에의 전환, 절정으로 향하여 집중하는 그림과 소리의 한데 얽힌 율동. 무척 둔탁스러운 무게를 가지면서도 공기와 같이 경쾌하기 짝이 없는 기계의 음악이 어느새 흘러오는 것이다. 오늘의 문명만이 빚어낼 수 있는 금속의 풍경 속에서 느끼는 야성적인 행복은 속력이라는 기이한 작용 즉 운동 속에서 파악하는 실재와의 접촉에서만 오는 것이다. 어느덧 안정된 고전물리학의 세계가 아니라 상대성 원리의 더 고차(高次)의 세계에 우리는 인도되는 것이다. 결정(結晶)인 것처럼 맨 마지막에 남는 인광의 유선과, 그리고 일순간 불꽃을 뿜으면서 어둠 속에 그려지는 별 꼬리의 자취는 운동 속에서 숨 쉬는 한 커다란 새로운 세계상(世界像)의 찬란한 광경에 우리로 하여금 소스라쳐 눈뜨게 한다. 몇 줄 안 되는 시는 우리 앞에 눈부신 새로운 진리를 계시하는 한 우주에 필적하는 것을 펴 놓는 것이다. 이 격동하는 현실의 인력(引力) 권내에 우리는 어쩔 수 없이 끌려 들어가서, 우리 자신이 아니라 이 새로운 세계 그것의 운동 법칙에 우리를 내버려 맡겨 두고 만다. 다만 과감하게 그리고 담담하게 시의 실체에 마주치며 그 호흡에 밀려 돌진할 뿐이다.

다음 시는 찬란한 가공의 동화(童話) 속으로 우리를 초대하나, 기실은 형체도 없는 오직 빛과 광채뿐인 꿈속을 우리는 날고 있는 것이다. 괴물로 변신하는 바닷물결과, 그리고 거기 웅얼거리는 의미 없는 혼잡 그것뿐이다. 요귀의 입김과도 같은 가볍고 허망한 음악이 두께 없는 이 신기루를 엷게 싸 버린다. 눈 깜박할 사이에 지나가는 대단히 손익은 기술자의 불장난을 보고 난 것 같다. 거기 남는 것은 현실의 어떤 새로운 의미의 번갯불도 아니다. 차라리 무언가 말을 건네려는 현실과 우리 사이를 가로막아 거기 한 폭 환상의 현란한 휘장을 쳐 놓는 것이다. 현실의 더 적확한 파악이 아니라, 그것들 흐지부지해 버리려는 애매한 몸짓 속에 우리의 기관 감각을 마비시키는 것이다.

이러한 질적으로 다른 두 효과는 이 두 시인의 문명에 대한 인식과 파악, 세계와 인생에 대한 통찰과 신념의 깊은 차이에서 오는 것일 터이며, 그리하여 피할 나위 없이 두 개의 질이 다른 태도를 읽는 사람의 마음에 빚어내는 것 같다. 그런데 리처즈는 앞의 것과 같은 어떤 적극성을 보이는 시의 가치의 보람에 대하여 얼마 열정을 보이지 않은 것 같다. 사실상 그가 가장 큰 저작을 남긴, 1920년대의 영국뿐 아니라 유럽 시단 그것이 온통 소극적이요 부정적인 기풍에 휩싸여 있었던 것이다. 그리하여 그는 "그의 도피의 방법은…… 시를 행동으로 나타나는 사회적 단결의 대용품을 만들려 하며, 그러한 행동의 실천적 결과로부터 그것을 동떨어지게 하려"[11]는 것이라는 비난 소리를 들어도 변명할 수 없이 된다.

그러면 그의 관심은 주장 어디 있었느냐 하면 태도 그것의 내용에 있는 것이 아니라, 오로지 태도의 형식에 있었던 것이다. 즉 노상 이즈러지고 고르지 못한 우리의 마음이 시를 통해서 부풀고 팽팽한 한 균형 상태를 이룰 적에 그 균형의 정도의 높고 낮음만이 문제가 되었을 뿐, 그 함축의 부피와 같은 것, 또 그것이 인생과 가지는 의미 관계의 분간과 같은 일은 리처즈에서는 그리 찾아볼 수가 없다. 돌이켜 생각할 때에 "심리적 사실로서의 발언(發言)의 뜻은 그것이 한 태도를 나타내며, 그런 의미에서의 그 뜻에 베풀어 볼 시금석은 생(生)을 위한 그 태도의 가치의 실천적인 면이다."[12] 사실 "우리들 자신의 태도의 가치조차가, 그 무슨 결정성에 연유하는 것이 아니고 우리들의 미래의 요구에 대한 현재의 조화 및 그 적응성에 연유한다."[13]고 할진대 태도는 다만 그 형식에서만

11   Allick West, *Criticism and Crisis*, p. 77.
12   Ibid, p. 74.
13   Michael Roberts, *Critique of Poetry*, pp. 40~41.

다루어질 일이 아니라 그 내용의 질과 또 생의 실천에 일으키는 그 결과의 가치라는 모에서도 응당 다루어져야 할 것이다.

우리의 '나'라고 하는 것은 어떠한 순간에고 간에 그 순간의 마음의 태도랄까 그러한 준비를 갖추고 있는 것으로, 밖으로부터 충동되거나 안으로부터 격발되는 자기에게 맞는 어떤 행동으로 될 수만 있으면 쉽사리 옮아갈 수 있도록 되었으며, 또는 자기에게 맞지 않는 행동이 요구되었을 적에는 그것을 애써 피하려는 자세를 취하고 있는 것이다. 즉 이러한 마음의 준비 또는 태세는 뛰어드는 어떤 자극이 그것하고 잘 어울리는 성질이 같은 것일 적에는 얼른 받아들여 필요한 다음 행동으로 옮아가지만, 그렇지 않을 적에는 그 자극을 물리쳐 버리려고 드는 것이다. 이 마음의 태세는 그 사람의 어떤 허울이 잡힌 세계관, 인생관, 정세 판단에 깊이 관련을 가지는 것으로, 그가 살아가는 데 그의 길잡이라고도 할 어떤 신념에서 우러나오는 것이다. 그래서 어느 순간에 조직되는 한 사람의 태도는 위에서 보아 온 것처럼 살아오는 동안에 어느새 차츰 틀이 잡혀 버린 이미 정해진 생각하는 방식, 느끼는 버릇, 반응의 경향 ─ 그러한 것들의 총화에 매우 좌우되는 것이다. 그런 의미에서는 마음의 태세라는 것은 버클리(George Berkeley) 식의 백지와 같은 중립성을 지킬 수 있는 것이 아니고, 어떤 길들인 방향으로 자꾸만 기울어지려는 일종의 경향성을 띠는 것이 사실이다. 그 경향성은 그의 이루어져 가는 세계관, 인생관, 신념의 인력에 끌려 굽어 드는 그의 생의 궤도로서 그의 개성과 성격에 깊은 관련을 맺고 있음은 두말할 것도 없다.

그리하여 한 개인의 인격의 밑바닥에는 비교적 오래 두고 틀이 잡힌 태도 형성의 타입 같은 것이 있어서 그것이 바로 그의 성격을 결정짓는 것이다. 그러나 그 인격은 끊임없이 그리고 꾸준히 안에서 일어나고 밖에서 오는 자극과 충동에 영향을 받으면서 변해 가고 자라 가는 것이다. 구체적으로는 그의 지나온 내력과 건강과 교양과, 사회에 있어서의 그의 위치와 일의 성질을 따라 그의 타입은 이루어지며 규정되는 것이다. 더 정확하게 말하면 자라 가는 개인 그 자신과 사회와의 서로 주고받는 교섭 가운데서 그의 인격은 어울려 가며 자리 잡히면서 자라 가는 것이다.

이러한 오래가는 인격의 활동의 타입에 비할 적에는 시에 의해서 불러일으켜지는 태도란 다른 일상적인 그것과 마찬가지로 한때 지나가 버리는 얼른 보아서는 하루살이와 같은 것이다. 그러나 이 한때뿐인 우연한 태도는 한편 오래가는 타입의 제약을 받으면서도 그 타입을 끊임없이 만들어 가며 키워 가는 일에 참여하는 것이라 함도 잊어서는 아니 된다.

3 세계상(世界像)과 세계관(世界觀)

시를 통해서 전달받는 태도는 진공상태 속에서 이루어지는 무색투명한 것이 아니고, 앞에서 보아 오듯 무슨 의미로든지 생(生)에 대한 어떤 태도인 것이다. 다시 말하면 시로 해서 읽는 사람의 의식에 조직되는 태도는 다름 아닌 생활 태도인 것이다.

생활이란 무엇이냐. 그것은 한편에 있어서는 환경에 대한 개체의 적응이며, 또 한편에 있어서는 환경의 장애를 극복하여 나가면서 자기의 의욕을 실현해 가는 일인 것이다. 하나는 생활의 자연적인 면이요, 다른 하나는 생활의 창조적인 면이다. 생활은 환경과, 한편 조화한다는 의미에서 즉 타협한다는 의미에서, 다른 편에 있어서는 그것을 재료로 삼으며 이용하며 극복해 나간다는 의미에서 긴밀한 관계를 맺고 있는 것이다.

그럴진대 생활의 주체로서의 사람은 환경에 대하여 다만 본능적으로 반사운동을 함으로써 살아 나갈 수는 벌써 없다. 사람이 극히 단순하고 소박한 자연적인 생활을 하던 원시 단계에서는 그것으로도 족하였지만 오늘 와서는 그렇지 못하다.

우리는 지금 우리의 생리적 조건이 제약하는 좁은 행동반경 안에 든 자연환경 속에서만 살고 있는 것이 아니다. 우리는 우리의 행동반경을 우리가 다리로 걸을 수 있는 거리로써만 재던 것은 벌써 옛날이야기다. 우리는 과학과 기술의 힘으로써 자연의 한계를 극복해서 엄청나게 행동과 교섭의 범위를 넓혔다. 자연을 우리는 우리가 손수 만든 것으로써 무척 채워 버렸다. 어떤 부면에서는 우리가 만든 것이 자연을 무색할 정도로 압도하기조차 하였다. 자연이 우리의 환경이었듯이 우리가 만들어 낸 문화는 우리의 새 환경을 만들어 냈으며 현재도 만들어 가고 있다.

이와 동시에 사람과 사람 사이에 얽히는 사회적 관계는 날로 더 분화되어 복잡해 가면서도 확대되어 가며 조직화되고 있다.

이러한 자연과 문화와 사회적 관계가 한데 집중하는 자못 긴장한 무대 복판에서 우리는 이 순간에 생활하고 있는 것이다. 환경이라는 말로는 너무나 긴박하고 절실한 그 유기적 관계를 모호하게 할 염려가 있으니까 우리는 그것을 우리가 생활하는 세계 그것이라고 부르는 게 좋겠다.

시가 생활 태도를 조직하는 것이라고 하면 그것은 생활하는 세계 그것에 대한 태도라고 하겠으며, 어떤 태도를 가진다고 하는 것은 그 세계에 대한 어떤 파악을 전제로 할 것임에 틀림없다.

우리는 우리의 감각에 직접 들어오는 좁은 범위의 현상만이 아니고 그것을 넘어서 과학이 제공하는 지식과 그것에 많은 가설 (假設)과 자기의 유토피아마저 불어넣어서, 시간적으로는 과거에서 현재와 미래에 걸쳐, 공간적으로는 대우주로부터 전자의 세계에 뻗쳐, 다시 물질적 기초 위에 구축된 사회 기구와 그 속에서 힘과 힘이 모순 대립하며 충돌하며 교체되어 가는 동안에 형성되어 가는 역사마저를 한데 끌어안은 한 세계상을 그려 가지고 있으며 또 그려 갈밖에 없다. 세계는 무엇이냐, 인생은 무엇이냐? 하는 문제에 대한 해답은 결국은 어떻게 살아갈 것이냐의 문제에서 출발된 것이며 따라서 그것에 절실하게 관련되어 있는 것이다. 사람들은 그것을 세계관 문제, 인생관 문제라고도 해 왔다.

우리 생활의 자연적 측면을 지배하며 그것에 무진장한 재료를 제공하는 물리적 세계는 일찍이 희랍 사람들이 열어 보인 좁은 창에서 바라보던 것과는 아주 딴판이 되었다. 뿐만 아니라 뉴턴의 고전물리학이 설명해 보이던 거시 세계(巨視世界)의 상식을 멀리 넘어서, 상대성원리(相對性原理)가 펴 보이며 양자론(量子論)이 엿보여 주는 광대한 우주상과 물질의 비밀의 폭로로 하여 실로 놀라울 정도로 극대와 극소의 두 끝으로 향하여 확대되면서 있다.

오늘의 사회과학이 설명해 주는 사회 그것은 그 물질적 기반을 토대로 한 그 구조와 역사의 운동 법칙의 전개를 보이면서 벌써 과학 앞에 자신의 비밀을 고백하는 한 프랑켄슈타인으로 나타나고 있다.

시인이 한 사회적 대변인으로서 생활을 적응시키며 실현하려는 오늘 이 마당의 세계는 바로 이러한 세계다. 시인은 이 세계를 어떠한 방식으로 간에 파악하고 있어야 할 것이다. 그렇지 못한 경우에는 그의 의식은 지리멸렬하여 분열을 일으키게 되는 것이다. 만약에 그 파악이 유치하거나 오늘의 사태에 뒤졌다면, 이러한 오늘의 장소를 의식하고 고민하며 당황하며 새로운 결의에 직면하고 있는 세대를 만족시킬 수가 도저히 없는 것은 말할 것도 없다.

그런데 이 시를 통해서 파악하는 세계상은 지성이 과학을 통해서 얻는 인식과는 다르다. 또는 논리적 추리에 의해서 얻는 것과도 다르다. 첫째는 느껴서 아는 파악이다. 다음은 한 종합적인 감명으로서의 파악이다. 즉 지성에만 의거한 인식이 아니라, 지성의 보조를 받으면서도 주로 정의적(情意的)으로 얻는 한 전체적 형상으로서의 세계상인 것이다. 그러나 이러한 세계상은 시에 편마다 기술되어 있는 것이 아니라, 시에서 받는 경험의 전달을 통하여 간접적으로 다시 말하면 비유로서 파악하는 것이다. 과학에서처럼 기술된 명제를 그것에 조응하는 사실에까지 좇아 올라가서 그 명제가 참이고 아님을 따져서 아는 인식이 아니라, 사실에까지 추급하지 않고 전해진 예술적 형상 그것에서 바로 받는 파악이라는 의미에서, 즉 어떤 특수한 사실의 배치에 대하여 일일이 책임을 지는 것이 아니라 한 시적 경험으로 조직된 전형적인 사태 통찰인 것이다. 귀납이 아니라 전형이라는 의미에서 보편성을 가지게 되는 그러한 통찰이다. 이 경우에 사실로서 충만한 현실의 세계는 비유라는 모양에서 시적 경험에 반영되어 있는 것이다. 대립된 채로 종합되어 있는 그러한 관계에 서는 것이다.

4 신념

과학은 우리가 그리는 세계상을 이루는 데 가장 중요한 재료를 제공하는 것은 사실이다. 그러나 과학이 주는 재료만으로는 원만한 그림을 만들어 낼 수가 없다. 과학이 아직은 미처 이루 다 재료를 준비하고 있지 못한 이지러진 구석이 예상 외로 많다. 과학의 체계 그것 속에조차 미처 메우지 못한 구석이 있어서 그것은 가설로써 채울밖에 없는 형편이다. 그러면 과학으로서 메우지 못하는 우리의 세계상의 빈구석은 어찌할 것인가. 즉 과학적 지식 또는 인식이 잇대지 못하는 불연속 부분은 당분 우리의 지혜로써 메워 두어야 할밖에 없다. 그러므로 통찰이라 일컫는 것이다.

과학이 보통 하는 일에 대해서는 우리의 이성은 그만한 신념을 가지고 대하는 것이다. 그러나 지혜로써 메운 부분에 대하여는 그런 의미의 과학적 신념은 둘 수 없는 게 당연하겠다. 그 부분에 대해서는 우리는 적어도 모험을 하고 있는 것이다. 나쁘게 말하면 도박을 하고 있는 것이다. 더군다나 현재 목전에 있는 사태에 대해서조차 그럴진대 문제가 역사의 동향의 미래의 예측일 경우에는 이 모험성과 도박성은 더욱 아슬아슬한 것이 된다. 그러면서도 우리는 우리가 그야말로 그날그날 취생몽사하듯 생존하는 것만이 아니고, 적응과 창조 두 면을 가진 생활을 하고 있는 것이라면 역사의 미래에 대하여 어쨌든 투시를 시험해 보아야 할 것이다.

물론 그 투시는 지금까지의 과학이 제공하는 역사의 운동 법칙에 근거를 두어야 할 것이지만, 그 법칙이라는 게 모든 딸린 조건의 방해를 제껴 놓은 비교적 순수하고 단일한 상태에서 하는 이야기지 현실의 사태란 실험실 안처럼 그렇게 행복스러운 사정 아래 놓여 있는 것은 아니다. 차라리 말할 수 없이 복잡한 의외의 조건들이 혼잡물로서 뒤섞여 있는 것이 오히려 보통이다. 더군다나 우리가 판단을 내리려는 일은 잘 안 되면 다시 고쳐 하면 그만인 녹록한 일이 아니라, 한 번 그르치면 두 번도 다시 되풀이할 수 없는 우리들의 생생한 현실 생활의 이해타산이 걸려 있는 역사의 마당인 것임에랴.

그런데 우리가 세계상을 그려 가는 데 있어서 그것을 유지해 가는 것은 물론 신념의 추진력인 것이다. 그 신념은 일부분은 과학의 지식이 보증하는 과학적 신념이려니와 그렇지 못한 부분은 무엇으로써 신념이라 할 것인가. 그것은 오직 우리의 정의(情意)로써 우겨 가는 신념일 따름이다.[14] 그러므로 거기는 무리가 있다. 억지 공사인 데가 있다. 그렇지만 우리의 인격에 통일을 유지하기 위해서는 역시 비교적 이지러지지 않은 한 바퀴 다 돌아간 세계상을 눈앞에 그려 놓아야 어떻게고 한 발자국이라도 내디딜 수가 있지 않은가.

우리는 그때그때의 세계에 대처하여 어떤 태도를 무시로 조직하며 조정해 가는 것이겠으나, 그 태도는 실상은 우리가 품고 있는 신념에 마치 자석에 이끌리듯 방향이 정해지는 게 보통인 것 같다. 생활 태도인 까닭에 우리가 그리는 세계상 그것에 그 태도는 좌우될밖에 없는 것이다. 세계를 어떻게 보나, 인생을 어떻게 보나에 따라 거기서 생활하는 우리의 태도도 결정이 될 것이다. 아무것도 보지 못한다면 흐지부지한 태도밖에 나올 것이 없다. 헤라클레이토스는 세계와 인생은 무상하기 짝이 없는 것이라 보았기 때문에 울음밖에 울 것이 없었다. 역사는 움직이는 것이라고 믿기 때문에 볼 만한 현실을 고쳐 보겠다는 결심도 생기는 것이겠다.

 사월은 잔인한 달

 죽은 땅에서 라일락을 기르며

 기억과 소망을 뒤섞으며

---

14 Cf. PLC, pp. 277~278, 375.

봄비를 뿌려 무딘 뿌리를 흔들어 깨우는 ── [15]

T. S. 엘리엇의 「황무지」에서는 끝없는 절망밖에는 나올 것이 없다.

내일은 꿈같은 사랑을 찾기
까마귀들 사진 찍기, 자유의 여신상
당당한 그늘 아래 온갖 우스갯짓
내일은 행열대장과 음악가의 시간

둥근 지붕 아래 합창대의 어여쁜 외침.
내일은 테리어 개들 기르기에 대한 속삼임질,
갑작스런 손길의 숲을 들어 하는
등이 단 의장 선거. 그러나 오늘은 싸움 ── [16]

이러한 역사의 투시에서 올 수 있는 것은 미래에 대한 굳은 신념일 터이며 거기 대응해서 빚어지는 태도란 적극적인 의욕에 팽팽하게 차 있는 것일 수밖에 없다.
리처즈는 이러한 신념이 시 속에 들어오는 것을 완강히 막으

---

[15] April is the cruellest month, breeding/ Lilacs out of the dead land, mixing/ Memory and desire, stiring/ Dull roots with spring rain.(「The Waste Land」)

[16] To-morrow the rediscovery of romantic love,/ The photographing of ravens; all the fun under Liberty's materful shadows./ Tomorrow the hour of the pageant-master and the musician,// The beautiful roar of the chorus under the dome/ To-morrow the exchange of tips on the breeding of terriers, The eager election of chairmen/ By the sudden forest of hands./ But to──day the struggle.(W. H. Āuden, 「Spain」)

려는 듯하다.[17] 나아가서는 그는 태도에 있어서도 생에 대한 적극적 태도가 시에 들어오는 것조차 거부하려던 것 같다. 그러나 우리가 보는 바로는 그것은 그의 취미와 그가 속한 세대의 기분의 표현인 듯하다. 신념이 시에 들어오는 것을 막아 낼 수가 없으며, 또 그럴 필요도 없다. 도리어 신념은 태도의 조직에 있어 그 방향을 결정짓는 자석과 같은 작용을 하는 것으로 시인의 편에 있어서 그러할진대, 그 태도를 전달받는 읽는 편에 와서도 그 태도를 통하여 어떠한 신념이 암시되며 징후를 보일 수가 있는 것이다. 문제는 신념이 시 속에 들어오느냐 마느냐에 있는 게 아니라 신념이 어떻게 시적 경험 속에 잘 유기적으로 풀려 스며 있느냐에 있는 것뿐이다. 그렇지 못한 경우에만 그것은 리처즈 말마따나, 시를 깨뜨리기 쉬운 것이다. 문제는 결국 시인이 신념을 시적 경험으로 조직하며 무리 없이 번역하는 역량에 달려 있는 것이다.

5 가치(價値)의 성립

지나간 날 낡은 미학은 즐겨 미(美)의 영원한 이념을 머릿속에 그리고는 그것에 대한 갖은 환상을 늘어놓는 것이 고작이었다. 그것은 관념 속에 꾸미는 미의 그림자였다. 미를 받아 나타내고 있는 구체적인 미적 대상의 객관적인 관찰이나 과학적 분석에 기초

---

17 "셰익스피어를 읽으면서 간간이 '어쩌면 이렇게 참말 같기도 할까'라고 말하는 사람들은 그의 작품을 잘못 이용하고 있는 것이다. 비겨 말한다면 시간을 낭비하고 있는 것이다."(PLC, p. 273)
"태도가 소중한데도 이미 세워진 과학적 진리가 다루어지듯 다루어지고 있는 어떤 사실에 대한 연관에 그 태도의 기초를 두어 보려는 유혹은 매우 크다. 그래서 그 시인은 쉽사리 제 작품을 깨뜨려 버리고 말기 쉽다. 워즈워스는 그의 범신론(汎神論)을 내세우며 다른 사람들은 영감(靈感) '이상주의' 계시(啓示)의 교시를 내세운다."(Ibid., pp. 274~275)

를 둔 게 아니라, 어떤 미학자의 머릿속에 우연히 떠오르는 관념의 물거품이나, 그렇지 않으면 그러한 미학의 전통 속에서 물려받은 허망한 유산인 것이다. 이리하여 한 개의 추상적인 미의 관념이 한 개 준비만 되면 다음에는 수십 개의 미학이 가능해 오는 것이다. 왜 그러냐 하면, 이 이미 준비된 한 개의 전제로부터 무수한 계(系)를 연역해 낼 수 있기 때문이다.

가치론에 있어서도 낡은 미학은 예술의 제작과 향수(享受)의 온 과정을 통해서 일어나는 가치의 성립과 판단의 실상을 기술하며 설명하려고 하지는 않고, 주로 미학자의 머릿속에서 빚어진 낡은 관념철학의 의식적 또는 무의식적인 뒤범벅된 어떤 미의 모형을 보임으로써 일이 끝났다고 생각하는 것이다. 그러므로 그들의 일은 과학의 영역에는 속할 수 없는 것들이다. 한갓 형이상학적 허수아비에 지나지 않는 것이다.

이와는 딴판으로 리처즈는 아주 딴 방식으로 가치문제를 제기하는 것이다.

"예술의 가치란 무엇인가. 왜 가장 높은 정신들이 그 가장 긴장한 시간을 이에 바칠 보람이 있는 것인가. 그리고 사람의 뭇 노력의 체계에 있어서의 예술의 위치는 무엇인가."[18]

또

"어떤 시를 읽는다는 경험에 가치를 붙여 주는 것은 무엇인가. 한 경험은 다른 경험보다 어떻게 나은가. 왜 한 그림을 다른 그림보다 더 높게 치는가."[19]

리처즈는 우선 이러한 물음을 그의 가치론 논의의 첫머리에

---

18 PLC, p. 7.
19 Ibid., pp. 5~6.

내거는 것이다. 이러한 문제들은 특히 예술비평에 있어서 근본인 관점에 관계된 것이면서도 지나간 날의 미학자들은 경험과 실증의 냄새를 너무나 풍기는 속된 문제 설정 방식이라고 하여 돌보려 들지 않던 것들이다.

형이상학적·관념적 미학의 또 하나 특징으로 그것은 규범으로서의 한 황당한 미의 공식을 꾸며내 가지고는 예술의 모든 분야에 한결같이 뒤집어 씌우려 하는 것이다. 가치는 모든 예술 작품을 초월한 곳에 한 절대적인 이념으로서 설정되는 것이다. 그리하여 하나하나의 작품은 이 이념을 얼마간씩 받아 가지고 있을 따름으로, 그 작품의 가치는 미의 이념이라는 절대적인 기준에 비추어 재는 것이 된다.

그리하여 그 결과로는 예술의 가치는 때로는 신화의 구름 속까지 부당하게 높여지기도 하고, 또는 어떤 치우친 정치적 혹은 윤리적 표준이 예술적 가치의 옷을 입고 절대적 기준의 높은 자리에 올라앉기도 한다.

형이상학적 가치론이 가지각색으로 갈려서 현란하게 나타나는 모양은 말하자면 위에서 보아 온 것처럼 미의 이념을 제멋대로들 만들었고 만들 수 있었던 때문인 것이다. 그러므로 과학적 시학을 뜻하는 리처즈는 가치가 구체적으로 성립되며 실현되는 장소로서의 개인의 심리적 과정을 밝히는 동안에 거기서 가치문제의 해결을 구하려 하였다. 즉 가치문제도 시의 경험 그것에서부터 풀어 오려고 했다. 이러한 개인들의 예술적 가치의 경험이 쌓이고 쌓여서 시의 사회적 기능으로 나타나며 따라서 그러는 동안에 문명에 있어서 시는 그 자체의 독특한 자리를 차지하게 될 것이다. 이러한 사실에 대한 주도한 관찰과 분석은 시의 심리학의 한 중요한 과제일 것이다. 이 두 가지 일은 서로 필연적인 연결을 가져야 될 것으로서, 서로 안을 받치고 거죽을 다지는 그러한 성질의 일일 것이다. 특히 먼저 반토막만을 추구할 적에는 발판 없는 허수아비 치장이 될 것이고, 뒤의 반토막만 내세우는 경우에는 허공중천에 뜬 공식이 되고 말 것이다.

리처즈는 미에 대한 경험을 다른 보통 경험과는 본질적으로 다른 것이라고 하여 구별하지는 않는다. 미적 경험이 생겨나는 경위에 대해서는 그는 행동추의 심리학의 이론을 갖다 쓴다. 사람의 욕망과 충동에는 의(衣), 식(食), 주(住)와 같은 1차적인 것이 있는 한편, 또 2차적인 것이 있다. 또한 목적에 대해서 수단인 것이 있다. 그러나 사람은 원래가 사회적 동물인 데다가 문명이 날로 발달해서 사람의 생활 내용이 복잡해지고 여러 갈래로 갈려 감을 따라, 처음에는 2차적이거나 수단에 지나지 않던 것이 새로운 중요성을 띠게 되는 것이 많다. 가령 사람의 사회생활에 나타나는 협동이라든지 처음에는 마술적 동기에서 생겨난 의복의 변화된 오늘의 기능이라든지 전달 작용 같은 것이 말하자면 그런 것들이라 하겠다. 미의 경험도 또한 이러한 한 조건반사로서 점점 발전하여 끝끝내는 독립한 역사를 가지기에 이른 것이라 한다.[20]

이러한 복잡한 여러 갈래 충동의 무리의 끊임없는 운동이 다름 아닌 마음의 움직임인데, 그러면서도 그것은 허울 잡히지 않은 한 혼란한 뭉치가 아니라 늘 어떤 허울을 잡으려는 방향을 가진 운동이다. 한 균형 상태를 찾아 마지않는 여러 갈래 충동들의 역학적인 유동일 것이다. 그 균형은 한번 이루어지기가 무섭게, 곧

20 Cf. Ibid., p. 49.

뒤이어 오는 자극과 반응의 끊임없는 간섭으로 새로운 파문을 일으키면서 다시 그 파문을 수습해 가지고 한 새 균형 상태를 지향하는 것으로 보인다. 그리하여 사람의 마음이란 결국 우리의 사회적·자연적 환경과 내적 생활의 변화와 발전을 따라 갈리며 헛갈려 가는 여러 가지 충동을 더 광범하고 충실한 체계로 조직하면서 더 복잡하나 더 정돈된 상태를 찾아서 간단없이 움직이는 한 기구라고 할 수 있는 것이다. 이 마음의 균형을 때없이 헛갈리게 하며 간섭하는 것은 어떤 자극이거나 새로운 충동인 것이다. 그 자극과 새 충동의 발생이 잦거나, 그 힘이 클 적에는 균형 상태가 깨뜨러지는 정도가 그만큼 심각할 것이다. 이러한 마음의 상태의 분열과 혼란이 더 수습할 수 없는 정도에 이르렀을 때는 이른바 정신이상 상태로 나타나는 것이다. 이 마음의 분열과 혼란을 균형에로 다시 통일하며 조직하는 원리요 중심이 되는 것이 아마도 인격일 것이다. 심리=생리적으로 본다면 충동의 체계 자체의 역학적 운동이라고 할 것이다. 그리하여 리처즈는 균형을 얻은 체계가 서고 조직이 된 마음의 상태에 높은 가치를 인정하며, 그와 반대로 혼란·분열된 마음의 상태는 그 정도를 따라서 그만큼 가치가 낮거나 없는 것으로 평가하는 것이다.[21]

    그리하여 그 순간순간에 가지는 마음의 자세는 다름 아닌 다음 순간에 그가 생(生)에 향하여 대처한 준비인 것이다. 그것이 바로 앞에서 말한 태도인 것이다. 리처즈에 의하면 가치는 이렇게 조직된 태도 그것의 치밀성과 그 형식의 완성에 의존하는 것이라 한다. 경험의 강도라든지, 격동성이라든지, 자극성이라든지, 쾌

---

[21] Cf. SP, pp. 35~37.

(快) 불쾌(不快)의 느낌에서 오는 것은 아니라고 한다. 생의 자유로운 실현과 확충을 위한 여러 충동의 조직, 그것이 가치를 주는 것이라고 한다.[22]

그런데 이 가치 있는 경험을 가장 풍부하고도 효과 있게 제공하는 것이 다름 아닌 예술이다. 우리의 마음이 몽롱한 상태로부터 더 투명한 상태로, 혼란한 상태에서 보다 더 조직된 상태로 높아 가고 통일되어 가는 그 과정은 아직은 우리의 관찰이 미치지 못하는 영역에 속하지마는 그것이 많이는 다른 사람들의 정신적 영향에서 오는 것만은 사실이다. 사람과 사람의 마음의 이러한 서로서로의 교통을 추진하며, 격발하며, 이루어 가는 가장 주요한 수단이 예술인 것이다.[23] 시는 그러한 예술의 한 형태인 것이다. 이것이 리처즈의 유명한 평형(Balance)론, 또는 균형(Equilibrium)론이다.

그의 설에 의하면 미가 깃들어 있는 곳은 예술 작품이라고 하는 객관적인 대상은 아니라는 것이다. 따라서 미의 일반적인 속성을 규정하려고 드는 것은 매우 부질없는 일이 된다. 마치 미를 성립시키는 객관적인 여러 조건을 하나하나 셀 수 있다고 억측하며, 생각 속에서 미의 관념적 모형을 그려 보는 것은 형이상학적 사변의 인습이다. 우리가 한 예술 작품을 받아들일 적에 우리는 도대체 아무 데서도 미의 유령 같은 것조차 만나 보지는 못한다는 것이다. 그런 게 아니라 그 작품을 받아들이는 편의 마음속에 어느 정도의 심리적 평형 또는 균형이 이루어지는 것을 경험할 따름이라는 것이다. 그리하여 한 예술 작품의 가치를 정하는 기준은 이 심리적 균형을 이루는 정도에 따르는 것이 된다. 객관적인 미를

[22] PLC, p. 132.
[23] Ibid., p. 57.

경험하는 것이 아니라, 미적 경험이 있다고 하면 있을 따름으로 미의 객관적인 실재를 인정치 않고, 미적 경험의 내적 성립만을 인정하는 점에서 리처즈는 미의 주관설을 주장하는 것이 된다. 그러한 평형상태는 작품 자체에 받아들이는 편과는 떨어져 있는 것이 아니라, 자극으로서의 작품이 일으키는 반응 그것에 속하는 것이 된다.[24]

리처즈는 이 균형설의 착상을 공자(孔子)의 중용(中庸, Synaeresis)설에서 빌려다가 자기의 심리주의적 이론을 받아들여서 통용시킬 수 있는 융통 자재한 술어를 만든 다음에 지나간 날의 예술가들과 비평가들의 미적 경험의 뭇 진술로써 이를 보장하려고 하였다.[25] 이러한 미의 주관설만이 그로서는 가장 과학적인 미의 설명일 수 있다고 믿은 것이다. 될 수만 있으면 우리는 물리적 현상을 일정한 방식으로 계량하듯이, 미적 경험의 가치도 계량에 의해서 정확하게 결정해야 할 것이라고 생각하는 것이다.[26] 다만 아직까지는 미적 경험의 정확한 계량을 위한 척도와 방편이 생겨나지 않았을 따름인데 이러한 형편에서는 당분간 부득이 인격 그것의 계량이 아니라 개산(槪算)의 유일한 방편 노릇을 할 수밖에 없다는 것이다. 미적 가치의 평가는 그러므로 고작해야 개산이요 암산이며, 근사치에서 만족하거나, 통계적인 정도로 믿을밖에 없는 것이 된다. 이는 미적 가치의 절대성을 부인하는 한 상대주의일 밖에 없이 된다.

---

24 Cf., Ibid., p. 245.
25 FE, pp. 6, 76~77, 91.
26 Cf. PLC, pp. 288~289.

시에 있어서의 가치란 거의 항시 너무나 세밀하고 뚜렷하지 않아서 바로 곧 알아차릴 수 없는 차이와 연결에 의존하는 것이다. 우리는 그것을 그 효과에서 알아내는 것이다. 공간에 있어서의 음향을 위치를 정하는 방위의 차이 모양으로, 그 청각적 효과로서 가려내기에는 너무나 섬세한 것이다. 그러면서도 그 시각적 반사를 통해서 그 임무를 다하는 것이다. 그리하여 좋은 시와 나쁜 시의 구별은 직접 눈에 띄지는 않으면서도 정서에 미치는 효과 속에 깃들어 있는 것이다. 우리들의 인격의 선택 작용은 이 구별을 해낼 만큼 십분 섬세한 우리가 가진 유일한 연장일 것이다.

우리가 시를 될 수 있는 대로 그 모든 세밀한 구석구석의 특수면에 있어서 충분하고 한결같이 친밀하게 우리 마음에 보일 적에는 (그것의 일반적인 기술(記述)이 아니라 우리의 생에 미치는 산 충동으로서, 경험으로서) 그것을 받아들이며 물리치는 것은 바로 직접적인 일임에 틀림없다.[27]

그리하여 그는 일찍이 스윈번에서 그 극단의 예를 보였던 일체의 공상적인 가치설을 뒤엎어 놓으려 한 것이었다. 그 대신 가치 형성에 대한 심리학적 분석만을 가치론의 옳은 과학적인 길이라고 여긴 것이었다.

그러나 도대체 우리의 인격이 가지고 있다고 하는 그 분별력은 어느 정도로 확실한 것일까. 이러한 분별이 실제로 구체적으로 일어날 적에는 현실 사회의 여러 단층에 소속하는 개인들 사이에는 결단코 한결같이 나타나지는 않는다는 것은 부인 못 할 일이다. 교양의 차이와 같은 정도의 차이라고 하면 교양을 쌓음으로써

[27] PC, p. 303.

메워 낼 수 있는 일이련만, 그렇지 않고 엄연한 객관적인 사회적 존재 그것에서 유래하는 뿌리 깊은 대립이, 한 대상에 대한 모순된 두 분별로서 나타나는 것은 어찌할 것인가. 여기 심리학적 설명의 한 한계가 있어 보인다. 이와는 다른 사회적 관점을 새로 이끌어 들여서만 지금 말한 문제들은 밝혀질 수 있을 것이다. 한 인격이 차츰 갖추어 가는 그의 독특한 미적 가치판단의 경향을 그의 특수한 사회적 존재, 거기서도 틀이 잡혀 가는 것이라면 그 모에 대한 해명은 또 따로 있어야 할 것이기 때문이다.

마음의 활동의 조각조각, 즉 부분의 독립성을 거짓말이라 하여 인정치 않으며, 또 마음의 구조를 몇 개의 요소로 된 것으로 가정하는 요소심리학도 함께 부정하는 리처즈는 예술 작품의 가치도 또한 어떤 부분적이며 요소적인 효과의 산술적 가산의 합계라고는 생각지 않는다. 부분의 합계 이상이며 여러 요소의 물리적 결합 이상인 한 개의 전체적 효과로서 생각하는 것이다. 그는 이 일을 이렇게 말한다. "가치는 여러 관계의 정당성에 대한 의식적 혹은 무의식적인 요해(了解)에 숨어 있는 것이 아니라, 적당한 까닭에 (즉 작용하는 까닭에) 낳아 놓는 전체적인 마음의 효과 속에 있는 것이다."[28] "그리하여 한 단일한 소리나 단일한 빛깔은 대부분의 사람들에게는 그 감각적 특성 이외에는 아무러한 볼 만한 효과도 없는 것이다. 그것이 다른 요소와 함께 일어날 적에는 그것들이 한데 모여서 만들어 내는 형태는 정의(情意)와 태도에 현저한 효과를 나타낼 것이다."[29] 이러한 설은 H. S. 랭펠드 교수 등의 견해와도 매우 공통된 것이다. 즉 "미적 경험은 감정의 '톤'과 특수

[28] PLC, p. 174.
[29] Ibid., p. 171.

한 기관(器官)적 반응 또는 태도에서 우러나는 복잡한 사건이다. 그 경험은 한 전체적 정황으로서 미적 성질은 그 어느 부분에서도 알아낼 수는 없다."30고 그는 말하였다.

리처즈는 예술을 가리켜 기록된 가치의 집적이라고 하였다. 예술가란 예외적인 사람임에 틀림없으며, 그들은 능히 그들의 경험을 지배하며 통솔할 줄 아는 사람들이다. 그래서 그 일에 성공하는 최고의 순간에 예술은 탄생하는 것이라고 한다. 그래서 예술 작품은 경험의 가치에 대해서 우리들이 가지고 있는 가장 중요한 판단의 기록인 것이라 한다. 만약에 예술의 도움이 없다고 하면 우리는 우리의 경험을 서로 비교할 수도 없고 좋고 나쁜 경험을 선택할 수도 없을 것이라고 하였다.31 "그뿐만 아니라 예술은 그 자체의 내재적 가치문제를 넘어서 다시 다른 여러 경험의 가치를 판단하는 데 있어서도 가장 좋은 근거가 되고 만다. 그렇다면 이는 예술이 가지고 있는 쓸모의 의외의 방면이라고도 하겠다."32

다음에 우리는 문명 그것 속에서 시가 차지하고 있는 지위에 대한 리처즈의 독특한 견해를 살펴보기로 한다. 그는 말한다. "시인의 임무는 …… 경험의 뭉치에 질서와 연락을 붙여 주는 일로서 그리해서 그것들에 자유를 주는 일이다."33 시가 하는 일은 여러 가지 얼기설기한 충동을 잘 조직하여 높은 균형 상태를 실현함으로써, 사람들을 심리적인 울룩불룩함으로부터 건져 내는 일이다. 그런데 예술은 앞에서도 보아 온 것처럼 사람과 사람 서로

30 "The Role of Feeling and Emotion in Aesthetics", *Feelings and Emotions*.
31 SP., p. 61.
32 Cf. PLC, pp. 57, 132~133.
33 Ibid., p. 32.

서로의 사이에 마음의 교류와 융합을 이루게 하며 촉진하는 가장 쓸모 있고도 효과 있는 수단이 되는 것으로서, 따라서 인간 사회의 이해와 감화의 범위를 넓히며, 또 그 깊이를 깊게 하는 가장 유력한 수단이 되는 것이다.[34] 그러므로 "높은 문명, 다시 말하면 자유롭고도 변화 있으며 그리고도 낭비 없는 생활"의 실현이 예술에 힘입는 정도란 헤아릴 수 없는 것이다. 그리하여 드디어는 "시는 생의 가장 통일적인 목적에 이바지함에 있어서 말의 가장 높은 용법이며 사람이 갖고 있는 으뜸가는 조정 수단이다. 그리고 마음의 활동 방식으로서의 말의 여러 방식의 착잡을 캐내기 위한 것이다."[35] 여기서부터 시의 교육상의 쓸모가 뚜렷해 오는 것이다. 그것은 "더러는 그 높아진 분화력에서 오는 것이며, 더러는 인격 서로서로의 사이의 공명하는 이해에서 오는 것이다…….

예술은 그 밖의 길로는 도달할 수 없는 인격과 인격 사이에 관계를 맺는 방법이다. 우리들을 한 옛날 사람들과 미개인과, 적과 동맹자와, 이성과 어린이와 늙은이들로부터 끊어 놓은 깊은 도랑은 이리하여 다리가 놓여지는 것이다."[36] 드디어 리처즈의 시학 체계는 시를 20세기의 신화로 바꾸어 놓고 마는 듯하다.[37] 또 낡은 전통의 권위가 땅에 떨어져 그 전 건축이 바야흐로 무너지려는 위기에 있어서는 정신적 전통의 대용품이 되는 것이라고도 하였다.[38] 그러나 시는 그 기능에 있어서 거기까지 갈 가능성을 본질적으로 가지고 있을지는 몰라도, 적어도 나타나 있는 현상만으로는

34　Ibid., p. 33.
35　Cf, p. 230.
36　FE, p. 80.
37　Cf. CI. ch. VIII.
38　SP, pp. 39~40.

거기까지 가고 있지 못하다. 시마저 한데 넣어서 오늘의 예술의 여러 분야, 즉 문학·음악·조형미술·건축·그림·조각·장식 등 그리고 영화가 통틀어 하고 있는 예술의 전 영역의 대표 또는 전형으로 여기고 한 말인지도 모르겠다. 다만 여기서 문제되는 것은 현대인의 혼란된 정신을 종교에 대신해서 수습하기 위해서는 현대의 예술은 한 전체로서 통일된 원리를 보여 주어야 할 것이다. 그러나 오늘은 그렇지 못하다. 갈기갈기 쪼개지고 낱낱이 조각이 났다. 그러한 통일된 원리로서 작용하지 못하고 오직 단편적으로 산발적으로 때로는 어떤 위대한 개인에게서 또는 한 유파에게서 그것을 구경할 수 있을 동안은 시는 종교에 대신할 만한 힘을 발휘할 수가 없을 것이다.

예술이 대표하는 통일적 원리가 적어도 한 주도적인 조류로서 움직일 적에만 리처즈의 이상은 실현될 수 있을 것이다.

제6장 __ 시의 과학의 쓸모

모든 과학자는 비록 그가 현재의 조류에서 가장 멀리 떨어졌을 적에도 사회적 공유며 사유가 아닌 방법과 결론에 의거하는 것이다. 모든 방법과 결론이 어떤 적에는 애당초에는 개인적 발명의 산물이기는 하나 ─ . 과학자가 하는 이바지는 집단적으로 검증되며 전개하는 것으로, 그것이 협동으로 확정되는 정도를 따라 지적(知的) 세계의 공통 재산의 일부분이 되는 것이다.

─ 존 듀이

객관적인 사회적 사실로서는 시는 그 자체가 한 역사적 전통에 속하며 동시에 더 큰 전체적인 역사적·사회적인 관념 구조에 그 한 부분으로서 참여하는 것이다. 이러한 객관적인 복잡다단한 관련성을 가진 시가 만들어지며 받아지는 현실의 장소는 다름 아닌 개인개인의 경험의 세계였다. 일정한 시간과 공간이라는 구체적 조건에 얽힌 시가 이 경험의 세계를 거쳐서 특수한 인격에 있어서 주체화하는 것이다. 말이라는 유별난 사회적 교통수단을 그 예술적 표현의 연장을 삼는 시는 언어학적 각도로부터도 검토되어야 할 것이다. 특히 의미의 구조 형성 내력과 변동을 살피는 의

의학(意義學)은 시의 비밀을 열어 보이는 중요한 열쇠를 가지고 있을 성싶다. 이러한 분과들 사이에는 기초가 되는 것과 반영인 것, 전개인 것의 구별이 있을세 옳다. 그리고 이 여러 영역은 각각 엄격하게 갈려져서 추구될 것이 아니라 더 높은 전체적인 관점에서 기초가 되는 것과 의존하는 것과 관련하는 것 사이의 상호 관계를 밝히면서, 그러면서도 그것들을 종합하고 통일해야 할 것이 아닌가 한다. 시의 과학, 또는 과학적 시학이 가져야 할 설계는 바로 이러한 것이라야 할 것 같다.

I. A. 리처즈가 한 일은 주장 그 심리학적 의의학적 부면의 획기적인 시험이었다. 여기서 보아 온 것은 주로 그의 이 심리학적 부면에 국한되었으며, 그것을 중심으로 거기 비판을 가하면서 약간의 내 소견을 붙여 보았다.

과학의 세계에서는 성급은 금물이다. 그것은 사실 대신에 대부분 가설을 가지고 메워졌기 때문에 억측과 편견과 독단투성이가 되기 쉬운 때문이다. 산만한 개괄은 위태로운 논리의 비약과 사실의 무시를 거쳐서만 될 수 있는 위험하기 짝이 없는 불장난이다. 이 새 과학의 길에 놓인 가지가지 장애물도 오직 꾸준하고 침착한 과학적 토구(討究)에 의해서만 착착 제거되어야 할 것이다.

시는 마치 사람의 온갖 정신적 방탕과 허풍선과 환상과 객기와 탈선이 가장 많이 허락된 오래인 치외법권 지대인 듯했다. 그렇다고 해서 그것을 다루는 시학에조차 무슨 방종을 위한 특권이 스며진 듯이 생각하는 것은 잘못이다. 제아무리 호한(浩汗)하고 막연한 대상을 다룬다 할지라도 시학이 과학이고자 하며 또 그럴 밖에 도리가 없는 이상 그것은 과학의 왕국의 준엄하나 그러나 실속 있고도 보람 있는 명령에 복종해야 할 것이다. 그러기 위해서는 그것은 아마도 한구석으로부터 한 걸음 한 걸음씩 쌓아 올려야 할지도 모른다.

또한 이렇게 하여 쌓인 시의 과학만이 비평에 적용될 수 있을 것이다. 시의 과학 또는 시학의 특수한 쓸모는 결국 아래의 세 가지로 요약할 수 있겠다. 하나는 시를 쓰는 데 좋은 도움이 될 것이다. 둘은 시를 가장 능률적으로 잘 읽는 데 도움이 될 것이다. 끝으로 시의 비평에 기초를 제공할 것이다. 그리하여 이러한 시학은 과학의 전 체계에 한 부문으로 참여할 것이며 사람의 과학적 사고방식을 길들이는 데 이바지할 것이다. 거듭 말하거니와 과학이란 실재에 대한 객관적 인식을 일반적 정식으로 체계를 세운 것임에 다름없다. 그렇다고 하면 이러한 과학으로서의 약속을 진 시학은 시의 사실을 더 깊이 파헤치고 더 널리 모아서 될 수만 있으면 그것을 일반적 정식으로 종합하는 일일 것이다. 그러한 과학적 시학 또는 시의 과학만이 비평의 기초로서 이용되어야 할 것이다. 비평 행동의 대부분은 어떤 특수한 작품에 대하여 일반적인 시학을 적용한 실례라 하겠다. 왜 구태여 대부분이라고 하는가. 비평은 우선 시학의 조명에 비춰서 작품을 분석하며 해명해야 할 것이다. 그것이 바로 비평이 할 일의 대부분이다. 다음에는 작품의 가치의 높고 낮음을 헤아려서 판단을 내려야 할 것이다. 시학과 비평이 다른 점은, 이렇게 비평이 시학의 일반성을 구체적으로 작품의 분석에 적용한 것이라는 점 및 가치판단의 실천을 더 하나 포함하고 있는 점이라 하겠다. 이 첫 부분은 말할 것도 없이 과학의 방법을 그대로 쓸 것이고, 거기 제멋대로 하는 주관적 해석을 뒤섞어서는 아니 된다. "비평이 가장 요구하는 것은 보다 덜 시화(詩化)하는 일과, 보다 더 세밀한 분석과 검토인 것이다."[1] 마이클·로버츠는 다른 각도에서 아래와 같이 말하였다.

예술 작품이 도대체 어떻게 그 무슨 효과를 나타내는가에 대한 일반적 논의를 포함하는 미학과는 달라서 비평에는 두 방면이 있다. 즉 해명하는 비평, 또는 기술상의 곤란을 없애는 일과, 작품에 의하여 전달된 태도의 판단 또는 평가가 그것이다.[2]

그러므로 가치란 어떻게 성립되나 하는 문제는 어디까지든지 일반성을 좇아가는 시학의 영역일 것이며 어떠한 특정한 시대와 사회에 나타난 어떤 작품이 좋고 나쁜 것을 뽑아내는 일은 비평에게 미는 것이다. 비평의 이러한 특수한 기능 때문에 즉 평가 행동인 데가 있기 때문에 비평 속에는 피할 나위 없이 비평가의 모럴이 들어오게 되는 것이다. 비평가란 그러므로 40%의 과학자와 30%의 감상자(鑑賞者)와 또 30%의 감정인(鑑定人)이 한데 섞인 기이한 존재라고 할 것이다. 이 모럴이 드나드는 어수룩한 뒷문으로부터 모든 형이상학과 독단과 편견들이 침입할 기회를 가지는 것이다.

비평가가 해답하려는 과제들은 비록 착잡은 하나 엄청나게 어려운 것 같지는 않다. 어떤 시를 읽는다는 경험에 가치를 붙여 주는 것은 무엇인가. 이 경험은 어떻게 다른 경험보다 나은가. 왜 이 그림을 저 그림보다 찾는가. 어떠한 방식으로 가장 값있는 계기를 받아들이도록 음악을 들어

1 PC, p. 364.
2 M. Roberts, op. cit, p. 58.

야 하나. 왜 예술 작품에 대한 한 의견이 다른 의견처럼 좋지 못한가. 이것이 아래와 같은 예비적 과제와 더불어 비평이 대답해야 할 기본적인 과제들이다. 예비적 과제란 즉 그림이란, 시란, 한 토막 음악이란 무엇이냐. 경험들은 어떻게 비교될 수 있나. 가치란 무엇이냐. ─ 등으로서 기본적인 과제에 육박하기 위하여 요청될 것들이다.[3]

또는

예술의 가치란 무엇이냐. 왜 최상급의 정신의 가장 긴장한 시간을 이에 몰두할 보람이 있는가. 그리고 인간의 뭇 노력의 체계에 있어서 예술의 지위란 무엇인가 하는 문제는 거의 버린 채 언급되지 않고 있다. 분명한 견해를 가지지 않고는 비록 가장 현명한 비평가라 할지라도 항용 자기의 지위에 대한 감각을 잃어버리게 되기 십상이다.[4]

리처즈가 이렇게 주장 비평의 관계로서 열거한 속에는 시학과 비평의 과제가 한데 뒤섞여 있는 듯하다. 특히 그가 말한 '예비적 과제'들은 시학의 영역에 돌려 마땅하겠고, '기본적인 과제'는 대체로 구체적 작품에 대한 시학의 적용을 의미하는 것으로서 말할 것도 없이 비평이 떠맡아야 할 일들일 것이다.

3   PLC, pp. 5~6.
4   Ibid., p. 7.

부록 __ I. A. 리처즈 비판

제1차 대전 이후 특히 20년대에 걸쳐 리처즈가 영국(英國)의 문학비평과 시(詩) 운동에 미친 영향이 매우 컸음은 누구도 부인할 수 없다. 그는 단순한 케임브리지대학의 강단 비평가나 학자로만 볼 수 없었을 만큼 새로운 시 운동과 문학 운동에 심각한 영향을 가졌던 것이다. 옥스퍼드와 케임브리지 두 대학에 의거하면서 현역 문단에 적지 않은 교섭을 가진 학자로서는 일찍이 킬러쿠치 교수든지 케아 교수가 있었으나 전후 문학의 새 세대에 직접 추진력이 된 점에 있어 리처즈의 지위는 유달리 중요하였다. 그가 개척한 시의 분석은 많은 후계자에 의하여 더욱 분화 발전하여 가령 W. 엠프슨의 『다의성(多義性)의 일곱 전형(典型)(*Seven Types of Ambiguity*)』은 그중에서도 현저한 것임도 널리 알려진 일이다.

그는 특히 시의 감상·이해·해석에 있어서 실로 전인미답의 새 영토를 넓히는 데 성공하였으며 모더니스트 계통의 시인들의 난해한 작품의 해명에 있어서 또한 큰 공적을 남겼었다. 또 한편에 있어서 난삽한 새 시들의 몽롱한 분위기를 조장한 자극이 된 것도 사실이라 하겠다. 여하간에 리처즈처럼 같은 세대와 다음 세대에까지 그처럼 현저한 능동적인 영향력을 발휘한 시학의 체계란 문학사상에도 유례가 드물다. 그것은 첫째로는 그가 주도한 과학적 용의와 통찰력을 가지고 시의 사실에 육박하려고 한 점에 그 원인이 있을 것이다. 둘째로는 그가 문학과 예술에 대하여 남달리 날카로운 감수성을 가지고 있다는 점을 그 원인으로 들어야 될 것이다. 그리고 문학이라는 관점에서 보아서 가장 중요한 일로 새로운 세대에 대한 그의 깊은 관심과 이해를 셋째 원인으로 들어야 할 것이다. 대학의 강단이라고 하는 것은 이상스럽게도 사람을 고루 진부하게 만드는 마력을 가진 곳인가 보아서 자칫하면 시대에서 유유하게 뒤져 버리며 또 그것을 마치 아카데미의 영광으로 착각하기 쉽다.

이렇게 남에 없이 귀중한 자질을 태어가진 그는 자진하여 형이상학적 미학 내지 시학의 적편임을 선언하였던 것이다. 한갓 체계의 과장을 위하여 보편적인 미의 가상의 고안에 열중하는 말하자면 철학의 유희를 그는 한없이 경멸하는 것이다. 허버트 리드(Herbert Read)는 이 일을 이렇게 표현하였다. "일반적 개념으로서의 예술에 대하여 그들은 많은 훌륭한 말할 건덕지를 가졌으면서 그들은 모두 체계 수립이라는 철학 유희에 열중하고 있는 것이다."[1] 모든 분과 과학들이 철학과 결별할 적에 우선 체계의 수립이라는 허영을 청산한 것처럼 과학으로서의 시학도 우선 낡은 미학이나 시학의 체계 속에서 벗어나야 할 것은 너무나 당연하였다. 또한 시학은 그 시대 내지는 그 이후의 현역의 시나 비평에 무슨 모양으로고 간에 영향과 관련을 가져야 하지, 그렇지 못하다며는 한낱 부질없는 관념의 장난에 지나지 않고 마는 것이다. 리드는

---

1   Herbert Read, *Art Now*, pp. 33~38.

근대 관념 미학의 조류를 아래와 같이 같은 곳에서 요약하였다. "칸트 이후 세상에는 미학자가 폭주하였다. 칸트의 미의 기초 위에 실러, 피히테, 셸링과 같은 저자의 손으로 발전되었으며 리히터나 노발리스와 같은 시인에 의하여 더 통속적인 낭만적 표현이 부여된 예술의 관념적 개념이, 그 비방을 터득하는 데 소용되는 시간을 바칠 만한 것이라고 나는 믿어지지 않는다. 그것은 모두 상상과 환상, 형식과 이념과 같은 추상적 범주의 논의에 기초 둔 것이다. 그리고 그것들은 객관적 예술 작품에 일찍이 관련을 가진 일이 있다고 하면 그것은 희귀한 일이다." 리처즈나 리드뿐 아니라 영국에 있어서의 실증적 과학적 학풍은 어찌 보면 저 베이컨 이래 흄을 지나 존 스튜어트 밀에 인계되어 내려온 경험론의 조류의 한 분파로서 헤겔류의 독일 철학에 대한 본능적인 반발이라고도 할 수 있겠다.

 W. H. 오든은 영국의 새로운 문학에 기여한 지그문트 프로이트에 대하여 이렇게 말한 일이 있다. "프로이트는 문학에 확실한 분명한 기술상의 영향을 가져 왔다. 특히 공간과 시간을 다루는 데 있어서 그리고 논리적 연계라느니보다도 연상적 연계에서 하는 언어의 구사에 있어서 그렇다."[2] 그러나 그러한 일은 영국에 대한 프로이트만의 공적에 돌리는 데는 이의가 없을 수 없다. 리처즈의 시적 경험의 분석과 태도론 및 의미론이 모더니즘 운동에 안팎으로 기여한 공로는 결코 경경히 여길 수는 없기 때문이다.[3]

2 W. H. Auden, "Psychology and Art", *The Art Today*.
3 PLC, pp. 10, 30, 150, 107.
  MM, pp. 138, 357~359, 350.
  POPT, 111 ch. 11.
  CI, p. 88.

시에 있어서의 언어의 유발적(誘發的)인 기능에 대한 그의 강조는 상징파의 시론에서도 적지 아니 암시받은 것 같다. 아닌 게 아니라 전후의 영시단은 프랑스의 상징파의 시 운동을 좀 뒤진 대로 표본으로 삼은 느낌이 있었다.⁴ 리처즈도 또한 시 작법으로서 빅토리아 왕조식의 직접적 서술법을 배척하고 그 대신 암시적 수법을 극력 장려하였던 것이다.

다음으로 영국 평단에 미친 리처즈의 영향에 대해서는 마이클 로버츠가 잘 요약해서 말했다. "리처즈 씨의 『문학비평의 원리』는 1915년에 나타났다. 그 주제를 다룬 그 뒤의 모든 저자는 이 저작에 그 착상에 있어서나 자극에 있어서 막대한 부채를 져 왔으며, 또 지는 것이 당연하다."⁵ 그의 용어례(用語例)와 또 시 연구 방법은 실로 전후의 영국 평단뿐 아니라 또 영어를 통하여 교섭할 수 있는 여러 나라에 한 중요한 새 방향을 지시하였다고 해도 과언이 아니겠다.

A 도피의 시

영국에서 리처즈의 영향이 가장 활발하였던 것은 주로 20년대의 일이었다. 30년대에 들어서면서부터 장시 「황무지」로써 대표되는 엘리엇의 전성시대가 지나가고, 사회적 시야를 가진 '새 나라(New Country)', '새 자취(New Signature)'에 웅거한 새 시 운동의 대두와 더불어 시단에 있어서의 리처즈의 영향력도 한풀 꺾인 느낌이 있었다. 그래서 차츰 리처즈 비판의 소리가 젊은 세대 사이

4　Shesrard Vines, *Movements in Modern English Poetry and Prose*, p. 104.
5　Michael Roberts, *Critique of Poetry*, p. 60.

에서 들려오기 시작하였다. 가령 A. 웨스트는 아래와 같이 그 불만을 토로하였다. "리처즈 박사가 시의 정의적(情意的) 가치를 객관적 현실에 대한 뭇 신념으로부터 이를 고립시킴으로써 유지하려고 원할 적에 그는 시를 실천에 의하여 진술의 객관적 진리성을 검토하는 사회적 활동으로부터 고립시키는 것이다. 그는 시의 반응을 그 유일한 원천으로부터 고립시킴으로써 시에 대한 그 어떠한 반응의 가능성도 파괴하는 것이다."[6] 앞에서 언급한 옥스퍼드 중심의 새 시 운동의 이론가의 한 사람인 마이클 로버츠는 또 이렇게도 말하였다. "리처즈 씨는 현명하게도 브랜디 맛을 붙인 맥주당은 맥주로 돌아오는 일이 드물다고 지적한다. 그러나 이는 오직 브랜디가 맥주보다 취흥제로서 더 유효하다는 것을 입증할 따름이다. 우리는 세계에 대한 그 꿈을 흐릿하게 하기 위한 (그래서 그 사회적 적응성을 제한하기 위한) 취흥제로서 시를 이용하려는 그러한 독자들과, 그 꿈을 밝게 하기 위하여 시를 이용하는 사람들과를 구별해야 할 것이다."[7] 필립 헨더슨이 또한 이렇게 빈정대서 말하는 것을 듣는다. "마찬가지로 우리는 I. A. 리처즈가 『과학과 시』속에서 우리에게 일러 주는 것을 듣는다. 참된 진술을 만드는 것은 시인의 일이 아니다. 시인은 가짜 진술(假陳述)을 만들어야 한다. 사람들은 가짜 진술은 가짜 시를 결과하고 말 것이라고 생각하기도 할 것이다. 그러나 분명 그렇지는 않다. 왜 그러냐 하면 리처즈는 말하기를 엘리엇은 '그의 시와 모든 신념과의 단절'을 성과시켰다고 했기 때문이다. 또 '모든 시는 결론적으로 우리의 태도 가운데 가장 중요한 것조차가 신념의 개입이 조금도 없이도 야

---

6 A. West, *Crticism and Crisis*, p. 78.
7 M. Roberts, op. cit., p. 139, note.

기될 수 있으며 유지될 수 있다는 것을 보여 준다.' 그러므로 시를 쓸 적에는 리처즈는 우리의 가짜 진술을 신념으로부터 끊어 버리며, 그래서는 우리의 태도를 서로서로 그리고 세계에 향하여 조성하는 중요한 도구로써, 이 해제된 상태대로 그것을 유지하라고 우리에게 타이른다. 그의 말대로 하면 우리가 성실성(誠實性)을 달성할 수 있는 유일한 길은 우리의 비성실성을 자각함으로써이다."[8]

이러한 불만들은 물론 주로 와드의 이른바 '20년대'에 반항한 새 세대 사이에서 우러나는 것이다. 그래서 거기 공통된 것은 리처즈의 전 체계의 가장 약한 면인 사회성의 결핍이라고 할까, 적극성의 회피라고 할까, 여하간 시의 역사적·사회적 면의 부정, 간과라는 점에 대한 불만이다. 이는 프랑스의 초현실주의(超現實主義)가 30년대에 들어서서야 비로소 영국에 만도(晩到)하여 허버트 리드와 같은 심리주의 현실도피로부터의 이탈, 새로운 사회적 시야의 추구, 말하자면 한 적극성에의 방향에 있었던 것과 아울러 생각할 때 그럴 법한 일이다. 이러한 급속한 사회적 자각의 경향은 대륙에 있어서의 파시즘의 협위에 몹시 자극되었던 것으로 보인다. 이러한 왕성한 시대의 심리가 오로지 한심한 정의적(情意的) 평형에 의거하려고 하는 리처즈의 체계에 만족할 리가 없다. 그가 말하는 심리적 균형이라고 하는 것은 소극적 태도에의 은퇴인 것이다. 그는 시라는 말로써 오직 한 종류의 시 즉 '도피의 시'만을 의미하려 한 것 같다. 그러한 시는 프로이트가 주장한 환상으로서의 예술임에 틀림없다. 환상이라고 하는 것은 그 동기에 있어서 볼 적에는 현실에 대한 정신의 일종 복수인 것이다. 그러나 결과

---

8   Philip Henderson, *Literarature*, p. 112.

에 있어서 본다면 한낱 힘없는 소극적 부정, 바꾸어 말하면 현실에서부터의 도피인 것이다.[9] "예술가란 원래는 본능적 만족의 단념에 대한 요구가 처음 있었을 적에 그것과 조화할 수가 없는 까닭에 현실에 외면하는 사람이다. 그래서는 다음에는 환상 생활에서 그의 성적(性的) 및 야심적인 욕망에게 십분 활동을 허락하는 사람이다."[10] 이리하여 프로이트가 프랑스를 비롯하여 유럽 시단에 미친 영향에 비할 일을 리처즈는 주로 영·미 두 시단을 위하여 하였다고도 할 수 있다.

여기서 우리는 한 가지 매우 궁금한 일 즉 리처즈의 학설과 초현실주의와의 미묘한 관계를 살필 필요가 있다. 웨스트의 의견을 좇는다면 이 둘은 표면은 매우 다른 것으로 보이나 본질적으로는 비슷한 데를 많이 가지고 있는 것이 된다. 그는 말한다. "리처즈 박사의 절차는 초현실주의의 그것과 흡사하다. 초현실주의는 모든 중점을 작자의 표현으로서의 진술에 둠으로써 대상에 대하여 표현된 감정을 대상 속에 집어넣어서 그 난점들을 해결하려 한다. 그러므로 우리는 대상에 대한 우리의 관계를 변경함으로써 대상을 변화시킨다고 말한다. 리처즈 박사는 심리적 사실로서의 발언(發言)에 모든 중점을 둔다. 그러고는 그렇게 함으로써 시를 이 위기의 시대에 있어서 '확실한 지탱'을 삼으려고 희망한다."[11] 이렇게 보아 온다고 하면 프랑스의 초현실주의나 영국의 모더니즘 및 그 좋은 해석자인 리처즈나 마찬가지로 문학사상 유례가 드문 저 정신적·내면적 위기의 시대였던 20년대의 같은 생리(生理)의 발

9 Freud, *A General Introduction to Psychoanalysis*, p. 323.
10 Collected Essays. IV. p. 19.
11 A. West, op. cit, p. 74.

로였다고 할 수도 있겠다.

B 심리주의

시학의 체계로서의 리처즈의 학설의 특징의 하나는 그것이 시의 연구에 있어서 심리적 면만을 다루었으며 그 밖의 면에 대해서는 이를 인정하려 들지 않았다는 점이라 하겠다. 비록 "비평에 대한 심리학의 적용의 경탄할 예"[12]라고는 하면서도 그는 몰라서가 아니라 차라리 일부러 시가 한 편에 있어서 엄연한 역사적·사회적 현상으로서의 면을 가지고 있다는 사실에 대하여 눈을 감으려 하였다. "리처즈 박사는 이리하여 모든 정의(情意)의 기초가 그 생존의 생존을 지속하며 또 그를 위한 수단을 고쳐 가는 사회의 활동이라는 것을 대수롭지 않게 잊어버린다. 그리고 우리들 각자의 정의의 기초는 위에서 본 활동에 있어서의 우리의 몫이라는 것을 간단히 잊어버린다. 이에 앞서는 사회적 활동 없이는 아무러한 시도 또 시에 대한 반응도 있을 수 없다."[13] 시는 인류의 오래인 역사를 통하여 발전해 온 문명의 소산인 것이다. 그리하여 그것은 한 사회의 전통과 그 시대적 특수성에 의하여 제약될밖에 없다. 시는 그 형태와 정조(情調)와 사상을 아울러 사회의 여러 가지 역사적 계기에 상응시켜 변천해 온 것이다. 그리하여 "정의적(情意的) 기호에 대한 반응은 받아들이는 편의 건강과 경력과 그리고 환경에 의존한다."[14] 함은 속일 수 없는 일이라 하겠다.

---

12 M. Roberts, op. cit, p. 78.
13 A. West, op. cit, p. 78.
14 M. Roberts, op. cit, p. 34.

이상은 역사적 사회적 현실로부터 시가 받아들이는 수동적인 부채의 면에서 본 이야기지만, 같은 사실이 능동적 면으로서 나타나는 것을 우리는 이렇게 표현할 수도 있다. 즉 시는 원래 적극적이건 소극적이건 그것을 키워 낸 생활을 반응하고 있는 것이다. "사실상 어느 시대의 일반적인 특징은 그 시대에 쓰여진 시에 반영된다."[15]고 한 질키스의 말은 간명 직설하게 이 일을 지적한 것임에 틀림없다. T. S. 엘리엇은 말을 바꾸어서 이렇게도 표명하였다.

역사적 감각은 사람으로 하여금 제 골수에 제 자신의 세대를 품은 채 글을 쓸 뿐 아니라 호머 이래의 유럽 문학이 또 그 속에 있어서의 자국의 전 문학이 함께 살고 있으며 때를 같이한 질서를 이룬다는 느낌을 가지고 쓰게 한다. 이 역사적 감각은 동시에 한 작가로 하여금 가장 날카롭게 시간에 있어서 그의 위치를 의식하게 하며 그 자신의 현대성(現代性)을 의식하게 한다.[16]

이리하여 한 개인의 시적 취미는 그의 개성에 의하여 결정될 뿐 아니라, 그가 살고 있는 시대와 그 시대의 문명과 또 그 자신의 사회적 위치에서 오는 생리와 음영을 물려가지게 된다. 시의 가치에 대한 판단이 여러 가지로 갈려지는 것은 이러한 여러 가지 계기의 특수한 배합의 위상이 빚어내는 경사도(傾斜度)일 터이다. 그러므로 가치의 문제는 심리적 사실로서의 시적 경험의 정확 정밀한 파악과 분석과 아울러 그것이 유래하는 역사적·사회적 배경과 의미에까지 그것을 소급해서 관련시킴으로써 비로소 완전

15 Martin Gilkes, *A Key to Modern English Poetry*, p. 40.
16 T. S. Eliot, *Selected Essays*, p. 14.

함을 기할 수 있을 것이다. 종래 사회적 관점에서 한 연구는 문학과 그 사회적 배경과 근거와의 관계에 대한 약간의 기본적 공식을 설명하였다. 그러나 아직도 더 정밀하고 체계가 선 연구에 의하여 예상된 공식의 안을 충분히 떠받치고도 남을 경지까지는 이르지 못하고 있다. 과학적 기초 위에 확립된 시의 사회학은 역시 금후에 기대할밖에 없다. 시를 규정하는 근본적인 사회적 계기는 무엇 무엇인가. 또 그것들은 시에 어떻게 작용하나. 문화의 다른 영역의 뭇 분과와 시와의 상호 관련은 어떤 것인가. 시는 어떻게 그것이 속한 문명을 반영하는가. 또 시의 사회적 기능은 무엇인가. 그러한 문제들에 대하여 시의 사회학은 언제고 해답을 해야 할 것이다. 또 그것이 광범한 의미의 관념형태론을 그 기초과학으로 삼을 것은 쉽사리 생각할 수 있는 일이다. 리처즈는 한편 의미 전달의 수단으로서의 시의 말하자면 의의학적(意義學的) 분석을 시험한 것은 역시 특기할 일이라 하겠다. 그가 시의 전달 작용의 성립의 이 가능성을 어떤 데서 찾았는가는 매우 궁금한 제목이면서 다만 시인과 독자의 경험 사이에 대체로 비슷한 동가 관계(同價關係)를 상정하였을 따름이다.[17] 도대체 시의 효과라는 것이 있으려면 그 원인이 먼저 있어야 할 터이다. 이 원인이 정의적(情意的) 언어의 여러 모양을 통하여 어떻게 작용하는가 — 하는 과정은 아직도 충분히 그 의미 분석에서 밝히지는 못한 것 같다. 이러한 시의 의의학적 구명 또는 그가 개척한 길을 좇아서 앞으로 더 성과가 나올 것이다. 그와 오그던과의 공저인 『의미의 의미』에서 비롯해서 콜리지의 『상상론』, 『수사철학』 등에서 발전시킨 이 방면의 연

---

17 Cf. PLC, p. 176.

구는 매우 흥미 있는 제목이라 하겠다. 이 의의학 방면에 있어서도 리처즈의 특징은 그 농후한 심리주의의 경향에 있는 것이어서 그의 현저한 공적도 또 그 체계의 불행한 한계도 거기 있다고 할 밖에 없다.

C 형이상학의 유혹

형이상학과 비평은 말하자면 어떠한 유토피아를 무언중에라도 상정하고 그것을 학문적인 술어로써 마치 학문인 것처럼 위장하는 것이다. 자세히 살펴보면 그러나 그것이 과학이 아님은 곧 알아낼 수 있다.[18] 뭇 형이상학적 환상에 대해서 과학적 지식이 나은 것이라고 하는 근거는 그것만이 사실에 대한 가장 정확하고 신뢰할 만한 지식인 때문이다. 즉 경험에 의하여 검증된 지식이며 언제고 그러한 검증을 예상한 자신만만한 지식이다.[19] 우리는 우리가 살고 있는 우주와 인간 생활에 대한 수없는 독단적인 환상을 가지고 있다. 고대와 중세에는 주로 신화와 종교가 자연과 인간에 대한 모든 가지식을 제공하였던 것이다. 그리고 희랍 사람의 천재적 구상에서 시초한 수없는 형이상학의 체계들이 신화와 종교의 보족 또는 대용으로서 병행해 왔다.[20] 그러나 오늘에 와서는 정

---

18 Cf. A. J. Ayer, *Language: Truth and Logic*, pp. 31, 32; Rudolf Carnap, *The Logical Syntax of Language*, pp. 8, 278, 279.

19 "한 명제(命題)는 만일에 오직 만일에 그 진리성이 경험에서 결론적으로 확립이 될 수가 있으면 술어의 가장 강한 의미에서 실증될 수 있다고 말한다."(Ayer, op. cit, p. 22)
"순수한 논리적 사고는 경험의 세계에 대한 어떠한 지식도 줄 수 없다. 실재에 대한 모든 지식은 경험에서 시작해서 경험에서 끝나는 것이다."(A. Einstein, *On the Method of Theoretical Physics*, p. 7)

20 Cf. B. Russell, *Scientific Method in Philosophy*, p. 7.

세는 일변해 버린 것이다. 신화나 종교는 역사상 한 민족이나 종족의 꿈의 표현일지언정 아무러한 지식의 원천도 될 수 없다. 어떠한 독신자도 오늘 와서는 물리학 공부를 성경으로써 대신할 수 있다고 생각하지는 않을 것이다. 과학에서 수립된 지식과 과학에서 인정받은 방법을 거쳐 얻은 지식만이 지식의 이름으로 통용되게 되었다.[21] 근세에 들어와서 신화와 종교의 권위가 과학의 공세 앞에서 희미하게 되자 이 틈을 타서 새로운 형이상학들이 슬그머니 과학의 옷을 입고는 신화와 종교의 제단을 횡령하려는 듯했다. 이들 형이상학의 체계에서는 그 비과학성·반과학성을 단적으로 보여 주는 것은 무엇인가. 윤리적 요소가 그것이다. 버트런드 러셀은 이 일을 이렇게 말하였다. "가장 이름 높은 철학 체계의 많은 것에 현저하던 윤리적 요소는 나의 보는 바로서는 철학 문제 토구(討究)에 있어서의 과학적 방법의 승리에 대한 가장 중대한 지장이다."[22] 비록 "윤리적으로 중립한 과학으로서의 심리학이 성장해 온 것은 지난 세기 동안의 일이며 여기서도 또한 윤리적 중립성이 과학적 성공에 있어 본질적인 것이다."[23]라고 할지라도 인간 심리의 연구에 있어서의 과학적 설계는 아직도 그리 진보된 것은 못된다. 이 영역에 대한 과학적 방법의 적용은 역시 아주 인정되지는 못한 채 있다. 이러한 유용한 노력에 대하여 여러 가지 해로운 반동이 가지각색으로 모양을 달리해 가지고 나타나기도 했다. 오늘에 와서는 우리들은 지나간 날의 신화·종교는 물론이요, 공인된

---

21 Cf. C. W. Morris, *Logical Positivism, Pragmatism, and Scientific Empiricism*, pp. 7~8.
22 B. Russell, Op. cit, p. 13.
23 *On Knowledge of the External World*, p. 38.

형이상학까지라도 '무의미'한 것으로 물리치고 모든 지식을 한 가지 한 형태 즉 과학으로 통일할 필요하고도 절박한 요청을 느끼고 있는 것이다.

리처즈의 이론의 발전이 너무 비약이 많은 것처럼 보일 적에 우리가 일종의 불안을 느끼는 것은 그가 과학에서 얻은 일을 형이상학에서 잃을까 보아 두려워한 때문이리라. 오늘의 심리학은 사람의 심리적 현상을 일괄하여 설명해 버릴 만큼 성숙하지는 못한 것이 사실이다. 비록 시의 심리학의 성립을 위해서는 있을 법도 한 일이기는 하나, 그의 인간 심리의 가설은 좀 한심한 모가 적지 않다. 그가 즐겨 쓰는 심리적 균형 또는 평형(Balance)이라는 말은 물리적 현상에서 얻은 한 유추인 것이다. 그의 이론이 인간 심리를 더욱 총괄적으로 설명해 내친 듯해 보이면 보일수록 도리어 위태스러워 보임은 어쩐 까닭일까. 만일에 심리학이 그 자체가 과학으로서 더욱 무장하고 싶을진대 차라리 이러한 일괄적인 계획은 당분간은 단념하는 것이 옳을 것이나 아닐까. 근세 이래 철학으로부터 여러 분과 과학들이 분가해 나온 경로를 살펴보면, 늘 전체의 구도에 미련을 가졌을 적에 그만큼 철학의 유습에 아직도 얽매인 증거였으며, 차라리 지극히 작은 부분에서부터라 할지라도 그것이 질적으로 확실한 것일 적에 그 작은 부분이야말로 장래의 대과학의 가장 믿을 만한 초석이었던 것이다. 뉴턴이 "나는 가설(假說)을 만들지 않는다."(Hypothesis non fingo)고 말하였을 적에 그는 과학의 이러한 겸손을 잘 표현한 것이다. 나의 보는 바로는 리처즈뿐 아니라, 그 밖에도 모든 심리학과 가령 정신분석학, 행동주의 심리학, 내관심리학, 형태심리학마저가 늘 웅대한 체계의 수립에 너무 조급한 것 같다. 이 일은 오늘의 심리학이 그만치 과학으로서는 철이 들지 못한 좋은 증거임에 틀림없다. 굉장한 구조를 가진다는 것은 형이상학으로서는 자랑일지 몰라도 과학으로서는 자랑도 아무것도 아닌 것이다. 과학은 실로 늘 허영을 기피하면서 가장 정확하고 확실한 작은 부분에서부터 그 궁전을 쌓아 올리기를 게을리하지 않았다. 그리고 그 작은 부분은 어디까지나 철저히 설명되어야 하며, 무엇보다도 사실 그것과 맞아야 하는 것이다. 그런데 심리학의 약점은 심리적 사실이라고 하는 것이 원체 물리적 사실과는 달라서, 정확한 검증이나 실험에 일일이 걸기 어려운 점이 너무나 많다는 일이다. 오늘 심리학 연구에 있어서 실험도 많이 쓰여진다고는 하지만 언제든지 양(量)의 관계로 환원시킬 수 있는 자연과학의 실험 결과에는 그 정밀성을 비교할 수가 없다.[24]

시학의 테두리에서 모든 케케묵은 무용한 사변을 떨어 버리는 일만 해도 결단코 사소한 일은 아닐 터이다. 위험은 차라리 아직도 사실의 과학적 보증을 십분 얻기 전의 논증을 가지고 일괄적인 방대한 체계를 구상할 적에 배태되는 것이다. 그러한 결과의 하나로서 리처즈는 문명에 있어서의 시의 위치를 너무나 지나치게 높이 치켜올렸던 것이다. 그리하여 시는 현대와 같은 위기에는 신화의 지위에까지 어느새 올라 앉혀졌던 것이다. 그가 문명에 있어서의 시의 지위에 말이 미치기만 하면 그의 붓끝에서는 최상급의 형용사가 연달아 나오는 것이다. 가령 "가장 유력한", "으뜸가는 수단", "언어의 최상의 사용", "인간의 주요한 조정 도구" 등등의 유를 수두룩하게 찾을 수가 있다. 시는 아마도 이러한 면을 가지고 있을지는 모른다. 그렇다고 할지라도 그것이 바로 그러한 것의 최

---

[24] Ritchie, *Scientific Method*, p. 22.

고의 것이라고 단안을 내림은 논리적 비약이라는 비난을 면할 수가 없을 것이다. 시의 옹호는 여기에 이르러서는 당자인 시조차가 얼굴을 붉힐 정도로 분을 넘어선 느낌이 없지 않다. 너무나 높은 구름 위에서 시는 혹은 현기를 일으킬지 모른다.

I. A. Richards의 저서 목록 및 인용 약호

1. *Foundations of Aesthetics*(in collaboration with C. K. Ogden and James Wood), Allen & Unwin, 1922(FAE).
2. *The Meaning of Meaning*(in collaboration with C. K. Ogden), Kegan Paul, 1923(MM).
3. *Principles of Literay Criticism*, Kegan Paul, 1924(PLC).
4. *Science and Poetry*, Kegan Paul, 1926(SP).
5. *Practical Criticism*, Kegan Paul, 1929(PC).
6. *Mencius on the Mind*, Kegan Paul, 1932.
7. *Basic Rules of Reason*, Kegan Paul, 1933(BRR).
8. *Coleridge on Imagination*, Kegan Paul, 1934(CI).
9. *The Philosophy of Rhetoric*, Oxford, 1936(PR).
10. *Interpretation in Teaching*, Hartcourt Brace, 1938.

『문학개론(文學槪論)』
(문우인서관, 1946)

3

내일은 청춘을 위하야 폭탄처럼 터지는 시인들

호수까의 散步路 빈틈없는 通情의 週間들

내일은 여름밤 城 밖으로 통하는

자전거 경주. 그러나 오늘은 싸움뿐

—오든

서문

　문학에 대한 지식을 가진다는 것과 문학작품을 이해하는 힘을 가진다는 것과는 매우 다른 일이다. 지식이라고 하는 것은 어떤 객관적 사상(事象)에 대한 구체적인 귀납과 아울러 사실을 기초로 한 개념적·법칙적인 파악을 말하는 것이다. 그것을 혹은 인식이라고도 한다. 그런데 이해라고 하는 것은 현상을 상대로 하는 것이 아니고 표현을 상대로 하는 것이어서 문학이나 예술 작품이 한 표현으로서 지니고 있는 의미를 있는 그대로 충실하게 파악하는 일이다. 인식이나 이해에 있어서 마찬가지로 '있는 그대로' 혹은 법칙을 혹은 의미를 붙잡는다는 점은 매우 중요한 일이다.

　그런데 문학에 관한 지식이라는 것도 위에서 말한 그런 종류의 과학적 인식이 아니고 상식의 정도에 지나지 않는 단편적 부분적인 무방법(無方法)인 수집인 경우도 있다. 또 어떤 형이상학적 체계의 완성을 위하여 기계적으로 멋대로 뜯어다 붙인 공소한 개괄에 지나지 않는 경우도 있다. 그래서 그것은 결국 한 편견투성이가 되고 만다. 문학에 관한 지저분한 상식 나부랭이는 제아무리 양이 많다 해도 사랑방이나 다방의 얘깃거리는 될지언정 아무짝에도 못 쓰는 것이다. 또 형이상학적 사이비 문학 철학은 쓸데없을 뿐만 아니라 그릇된 편견을 전염시키는 점에서 방역을 필요로 한다. 그런데 종래의 문학개론이나 문학론은 대체로 이 두 위험천만인 유형의 어느 것에 속했다. 주관적 인상이나 감상 또는 일화의 무방법한 개괄 나열이거나 형이상학적 공상이 낳은 가공의 개념의 제시였다. 그러한 것들의 결함이라고 하는 것은 너무나 뚜렷해서 하나는 사실성의 빈혈이요, 다른 하나는 그 결과에서 오는 초시간·공간성의 묵인이다. 다시 말하면 문학의 문제들, 그 역사성과 사회성을 표백시켜서 허공중천에 유리시켜 놓는 것이다. 어떤 개인이 품은 문학의 문제는 피할 나위 없이 그가 속한 시대와 사회의 문학에 대한 것이다.

그러면 장차 문학을 하려는 사람, 또 문학의 능률적인 감상을 소원하는 사람에게 있어서 소중한 일은 무엇이냐. 그 하나는 문학적 사상에 대한 과학적 인식 — 다시 말하면 '문학의 과학'이다. 그러나 그것만으로는 족할 수는 없다. 문학작품을 통한 문학의 실체에 대한 투철한 이해야말로 필요한 것이다. '문학의 과학'만을 요구하는 것은 학문적 흥미에 그치는 것이요, 문학의 이해야말로 창작이나 감상에 있어서 가장 요구되는 것이며 이러한 실제적인 기능적인 면에 있어서 '문학의 과학'은 이해 작용의 보강을 위하여 있는 것이라고 해도 과언이 아니다.

이러한 문학의 인식과 이해를 위하여 도움이 될 보조과학은 특히 사회학·심리학·언어학·의의학(意義學) 등일 것이다. 종래의 상식적 혹은 형이상학적 문학개론 또는 문학론 등 속에 평소 불만을 품고 있던 저자는 제 힘에 넘치는 일인 줄은 알면서도 감히 문학의 창작과 감상, 두 실제 방면에 뜻을 두는 분들에게 문학의 이해와 인식에 대한 바른길을 열어 보려고 했다. 이 일은 필연적으로 우리의 문학의 문제를 원칙적으로 현대문학에 집중시키게 하였으며 과거의 모든 문학도 오로지 이 초점으로만 집중할 수밖에 없었다. 문학 현상을 시간·공간을 초월한 '영원한 것'으로서 취급하는 것은 전에 말한 것처럼 예를 들면 몰튼과 같은 관념적 문학사가들과 독일류의 형이상학적 미학자들의 환각이었던 것이다.

    끝으로 나의 문의에 대하여 여러 가지로 암시와 교시를 던져준 요우(僚友)들에게 감사하며 앞으로도 더욱 비판과 시정이 있기를 바란다.

1946년 10월 1일
저자

재판을 내면서

요즈음 문학에 대한 관심이 각방으로 갑자기 높아 가는 데 따라 그러한 추세가 바른 방향을 잡기를 간절히 바라는 나머지 특히 현대문학에 대한 간단하나마 개괄적인 향도서를 엮어 보았다. 처음에는 대학의 문학개론 강의안으로 되었던 것이다. 그런데 초판이 그만 불행하게도 저자가 부재중에 출판되었던 관계로 교정의 불충분으로 해서 실로 적면(赤面)할 정도로 오자와 낙정이 많았던 것은 독자 제씨에게 미안하기 짝이 없다. 극히 대표적인 예만을 들더라도 동서양의 여러 작가와 시인과 작중인물들이 그 이름 속에서 이외의 실러불을 바꾸어 가지기도 했으며 또 저자가 우리나라 봉건 잔재의 하나로서 든 '당쟁 의식'이 '투쟁 의식'으로 오식이 된 것(초판 제78페이지 제8행) 같은 것은 상당히 중대한 교정의 실수였다. 또 책 이름도 처음에는 이 책의 본래의 의도와 내용에 따라 '현대문학개론'으로 되었던 것인데 '현대' 두 자가 간 곳이 없어졌다. 이러한 여러 가지 결함에서 이 책을 구제해 볼까 하여 생각한 끝에 여기 아주 판을 갈아서 좀 더 만족한 모양으로 새로 재판을 내기로 하였다. 내용에 있어서는 다만 초판에서 오자를 몰아내고 낙정을 메운 것뿐이다.

I＿ 어떻게 시작할까

　문학에 뜻을 두는 이들에게 첫째 권할 말은 무엇보다도 문학작품을 읽으라는 말일 것이다. 비평·소개·해석·문학사·문학론 같은 것은 나중에 또는 병행해서 따라갈 것이요, 줏대가 되어 할 일은 어디까지든지 작품 자체를 읽어 가는 일이라야 할 것이다.
　그러나 그 많은 문학작품을 동서고금에 걸쳐 읽어 간다는 일은 그리 손쉬운 일은 아니다. 더군다나 현대와 같이 인쇄술의 보급과 발달 덕에 말할 수 없이 많은 책자가 문학의 이름에 의하여 출판될 적에 그것을 모조리 읽으라고 하는 것은 실로 징역에 가까운 부담을 지우는 것과 마찬가지다. 이것이 바로 에즈라 파운드가 그의 '독서법' 속에서 제기한 문제며 동시에 문학에 뜻을 두는 여러분이 갑갑하게 생각하는 절실한 선결 문제의 하나가 아닌가 생각한다.
　파운드는 그래서 문학에 뜻 두는 사람을 위한 기초적인 독서과정표를 만들었다. 매우 도움이 되는 일이었다. 적어도 역사적으로 평가가 안정이 된 시기까지의 것은 어느 정도 그것을 할 수가 있겠다.
　서양으로 말하면 희랍·로마·문예부흥기·의고주의 시대·낭만주의 시대·사실주의·자연주의·인도주의 문학에 대해서 각각 그것을 대표하는 작가를 선택할 수가 있으며 특히 한 시대나 한 작가를 전공하려는 사람 말고 문학에 뜻을 두는 일반 인사를 위해서는 그러한 대표적 작가의 대표적인 한두 작품을 가려서 읽어 감으로만도 충분히 목적을 달할 수가 있겠다. 가령 사실주의의 대표적 작가로서는 플로베르를 드는 데 이론이 없겠고, 그의 대표작으로서는 특수한 입장을 고집하지 않는 한「보바리 부인」을 거의 일치해서 추천할 것이다. 다시 말하면 이미 정해진 평가에 의해서 우리는 어느 정도 쉽게 우리의 바로 전 시대까지의 과정표를 만들 수가 있다.

그러나 한번 우리 자신이 숨 쉬고 있는 현대에 들어서면 사정은 아주 달라진다. 즉 거기서는 정평이 서기 전에 여러 가치의 체계에 속한 조류와 작가가 혼류하며 반발 격동하고 있는 때문이다. 이러한 속에서 대표적 작가나 대표 작품을 가려서만 읽는다는 편리한 방법은 통용되지 않는다. 여기서는 우리는 남의 평가에 의거하는, 전에 말한 방법을 따를 수 없고 스스로가 평가하는 사람이 되지 않으면 아니 된다. 선택하는 사람이 되지 않으면 아니 된다. 원래가 남의 말을 듣고 다시 말하면 어떤 권위가 있어 가지고 그것을 그대로 믿어 버리기는 매우 쉬운 일이나, 스스로 그 주견을 세운다고 하는 것은 어려운 일이다. 이 어려운 일을 현대문학의 권내에 들어설 때에 사람들은 부득이 당하게 되는 것이다. 그러나 앞에서 말한 준비적인 기초 과정을 거친다면 이 어려운 일도 비교적 쉬워지고 또 이미 작품 그것을 보는 어느 정도의 기준이 모르는 사이에 막연하나마 형태가 잡힌 뒤이기 때문에 그렇지 않은 사람들보다는 훨씬 덜 당황해질 것이다.

그러나 문학론이나 해석이나 비평이나 문학사는 어떻게 읽을 것인가. 그것은 어디까지든지 작품 자체를 읽어 가는 데 기껏해서 병행해서 그 일을 돕고 촉진하는 재료로서 이용될 것이지 결코 그들이 줏대가 되어서는 아니 된다. 문학에 '관한' 저작을 읽는 것이 줏대가 되고 문학작품을 읽는 것이 그에 따르는 일이 된다면 이는 건전치 못한 문학 교양의 길이다. 유감스러운 일이지만 지금까지의 문학 공부가 대개는 이러한 불건전한 길을 취해 온 것 같다. 첫째 종래의 소위 대학 문과라는 곳에서들 한 일이 무엇이냐 하면 작품 자체를 이해해 가는 직접적인 길보다는 주로 문학에 대한 어떤 기성된 견해나 소개나 해설을 복사시켜 주는 일이었다. 문학에 대한 이해가 살이 붙고 피가 통하기 전에 머릿속에 문학에 대한 굳어 버린 관념이 몇 개 진열되는 것이 대학 졸업 증서가 표시하는 문학 교양의 실가(實價)의 표시다. 거기다가 대학 이외의 곳에서 행해지는 문학 공부 또한 이 종래의 대학식의 불건전한 방식이 표준이 되었던 것이다. '무엇을 읽을까'라는 문제는 '어떻게 읽을까'라는 문제와 한가지로 매우 중대한 것이다. 그러므로 이상의 준비, 적어도 암시 뒤에 나는 우선 '어떻게 읽을까'의 문제를 생각하기로 한다.

더 똑똑히 말하면 어떻게 하면 잘 읽을까. 더 효과 있게 읽어 갈까. 그러기 위해서는 무엇보다도 먼저 우리가 문학을 읽을 적에 막연히 느끼는 그 무엇을, 그리고 또 그때에 마음속에 일어나는 어슴푸레한 전 과정을 더 뚜렷하고 확실하게 인식하는 것이 필요하다. 그러함으로써 우리의 문학 감상은 더욱 온축이 깊어지고 내용이 풍부해질 수가 있다. 즉 우리의 문학적 체험을 심화하고 앙양시킬 수 있다.

다음에 우리들 사람 자체가 벌써 단순히 한 심리적 실체만은 아니고 일정한 역사를 짊어지고 또 역사 속에서 역사를 만들어 가며 일정한 사회적 관련 속에서 생활하는 역사적·사회적인 실체인 점에 우리는 주의해야 하겠다. 사람이 만드는 문학은 개개인의 마음을 거쳐서 흘러다니는 한, 마음은 문학이 작용하는 고장임에는 틀림없으나 그것은 일정한 역사적·사회적 관련의 낙인을 불가피하게 받아 가지고 또 역사적·사회적으로 파문을 그리는 그러한 성질의 것이다. 따라서 문학의 이 역사적·사회적 면을 정확하게 파악함이 없이는 문학의 감상이 또는 문학에 대한 인식이 보다 완전한 것이 될 수 없다. 그러므로 나는 연래로 문학의 사실을 기술하는 과학은 심리학과 사회학의 두 지주 위에 서야 할 것이라고 생각하고 있다.

II __ 문학의 심리학

왜 문학을 찾나. 작품을 읽으면서 사람들은 무엇을 심리적으로 경험하나. 이것은 문학이 독자의 마음에 미치는 효과를 헤아리는 일이다. 한편 왜 작품을 쓰게 되나. 말과 사상은 어떻게 혼일 형성되어 가나. 이는 문학 창작 심리의 분석이다.

그런데 "왜 문학을 찾나." 하는 '왜'의 문제는 사람사람을 따라 다를 수 있는 전혀 주관적인 자의적인 대답밖에는 가져올 수가 없는 성질의 것이다. 그러므로 이러한 문제를 가리켜 우리는 형이상학적 문제라고 부른다.

객관적으로 정착시킬 수 있는 보편적인 과정만을 추급(追及)하는 것이 과학적인 문제 설정의 방식이다. 이런 의미에서 문학작품은 '어떻게' 읽는 사람의 마음에 작용하나 하는 '어떻게'의 문제만이 우리가 취급할 수 있는 과학적인 과제다. 다시 말하면 지금 우리가 여기서 전개시켜 가려는 것도 문학작품이 독자의 마음에 일으키는 심리적 사실을 붙잡으려는 것이다. 여러 사람의 마음에 일어나는 공통된 과정을 관찰하여 기술하려는 것이다. 이 경우에 기술의 재료와 근거가 되는 것은 자기의 문학 감상의 경험에 대한 여러 사람의 보고와 비평가의 기록과 그 밖에 문학도 또한 그 한 특수 형식에 지나지 않는 언어 그것에 대하여 이미 얻어진 중요한 재료들이다. 이러한 것을 기초로 해 가지고 말하자면 문학의 심리학을 개관하자는 것이다.

　우리의 환경을 이루고 있는 것에 두 방면이 있다. 하나는 자연적 환경이라고 하고 다른 하나를 사회적 환경이라고 한다. 그런데 우리는 나면서부터도 끊임없이 환경으로부터 무슨 자극을 받는다. 그러한 자극에 대하여 우리의 몸과 마음은 어떤 모양으로고 간에 반응을 한다. 이런 사건은 필시 우리 마음에 산산이 부스러진 것이 아니고 한 개의 뭉친 흔적을 남기는 경우가 있겠다. 그래서 우리는 이것을 경험이라고 부른다. 이러한 경험의 축적을 재료로 해 가지고 우리 마음은 끊임없는 관념과 상념을 발전시켜 간다. 이러한 것들이 모여서 사람의 마음은 한 덩어리가 되어 시시각각으로 다음 순간에 올 환경의 변화에 대하여 취할 자세를 갖추어 간다. 이 경우에 마음은 단순한 사진 기계와 같이 닥쳐오는 것을 받아들이는 것이 아니라 거기 대하여 어떤 행동을 일으킬 것인가를 순간적으로 반사적으로 결정할 때도 있고, 또는 이모저모로 궁리해서 결정해 가는 통일된 조직된 활동을 하는 경우도 있다. 이 마음의 자세를 우리는 태도라고 부르며 이 통일되고 조직적인 마음의 활동의 전 체계를 가리켜 인격이라고 말한다.

　시인이나 작가가 작품 속에 담는 것은 무엇이냐 하면 이러한 경험 내지 상념의 한 조직인 것임은 말할 것도 없다. 여기서 우리는 조직이라는 말에 주의를 끌 필요가 있다.

절곡(絶曲)

　이른 아침 노래해 다오. 그러나 네 웃음으로

나무잎새 웃는 봄과도 같이
저승에 가서도 웃는 사랑과도 같이 ―

노래해 다오 그러나 한나절 네 이야기로
수다스런 작은 책자(冊子)처럼. '비올'일랑 그쳐라.
네 입술 새오는 아무렇지 않은 한마디조차 멜로디구나.

저녁이면 오직 네 한숨으로 노래해 다오.
마음 가라앉히는 부푸른 바다처럼 그렇게 속삭이렴.
천천히 가만히 아무 노래도 말한 적 없는 의미를 ―

아닌 밤중엔 네 웅얼거리는 가슴으로 노래해 다오.
청춘의 불멸하는 슬픈 곡조를 들려 다오.
네 온몸 흐느끼며 느끼며 좇앉을 줄 모르며 ―

―윌프레드 오언

이 시에는 절마다 상(想)이 변화하나 그러나 전편이 한 주제로 향해서 유기적으로 통일되어 있음을 본다. 무질서한 영상의 나열이거나 연락 없는 경험의 단편이거나 몽롱한 상념의 성운(星雲)이 아니라 그 자체가 통일을 가진 조직인 것이다. 바꾸어 말하면 한 새로운 자극의 조직이 될 수도 있는 것이다.

문학에 있어서는 그러한 것이 언어라는 수단을 거쳐서 작가의 소유로부터 독자의 마음으로 옮아가는 것이다. 여기서 경계를 요하는 것은 그러한 조직이 미리 다 심리적으로 완성된 다음에 그것이 언어라는 그릇에 냉큼 담겨서 독자에게 전해지는 것은 아니라는 것이다. 단편적이고 몽롱한 경험과 상념이 어떤 의도 아래서 언어의 조직으로 발전하는 동안에 통일과 조직과 체계를 가지는 것이다. 이것을 예술 전반에 있어서 형상 작용이라고 부른다. 문학에 있어서도 그 형상화의 과정은 결코 경험과 상념의 조직이라는 계단과 거기 언어를 부여하는 계단이 따로 나누이는 것이 아니고 경험과 상념 그 자체가 벌써 언어라는 기호를 통하여 언어와 일체가 되어 가지고 조직되어 가는 것이다. 행동심리학의 말을 빌리면 우리는 말로써 생각한다고도 한다. 왕왕 이 두 가지를 별개의 것으로 또는 다른 두 계단으로 나누어 생각하는 기계적인 생각이 있어서 여기서부터 하나를 문학의 내용이라고 하고 하나를 형식이라고 부르는 속론이 나온다. 그래 가지고는 내용은 좋은데 형식이 못하다든지, 형식은 좋은데 내용이 따르지 못한다는 이상스러운 논법이 생긴다. 그러나 문학은 언어의 조직이요 따라서 그대로 어떤 경험 내지 상념의 조직인 것이며, 말하자면 한 유기적인 전체인 것이다. 즉 문맥의 조직을 가지는 것을 의미한다. 언어가 어떤 언어로서의 형식적 감각만 줄 수 있는 것같이 생각하는 것은 기계론이었다. 의미 없는 한마디의 말도 회화나 문장 속에서는 있을 수 없다. 언어의 조직은 그대로 의미의 조직인 것이다.

　문학작품을 읽고서 독자가 전달받은 경험이나 상념이란 어떤 것이냐 하면 첫째는 독자가 전에 가져 본 일이 없는 전혀 새로운 것일 경우가 있다. 그럴 적에 독자에게 있어서는 한 경이의 느낌을 일으키게 되는 것이다.

　　연기 어린 그날그날의 타고 남은 끄트러기.

―T. S. 엘리엇

내 귀는 소라껍질 바다 우짖음을 좋아한다.

―장 콕토

희망이란 해어진 기폭 철 아닌 꿈

―칼 샌드버그

단편적인 예시는 시를 감상하는 완전한 방법은 아니나, 편의상 이상의 예만 보더라도 우리는 거기서 뜻하지 않은 비상한 경험에 갑자기 마주친다. 마치 우리가 금강산 구경을 가서 한 모퉁이 산굽이를 돌아서자 불시로 골짜기를 울리는 소리와 함께 난데없는 한 폭 폭포가 하늘공중에 아슬아슬하게 기울어진 것을 마주 보는 것과도 같다.

문학상 이러한 새로운 경이를 발견하려는 것은 19세기 초의 영국의 낭만주의 운동 이래 오늘까지도 꾸준히 주요한 문학 운동의 특색이 되어 온 것 같다. 인정 풍속과 풍토가 다른 이국 정조에 대한 동경, 현실을 초월한 영감의 세계에의 유리 등은 무릇 셸리, 키츠, 바이런의 세 명성의 이름으로 널리 알려지고 있는 한때 구라파 문단을 풍미하던 낭만주의 운동의 특징이어서 그 일은 아래 시편에서도 잘 엿볼 수 있다.

내 영혼은 호리운 배
잠들은 백조처럼
당신의 달콤한 노래 은빛 파도 위로 흘러갑니다.

영광도 애린(愛隣)도 지나갔구나

이른 아침 헤매고 댕기나 도무지 볼 수 없구나
동으로 높이든 꽃으로 꾸민 향로

웃음 뿌리며 오시는 새날 맞이한 —
말소리 부드럽고 어리고 화창한 선녀 아가씨들
광이 속 가득히 이삭을 담아 들고 오는 양없다.

—키츠

 보들레르의 「악의 꽃」이 풍기는 요염하고도 독스러운 향기는 그러나 진부하고 공소한 고답파의 허장성세한 고전 추수의 시풍에 대한 얼마나 청신한 타격이었는지 모른다.
 보들레르가 뿌린 시는 이윽고 상징주의의 앵속꽃을 피우고 말았던 것이다. 아니 꽃이 아니라 근세 시사에서 처음으로 듣는 차라리 병든 음악이었다.

좋은 말을 얻으려 애를 쓰지 말아라.
말을 차라리 경시하여라.
밝음과 어두움의 서로 짜내는
흐릿한 시밖에는 좋음이 없느니

그저 음악을 예나 이제나 이 뒤에나
너의 시로 하여금 날게 하여라.
영(靈)을 천계(天界)로 또는 이 세상엔 없는 다른 사랑으로
쓰러져 없어질 듯이 느끼게 하여라.

너의 시로써 미래의 음악을 지으라.
박하와 사향꽃의 향기를 품는
보드럽게 부는 아침 바람과 같이 —

—베를렌, 김안서 역

  이것이 상징파의 귀재 베를렌의 「작시술(作詩術)」이라고 제한 시의 몇 절이다. 그들은 이렇게 음악과 황혼과 미명으로써 한 신묘하고도 현란한 경이의 왕국을 꾸미려 했던 것이다.
  상징주의의 이윽고 타기(惰氣)에 찬 기운 없는 실내악에 불만을 품고 차라리 모든 청각적 요소를 시각적 영상으로 번역하려고 한 사상파(寫象派, 이미지스트)는 어떠했던가.

뒤덮으라 바다여 —
네 뾰죽한 솔잎으로
우리들의 바위 위에
네 위대한 솔잎을 때려부시라
네 초록을 우리들 위에 휩쓸라
네 잣나무초리의 물웅덩이로 우리를 덮으라

—H. D.

  또는 온갖 금속적인 광택을 짜내는 올딩턴의 「백양(白楊)」에서 보는 것과 같이 그들은 상징파가 시에 한 음악을 기여한 데 대해서 새로운 회화의 요소를 더했다. 또 전연 논리적으로 떨어진 영상과 관념과 상념을 돌연 끌어다 붙임으로써 언어의 발화(發火)를 기도한 초현실주의 등 근대 시사는 어찌 보면 경이의 추구의 기록이라고도 할 수 있다. 이는 근대 물질문명의 급격한 발달과 아울러 근대사회의 복잡한 기구의 난잡한 팽창과 그 속에 깃들인 모순의 성장과 분열 속에서 날로 마멸되어 가는 신경과 불안스러운 정신이 애써 갈망하고 추구하는 모색의 발로일 성싶다. 제1차 대전 후의 불란서 문단에서 유행하던 이른바 '도망 문학'이라는 것은 행동으로써 작가가 열대지방과 같은 곳을 실제로 찾아가고 문학 속에 그러한 소재와 정신을 고취하였던 것이다. 그래서 아프리카의 기행문 같은 것이 성하게 나온 것도 그러한 풍조에서였다.

이상에서 말한 것은 문학에서 독자가 그가 일찍이 맛본 일이 없는 새로운 경이에 마주치는 경우였지만 다시 여기서 말하고자 하는 것은 우리가 막연하게 또 어슴푸레 생각하고 있던 일 또는 생각한 일이 있는 일을 시인이나 작가가 그것을 그 작품 속에 구상화하였을 적에 받는 감명이다. 문학에 있어서 무릇 언어로써 형상화해 가는 과정이라는 것 자체가 한 막연한 상태에서 명료한 상태로 옮아 가는 과정이며 형태가 잡히지 않은 것에서 모양을 갖추어 가는 길이며 혼돈에서 질서로 정돈되어 가는 길이다. 그야말로 '태초에 말이 있어서' 말은 모든 것을 안정시키고 그 위치를 잡아 주고 한데 모아 놓고 두드러져야 할 데를 돋구어 올리고, 그늘을 지울 데를 누르고, 모를 죽이고, 날을 세워 여기 한 개의 작품이라는 세계가 솟아나는 것이다. 문학이나 예술을 창조요 창작이라고 함은 작가나 시인·예술가가 그 작품을 만들어 가는 것이 마치 창조자의 공작과 흡사한 때문이다. 독자는 현실의 인생이라고 하는 잡다하고 폭주하는 혼돈 속에서 그저 어슴푸레하게 또는 한순간 별꼬리처럼 번쩍이다 만 상념의 단편이나 섬광을 여기 작품 속에 작자가 붙잡아다가 뚜렷하게 체계를 지어 자리를 잡아 놓은 것을 보고 바로 이것이었구나 하는 느낌을 가진다. 그리고 이 재발견의 과정에서 그는 앞에서 말한 경이의 돌연한 발견과는 달리 모색을 통한 발견의 전 과정 즉 창작의 과정마저를 심리적으로 소급해서 다시 경험한다. 만인의 애독을 받는 영국 극성(劇聖) 셰익스피어의 비밀은 바로 여기 있지 않은가 한다. 그를 한 세계요, 한 전체라고 칭송하는 것은 주로 사람의 성격과 또 성격과 성격의 교섭으로서의 인간관계에 숨어 있던 것을 붙잡아 살린 데 그의 보편적인 매력의 주요한 까닭이 있지 않았나 생각한다. 이 일을 가리켜 인정의 기미를 잘 붙잡았다고도 말한다. 셰익스피어는 실로 이 일을 백과사전에 필적하는 규모에서 이루었던 것이다. 그래서 때로는 단 한 줄 속에 인생의 저자에 뒹굴어 다니던 진리를 붙잡아 얽어 놓는 것조차 구경한다. 가령 이런 것이 있다.

망보는 사람에게는 시간이란 얼마나 더딘 느림뱅일까 —

손님을 기다리는 사장이거나 장 보러 보낸 복순이를 기다리는 옆집 마나님이나 서로 시간을 맞추어 놓은 애인이나 가두의 래퍼나 할 것 없이 누구나 몇 번이고 느낀 것을 셰익스피어는 단 한 줄에 만 사람이 '딴은 그래.' 하고 고개를 끄덕이도록 밝혀 자리 잡아 놓았던 것이다.

빅토르 위고는 「레 미제라블」(「아, 無情」 혹은 「哀史」의 이름으로 알려진 소설) 속에서 파리 거리 골목골목에 날이 날마다 뒹구는 가엾은 사람들 — 그러나 아무도 등한하기 짝이 없는 그러한 사람들의 생활과 감정과 노력과 소원을 부조하여 사람들에게 숨은 인간의 페전트를 보여 주었다.

근대소설이 걸어온 길은 이러한 우리들이 모르고 있던 일 또는 알기는 알았어도 막연하게밖에는 모르던 일을 찾아내고 들추어 낸 과정이나 아니었던가. 그러므로 근대소설이 발자크, 스탕달 특히 플로베르에서 터가 잡히고 틀이 섰을 적에 사실주의의 기치 아래 출발한 것은 당연한 일이었다. 인생과 사회의 진실한 모양을 '있는 그대로' 그린다는 것은 평범하고 잡답한 현실의 진실한 모양을 다시 붙잡아 내고 들추어낸다는 의미였다. 그래서 인생의 암흑면을 특히 폭로한 졸라의 자연주의 또한 방면과 의도가 한 모로 고조되었을 뿐 같은 방향의 발전이었다.

발자크의「인간 희극(人間喜劇)」전작에 얽힌 방대한 사회 기구의 연쇄, 스탕달의 「적(赤)과 흑(黑)」·「팔룸 승원(僧院)」에 나타난 인간 심리의 미묘한 변화와 음영, 플로베르의 「보바리 부인」속에 흐르는 여성의 정의, 생활의 음영, 졸라의 적나라한 정욕 세계의 임리(淋漓)한 해부 ― 이렇게 새로운 소설이 개척한 것은 인생에 대한 이해와 파악의 깊이와 넓이를 확대하는 종전의 소위 로맨스와는 전연 다른 새로운 방법이었다. 이렇게 해서 현대에 와서는 소설이 파고 들어간 인간 심리와 역사와 사회의 범위와 영역은 더욱 넓어졌다. 마르셀 프루스트의「파도(波濤)」또는「등대로」[1]와 같은 소설은 사람의 의식 세계를 넘어서 무의식의 처녀지에까지 부월(斧鉞)을 가한 것이었다.

문학에 있어서의 경이의 경험과 재인식의 경험을 매개하는 것

---

[1] 프루스트의 소설이 아니라 버지니아 울프의 작품임.

은 물론 언어의 상징 작용인 것이다. 말에 의하여 형상화된 경험과 상념의 전 체계는 읽는 사람의 상상의 세계에서 추적되는 것이다. 시인이나 작가의 창작 과정은 수없는 사상(捨象)과 강조와 또 여러 가지 관념의 연결의 공정을 거치는 것이지만 독자로서는 이러한 일정한 의도를 가진 취사선택의 결실에 다행하게도 마주 서는 것이다. 그래서 보다 순화되고 통일되고 조직된 전일(全一)한 의미의 세계를 받아들인다.

그러면 의미가 독자의 심리에 결과하는 구경의 상태란 어떤 것인가. 심리학자들은 그것을 태도하고 부른다. 태도란 에렌펠스의 말을 빌리면 어떤 행동에 옮길 수 있는 심리적 자세 또는 태세의 조직이라고 한다. 예술이나 문학이 가져오는 심리적 효과는 그러므로 행동 직전의 어떤 행동을 지향하는 한 태도의 조직이다. 그것은 심리적으로 한 균형 상태를 형성한다. 즉 우리들의 일상생활에 있어서 우리들의 마음은 수없는 외부의 자극에 끊임없이 직면하여 생리 심리적으로 거기 상응한 복잡한 반응을 가진다.

그러면 우리의 심리 생활이란 이러한 자극과 반응의 교착 격동하는 요철면의 연속이냐 하면 그런 것은 아니어서 이 충격이 일으킨 거센 파도는 끊임없이 한 균형의 상태로 스스로를 안정시키려 한다. 복잡한 환경 속에서 지리멸렬해지기 쉬운 현대의 도시인일수록 심리적 안정에 대한 욕구는 남달리 치열한 것이다. 지(知)·정(情)·의(意)의 3요소의 물리적인 결합이나 단편이나 분리된 부분부분의 수집이 아니고 한 통일된 형태로서 또는 한 전체로서 역학적인 활동을 하는 것이 우리의 심리 작용의 실상일 성싶다. 형태심리학이나 전체성 심리학이 우리에게 알려 주는 오늘까지 가지고 있는 심리학의 가장 믿을 만한 지식이 또한 그를 보장한다. 또 문학을 받아들이는 동안에 그 흔적이 비단 의식의 표면 뿐만이 아니라 무의식의 해저에 가라앉아 버리는 부분도 적지 않을 것을 우리는 충분히 상상할 수가 있다. 그것이 혹은 오래인 시일이 지나서 어느 우연한 기회에 당자도 모르는 사이에 또 알지 못할 모양으로 독자의 행동에 방향과 틀을 정해 주는 것도 미루어 생각할 수가 있다. 아니 그의 생활 태도의 기조를 결정지어 주는 데 문학의 이러한 의식적·무의식적 영향이 지극히 큰 것을 우리는 알 수 있다. 문학이 개인에게 미치는 이러한 영향력의 집적은 한 보편적인 태도가 되어 사회적으로 한 시대를 지배하는 사상적·정의적 분위기를 빚어낼 수도 있을 것이다.

빅토르 위고의 「레 미제라블」을 읽거나 괴테의 「베르테르」나 바이런의 시를 읽었을 적에 또는 그런 계열의 문학이 풍미하던 시대의 사조나 기분은 어떠하였는가. 독일의 소위 폭풍 격랑의 시대는 어떠하였는가. 사람들은 열렬한 감정에 휘몰려 꿈과 이상을 위하여 물불을 헤아리지 않았다. 상식은 무시되고 기상천외의 행동이 추구되었다. 또 19세기 말에 세계를 휩쓸던 러시아의 톨스토이·도스토옙스키·투르게네프 등의 인도주의 문학의 영향은 어떠했는가. 톨스토이의 「부활」·「전쟁과 평화」·「안나 카레니나」 등에 나타난 높은 종교적 애(愛)의 정신, 도스토옙스키의 「죄와 벌」·「악령(惡靈)」·「카라마조프 형제」 등 여러 작품에 흐르는 진실과 선을 찾아 헤매는 영혼의 몸부림, 그리고 투르게네프의 「처녀지」·「연기」·「아버지와 아들」 등이 빚어내는 깊은 허무감, 이러한 것이 이루는 기류는 일세에 어떤 파랑을 일으켰던가. 체호프에서 받는 저 황혼의 인상, 애(愛)의 감상, 영혼의 심연과 황혼을 박차고 현실을 딛고 일어서는 무적한 힘을 우리는 고리키의 작품에서 느끼지 않았는가. 그러나 이는 모두 그러한 작가가 작품 속에서 설교하던 교훈에서 오는 것은 아니다. 설교의 모양으로 던져질 적에 그것은 메마른 개념의 형해(形骸)가 되기 쉽다. 그렇지 않고 읽어 가는 전 과정을 거쳐 독자의 마음에 자리를 잡고 마는 한 온전한 태도의 형성을 통하여 문학작품은 독자의 전 정신을 진동하는 심각한 영향을 남기는 것이다.

III __ 문학의 사회학

한 작품이거나 한 작가거나 한 문학 조류라고 하는 것은 피할 수 없이 그것이 처한 일정한 시대와 사회에 속해 있는 것이라 함을 깨닫게 된 것은 현대 사회과학의 커다란 수확이었다. 그것들은 일정한 역사적·사회적 관련 아래서 생겨나는 것이며 그러한 것의 낙인을 피할 수 없이 받아 가지고 나오는 법이며 그것이 속한 역사적 사회의 특수한 관념 형태의 전 징후를 상징적으로 걸머지고 있는 것이다.

단 한 개의 문학 현상이라 할지라도 기적과 같이 돌연 나타날 수는 없다. 모든 다른 사회현상과 마찬가지로 문학 현상도 그 발전의 모양에서 또 다른 문화 현상의 전 영야(全領野) 내지 그 기반이 되어 있는 역사적·사회적 전 관련의 그물 위에 놓고 볼 때에만 똑바로 인식할 수가 있다.

그러나 우리의 주요한 임무는 인식이 아니었고 감상이었다. 그런데 문학의 감상을 더 깊게 하고 능률화하고 윤활하고 정확하게 하기 위하여는 바른 인식이 대단한 추진력이 되는 것도 부인할 수 없는 것이다. 문제를 일반적인 명제를 세우는 일에서부터 구체적인 감상의 실례로 옮겨 가자.

가령 문학이나 예술에 있어서 '영원한 것'을 가정하고 그것을 가진 것만이 가치 있는 문학이나 예술이라는 속된 견해가 있다. 그래서 셰익스피어나 괴테, 멀리는 호머 또는 문예부흥 여명기의 단테 같은 이른바 세계의 4대 시성(詩聖)은 그러한 '영원한 것'을 지니고 있는 까닭에 불멸의 광망(光芒)을 문학사에 길이 남길 것이라는 것이다. 그것은 바른 견해며 또 고전을 감상하며 이해하는 옳은 길일까. 만약에 한 작품에서 '영원한 것'이야말로 가장 중요한 것이며 감상의 초점이라는 가정이 선다고 하면 이는 동시에 독자 자신에게도 그러한 '영원한 입장'이라는 것이 있을 수 있으며 또는 그것이 유일한 입장이라는 것을 주장하는 것이 된다. 그러나 이는 둘 다 거짓말이다. 시간과 공간을 초월한 영원한 독자가 없는 것처럼 그런 작가도 없는 것이다. 그들은 자신이야 원하거나 말거나 간에 또는 알고 있거나 모르거나 간에 시간과 공간의 그물에 걸려 있는 것이다. 즉 그의 생활의 장소 ─ 생존의 상호작용의 현실적 영역 ─ 로서의 일정한 역사적 사회 속에서 그 장소에 파문을 일으키는 한 현상으로서 또 그러한 파문의 불가피한 영향 아래서 생기는 현상으로서 문학을 받아들이고 또 제작하는 것이다.

그러므로 단테거나 셰익스피어거나 그 밖에 지나간 날의 군소 시인 혹은 작가거나를 막론하고 그를 정당히 이해하고 감상하려면 그 역사적·사회적 배경까지 끌고 가서 거기 놓고 보지 않으면 아니 된다. 마치 한 마리의 붕어를 어항 속에 넣어 놓고 볼 적에 손바닥 위에서는 빈사의 한 시체에 가깝던 것이 비로소 생명체의 모든 기능과 징후를 활발하게 나타내는 것과 마찬가지라 하겠다.

우리는 괴테를 18세기 말엽의 독일인처럼 느낄 수는 없다. 그의 원숙기의 작품은 너무나 완벽과 심원을 꾸며서 우리에게는 차라리 현기가 난다. 위고는 어떤가. 우리는 그 지나친 감상에 위압된다. 그렇거늘 릴케의 「말테의 수기」는 그 데포르마시옹과 논리적 단절에도 불구하고 우리의 피부에 스치는 것이 있음은 무슨 까닭일까. 그것은 피차의 장소의 거리에서 오는 것이다.(지금까지 쓰인 장소라는 말은 전자학(電磁學)에서 말하는 전류의 교류의 장소로서의 '필드'의 한 아날로지로서 필자가 편의상 채용한 말이다. 쾰러도 『심리학의 역학관(力學觀)』 속에서 심리 작용에 이런 의미의 '필드'를 상정한 일이 있다.) 그러므로 현대를 호흡하며 사는 사람에게 있어서는 현대의 문학만이 장소를 같이한 실감이 충일한 문학일 터이다. 여기서 주의할 것은 이 현대라는 개념은 얼른 들으면 통일된 하나 같지만 그 실체요 내용인 역사적 사회 그것을 살펴볼 때 거기는 몇 개의 균열로 생기는 장소의 분열이 있는 것을 본다. 따라서 이러한 공간적인 상호의 거리는 시간적 거리와 마찬가지로 가치 관념상의 거리를 낳았으며 가치의 분열을 가져왔다. 뿐만 아니라 이 공간적인 낙차는 그대로 시간적인 교호(交互)와 서로 얽혀 있다. 비유해 말하면 한 사회 속에 여러 계층이 살고 있으며 그 일은 한 시대에 여러 시대가 교차해 살고 있다는 말의 다른 표현이기도 하다. 왜 그러냐 하면 사회라는 것은 정지되어 있는 공간적 개념이 아니고 부단히 움직이고 있는 시간적 실체이기도 하기 때문이다.

그런데 문학에 있어서의 장소라는 개념은 이중의 의미를 가지고 있음을 기억해야 되겠다. 하나는 한 작가나 유파의 문학사의 발전 계열에 있어서의 위치다. 그래서 그 위치는 단순한 그 자체로만 볼 것이 아니고 그것이 나타나게 된 역사적인 필연성과 이유의 근거에서 파악하는 것만이 바른 방법인 것이다. 가령 조선에 있어서 신문학이라고 하는 것은 어떠한 요구에 밀려서 대두하였으며, 그러한 까닭에 그 특수성은 어떠했으며, 3·1운동 직후의 낭만주의와 상징주의 속에서 세기말적 풍조의 문학은 왜 나왔는가. 그 뒤를 이어 일어선 사회주의적 경향문학은 그 전 시기의 문학의 무엇을, 어느 면을 부정하고 나왔던가. 또 1930년대 초두의 모더니즘의 경향은 그 전 시대에 대한 어떤 불만에서 나타난 것이며, 그것이 표방한 새로운 가치는 전 시대의 그것들과 어떻게 용납할 수 없는 것이었나. 30년대 후반기의 지성의 문학의 부르짖음은 무엇에 대한 반항이었던가. 이러한 문제의 제기 방법만이 일정한 시기의 한 작가나 유파를 가장 정확하게 이해하는 길인 것이다. 그렇지 않고 막연하게 이상화(李相和)와 한용운(韓龍雲)과 임화(林和)를 한데 놓고 읽으며 비교하는 것은 매우 우스운 일이 된다. 최서해(崔曙海)와 이효석(李孝石)과 김유정(金裕貞)을 그저 한자리에 놓고 보아도 우스워진다. 어떤 작가나 시인의 한 작품을 바로 알기 위해서만도 우리는 그의 문학적 성장의 전 과정을 더듬어서 그 작품의 위치를 바로 찾아 가지고 그 전후의 관계로부터 따져 보는 것이 필요한 것이다. 사실은 어떤 지점의 정지 상태로서의 작품이라느니보다도 한 계열의 동점(動點)의 어떤 좌표에 그 작품이 놓여 있느냐가 더 흥미가 있는 것이다. 즉 성장의 역사야말로 작가나 시인의 생명의 전기록인 것이다.

둘째로는 그 장소는 그 물질적 기반과 배경으로서 사회경제사의 어떤 일정한 단계에 기초를 둔 것임을 잊어서는 아니 된다. 그것은 오직 일정한 역사적 사회에 속해 있는 것이다. 사회의 물질적 제 관계가 관념화되어 일정한 문학에 일일이 배어 있는 것이다. 또한 문화의 다른 분야의 영향이 징후로서 여러 가지 자취를 남기는 것이다. 근세 사회의 여명기에 있어서의 휴머니즘 속에서 우리는 개성의 눈떠 오는 모양, 신과 권위와 암흑에 대한 반항, 현실과 육체의 긍정을 보았으며 또한 바야흐로 무너져 가는 농노적(農奴的) 봉건사회의 폐허를 박차고 일어나는 근세 시민사회의 태동을 역력히 느낀다. 또는 19세기 초두의 낭만주의 속에서 남은 귀족사회에 대한 회고와 아울러 바야흐로 지반이 착착 닦여 가는 시민사회의 현실적 승리에 대한 흥분과 또 한편 미래에 대한 누를 수 없는 동경, 이러한 것이 한데 뭉쳐 휘도는 모순과 분열에 찬 특이한 관념 형태를 발견하는 것이다. 상징주의와 세기말 문학의 전반에 걸친 말기 의식은 시민사회의 난숙기의 정신적 뭇 징후의 발로가 아닐까. 제1차 세계대전의 뒤에 온 약 10년간의 불란서를 중심으로 한 불안의 문학, 30년대의 재건의 문학, 이러한 것은 그 기반이요 배경이 된 역사적·사회적 현실의 면밀한 파악 없이는 그 실체에 부딪치기 어렵다.

그런데 여기서 주의할 것은 문학과 사회의 관계는 반드시 일률적으로 사회적 제 조건이 완숙해진 다음에 그것에 해당하는 문학이 나온다든지 하는 것이 아니라 함이다. 물론 그럴 적도 있지마는 사회적 조건이 매우 분산적으로 초발적(初發的)으로 다만 징후만이 보일락 말락 할 적에도 그 전 발전의 어느 모를 천재적으로 대표하는 예언자적 문학이 나올 수 있다는 일이다. 우리는 문예부흥의 대선구로서 단테·보카치오·페트라르카를 가졌고, 낭만주의의 선구자로서 윌리엄 블레이크를 가졌고, 세기말 사조의 예감자로서 에드거 앨런 포를 가졌고, 또 초현실주의의 선구로서는 로트레아몽이 있지 않았던가. 마르셀 프루스트는 아무래도 20년대 문학의 조산(早産)한 형제였다. 가령 제1차 대전 중에 전사한 윌프레드 오언의 아래의 시편(詩片)에서 엿보이는 심각한 감동과 기법이 30년대의 영시단(英詩壇)에 어떠한 선구적 영향을 주었던가.

용감도 내 것. 나는 신비를 가졌었다.
지혜도 내 것이었다. 능란도 하였었다.
울타리도 없는 텅빈 성루(城壘)로 물러서는
이 세계의 행진에서 빠지기에는 ―
그리군 너무나 많은 피가 그들의 수레바퀴를 틀어막았을 적에

나는 향기론 샘을 떠다 올라가 씻어 주고 싶었다.
티도 없이 깊이깊이 숨은 진리마저 가지고 ―
나는 내 정신을 남김없이 퍼붓고자 했다.
생채기로부터가 아니다. 전쟁의 부담에 대해서도 아니다.
상처 하나 없는데 사람들의 앞이마에선 피가 돋더라.

또 여기 그가 본 전쟁의 인상이 있다.

진흙이 키 자라 온 것은 이 때문이었더냐.
대체 부질없는 햇빛으로 하여금
대지의 짐을 깨우치도록 수고 끼친 것은 무엇이냐.

―「기이한 상봉(相逢)」에서

IV __ 문학의 장르

1 소설

　근대소설은 그 기원에 대해서 여러 가지 설이 있으나 결국 발자크·스탕달·플로베르가 터를 닦아 놓은 사실주의 소설에서 출발하였다고 나는 생각한다. 영국 사람은 리처드슨의 「파밀라」로써 근대소설의 시초라고 주장하나 그리 흥미 없는 일이다. 단순히 재미있는 이야기가 아니라 인생과 현실에 대한 진지하고도 꾸준한 관찰을 거쳐서 말하자면 인간과 현실의 내면적·외면적 탐구와 문장에 의한 그 구상적 형상화로서의 근대소설의 관념은 앞서 말한 불란서의 세 거장이 비로소 뚜렷이 세워 놓은 것이라 할 수 있다.

　중세기 말의「장미담(薔薇譚)」등의 소위 로맨스는 영국의 월터 스콧, 불란서의 뒤마를 거쳐 현대의 이른바 대중소설에 그 꼬리를 흘렸다고 생각한다. 오늘의 대중소설은 다만 주인공이나 여주인공이 로맨스의 기사(騎士)나 공주로부터 부르주아의 탕자(蕩子)나 여배우 같은 것으로 바뀌어졌을 뿐 대개는 남녀의 감상적인 애정을 실마리로 뽑아내는 재미있는 이야기에 지나지 않는 것이다. 대중의 교양을 어떤 저도(低度)에 고정시켜 거기 빠져 헤매 나오지 못하게 하는 것은 자본가 사회의 특권층의 소망이려니와 지금 말한 이러한 저속한 감상적인 대중소설이 그 소망을 이루게 하는 데 큰 도움이 되었음은 우리가 잘하는 일이다.

그렇지 않고 이른바 근대 사실주의 소설이 하려고 한 일과 또 해 놓은 일은 어떻게 달랐는가. 로맨스 계통의 작가는 재미있는 얘깃거리를 만들어서 재미있고 구수하고 아기자기하게 얘기하는 데 그 전목적이 있는 것이다. 그러나 사실주의 작가들은 우선은 인생이라는 것, 현실이라는 것에 말할 수 없이 끌린 유혹받은 사람이었다. 차디찬 눈초리로 그들은 인간과 사회를 뚫어지게 노려보았다. 막연한 길 가던 목격자만이 아니고 처음부터 관심을 가진 열심스러운 증인이었다. 그들은 독자를 웃기고 울려 가며 재주 부리는 광대가 아니고 독자의 옷소매를 끌어다가 인생의 실상을 마주 보게 하고 소름 치고 탄복하고 뉘우치고 생각하게 하였다. 그들은 인생에 대한 말할 수 없이 큰 흥미와 관심을 도처에 일으켜 놓았던 것이다. 그들은 어떤 신기한 발명가라느니보다는 우리들의 주위에 뒹굴고 있는 현실의 조각조각조차를 허술하게 굴지 않고 그 의미를 찾아내는 평범한 시정(市井)의 의미의 발견자였던 것이다.

가령 「인간 희극」의 작자 발자크를 보면 결코 흥분하는 일이 없는 차디찬 그의 눈초리는 착착 터가 잡혀 가는 불란서 시민사회를 속속들이 후비어 내는 것이다. 인간 생활에 대한 그의 관심은 거의 창조자의 태도에 비길 만치 깊으면서도 늘 객관성을 잃지 않았던 것이다. 여기 그의 「외제니 그랑데」의 중심이 되는 '무슈 그랑데'의 가정을 그것이 위치한 거리의 소묘로부터 유도하는 일절을 읽어 보기로 한다.

오래인 소뮤르 거리의 옛 저택들은 이 언덕진 시가 꼭대기에 있어서 전에는 인근 귀족들의 차지였다. 앞으로 할 얘기의 가지가지 사건이 일어난 침침한 주택은 그러한 저택의 하나다. 불란서 국민이 날로날로 잃어버리고 있는 단순성의 특질을 사람과 물건 한가지로 가지고 있던 한 세기의 유물인 것이다. 야단스러운 큰 거리의 지저분한 꼴은 저도 모르게 사람의 마음을 꿈속에 던져 버리는 추억의 가지가지를 불러일으키지만 그 거리의 굴곡을 좇아가면 어둑한 구석이 나올 것이다. 그 복판에 그랑데 씨의 집 문이 가려 있는 것이다…….

다음에 근대소설에 인간 심리의 가진 뉘앙스를 이끌어 넣어 풍염한 필치를 남겨서 심리묘사의 거장의 이름을 듣는 스탕달의 「적과 흑」의 일절을 잠시 살펴보자. 주인공 쥘리앵과 그가 가정교사로 있던 주인집 마나님이 다른 사람들의 눈을 피하여 만나는 장면이다. 두 사람의 마음속에 출렁거리는 파도를 담담한 붓끝으로 그대로 살려 놓았다. 이러한 테마는 즉 청년과 또 젊은 유부녀와의 사이의 연애의 모험은 실은 중세기 말의 로맨스에서도 벌써 엿보인 것으로서 불란서 소설에서 두고두고 되풀이되는 소재다. 불란서 사람들이 '아무르'(연애)라고 할 적에 그들이 의미하는 것은 정당한 결혼으로 결과하는 청년 남녀의 순결한 애정이라든지, 부부간의 의무에 얽매인 건전한 신의 같은 것은 아니고 어디라 없이 병적이고 불량한 그런 것을 말하는 듯싶다.

겨우 사흘 동안이라는 짧은 부재중에 레나르 부인은 연애가 가진 가장 매몰스런 조바심에 속아 지냈다. 그의 생활은 견디어 갈락 말락 한 것이었다. 그와 극도의 불행과의 사이에는 쥘리앵과 함께 지낼 밀회가 있었다. 그는 밀회까지의 시간을 계산했다. 분초까지를 헤었다. 그래서 끝내 사흘째 밤 그는 그것일세 틀림없는 알림장을 먼 데서 들었다. 수없는 위험을 무릅쓰고 쥘리앵은 그의 앞에 나타났다.

그 순간 그 여자의 머리에는 단 한가지 생각밖에는 없었다.(이이와 만나는 것도 이게 마지막이네.) 정랑(情郞)의 숨이 뿜는 여러 가지 정에 찬 말에는 대답도 않고 그 여자는 금방 숨을 돌린 송장과 같이 되었다. 설사 그가 그 여자를 사랑하고 있다는 것을 기어이 말한다손 치더라도 그 당장의 그 여자의 모양은 아주 딴 것을 증명하지 않고는 배기지 못하도록 그 마당에 들어맞지 않는 것이었다. 아무것도 영원한 이별이라는 뼈아픈 생각에서 그 여자의 마음을 헛갈려 버릴 수는 없었다. 샘(질투) 많은 쥘리앵은 한 순간 자기는 벌써 잊어버려진 것이라 생각할 뻔했다. 그리고 그의 거친 말은 다만 묵묵히 떨어지는 굵은 눈물방울과 떨리면서 꼭 쥐는 손의 힘에 대꾸할 수 있을 뿐이었다…….

그러나 플로베르에 이르면 문장의 호흡은 다시 가라앉고 솜씨는 차근차근해져서 딴은 리얼리즘의 본도에 들어선 느낌을 준다. 아래 인용하는 것은 보는 사람에 따라서는 그의 대표작 「보바리 부인」보다 도리어 더 사실주의자 플로베르의 면모를 잘 나타냈다고 하는 「감정교육」의 일절이다. 이 작품에는 「보바리 부인」에서 엿보이는 것과 같은 어떤 어두운 철학의 그늘을 찾을 수가 없고 어디까지든지 충실한 현실의 모사가로서의 면이 지배하고 있는 것이다.

그러고는 텔마 얘기가 났다. 희극배우로서는 무대에 내세워도 성공하리라는 얘기다. 다음은 여러 가지 논쟁이 되어서 셰익스피어, 검열 제도, 문장, 대중, 포르트 생마르탱극장의 수입, 알렉상드르 뒤마, 빅토르 위고, 뒤마르샹 등등이 나왔다. 우르누는 많은 소문이 난 여배우들을 잘 알고 있었다. 젊은이들은 몸을 돋우고 그 얘기를 들었다. 하나 그 얘기는 악대의 시끄러운 소리에 헛갈려 버렸다. 그러고는 네패춤(콰드릴)인가 폴카가 끝나자 모두들 근방 탁자에 달라붙듯이 쭉 앉아 보이를 부르기도 하며 소리 높게 웃었다. 맥주병이며 라무네 병을 따는 소리가 그늘 숲에서 풍풍 울려 오고 여자들은 암닭처럼 소리쳤다. 가끔 신사끼리 주먹질을 하고 소매치기가 붙잡혀 가기도 했다…….

그것은 모두가 너무나 풍부한 인생의 이야기였다. 인생의 충실한 후견인의 보고서였다. 그러나 그것은 단순한 수신 교과서는 아니었다. 그러한 의미의 교훈으로서는 기독교의 성서의 풍부한 비유가 얼마든지 있었다. 괴테의 「빌헬름 마이스터」라든지 장 자크 루소의 「에밀」도 또한 소설의 형식을 빌린 교훈서였다. 이 새로운 사실주의의 소설가들은 그러나 결코 자기가 교사나 설교가라고는 생각하지 않았다. '있는 그대로 보고' '있는 그대로 쓰는' 충실한 증인일 따름이다. 그래서 인생의 실상은 수많은 소설 속에 그려졌다.
이윽고는 인생을 싸고 있는 모든 보자기와 안개를 걷고 그 실상을 알고 본즉 거기서는 여태까지의 인생에 대한 신비나 환영은 자취 없이 사라지고 동물성과 육(肉)의 부르짖음과 그러한 것들로 가득 찬 것이었다. 졸라의 자연주의란 인간의 야만성과 인생의 암흑면을 사정없이 폭로하는 고발자의 사업이었던 것이다.
그러나 본다고 하는 일은 전부가 아니었다. 인생은 '이렇다' 하는 것만으로는 문제를 늘어놓은 것밖에는 아니 된다. 그러니 어떻게 할까. 어떻게 사는 것이 문제를 해결 지을 수 있는 길일까. 값있게 사는 길일까. 인도주의의 소설이 제출한 것은 바로 이러한 의문과 또 거기 대한 해답의 시험이었다.

일찍이 자연주의 소설은 실험소설이라는 이름이 보이는 것처럼 인생의 과학이고자 하였다. 사회학·경제학·생리학 같은 것이 일반적인 법칙을 세우며 객관적 기술에 충실하였을 때에 다만 소설은 인간의 현실 생활의 구체적인 묘사를 거쳐서 인생의 실상을 기술하려는 듯하였다. 그러던 것이 인도주의에 와서는 문학은 종교를 대신해서 인생의 향도가 되고자 하였다. 톨스토이는 우선 결론을 들고 나왔다. 기독교적 애(愛)의 구원이 그것이었다. 그러나 도스토옙스키의 매력은 무엇인가. 그것은 진실을 추구하는 정신의 몸짓과 모색하는 행정의 안타까움이 아닐까. 내면적인 극 — 차라리 무언극에 가까운 일종 정신 자체의 몸부림이 아니었던가.

나는 근대소설사에 있어서 완전히 그 초석을 놓은 사람으로서 플로베르를 늘 생각한다. 발자크나 스탕달에는 아직도 선구자적 면이 있는 것 같다. 플로베르의 다음으로 가장 중요한 사람은 도스토옙스키라고 생각한다. 그는 두 가지 의미에서 그렇다. 즉 구도자의 정신의 기록으로서의 소설의 한 전통을 20세기에 남긴 점이 그 하나다. 앙드레 지드는 그러한 면의 후계자의 한 사람이다. 다음의 중요한 점은 문학으로서의 소설의 스타일을 세운 일이다. 걸작 「카라마조프 형제」의 다음가는 도스토옙스키의 명편 「악령」에서 늘 영혼의 내부의 신음을 연상시키지 않고는 말지 않는 그의 문체의 짤막한 표본을 끄집어 내기로 한다.

직공 계급의 계집이기는 했으나 매우 우아스러운 여자가 예수 복음을 팔면서 이 거리에 들어왔다. 이 복음을 팔면서 다니는 여자들에 대하여 재미있는 비평이 페테르부르크 신문에 금방 나타나기 시작한 적이므로 시정(市井) 사람들은 곧 이 여자 소문도 얘기하기 시작했다. 그런데 이번에도 어릿광대 람진은 소학교 교사의 일자리를 찾아 빈둥거리는 어떤 신학생과 얼려서 이 여자에게서 복음서를 사는 척하고는 그 여자의 주머니 속에 외국에서 만든 난잡한 사진 뭉치를 살짝 집어 넣었다. 나중에 알았지만 이 사진은 가슴에 훈장이라도 달 어떤 지체 있는 늙은이가 (이름은 감추나) 이 계획을 위해서 일부러 기부했다는 것이다. 그 늙은이는 그 사람 얘기를 들으면 "건전한 웃음과 유쾌한 농담"을 좋아했던 것이다. 해서 그 가엾은 여자가 장터에서 복음을 꺼내려고 한즉 그 사진이 와락와락 쏟아졌다. 군중의 조롱과 노한 소리가 일어났다. 모두들 달려들면서 욕설을 퍼붓기 시작했다. 만약 순검(巡檢)이 오지 않았던들 주먹 놀음이 날 뻔했다. 복음 행상이 경찰에 갔으나 이 가증스러운 사건의 진상을 듣고 매우 분개한 마브리키 니코라에비치의 알선으로 겨우 초저녁에야 놓여 나와서 성 밖까지 호송되었다. 이번에야말로 유리야 미하일로브나도 단연코 람진의 출입을 금하려 했다. 하나 바로 그날 밤에 일단의 같은 패가 그를 데리고 그 여자의 집으로 달려들었다. 그리고 그가 양금신곡을 작곡했으니 잠시 들어만이라도 달라고 애걸했다. 사실 그 곡은 재미있어 제목도 「보불전쟁(普佛戰爭)」이라는 우스꽝스런 이름을 붙였다. 우선 「마르세유의 노래」의 정엄한 곡조로 시작됐다.

"적의 피로 우리들의 들을 물들이리."

닥쳐올 미래에 취한 듯한 화려한 도전의 음향이 울렸다. 하자 갑자기 교묘한 변조로 이 국가와 뒤섞여서 어딘가 가까운 구석으로부터 「내 사랑 아우구스틴」의 야비한 곡조가 들려왔다. 「마르세유의 노래」는 거기서슴지 않고 진행되었다.「마르세유의 노래」는 제 웅장한 곡조에 취해 버린 듯하였다. 하나「아우구스틴」도 힘이 나기 시작했다.「아우구스틴」은 점점 조폭(粗暴)한 곡조를 발휘했다. 그러자 돌연「아우구스틴」의 선율이「마르세유의 노래」의 그것과 뒤범벅이 되기 시작했다.「마르세유의 노래」는 어지간히 성이 난 것 같았다. 이제서야 겨우「아우구스틴」의 존재를 알게 되어 마치 시끄러운 파리나 쫓는 것처럼 애써 떨어 버리려고 하나「내 사랑 아우구스틴」은 튼튼히 터를 잡았다. 그는 들떠서 뽐내면서 자못 상쾌한 듯하면서 교만했다.「마르세유의 노래」는 갑자기 말할 수 없이 김이 빠진 듯했다. 그래 더 노여움과 고민을 감출 수가 없었다. 그것은 분만(憤懣)의 비명이었다. 두 팔을 하늘로 버티고 뿜는 노기와 눈물과 저주의 통곡이었다.

"우리들의 땅의 한 치일망정 성루의 한 조각 돌일망정."

그는 소설의 묘사성을 다시 한층 끌어올려서 한 작품으로서 특이한 체온과 생리와 체취와 분위기를 갖춘 한 독립한 호흡을 하는 세계를 빚어 놓는다. 분위기를 갖는다고 하는 것, 한 스타일을 완성한다는 것은 현대소설의 중요한 조류를 이루었던 것이다. 마르셀 프루스트와 같은 계통에 선 제임스 조이스의「율리시스」와 버지니아 울프의「파도」,「등대로」등의 작품은 그러한 흐름 속의 중요한 몇 개 푯말이었다. 그들은 심리묘사의 귀재 스탕달도 드디어 알지 못한 심리 세계의 광대한 처녀지인 무의식의 대해로 정신분석학의 대성자 프로이트의 기이한 해도를 좇아서 그야말로「율리시스」와 같이 모험의 항해를 하는 것이었다. 의식의 흐름을 연면하게 추구하며 때로는 인물의 자동기술에 의하여 그 무의식의 신비로운 보고를 터놓으며 소위 내적 독백의 방법을 정립하였다.

이것을 둘러싼 것은 현란하고 생동하는 구어체의 생명을 그대로 살린 독특한 문체였다.

D. H. 로런스는 말하자면 도스토옙스키와 같은 구도자가 아니고 톨스토이와 같은 설교자였다. 이 이단자의 교리는 그러나 그것에 알맞는 생기 있는 문체에 의해서 원시적인 광채를 발한다. 18세기 문학의 광택과 세련을 가지고 아울러 현대적 교양과 높은 지성을 금속성의 감촉 속에 싼 올더스 헉슬리의 작풍은 1차 대전 이후의 영국 소설의 중요한 한 이채였다.

「율리시스」의 절정인 최종장 블룸 부인의 독백의 맨 마지막 약 50페이지에 걸쳐 아무 구두점 하나 없이 계속되면서도 읽는 사람의 숨길에 맞추어 흘러가는 문맥의 유동은 조이스의 문장의 생기와 매력을 남김없이 발휘한다.

……아아 저 몹시도 낭떨어지는 격류 아아 그리고 그 바다 진홍빛 바다 가끔 불길 같은 그 화려한 저물음 그리고 알라미다원(園)의 무화과나무 그래요 그러고는 나는 그 모든 이상스런 작은 거리와 복사빛과 남빛과 노랑빛 집들과 장미원 그리고 재스민과 제라늄과 캑타스원 소녀 적 내가 산속의 꽃이던 지브롤터 그래요 안달루시아 소녀처럼 머리에 장미를 꽂았을 적에 아니 빨간 장미를 꽂을까요 그래요 그리고 그는 무아식 벽 아래서 어떻게 나를 키스했던가 나는 다른 사내와 같이 그도 마찬가지로 좋게 생각했지 그러고는 나는 그에게 눈짓해서 청했지 그래 다시 청했지 다시 청하려고 그래요…….

또 우리는 저 원시적인 그리고 열대의 식물처럼 신선한 짧은 단어를 마치 분류처럼 쏟아놓는 로런스의 문체를 잠시 구경하기로 한다. 그는 그 초기의 작품인 「아들과 연인들」에서 벌써 후일의 그의 면모를 약연하게 보였던 것이다. 여기 그 일절을 인용한다.

    홍조가 하늘에 떠올랐다. 지새는 달은 반 남아 서쪽에 기울어져 희미해졌다. 그늘진 육지에서는 만물이 생기가 동하기 시작하며 커다란 잎사귀를 한 나무 몸매가 뚜렷해졌다. 그들은 휑뎅그렁한 모래둑 길을 거쳐 바닷가로 나왔다. 기다란 황량한 해빈(海濱)이 새벽과 바다 앞에서 신음하며 가로누워 있다. 그러자 바다는 힌 휘장을 친 질펀한 컴컴한 헝겊오래기였다. 음울한 바다 위에 하늘은 빨개져 갔다. 주홍빛은 양보라로, 양보라는 어두운 금빛으로 그러자 금빛 광채 속에 해가 물결 위에 출렁거리며 불꽃처럼 휘날리며 올라왔다. 마치 누가 지나가는 바람에 통에서 빛이 길에 넘쳐흐르는 듯이 ─.
    파도는 기다란 소란스런 몸부림으로 바닷가를 내처달았다. 갈매기는 수연(水煙) 조각처럼 큰 파도의 선 위를 휘돌았다. 그들의 울음소리는 몸뚱이보다도 커 보였다. 멀리 해안선이 뻗어져 아침 서기와 어울린 곳 군데군데 풀밭인 모래둑이 바다와 마찬가지 높이로 갈앉은 것 같았다. 메불톱은 바른편으로 어슴푸레했다. 그들은 홀로 이 평탄한 해변의 공지와 바다와 떠오르는 해와 바다의 희미한 우짖음과 갈매기 날카로운 울음소리를 차지하고 있었다.
    바람이 오지 않는 포근한 모래둑 웅덩이가 있었다. 그는 서서 바다를 내다보았다.
    "참말 좋아." 하고 그는 말했다.
    "마음이 여려선 안 돼요." 하고 그 여자는 말했다.

    문체라는 점으로 보아서 특이한 작가의 한 사람으로 우리는 대전 직전에 39세로 요절한 미국의 천재 토머스 울프를 여기서 잠간 돌아보는 것도 무용한 일은 아닐 것이다. 자서전적 재료에 상징적인 의미를 풍기는 그의 작품은 그대로 도도한 서사시라 하겠다.

　그러자 바로 정적과 바다와 밤이 있었다. 금방 강물이 그 위대하고 늠름한 강이 점잖고 풍부하고 당당한 강이 밤이면 육지를 거쳐 영구히 휩쓸어서 낭떠러지 발뿌리와 사나운 도시의 제방을 씻으면서 백만 골방의 감금된 잠자는 사람들을 휘돌아 영구히 흐르며, 그리고 밤중과 어둠 속과 일만생령(一萬生靈)의 못 잠든 정적 속에서 우리 곁을 지나서 바다로 흘러갔다.
　그 환영이 그의 머리에 떠올랐다. 그는 그것을 잊을 수가 없었다. 밤에 그 고요한 작은 거리 구석에 서 있던 소년이 그 자신의 욕망의 영상이 되었다. 일찍이 세상에 낳던 모든 청춘의 욕망의 아메리카의 모든 잠잠하고 남모르는 잠들지 못하는 욕망의 영상이 되었다. 작은 거리에 영구히 밤이면 살아 있으며 때때 눈을 뜨는 싱싱하고 조그만한 미친 불길, 모든 사람이 잠이 들었을 적에 망망(茫茫)하고 때 가는 줄도 모르는 창공 아래 캄캄하고 숨은 대륙의 얼굴에서 불타는 불길, 밤의 잠긴 정문(正門)을 지나 길이 헤매이며 사실상 노해서 굶주려서 진정할 줄이 없이 달려 암흑 속에 홀로 살아 있는 죽을 리 없는 욕망의 영상이 되었다…….
　　　　　　　　　　　　　　　―「시간과 강에 대하여」에서

　도스토옙스키가 개척한 길은 어느새 마침내 그 계통의 작가의 눈을 이상스럽게도 인생의 표면으로부터 인간의 내부로, 다시 심리의 미묘한 음영을 더듬어 심리 중에서도 무의식의 세계로 즉 더 미시적인 방향으로 옮아 가게만 했다. 말하자면 구심적인 경향의 심화라 하겠다. 현대의 물리학이 양자론에 이르기까지 더듬어 온 미시적 경향과 매우 흡사한 발전을 해 왔다. 그런데 그들이 고의로인지 또는 모르는 사이에 그랬는지는 몰라도 근대소설이 발견하기 시작한 커다란 유산의 하나를 내버려 두었던 것이다. 그것은 다름 아닌 '사회'였다. 그것은 한 거시적인 세계다. 스탕달, 플로베르는 잘 배웠으나 발자크를 잊어버렸던 것이다. 물론 그 맥락은 졸라가 간직해 왔으며 톨스토이의 「전쟁과 평화」 속에 크게 맥박을 치고 있었다. 혹은 말하리라. 마르셀 프루스트의 사교 사회 묘사라든지, 헉슬리의 중류 사회 묘사, 조이스의 더블린 시정 묘사는 무엇이냐고. 그러나 그것들은 어디까지든지 한 담담한 풍속도가 아닐까. 어찌 보면 로코코 취미의 냄새가 난다. 그렇지 않고 인간의 역사라는 것을 빚어내고 꾸며 가며 받쳐 가는 복잡한 한 프랑켄슈타인적인, 역학적인 메커니즘으로서의 사회의 해부는 현대소설의 다른 하나의 뚜렷한 조류를 이루었다. 가령 19세기 후반부터 1932년에 이르는 포사이트 일문(一門)의 방대한 가족사인 골즈워디의 「포사이트 담(譚)」은 그대로 그 시기의 영국 사회 그것의 임리(淋漓)한 해부도지만 이 대장편의 일부인 「정체」(「인 찬스리」)의 모두(冒頭)는 이렇게 시작된다.

  소유욕은 결코 잠자고 있지는 않다. 만개 시와 문벌 상쟁과 서리와 불을 일관해서 실로 영구히 안정되었다고 여기고 있는 포사이트가 속에서도 발전의 법칙을 좇아 왔다. 감자의 품질이 풍토의 영향을 받듯, 그것은 환경으로부터 끊겨 떨어질 수는 없었다.
  영국 80년대 내지 90년대의 사가는 필세가 동할 적에는 자정자제한 지방 관념으로부터 더욱 자족하면서. 보다 더 무절제한 영토욕으로 향하는 급격한 진전, 다시 말하면 국민적 소유 본능의 발동을 묘사할 것이다. 그래서 마치 일치하는 듯이 포사이트가도 그랬던 것이다. 그들은 표면으로뿐만 아니라 내부로도 확장되었던 것이다.

「포사이트 담」은 20세기의 영국 사회소설의 최대의 수확의 하나로 남을 것이다. 망명 이전의 독일의 토마스 만의 작풍은 역시 같은 계통에 속한다고 하겠고, 미국에서 드라이저, 업튼 싱클레어, 더스패서스 등은 다채한 사회 연구의 한 커다란 조류를 이루었다. 그러나 이 전통을 가장 굳세게 키워 가고 있는 것은 고리키의 조국 소련일 것이다. 혁명 이후의 그곳 작가들의 노력이 신흥 사회과학의 이념적 무장 아래 소셜리얼리즘의 기치를 들고 이상의 방향을 나아가고 있음은 일반이 아는 바와 같다. 우리들은 숄로호프의 「고요한 돈강」 기타 몇 개의 그곳 작가의 작품을 거쳐서 그 일을 확인할 수가 있다.

그런데 앞에서 말한 심리소설 혹은 내면소설이 주로 작품이 가진 전체적인 분위기의 양성에 주장 목적을 두는 데 반해서 이 사회소설은 사회라 하는 움직이는 무대에 등장하는 각 성격을 만들어 그것을 여러모로 구성해 가는 데 안목을 두어 왔다. 성격의 창조와 전개 — 이는 근대소설의 어찌 보면 일관한 노력이다. 이와 관련해서 여기 주목을 끌고자 하는 것은 세르반테스의 「돈키호테」에서 그 전형을 볼 수 있는 이른바 풍속소설의 특이한 성격 구성이다. 작가가 작중의 어떤 성격의 묘사에 있어서 그를 희화화하여 즉 웃음거리를 만드는 것은 보통 소설에 있어서도 항용 있는 일이다. 이 경우에 작가의 태도는 자연 비판적이 된다. 그런데 맨 처음부터도 작중의 주인공 또는 중요 등장인물의 성격·사상·신념·행동과 그 주위와의 사이에 커다란 시대적 낙차 또 풍토적 거리가 있으므로 거기서 생기는 희화적 뭇 차질의 표현을 목적으로 하는 소설이 있다. 작가는 이리해서 시대의 진보에 보조가 맞지 않는 낡은 관념의 고지자(固持者)를 끌어다가 웃음거리를 만드는 경우와 그러한 성격 속에 그의 시대와 환경보다는 훨씬 나아간 이상주의의 면을 더함으로써 그 환경 그것의 시대착오성과 완고와 고루와 허위를 통절하게 비판하는 경우가 있다. 또는 한 민족이나 지방적 성격상의 결함과 약점을 대표하는 인물을 만들어 그것을 여러모로 풍자하기도 한다. 가상의 사회나 또는 미래의 세계를 빌려 공상소설·미래소설의 형식으로 실은 작가의 동시대의 어떤 모를 비판하는 경우가 있다. 일찍이 라퐁텐이나 스위프트 등은 우화나 동화의 형식으로 같은 목적을 달성하였던 것이다.

앞에서 말한 「돈키호테」는 이미 깨어지고 만 중세적 관념과 이상의 광신적 인물들을 벌써 그것과는 맞지 않는 근세적 환경 속에 가져다가 거기서 생기는 여러 가지 쓴 웃음거리를 마음껏 빚어낸 것이다. 작자는 이러해서 이미 시작된 새 시대 속에 아직도 남아 있는 시대착오의 완고파와 뭇 요소를 찌르는 동시에 세속주의에 대한 이상주의의 앙양, 값싼 체관과 비관론과 퇴영에 대한 낙천주의의 제시를 계획하여 또 성공하였던 것이다. 투르게네프가 셰익스피어의 「햄릿」과 대조시켜서 염세주의와 낙천주의의 한 성격적 전형으로서 「햄릿」적인 것과 「돈키호테」적인 것을 정립한 것은 유명한 얘기지만 그렇도록 「돈키호테」는 이러한 성격의 한 표본이 되었다.

현대에 올수록 소설 속에 지적·비판적 요소가 더욱 중요해져서 가령 1차 대전 후 미국 소설의 일대 수확인 싱클레어 루이스의

「큰 거리」를 비롯해서 지적 작가들의 일군은 의식적인 또는 반의식적인 풍자소설을 많이 썼다. 웰스의 과학소설의 모양을 따서 쓴 올더스 헉슬리의「훌륭한 신세계」같은 것은 현대에 대한 침통한 조소를 품은 풍자소설이다. 1차 대전 후의 지식인 사이에 팽배해 온 자기비판적 경향은 현대문학에 널리 자기 조소의 음향을 울리고 있거니와 따라서 특히 작중인물 속에 작가 자신을 투영하였을 적에 그것이 희화화한 경우가 많았다. 그 밖에도 작중의 부차적 인물들이 희화화된 경우 또한 적지 않다.

나는 앞에서 현대소설의 구심적인 방향과 원심적인 그것을 대조해서 지적했다. 다시 말하면 미시적인 경향과 거시적인 경향이 그것이었다. 또 현대소설의 한 뚜렷한 징후로 지적 요소의 대두에도 말이 미쳤다. 그것은 풍자소설로 나타났으며 인물의 성격상의 결함에 작가의 해부도가 향하였을 때 말하자면 성격 희화가 생기는 것이고, 사회 그것의 병집에 향하였을 적에 사회 풍자가 될 것이다.

구심적과 원심적 방향을 다시 다른 말로 하면 스탕달적인 것과 발자크적인 것의 대립이라고도 하겠다. 언뜻 보면 그것은 서로 반발하고 부정하는 힘의 방향일세 분명하다. 이 반발하는 두 요소가 마주치는 어떤 교차점, 또 교류하는 면은 없을까. 그래서 될 수만 있다고 하면 그러한 교류 속에서 앞으로 올 소설의 새로운 방향을 가려내 볼 수는 없을까.

그 교차점이란 무엇이냐. 적어도 그 하나는 서사시에의 방향이 아닐까. 이 두 조류가 기이하게도 마주친 곳은 호머가 아니었던가 한다. 한 가지로 현대사회의 일대 서사시를 계획하되, 하나는 그것을 정면으로 취급하려 했고, 다른 하나는 사람의 마음이라고 하는 요지경의 초점을 거쳐서 굴곡하는 실루엣으로서 그려 내려 하였다. 1930년대 영국 소설의 새 선수로 등장한 이셔우드로서 그려 내려 하였다. 1930년대 영국 소설의 새 선수로 등장한 이셔우드 자신의 말을 빌리면,

"나는 한 민족의 얘기를 하련다. 출생과 흥망과 성쇄와 혼인과 문벌 간의 갈등과 또 연애 사건을 얘기하련다. …… 나로서는 응접실의 세속극은 더 원치 않는다. 한 서사시를 쓰려고 나선 것이다. 한 분에 담은 서사시, 응접실의 세속극인 체하는 서사시를 쓰려 나선 것이다."

서사시에의 욕구 — 이는 현대소설을 한 문학의 '장르'로서 확립하는 가장 뚜렷한 푯말이 아닌가 하고 나는 생각한다. 티보데가 『소설의 미학』에서 구성이라는 개념을 고조한 것은 사실은 소설의 서사시적 욕구를 그런 말로 표현한 것이 아닐까. 물론 루이 부르제가 그런 의미의 소설의 표본을 몇 개 만든 것은 현대소설의 정신에 대한 신문 기사적 천박한 오해에 기인하는 것이었다. 이상의 욕구의 단적인 발로가 조이스의 「율리시스」가 아닌가. 이 가장 현대적인 소설은 「호머」의 「오디세이」를 그 의도에 있어서 구성에 있어서 닮으려 하였던 것이다. 골즈워디는 19세기로부터 현대에 걸친 영국 사회의 일대 「일리아스」를 그의 「포사이트 담」에서 계획하였던 것이다.

2 시

시가 원시시대의 종교적 의식에서 시작해서 나중에 분화한 것이라 함은 오늘에 와서는 정설이 되어 있다. 그리고 그 적에는 소

박한 원시적 음악과 연극성을 가진 무용과 시가 한데 얽힌 말하자면 극히 유치한 종합예술이 어떤 종교적 의식에서 일정한 사회적 기능을 맡아 하고 있은 것이다. 시는 언어의 한 유희로서 시작된 것이냐, 또는 자초부터 어떤 실용성을 걸머지고 나온 것이냐 하는 문제는 오랜 논쟁을 일으켜 왔으나 근년의 왕성한 원시사회 연구로 차츰 귀중한 자료가 나왔다. 그래서 시는 처음부터 일정한 사회적 기능을 가지고 원시사회에 등장하였던 것만은 속임 없는 일로 되어 있다. 시가 음악이나 무용과 깊은 혈연관계가 있었던 것은 시의 운률에 그 흔적이 잘 남아 있다.

희랍 시대에도 사포와 같은 서정시인도 있었고, 로마 시대의 많은 교훈시도 우리는 잘 기억하고 있으나 이른바 오늘 우리가 가지고 있는 것과 같은 근대시의 발상은 중세기 말기 가까이 불란서 프로방스 지방에 일어났던 트루바두르의 연애시라고 하는 설이 자못 유력하다.

18세기의 영국의 포프 등의 의고주의 시, 19세기 초두의 낭만주의 시의 발흥 등이 있었는데 특히 낭만주의는 산업혁명의 결과로, 충천하는 기세로 일어나는 공업문명의 새로운 시대의 돌진과 모험과 건설의 정신을 대표하는 면도 있거니와 한편 무너져 가는 귀족의 질서와 전원의 목가에 대한 잊을 수 없는 추모의 면도 있었던 것이다. 그것은 서로 양립할 수 없는 상극이요, 모순이었다. 하나는 낭만주의의 건설적인, 적극적인 면이요 다른 하나는 퇴영적인 소극적인 면이다. 영국과 불란서의 낭만주의에 각각 농담의 차가 있는 것은 이에 연유한다. 영국에서는 드디어 소극면이 우세해서 빅토리아조를 일관한 테니슨의 감상적 낭만주의로 타락한 것이다.

무엇이나 오래 지탱할까

모든 것은 우리의 손을 떠난다. 그래서는 무서운 과거의 한 조각 한 귀퉁이가 된다.

첫사랑처럼 깊게 온갖 뉘우침으로 미쳐
오 삶 속의 죽음, 돌아오지 못하는 그날이

시간과 운명에 시달렸어도
애써 찾아 얻으며 굽히지 않는 굳은 의지

—각각「테니슨」의 시구에서

그러나 이 얼마나 연약한 믿음직도 않은「율리시스」냐. 시가 심각하게 시대 그것에 직면하여 좋거나 궂거나 간에 거기 부딪쳐서 혹은 신음하고 고민하고 격노하고 한 것은 불란서였다. 르콩트 드릴 등의 파르나시앵의 뒤를 이어 일어난 악마주의 시인의 이름을 듣는 보들레르로서 구라파 시단에 있어서 불란서의 군림이 확립된 것도 사실이다.

나는 유언을 미워하며 무덤을 싫어하노라.
죽어서 사람의 짜는 눈물을 얻음보다는 차라리 살아서 흡혈의 아곡(鴉哭)을 불러 더러운 내 시체의 마디 마디를 먹이려노라.

—「보들레르」김안서 역

거기는 심각한 시대의 앓음 소리가 스민 기이한 새 격률이 높이 흐른다.

아아 구더기 눈도 없고 귀도 없는 암흑의 벗아

자유와 열락(悅樂)의 사자 또는 방탕의 철학자 그리고 부패의 내손(來孫)은 다 같이 네게로 가리라.

─동상(同上)

현실에 극도로 절망한 착한 카인은 차라리 구더기와 벗하려 한다. 「악의 꽃」의 뼈아픈 아이러니도 거기 있는 것이다. 근세시의 한 집대성이었던 상징주의 시 운동은 이윽고 세기말의 퇴폐 사상에 연결하기는 했으나 석탄재와 기름과 연기와 소음의 공업 문명 위에 피운 꽃동산이었음은 부정할 수 없다. 그러한 의미에서 그것은 공업 문명의 뭇 추악면에 대한 부정을 내포하고 있었다. 그러나 그것은 공업 문명이 품고 있는 새로운 시대로 향하는 계기를 바로 붙잡지는 못하였고, 오직 그 반인간적인 현상만에 시선을 돌렸던 까닭에 거기서 한 한계에 다닥치고 말았던 것이다. 그리하여 드디어는 세기말의 더 구원할 수 없는 절망의 심연에 스스로 빠져 버렸던 것이다. 사상파(寫象派)의 운동에 의하여 영시는 오래인 동안의 시대에 대한 사보타주로부터 시의 본도에 돌아왔다. 또 미국 시단이 그 이전의 분산적인 모양 즉 포, 페트 등의 이름으로 기억되고 있었던 것과는 달리 세계 시단의 분위기에 휩쓸려 들어온 것도 역시 사상파 이후라 해도 잘못이 아니겠다. 그것은 정확과 안정과 형체에의 욕구 등 공업문명의 건설적 정신면을 표징한 중요한 시운동임은 T. E. 흄의 시론에 의해서도 분명하다. 1913년 《포에트리》지 3월호에 발표했던 에즈라 파운드의 주장을 들으면 이러하다.

1. 주관적인 객관적인 어느 것을 막론하고 '물체'를 직접 취급

할 것.

  2. 표상(表象)에 기여하지 않는 말은 절대로 쓰지 말 것.

  3. 운률에 대해서는 음악적 어법에 좇도록 하되 메트로놈에 좇지 않을 것.

  4. 이미지의 원칙에 일치시킬 것.

  그러면서도 그것은 한편 끊임없이 안정을 찾아 헤매는 현대인의 불안, 동요하는 정신의 갈망의 병적 표현이라는 불건전한 요소를 가지고 있음도 부정할 수 없다. 에이미 로웰의 「밤 구름」 속에 나타나는 여러 이미지 — 가령 '유리 하늘', '하늘의 청자(靑磁) 도어', '젖빛 별 조각' 등에 떨리는 지나치게 섬세한 감성 또 시형의 대담한 데포르마시옹 속에도 나타나 있다.

하늘은 드높이 서편으로 사라져 연기 낀 오랑쥬와 로즈빛
지친 사람들은 소매를 걷고 늘어진 손을 드리운 채 문지방에 앉았다.
실바람은 얽힌 대기를 씻으며 남으로부터 조용히 불어오고
저녁별은 어슴푸레 지워진 포도에 비쳤다.

—플레처

    내리는
비 —

나무들은
금방 올라온
짐승이 된다

> 바다로부터 —
> 물은
>
> 그들의 구렁
> 틈바귀마다
> 새어 떨어진다 —
>
> ──윌리엄 카로스 윌리엄스

한편 불란서에서는 '다다'의 뒤를 이어서 초현실주의 운동이 일어나 난숙기의 근세 사회에 대한 전면적인 부정 속에서 어떤 정신적 질서의 재건을 절망적 노력 속에서도 기도하였다. 그것은 한 유심론의 극치였다. 발판이 안 보이는 가공의 논리의 곡예였다. 거기 그것의 넘을 수 없는 막다른 골목이 있었던 것이다. 역사의 황혼 속에 유리된 지식인의 대표자인 시인은 다시 무엇을 노래했는가.

> 우리는 허수아비
> 우리는 속 쑤셔 넣은 사람이다
> 서로 기대서서
> 머리통은 짚으로 채운 — 아 —
>
> 모양 없는 형상 빛깔 없는 그림자
> 마비된 몸동작 없는 몸짓 —
>
> 나는 내 생애를 커피 숟가락으로 되어〔量〕 버렸다

춤추는 곰과도 같이

앵무새처럼 울음 울며 성성(猩猩)이처럼 지껄인다.

— 각각 T. S. 엘리엇의 시구에서

　이렇게 현대의 지식인의 일반적인 정신적 징후를 병리학적 정확성을 가지고 고정화시켜 놓은 곳에 T. S. 엘리엇의 시대적 위치가 있는 것이지만 이로써 영국 시는 전 세기의 감상적인 광영의 고립을 완전히 내던졌었다. 불란서의 초현실파의 대표적 시인의 한 사람인 루이 아라공이나 또는 30년대의 영국 시단의 선수들은 오늘 기이하게도 일치해서 마르크시즘에 귀의해서 정신적 질서는 끝끝내는 거기 상응하는 물질의 내용을 튼튼히 떠받치지 않고는 불가능하다는 결론에 다다른 것이다. 그래서 그들은 이 파괴와 혼돈의 저편에 새날의 도달을 확신하였다.

이성의 난간이 끝난 저편

남인가 북 어디멘가

하늘을 땅에 떼어 붙이는

자력의 산은 있으리라.

— 데이루이스

미의 끝이 보인다.

모든 날개 돋친 기쁨이 내려앉는 종점.

날리던 죽지 고요히 걷우어 무쇠이구나.

우리는 본다 이 생의 희미한 끝을 —

— 동상(同上)

힘과 빛을 우리에게 보내라
견딜 수 없는 신경의 가려움을 고칠 서슬 있는 촉수를 —

—오든

    여하간 보들레르 이후라고 하는 것은 현대시의 역사는 시대와 끊임없는 그리고 사정없는 갈등·충격에 스스로를 맡겼으며, 그 속에서 새로운 질서를 발견하려 한 악착스러운 노력의 기록이었다. 그것은 늘 시대정신의 가장 성실한 추구자며, 파악자며, 체현자며, 타개자였다. 가장 격렬한 정신적 순교자의 운명이 그 약속된 선물이었다. 인제 현대시는 다시 새로운 용로(鎔爐) 속에 뛰어들었다. 시대의 핵심 늘 가까운 곳에 애써 다가서 왔다는 것은 오늘까지의 시인들의 자랑의 하나다. 그런데 그 시대라는 것이 오늘처럼 거세게 물굽이 친 일은 일찍이 드물었다. 그러한 물굽이 속에 우리는 함께 살고 있는 것이다. 그것이 바로 현대라는 것이다. 그것은 옛날의 시인들처럼 단순한 자연의 감명이나 인생의 인상을 감성으로 접하고, 감정으로 반응만 하기에는 너무나 복잡한 기구를 갖추었으며 여러 갈래의 법칙의 씨와 날에 얽혀 있다. 그러므로 감성이나 감정 이상의 지성과 정의(情意)의 전체인 인격의 전활동을 요구한다.

    또한 오늘까지의 시는 보들레르 이래 너무나 시인 자신의 내부의 세계에 집중되어 온 것도 사실이다. 그것은 다시 자신을 넘어서 내부로부터 넘쳐 흘러나와야 했을지 모른다. 거기 시의 새로운 전망이 대공(大空)으로 펼쳐 있을 성싶다. 제2차 대전 중에 자살한 영국 여류 작가 버지니아 울프는 일찍 그의 「젊은 시인에게 보내는 편지」의 일절에서 "창을 내다보세요. 그리고 다른 사람들에 대하여 쓰세요." 하고 권한 일이 있다. 이렇게도 말했다. "그러므로 분명히 당신은 광범한 여러 가지 주제를 취급할 수 있습니다. 한 방 안에 당신 혼자 박혀 있어 왔다는 것은 오직 일시적인 필요에서입니다."

이제야 현대시의 역사도 새 페이지가 시작되려 할세 옳다.

그것은 손쉬운 일은 아니다. 오직 천재들만이 그 첫길을 열어젖힐지도 모른다.

3 희곡

고대 희랍 극시의 독특한 양식은 잠시 그만두고 근대극이라고 하는 것이 중세의 기독교회의 기적극(奇蹟劇) 신비극에 유래한 것임은 물론이다. 문예부흥의 파도에 밀려 극은 신으로부터 인간에, 신비로부터 현실로 내려왔던 것이다. 일찍이 희랍극은 운명 관념이 그 기조가 되어 있어서 그런 때문에 운명극이라고 불려지고 있는 것이다. 소포클레스의 「오이디푸스」는 그 전형이라 할 수 있겠다. 그런데 문예부흥의 정신을 체현한 셰익스피어나 라신, 몰리에르에 와서는 극적 갈등의 책임은 운명으로부터 인물의 성격에 옮아 왔다. 불가항력적인 운명과의 싸움 속에 극이 전개되는 것이 아니라 여러 가지 성격의 차이와 장단으로 인한 갈등의 인과관계 속에 극이 성립되는 것이다.

18세기의 의고주의(擬古主義) 시대는 극에 있어서도 고대에의 복귀를 그 제일 신조로 하여 부알로가 그 『시학』 속에서 유명한 삼일치의 철칙을 제시하기까지 했었다. 그러나 괴테의 「파우스트」, 실러의 「군도(群盜)」 등이 길을 열어 놓은 낭만극이 일세를 풍미한 뒤에 근대극은 19세기 후반 입센의「인형의 집」에 의해서 새 시대를 맞았던 것이다. 운명도 아니다. 성격도 아니다. 바로 사회라는 것이 현실의 여러 가지 문제의 집중체로서 인간의 생활을 통솔하는 원리가 되었다. 사회극 또는 문제극이라는 이름으로 불려지는 이 새로운 극은 무대 그것을 그대로 한 사회문제 논의의 토론장을 만들기에 이르렀다. 그것을 극단으로 노골하게 이끌어 간 것이 버나드 쇼의 희곡이다. 같은 경향이면서도 보다 더 연극성에 충실하려는 것이 골즈워디였던가 한다. 중간에 시에 있어서의 상징파와 병행해서 마테를링크의「파랑새」·「몬나반나」등으로 대표되는 무대상에 어떤 분위기를 벗어나는 것을 목표로 하는 신비극·상징극·동화극이 유행하여서 독일의 입센이라고 불려지는 하웁트만조차「일출전(日出前)」·「직장(織匠)」같은 사실극 외에 만년에는「침종(沈鐘)」과 같은 상징극을 썼으며 영국에는 바리 등이 그 계통을 계승해 가지고 있다고 할 수 있다. 애란 문예부흥의 이름으로 알려지고 있는 예이츠, 그레고리 부인, 싱 등에 의한 애란극운동은 한 이채를 발하였는데 상징극과 사실극의 기이한 결혼과 같은 것으로서 그의 시와 같이 순수한 상징극에 그친 예이츠의 몇 희곡보다는 차라리 그레고리 부인의「월출」특히 싱의 걸작「바다에의 기수(騎手)」같은 것에 그 전형을 남겼다고 할 수 있다.

  1차 대전 이후의 시대의 동향은 사실 시로써 건드리기에는 너무나 크고 복잡하며, 소설로써 그리기에는 너무 격렬한 듯하다. 여기 쇼의 말을 빌리면 갈등을 생명으로 하는 희곡을 위한 넓은 새 가능성이 가로놓여 있지 않을까.

  특히 주목되는 것은 사회극 전후부터 희곡은 산문으로 쓰여지는 것이 완전히 불문율이 되어 버렸던 것인데 30년대에 들어서면서부터 영국 같은 데는 극시의 형식으로 희곡이 성하게 발표되어 온 일이다. 여기 선편을 가한 것은 엘리엇의 「애시 웬즈데이」인데 그 뒤로 오든, 이셔우드 등이 그들의 풍자극에 합창 형식까지 따서 많이 호응하고 있다. 그들의 동료의 한 사람인 스티븐 스펜더의 말을 빌리면 언어의 시적 구사는 자연주의적 재현의 세부로 해서 압도되는 일 없고 넓고 일반적인 주제를 사실적으로 취급할 수 있는 유일한 문학적 수단인 때문일지도 모른다.

V __ 비평문학

나는 이 논문의 시작에서 문학의 줏대는 어디까지든지 작품 자체며 우리의 노력은 작품 자체를 경험하는 일이고 비평이라든지 소개·해석 같은 것은 나중에 올 것이라는 것을 말해 두었다.

그것은 물론 현대인이 사물 자체에 대한 인식이나 이해보다도 사물에 관한 기성의 개념의 배급에 안이하게 만족하는 경향을 가지고 있는 데 대한 부정의 한 표현이다. 현대야말로 소위 기성복과 위조품과 모조품의 범람 시대라 하겠다. 편리한 월부 제도와 배달 제도가 백화점과 연락되어 있는 것은 우리들 일상생활뿐만이 아니라 정신생활에 있어서도 마찬가지로 일어나는 일인가 한다. 문화란 가장 준열한 선택 작용에 의하여 앞으로 추진되는 것이다. 간단히 기성된 규격에 의하여 문학을 자질하는 것은 매우 쉽고 편리하지만 혹은 자를 가지고 물을 되려 하며 되를 가지고 피륙을 재려고 하는 일이 생길지도 모른다. 또는 한란계를 가지고 주정을 떠 본다든지 혈압계를 가지고 체온을 살펴보는 경우가 있을지도 모른다. 무릇 기성의 규준을 가지고 사물을 처리한다든지 기성의 개념을 쌓아 올림으로써 그 이론의 체계를 이루어 간다고 하면 어느 날 혼란이 올 적에 그것은 하루아침 폐허가 되기 쉽다.

나는 제군의 문학 인식과 이해가 이러한 사상누각이 될까 보아 염려한다. 더군다나 현대와 같은 위대한 가치의 전환기에 있어서 기성품이란 늘 시대에 뒤진 진부한 것이기 쉽다. 그러므로 작품 자체의 접촉 위에 제군의 문학의 개념은 건실하게 세워져야 할 것이다. 작가가 되려는 사람이나 문학을 충실하게 감상하려는 사람이나 이 일에 있어서는 매마찬가지다.

그러면 비평이나 소개나 해석은 아주 소용이 없는 것이냐. 그렇지는 않다. 다만 그러한 것들이 줏대가 되어서는 안 된다는 말이다. 또 다른 사람의 기성의 비평이나 그런 것들을 땜질하고 덧붙여 감으로써 문학의 개념을 만들어 갈 것이 아니고 반드시 문학 작품의 실제적 경험 위에 그것을 세워야 한다는 말이다. 이 경우에 비평이나 소개나 해석은 작품의 구체적 경험에 비쳐서 취사선택되어야 할 것이다. 그것들이 작품의 실천의 성과와는 관계없이 독립해서 가치가 있을 수도 없고 감상되어서도 우스운 일이다. 비록 일세의 문학 운동을 지도하려는 이론도 그 자체가 아름다울 뿐으로만은 무의미한 일이다. 당대의 작품의 실천 속에 반영되고 결실함으로써만 의미를 가진다. 찬란하고 호대(浩大)한 해석이나 소개나 비평이 그 자체상·외관상 아무리 훌륭하다 할지라도 그것이 취급한 작품의 실제와 맞지 않을 경우에는 폐로운 것이 된다. 이런 경우에 작품은 대해 보지도 못하고 그 비평·해석·소개에만 의지한다면 허위 보도나 오보의 희생이 되고 마는 것이 된다. 내가 경계하려는 함정은 바로 거기 있다.

그러므로 해석이나 소개나 비평은 작품의 세계를 더 깊고 확실하게 파악하는 데 한 보조의 기능을 다할 뿐이다. 때로는 비평이 새로운 문학의 높은 이상을 들고 나올 적에도 그것은 단독으로 향수될 것이 아니라 기성 문학에 대한 부정과 새 작품 실천에의 가능성과 실현의 성과와 관련시켜서만 평가될 것이다.

다만 현대와 같이 지성의 문학을 요구하는 경향이 굳센 적에는 작품 자체가 비평적인 면을 농후하게 가지는 것도 사실이지만 문학의 전 영역에 있어서 비평의 활동이 전에 없이 자못 활발한 것도 한 추세다. 현대문학에 있어서 비평의 비중은 그 전 어느 시대보다도 더 크다. 그러나 그것은 어디까지든지 작품 실천과의 상호 관련에서만 건전한 발전을 할 수 있을 것이다.

그러므로 이른바 정치가·학자·교육가, 그런 사람들의 관념적인 문학론이라고 하는 것은 거지반이 무용에 가까운 경우가 많다. 물론 예외로 깊은 감상안과 이해력을 보인 것도 있지마는 예를 들면 대부분의 독일계 관념미학과 같이 문학이나 예술에 대한 사실성보다 그 자체의 체계의 완미를 위해서 세워지는 것이요, 따라서 문학의 실제와는 무릇 인연이 먼 것과 같은 것이 그것이다.

해석이나 소개 또한 어디까지든지 작품에 충실한 객관적인 경우일수록 도움이 된다. 주관적 선입견과 자신의 상상으로 지나치게 보족하거나 제 주견을 투영시켜 그 결과 본래의 작품을 왜곡하는 것과 같은 것은 경개해야 할 것이다.

작가 자신의 창작의 실제에 관한 여러 가지 술회·비망록·해설 등이 그의 작품에 대하여 매우 유효한 측광을 던져 주는 것은 물론이다.

VI __ 세계문학의 분포 (상)

여기 한 장의 세계지도가 펼쳐 있다. 다만 지역의 경계만 그려 넣은 아직 백지 상태의 것이다. 여기다가 우리는 지금 지나간 날에 남은 문학의 산맥을 더듬어 표 질러 넣으려고 하는 것이다. 그럼으로써 세계문학에 대한 조감도를 만들려는 것이며 그것은 제군의 앞으로 할 문학의 수업이나 감상을 위한 순례의 좋은 길잡이가 되지나 않을까 하고 생각한 때문이다. 그것은 말하자면 문학의 역사를 짜넣은 기이한 지도가 될 것이다.

유사 이전부터도 세계에는 많은 종족이 있어 여러 가지 다른 신앙과 풍속과 생활양식 등을 가지고 살아왔다. 또 그들은 각각 다른 몸짓·말·그림 등의 기호 조직을 발달시켰다. 그리하여 말(언어)은 그야말로 '바벨의 탑'이라는 말이 의미하듯 한 종족과 종족 사이의 상호의 이해를 끊어 놓는 장벽이 되었던 것이다. 그러나 그들의 생활양식·신앙·풍속 등에는 그 사회 발전 단계의 병행성을 따라 많은 근본적인 유사를 가져왔던 것이다. 문학은 멀리 이러한 원시사회, 미개사회에 그 근원을 발하여 수수하게 흘러온 듯하다. 원시사회의 종교의식에서 시는 아마도 그 원형을 찾을 수 있을 것이며 우리가 아는 가장 오랜 자료로서는 동지중해 크레타

섬에서 한때 꽃이 피었던 크레타문명에 관한 것이었다. 구라파와 아프리카 사이에 낀 일대 호수인 이 고요하고 따뜻한 지중해의 구라파 쪽 연안, 그중에서도 다도해의 이름으로 알려진 에게해를 중심으로 한 동지중해 일대는 구라파에 있어서 최고의 빛난 문화의 요람이었던 것이다. 이른바 남구 신화의 이름으로 알려진 많은 낙천적인 신화와 전설이 또한 여기서 발생하여 디오니소스적인 유쾌한 특성을 가지고 나타났으며 거기 고대 희랍 문학의 일대 보고가 미리 준비되었던 것이다. 이 희랍에 우뚝 솟은 세계에서 가장 높은 산맥이 태고의 혜지를 감춘 채 눈부시는 애애한 눈에 덮여 있는 것을 본다. 그중의 주봉을 이룬 것이 호머, 그 곁에 어깨를 맞대고 모여 있는 것이 청초한 여류시인 사포, 비극시인 소포클레스, 유리피데스 거기다가 아리스토파네스 등의 군봉이다.

다음에 아드리아 바다를 격해서 이태리를 바라보면 로마 부근에 로마 시대의 시인 버질, 루크레티우스 등의 군소 봉우리가 구름아래 늙은 자태를 들추어 내놓았는데 홀로 북쪽 이태리 플로렌스, 중세 말기의 어둠이 깊이 잠긴 속에 르네상스의 여명의 광휘를 쏘며 유달리 솟아 있는 것은 단테일세 분명하다. 눈을 로마로 다시 돌리자. 싱싱한 신록에 덮인 아담한 산은 겨우 20세기의 새 풍경으로서 「사(死)의 승리」의 다눈치오, 그보다 좀 작은 것은 극작가 필란데르로, 그 밖에 미래파의 시인 마리네티 등의 기암 괴봉도 보인다.

알프스를 넘어 남불 프로방스 지방에 들어서면 중세 말 연애시인 트루바두르들의 한 폭 꽃동산이 벌어져 있으며 같은 중세의 절도 시인(窃盜詩人) 비용의 음산한 자태도 보인다. 그러나 루이 14세의 궁정을 중심으로 찬란하게 전개되어 있던 볼테르, 라신, 몰리에르 등 여러 봉우리는 그리 굉장히 높지 못한 채로 한때 기관(奇觀)을 이루었던 것도 사실이다. 그보다 앞서서 몽테뉴와 좀 뒤떨어져서 파스칼은 각각 그「명상록」과「팡세」를 들고 말하자면 문학의 주변으로부터 철학의 평야에 연이은 기복일 것이다. 부알로의「시학」은 18세기에 남은 고전주의의 한 모형의 산이려니와 19세기에 들어서서 빅토르 위고, 뮈세, 조르주 상드, 생트뵈브 등으로써 불란서를 문학적으로 구라파에 군림케 하는 터를 만들어 놓았던 것이다. 그 뒤로 소설에 있어서의 플로베르, 발자크, 스탕달, 플로베르의 제자인 단편소설의 귀재 모파상, 졸라, 공쿠르 형제, 19세기 말부터 20세기 초에 걸쳐 아나톨 프랑스, 로맹 롤랑, 주르 로맹, 프루스트, 앙드레 지드, 앙드레 말로, 앙드레 샹송 등 연봉이 총립해서 일대 장관을 이루었다. 특히「광(光)」·「총화(銃火)」등 반전문학(反戰文學)으로 세계적 최고봉에 해당하는 작품을 쓴 앙리 바르뷔스의 존재야말로 그중에서도 특이하다 하겠다. 다시 시에 있어서는 파르나시앵의 르콩트 드릴쯤은 말할 거리도 안 되고, 보들레르, 베를렌, 말라르메 조숙한 천재 아르튀르 랭보, 폴 발레리, 르미 드 구르몽, 사맹, 폴 포르 등 일련의 상징파 시인과 기지의 시인 장 콕토, 루이 아라공 등등, 현대시의 뭇 기라성은 불란서의 상공에 은하와 같이 걸려 있음을 부정할 수 없다. 여기 북쪽 프랑드르 평야에서 이 은하에 참여한 것이 벨기에 상징시인 베르 아랭일 것이다. 피레네산맥을 서남으로 넘어들면 이베리아반도에 외로이 솟아 있는 것이 17세기의 위관(偉觀)「돈키호테」의 작자 세르반테스일 것이다. 이와는 달리 1936년 서반아 내란 당시 이 반도에서 위협을 받고 있는 문화의 민주주의의 옹호를 위하여 전 세기의 뜻있는 작가·시인이 열렬한 성원을 보냈을 뿐 아니라 그들 중의 적지 않은 사람들이 직접 전선에 달려가 참가하기까지 하였던 일은 깊이 우리들의 기억에 남을 사화일 것이다. 또 흑해 연안의 루마니아에는 불어로 많은 작품을 발표한 이스트라티가 홀로 첨봉을 나타내고 있다. 이상에서 말한 고대 희랍 문학과 또 로맨스어 계통에 속하는 이태리·불란서·서반아·루마니아 등의 여러 나라 문학에는 일찍이 니체가 말한 것같이 북구의 아폴로적인 데 대한 '디오니소스'적 남구적인 낙천적·감성적·향락적·열혈적·순정적인 요소와 색채가 일반으로 농후한 것도 사실이다. 투르게네프의 말을 빌리면 '햄릿'형에 대한 '돈키호테'형이라고도 할 수 있을 것이다. 여하간에 초인간적·비현실적인 신들 조차를 인간화하여 서로 부둥키고 사귀었으며, 현세의 물질적·육체적 생활을 아낌없이 긍정한 희랍 신화는 그대로 그 당시의 동지중해 주민의 세계관을 표현한 것이려니와 남구의 눈부신 일광과 짙은 해면과 또 무르녹는 포도주와 계집들 속에 묻혀 있는 디오니소스 신은 그들의 인생관의 한 상징인 듯하다.

대서양의 북쪽 구석 스칸디나비아반도와 그린란드 중간에 있는 아이슬란드는 에다의 이름으로 불려지는 북구 전설 신화의 한 수원지가 되어 그것은 다시 스칸디나비아로부터 정말(丁抹)·화란(和蘭) 연안을 거쳐 영국에까지 흘렀던 것이다. 이 나라들은 언어상으로는 튜토닉에 속하는 것으로서 아까 말한 로맨스 계통과 또 노어(露語)가 속한 슬라보닉과 함께 인도유러피안 어족의 여러 분파 중 가장 중요한 것의 하나를 이루고 있는 것이다.

섬나라 영국에는 14세기에 초서의 「캔터베리 담(譚)」이 문예부흥의 정신의 결정으로 남았으나 한 산이면서 완연한 산맥을 연상시키는 셰익스피어의 웅도에는 멀리 미치지 못하며 17세기에 청교주의의 권화로서 밀턴의 「실락원」이 있으나 지금쯤 그리 등산하려는 사람도 없을 것 같다. 그보다는 차라리 존 던을 수반으로 한 형이상학파의 시인군이 현대시에 한 숨은 광맥을 끌고 있음은 기현상이라 아니할 수 없다. 그러나 뭐니뭐니 해도 영국 문학의 황금기는 18세기 말로부터 19세기 초에 걸친 낭만주의 운동으로서 사실상 구주 문단에 한때 패권을 잡았던 것이다. 그 선구자로서 블레이크를 비롯해서 워즈워스, 콜리지, 다시 삼대 낭만시인 바이런, 셸리, 키츠 등이 도버해협 맞은편에 공전의 위용을 전개하였던 것이다. 그 뒤 퇴세로 들어갔다가 19세기 말에는 오스카 와일드, 아서 시먼스, 그보다 먼저 소설가로는 톨스토이에게도 영향을 주었다는 디킨스 등이 있었으나 그리 높은 산맥을 이루지는 못했고, 20세기에 들어와서 삼대 작가의 이름을 듣는 웰스, 버나드 쇼, 아널드 베넷과 골즈워디의 거자(巨姿)가 나타나기는 했어도 낭만파 이후 한번 빼앗긴 구주 문학의 왕좌는 여전히 불란서의 수중에 있었다. 1차 대전 이후 오늘까지 영국에는 중소 봉만(峯巒)이 우글부글하고 있기는 하나 대영제국의 정치적 원광이 날로 퇴색하는 것과 같이 이 나라의 문학 또한 같은 영어 문학인 새 미국 문학에 가려 얼른 머리를 추어들 성싶지도 않음은 신기한 병행적 사실이라 하겠다.

일찍이 희랍 로마 양 민족의 세력에 밀려 그 오래인 고향인 지중해안을 떠나 영국으로 건너갔던 켈트 민족은 그 뒤까지 앵글로색슨에게 쫓겨 오늘은 애란에 겨우 그 여세를 보존하고 있거니와 1천 년에 가까운 영국의 침략에 대한 싸움 속에서 그 언어 게일릭은 거의 사라져 없어지다시피 되었다가 20세기 초두 애란 문예부흥 운동과 함께 다시 머리를 들기 시작하였다. 이 게일릭은 역시

인도유러피안어족의 한 분파 켈틱의 한 분파인 것이다. 그런데 애란 문예부흥의 이름으로 우리 기억에 남는 것은 영어로 쓰여진 예이츠, 싱, 그레고리 부인, 던세이니 경 등의 작품으로서 맨 처음에는 애란 수도 더블린에서 나중에는 런던의 문학 중심에서까지 커다란 그늘을 던지고 있었던 것이다. 같은 애란 출신으로서 실은 파리 취리히 등 구주 대륙의 도시에서 문학 활동을 한 제임스 조이스는 본국과 영국에는 그 저작의 입국조차 금지된 한 기구한 표박을 한 빙산과도 같다.

독일에서는 18세기 말 저 대 괴테가 쌓아 올린 절정은 너무나 높고 커서 그 뒤의 독일 작가를 압도적인 운예(雲翳)로 휩싸 버렸다. 그러나 그를 세계가 바라볼 산이라고 하면, 그래서 독일 사람들이 세계에 향해서 자랑하는 고봉이라고 하면, 실러는 그들 자신끼리 지니고 사랑하는 친근한 봉우리일 것이다. 낭만파의 대표자 노발리스 또 하이네 등을 거쳐 하웁트만, 토마스 만, 게오르게 등 거장을 낳았는데 20세기 문학에 준 한 전율적인 기여는 말할 것도 없이 카이저, 톨러 등 주로 희곡 문학에 나타난 표현파의 운동이라 하겠다. 1933년 나치스가 정권을 잡은 뒤로는 토마스 만, 스테판 츠바이그, 루트비히 텐, 하인리히 렌, 포이히트 웽겐, 톨러, 안나 제거스, 칸토로비치 등 유능한 작가가 쫓겨나 그 뒤의 이 땅에는 불시에 문화의 사막이 전개되었던 것이다. 그 속에서 오직 성실의 시인 카로사만은 어떻게 견뎌 온 모양으로 한때 그릇 나치스 작가의 이름으로 전해지기는 했으나 그 작품 속에는 성실한 작가의 얼굴이 그대로 남아 있으며 「전쟁 일기」와 같은 것은 전쟁문학의 보고에 길이 남을 것이다. 같은 독일어 문학이면서 오지리(奧地利) 특히 그 수도 비엔나는 독일과는 달리 항상 희미한 안개와 부드러운 음악에 싸인 독특한 문학적 분위기를 지녀 왔으니 이 황혼 속에 잠긴 여러 연봉으로는 호프만슈탈, 슈니츨러, 가까이는 릴케가 있어서 아마도 상징주의의 온래의 온상인 듯싶다. 멀리 스칸디나비아반도를 바라보면 서전(瑞典)에는 「사(死)의 무도」의 작자 스트린베리, 약위(諾威)의 입센, 그보다 좀 낮은 곳에 「아르네」의 작자 뵤른손이 아직 연대가 어린 청초한 자태를 나타내고 있다. 또 「대지의 성장」의 함슨, 또 당대 세계 일류의 여류 작가의 이름을 듣는 삼부작 「화환」의 운세트의 뛰어난 모습도 쳐다보인다.

인제 우리는 동구라파에 눈을 돌리기로 하자. 거기는 노어를 비롯하여 슬라보닉계의 제어가 구로(歐露)로부터 파란, 체코슬로바키아, 불가리아, 유고슬라비아 일대에 퍼져 있음을 볼 수 있다. 러시아가 근세사에 등장한 것은 피터 대제로부터라 할 수 있느니만치 문학에 있어서도 매우 나이 어려서 항용 푸시킨으로부터 이야기를 시작하는 것이 통례가 되어 있다. 여하간에 이 나라의 문학은 나면서 신의 문제, 인민의 문제, 영혼의 문제, 이렇게 동북구라파의 음산한 기후와 풍경을 그대로 연상시키는 어떤 종교적인 훈향을 깊이 지니고 있는 것이 특징이었다. 러시아의 가장 심한 예술파도 어느 불란서의 심한 인생파에 못지 않게 인생파적이었다고 해도 과언이 아니다. 고골리의 「검찰관」, 그러고는 불란서에서 드디어 객사한 투르게네프의 「엽인 일기(獵人日記)」가 1860년 농노해방의 커다란 자극제가 된 것, 또 톨스토이, 도스토옙스키는 말할 것도 없이 「사닌」의 일편으로 널리 알려진 아르츠이바세프, 안드레예프, 메레즈콥스키, 이렇게 혹은 인도주의·허무주의의 이름으로 불려진 19세기 말로부터 20세기 초에 걸친 러시아 문학의 대두는 그대로 세계문학에 한 심연과 폭풍우를 가져온 새로운 알프스였다. 이 거칠고 소박하고도 야취(野臭) 분분한 새 산맥에는 물론 모파상 이래의 단편의 대가요 저작가인 체호프와 또 최초의 위대한 사회주의 작가 고리키가 제정·혁명 두 러시아에 걸쳐 다리를 놓고 있는 것이다. 혁명적 시대부터 생존해서 시대의 반려가 된 아 톨스토이 등 수 명의 작가와 또 혁명 이후에 등장한 소셜리얼리즘에 속하는 작가 에렌부르크, 시인 티호노프 등 동북 구라파에 이제야 풍속과 감촉이 거센 새 문학의 맥이 세차게 움직이고 있는 것이다. 파란에는 「어디로 가나」(「쿠오바디스」)로 이름이 높은 시엔키에비치는 차라리 대중 작가의 편에 들지 모르나 18세기의 저 유명한 분할 이래 그 나라에는 비분강개한 애국 문자가 연달아 나타났다. 그 민족적 재질은 음악과 문학에 많은 탈출로를 찾았다. 장편 「농민」의 일편으로 좀 유례 드문 농민 생활 묘사의 건필을 보인 테이몬트로서 아마도 최고봉을 삼을 것이다. 체코슬로바키아는 1차 대전 이후 마사릭 박사의 한쪽 팔이 되어 독립된 조국의 민주주의 건설을 위하여 분투한 「벌레의 생활」의 카렐 차페크가 있다. 또 독특한 동방의 전통을 가진 헝가리에는 「낚시꾼 고양이의 거리」로 1936년 세계문학상을 탄 여류작가 필데스가 이색을 던지고 있다.

VII __ 세계문학의 분포 (하)

태평양을 건너 미국을 살펴보면 실은 19세기까지는 문학적으로도 역시 황막한 미개척지였다. 다만 뛰어난 봉우리로서는 시인 휘트먼과 유머리스트 마크 트웨인이 이 대륙 특유의 왕성한 생활력과 웅대한 스케일을 처음으로 보여 주었다. 이 미국 문학이 그 신개지성(新開地性)을 버리고 참말 제 발로 걷기 시작한 것은 제1차 대전 시작부터여서 그 나라가 국제적으로 충분한 자신과 큰 비중을 가지기 시작한 때와 공교롭게도 합치한다. 오늘 와서는 소설에 있어서 드라이저, 업턴 싱클레어, 싱클레어 루이스, 어니스트 헤밍웨이, 토머스 울프, 희곡의 유진 오닐, 시에 있어서 칼 샌드버그, 로버트 프로스트, 평론의 배빗, 패링턴 등 다양다색한 풍광을 전개하여 대서양 건너 영국 문단을 오히려 무색하게 하는 감이 없지 않다. 이 두 영어 문학 관계는 사실은 금세기 초까지도 영국의 그것에 대하여 미국의 그것은 주종 관계에 있어서 미국은 그 일을 자인하는 듯싶었다. 헨리 제임스 같은 우수한 작가도 그 고향인 미국에 있는 것을 언짢게 생각하여 영국에 이사하기까지 했던 것이다. 그러다가 두 나라 문학이 같은 발판 위에서 대등하게 교섭을 가지기 시작한 것은 두 나라의 시인군 리처드 올딩턴, H·D, 에 이미 로웰 등의 사상파(寫象派) 운동에서부터가 아닌가 한다. 그러는 동안에 역시 T. S. 엘리엇과 같이 미국으로부터 영국에 귀화한 시인도 있지만 요즘에는 그도 또한 미국의 넓은 독서계를 잊지 않고 있으며 오든 같은 전위 시인도 미국에 이사했으며 현대 영국의 신문학 운동에 큰 관련을 가진 케임브리지의 I. A. 리쳐즈 교수도 하버드 대학으로 강연을 옮겼다고 한다. 여기 한 가지 또 주의할 것은 독일에서 망명해 간 토마스 만, 츠바이크 등의 작가의 존재다. 그들은 모두 그동안에 영어를 배워서 토마스 만의 새 역사소설「애급(埃及)의 요셉」은 씨의 건필이 새로운 풍토 속에서도 결코 쇠퇴하지 않음을 보였다고 한다.

이제야 우리는 마지막으로 아세아로 돌아오자. 우선 인도에는 오래인『베다』를 등지고 벵갈에 높이 솟은 것은 금세기 첫 무렵에 애란 시인 예이츠의 소개로 영국에 알려진「기탄잘리」,「신월(新月)」의 시인 타고르요, 그 곁에는 열혈의 여류 애국 시인 사로지니 나이두 여사가 아직도 '부러진 죽지'를 드리운 채 버티고 서 있다. 멀리 서편으로 아라비아사막에 남은 한 오아시스 즉 전 세기에 영국 피츠제럴드의 명역으로 널리 알려진 오마르 하이얌을 바라보면서 중국으로 들어온다. 고전『시경』, 멀리 내려와서 북량(北梁)의 도연명(陶淵明)·이백(李白)·두보(杜甫) 등『당시선(唐詩選)』에 실린 시인들은 일대 장관이었거니와 다시 원(元)·명(明)의 희곡, 소설에도 각각 상당한 성과를 남겼다 해도 현대의 우리와는 그리 인연이 없고 누구니 누구니 해도 노신(魯迅)을 낳은 것은 신중국문학의 일대 성과이었다.

빙심(氷心)·모순(矛盾)·곽말약(郭沫若) 등은 이 신중국문학의 새로운 지리를 만들어 놓은 사람들이라 하겠다.

이제 조선은 어떤가. 이른바 신문학은 제1차 대전 후 저 일제의 악마적 억압 아래서 자라 온 것이다. 제2차 대전 직전까지의 동안에 그래도 우리는 소설·시의 방면에서 상당한 높이를 가진 봉만(峯巒)을 쌓아 올렸다. 단편소설에서는 김동인(金東仁)·이태준(李泰俊)의 작품을 낳았으며, 최서해(崔曙海)·이효석(李孝石)·김유정(金裕貞)·이상(李箱)의 몇 개 단편은 이 봉우리의 정상을 장식하는 상록수들이리라. 염상섭(廉想涉)의 중편 「만세전(萬歲前)」은 잊을 수 없는 한 산정을 이룬 작품일 것이다. 장편으로는 홍벽초(洪碧初)의 대작 「임거정전(林巨正傳)」은 그 풍부한 어휘와 능란한 어법의 구사로 일제의 우리말 말살 정책 밑에서도 뒤에 오는 문학인들을 위한 뜻깊은 준비이었다. 여러 가지 불리한 출판 사정으로 해서 좀체로 발전 못 한 장편으로서도 이기영(李箕永)의 「고향(故鄕)」은 농민소설의 한 고전이 되었고 박태원(朴泰遠)의 「천변풍경(川邊風景)」은 이 나라 사실주의 소설의 한 아름다운 결정이며 한설야(韓雪野)의 「탑(塔)」, 김남천(金南天)의 「대하(大河)」는 우리의 사회소설의 전도에 한 큰 기대를 갖게 한다.

시에 있어서는 이미 고인이 된 20년대 전기의 시인 이상화(李相和)는 여러 가지 의미로 그 뒤에 온 시 운동에 가장 큰 영향을 준 분이며 민요시인 김소월(金素月), 「님의 침묵」의 한용운(韓龍雲)은 각각 우리 신시 운동 초기의 기복의 정점을 이루고 있다. 20년대 후반기 이후의 프로 시 운동은 임화(林和)의 「현해탄(玄海灘)」에 집성되었고, 정지용(鄭芝溶)은 우리말의 예술적 파악의 완미에 육박한 최초의 시인이었다. 이리하여 세계의 인사로 하여금 또다시 '원생고려국(願生高麗國)'을 탄원케 할 문학의 금강산이 이 나라에 찬란히 전개될 것도 결코 오랜 일은 아니리라.

이상에서 보아 온 것처럼 세계의 문화 제 민족은 대체로는 제각기 고저를 달리한 문학의 기복을 가지고 있어 그 뭇 봉우리가 이루는 굴곡은 자못 흥미 깊은 전관(展觀)을 보이는데, 한 가지 유감스러운 일은 그것들이 피차간에 언어의 장벽으로 해서 서로서로 불편스러운 격리 상태에 놓여 있다는 일이다. 이제 세계의 언어의 계통을 어족별로 잠시 살피면 지금까지 조사된 자료만으로도 아래와 같은 모양으로 나타나는데 같은 어족 사이뿐 아니라 그 분지끼리도 어휘와 문법의 다소의 유사점은 있다손 치더라도 전달의 교류 수단으로서는 서로 자유롭게 넘나들지 못하는 불편이 여전히 있다. 가령 튜터닉과 슬라보닉은 같은 인도유러피안어족에 속하면서도 서로 통행할 수가 없고 영어와 독일어는 같은 튜터닉에 속하면서도 의연히 그 사이에 곤란한 장벽이 있음을 알 수 있다.

　1. 인도·유러피안어족
　　a. 튜터닉(영어·독어·화란어·스칸디나비아어)
　　b. 로맨스(불어·서반아어·이태리어·포도아어(葡萄牙語)·루마니아어·카탈란)
　　c. 슬라보닉(노어·화란어·체코어·슬로바키아어·불가리아어·세르보·크로아티안·슬로빈)
　　d. 희랍어
　　e. 켈틱
　　f. 발틱(리투아니아어·레트어)
　　g. 알바니아어
　　h. 아르메니아어

    i. 파사어(波斯語)
    j. 인도계어

2. 우랄·알타이어족
1) 우랄계
    a. 핀노·우그리안(랍어·芬蘭語·에스토니아어·체레멧시안·모드비니안·헝가리어)
    b. 사모예딕
2) 알타익계
    a. 터코·타타르·토이기어·달단어(韃靼語)·키르기스어
    b. 몽고어
    c. 퉁구스어
    d. 조선어
    e. 일어

3. 셈 어족
    a. 아라비아어
    b. 에티오피아어
    c. 헤브라이어
    d. 말타어

4. 함 어족
    a. 쿠샤이트(조말리·갤타)
    b. 버버(諸語)(北阿)

5. 인도·지나어족
 a. 중어(中語)
 b. 서장어
 c. 섬라어(暹羅語, 태국어)
 d. 면전어(緬甸語, 미얀마어)

6. 말레이오·폴리네시안
 a. 마래어(馬來語)
 b. 피지어
 c. 타이티어
 d. 마오리어

7. 드라비디안
 a. 타밀
 b. 텔루구
 c. 카나리어

8. 반투(카피르·즐루·베추아나·세스투·헤레요·콩고·두알라)

9. 아메린디안(묵서가어(墨西哥語)·그린란드어 등)

10. 오스트레일리아어

 그러나 언어는 구경에 가서 그리 중요한 장벽이 될 수는 없다. 문화라는 것은 원래부터가 고립한 격리 상태에 길이 만족해 있을 수 없다. 정치적 또는 군사적 필요로 생기는 국경이라는 것조차를 문화는 무시하고 끊임없이 넘어서 서로 다른 문화와 교류하는 것이 그 본질적 욕구인 것 같다. 인제 세계에 펼쳐 있는 각 언어를 기초로 한 각 국민 각 민족의 문학은 사실에 있어서는 시간적 계보 또는 공간적 상호 교류 관계에 의해서 서로 긴밀하게 연관을 가졌음을 부인할 수 없다. 가령 근대 초기 구주 문학은 멀리 희랍·로마의 그것과 실로 원천과 하류의 관계에 있으며 문예부흥 운동은 벌써 전 구라파적인 규모의 것이었고 동시에 서부 아세아의 영향이 흘러 들어갔던 것이다. 이 서부 아세아 즉 아라비아는 약 1천 년에 걸친 중세 암흑기 동안 구주에서 입국 금지를 당하고 있던 고대 희랍 문화의 좋은 대피처였던 것이다. 희랍 문화 자체가 멀리 페니키아를 통해서 동방의 애급에 그 원형을 가지고 있었음도 더 말할 필요가 없다. 물론 옛날에는 교통의 두절로 해서 오랫동안 서로 인연이 없는 문화적 고립이 동서 문화 사이에 있었던 것도 사실이다. 그러면서도 동양은 동양대로 인도·지나·조선 그 밖에 각 나라 사이에는 농담의 차는 있어도 서로 긴밀한 문화적 교류 관계를 이루고 있었던 것이다. 그러다가 전 세기 후엽 이래 동서의 교통이 날로 밀접해 가면서부터는 벌써 세계는 한 개의 문화권을 실질적으로 형성하기 시작하였던 것이다.

언어 장벽은 날로 무너져서 피차의 문학 사이에는 친근 관계가 뚜렷해졌다. 미국과 같은 문학적으로 후진인 나라에서도 대체로 1차 세계대전 직전까지 낭만주의·사실주의를 속성으로 졸업하고 세계문학의 대열의 일선에 나섰으며 우리나라에서도 1920년대에 대개 낭만주의·사실주의의 여러 조류를 급속하게 거쳐서 30년대에는 한산한 대로 세계문학의 분위기를 부분적으로

나마 따라선 것이 아닌가 한다.

　월키 씨의 말을 빌리지 않아도 세계는 인제야 정치적으로나 경제적으로나 다시 문화적으로나 고립을 허락하지 않는 '한 세계'가 되고 있다. 공통한 생활의 근거 위에서 공통한 문화는 날로 자라 가고 있는 것이다. 여기 벌써 1백50년 전 산업혁명의 첫 무렵에 영국 시인 워즈워스가 부르짖은 말이 있다. "국토와 풍토 언어와 예법, 법과 관습의 차이에도 불구하고 소리 없이 심중에서 사라진 것과, 사납게 부숴 버린 것들에 불구하고 시인은 정열과 지혜를 가지고 인간 사회의 광대한 제국을 전 세계에 걸쳐 전 시대에 걸쳐 결합하는 것이다."

　여기서 한 가지 주목할 것은 그러면 문학에 있어서 민족적이란 것은 무엇인가. 그것은 문학의 가치를 결정하는 데 있어서 어느 정도의 요소가 될 수 있는가 하는 의문이다. 사실 로맨스계의 문학과 튜터닉계의 그것과 슬라보닉계의 그것 사이에는 인상의 차이가 있다. 또 같은 로맨스계에서도 불란서 문학과 서반아 문학 사이에도 어떤 차이점이 있는 것도 사실이다. 그 일은 튜터닉·슬라보닉계의 내부에 있어서도 마찬가지다. 가령 작가의 기질, 작품의 호흡·감각·뉘앙스·박력, 이러한 막연한 말로 표현되는 어떤 상위가 있기는 하다. 한 민족이나 개인의 체질·표정·행동에 나타나는 그 개성적인 부면과 같은 것이 있을 것이다.

　그러나 문학에 있어서 그것의 포착이 구경의 목표는 아닌 듯싶다. 또 절대적인 것도 아니다. 가령 불란서 문학의 기지와 혜지는 그 독특한 성질이라 할지라도 같은 불란서 작가 사이에도 그 농담의 차가 다를 것이고 또 다른 나라 작가라 할지라도 그런 성질을 농후하게 가질 수도 있을 것이다.

이상에서 말한 차이라는 것은 결국은 그 나라의 역사적 배경과 혹은 풍토적 조건 같은 데서 온 것으로서 그것을 문학의 평가의 최고의 또는 유일한 표준을 삼으려고 함과 같은 것은 편파한 국수주의로 떨어질 위험이 많은 것이다. 한 민족의 문학은 그 특유한 언어를 표현 수단으로 하는 점에서는 뚜렷이 민족적이나 의미 내용에 있어서는 오히려 국경과 개인 성벽을 끊임없이 넘어서 보편성·세계성의 앙양에로 향하고 있는 것이 오늘의 추세일 것 같다. 이에 대하여는 다시 장을 갈라서 이야기하고자 한다.

VIII __ 문학과 예술

　문학의 여러 부문 중에서도 특히 시가 원시적 계단에 있어서는 무용·음악과 혼연일체였으며 연극이 또한 그랬었다는 말은 앞에서도 지적한 일이 있다. 그것이 각각 분화되어 오늘과 같은 여러 장르로 된 것은 차라리 후일의 일이었다. 그러던 것이 현대에 올수록 그것들은 다시 여러 가지 모양으로 서로 얽혀서 형식상으로는 각각 다른 영역을 이루었으면서도 내용으로는 매우 접근되고 있으며 또 서로서로가 받은 영향이 또한 긴하고 깊어진 것은 신통한 일이다. 그래서 그 내면적 관계라는 점으로만 볼 적에는 근대문학과 예술 — 그림·음악·조각·건축 등 — 사이에는 차라리 많은 유사성이 자라 가고 있다고 할 수 있다.
　그리고 사실상 한 나라 문학의 어느 황금기라고 하는 것은 다른 부문 즉 예술, 아니 문화 일반의 황금기와 일치하는 것이며 또 거기 상응하는 공통된 물질적·사회적 지반에서 발생하는 것이며 따라서 그 당대의 문화 전반에 공통한 어떤 특색을 나누어 가지게 되는 것이다. 가령 희랍의 페리클레스 시대라든지, 불란서의 루이 14세 시대 같은 것이 그렇다. 많은 학자와 문인과 예술가와 정치가와 논객이 일시에 백화난만하게 되는 것도 이런 때다.

근세의 초기부터 18세기에 이르는 고전주의 내지 의고주의 시대에는 유동하지 않는 것, 안정된 것, 가관적(可觀的)인 것, 가능적인 것을 추구하는 그 정신적 방향의 발로로서 건축·조각·회화가 중시되었으며 건축의 양식이 또한 중세적인 막연한 신비성을 버리고 균형을 얻은 르네상스 양식을 완성하였음은 미켈란젤로의 센트 폴 가람(伽藍)의 원정(圓頂)으로써 대표되는 바와 같다. 레오나르도 다빈치의 그림, 미켈란젤로의 조각과 그림, 티시안 등 베니스파의 그림은 단테가 처음으로 봉화를 든 현세주의·육체주의·인본주의의 근세 문학의 정신과 일치되는 것이다. 18세기의 의고주의의 고전 맹종의 매너리즘은 그 시대의 문학과 회화에 공통된 것이다.

19세기 초엽의 낭만주의는 음악에서 그 분방성·정서성·유동성을 위한 가장 알맞은 표현 형태를 얻었던 것이다. 베토벤, 브람스 등의 음악가는 당대의 문학과 그 사조를 함께 나누어 가지고 있었으며 슈베르트는 그대로 한 서정시인이었다. 한편 그림에 있어서도 들라크루아가 앵그르 등의 의고주의에 반항하여 즐겨 이국적인 제재와 이상, 초절한 장면을 가려 그렸으며 폼보다도 색채에 의하여 격렬하고 충일한 감정을 캔버스에 폭발시키려 했던 것이다.

소설에 있어서의 사실주의가 불란서에서 고조에 달하였을 적에 그림에서도 쿠르베, 밀레, 코로 등 퐁텐블로파의 사실주의가 병행하였으며, 19세기 말엽의 인상주의의 경향은 역시 문학에서는 모파상, 공쿠르 형제, 그림에서는 마네, 모네, 르누아르 등 모두 자연과학과 감각주의의 결합에서 나온 일반적인 풍조가 아니었던가 한다. 조각에서는 일세의 귀재 로댕의 인상주의가 특이한 성격은 가지고 있으나 이 일반적 풍조의 분산적인 발현인 것만은 숨길 수 없으며 음악에 있어서도 마찬가지였다.

  20세기에 들어서부터 문학상의 새로운 운동과 특히 그림의 새 운동과는 실로 불가분의 관계에 있었으며 차라리 한 정신의 두 표현 방식이라고 함이 더 옳을지 몰랐다. T. E. 흄의 입체파 이론은 시와 그림에 동시에 제창된 것이며 미래파의 동시성의 이론은 시와 그림과 음악에 한꺼번에 적용되었다. 포브(야수파)의 반항 정신은 신문학의 정신 그것이었으며, 다다이즘·초현실주의의 새로운 기념비적 예술의 방향 등은 문학과 예술의 각 분야에 한가지로 파동을 일으켰고, 독일의 표현파 운동은 역시 문학·예술의 전 영야(全領野)를 휩쓴 한 가지 폭풍이었다.

  여기서 특히 주의하고자 하는 것은 연극이 문학성과 조형예술성의 양쪽을 차츰 의식하여 금세기 초에는 벌써 종합예술로서 그 특성을 확립하기 시작하였던 일이다. 마테를링크와 같은 극작가, 크레이그와 같은 무대예술가 등의 배출과 나중에는 표현파의 무대를 통한 공적에 그 커다란 추진력을 찾을 수 있을 것이다.

  다음에 영화는 일찍이 무성 시대에 벌써 화면의 예술적 구성에 대한 자각을 가지게 되어 '빛과 그림자의 음악'이라는 말을 들었거니와 거기는 특히 소련의 클레숍의 공헌이 컸던 것이다. 그것이 다시 토키로 발전하자 문자 그대로 '회화와 음악과 문학의 종합예술'의 실을 거두게 되었다. 그래서 영화의 새로운 수법은 시에, 소설에, 극에 심각한 영향을 주었다. 그런데 이 영화의 빛과 그림자에 의한 회화적 방법은 멀리 화란 화가 렘브란트의 빛에 대한 천재적 해석에서 얻은 바가 컸었다. 영화가 제기한 새 이론으로서 문학에 절대한 흔적을 남긴 것은 소련의 예이젠시테인, 푸돕킨 등의 몽타주론일 것이다. 그것은 소설의 구성 속에 또 시의 전개에 그래도 활용되어 '시네포엠(映畵詩)'의 시험까지 있게 되었다. 영화의 여러 가지 수법 클로즈업, 컷백, 오버랩, 몽타주를 다소간이라도 이용하지 않은 현대소설가는 거의 없다고 해도 과언이 아니며 모든 영화 수법을 최대한도로 이용한 것은 아마도 「북위 42도」의 작자 더스 패서스일 것이다. 한편 영화는 특히 소련의 뛰어난 전기 감독들과 또 불란서의 르네 클레르, 뒤비비에 등 거장의 손으로 고도의 예술성을 달성하게 되었던 것이다. 여기서 또 한 가지 추가할 것은 1차 대전 전의 러시아 무용이 무대에 빚어낸 예술적 성과다. 안나 파블로바의 「빈사의 백조」, 니진스키의 「폰의 오후」, 카사노바의 「불새」 등의 걸작을 통하여 종합예술의 한 새 가능성이 증명되었던 것이다.

일찍이 괴테는 건축을 '동결한 음악'이라는 비유로써 표시했다. 건축에는 음악과 마찬가지로 리듬이 있다는 의미였을 것이다. 그런 의미에서 본다면 영화는 템포와 선율과 리듬을 가진 점에 있어서 그대로 음악이라고 말한 누구의 말은 거짓말이 아니다. 이러한 음악의 구조, 특히 교향악의 구조는 새로운 서사시라고 하는 현대소설의 구도와 장시(예를 들면 T. S .엘리엇의 「황무지」)의 구도에 매우 충실하게 활용되고 있다.

요컨대 현대의 문학과 뭇 예술과의 사이에는 떼려야 뗄 수 없는 내면적 교섭 관계가 있어서 그 어느 것의 이해를 위해서는 다른 여러 것의 이해가 필요하다. 전람회와 영화관과 극장과 음악회에 가는 것과 거기에 다시 건축과 도시의 설계와 교량과 항만과 비행장과 공장과 정거장과 열차·비행기·자동차의 새 '폼'을 무시로 보는 것과 문학을 읽는 일과 쓰는 일과는 서로서로 깊은 관련과 보족 관계가 있는 것이다.

IX __ 현대문학의 제 과제

1 문학의 소유 관계

고대의 공동사회가 아직 그것이 지배층과 피지배층으로 쪼개지기 전에는 유치한 대로 그 예술은 공동체 전원의 소유물이요 향수의 대상이었다. 노예 소유 사회에서는 벌써 예술은 노예 소유자층의 독점물이 되어 버렸다. 다음에는 자유민이라고 불려지는 이름만의 중간층이 그 찌꺼기를 겨우 물려 가졌다. 희랍·로마가 그랬고 우리나라에서는 신라가 그랬던 것이다. 중세의 봉건사회에서는 어떠했는가. 조선에서는 고려와 이조에서는 어떠했는가. 인구의 절대다수를 차지한 농노 내지 농노적 농민에게 있어서는 문학이나 예술은 실로 인연이 없는 것이었다. 역시 적은 수의 왕족·귀족·승려로 이루어진 특권적 지배층의 전유물이었던 것이 사실이다. 시민사회에서도 사정은 변함이 없어 중산층 이상의 계층만이 문화의 영역에 있어서도 그 혜택을 홀로 즐겼을 뿐, 대다수의 인민 즉 노동자나 농민은 문화적으로도 그것을 바로 소유해 본 적이 없는 무산층이었다.

19세기 중엽 이래 구미 제국에서는 인쇄술의 발달로 인한 신문·잡지·서적의 출판이 비약적으로 왕성해졌고 또 보통교육의 발달, 의무교육제 실시 등으로 인민대중의 교양의 수준이 그리 대단히 높게 되지는 못하였으나 어느 정도 널리 균일화해져 간 것은 사실이다. 그러나 거기는 늘 그들을 에워싼 사회적·물질적 여러 조건이 스스로 장해물이 되어서 문화 무소유자로서의 그들의 지위에는 근본적으로 아무러한 변화도 없었던 것이다.

조선 인민대중은 이조 말기에 봉건 특권층의 손으로 일제의 손에 팔려 넘어간 뒤에도 그 자신의 문화를 소유해 보지 못하고 더군다나 제국주의적 식민지 문화 정책의 갖은 희생이 되어 왔던 것이다. 인제야 조선 인민은 그 자신의 문화를 소유해야 할 때가 왔다. 아무도 그 일을 방해하지는 못할 것이다. 문화적 계몽은 널리 또 급속하게 대중 속에 강행되어야 할 것이고 나아가서는 그 수준의 향상을 위한 노력이 활발하게 추진되어야 할 것이다. 이 일은 오늘에 와서는 전 세계적으로 제기되어야 할 또 되고 있는 문제다. 문화의 소유 관계가 종래의 특권적인 독점 형태를 떠나서 광범한 인민대중에게 기초를 둔 진정한 민주주의적 형태로 바꾸어져야 할 것이다. 장래할 국가 체제가 인민적 민주주의 위에 설진대 그 문교정책은 문화적으로도 진정한 민주주의 ― 인민의 손으로 된, 인민이 가진, 인민을 위한 ― 문화의 실현을 향해서 교육의 국영, 의무교육의 앙양, 문고·라디오·농촌도서관·농촌극장 등의 문화 시설을 입안하여 착착 실천하는 방향으로 나가야 할 것이다.

2 입장의 문제

지금까지의 문학의 소유 관계는 위에서 말한 바와 같거니와 그러면 실제로 작가나 시인은 어떤 계층에서 나왔는가. 그것은 대체로는 중산층에서 나온 것이 사실인가 한다. 물론 예외로 순노동자·농민·세민 속에서 나온 일도 있지마는 그것은 어디까지든지 한 일화거리고 대부분의 근세 문학이라고 하는 것은 중산층 출신 작가·시인이 그러한 입장에서 쓴 것이며 따라서 그들이 제재로 한 인물이나 생활이나 정서라고 하는 것이 그 계층에 한정된 것임을 면할 수 없었다. 물론 농민이나 노동자나 세민이 취급된 경우도 적지 않았으나 그럴 적에도 그들의 생활이나 감정은 과장되어 미화되거나 멸시되었지 실로 진실한 모양 그대로 다루어진 적은 매우 드물었다.

하층 인민층에 대하여 유달리 관심을 가진 것은 푸시킨 이래 러시아 문학의 한 특색이어서 고골리, 톨스토이, 투르게네프의 어떤 작품들은 주로 농민을 주제로 하였었고 이 전통은 고리키에서 완성되어 오늘의 소련 작가에게 계승되었다고 할 수 있을 것이다.

불란서에서는 1936년 인민 전선의 결성과 함께 참말로 농민의 생활을 농민의 눈으로 진실하게 파악하여 제시한 작가군이 나오기 시작했다. 그들은 주장 주간(週刊)《방르디》·《N·R·F》·《코민》·《유럽》·《르 수아르》 등의 월간·일간을 통하여 활약한 앙드레 샹송, 장 조노, 이태리 망명 작가 이냐치오 실로네, 독일 망명 여류 작가 안나 제게루스 등으로서 인민의 입장에서 농민의 생활과 그들의 숨은 인간성과 욕구를 붙잡아내서 그렸던 것이다.

영국에서는 30년대의 초기의 '새 나라'(뉴 컨트리)·'새 자취'(뉴 시그내투어)와 또 그 뒤의 '신경향'(뉴 라이팅)에 웅거한 작가와 시인들이 노동자와 농민의 입장에서 그들을 위한 문학을 만들려는 운동을 일으켜 온 것이다. 그러나 아직도 그들의 대부분은 대학

출신으로서 중산층으로서의 타고난 입장을 아주 버릴 수는 없고 또 상대로 하고 쓰는 독자가 역시 여전히 선발된 특권층의 범위에 그치고 마는 경우가 많다. 그러나 특히 '신경향'을 근거지로 순노동자 출신인 조지 오웰, 콤스, 울리 골드맨 등의 작가가 새로운 작풍을 가지고 등장하였던 것이다. 여기 비한다면 '새 나라' 일파의 오든, 스펜더, 루이스 등은 그들의 세계관이 종래의 작가들의 그것을 높이 넘어서 인민의 편에 서기는 했으나 역시 아직도 완전히 인민의 속에 선 것은 아니었다. 인민의 속에서 참으로 인민의 입장에 선 작가나 시인이 앞으로는 쏟아져 나올 것을 기대하지만 지금까지의 중산층에 속한 작가가 어떻게 인민의 입장에 바꾸어 서게 될까. 거기는 새로운 세계관의 파악이 필요하게 되는 것이다. 시대와 현실에 대한 통철한 통찰을 갖기 위하여 작가나 시인은 끊임없는 노력을 하며 심각한 자기반성을 통하여 자기 문학에 뿌리 박은 귀족주의·특권 의식·예술지상주의의 뭇 경향을 생활의 실천과 작품 활동을 거쳐서 애써 청산해 감으로써 비로소 인민의 편에 나중에는 인민 속에 설 수 있을 것이다. 그러나 그 일은 결코 전차를 바꾸어 타는 것처럼 손쉽게 아무렇지도 않게 되어서는 진실성을 가지고 문학 속에 결실될 수는 없다. 이른바 작가의 성실성의 문제는 이렇게 해서 오늘 이 마당에 있어서 매우 중요해지는 것이다. 그 일은 나아가서는 넓은 인민층에 뿌리 박은 새로운 인간성과 보편성을 가진 문화를 처음에는 민족적 규모에서 나중에는 세계적 연관 아래서 세워 나가는 획기적인 세계사적 의의를 가진 문화혁명이라 해도 과언이 아니다.

3 유산 정리

진정한 보편성과 인민 속에서 빚어나는 새로운 인간성은 아마도 앞으로 다닥칠 새 문화, 더 국한해서 문학의 주요한 성격일 터인데 여기 대해서 낡은 문화, 그중에서도 문학에서 우리는 무엇을 받아 가지고 새 문화 아니 문학에 넘겨야 할 것인가. 낡은 문화를 전면적으로 부정하고 처녀지를 개척하듯 새 문화를 세워 가려고 하는 것은 비역사적인 무모한 생각이다. 차라리 우리는 낡은 문화 속에서 부식하는 부분과 그 부식 작용을 촉진하면서 생동하며 성장하는 부분을 잘 가려서 그 생장하는 편 요소를 바로 이끌어 내서 더욱 발전시킴으로써 새 문화의 건설에 이바지해야 할 것이며 문화의 역사는 바로 그러한 과정만을 거쳐서 발전하였던 것이다.

문학의 문제로 돌아가서 첫째 그것을 순수성의 옹호라는 이름 아래서 관상식물과 같은 온실재배의 골동 취미로 점점 더 좁게 몰아넣어서 끝끝내는 극히 적은 문학적 귀족, 심한 경우에는 작가 한 사람의 자기만족에 그치게 하는 그러한 극단의 분열은 낡은 문학의 한 치명적인 위험이었다. 따라서 그러한 문학은 문화의 전 영역에 대한 문학의 지위와 위치의 정당한 이해를 가지지 못하는 데서, 더군다나 문화의 역사적·사회적 기반의 동태에 대한 전체적인 파악이 없는 데서 필경에는 예술지상주의적 편향에 빠질 위험성이 매우 커지는 것이다. 작가가 역사와 문화에 대한 전체적인 시야에 서는 데서만 역사의 진전에 있어서 문학이 가지는 임무와 기능의 비중을 바로 계산할 수 있을 것이며 그러함으로써 문학 자체가 건전한 시야를 가지게 될 것이다.

나는 앞에서 근세 문학이 인생의 진실을 붙잡으려고 하여 애쓴 사실주의 정신에 언급한 일이 있지만 그것이 나중에는 인상주의·감각주의·자연주의적 과장으로 흘려 버린 것은 매우 유감이었다. 그 사실주의의 정신은 인간의 역사와 생활에 대한 전체적인 시야와 역학적인 파악을 거쳐서만 본래의 억세고 투철한 모양을 살릴 수 있고 또 진실에 도달하려는 그 뿌리 깊은 의도를 이룰 수 있을 것이다.

그리고 또한 인생의 진실을 파고 들어가는 데서 어떻게 살 것인가 하는 문제의 해결에 끊임없이 육박하던 고도의 논리성은 새로운 문학에 있어서도 살려 가야 할 면이라고 생각한다. 이러한 리얼리즘과 모럴리티 속에서는 허위와 악과 부정에 대한 타협 없는 싸움이 내면적으로 또 사회적으로 전개될밖에 없는 것이다. 우리는 이러한 적극적 면이 현대문학의 흐름 속에서 굳세게 움직이고 있는 것도 보아 왔다. 또한 형식의 문제 면에서도 중요한 것은 현대문학에 있어서의 문체의 문제다. 근세 소설은 출발의 당시부터 문체의 문제를 구어체의 채용이라는 방식으로 해결하고 달려들었던 것이다. 시에 있어서는 자유시가 정형시의 기계성·부자연성·과장성에 불만을 품고 일상 회화에 근거를 둔 소위 내면률을 제의하였을 때 그것은 커다란 변혁임에 틀림없었다. 그 뒤로도 소설이나 시에 있어서 새로운 문체의 수립은 늘 보다 더 산 현실의 회화에 그 동력을 찾으려 했던 것이다. 19세기 중엽 이래 각 나라마다 표준어가 정해졌고 그것은 대개는 지역적으로는 그 나라 문화의 중심지 예를 들면 수도가 기준이 되었고 사회적으로는 중산계급의 말이 채용되었다. 이 일은 근세 초기 이래 자연스럽게 이루어진 일을 드디어 확정하여 채용한 데 지나지 않는다. 즉 근세 문화가 본질적으로 도시 문화며 시민 문화인 점에서 매우 자연스러운 결과였다고 할 것이다. 이 표준어의 수립까지에는 문학이 담당하여 해 온 공적이 실로 컸다고 할 수 있을 것이다. 이는 현대문학 속에 맥동하는 인민적 방향의 한 숨은 의욕이었다고도 할 수 있다. 앞으로도 문체의 문제는 역시 이상의 방향을 더 한층 밀어 나가서 대중의 현실적인 일상 회화에 그 무진장한 광맥이 있음을 알고 그 발굴에 당하여야 할 것이다.

현대문학의 유산 계승의 문제는 아직도 여러 모가 남아 있을 것이다. 우선 전체적 시야와 역학적인 역사 파악에 의한 진정한 사실 정신의 확립, 고도의 윤리성의 획득, 새 문체의 수립 등의 몇 가지만 구체적으로 들어 보았음에 그친다.

4 민족문학

한 민족이 낳은 작가와 작품의 통관해서 거기 공통되는 어떤 특징을 추상해 가지고 거기서 민족적인 특수성을 규정하여 그것을 고조함으로써 민족문학을 정립하려는 시험이 때때로 있다. 민족문화의 개념도 또한 같은 방법으로 규정하려 드는 것을 본다. 그러나 그것은 모두 그릇된 문제 설정의 방식이다. 문화의 모든 다른 문제와 마찬가지로 이 경우에도 오직 어찌하여 오늘 이 순간에 민족문학은 제창되는가, 또 어찌하여 이 나라에서 제기되어야 하는가 하는 두 가지 각도, 즉 역사적·사회적인 교차 관계에서 현실적·구체적으로 설정하는 것만이 바른 방식일 것이다.

근세 초기의 구주 각국의 민족문학 건설의 기운은 민족국가 건설의 동향과 합치하는 것이었음은 주목할 일이다. 각 나라의 근대화의 과정은 민족국가의 기초 위에서 수행되었고 그 관념적 표현이며 정신적 유대로서 민족문화, 적게는 민족문학이 배양되어 꽃이 피고 열매를 맺었던 것이다. 그러므로 바로 오늘 우리가 민족문화 또는 민족문학의 문제를 제기하는 것은 우리 민족국가의 건설과 그 뒤떨어진 근대화의 과정을 단기 촉진해야 할 오늘의 요구와 일치하는 것이다.

 그런데 근세 국가의 민족문학의 대두는 우선 그 국어에 의한 문학 형식의 완성이라는 형식 문제에서 출발하였다. 영국에서도 불란서에서도 그 밖에 여러 나라에서도 먼저 중세기 동안 궁정과 귀족과 승려의 독점적 문학어였던 라틴을 버리고 각각 제 나라의 속어에 의한 문학, 그러므로 특권층에게는 미움과 조롱을 받는 속된 문학으로서 출발하였던 것이다. 그러나 그 내용인즉 인본주의의 고전문학에의 복귀라는 문예부흥의 보편적 정신으로서 민족적이라느니보다는 차라리 범구라파적인 것이었다. 그 사정은 조선에 있어서도 매우 흡사하여 한말 특권 양반층의 문학어였던 한문을 버리고 우리말에 의한 문학에의 욕구는 태동하여 드디어 신문학의 탄생을 보게 된 것이다. 저간 40년간 일제의 문화 침략의 공세 아래서 부스러기나 다름없던 우리말에 의한 문학 형식의 완성이라는 과제는 민족문학 건설의 기초 공작일 것이다. 매우 유치하고 지지하던 상태로부터 고도의 표현 형식에까지 우리말을 끌어올리고 함축을 깊이 하는 일은 단순히 우리말로 쓴다는 일만으로 자연히 저절로 되어지는 일은 아니다. 근세 초기에 있어서 구라파 여러 나라 말이 문학어로 확립이 되기까지에만 해도 우수한 작가들의 노력이 절대한 힘이 되었었다. 가령 예를 든다면 영국에서는 14세기에 초서가 그 일의 지반을 닦았고 16세기 말에 이르러 셰익스피어가 그것을 완성하다시피 하였던 것이다. 우리는 늦은 대로 지금부터 그 일을 단기간에 해치워 놓아야 하게 되었다.

그런데 민족문학은 민족주의 문학과는 내용이 다르다는 점은 알아야 한다. 정치상의 민족주의는 적어도 근세 국가가 그 시장의 확보와 확장을 필요로 했을 적에 그러한 요구를 근거로 해 가지고 대두한 것인데 한편으로는 한 민족국가에 의한 다른 민족의 침략의 합리화의 형식으로 나타나며 다른 한편에는 이민족의 침략에 대한 자민족의 자기 응결을 위한 구심 작용으로 나타났다. 그런데 문화상의 민족주의는 이 두 경우를 통해서 한결같이 자민족의 민족성의 우수와 민족문화의 우월에 대하여 한 환상을 가지고 무비판하게 감정적으로 기정사실로서 시인하고 달려드는 것이다. 다만 그 방향이 하나는 공세로, 다른 하나는 수세로 갈라질 뿐이다. 전자는 다른 나라의 우수한 문화 특히 세계성의 문화의 파괴로 향하고 후자의 경우에는 다른 나라 문화 특히 문화의 세계성을 거부하는 고루한 지방주의·배타주의로 떨어질 염려가 많다. 이 두 가지 점은 국수주의(「파시즘」) 문화 이론의 기본적인 징후로서 우리가 기도하는 민족문학은 이러한 환상과는 아무 인연이 없는 도리어 반파시즘의 문학일 것이다. 이것이 우리의 장래할 민족문학의 둘째 특징이다. 자기 탐닉과 배타주의는 한가지로 문화, 적게는 문학의 발전을 저해하며 불건전한 방향으로 그것을 끌어가고 말 뿐이기 때문이다.

셋째로 우리 민족문학은 반제국주의적이라야 할 것이다. 일제가 남긴 문화적 상흔은 아직도 많이 남아 있으며 그 뿌리고 간 독소가 곳곳에서 작용하며 또 우리의 자주독립 국가 완성의 날이 오기까지는 제국주의는 의연히 우리의 협위일 것이다. 세계사적 견지에서 보아도 제국주의의 완전한 소멸이 없이는 민족의 해방도 인민의 권리도 인류의 문화도 세계 평화도 그 어느 것도 확보할 수 없을 것이다. 그런 의미에서 우리 민족문학은 자기 방위와 혈청 작용(血淸作用)과 또 인류 문화에 대하여 부담한 책임에서도 반제적 성격을 고도로 가져야 할 것이다. 장래할 세계문화는 전 인류의 진정한 자유와 행복을 기초로 한 의식적인 세계성의 문화일 것이다. 우리 민족문학은 바로 거기 연결되어야 할 것이다.

넷째로 그것은 우리 문화와 정신의 급속 또 철저한 근대화 — 그것은 물론 우리나라의 물질적·경제적 근대화에 합치한다 — 를 강행하는 의미에서 우리 사회의 후진성에서 오는 모든 봉건적 요소의 소탕에 전력해야 할 것이다. 즉 (1) 토지를 통한 노예 관계를 비롯한 모든 종류의 노예 관계 (2) 남녀 기타 신분 관계로 오는 모든 사회적 특권과 차별 (3) 지방열·지방주의 (4) 당쟁 의식 (5) 적서(嫡庶)의 구별, 장자 특권 (6) 미신을 비롯한 모든 신비 사상·운명관 (7) 문벌 관념 (8) 유한(遊閑) 사상 등을 드디어 일소해 버리기까지에는 우리의 싸움은 자못 준열하게 문학을 통해서도 수행되어야 할 것이다.

다섯째로 우리 민족문학은 모든 특권적인 성질에서 벗어나 민족의 일부 특권층의 전속물이 아니고 민족 구성의 가장 넓은 기초가 되는 인민층의 소유며 반영인 의미에서 진정한 민족문학의 실을 거둘 수 있어야 할 것이다.

이렇게 우리가 말하는 민족문학은 아무런 감상도 자기도취도 필요로 하지 않고 현실의 구체적인 역사적·사회적 제 계기에서 제기된 것이며 일면에 있어서는 특수한 사회적 내용을 가지면서, 타면에 있어서 세계사적 요구의 발현이라고 하여 마땅하다. 즉 문학의 민족적 형식의 완성, 반봉건주의 싸움에 의한 급속한 근대화라는 점에서는 특수한 사회적 내용의 소산이라고 하겠으며 반제국주의 싸움에 의한 인류의 자유와 세계 평화의 옹호와 반 파시즘의 싸움에 의한 문화의 세계성의 완성과 또 진정한 인민적 문학의 수립이라는 세 가지 점에 있어서는 바로 세계사적 사명에로 연결되는 것이라고 하겠다.

나는 이상에서 현대문학이 앞으로 해결해야 할 몇 가지 과제를 들어 보았다. 요컨대 새로운 문학 내지 문학운동이라는 것은 늘 낡은 그것들에 대한 불만에서 나오는 것이며 따라서 모방이나 추종이 아니라 피할 수 없이 반항(反抗)의 형태로서 나타나는 것이다. 그래서 그것은 스스로 뛰어넘어야 할 장해물을 그 전 시대의 문학의 모든 테두리에서 마주치며 동시에 그 앞에는 자신이 해결하고 나가야 할 곤란한 문제를 가지가지 가지게 되는 것이다. 그것은 단순히 문학상의 문제일 경우도 있고 세계와 인류와 역사와 민족과 정신의 모든 문제가 또한 한 시대의 문학의 문제가 될 수 있다. 그런 것을 기피하는 것이 문학이나 예술의 순수성이라면 그런 것은 문학의 치욕일 것이다. 문학은 산보의 길동무가 되는 것만으로 족하다고 할 수 는 없다. 나아가서는 병원이 될 수도 있고 교회가 될 수도 있어야 할 것이다. 다만 그것은 의도뿐으로만 이루어지는 것이 아니고 그 자체의 역량의 일정한 기능의 발휘라는 제약을 통해서 이루어지는 것이다.

X __ 우선 무엇을 읽을까

　문학에 뜻을 두는 이들 즉 앞으로 작가나 시인·비평가가 되려는 이들과 또 문학을 효과 있게 감상하려는 이들을 위하여 우선 읽어야 할 책은 어떤 것일까. 이만한 기초적 준비가 된 다음에 각각 그 기호에 따라 혹은 한 시대를 가린다든지, 한 작가가 시인을 추려서 연구의 대상으로 정할 수 있을 것이다. 시대를 선택했을 적에는 역시 거기 속한 주요한 조류와 유파와 작가의 중요한 대표적인 작품을 뽑아서 중점적으로 읽어 갈 수 있을 것이다. 그 경우에 소설이면 소설, 시면 시, 이렇게 부문을 골라서 하는 것도 방법일 것이다. 어학의 준비 여하로는 어느 나라를 주장 골라서 공부를 해 나가도 좋을 것이다. 가령 1930년대의 영국을 선택하였다고 치면 소설에 있어서는 기성작가로서 정통파로 프리스틀리, 좀 이단으로는 올더스 헉슬리, 신진으로는 이셔우드, 에드워드 업워드, 렉스 와너의 중요작을 각각 골라 읽을 수 있을 것이다. 시인 및 새로운 문학이론가로서 마이클 로버츠, 오든, 스펜서, 데이루이스, 맥니스, 이렇게 중요 인물·중요작을 중점주의로 공부해 갈 수 있을 것이다. 유파의 특수 연구 또한 마찬가지다.
　이렇게 가는 동안에 어떤 한 작가나 시인에 흥미가 집중될 적에는 그의 전 저작·일기·서한 또 전기에 관한 자료에까지 조사 연구의 손이 뻗칠 수 있을 것이다. 그러한 공부의 방편으로 이미 고전적인 작가의 전집이 각국어로 나온 것도 적지 않은데 다시 새로운 자료가 손에 들어와서 어느 작가나 시인의 기왕 업적에 새것을 기여할 수도 있을 것이다.

또한 단순한 창작 또는 감상을 목적으로 한 공부 이상으로 연구의 경지에 들어섰을 적에는 연구 방법의 확립이 필요해질 것은 물론이다. 그렇지 못할 경우에는 연구가 못 되고 한낱 박학이거나 기껏해서 딜레탕트가 되어 버리는 것밖에는 아니 된다.

또 창작을 목적으로 하는 경우에는 문학적 교양만에 의거하려고 하는 것은 매우 위험하다. 작가나 시인이 취급하는 것이 결국은 세계요 인생인 이상 그는 세계를 어떻게 볼 것인가, 인생을 어떻게 볼 것인가 하는 문제에 다닥치고 말 것이다. 이것을 가리켜 작가의 세계관·인생관의 문제라고 한다. 한 통일된 세계관·인생관의 확립이 없이 다만 분산적·단편적인 인상만을 토대로 창작을 시험했을 적에 그 결과는 잡박한 스크랩북밖에는 될 것이 없다.

그런데 세계·사회·인생에 대한 바른 파악은 두 가지 방면으로부터 도모해 가야 할 것이다. 그 하나는 구체적인 사회적 현실에 대한 성실하고도 심각한 일상의 관찰을 통해서 얻는 길이다. 이리해서 그 결과로 나오는 문학이 비로소 풍부한 실감에 충일할 수가 있다.

그러나 이것만으로는 특수적이며 일면적이며 인상적인 경지에 머물고 말 결함이 따르는 것이다. 사물의 파악은 특수를 통해서 일반에로, 관념에서 개념에로 높여짐으로서 완전을 기할 수가 있는 것이다. 그러므로 작가나 시인에게 있어서 게을리해서 안 되는 것은 사회적 현실에 대한 과학적 인식의 심화 확장이다. 넓은 의미에 있어서의 과학적 사회 연구의 뭇 성과에 대한 끊임없는 관심은 작가나 시인의 불가결한 요건일 것이다.

어떤 작가는 문학을 하려면 구태여 여러 작가의 여러 작품을 읽지 말고 셰익스피어의 전 저작을 십독하는 것이 가장 좋겠다고 말하는 것을 들은 일이 있다. 이는 다른 의미가 아니라 작품을 읽는 법이 그저 읽기만 하면 되는 것이 아니라 이해 또는 요해의 경지까지 가야 된다는 것이다. 그것은 두말할 것도 없다. 문학의 경우에는 다른 기록이나 문장과 달라서 의미의 정의적 면의 풍부한 섭취를 요하느니만치 심각한 이해를 기해야 할 것이다.

또 어떤 시인은 문학을 하려는 사람은 음악을 많이 들어야 된다고 했다. 음악뿐 아니라 미술에 대한 깊은 교양이 문학의 배양에 불가결한 영양임은 물론이다.

요컨대 작가나 시인의 수업이란 기한이 있는 것이 아니고 그대로 일생을 두고 계속되고 발전하는 것이며 그들의 인간 수업 그것에 연결되어 있는 것인가 한다. 나는 각 방면의 전문가의 교시를 참고하여 문학에 뜻을 두는 이들이 우선 거쳐야 할 기초적인 공부를 위한 과정표를 만들어 보았다. 결코 완전한 것이라고는 믿지 않으나 문학 공부의 토대로서 초소한도의 준비는 될 수 있으리라고 믿는다. 다만 우리들의 번역 사업이 매우 미미한 까닭에 어학력의 준비 있는 사람을 제하고는 일역에 의할 수밖에 없는 현상임은 유감천만이다. 그런 범위에서 선택할 수밖에 없는 제약이 있었다. 또 조선 신문학에 관해서는 1930년대까지로 우선 막았다. 앞으로 기회를 기다려서 더욱 충실을 기하고자 한다.

세계문학 기초 서목

18세기 이전

호머	「일리아드」·「오디세이」
	「구약」
	「신약」
	「시경(詩經)」
	「당시선(唐詩選)」
단테	「신곡(神曲)」
셰익스피어	희곡 「햄릿」·「맥베스」·「오셀로」·「리어 왕」
	기타 「소네트」
세르반테스	「돈키호테」
몰리에르	「수전노(守錢奴)」·「인간 증오자(人間憎惡者)」
볼테르	「캉디드」
괴테	「파우스트」

19세기 이후

소설

발자크	「고리오 영감님」 혹은 「외제니 그랑데」
스탕달	「적(赤)과 흑(黑)」 혹은 「팔룸 승원(僧院)」
플로베르	「보바리 부인(夫人)」 혹은 「감정교육(感情敎育)」
졸라	「제르미날」
톨스토이	「부활(復活)」 혹은 「안나 카레니나」 또는 「전쟁과 평화」
도스토옙스키	「죄와 벌」 혹은 「카라마조프 형제(兄弟)」 또는 「악령(惡靈)」
투르게네프	「처녀지」
고리키	「어머니」
토마스 만	「마(魔)의 산(山)」
프루스트	「잃어버린 시절을 찾아서」
제임스 조이스	「율리시스」
지드	「팔뤼드」·「전원교향악」
드라이저	「아메리카의 비극」
싱클레어 루이스	「큰 거리」
헤밍웨이	「무기와의 이별」
숄로호프	「고요한 돈 강(江)」
루쉰(魯迅)	「아큐정전(阿Q正傳)」
카로사	「전쟁 일기」

시

보들레르	시집 『악(惡)의 꽃』
베를렌	시집 『혜지(慧知)』
말라르메	시집
휘트먼	시집 『풀잎』
칼 샌드버그	시집
예이츠	시집
타고르	시집 『기탄잘리』
발레리	시 「해변의 묘지」
릴케	시집
엘리엇	장시 「황무지(荒蕪地)」

희곡

헤벨	「유디트」
입센	「인형(人形)의 집」·「바다의 부인(夫人)」
톨스토이	「어둠의 힘」
체호프	「앵화원(櫻花園)」·「세 자매(姉妹)」
호프만슈탈	「엘렉트라」
하웁트만	「일출 전(日出前)」·「직장(織匠)」
싱	「바다로 가는 기수(騎手)」
고리키	「밤 주막」
쇼	「무기와 인간」
골즈워디	「은상자(銀箱子)」
유진 오닐	「동(東)쪽 카디프로」·「황제(皇帝) 존스」
엘마 라이스	「거리의 풍경」

조선(朝鮮)

	「원본 춘향전」
咸和鎭編	「가곡원류」
洪命熹	「임걱정전(林巨正傳)」
金東仁	단편집 『감자』
廉想涉	중편 「만세전(萬歲前)」
崔曙海	단편 「탈출기(脫出記)」
李孝石	단편 「돈(豚)」
李箕永	장편 「고향」
韓雪野	장편 「탑」
李泰俊	장편 「고향」
朴泰遠	단편집 『달밤』
金 億	역시집 『오뇌(懊惱)의 무도(舞蹈)』
韓龍雲	시집 『님의 침묵』
林 和	시집 『현해탄』
鄭芝溶	『정지용 시집』
林和編	『현대시선』
異河潤編	『현대서정시선』
金光均	시집 『와사등(瓦斯燈)』
吳章煥	시집 『헌사(獻詞)』

기초 참고서

아리스토텔레스	『시학(詩學)』
프라이엔펠스	『예술 통론』
비노그라도프 저·金永錫 역	『문학 입문』
I. A. 리처즈	『비평의 원리』·『시와 과학』
부하린	『사적 유물론』

부록

1 __ 문학의 해석과 이해

예술은 자연의 모방이라는 명제가 수천 년을 두고 구라파에서 통용되었다. 그 출처는 말할 것도 없이 아리스토텔레스의 『시학』이다. 그렇게 말한다면 문학은 인생의 모방일 것이다. 19세기 말에 와서 오스카 와일드가 예술이 인생을 모방하는 것이 아니라, 인생이 예술을 모방하는 것이라고 하는 한 패러독스(역설)를 세운 것은 자연에 대한 인간의 맹목적 숭앙을 경시한 점에서 또한 창조자(신)에 대한 인간의 반항을 의미하는 르네상스의 휴머니즘의 흐름의 좀 빛 다른 표현에 지나지 않는다. 칸트 이래 독일의 미학은 늘 무언가 한마디 신통한 구호를 찾아내어 그것으로 예술의 전 영역을 한꺼번에 휩쓸어 몰아넣으려는 일관한 계획을 가졌었다. 마치 수많은 가축들의 귀를 한 코에 걸어 맬 수 있는 만능한 개념의 사슬을 만들려 한 것이었다. 가령 '무관심의 관심'이라든지 '잡다 속의 통일'이라든지, 그러한 것이 택함을 받은 '개념의 사슬'이었다. 그래서 그것들이 말하자면 미의 본질이었다. 미는 또한 모든 예술의 본질이었다. 그러나 그러한 신통한 사슬이라고 하는 것은 미학자의 머릿속에만 있었고 예술의 세계 그 자체는 그렇게 단순한 것은 아니었다. 그리하여 한 대상의 시계를 개념적으로 일괄하는 그러한 비과학적인 형이상학적 미학은 실패할밖에 없었다.

이러한 미의 정의는 혹은 그것을 받아들이는 감상자의 심리 속에 미의 소재를 찾는 말하자면 미의식에 중점을 두는 주관적 입장을 가지거나 혹은 감상자를 떠나서 작품 자체의 어떤 성질의 종합으로서 그것을 구하는 객관적 입장을 취하거나 한다. 인식론상의 경험론과 합리론이 각각 이 두 입장에 통하고 있는 것은 물론이다. 립스는 심리학의 기초 위에 그의 유명한 감정이입설을 세워서 스스로 '위로부터의 미학'에 대하여 '아래로부터의 미학' 즉 관념적이 아닌 경험적 미학을 주장했다. 요컨대 한 예술 작품은 그 자체가 객관적으로 고유한 가치가 있다느니보다 감상자가 그 속에 던지는 감상자 자신의 감정에 의하여 한 작품의 가치가 여러 가지로 달라질 수 있다는 것이다. 감상자가 한 작품 속에서 읽는 것은 작품 그것에 내재한 무엇이라느니보다 실은 작품 속에 그가 투영하는 자기 자신의 감정을 읽는 것이 된다. '나르시스의 샘'이 여러 시인과 예술가의 작품의 제재가 된 것도 결코 우연한 일은 아니다. 이는 가치론으로는 심리적 상대주의가 된다.

여기 '해석'이라는 괴상한 말이 통용되기 시작하였다. 이 말은 쓰는 사람을 따라서 각각 의미의 변화가 있으나 감정이입과 관련해서 그릇 쓰여지는 예를 생각하기로 하자. 가령 예술 작품을 누가 해석한다고 말할 적에 해석하는 사람은 작품이라는 객체에 저의 주체적인 여러 가지 요소를 가미하여도 무방하다는 것이 일부 해석론자의 견해다. 그러므로 한 작품에 대해서 해석자가 다름을 따라 열 사람의 해석이 나올 수 있다는 것이다. 코로의 한 폭 안개 낀 호반은 여행을 약속 받은 청년과, 배반 당한 연인과, 하루 일을 만족하게 마친 중년 교사에게 각각 꿈나라의 영상도 띨 수 있고 설움의 샘도 될 수 있고 평화의 상징도 될 수 있겠다.

　예술 작품은 그때에 한 계기를 지어 줄 뿐이고 감상자는 그것을 인연으로 범위와 내용이 제각기 다른 자기의 세계를 구성해 가는 것이 된다. 자칫하면이 아니라 실로 어김없이 이 경우에 작품은 결국은 대수롭지 않은 것이 되며 감상자의 의욕에 위압되고 만다. 그것은 예술을 받아들이는 바른 방법일까.

　작품 속에 자기를 몰입시킨다고 하는 것은 옳은 말이다. 자기가 작품 속에 옮아 들어간다고 하는 것은 감정이입의 옳은 면이다. 그러나 자기의 감정이나 선입견을 가지고 들어간다는 것은 잘못된 면이다. 자기의 재산을 될 수 있는 대로 떨어 버리고 빈 마음으로 다른 사람의 작품 속에 들어간다고 하면 이는 좋은 감상자의 태도다. 그리함으로써 그 작품이 가지고 있는 의미의 거의 전부를 감상자의 주관이나 선입견의 그늘에 가려 희미해지는 일이 없이 있는 그대로 받아들이는 것 — 그것이 감상의 바른 모양이 아닐까. 이렇게 받아들인 작품의 의미를 시인하느냐 않느냐 즉 그것에 가치를 인정하느냐 부인하느냐는 나중에 오는 문제다. 그 의미 내용을 부인하며 무가치한 것이라고 판단하는 경우에도 우선 그 내용만은 있는 그대로 파악해야 할 것이다. 공정한 재판관은 가장 가증스러운 범인의 경우에도 그 범죄 사실의 조사와 심리는 자못 정밀과 상세를 기하는 것이다. 미워하는 경우일수록 더욱 객관적 근거를 밝혀야 할지도 모른다. 예술 감상의 함축은 실로 최후의 판결에 있는 것이 아니라 차라리 판결까지에 이르는 그 전 과정에 있는 것이다. 이 과정을 그대로 성큼 뛰어넘는다면 예술의 80퍼센트는 놓치고 마는 것이 된다. 이른바 해석의 위험성은 여기 있는 것이다.

작품이 가진 영상과 사상과 정서의 모든 면을 될 수 있는 대로 빠뜨리지 않고 또 보는 사람의 기성 견해나 감정이나 성벽이나 희망이나 예감이나 그런 것들을 될 수 있는 대로 억누르고 오로지 작품 그것을 충실하게 추구하는 것 — 감상자의 입맛에 맞는 것을 과장하고 맞지 않는 것을 눌러 버린다든지 하지 않는 것 — 그런 방식을 가리켜 이해라고 부른다.

항용하는 말이 서로 이해가 있어야 좋은 부부가 된다고들 한다. 첫사랑을 하는 사람끼리는 저편의 좋은 점만이 눈에 뜨이는 법이다. 좋지 못한 점조차를 이편의 희망으로 가려 버려서 좋게만 보는 동안은 상대편을 자기의 주관으로써 해석하는 동안이다. 그렇지 않고 좋은 점은 좋은 대로 궂은 점은 궂은 대로, 즉 장점과 단점을 있는 그대로 다 알고 그 전부를 포함한 인격의 전모를 파악하였을 때 거기는 이해가 성립되었다고 하는 것이다. 가령 발자크의 어떤 반동적인 정치 사상에 대한 선입견을 가지고 그 작품을 읽지 않고 다른 선입견을 떠나서 있는 그대로의 작품 속에 잠겨 들어갈 적에 우리는 뜻밖에 사실주의의 높은 경지에 다닥칠 수도 있는 것이다.

예술의 감상 방법으로서는 우리는 이해야말로 중요한 것이라고 생각한다. 어떤 사람은 해석이라는 말을 위에서 말한 이해의 의미로 쓰기도 한다. 요는 대상인 표현 속에 주관을 떠나서 깊이 남김없이 침투하여 꽤 객관적인 의미의 세계에 도달하는 것, 딜타이가 지적한 그러한 내용이 문제다. 우리는 의미의 혼동을 피하기 위하여 하나를 해석, 하나를 이해라고 불러 엄밀하게 구별해 쓰기도 한다.

그래서 가령 시를 감상하는 가장 효과적인 방법을 마이클 로버츠는 세 계단으로 나누어 말한 일이 있다. 맨 첫번 계단에서는 그저 쭉 몇 번 읽어서 막연한 전체적 인상을 가진다. 다음에는 그 세부세부를 갈라서 따져도 보고 비교도 해 가면서 일일이 그 의도와 기술적 효과와 가치를 계산해 보는 말하자면 상세한 부분적 분석이 따른다. 그다음에는 마지막으로 그 부분적 효과를 종합하면서 맨 처음의 막연한 전체적 인상을 수정 확충해서 꽤 뚜렷해진 전체적 효과를 정착시키는 것이다. 이는 이해에 이르는 좋은 길일 것이다.

2 __ 문맥

칸딘스키와 같이 빨간빛은 따뜻하고 파랑빛은 차며 또 기타 이 식으로 개개의 물감의 가치를 일일이 고정시켜 버리는 것과 같은 생각은 색조의 가치를 부정하는 기계론이 되어 버린다. 개개의 빛깔은 그 자체가 미리부터 정해져서 어디로 가든지 고정불변의 것이 아니라 이웃의 다른 빛과의 관계 또 그 자체가 다른 빛깔과 섞여서 나타내는 딴 빛깔과의 관계, 그보다도 화면 전체 속에 그 빛깔이 부분으로 서 있으면서 가지는 전체와의 관계에서 한 특정한 빛깔의 가치는 때를 따라 고장을 따라 달라지는 것이다. 글에 있어서도 마찬가지로서 한마디 말이 가진 의미라는 것은 결코 고정불변의 것이 아니어서 그것이 들어앉는 고장을 따라서 즉 그 전후 관계가 달라짐을 따라서 그 한마디의 무게가 달라진다. 이 전후 관련 특히 한 문장 전체와의 관련을 가리켜 문맥(콘텍스트)이라고 한다. 가령

   1. 얼룩개가 지나간다.
   2. 개같은 놈
   3. 말조심해라, 개가 온다.
의 세 경우에 있어서 '개'라는 말이 말은 한 말이면서도 가지는바

의미는 각각 다른 것을 우리는 알 수 있다. 1에서는 동물의 한 과에 속하는 실재한 가축을 말하는 것이요 2에서는 경멸의 대상을 의미함이요 3에 이르러서는 아주 딴판으로 밀정인 한 사람의 별명이 된다. 문체라고 하는 것은 이러한 문맥에 의하여 변화자재해지는 의미의 특수 형태에서 규정되는 것이다. 그러므로 문학의 감상은 자전만 가지고 안 되는 것도 거기 까닭이 있다. 사실 누구나 하는 일이지만 부분적인 인용이라는 것은 작자의 편으로 보아서는 매우 귀찮은 것이다. 전체적 관련은 물론이고 전후의 문맥을 살피지 않고 거두절미한 한 토막의 글은 때때로 그 작자의 의도와는 딴판인 오해의 씨가 되기도 한다. 특히 해학(유머) · 역설(패러독스) · 수사적 의문 · 강조 · 비소법(比小法, 베이도스) 등에 있어서는 대체로는 그 문면상의 의미가 작자의 본의와는 일부러 반대가 되어 있거나 논점 사이의 비중이 인위적으로 정상상태를 잃어버리고 있는 까닭에 전후 관계와 또 전 문장과의 관련 아래서 이해할 적에 비로소 그 묘미가 약동하는 것이고 그 토막만 냉큼 끊어다 놓으면 작자의 의도와는 딴판인 것이 되어 버리는 경우가 많다.

 심리학상으로 이 문맥 문제를 처음 구체적으로 이끌어 낸 것은 아마도 티치너인 것 같다. 그는 우리들 개개의 관념 · 경험을 독립한 것으로 취급하는 데 반대하고 그 심리적 주체의 심적 활동의 과정의 한 파문으로서 보려고 한 것이다. 그것은 요소심리학이 사람의 마음의 활동을 지정의(知 · 情 · 意)의 세 방면으로 절연하게 갈라서 생각하는 종래의 가설을 부정하는 데서 나온 것이다. 크뤼거의 전체성 심리학은 심리 활동의 기계성을 인정치 않고 그것을 지성과 정의의 한 전체로 기술하려 한다. 형태심리학이 또 사람의 심리의 평면적인 분류 방식의 불합리성과 불가능성을 실험적으로 입증하여 끊임없는 역학적인 형태의 작용으로서 규정하였다. 그리하여 문맥의 중요성을 인정할 수밖에 없이 되었던 것이다.

3 __ 장면

　문맥이라 함은 첫째로는 한 문장에 있어서 한 부분이 그 전후의 부분과 어울려서 가지는 의미의 연관을 말하는 것이다. 둘째로는 한 문장 전체에 대하여 한 부분이 가진 상호 관계에서 혹은 제약되고 혹은 영향하는 효과의 전 조직을 말하는 것이다. 그러므로 문맥이란 한 제시된 표현의 영역 내부에서 일어나는 일이다.
　이 문맥의 관념을 다시 표현의 외부에까지 넓혀서 생각할 때에 한 개의 문학작품은 한 민족의 언어생활이라고 하는 커다란 사회적 현실의 흐름 속에서 일어나는 복잡한 연관의 한 토막으로 생각할 수밖에 없다. 동시에 그것은 한 민족에 속한 사상(事象)이면서 오늘의 문화의 날로 왕성해 가는 세계적 교류의 실상에 비추어서는 벌써 이러한 세계적 규모에서 자라가는 세계 문화의 조류의 적어도 한 파동이라고 생각해야 할 것이다.
　가로 생각할 적에는 한 작품은 오늘 시시각각으로 형성되어 가고 있는 세계 문화라는 커다란 문맥 속의 한 토막으로 생각하여 그러한 세계 문화가 그 작품 속에 드리우고 있는 그림자를 일일이 더듬어 감으로써 보다 더 원만한 이해에 이를 수가 있다. 세계 문화라고 하는 것은 사실상 오늘의 인류의 생활이 물질적으로 땅의 한끝에서 저 끝까지도 서로 얽혀졌고 문명의 여러 가지 이기(利器)가 특히 뭇 교통 시설이 날로 이것을 북돋아 가고 있는 실상에 비추어 형식상으로 벌써 되어져 가는 것이며 내용상으로도 치우친 국민주의를 지양하고 높은 세계성으로 향하여 인류의 공동의 이상인 세계 평화와 보편적인 자유와 행복의 실현에로 다가가고 있는 것이다.

또 이 표현의 테두리의 문맥을 세로 볼 적에는 한 작품은 시간적으로 그것이 속한 민족의 문학사의 역사적 계열의 한 토막을 이루는 것이며 나아가서는 현대라고 하는 역사적 현실을 상징적으로 나누어 가진 한 토막인 것이다. 한 작품의 문학사적 위치를 더듬으며 현대사적 배경과 시대적 조명 아래서 그것을 살펴볼 적에 우리의 이해는 더 한층 완전한 것이 될 수 있을 것이다.

나는 문학이 가지고 있는 역사적·사회적·관련을 문학의 장소라는 개념으로 기술하였다. 문학은 그것이 발을 붙이고 있는 역사적 사회라는 현실적인 장소를 떠나서 진공 중에 있는 것처럼 있을 수는 없다. 또 기적처럼 돌연히 불쑥 나오는 것도 아니다. 피할 나위 없이 그것은 그러한 역사적·사회적 연관이라는 장소에 얽매인 채 거기 밀려서 나오는 것이며 그 풍토에서 싹이 터 자라는 까닭에 그 풍토 특유한 영양의 분포의 영향을 받을밖에 없으며 따라서 그 결과 독특한 조직을 가진 유기체로서 나타날 수밖에 없는 것이다. 또 한번 나타난 이상에는 무슨 모양으로 그 실은 여러 가지 착잡한 모양으로 그것이 타고난 장소에 거꾸로 영향을 미치고 마는 것이다. 그러므로 문학작품이라고 하는 것은 한 정지한 고정한 것이 아니고 사회적 기능 그것이며 그러한 기능의 가능체로서 파악함이야말로 중요한 일이다.

이 문학의 장소의 개념을 한 작품을 감상하는 실제적인 경우에서 생각할 적에는 그것은 그 작품이 기능을 일으키면서 있는 배경 더 정확하게는 장면이라고 생각할 수가 있다. 이러한 장면 속에 놓고 볼 적에 작품은 거기서 비로소 생동한다고도 할 수 있다. 가디너는 일찍이 문장의 이해 방법으로서 그것을 늘 한 토막의 희곡으로서 취급하기를 주장한 일이 있다. 즉 말이라는 것은 입으로 할 적이나 글로 쓰인 적을 묻지 않고 그것은 본질적으로 회화며, 독백의 경우에조차 가상한 상대자가 있는 것이다. 그래서 말을 주고받는 두 편이 반드시 있어 가지고 어떤 특정한 장면에서 회화는 행해지는 것이다. 이 경우에 그러한 회화의 토막으로서의 문장은 그것이 행해진 장면에 놓고 생각지 않을 적에는 똑바른 이해를 가져오기 어렵다는 것이다. 문학작품의 이해에 있어서도 마찬가지여서 그것은 늘 그것이 나타나 움직이는 장면 및 사회적·역사적 지반과 배경에 연관을 시켜서 파악할 적에 우리는 그것의 진정한 이해에 훨씬 더 가까이 갈 수가 있다고 하겠다. 가령 아래와 같은 절로서 시작되는 T. S. 엘리엇의 장시 「황무지」를 보자.

사월은 가장 잔인한 달이다.
죽은 땅에서 라일락을 키워 내며
추억과 희망을 뒤섞으며
봄비를 뿌려 묵은 싹을 떨치며 —
겨울은 우리를 포근히 간직해 주었었다.
잊음 많은 눈 밑에 대지를 가리며
메마른 구근(球根)으로 가냘픈 목숨을 키우면서 —

저 제1차 세계대전이 남긴 해골과 포탄 조각에 뒤덮인 구라파 — 말할 수 없는 환멸과 불안, 동요의 20년대 초두의 구라파의 현실을 전혀 머리에 두지 않고 이 시를 읽을 적에는 무의미한 잠꼬대에 가까운 것이 된다. 그러나 그러한 역사적·사회적 현실이라는 장소에 두고 볼 적에 이 작품의 한 구절 한 구절이 생생한 피비린내 나는 충격조차를 어느새 주고 있는 것을 부인할 수가 없다. 또 거진 한 세기 가까이 빅토리아조의 영시단을 지배하고 있던 테니슨류의 저속한 감상주의가 아직도 자취를 감추지 않았고 1차 대전 직전부터 있던 이른바 조지안의 상식적인 전원 취미, 이러한 것들의 타기만만한 속에서 영·미 두 나라 시단에 걸쳐 사상파의 시운동이 겨우 일말의 생기를 가져왔을 즈음에 엘리엇의 대담한 시험이 던진 폭탄의 의의는 비로소 커다란 충격일 수 있었던 것이다.

4 __ 가치의 상대성

　감정이입설과 거기서 풀어 나온 해석론은 한가지로 예술 내지 문학작품의 가치라고 하는 것이 객관적으로 영구불변하게 고정되어 있는 것이 아니라 보는 사람을 따라서 다를 수 있다는 중대한 명제를 낳아 놓았다. 다시 말하면 문학이나 예술의 가치의 절대성이라는 것을 인정치 않고 그것은 부동하는 것 즉 상대성을 가진 데 지나지 않는다는 결론에 도달한다. 그러한 상대성의 논거를 감상자의 심리가 제각기 다르다는 데 두는 점으로 이는 심리적 상대주의라고도 부를 수 있겠다.
　그런데 한편에 있어서 예술이나 문학작품의 가치는 시대와 곳을 따라서 각각 달리 평가되는 것이어서 역시 그러한 의미에서 고정불변의 것은 아니라는 주장이 선다. 마치 한 시대 한 나라에서 통용되던 화폐의 값이 다른 시대 다른 나라에 와서는 달라지는 것과 같다. 이런 의미의 상대성을 주장하는 것은 말하자면 사회적·역사적 상대주의라고 말할 수가 있겠다.
　그런데 심리적 상대주의는 결과에 있어서는 불가지론에 빠지는 것이며 회의주의를 조장하는 것이 되며 예술이나 문학의 이해를 미연에 태업해 버리는 것밖에 안 된다. 가치의 상대성의 근거는 차라리 사회적·역사적 상대주의 속에 있는 것이다.

여기서 재미있는 것은 문학의 역사란 결국에 가서는 끊임없는 가치의 싸움의 기록이라는 일이다. 이미 공인된 가치는 다음에 오는 새로운 가치 때문에 허물어지고 또 나중에는 제3의 가치가 등장하여 제 권리를 주장한다. 이리하여 문학에 대한 가치 관념은 곳을 따라 시대를 따라 다시 말하면 장소를 따라서 달라지는 것이다. 문학의 역사는 객관적으로는 발전의 역사인 것이며 주체적으로는 반항, 부정의 역사며 새로운 가치 추구의 기록인 것이다.

중세의 초월적 절대주의에 대한 반발이 단테, 보카치오 등의 새 문학이었으며 18세기의 고전 맹종의 억압을 뚫고 일어난 것이 감정의 해방을 주장한 낭만주의였다. 다시 낭만주의의 몽환 세계에의 탐닉을 공격하고 사실주의는 대두했던 것이다. 이제야 귀족주의의 모든 문학을 배제하면서 세계성과 인민적 요소를 가진 새 문학이 요원의 불길과 같이 일어나려고 하는 것이다.

어떤 사람의 문학적 경험이라는 것은 결국은 그가 속한 문학의 장소에 제약되는 것이며 그가 품고 있는 가치 관념은 그 장소에 고유한 것일 터이다. 그와 유일한 유대를 가진 것은 말할 것도 없이 그와 더불어 장소를 같이한 문학일 터이다. 기능으로서의 문학은 그러는 외에는 다른 도리가 있을 리 없다. 그러므로 현대인의 문학의 문제는 본질적으로 현대문학의 문제일 수밖에 없다.

그러면 장소를 달리한 가령 옛날 어느 시대의 문학이나 또 떨어져 있는 나라의 문학의 가치라는 것은 어찌 되나. 그것들은 가치에 있어서 두 가지 면이 있을 터이다. 하나는 그 작품이 처해 있던 장소의 고유한 가치일 것이다. 가령 볼테르라고 하면 그가 생존하던 시대와 사회에서 가진 가치가 그것일 것이다. 다른 하나는 그것이 현대문학과 가진 관련에서 생기는 가치 관계다. 어느 시대, 어느 사회에 가치로 인정받았던 것이 오늘의 우리와는 아주 인연이 없는 경우도 있겠고 그와 반대인 경우도 있으며, 또는 어느 시대와 오늘 한 작품에서 발견하는 가치의 면이 서로 중복되기도 하고 아주 딴판이기도 하게 되는 것이다. 이리하여 한 작가가 일세를 풍미하는 데 그치기도 하며 파묻혔던 작가가 오랜 뒤에 새로 발견도 되고 또 한 작가나 작품이 시대와 곳을 달리해서 딴 각도에서 문제되기도 하는 것이다. 프루스트는 이렇게 해서 다시 평가된 것이며 로트레아몽은 이렇게 해서 발견되었으며 윌프레드 오언은 죽은 뒤 십수 년 만에 30년대의 영시단에 부활했으며 17세기의 형이상학파 시인은 20년대의 영시단에 역시 이렇게 해서 다시 돌아왔던 것이다.

    지나간 날의 문학이 그것이 속해 있던 장소에 고유했던 가치는 문학사가의 학문적 흥미의 대상밖에 아니 된다. 살아 있는 사회적 기능으로서의 문학의 가치란 피할 수 없이 현대라고 하는 유일한 현실의 간점(看點)을 거쳐서만 규정될 것이다.

미수록 평론

4

1

오후와 무명작가들

— 일기첩에서

1

1929. 8. 29.

　예술가에 의하여 전원과 로컬리티가 구가되는 것은 그 예술가가 근대의 퇴폐된 사회의 탁류에 만성적으로 중독되었을 때에만 있을 일이다. 그리고 그것은 1930년 이후에는 통용될 수 없는 한 개의 아나크로니즘이다. 생장하려는 예술가에게는 타성적인 풍경과 권태에 가까운 한적 그러한 것에만 가득한 시골구석은 일종의 감옥과 같은 환경이다. 그것은 오늘날의 예술은 공간성보다도 시간성 위에 살고 있는 까닭이다.
　이중 삼중으로 억압되어 있는 분위기 속에서도 신식 학교 졸업생의 무위와 무력의 표본으로 무이해한 일반의 눈에 비치며 그들의 조소를 걸머지고도 오히려 나는 의기양양하게 이 적막한 시골 거리를 지나간다. 그로테스크한 돈키호테여.
　오후에 젊은 화가 K 군이 이곳서 삼십 리 밖에 있는 S시로부터 그 장발과 푸른 모자와 우울한 걸음을 이 거리에 나타냈다. 올봄 이후로 문자 그대로 시골에 떨어지고 만 나의 황색의 권태로 일관하는 그날그날의 살림살이에 K 군의 돌연한 출현은 확실히 강렬한 진동을 던져 주었다. 얽매여 있는 한 사람이 말하고 싶은 충동에 가득한 화제를 입에 올려 보며 하고 싶은 말을 진실로 이해해 줄 사람과 마주앉아 담소할 수 있는 시간은 그야말로 감격에 넘치는 축복받은 시간이다.

K 군과 나 — 물론 그 사상과 입장과 그러한 것은 아직 미지수다. 그러나 두 사람은 다 현금(現今)의 기성 예술에 대하여 말할 수 없이 큰 불만이 가슴에 서리어 있으며, 그것하고는 도무지 타협할 수 없는 새로운 경지 — 인류의 새로운 보화로 풍부한 명일(明日)의 지평선을 향하여 어린 혼을 태우고 있다는 점이 모든 모순을 멀리 초월한 굳센 유대이며 공통점이다. 우리는 마을의 서편을 가로막고 둘러앉은 산마루턱으로 손짓하는 매력에 가득한 요정의 왕국이다. 산벼래[1]에 미끄러지는 무거운 두 그림자를 이끌고 우리들은 높은 데로 높은 데로 올라갔다.

"꿈을 꾼다는 것은 더욱이 어린 꿈은 죄 없는 장난이야. 때때로는 영혼의 위생도 되니까."

"꿈을 실현하는 것은 그것도 나는 죄라고는 생각지 않아. 그런 의미에서 연애를 꿈꾸지만 말고 아주 적극적으로 현실에 실현하는 것은 도덕의 확충이라고 생각하네."

"아 — 주 대대적일세그려."

"허나 결혼은……."

군은 근래에 이 문제를 상당히 공상하며 연구하는 모양이다.

---

1 '벼랑'의 방언.

"예술가의 병아리들에게 있어서는 그것은 한 개의 구속밖에 아무것도 아니라고 생각하네."

"글쎄, 극단까지는 말할 수 없으나 어느 정도까지는 우리들 젊은 사람이 너무나 고가로 평가하며 과신하는 착오된 환상을 가지고 있는 것이 아닐지, 어쨌든 생장하려는 청춘이 자진하여 그의 쇠사슬을 찾노라고 애쓰는 것이 이상하지 않은가."

이 자리에 군이나 나의 좋아하는 사람이 없는 것은 군을 위하여 십분 다행이었으나 이 몇 마디 대화만은 우리 두 사람의 비밀 속에 파묻기로 하였다. 그것은 의외의 총공격을 유인하는 불행한 동기로 화할 위험성이 다분히 있는 독설인 까닭이다. 그 어느 편으로부터 톡톡한 이의(異議)가 우리들의 턱 앞에 떨어지는 것은 즐거운 일은 아니다.

2

장백산맥의 마지막 동해 속에 꼬리를 잠근 여맥(餘脈) 사이에 가만히 안기어 그 주위에 첫 가을 바람에 가볍게 시들은 곡식밭을 사면으로 어루만지며 잠든 듯이 누워 있는 3백 호 남짓한 작은 거리, 그 거리 안에는 내가 만나면 그들의 얼굴에서 죽음의 그림자 밖에는 찾지 못하는 그 백성들의 살림.

오 — 증오의 거리가 지금 이 산마루턱에서 굽어보는 나의 망막을 통하여는 부드러운 미감과 알뜰한 애정을 자아낸다. 그리고 멀리 백금의 가을빛이 입혀 주는 가벼운 무도복을 두르고 한 곡의 왈츠를 춤추는 동해의 높은 물결 —.

"디스턴스라고 하는 것은 역시 예술에 있어서 필요한가 보네.

평상 그러한 반예술적으로밖에는 뵈지 않던 거리가 아주 딴판으로 보이니 웬일이야."

"그래 그 점으로 보아서는 동양화가 훨씬 선각했지. 동양화야 모두가 거리의 미가 아닌가. 특히 산수화 같은 것을 보면 —."

회화에 대하여는 문외한인 나로서는 서양화에 있어서 디스턴스의 관념은 베네치아의 파올로 베로네세(Paolo Veronese)쯤으로부터야 있었다는 것을 희미하게나마 옛날 강당에서 얻어 넣은 기억 속에서 찾아내고 K 군의 말을 긍정하였다.

다음에 나는 나의 오래인 숙안(宿案) 하나를 K 군에게 설명하지 않고는 견디지 못하였다. 그것은 이러한 설계다 —. 5백 원의 자본을 돌려 가지고 진고개의 번화한 거리나 큰 거리를 조금 피하여 돌아앉은 조그마한 골목에 극단으로 첨예한 근대식 끽다점(喫茶店)을 시작하리라 —. 내부의 장식은 K 군의 화필의 독특한 모더니즘을 많이 응용할 것은 물론이다. 그다음에 피아노는 가난뱅이의 살림에는 너무나 지나친 것이므로 컬럼비아나 빅터의 레코드로 견디기로 하고 그 위에 무엇보다도 필수 조건은 한 20세 남짓한 다정한 마음과 여유 있는 표정을 얼마든지 살릴 수 있는 어여쁜 웨이트리스 — 그 여자는 약간의 키네마에 대한, 시에 대한, 미술에 대한 그리고 러브에 대한 지식이 있어야 한다. 상대로 할 손님은 첫 꼭대기에 시인, 소설가, 배우, 니힐리스트, 아나키스트, 룸펜, 젊은 사상가, 샐러리맨 그리고 때때로 여배우도 — 그것은 꼭 근대인의 지은 오아시스일 수 있을 것이다.

"그래 끽다점 이름은"

"거기다 제일 중요한 것은 끽다점 벨라미였던가. 이 이름을 고안하는 데 약 세 시간하고 십오 분이 걸렸다네. 우리들의 벨라미로 가자 하는 말이 젊은 예술가들 사이의 암어(暗語)쯤 되었다고 생각해 보게. 하하하."

"허허허 공상가."

"나는 참말 시골에는 더 살 수 없네."

"그러기에 소는 산으로 몰고 사람은 도회로 몰라고 안 했는가."

"참말이다. 나는 여기서 하루하루 나의 젊음이 썩어져 가는 것이 환—히 눈에 띄어 보이네. 아— 이것은 너무나 잔인한 청춘의 학살이다."

"아— 우리들의 벨라미로 가자—."

K군은 그 아이러니컬한 눈으로 나를 흘겨볼 것을 잊지 않는다.

"이 사람 그렇게 빈정댈 것은 아닐세. 나로서는 그 끽다점을 한 개의 창작으로 생각하네. 어디까지든지 독창적인—."

"그러기에 자네는 그 이름을 모파상의 작품에서 독창적으로 빌려 왔지. 어디까지든지 독창적이니까."

"그런 게 아니라 그가 벨라미를 생각해 낸 것은 창작이지. 그리고 내가 벨라미를 늘 생각한 것도 창작이지."

3

"두 사람의 창작이 우연히 동일했달 뿐이지 모방은 아닐세. K군이 이상 나를 추구하지 말게. 나는 얼마든지 피난할 수 있는 궤변을 가지고 있으니까."

"그럼 그건 그만두고 처음으로 돌아가서 우리 앞에 전개된 이 풍경이 아주 미적이라고 했지. 나는 그렇게 생각지 않는데, 너무나 완만한 것이 근대예술가를 도시 만족시킬 수는 없네."

"나도 동의하네, 내가 미적이라고 한 말은 결코 이것이 우리의 예술의 테마가 될 수 있다는 것은 아닐세. 우리가 가질 예술은 스피드와 좋은 감각이 꼭 있어야 하니까."

"시대성의 속일 수 없는 요구가 아닌가. 나는 예술에 있어서 공간적 가치라는 것을 부인하네. 오직 시대적 가치만이 ─ ."

우리들의 이야기는 차츰차츰 여파의 꼬리에 다시 여파를 끌고 불란서의 쉬르레알리슴에서 독일의 퓌리슴으로 다시 러시아의 네오리얼리즘으로, 구성파로, 일본의 새로 일어난 포비스트의 무리로 구르고 다시 구른다.

그리하여 K 군은 부단히 그의 러시아로 향하는 불가항력의 인력을 표백하였다.

"이 사람, 이런 너저분한 풍경보다는 구성파가 말하는 기계미가 얼마나 우리 혈관에 전하여 오는 힘센 떨림을 가지고 있는가."

그다음에 이야기는 최근의 독서로 옮아서 유물론의 매력에 대하여 나는 숨길 수 없는 고백을 하였다. 몇 세기 동안 학대받아 온 물(物)과 다수의 발견 ─ 그 방법론과 역사관이 보여 주는 새 경지 ─ 일방으로 예민하게 이지적이고 거기에 약간의 감상성을 가미한 현대의 청년기질에 얼마나 부동(符同)하는 이론이냐, 그러나 아직은 그것도 나의 안주의 지(地)일 수는 없다. 이윽고 (K 군에 그렇게 된다면) 나의 이지의 활동과 향상욕과 자존심과 회의를 완전히 그것이 정복할 수 있는 때가 아니면 매력도 세상에 얼마든지 있을 수 있는 매력들 중의 하나이지 다른 아무것의 틈입(闖入)도 허락지 않는 유일한 매력일 수는 없으리라.

4

　이윽고는 나 자신이 발견할 세계 그것만이 나에게 가장 진실한 세계이며 모든 차별의 세계를 멀리 초월한 유일한 탄미(嘆美)의 대상이 될 수 있으리라. 우리들은 지금의 프로 문사 제군의 너무나 격리된 이론과 실제 작품과의 불일치를 분개하였다. 아무래도 상섭(想涉)² 같은 분의 붓이 훨씬 그 기교에 있어서는 건실하고 균제된 맛이 있지 않은가고도 말했다. 그것은 소위 신파(新派)를 표방한 프로파의 예술적 고식(姑息)에 대한 불만으로부터의 반동적인 언설에 불과하리. 우리들의 예술적 입장에서 내린 절대적 긍정은 아니다.

　다음에 K 군은 우리들의 향토가 — 관북(關北) — 가져 본 오직 한 번의 거대한 '일루미네이션'(그것은 벌써 한 개의 고전이나 그러나 얼마나 찬란한 혹성의 출현이었던고) — 서해(曙海)³ 문학의 근일의 그 구원할 수 없는 치명적 타락을 전도(顚倒)하였다. 더욱이 근자에 모지에 실리는 '추창만담(秋窓漫談)'인가 탄어(嘆語)인가 한 것에 대하여 — 좋은 작가의 탄어는 때때로 진리의 섬광을 발한다.

　우리는 반드시 프로이트의 정신분석학을 인증하지 않을지라도 그것은 그 작가의 잠재의식, 즉 의식 이전의 세계로부터 나오는 다시 말하면 그 작가의 내부의 참인간의 말인 때문이다. 한때 작가 서해는 그런 인간다운 내부의 소리조차도 그 종자가 끝판이 났나 보다. 그러기에 문자 그대로의 잠꼬대를 주책없이 늘어놓는 게나 아닐까.

2　염상섭(1897~1963). 소설가.
3　최서해(1901~1932). 소설가.

K군은 서해의 무절조를 통매(痛罵)하던 끝에 그러한 류의 글은 만연히 실어 줄 여유를 가지면서도 …… 일 무명작가에게는 인색하기 짝이 없는 지금의 신문지를 매도하여 마지않는다.

그러나 저간의 델리케이트한 사정은 K군의 아는 바가 아니다. 근대 상업주의와 명성의 관계, 서해의 내부 생활과 그 개인적 경제생활과의 어떤 파탄 — 그러한 점까지 우리는 한 걸음 물러서서 성찰할 필요가 있다. 상업주의자에게 있어서는 서해의 탄어(嘆語) 그것의 가치는 문제 이외의 것이다. 다만 서해라는 기성된 견고한 지반 위에 선 이름 그것에 가치가 있는 것이다. 그러나 이러한 상업주의의 몰비판한 선전에도 불구하고 개인적으로는 서해의 전락되는 생활의 암야에 동정하면서도 서해를 아니 그 밖에도 많은 서해를 우리들의 예술의 영역에서 청산하지 않으면 아니 된다 — 그들이 달려가는 시대의 흐름을 맞춰 가지 못하는 한에 시대는 그들을 위하여 정지하기에는 너무나 잔인하다.

5

아 — 서해(曙海)여 우리들의 자랑스럽던 혹성이여 「탈출기(脫出記)」에서 보여 준 그러한 여명의 극광(極光)을 다시 우리에게 보여 줌으로써 우리들을 다시 말하면 놀라게 할 수 없는가. 그때의 걸음은 시대와 함께 걸어가기에는 너무나 짧고 힘없는 것인가. '매월(梅月)'에서 죽은 후 서해의 예술은 다시 소생할 수 없는가. 그리하리라는 우리들의 약한 희망은 끝내 실현되는 날을 보지 못하고 타고 남은 고대의 재 부스러기가 되고 말까.

체험과 작가 체험의 종자의 근절과 작가로서의 파멸을 나는 여실히 서해에서 보고 몸서리친다. 서해 이후에 신인의 문단 진출은 아직도 괄목할 만한 형세를 보인 일이 없다. 그의 등장은 실로 화려한 획기적인 것이었다. 그러나 지금은 무대는 공허하다. 다음의 등장자를 기다리고 있다.

무명작가라고 하는 숙명적 이름에 파묻히어 거리와 산구석에서 속절없이 에네르기의 낭비를 계속하고 있는 무리들 속에서 다른 장면을 차지할 새 사람들이 뛰어 나와야 하겠다. 지금은 그들의 앞에 장안으로 향하는 길은 막혀 있고 부질없이 세검정의 맑은 물만 흘러올 뿐이나, 다음 시대는 너희들에게 약속되어 있다. 한 개의 성숙은 이윽고 새로운 씨앗의 질곡이라고 한 독일인의 말은 정당하다. 그들은 그들의 발표 기관을 그들 자신으로 세우고 문단의 일방에 용감하게 새로운 깃발을 옹립할 것이다. 그들은 그날부터도 부단의 싸움을 가져야 될 것을 알아야 한다. 이윽고는 그 질곡을 극복하고 절망과 고투의 암야를 지나서 내일의 태양을 붓 삼으리라.

1930년 이후 우리들의 활동은 모조리 여기에 속하여 있다. 그 출발은 대지와 같이 우울한 것일지도 모른다. 그러나 대지와 같이 튼튼한 것이다. 모두 이것이 K군과 나의 행복스러운 1929년 8월 29일의 오후를 장식한 설제(設題)들이다.

K군의 오토바이는 가솔린의 보얀 연기를 확확 대쏘며 K군의 다리 아래서 전율한다. 3마력의 모터 그것을 에워싼 흰 연기, 거기에서 쏟아지는 동력의 폭음 나는 지금 마리네티의 시편을 감상하고 있는가 — 과거의 로맨틱한 자연적인 소박한 미를 부정하는 아니 학살하는 폭군과 같은 동력의 리듬이 생활의 미가 있지 않은가.

힘 있게 붙잡아 주었던 K군의 손바닥이 남긴 미온(微溫)이 채 사라지기도 전에 K군의 오토바이는 갔다. 안개와 몸짓 발 저쪽에 —— 오늘의 신은 나에게 행복스러운 오후를 주었으므로 자비의 이름으로 불러지기에 충분하다.
　오 —— 1930년 이후의 불가항력의 유혹이여.

—《조선일보》(1930. 4. 28~5. 3)

시인과 시의 개념

── 근본적 의혹에 대하여

당신은 나의 생활을 사랑하기 전에 나의 예술을 사랑하옵소서 ── 하고 말한 플로베르는 19세기에 생존한 예술가였다고 문학사는 가르쳐 주리라. 그래서 '예술을 위한 예술'은 '인생을 위한 예술'에 의하여 완전히 극복되었다고 그들은 가르쳐 주리라. 예술이 예술지상주의라고 하는 몽상에서 눈을 뜨고 상아의 탑에서 가두에로 진출한 것은 벌써 엄연한 역사적 사실이라고 또다시 말하리라.

우리는 물론 이상의 제 명제를 경험적 사실로서 수긍한다. 그러나 우리는 예술과 예술가에 대한 어떤 편견과 착각이 현대에 있어서 오히려 예술의 분야뿐 아니라 광범히 모든 문화 체계 속에서 부당한 지위와 보편타당성을 주장하는 것을 본다. 최근에 우리의 이목을 놀라게 한 예술주의의 재현이 거의 세계적 현상임에서 우리는 편견과 착각의 무대를 목도한다. 뿐만 아니라 이와 대립하는 사회 문학의 영역 안에서도 그렇게 극단은 아니나 이와 유사한 종류의 과오가 비록 편린에 불과하다 하여도 우리가 문제 이외로 삼기에는 너무나 뿌리 깊게 잔존함을 발견하고 다시 놀라움을 막지 못한다. 나는 잠깐 편의상 나의 사색과 고찰을 예술의 전 분야가 아니고 다만 시의 세계에 국한하려고 한다.

그리하여 시인의 사회적 위치의 근거는 어떠한가. 먼저 시인이라는 특정한 부류의 사람은 존재할 것인가. 그들이 작용하는 사회적 기능은 어떠한가. 그리고 '시라고 하는 개념의 내포는 무엇인가. 그 사회적 기능은 무엇인가. 지금까지 우리가 시인과 시에 대하여 품고 있던 관념은 정당한 것인가, 아닌가.' 이것들이 내가 이 작은 고찰에서 취급하려는 문제들이다.

우리는 시가 발생하려고 하던 탄생 시대의 원시 부락에 있어서 시인은 어떠한 관계에 위치하였던가 하는 의문에서부터 출발하지 않으면 아니 된다. 그러나 이 시기에는 우리가 금일에 사용하는 순수한 의미의 시인이라는 개념에 해당하는 시인이라는 존재는 나타나지 않았다. 다만 시를 읊는 사람은 있었다. 그들은 먼저 부락민의 한 사람이었다. 그는 부락민의 생활을 생활하고 그 감정을 자신의 것으로 느꼈다. 그는 부락민과 동일인이었다. 그래서 부락의 생활 속에서 그 생활의 여기(餘技)로 그 감정과 동경을 읊은 것이다.(여기서 시라 함은 '포엠' 아니 그보다도 순수한 '리릭', 서정시를 의미하는 것이다. 서사시의 발생은 제사, 구원, 전송 등의 사회적 기능적 원인을 가지고 있었고 이런 의미의 서사시는 근대의 산문이 발생함과 동시에 그 존재의 근거가 희박해지기 시작하여 엄밀한 의미에서의 서사시는 지금은 벌써 존재할 수 없다.)

그러는 사이에 경제적 관계의 분열로부터 귀족과 시민을 성원으로 한 희랍의 지배계급과 노예라고 하는 피지배계급이 분리 대립하게 되었다. 시는 발생학으로 생활의 본질적 부분은 아니다. 그 여파에 불과하였다. 그리고 시간상 여유를 필수로 한다. 원시 부락에서도 시를 쓰는 사람은 흔히 태만한 부류에 속하였다고 한다. 이렇게 시간적 여유를 필요로 하는 시도 필연적으로 원시 부락이 양개의 계급으로 분화 대립할 때에 부락 전체의 소유로부터 지배계급의 전유에로 이속(移屬)되었다. 왜 그러냐 하면 가장 유한계급은 틀림없이 지배계급이고, 그러므로 그들의 처한 위치는 가장 시에 유리한 것이었다. 이러한 때에 시를 쓰는 사람은 지배계급 자신이어서, 지배자의 생활을 노래하고 그 이상을 시 속에 주형(鑄型)하였다.

이 시대까지도 '시를 쓰는 사람'이라는 속성은 실로 지배계급 중의 특수한 수인(數人)에게 전속한 성질상의 지표였다. 그리고 시인이라는 특수 개념이 아직도 그 외연이 광범하였던 것이다. 이렇게 지배계급 자신이 그 계급의 향락과 고무(鼓舞)의 도구로서 소유하던 시는 그들의 팽창하는 부와 그것에 비례한 한가한 시간의 누적과 이 계급의 특성인 향락주의 등, 제 조건에 의하여 다만 생활의 한 여기(餘技)의 위치에서 비약하여 시 독자의 존재의 성립을 보게 되었다. 즉 지배계급 자신이 시를 읊은 대신에 시인이라는 일부분의 시 제작자로부터 공급되는 시에 의하여 그들의 팽대(膨大)되는 향락의 욕망을 만족시키기 시작하였다. — 시인의 탄생기는 실로 이러하다.

더 구체적으로 관찰하면 시를 쓰는 사람이라는 특수성이 어떠한 사람들의 속성을 의미하던 시기는 벌써 역사의 고전에 속하여 그것이 바로 원시시대로부터 희랍의 부유한 '시를 쓰는 사람들 시대'에서 이것이 점차 독립화하여 일종의 예인(藝人)으로 직업화하기 시작한 것이 중세의 영인(伶人) 이후의 일이다. 룸펜적 영인들은 자작의 시를 봉건 제후의 궁전의 야회 혹은 살롱에서 하프에 맞추어 읊어서 왕후에게 연석(宴席)의 유락(愉樂)을 제공함으로써 그 대가로 약간 금품의 은사를 받은 노골한 직업적 시인이었다.

그러나 우리들이 현금에 사용하는 시인이라는 계단적 특수성을 의미하는 개념은 불란서 혁명 이후 제3계급의 승리에 의하여 새로운 지배계급이 역사의 무대에 등장하였을 때, 그것과의 관계를 보지(保持)하면서 차차 직업적으로 분리한 극히 근대의 순수한 시인을 의미한다. 그리해서 비로소 현대의 시인을 계급적으로 분석하는 것은 현실성을 띤 금일의 문제로서 생기가 있어 보인다. 다시 말하면 우리가 지금 문제 삼지 않으면 아니 되는 것은, 그리고 문제 삼고 싶은 흥미를 느끼는 것은 현금 부르주아와 프롤레타리아의 첨예하게 대립한 두 계급의 중간에 부유하는 표백된 창백한 계급으로서의 근대시인이다.

이렇게 완전히 공허한 좌석이 계급적 사회의 공소(空所)에 설치되었으니 그것이 부르주아지가 근대 시인에게 최상의 호의로서 증정한 선물인 것이다. 이것은 시인이 부르주아지에게 향락의 도구로서의 시를 제공한 데 대한 부르주아지의 보수인 외에도 제3계급이 귀족과 승려의 손에서 정권을 탈취하기 위하여 투쟁할 때에 시인이 그들에게 제시한 충성에 대한 보수도 포함되어 있을 것이다. 그래서 그 제3계급의 발흥 당시에는 전위적이었고 다분히 혁명성을 띤 시인은 그들이었고, 점유한 지점이 계급적으로 불충실한 여백에 불과한 것이므로 근대 인텔리겐치아가 전락하고 있는 몰락의 도정을 한가지로 더듬지 않으면 아니 되었다. 그 자신의 아무러한 생산적인, 적극적인 생활을 소지하지 못한 시인은 항상 부르주아에게 향락의 방편을 봉헌하는 외에 때때로는 부르주아의 항구한 승리를 축원하고 그 생활을 예찬하는 부정직한 아첨을 보임으로써 부르주아의 호위병으로 근무하는 대신에 부르주아의 팽대(膨大)되는 창고의 일부분으로서 사양(飼養)을 받아 왔다. 이러한 인과관계가 상호작용과 반작용을 반복하는 사회에 근대시인은 근대의 인텔리겐치아와 같이 일반적으로 반동성을 띠게 되는 경향이 아주 농후하다.

근대시인의 특징은 제일은 그 생산성이고 둘째는 그 반동성이다. 제삼으로 그들은 한 개의 유리 계급이다. 그리하여 양심 있는 시인은 이러한 공허한 권태에 가득 찬 생활보다는 차라리 노골로 사(死)를 찬미하고 동경하였다. 사실 그들이 날마다 가지는 생활은 천편일률적으로 대리석의 묘명(墓銘)보다도 더 냉각하고 완강한 침체의 반복에 불과하다. 가을과 같이 황량하고 건조한 금일의 삶보다도 그들 시인에게 있어서는 영원의 침묵이 잠자는 무덤의 피방(彼方)이 얼마나 달콤한 유혹이었으랴.

샤를 보들레르의 「악(惡)의 화(華)」를 떠들어 보아라. 그리고 베를렌의 가을의 시를 읊으라. 알베르 사맹[1]의 황혼의 시를 찾아보라. 우리는 거기에서 호흡하는 차디찬 사(死)의 속삭임과 천식(喘息)을 우리의 마음에 들을 것이다. 부르주아 시인의 후예의 한 사람이요, 프롤레타리아 최초의 시인인 예세닌은, 그리고 마야콥스키는 이윽고 사(死)의 강렬한 유혹에 끝까지 버티지 못하고 그 내부의 고민과 동경을 실현하였다.

그들은 무슨 까닭에 그렇게 조국의 괄목할 성장과 발랄한 활동에도 불구하고 그 존재를 망각의 속에 하루바삐 파묻기 위하여 자살하지 않으면 아니 되었나. 러시아를 증오하여 모든 기회와 돌발 사건을 그 공격과 악선전의 재료로 전용하려고 항상 준비하고

---

[1] Albert Victor Samain(1858~1900). 프랑스 시인. 19세기 후반의 낭만파 시인.

있는 일부의 사람들은 곧 그들의 자살 사건을 붙잡아서 역사상 첫 시험인 노동의 제도에 연결하여 '아마 높은 교양과 고상한 감성을 가진 시인이 속악한 러시아의 제도와 환경에 도무지 견딜 수 없는 것이리라.'고 추단하고 나아가 다른 사람까지 그렇게 믿게 만들려고 한다. 어떤 솔직한 사람들은 아마 신병(身病)의 탓이라고 말하기도 한다. 그런데 예세닌도 마야콥스키도 그 유언장에 그들의 사인이 결코 노동 제도에 환멸을 느끼지 않았다는 것을 역설하였고, 변함없이 소비에트의 승리를 마음으로부터 바라는 신임자의 한 사람이라는 것을 후 사람들에게 믿게 하여 그들의 사(死)를 에워쌀는지 모를 억측과 오해를 남기지 않으려고 많은 변해를 하였다. 그 전에 말한 곡해자들과 함께 우리는 이 두 시인이 최후로 남긴 고충에 타는 유언을 부정할 아무 준비도 없다.

그러면 그들의 사(死)는 어디서부터 유래한 것인가. 우리는 먼저 러시아의 방방곡곡에서 그들의 공장과 광산에서 펄펄펄 타오르는 용광로의 화광을 입고 건실하게 그들의 해머를 내려놓는 수백만의 청복(靑服)을 생각하지 않으면 안 된다. 그리고 활발하게 강렬하게 강철과 같은 보무를 내일의 완전한 승리에로 옮겨 놓는 청복들의 너무나 장엄한 창조의 힘과 건설에의 무한한 가능성을 생각지 않으면 아니 된다. 이것이 혁명 이후 두 시인의 심령을 강렬하게 진동시킨 러시아의 새로운 주의다. 그리고 그것이 속임없는 신 러시아의 자태다. 이러한 속에서 예세닌은 들을 건너는 철마를 노래하던 평온한 전원시인이기를 기권하지 않으면 아니 되었다. 그리고 마야콥스키는 가장 열렬한 혁명시인이라고 안 할 수 없었다.

그러나 거기는 무리가 있었다. 그것은 그들의 심령에 파먹고 있는 시인으로서의 교양과 습성과, 너무나 지상적(地上的)인 청복(靑服)의 세계 사이에 가로놓인 현격한 불균형이다. 그리고 그 시인들의 내부의 부르짖음은 어느 때까지든지 고루한 매미이기를 반대하였다. 그러나 그들은 러시아의 현실적인 건설의 사업에 대하여는 무능하다느니보다는 너무나 무용한 것임을 자각하였으리라. 그렇다고 그들의 낡은 습성을 청산하기에는 그들의 고질은 결정적이었고 치명적이었다. 인간적 파탄의 계기는 실로 여기 있다. 이것이 근대 시인의 최후의 운명이다.

이상에서 우리는 시인에게 부여된 그 사회적·계급적 위치와 그 역사적 변천 과정을 천명하려고 하였다. 우리는 '시를 쓰는 시민'이라는 말 이외에 많은 오류를 내포한 시인이라는 개념을, 단어를 우리의 자전에서 말살하는 것이 당연하다고 생각한다. 시인은 이미 몰락하면서 있고 그것이 그들의 현실적인 그리고 필연한 운명인 것이다. 새로운 제너레이션에 의하여 대표될 신시대는 벌써 이러한 의미의 시인을 필요로 하지 않는다. 사실 우리가 아무 생산적 사업에 참여함이 없이 시를 직업으로 쓰는 시인이라는 계급적 무뢰한에게 사회의 특등석을 허여(許與)하여 양지 바닥에서 눈 가물치는 고양이와 같은 인종을 사육하는 것은 확실히 그것은 사회적 낭비다. 시인이라는 존재는 그리고 그 개념은 벌써 역사상의 고전이다.

이러한 변태적 진공적 생활 속에서 영탄되는 것은 생기 있는 생활의 조국에서 추방당한 나라 없는 보헤미안의 망국적 감상주의밖에는 없을 것이다. 생활의 정열과 이상과 실감이 없는 금박과 같은, 그리고 수음적(手淫的) 자기도취의 퇴폐 속에 탐닉하는 — 이것이 근대시의 속임없는 전반적 경향이다.

여기에 이러한 근대시의 주관적 동향을 조세(助勢)하는 것은 그것이 처한 현대라고 한 특수한 에포크의 시대적·사회적 색채다. 즉 근대시를 에워싸고 흐르는 객관적 정세다. 자본주의 말기를 통한 퇴폐화의 경향이 그것이다. 한 사회의 문화가 난숙하였을 때에는 그 시대의 문물은 일반적으로 향락적·퇴폐적 형태를 갖추게 된다. 이러한 것이 곧 근대시에 반영한다.

쉬르레알리슴, 담백한 센티멘털리슴, 말초신경적 신감각주의, 그리고 감각의 교착(交錯)과 환상, 이것이 현대에 남아 있는 시인적인 시의 속성이다. 그리하여 시는 자본주의 문화의 모든 영역에 팽배한 분해 작용과 함께 그것은 최후의 심판에로 맥진하고 있다.

우리는 일찍이 우리의 노력의 고가인 대상(代償)을 지불하면서 시인이라는 호사한 폐물을 부양할 아무 의무도 필요도 없음을, 그리고 시인이라는 개념에 대한 아무러한 전통적 개념까지라도 말살할 것을 역설하였다. 따라서 시인의 사회적 기능에 대한 과다한 신망(信望)을 결백하게 단념하지 않으면 아니 된다. 만약에 세기의 여명을 밝히는 봉화와 같이 자신하며, 그리고 많은 추종자로부터 그러한 신임을 신흥하는 프로 시인이 받는다면 그것은 양편의 한결같은 소아병에서 유래한 병적 사상이다. 그리고 프로 시인이 노동자 농민의 노력의 부분적 소비에 의하여 시를 논의하고 제작할 시간적인 여유를 제공 받는다면 이는 지극히 위험한 현상이 아니면 아니 된다. 우리는 이것이 한낱 기우이기를 바라며 현실로서 존재하지 아니하기를 바란다. 만약에 이러한 일이 있다면 이는 시인의 사회적 책무에 대한 불필요한 숭배를 새로이 뜻한 까닭일 것이다.

과거에 있어서 '지위는 그것에 상당한 위엄을 작(作)한다.'는 법칙에 의하여 시인에게 바쳐진 형식적 위엄이라는 인습적 유물에서 우리는 완전히 자유로와져야 할 것이다. 부양을 받는 측에서도 이러한 불명예한 허장성세에 어떤 양심적 가책을 받을 것이다. 노동자·농민 측에서도 시인을 부양할 아무 약속도 없는 것이다. 세계는 늘 불필요한 권리와 우상적 의무를 한가지로 벗어 버림으로써 더 인간적인, 더 해방된 상태에로 자신을 지양하면서 부단히 진전한다.

이렇게 지배계급의 향락적 욕망의 지지로써 그 살롱의 1매의 액면과 같이 불가결한 시는 모든 문화 체계 속에서도 우월성을 획득하였으니, 이리하여 이것을 한 개의 형이상학으로 완성하기 위하여 추상 작용이 시작되었다. 불필요한 중에서도 가장 불필요한 미학이라는 형이상학이 그것이다. 그것이 범한 첫째 과오는 시를 고정한 상태에서 관찰한 일이다. 그래서 시에 대한 과장된 관념적 추리와 사색은 스스로 시의 형태와 가치의 가능성에 대한 무조건 찬미에까지 도달하였다. 시를 흡사히 인생 생활의 제일의적(第一義的) 존재인 것처럼 상아의 제단에 봉사하였다.

일방에 있어서 로맨티시즘은 이러한 경향을 격찬하였다. 이것은 동란과 전율과 판타지의 시대였다. 이러한 일종의 비약의 시기에의 환상은 문자 그대로 불가능을 가능에로 창조하는 한 개의 특권을 보여 주었다. 그것이 예술의 기능의 적극성과 가능성을 인생 생활의 최고봉에까지 확대한 로맨티시즘이다. 그것은 개념의 죄악이다.

우리는 예술, 더욱이 시의 기능을 그렇게까지 생각지 않는다. 과거의 시의 발전 단계를 통하여 우리는 경험적으로 예술지상주의를, 아니 현금에 시에 향하여 허여된 관념까지도 부정할 수 있겠다. 그리고 시 그것의 본질적 구명에 의하여 더욱이 이 사실을 선명(宣明)할 수 있다. 우리들의 지각에서 그것을 염색하는 선인적 정열을 거부하고 더 냉정한 태도를 가지기만 하면 인생 생활의 일 여지로서밖에는 시는 지각되지 않으리라.

일찍이 인류의 생활이 문명의 일루미네이션에 침투되지 않았다 하더라도 현대와 같이 병적이지는 않고 자연의 강렬한 광선 아래서 고사리와 같이 건강하던 시기에는 시는 인생 생활의 여기로서 존재하였다. 라틴 쿼터라고 하는 특별 지대는 사실상 현대의 한 암이다. 원시인은 그가 시를 읊을 때에도 생활의 확충이 제일 책임임을 잘 알았다. 시는 이러한 생활의 열렬한 투쟁과 승리의 각 모멘트의 생활의 배설물이었다. 그들은 결코 시로 먹고살지는 않았다. 부여된 국한한 그들의 환경의 세계를 그들의 이상에까지 고양하고 확장하며 그 사이에 그들의 생활의 의의를 창조하면서 있었다. 시에게는 그것이 가장 적당한 지위다. 그 이상은 월권이고 그 이하는 역시 몽매다. 그러나 후자는 인류의 발전 과정에 있어서 유해하지는 않다 하나 전자는 매우 유해한 것이다. 때때로는 인류의 진로에 부당한 광석이기도 하다. 우리들은 시에 대한 합리한 관념을 가지는 동시에, 따라서 시가 문화 기구의 속에 가지는 위치가 합리화할 때까지는 차라리 우리는 월권보다는 몽매를 선택하려고 한다.

시라는 개념은 본질적으로 이원적 가능성을 포함하고 있다. 향락적 방면과 이상적 방면이 그것이다. 그래서 시는 묘사이며 동시에 표현이다. 이러한 의미에서 일면에 있어 퇴폐에로 타락하고 일면에 있어서 생활 원리의 지표에로 앙양할 유동성을 시는 가지고 있다. 그러나 그것이 차지한 후자의 방면은 지극히 소극적인 것이다. 한 사회의 문화가 극도로 난숙하여 이윽고 몰락을 예상하게 되는 시기에는 시는 더욱이 생활 지표로의 임무가 희박하여지고 향락적 방면이 적극적으로 대두된다.

우리가 시라는 예술 형태에 대한 과거의 부당한 부담을 벗어버림으로써 우리가 잃어버릴 것은 과오된 착상밖에는 아무것도 없다. 우리는 우리의 이러한 착상을 정확한 인식에까지 교정하지 않으면 아니 된다. 우리는 시를 시라고 하는 선입적 우월한 시각에서 조망하는 낡은 인습에서 탈출하여야 한다. 시를 시에게 적당한 평범한 지점에까지 끌어내려야 하겠다. 이리하여 우리는 착란된 관념을 정정할 수가 있을 것이다. 그것은 본질적으로 생산적인 것은 아니다. 최초부터 소비 형태에 속한 것이다.

리얼리즘의 문제이니, 대중화의 문제이니 하는 제 명제를 프롤레타리아 시인이 스스로 스스로의 위에 과제할 때 그가 다소라도 예술학적(비록 사회적 예술학이라 할지라도) 입장에서는 할 것이 아니다. 오직 이용의 방편으로만 이를 문제 삼을 것이다.

왜 그러냐 하면 우리는 예술의 적극적 기능을 이 이상 믿을 아무 근거도 없는 까닭이다. 사회적 공리성이 그렇게 없는 바에는 개인적 사건보다는 더 크게 사회 전체에 관심을 가지려는 우리는 그것이 아무리 달콤한 매력에 가득할지라도 시에 집착할 수는 없다. 우리들은 재즈를 추는 것을 본다. 금일의 세계에 팽배한 에로티시즘의 만조를 목격한다. 그리고 우리들은 그것들을 거부할 뿐 아니라 박멸하려고 한다. 금일의 시와 재즈와 에로티시즘의 경계선을 명확히 그릴 세균학자가 어디 있으랴.

우리는 시 이외에 큰 전야(戰野)를 가지고 있다. 그리고 시 이상의 더 효과적인, 동력적인 현실적 기능과 가치를 차지하고 무슨 까닭에 시의 문제에서 주저하여야 할까. 이것이 시에 대한 우상숭배적 사상이 아니고 무엇이랴. 그것이 어떠한 미려한 명목의 소유자일지라도 우상인 이상에는 파괴하지 않으면 아니 된다. 신시대는 현대의 주민의 모든 두상(頭上)에 그러할 것을 명령한다. 우리들이 요구하는 것은 형식적 미가 아니다. 진리인 까닭이다.

시는 제일 먼저 생활의 여기다. 시는 그리고 생활의 배설물이다. 그 경험적 기능을 통하여서도 그 실질적 가치를 통하여서도 그 이상의 해답을 도출할 수는 없다. 우리들은 과거에 있어서 창조라는 말을 너무나 안가(安價)로 남용하는 습관이 있었다.

제군이 부르주아거든 제군은 그 생활 속에서 발효하는 감정을 그리고 의욕을 가장 자연스러운 형태로써 시에 표현하면 그만이다. 그리고 제군은 그러하지 않고는 마지않을 것이며 그러할밖에는 없을 것이다.(여기서 '자연스럽게'라는 말의 내용은 제군의 교양과 계급의식과 지위 등에 의하여 할 것이며 거기에 아무 무리도 없으란 말이다.) 제군이 인텔리겐치아거든 역시 가장 자연스러운 형태로 제군의 생활 속에서 제군의 시를 쓰라. 제군이 만약에 노동자·농민이거든 또한 그러할 것이다.

그러나 또 하나 딴 문제가 부과되어 있다. 그렇다고 일부의 프로 시인, 관념적 추리를 하고 있는 프로 예술의 문제가 아니다. 사실 문제는 프롤레타리아 예술은, 어떠한 형태로써 어떤 내용을 필연적으로 가지고 출현하여야 할 것인가, 하는 예술학적 제목은 아니다. 문제는 오직 하나 따로 있다. 어떻게 우리의 시에 전투성을 주입해야 전면적 투쟁에 효과적으로 작용할 수 있게 할까. 그러나 재삼 중복하는 말이지만 어떤 흥분된 순간을 제하고는 가장 현실적인 전장에는 시가 없었다. 환언하면 시의 전투적 작용이란 미력하다는 말이다. 시라는 연장에는 '부르'는 아무 고통도 받지 않는다. 그것은 위험성 없는 안전한 연장이다. 따라서 무용한 연장이다.

우리가 시를 관념할 때에 이 이외의 결론은 곤란하다. 왜. 만약에 여기 한 사람의 인텔리겐치아가 있어서 그 인텔리성이 완전히 노동자의 생활로 재주(再鑄)(이 말은 변개(變改)가 아니고 동화(同化)를 의미한다.)함이 없이 입으로 프롤레타리아 시인임을 선언하고 프롤레타리아 예술가 단체에 가입한다고 하자. 그가 쓰는 시는 결국은 일단 인텔리겐치아의 시각을 여과하지 않으면 아니 된다. 즉 그 시 속에 있는 것은 '프롤레타리아의 생활의 전투성과 정의성을 바라보는 순간의 인텔리겐치아의 내적 흥분' 말고 무엇이랴. 이것은 가정이 아니다. 현실이다.

시는 직업이어서는 아니 된다. 부업이어서도 아니 된다. 그리고 각 계급은 그 계급의 생활에 충실한 시를 가지리라. 그리해서 각 계급에 속한 개인도 결국은 그가 속한 계급의 시를 가지리라. 무슨 '××××'적인 '×××적 시'를 가질 것도 아니고 쓸 것도 아니다. 그것은 불가능이며 만고에 그 가정이 성립된다 할지라도 한 개의 난센스다. 세계에는 싸움만이 있다.

승리하고야 말 역사의 새 담당자를 구할 때에는 그들 자신의 전투적 생활 속에서 우러나오는 시에 의하여 위무되며 고무되면서 그들의 영광스러운 싸움을 승리에로 접근시킬 것이다. 그렇지 못한 계급은 그 계급 독자의 생활 속에서 나오는 시에 의하여 그 피폐한 신경을 도취시키면서 그들의 담백한 과거의 꿈을 좇으면서 몰락의 길로 전락하리라. 우리는 이 지구의 표면에서 계급의 그림자가 완전히 소멸될 때까지는 각 계급의 시가 없어지리라고는 생각할 수 없다. 그것은 실로 무리한 일이어서 도저히 있을 수 없는 일이다. 결국 시는 무기가 아니었다. 우리들이 연장을 집어야 할 시기에 무슨 까닭에 시에 도피하여 무해한 무기를 연마할 것인가.

—《조선일보》(1930. 7. 24~30)

최근 해외 문단 소식

─ 하이네의 동상(銅像) 문제

　시인 하이네의 생지(生地) 독일 뒤셀도르프시에서 수년 전 하이네의 동상을 건설하자는 의논이 일어나 시의 유지들이 오천 원을 내놓아 기금 모집에 착수하였었다. 동상 건설비는 원래 수만 원의 예정으로 될 수 있으면 다른 시정촌(市町村)의 조력을 받지 않을 방침이었었는데 결과는 예상 이외로 성적이 불량하여 현재에 이르기까지 일만 원밖에 아니 모였다. 그런데 그 이유가 어디 있는가 하고 탐색하여 본즉 비록 이 도시가 하이네의 고향일망정 그에 대한 반감과 불만을 가지고 있는 사람이 적지 않기 때문인 것이 드러났다.
　하이네는 생전 교회로부터 이단시(異端視)하여 파문까지 당하였는데 지금도 종전과 같은 적의를 가지고 대한다 한다. 그런 관계로 부유한 시민들로서는 교회가 무서워 기부를 주저하는 빛이 보인다. 또 하이네가 유태족의 피를 받고 있는 것과 불란서 사람을 열애하고 있었다는 편심(偏心)에 완미(頑迷)한 국가주의자들은 그에 대하여 몹시 반감을 품고 있는 것도 사실이다. 하이네를 가장 큰 호의를 가지고 대하는 것은 사회주의자들인데 그들 중에는 돈 있는 사람도 없으려니와 주의의 입장으로 보아 동상 건설에 반대하므로 지금 같아서는 동상 건설은 거의 절망 상태에 있다.

—《조선일보》(1930. 9. 3)

노벨문학상 수상자의 프로필

1 서언(緖言)

싱클레어 루이스가 금년도의 노벨문학상을 받게 되었다는 전보를 접하고 나는 우연히 이러한 생각을 일으켰다. 금일 조선의 문단은 제3기적인 침체 상태에서 영구히 정돈할 것같이 보인다. 아니 이것은 홀로 조선에서만 한한 특수 현상이 아니라 전 세계를 통한 공통한 현상이며 추세다. 금일 문학은 점차 그 신용과 존경을 실추하고 일반적으로 궁박한 형세에 막다르고 있는 것이다.

이러한 점에도 물론 문단 침체의 근본적 원인이 내재한 것이리라. 즉 문학 자체가 방금 한 개의 진통기를 경과하고 있는 것이며 이윽고 분해에서 다시 적극적으로 내적·외적 방향 전환을 하지 않으면 아니 될 추(秋)에 당한 것같이 보인다. 그리고 금일의 세계 공황 불경기라고 하는 것이 직접·간접으로 문단 침체를 초치한 다분의 원인을 짓고 있다. 경제는 항상 시대와 사회의 에너지인 까닭이다. 문화사적으로 이것을 고찰하면 어떠한 사회 기구가 상승적 발전 과정을 더듬어 가고 있을 때에 문화는 가장 활발한 형태를 정(呈)하는 것이다. 이러한 의미에서 자본주의가 제3기에 들어선 현금의 세계에 문학의 황금시대를 재현하려고 하는 기원(企願)과 노력은 효과 없는 몽상과 같은 것이 아닐까. 그리고 사회 진화의 각 계단에 있어서 그 시대 시대에는 독특한 주도 개념이 존재하여 다른 뭇 개념을 자신 안에 통일하려고 하는 강렬한 요구와 작용을 가지고 있다. 즉 중세기에는 종교라는 개념이, 르네상스 시대에는 예술이라는 개념이 또 다른 시대에는 철학이 각각 그 시대정신의 주도 개념이었다. 이렇게 관찰하여 와서 그러면 현대의 주도 개념은 무엇인가를 물어본다면 그것은 명백하게 예술은 아니다. 현대는 과학의 시대다.

이러한 경향은 문화 전체에 대한 시찰에서도 타당하지만 문학 자체의 내부의 각 분야에 있어서도 그중에 어느 것이 현대를 따라 주도적 지위에 서는 것이다. 슈트룸 운트 드랑 시대는 시가(詩歌)의 시대였고 자연주의 시대는 소설의 시대였다. 이러한 고찰은 더 상세 긴밀한 연구와 논술에서만 전개하기 가능한 종류의 것으로 후일을 약속하고 다만 여기서 문단 침체의 근본적 원인을 열거한 뒤에 그 부대적(附帶的) 제2의적 원인으로서 우리 문단에는 더 스케일이 크고 객관적 통찰에 풍부하고 우수한 예술적 파악력을 가진 정력적인 작가가 없다는 것을 들고 싶다. 비록 서전(瑞典)[1]이나 정말(丁抹)[2] 등지에서 조선 문단이라는 존재는 꿈에도 생각되어 본 일이 없겠지만 다만 그 실질적 가치에 있어서 노벨상의 수여에 해당할 만한 좀 그 틀이 큰 작가는 나오지 아니하려는가. 일찍이 춘원(春園)은 조선에서 유일 최대한 작가로 생각되었을 때가 있었다. 그러나 그것은 조선 문단이라는 집단적 존재가 확립되기

---

1 스웨덴의 한자 표기.
2 덴마크의 한자 표기.

전인 그의 독무대였을 때 아무도 없는 골짜기에서 대장 노릇을 하는 것은 누구에게도 쉬운 노릇이다.

이제 나는 노벨문학상의 수상자인 각국의 큰 작가의 면모를 극히 조감적(鳥瞰的)으로 소개하여 한 핸드북을 만드는 동시에 다행히 우리의 문단의 일종의 자극제가 될 수 있다면 나의 수확은 나의 예기보다도 더 클까 한다.

2 노벨상과 노벨 씨

노벨상은 실로 현대의 올림포스와 같은 흥미를 가지고 항상 현대인을 재미스럽게 만드는 자극제인 일의 하나다. 그것은 1년간에 세계에 생존한다는 동시대의 문인 가운데서 제일 우수한 이상주의자에게 보내 준다는 취지에 있어서 고대의 올림포스의 월계관과 같은 것이다. 그러므로 노벨문학상을 받음으로써 그는 일시에 세계의 토픽에 오르는 것이다.

수상자의 결정이 스웨덴 학사원(學士院)의 결의에 의하는 것이므로 거기에는 다소간이나마 혹종의 편견이 삽입할 것이며 또한 세계에는 너무나 동양(同樣)의 이상주의적 문학자가 많은 까닭에 금년의 싱클레어 루이스와 같이 전연 세인의 예상 밖의 결정을 보는 때도 있으나 여하간 이로 인하여 그가 더욱 유명해지는 것만은 사실이다. 이렇게 수상하고 또 유명해지지만 버나드 쇼와 같이 수상을 거절하고도 더욱 유명해진다. 그래서 당분간 싱클레어 루이스의 메인 스트리트의 매행고(賣行高)는 괄목할 형세로 격증할 것이며, 뉴욕을 위시한 각국의 도시의 출판업자로 하여금 미소를 토하게 하리라.

그러면 노벨상이란 무엇이며 누구의 시작한 일인가. 서전(書典)의 그 자신이 유명한 물리학자요 발명가인 알프레드 베른하르드 노벨(1833~1896) 씨의 유언에 의하여 국제적 학계에 기여된 총액 1천8백만 원의 거금을 기본금으로 하고 년년이 8만 원씩 이하의 5종의 상금으로서 분여되는 것이 노벨상이다.

1. 물리학상의 공적
2. 화학상의 발견
3. 생리학 또는 의학상의 공헌
4. 이상주의적 경향의 가장 걸출한 작품
5. 세계평화에 대하여 최대 공헌을 한 개인 또는 기관

5종이 그것이다.

이 상금은 국적과 성의 구분을 세우지 아니하고 다만 공적의 절대 가치에 대하여 수여되는 것이다. 그래서 이상 5종의 상금 중 제4의 상이 곧 노벨문학상이다. 그중 물리와 화학상의 상과 문학·철학의 상은 스웨덴 학사원에서 수여하고 생리·의학상의 상은 캐롤라인 학원이, 평화상은 노르웨이 의회의 위원회가 각각 그 수상자를 결정하는 권리를 가지고 있다. 그런데 내가 말하려고 하는 이 문학상은 무슨 이유로인지 1914년과 1918년에는 수상자가 전연 없었으며 1904년과 1917년에는 각각 2명의 수상자가 있었다.

이 센세이셔널한 사업의 아버지인 알프레드 노벨 씨는 1833년에 스톡홀름시에서 출생하였고 1842년에 러시아에 가서 그 아버지를 원조하여 잠항수뢰정(潛航水雷艇)을 완성하였고 니트로글리세린의 제조에는 특히 많은 학식과 견식을 발휘하였다고 한다. 그리고 와사계(瓦斯械)를 발명하였으며 기압계의 개량에도 성공하였고 고무도 발명하였다. 더욱이 폭발물의 연구에는 특히 조예가

깊어서 다이너마이트의 제조, 무연화약의 발명을 완성하는 등 많은 위대한 공적을 남겼다. 그러나 그 사상만은 다이너마이트와 같이 폭발성을 띠지 않았던지 말년에는 누거만(累巨萬)의 황금을 옹(擁)하고 있다가 1896년 12월에 사거(死去)하였다고 한다. 그리하여 노벨상은 매년 그의 제일(祭日)에 수여되는 것이다.

이하에 우선 지금까지의 노벨문학상 수상자의 명단을 만들고 뒤를 이어 각각 한 사람씩 간단하게 그의 프로필을 약술하기로 하자.

1901년 쉴리프뤼돔(불(佛))
1902년 몸젠(독(獨))
1903년 비에른손(낙(諾))
1904년 미스트랄(불(佛))
      에체가라이(서(西))
1905년 시엔키에비치(파(波))
1906년 카르두치(이(伊))
1907년 키플링(영(英))
1908년 오이켄(독(獨))
1909년 라겔뢰프(서(瑞))
1910년 하이제(독(獨))
1911년 마테를링크(백(白))
1912년 하웁트만(독(獨))
1913년 타고르(인(印))
1914년 —
1915년 롤랑(불(佛))
1916년 헤이덴스탐

1917년 기엘레루프(정(丁))

　　　　폰토피단(정(丁))

1918년 ―

1919년 슈피텔러(서(瑞))

1920년 함순(낙(諾))

1921년 프랑스(불(佛))

1922년 베나벤테(서(西))

1923년 예이츠(애(愛))

1924년 레이몬트(파(波))

1925년 쇼(영(英))

1926년 델레다(이(伊))

1927년 베르그송(불(佛))

1928년 운세트(낙(諾))

1929년 토마스 만(독(獨))

1930년 루이스(미(美))

3 쉴리프뤼돔(1839~1907)

　쉴리프뤼돔(르네 프랑수아 아르망)은 순수한 파리지앵이었다. 1839년에 예술의 도시 파리에서 산성(産聲)을 올렸고 일 서정시인으로 그 문학적 생활을 출발한 그는 상징적 서사시인으로 1907년 샤트네에서 그 생애를 마쳤다. 그의 서정시집 『시편(詩篇)』이 나온 것이 1865년이고 그 후 『고독』(1869년)의 뒤를 이어 『허무한 애무』가 나온 것이 1875년이고 그 익년에는 스테판 말라르메의 『폰의 오후』가 나왔고 1888년 그의 걸작 『행복』이 세상에 나온 해에는 에밀 베르하렌의 *Les Débâcles*가 나왔다. 이렇게 그가 문학 생활을 지속하는 동안은 실로 다채한 불란서 문단에는 생볼리스트의 맹장(猛將)들이 육리(陸離)한 광채를 발사하고 있을 때였다.

그의 초기의 시집에는 세련된 감성을 가진 섬세한 서정시인으로서의 면목이 약동하였으나 그는 일면에 사색적 지성과 실증주의적 수리적 정신의 소유자였다. 그리하여 「정의」(1878년), 「행복」 등 장편 서사시에 이르러서는 매우 관념적이고 사색적 경향이 농후하게 되어 일부에서는 그를 비난하였다.

그는 당시 유행한 생볼리슴이 구경(究竟)에는 마테를링크류의 신비주의로 전락하려고 할 때 홀로 더 현실적인 이상주의로 전화(轉化)한 것이다. 그의 작 「행복」은 일종의 상징적 수단으로 호기심·관능과 과학·덕(德)과 희생의 세 계단을 지나서 최고의 왕국인 행복으로 약진하는 인생을 노래한 것이다.

그를 구가하는 무리와 서전(瑞典)의 아카데미에 의하면 그는 자연의 외관의 피방(彼方)에 그 내재적 생명까지를 투시하는 영(靈)의 눈을 가진 이상주의자였다. 그는 시에는 부드러운 리리시즘과 엄숙한 내적 반성의 두 요체(要諦)가 병존하여 늘 한 개의 위기(서스펜스)를 예상케 한다.

쉴리의 이러한 작은 내부적 알력은 그 유년 시대를 에워싸고 있던 비극적인 경우에서 유래하는 것이라고 해석할 수 있다. 쉴리의 불행한 어머니는 10년 동안이나 그의 애인인 쉴리의 아버지와의 결혼을 기다렸다. 그러나 결혼한 지 4년 만에 대리석같이 찬 죽음은 그에게서 그 남편을 빼앗아 갔다. 고독한 일 모성의 비탄은 오로지 어린 쉴리의 사랑 속에 파묻히고 있었다. 자살자(自殺者)의 동무인 센의 달 아래에서 그는 쉴리의 귀에 이렇게 속삭였다. "너는 자라서 위대한 물리학자가 되어라."그러나 쉴리는 중도에 근치(根治)치 못할 안병(眼病)을 얻어 이 길로 매진할 수 없었던 것이 다행히 그의 천분인 시재(詩才)를 발휘할 기회를 만들었다.

그는 만년에 불란서학사원의 회원이 되었다. 1901년에 "작가로서의 우수한 공적을 인정하고 특히 그 고원(高遠)한 이상주의와 예술적 완성을 상(賞)하여" 노벨문학상 제1회의 수상자의 명예를 얻게 되었을 때 불란서학사원은 이 광휘(光輝) 있는 노벨문학상의 최초의 수상자가 그 회원 중에서 나온 것을 한없이 영광으로 여겼다.

그에게는 시집 이외에 운문 예술에 대한 고찰, 과학의 신용 등 제 논문집도 있다.

4 테오도어 몸젠(1817~1903)

역사가에는 두 가지 타입이 있다. 경험적 사실을 사실 그대로 나열하고 기술하는 단순한 리포터(보고자)의 타입과 또 한편에는 객관적 역사적 제 사건의 변천을 통하여 한 개의 독특한 관찰과 비판을 수립하는 타입이 그것이다. 우리들은 후자를 가리켜 명철한 사안(史眼)의 소유자라고 칭하고 유물사관도 이러한 우수한 사안의 하나요 신칸트파의 역사철학도 요컨대 유심적(唯心的) 사안이다. 그래서 테오도어 몸젠은 정(正)히 후자에 속한 즉 탁월한 사안을 소유한 사가(史家)였다. 그의 로마사를 일독하는 자면 누구나 거기는 냉정한 관찰의 속에도 항상 탁월한 독창적 통찰의 형안(炯眼)이 로마의 흥망을 일관하여 관채를 발하고 있는 것을 감득(感得)할 수 있다. 그는 한말로 말하면 이상주의적 사학자였다. 항상 인류에 진정한 지식을 제공함으로써 인류를 이익하려고 부단히 정진하였다. 그러므로 1817년에 슐레스비히에서 고고의 소리를 발하고 1903년 12월에 85세의 고령으로 세상을 떠날 때까지도 그는 학자의 나라 독일에서도 사계(斯界)의 오소리티를 허락하였으며 그 해박한 지식과 냉철한 사적 통찰로 인하여 근대의 에라스뮈스라는 영광스러운 별명을 가졌던 것이다.

그의 역사는 전술한 바와 같이 단순한 객관적 기록이 아니고 거기는 독특한 주관의 비판이 그 저류(低流)를 형성하고 있고 그 위에 아무것도 구속받지 아니한 자유분방하고 유려한 표현이 그의 역사로 하여금 일종의 예술에까지 끌어올렸다. 그의 학식은 30세 이전 약관에 벌써 학계의 인정을 받아 베를린학사원이 위탁을 받고 이태리·불란서 등지에 잔존한 고로마제국의 비명(碑銘)을 탐색하며 연구하는 명예를 가졌다. 그는 역사 연구의 지방(地方)에 법률을 연구하여 31세 때에는 라이프치히대학 법과에 초빙되었다. 그 후 취리히대학에서는 2년 동안을 로마법을 담임, 교수하였으며 프레슬라우대학에서도 역시 로마법 강좌를 맡아 가지고 있었으며 베를린대학에서는 고대사를 강의했다. 그리하여 학식의 심원(深遠)과 열로써 일관한 그의 학풍은 일세를 풍미하였다. 학자로서 그는 일방 비분강개의 열정의 사(士)로서 자유주의를 고창하여 독제(獨帝)의 철혈 제상 비스마르크의 고압 정책을 통렬히 탄핵한 까닭에 비방죄로 피소된 일이 있었으나 필경 비스마르크를 패소케 한 에피소드는 그 강렬한 인경의 일면을 전하고도 남는다.

그리하여 1902년의 노벨문학상을 서전(瑞典) 학사원은 "그의 대표작인 『로마사』를 중요한 목표로 하고 역사가 중 당대에 제1인자인 것을 인정하고" 테오도어 몸젠에게 전하기로 결정하였던 것이다.

5 비에른스티에르네 비에른손(1832~1910)

우리들은 비에른손을 말하기 전에 우선 그 시대의 역사적 배경을 약술함이 흥미가 더 있겠다. 1814년 낙위(諾威)³는 드디어 정말(丁抹)의 기반에서 해방되었다. 그때까지는 낙위는 문학의 영역까지도 정말의 지배 아래 있었던 것이다. 그래서 개방된 후에도 얼마 동안은 벨하벤을 수령으로 한 상류계급의 정말당(丁抹黨)은 의연히 정말 문명을 구가하였다. 이에 대항하여 국민주의의 가치를 높이 세우고 궐기한 것이 베게란드를 수령으로 한 농민층이었다. 이리하여 발아한 낙위 국민문학에 처음으로 견고한 기초를 부여한 것은 비에른손이다. 동시대의 또 한 사람의 위대한 작가 입센을 세계의 무대에 보낸 후에도 그 자신의 보배로 비에른손을 가질 수 있는 낙위는 행복이었다.

그는 1832년에 크비크네의 산곡(山谷)에서 빈한한 목사의 아들로 태어나서 그 유년 시대를 롬스달렌에서 보내는 동안에 그곳의 아름다운 자연 — 협곡과 산과 호수 — 의 품속에서 나이브한 농민의 생활에 친근하였으며 그 감화를 받았다. 후일의 그의 농민 작가로서의 출발은 실로 이러한 그의 어린 시절에 벌써 배태(胚胎)되었던 것이다. 브라네스는 그를 평하여 "그는 낙위의 문명에 씨를 뿌린 자다. 그는 낙위의 문명에 공헌하려고 붓을 잡았다. 그는 시인이 문예를 응용하여 경세제민(經世濟民)의 방도로 사용하고 위정자처럼 국리민복을 돕는 것은 추호도 치욕으로 생각지 않았다."고 하지만 그가 그렇게 많은 수확을 얻은 것도 그의 위대한 예술성이 없

---

3   노르웨이의 한자 표기.

이는 불가능하였으리라. 고스 경(卿)은 "그의 정신은 해적과 같이 남성적이며 처녀와 같이 순결하다. 그의 이야기에는 향료의 냄새와 같은 청신(淸晨)한 향기가 삼투(滲透)하고 있다."고 그를 찬탄하였다. 여하간 그의 예술의 근저에는 항상 낙위 산촌의 짙은 로컬 컬러가 떠돌고 있다. 그래서 자국의 농민을 고무하기 위하여 붓을 잡은 그는 드디어 그들로부터 낙위의 아버지라는 칭호를 받았다.

「행복한 사나이」, 「어머니의 손」, 「신(神)의 길」, 「성현 낫트」, 「결혼 마취」 등의 농민소설(일설 산악소설) 외에 「장갑」, 「편집자(編輯者)」, 「파산(破産)」, 「왕」 등의 사회극에까지 손을 뻗치어 입센과 호응하려고 하였으나, 그의 본령은 역시 농민소설에 있어서 몽환적 풍토와 함께 쓸쓸한 신비주의가 그 저류를 흐르고 있을 때에만 그의 혼은 가장 광채를 발한다. 1903년에 "늘 인심의 고무 진흥에 효과가 큰 고답적인 광휘 있는 작품을 낳고 정신의 순결을 강조한 작품을 발표한 공적을 인정하고" 노벨문학상이 그에게 수여되었을 때 세계의 팬은 그들 자신의 희열 이상으로 갈채하였다.

6 프레데리크 미스트랄(1830~1914), 호세 에체가라이(1833~1916)

1904년의 노벨문학상은 미스트랄과 에체가라이의 양인에게 반분씩 분여(分與)되었다. 전자는 프로방스의 주민의 생활 성질에 충실한 거울을 건 시작에 있어서 청신한 창작력과 풍부한 천분(天分)과 순진한 예술미를 발휘한 점과 프로방스 언어학상에 남긴 크나큰 공적을 인정하고, 후자는 그 독립 불기(不羈)한 독창적 표현으로써 서반아(西班牙)⁴ 연극의 대전통을 부활시킨 포괄적 이지적 재능을 인정하고 각각 노벨문학상을 수여했다. 미스트랄의 향토 프로방스는 기원전 6세기에 벌써 성립된 토지로서 모국인 불란서와는 별개의 독특한 언어와 문화가 그 땅 위에 성장하였다.

　최초에 미스트랄은 프랑스말로 시를 써 가지고 사랑하는 어머니에게 칭찬을 받으려고 고향으로 돌아왔으나 순수한 프로방스의 주민인 그의 어머니는 프랑스에 대하여는 완전한 에트랑제였다. 그래서 그는 결심했다. "어머니의 말로 노래하자!"하고, 이리하여 만들어진 것이 그의 대표작인 전원 서사시 「말테오」다. 작자 자신의 불역(佛譯)이 한번 나오자 그 시적 매력은 파리지앵을 일조에 여지없이 매료하였다. 그의 풍모는 로버트 번스와 같은 충실과 간결을 가지고 있다. 그래서 그는 번스가 스코틀랜드의 농민의 존경을 일신에 모은 것과 같이 프로방스의 농민의 흙냄새 나는 사랑과 존경 속에 행복한 말년을 보냈다. 그는 어머니의 말을 사랑하던 나머지에 고대·근세 프로방스어 대사전을 10년이라는 장구한 시일에 걸친 노력 끝에 완성하여 프로방스의 지식계급의 향도(嚮導)가 되었다.

　에체가라이는 서반아의 수도 마드리드에서 낳았다. 그는 수학·정치학·경제학에 통한 학자로서 공화 정부의 농업·공업·상업·교육의 각 대신(大臣)을 역임하였고 그동안의 여기(餘技)로서 「복수자(復讐者)의 아내」, 「라벤나의 검객」 등 아주 로맨틱한 작품을 발표하였으나 「동주앙의 아들」, 「마리아나」 등에 이르러서 그는 심각한 인생의 갈등을 색채가 농후한 남국적 필치로 묘사하였다. 돈 후안의 아들은 입센의 유령처럼 유전을 취급한 것으로서 오

4　에스파냐의 한자 표기.

스만의 "어머니 태양을 주세요."라고 한 말을 그대로 인용하였다. 그는 허영심이 강한 들뜬 마음의 주인으로서 그렇지만 연인에게는 열렬한 과부를 「마리아나」에서 교묘하게 묘사하였다. 영국의 극평가(劇評家) 아치는 남녀의 사랑을 극의 동기로 한 작품으로서는 셰익스피어의 「로미오와 줄리엣」이래 「마리아나」의 우편(右便)에 설 것이 없다고까지 격상(激賞)하여 마지않았다. 이리하여 사랑과 검사(劍士)와 투우사와 로맨스의 나라 서반아에 디오니소스적인 전통적 연극은 부활되었다. 그후 하신토 베나벤테에 의하여 근대성이 확립된 서반아의 낙원에는 이렇게 많은 거장이 남긴 큰 족적 위에 하신토 그라우의 화려한 금일이 발화하고 있는 것이다.

7 헨리크 시엔키에비치(1846~1919)

시엔키에비치는 1846년 리티니아에서 파란(波蘭)[5]의 피를 받아 가지고 나서 파란의 불행을 자신의 불행으로 한 수기(數奇)한 운명에 번롱(翻弄)된 혁명가였다. 그는 폴란드의 귀족의 출신으로 일찍이 바르샤바대학에서 철학을 배웠다. 그러나 1863년 혁명 직후 주위의 급박한 정치적 형세는 그로 하여금 학자가 될 것은 중지하고 한 사람의 혁명가로서 큰 뜻을 품고 러시아에 들어가게 했다. 그 후 그는 러시아에 얼마 있지 아니하고 미주(米洲)로 건너가서 로스앤젤레스에 있으면서 다수의 동지를 규합하여 로버트 오언의 유토피아와 같은 폴란드공화국을 건설하여 수난의 조국의 인민을 구제하려고 하였다. 그는 드디어 파란 민주당의 수령으로 추대

---

[5] 폴란드의 한자 표기.

되어 정계에 웅비할 일대 세력을 파지하게 되었다.

정치가로서의 그는 열혈의 애국주의자였으나 소설가로서의 그의 작품에도 불과 같은 조국에 대한 사랑과 열렬한 시인의 정열이 한가지로 연소하고 있다. 1880년 그는 일단 고국에 돌아와서 역사소설 3부작「불과 칼」,「홍수」,「판미카엘」을 완성하여 세상에 물었다. 그는 항상 17세기의 폴란드의 역사적 사건을 테마로 선택하기를 좋아한다. 전기 3부작에 고민·공포·연애·투쟁·희망 등의 복잡한 정조에 움직여지는 폴란드 민족을 파노라마와 같이 변화하는 배경과 함께 생생하게 묘사하였다. 그는 그의 조국을 이상화하였고 동족에게 애국심과 자존심을 주입하였으며 미래에 대한 확연한 신념과 희망을 고무하기에 노력하였다. 이상의 역사소설 이외에 그는「무교의(無敎義)」,「보라네키의 가족」등 유명한 심리소설에도 붓을 댔다.

그러나 그를 폴란드의 시엔키에비치부터 일약 세계의 시엔키에비치를 만든 것은 아마도 1896년에 나온「쿼바디스(어디로 가나)」일 것이다. 이 획시기적 걸작이 한번 나오자 전 세계의 독서계는 마치 강진(强震)에 만난 것같이 진해(震駭)하였다. 이는 초기 기독교의 역사에서 취재한 것으로 신흥 기독교와 네로 황제로서 대표되는 난숙한 희랍·로마의 이교적 문명과의 최고조에 달한 투쟁과 그 발전과 기독교의 승리를 가장 선명한 필치로 사실적으로 묘사하였다. 작자에 의하면「쿼바디스」는 유일한 진리인 신(神)의 진리가 사교의 힘을 어떻게 극복하는가를 제시하는 것이 목적이었다 한다. 여하간「쿼바디스」는 불안 초조한 혼란한 세기말에 향하여 던져진 작자의 경건하고 정열적인 절규일 것이다. 그래서 어디로 갈까를 모르는 세기말의 피폐한 영혼들은 지평선의 광명인 것처럼 어디로 가나 하고 부르짖는 시엔키에비치의 소리에 전율하고 환희한 것이다. 물론 지금은 모두 고전으로 화하였지만 그에게는 그 밖에도 소비에스키의 '윈' 구호를 찬미한 「영광의 돌」, 「황야」, 「빛나는 언덕」 등 제 결작이 있다.

1905년 그가 60세일 때에 스웨덴학사원은 그가 "역사소설의 진가를 발휘한 공적으로써" 노벨문학상을 그에게 수여하기로 하였다. 이 명예에 야심을 품고 그 결정을 고대하고 있던 러시아 작가들은 이 소식에 심히 실망하였으나 유럽의 문예비평가들은 선악 두 의미로서 경악하였다. 1916년 그는 조국 폴란드의 갱생을 보지 못하고 드디어 불행하게 서거하였다.

8 조수에 카르두치(1835~1907)

카르두치는 1835년에 예술의 전당 이태리의 발디카스텔로에서 나서 3세 때에 일가족과 함께 토스카나주 마렘마에 이사하였다. 17년 동안 그는 그곳의 산야에서 뛰놀며 성장하였다. 일찍이 18세 때에 쓴 「사픽스와 알카익스」에는 벌써 후일의 이태리의 신고전주의 시인의 풍모가 남김없이 유로(流露)하고 있다. 클래식한 리듬과 이태리의 고대의 이상의 부활을 희망하는 그는 일방 주지적 허무주의자였다. 교회와 문화의 진전에 대한 그것의 제약을 경쾌하게 풍자하고 공격하였다.

1856년 성미니아트 고등학교에서 수사학의 강사로 있었으나 중도에 정치적 논쟁에 빠져든 까닭에 불온 교수로 지목되어 교직에서 추방되어 피렌체로 떠나갔다. 1860년 그는 희랍어와 라틴어의 교수로 피스토이아에 부임하여 그곳에서 「시칠리아와 그 혁명」이라는 시를 발표하였다. 그것은 가르발디의 시칠리아 원정을 찬미한 것이다. 그의 수작 『악마 찬가』가 한번 나오자 그는 별안간에 단눈치오와 비견하는 신고전주의의 대시인으로 추앙되었다. 조국과 교회의 반동적 세력에 대항하여 날로 진전하는 자유주의를 사행시 체의 유려한 리듬으로 노래하는 데 성공하여 그 경이에 가당한 시적 천재를 발휘한 것이다. 그가 제일 싫어한 것은 키플링과 같이 신비주의와 감상성이었다. 그는 장중한 고전적 격조로서 강렬 분방한 근대정신을 노래하였다. 이태리의 근대시는 실로 카르두치로부터 발휘하였다고 한다.

『악마찬가』의 발표와 동시에 볼로냐대학에 초빙되어 문학사의 강좌를 담당하였으나 그는 오히려 당시의 위정자에 의하면 고질과 같은 그 과격성을 포기하지 못하고 정부의 보수적 정책에 반대한 까닭에 또다시 정부의 기휘(忌諱)에 저촉되어 그 교직을 잃어버렸다. 그에게 있어서는 자유는 예술 자체며 문학·종교·국가의 최고 이상이었다. 그에게는 그 밖에 『레비아 그라비아』, 『신조(新調)』 등의 시집이 있다.

그가 세상을 떠나기 1년 전 1906년에 "광박(廣博)한 학식과 비판 연구에 대하여뿐 아니라, 그의 시의 특질인 조소적(彫塑的) 정력(精力)과 표현의 청신(淸新)과 서정적 필력을 존중하고" 노벨문학상의 수상자로 선택되었던 것이다.

9 러디어드 키플링(1865~1936)

영국 국민주의 시인으로 또는 군국주의적 모험적 전기 작가(傳奇作家)로 세계적 영명을 휘날리고 있는 키플링은 1865년 인도

맹가(孟賈)에서 그곳 라홀공업학교 교장을 아버지로 하고 출생하였다. 그 소년 시대의 전부를 열대지방의 색채 농후한 총림(叢林)과 강렬한 태양 아래서 보냈다. 그의 남성적인 열렬한 이상주의는 이곳에서 배태된 것이다. 공부를 목적으로 영본국(英本國)의 데번셔에 갔으나 그는 차라리 인도를 연모하고 영국 태생의 '새크'들 하고는 즐겨 놀지 않았다. 1880년 그는 다시 동경의 나라 인도에 돌아와서 17세에 《군사신보(軍事新報)》의 기자로 혹은 선구자의 편집자로 활약하였다. 그는 항상 인도를 무대로 영인과 본토인과의 투쟁을 제재로 선택하며 그 모험적 전기적(傳奇的) 내용에도 불구하고 각 부분에 있어서는 예민한 통찰안(洞察眼)을 통하여 지극히 사실적으로 묘사하였다.

그는 어디까지든지 연약한 정감을 버리고 살벌적(殺伐的)이고 극적인 사건을 취급하기를 좋아한다. 따라서 그의 이상주의는 노역·실행·책임의 이상주의다. 바커 씨는 말하기를 그의 이상주의는 소년에게서 얻은 열렬한 추종 이외에 아무 증거도 필요로 안 한다고 했다. 「그날 일」, 「생(生)의 핸디캡」, 「삼병사(三兵士)」, 「항용 있는 이야기」, 「총림(叢林) 이야기」, 「제삼총림(第三叢林) 이야기」 등에서 청년과 소년에게 향하여 용장(勇壯)한 행동과 명예 있는 언어와 불굴불요(不屈不擾)의 정신을 고무 진작하였다. 시인으로서의 그는 역시 해양의 미를 찬탄하고 애국심을 고조하는 국민주의 시인이었다. 『병사(兵舍)의 노래』, 『일곱 바다』, 『키플링 시집』 등이 있다. 1907년 그가 42세까지 "관찰력과 상상의 독창력과 이 세계적 작가에 특징짓고 있는 인식 서술의 남성미를 고려한다."는 이유로 이 군국주의 국가 영제국(英帝國)의 대표자를 표상하기에 서전(瑞典)의 학사원은 충실하였던 것이다.

10 신현상주의(現想主義) 철학자 루돌프 오이켄(1846~1926)

　세기말에서 새 세기를 향하는 시기에 철학은 점차 이성의 고독한 유희에서 이반(離反)하여 생활에 접근하려고 하는 강렬한 요구를 가지기 시작하였다. 이 새로운 경향을 대표하는 것이 제임스의 프래그머티즘과 베르그송의 신생명철학과 여기서 말하려고 하는 오이켄 교수의 신이상주의다. 루돌프 오이켄은 1846년 네덜란드의 아우리히에서 낳았다. 그는 현량(賢良)한 어머니의 손에 길러난 외아들이었다. 젊은 그에게 결정적인 감화를 미친 것은 칸트파의 철학이었다느니보다 차라리 그의 향리(鄕里)의 학교에서 받은 로이텔의 영향이었다. 더 정확한 표현을 구한다면 로이텔을 통하여 크라우제의 영향을 다분히 받았다. 바젤대학에 초청을 받아 그곳에서 니체와 함께 교단에 섰으나 그 철학에 있어서 그렇게 서로 공통성을 가지지 못한 이 두 철학자들의 사적 친분은 기적적으로 깊었다 한다. 당대의 미만하는 유물적 철학에 대한 오이켄의 과감한 투쟁이 개막된 것은 실로 1873년 예나대학에 초청되어서 강의를 시작한 뒤로부터다. 그곳에서 그는 헤겔과 힐데브란트의 두 학자와 석(席)을 같이하였으나 그는 단연히 이채를 발하고 있었다.

　1878년 현대의 근본 사상을 발표한 것을 비롯하여 정신생활, 근대철학사, 대사상가의 인생관, 생의 기초와 생의 이상, 기독교와 신이상주의 등 제 노작(諸勞作)을 완성함에 따라 그의 신이상주의는 점차 확호(確乎)한 지반을 축조하고 있었다는 것이다. 현대의 우리가 그에게 애착하는 것은 물론 시대착오나 그를 통과하는 것은 아마 무용하다느니보다도 더 많은 이익을 얻으리라. 정신생활의 제3계단으로서의 재흥계급(再興階級)을 대표하는 그의 철학은 과거의 철학을 소극적인 이성과 무위의 상아탑에서 적극적 활동과 생의 한복판에 끌어내려고 한 것이다.

그의 철학의 특징은 개괄적으로 말하면 역사적·인생적·인격적·활동적인 데 있다. 그는 이러한 제 단계를 통하여 자연주의와 지력주의(知力主義)에 의하여 여지없이 포기된 황폐한 인생에서 새로운 가치와 의의를 발굴하려고 하였다. 물질 사상의 발호와 세기말의 퇴폐적 분위기에 탐닉하는 인류에게 그는 그가 스스로 교편을 잡는 핏셀의 설계에 의한 예나대학의 숭고한 건물과 같이 호연히 그의 정신생활의 자유와 승리를 고창하였다는 것이다. 그리하여 그는 자아와 세계, 주관과 객관의 조화를 도모하려고 하여 다시 철학으로 돌아갔고 이미 고전적 골동에 속한 기독교, 새로이 그의 활동적 사상으로써 해석하려고 하여 그가 최초에 부정한 종교로 다시 돌아가는 모순을 범한 듯싶다. 그러나 철학사에 남긴 그의 족적은 너무나 획시기적인 명확하고 위대한 것이다.

헤르만은 그를 평하여 "현대의 가장 위대한 사상가의 한 사람이고 과거의 이상주의 철학이 감히 하지 못한 도의적 실재에 대한 요구를 만족시킨 신이상주의의 주창자"라고 하였다. 그의 "진리의 탐구, 사상의 통찰력, 관찰의 명확과 그의 기다(幾多)의 저작에서 철학의 해설에 대한 열성(熱誠)한 노력을 찬미하여" 1908년의 노벨문학상은 이 정신적 자유의 설교자요 인생의 진선미의 옹호자요 정신생활의 우월한 신도인 오이켄에게 보내진 것이다.

11 서전의 규수 작가 셀마 라겔뢰프(1859~1940)

서전(瑞典)이 가지고 있는 수많은 규수 작가(閨秀作家) 가운데서 아니 세계가 가지고 있는 우수한 여류 작가 가운데서 셀마 라겔뢰프는 노벨문학상을 받는 명예를 가진 최초의 여성이었다. 그래서 이 일은 참말 정당한 일의 하나였다는 데 아무도 이론(異論)이 없다.

이 천분 있는 시골 여교사는 1859년에 서전의 일한촌(一寒村) 모르바카에서 낳았다. 피녀(彼女)는 후일에 이 시절의 모르바카를 회고하면서 그 작품「모르바카」에서 그것을 여실히 묘사하였다. 부단한 노력과 투쟁은 이윽고 모든 난관의 극복자라고 하는 것을 우리는 최초에 축복받지 못한 이 작은 여성의 생애에서도 각득(覺得)할 수 있다. 피녀는 일찍이 스톡홀름의 사범학교에서 업을 마치고 란스크로나에서 교편을 잡았다. 그동안에 그는 내부에서 부단히 발효하는 강렬한 창작욕의 충동을 느끼었으나 총망한 교무는 피녀에게 집필의 여유를 주지 않았다. 분투는 필경 그에게 가져올 것을 가져왔다.

그의 걸작『예스타 베를링 담(譚)』이 한번 나오자 그 영명은 별안간에 서전의 문단을 진동시켰다. 이것은 그의 고향의 전설과 동화와 그의 어린 시절의 회상이 한데 엉킨 서사시로서 호머의 일리아드에 비하는 대작이다. 그러나『예스타 베를링』의 제1장은 실로 그가 가족과 함께 먼 지방의 어느 친척의 집에 크리스마스의 회합에 갔다가 돌아오던 길에 눈보라 퍼붓는 벌판에 썰매(취(橇))를 달리면서 그 속에서 만들어진 것이라 한다.

『예루살렘』,『불치가리아 황제』,『지주저(地主邸)』의 이야기 등에 있어서 피녀는 가장 충실한 사실주의자였으나 일면에 있어서 매우 이상적인 시인의 면모를 갖춰 가지고 있었다. 피녀는 실로 서전 말을 자유롭게 구사하는 데 있어서는 여태까지의 어떤 동국의 작가보다도 우월하였다. 《런던 타임스》는 그에게 관하여 이렇게 썼다. "현실 제일의 현대에 있어서 피녀는 순진하고 소박한 이상주의자다. 그 위에 피녀의 표현의 완벽과 공상의 매력은 사실파 전성의 시대가 숭배할 지경이다." 뿐만 아니라 피녀는 오지리(墺地利)[6]의 민감한 변절자 헬만발과 함께 근대소설에 상징을 도입한 제일인자였다.

소년 소녀를 기쁘게 하기 위하여 쓴 그의 『닐스의 놀라운 모험』, 『속 닐스의 놀라운 모험』의 저작은 장남장녀도 함께 공명시키고야 말 것이다. 1909년 노벨문학상은 "고상한 이상주의를 묵수(墨守)한 것과 그 작품의 특질인 상상의 풍부, 정신미의 풍만"이 인정되어 피녀에게 수여되었다.

12 보수파의 수령 파울 하이제(1830~1914)

그는 1830년 수도 베를린에서 출생하여 1914년 물고(物故)[7]한 독일의 우수한 단편 작가였다. 1870년대 독일의 문단은 바야흐로 소년독일파에게서 시작된 사실주의가 풍미하고 있었다. 민중이라고 하는 포기되었던 단어가 새로운 의의와 주목을 끌며 등장하였다. 시대의 어린 혼들은 현실에 대한 참을 수 없는 갈구에 연소하고 있었다. 이러한 때에 문단의 일우(一隅)에 오히려 고착하여

---

6   오스트리아의 한자 표기.
7   사회적으로 이름난 사람이 죽음.

잔루를 사수하는 보수파의 작가의 일군의 사실주의에 대한 강렬한 반항 운동이 일어났다. 그 일군이라 함은 슈트룸·케르렐·안첸그루버·라베·마이어·잘·멧센밧하·하이제 등이었으나 그중에서는 하이제는 그 두령(頭領)이었다. 그래서 이 사실주의의 무형식과 평범에 대한 반항 운동의 중심을 이룬 것은 이들 일군으로 된 뮌헨시사(詩社)였다. 그러나 그들의 목표는 신흥하는 시대와는 전연 관계가 없었다. 그들은 시대의 현실과 미래의 요구에 응할 아무것도 소지하지 못한 벌써 노후(老朽)한 골동이었다.

1910년의 노벨문학상은 "서정시적 희곡 작가로서 긴 의의 있는 활동 동안에 지시한 이상 개념에 채색된 예술적 수완과 기다(幾多)의 로맨스와 유명한 단편의 작자로서의 공적을 존중한다."는 이유로 80세의 하이제가 수상했으나 우리는 이 돌발적 사건의 시대적·사회적 근거라고 하는 것을 탐색하기에 고심하는 것이다. 그는 많은 단편에서 남구(南歐)의 청랑(晴朗)한 자연을 배경으로 관능적·향락적인 풍성한 연애의 종종상(種種相)을 전개시켰다. 이는 유태의 피를 받은 정열적이고 분방한 성질의 주인인 그 어머니에게서 유전된 것이다.

그는 일찍이 서반아 문학에 흥미를 가지고 돈키호테의 작자 세르반테스며 칼네론을 열심으로 추수하였다. 후일 이태리에 여행하고 나서는 단테, 보카치오, 레오파르디 등 옛 거장을 추모하였다. 브라네스가 그의 단편 중 백미라고 추상하여 마지아니한 「시리만다」에서 그는 자연에 순종하는 생활을 고조하였다.

"진정한 죄는 자연에 반항하는 것이다."라는 것이 그의 근본 정신이다. 기타에도 「트레비조의 수놓는 여자」, 「아드레 아델핀」도 있다. 항상 청춘남녀를 작약(雀躍)케 하는 「아라비아타」에는 애인을 찾는 젊은 사공, 처녀의 자랑을 높이 긍지(矜持)하는 소녀, 작열하는 사랑 등 젊은 남녀를 붙잡는 모든 감미와 로만과 에로티시즘이 있다.

13 신비주의자 모리스 마테를링크(1862~1949)

졸라·공쿠르 등의 사실주의는 일찍이 비로맨티시즘이 미화하고 순화한 인간성의 이면 즉 암흑면을 여지없이 폭로하여 제시하였다. 너무나 노골한 동물성과 수성과 야성의 알력 투쟁이 인생의 여실한 숨기지 않은 상태라는 데 처음으로 눈을 뜬 이 시대의 주민들은 이러한 추악한 현실에 대하여 처음에는 경악하였으나 차츰차츰 실망하지 않고는 견딜 수 없었으며 어떠한 방도로든지 현실 아닌 것으로 도피하려는 경향이 농후해졌다. 세기말의 데카당이라든지 네오로맨틱은 이러한 경향의 소산이었다.

여사한 시대적 배경 아래에서 발생한 네오로맨틱을 가장 특징적으로 명확하게 대표한 사람은 모리스 마테를링크 그 사람이다. 항상 인생의 문제를 제출하는 입센의 자연주의 탐색의 뒤를 이어 그 독자의 양식을 가진 무대를 완성하여 도처에서 현실에 실패한 세기말의 관객을 인생의 신비와 공포에 전율하게 하는 것이 마테를링크의 스태틱 드라마의 신비적 무대였다. 그는 결코 사실주의같이 관객으로 하여금 현실에 직면시키지 않고 다만 인생의 현실의 후방에 잠재한 신비와 운명을 암시하려고 한다.

1862년 백이의(白耳義)[8]의 겐트에서 출생한 이 신비주의자는

---

8 벨기에의 한자 표기.

최초에는 법률을 공부하여 가지고 겐트에서 변호사를 개업하였고 후에는 제수이트칼리지에서 철학을 공부하였으나 차츰 문학을 동경하게 되어 의연히 파리로 향하여 떠났다. 여기서 옥타브 미라보와 굳은 친분을 맺게 되니 「마테스 공주」, 「펠레아스와 멜리상드」 등의 제작을 그 지기(知己) 미라보에게 바치었다. 1889년에는 다시 고향에 돌아갔다. 원래 백이의 남북 지대는 각각 다른 국어를 사용하고 있다. 북방에서는 게르만어를 사용하고 남방에서는 불란서어를 사용한다. 그는 남방인 고향에 돌아와서 불어로 쓴 「군맹(群盲)」, 「틈입자(闖入者)」, 「일곱 공주」, 「알라딘과 파로마데스」, 「탄타질의 죽음」 등 정조와 기분의 스태틱 드라마에 있어서 그 독특한 작풍과 약간 염세적 음울한 암영(暗影)에 가리운 그의 초기의 신비주의를 확립하였다.

 그는 다시 파리에 나와서 여우(女優) 조젯 르블랑을 아내로 맞았다. 그는 르블랑의 무대를 위하여 「몬나바나」를 썼다. 축복하던 두 사람의 예술을 통한 결합은 마테를링크의 예술적 천재를 더욱 자극하여 「조와이젤」, 명작 「파랑새」를 속속 완성하게 하였다. 그는 「몬나바나」에 있어서 옛날의 우울한 염세주의에서 탈출하여 현실미를 다분히 제시하였다. 그 외에 「마리 막델레이네」, 「여승(女僧) 피아트리스」, 「내부」 등의 희곡 외에 상징적 시집 『온실』이 있다. 옥타브 미라보는 그를 가리켜 백이의의 셰익스피어라고까지 절찬한 일이 있다.

 여하간에 한 시대의 마테를링크는 실로 전 세계를 압도하였다. 아미리가(亞米利加)[9]에 건너가서 도처에서 그의 신비주의 교

---

9 아메리카의 한자 표기.

의를 설교하여 많은 팬을 만들었고 영국의 천재적 무대예술가 크레이크가 모스크바에 초빙되어 스타니슬랍스키의 사실적 무용에만 익숙한 예술성의 관객에게 「파랑새」를 연출하여 어떻게 새롭고 큰 경이를 남겼는가. 미티르와 티티르는 실로 전 세계의 어린이들의 가장 친근한 동무인 동시에 모든 어른들의 즐기는 아이가 되었다.

작품에서뿐 아니라 『가난뱅이의 보패』, 『파묻힌 궁전』 등 수다한 논집에서도 그는 꾸준히 신비주의를 설교하였다. "다면한 문예 활동을 찬상하고 특히 공상의 풍부와 시적 이상주의를 특징으로 한 각본 창작의 가치를 인정하고" 1911년의 노벨문학상은 마테를링크가 획득하였다.

14 독일 극단의 혁명아 게르하르트 하웁트만(1862~1946)

게르하르트 하웁트만의 이름은 근대 연극사상에 너무나 큰 음향을 가지고 있다. 1889년 10월 20일 오후 레싱그좌에서의 그의 「해뜨기 전」의 연출은 실로 위고의 「에르나니」가 고전주의에 대한 로맨티시즘의 결정적인 승리를 의미하는 것같이 독일에 있어서의 자연주의적 무대의 확호(確乎)한 승리를 입증하는 역사적 사건이었다. 산비(酸鼻)한 현실의 추악면을 아무 구애 없이 무대에 폭로한 것은 실로 당대의 인심에 대한 대담한 반항이 아니면 안 된다. 이 무명작가를 무조건으로 증오하는 일군은 이 무모한 무명작가의 도전에 궐기하여 도처에서 중얼거리기 시작하였다.

근거 없는 스캔들은 이 젊은 작가와 「해뜨기 전」에 향하여뿐 아니라 그 희곡을 그 제2회 공연의 대본으로 선택한 자유무대의

「막시밀리안 하르덴」,「테오돌 월푸」,「부람」등까지 에워싸고 논의 분분하였으며 등장할 배우에게 협박장을 보낸 열심 반대자까지 있었다. 이 일은 오히려 「해뜨기 전」으로 하여금 더욱 유명하게 만들었다. 승리는 물론, 정당한 편의 것이었다. 이 상연은 필경 독일 연극계의 혁명을 재래(齎來)하였으며 구래의 현상 유지적 미온한 로맨틱한 극은 문자 그대로 일패도지(一敗塗地)하였다.

이리하여 1862년 슐레지엔의 바트잘츠브룬에서 출생한 27세의 청년은 일약 신예술의 챔피언이 되어 예술에 이해 있는 무리의 박수 갈채 속에 화려하게 등장한 것이다. 밀류 드라마 혹은 세밀 묘사를 보여 준 「평화제」,「적적한 사람들」의 희곡은 그의 제1기를 대표하는 것이고 제2기에 들어가서 「직조장(織造匠)」을 발표하여 전 세계를 놀라게 하였다. 주인공도 플롯도 없는 이 희곡은 현대의 우리에게까지 무엇을 암시하는 것을 가지고 있다. 이는 수공업이 기계공업으로 변천하는 과정에 일어난 한 사건을 취급한 것이다. 근대의 관객이 무대에서 대중의 형상에 대향(對向)한 것도 이것이 최초리라. 1893년 1월 베를린의 왕실극장에서 상연된 「한넬레의 승천」은 또다시 새로운 예술의 양식을 산출하였다.

이 가경(可驚)할 정력가는 결코 어떤 예술의 양식 속에 정지하지 않고 늘 새로운 경지로 부단히 매진하는 것이다. 이 작품은 그의 제3기를 대표하는 것으로 차츰차츰 작자는 동화와 전설과 몽환의 세계에 매력을 발견하고 접근하여 가는 것이다.

그의 제4기를 대표하는 「피파」,「침종(沈鐘)」에 이르러서는 신비주의로 전환하였다. 이 역작가(力作家)는 대전 중에는 독일을 변호하고 궐기하여 연합군 측과 베르그송·마테를링크를 상대로 신랄한 공격을 시(試)하더니 대전이 일과 후에도 「흰 구세주」,「막시밀리안제(帝)의 구혼행(求婚行)」,「위랜드」등 제작을 속속 발표하여 정진을 계속하고 있다.

"주로 그의 희곡에 있어서의 풍부하고 다면한 우수한 활동에 대하여" 1912년 노벨문학상은 하움트만에게 수여되었다.

15 인도 삼림의 시성(詩聖) 나빈드라나트 타고르(1861~1941)

병적 신경과민은 반동적 사상가나 위정자뿐의 전유는 아니다. 어떠한 시대나 곳을 불문하고 있는 부수물인가 보다. 또 서양 자체의 내부에서 높기 시작하였다. 서양의 몰락을 절규한 사람은 비단 스펭글러 한 사람뿐 아니다. 그리하여 과대망상의 일부의 사람은 벌써부터 황화론(黃禍論)을 제창하기도 하였다.

서양 문명의 몰락의 예언은 그것이 대개는 극히 근대에 발달된 아직 연령이 어린 물질문명 과학 문명에 대한 유심론자의 염기(厭忌)로 착색된 점에 있어 공통하였다. 그래서 봉건적 성벽 속에서 자라난 지배와 구별의 서양 문명을 부인하고 삼림에서 생장한 인도 고유의 정신문명을 고조하고 궐기한 것이 라빈드라나트 타고르다.

이 원시적인 오리엔탈리즘의 후성(吼聲)에 서양의 보수주의자들은 감전한 것처럼 전율을 느꼈고 유심론자들은 쌍수를 들어 이 동양의 리시(철인(哲人))의 내림(來臨)을 환호하였다. 애란(愛蘭)의 신비시인 윌리엄 버틀러 예이츠는 누구보다도 제일 먼저 타고르를 구라파에 추상하는 제1인자였다. 1912년 그가 런던에 건너가서 그의 생(生)의 실현(實現)의 철리(哲理)를 설교하였을 때 《런던 타임스》의 일 비평가는 "그의 소리는 런던에서 들을 것이 아니라 천국에서 들을 소리"라고 찬탄하였고 일 잡지기자는 "이날 밤 예술은 인종과 정치를 초월하였다."고 평하였다.

인종의 상위도 정복자와 피정복자의 반감도 구라파와 아세아의 올바른 유일인(唯一人) 타고르는 1861년에 인도 콜카타에서 출생한 벵골의 시인이다. 그의 사상은 결코 독창적인 것이 아니다. 인도의 오랜 경전인 『우파니샤드』의 근대적 조술자(祖述者)였을 뿐이다. 그러나 그는 『우파니샤드경(經)』을 죽은 열반(涅槃)에 의하여 해석하지 않고 활동적인 생동적인 시각을 통하여 주석한 점에 있어서 전연 독창적이다.

젊은 시절의 그는 정신적 금욕주의를 배척하고 현세적인 육적인 생활에 강한 유혹을 느꼈다. 시집 『원정(園丁)』 속에서 그는 청춘의 사랑과 로맨스를 입을 모아 찬송하였다. 그러나 이윽고 사랑하는 아내를 잃어버리고 어린 말자(末子)와 가정의 화락을 잃어버린 후 그는 인생의 우수와 고민 속에 싸여 있으면서 점차 자연의 품속으로 구원의 안식과 명랑을 찾아 갔으며 필경 그 아버지 데벤트라나트 타고르의 교의를 따라 종교적 생활에 몰입하여 브라만의 사도가 되었다.

조선에서도 그 조술자를 얻은 그의 『기탄잘리』에는 이때의 그의 성자와 같은 면모가 여실히 약동한다. 1902년에 그는 몰파에 현대의 기계적 교육에 반대하는 자연적 교육을 시여(施與)하기 위하여 노천 학교를 개시하여 이래 그곳에서 인도의 청소년을 인도 교유의 문명으로 유도하고 있다. 그에게는 「사라나」 등의 논문이 있으나 그 사상을 가장 명백하게 설파한 것은 「생의 실현」이리라.

그 밖에 「암실의 왕」, 「우편국」, 「치트라」 등 희곡도 있고 무운(無韻)의 시집 『신월(新月)』도 있다. 1913년의 노벨문학상은 "시작에 나타난 내적 심오와 고원한 목적을 인정하고" 타고르에게 수여되었다.

16 신영웅주의 제창자 로맹 롤랑(1866~1944)

인류는 신(神)에 대한 본능에 가까운 강렬한 집착을 가지고 있나 보다. 예언자는 그의 종족 속에 우상적인 신을 현현시키기에 노력했으며 철학자는 추상화인 신의 개념을 창조하기에 급급하였다.

옛날 이스라엘 종족은 그들의 신을 여호와라고 불렀고 쾌활한 희랍인은 그를 자신의 모양에 비추어 주피터, 아폴론, 비너스 등 많은 의인적(擬人的) 신을 창조하였고 황량한 아라비아의 사막에조차 알라의 신은 호환(呼喚)되었다. 대철(大哲) 플라톤은 이데아라고도 불렀으며 헤겔은 로고스라고 하였으며 인도에서는 브람이라고 불렀다.

19세기 말은 어떤 의미에서든지 사람들이 신을 잃어버린 시기다. 자연주의적 무이상(無理想) 무목적의 소리는 신에 대한 불신과 실망을 의미하며 과학과 물질의 군림은 신이라는 개념의 부정이며 무시가 아니면 아니 된다. 20세기의 초기를 좌우하여 일부의 사람들은 또다시 잃어버렸던 신을 탐구하였으며 파기하였던 신을 창조하려고 의욕하였다. 그러나 이 시기에 창조된 신은 결코 선시대의 그것은 아니었다. 새로운 활동성과 시대성을 장식한 현실적인 신이다. 그 일례로 우리는 잠깐 롤랑의 신에 대한 그의 해석을 듣기로 하자.

장 크리스토프의 주인공이 상하고 지치어 거꾸러졌을 때 마음속에 신의 소리가 있었다. 그는 물었다. "그 임무라고 하는 것은 무엇입니까?" "싸우는 일이다."라고 신은 대답했다. "……당신은 주권자가 아닙니까?"

"나는 주권자가 아니다."

"당신은 존재의 일체(一切)가 아닙니까?"

"나는 존재의 일체가 아니다. 나는 허무와 싸우는 생명이다. 밤 속에 타오르는 불꽃이다. 나는 밤이 아니다. 영원의 싸움이다.……"

이리하여 롤랑의 신은 영원히 싸우는 자유로운 의지며 만인의 생명의 심지에 생명의 불을 붙여서 힘을 타오르게 하여 인류의 무한한 창조 발전에로 동원시키려는 것이다. 그는 이렇게 의지적인 활동적인 신을 창조하는 동시에 현세에서 일종의 히로이즘을 긍정하였다. "세상에는 한 개의 히로이즘이 있다. 있는 그대로 세상을 보고 그리고 그것을 사랑하는 것이다." 즉 세기말적 동요와 불안과 부정에서 탈출하여 용감하게 실재를 긍정하고 전진하려고 한다. 그래서 그는 이러한 히로이즘의 구현을 현세에서 구하여 미켈란젤로와 베토벤과 톨스토이에서 발견하였다. 그는 희열과 열을 가지고 그 세 거인의 평전을 썼다. 그의 영웅은 결코 칼라일의 영웅은 아니다. "나는 지적 및 생리적 광영의 영역에 있어서 승리한 그러한 자들에게 영웅의 이름을 붙이지 않는다. 다만 힘센 심정을 소유한 그러한 사람만이 그 이름을 받기에 해당한다."

그는 박행(薄倖)한 음악가 베토벤을 그의 영웅론의 선두라고 불렀으며 그를 모델로 하고 「장 크리스토프」의 대작에서 인생의 장애에 충돌하여 상하는 순박한 예술가의 생애를 그렸다. 이 위대한 신영웅주의자는 1866년에 니베르네해협 연안의 몰뿐의 일소

읍(一小邑) 클람시에서 순수한 불란서인의 혈통을 받고 낳았다. 그의 행복스러운 가정은 「장 크리스토프」 속의 앙투아네트의 일장에 묘사되어 있다. 그는 어려서 음악을 즐겼으며 톨스토이를 탐독하였다.

헨델, 베토벤의 전기를 써서 음악의 보급에 노력하는 일방 그는 「당통」, 「7월 14일」, 「성 루이」, 「이성의 승리」, 「낭군(狼群)」 등의 희곡을 썼다. 이는 모두 불란서 국민의 일리아드라고 할 대혁명에서 취재한 것으로 민중의 위력을 제시하려고 하는 데 그 목적이 있었다. 현세기의 초두에 민중을 이해하였고 적극적인 민중의 위력을 느꼈고 그것을 앙양하려고 한 그는 일방 민중극의 제창을 시(試)하였다. 그래서 그는 전기 희곡에서 민중극의 실례를 보였으며 따로이 민중의 예술이라는 논집에서 구체적으로 민중극론을 전개시켰다. 그중 「당통」은 일찍이 베를린의 오천인좌(座)에서 막스 라인할트의 손에 의하여 연출되어 민중극의 여명을 보여 준 일이 있다.

그는 노벨상을 받자 그 전부를 구라파의 비참을 완화하는 사업에 제공하였다. 일찍이 전 세계 열강의 매도와 저주와 박해 속에 겨우 혁명의 초보를 딛으며 놓은 러시아의 공전의 대아근(大餓饉)이 박도하였을 때 선두에 서서 구라파의 양심에 호소한 사람도 그 위대한 세계주의자였다. 그는 음악에 있어서는 불란서 아니 현존한 세계적 권위로서 최근까지도 소르본대학에서 음악사를 강의하고 있다고 들었다.

—《조선일보》(1930. 11. 22~12. 9)

표절 행위에 대한 저널리즘의 책임

1

다른 사람의 노작(勞作)을 표절하여 자기의 노력인 것처럼 가장하는 것은 정당한 일일까. 이러한 의문 그것이 벌써 어리석은 일이다. 우리의 도의 관념은 직시 그것은 부당하다고 단정하기에 주저하지 않는다. 비록 원작자의 묵허(默許)를 받은 때라 할지라도 그것은 민중을 기만하는 것이니까 —.

아마 금년 봄 일이라고 기억된다. 선배 이선근(李瑄根) 씨가 당시 모모 잡지와 신문에 발표된 모모의 표절 행위를 지적하여 우리를 불유쾌하게 한 것은 —. 한데 최근《동아일보》학예란에서 익명인은 또다시 김태오(金泰午)라는 분의 표절 행위가 신성을 지표로 하는《기독신보(基督申報)》를 모독하였다는 것을 적발하였다. 이 일은 익명인과 함께 우리들을 불유쾌하게 하는 일임에 틀림없다.

그러나 표절 행위가 정당하게 취급을 받을 예외도 있다. 어떤 작품이나 논문이 원작자의 이름에 의하여 발표되기에는 주위의 뭇 사정이 결정적으로 불리한 때 그리고 그 작품이나 논문이 그 사회에 지극히 적절 시급한 선전적 가치를 가졌을 때 그 표절자는 원작자도 그것을 수용하는 사회도 한가지로 기뻐할 일종의 전위적 임무를 수행한 것이 된다. 이 경우에는 표절자의 이름으로 그를 부르는 것은 불손한 일이다.

그러나 현금 우리 문단에서 횡행하는 예를 들면 김태오 씨의 표절 행위와 같은 유의 것은 그것은 실로 매기(罵棄)할 계획적 절도 행위로서 어떤 나라의 형법에서도 재단하여야 할 대상이다. 이는 전혀 《기독신보》 독자의 선량과 무지를 기화로 대담하게 악의에 가득한 사기를 한 것이다. 그러므로 김태오 씨는 이러한 경우에는 기독교인이 아니리라.

그러나 우리들에게 있어서 이러한 사기 행위를 적발하는 것만이 우리의 할 일인 것이 아니다. 만약에 논자가 적발하는 일에만 시종한다면 우리는 그를 반가워하고 싶지 않다. 왜 그러냐 하면 그의 일에는 노골한 악의만이 있는 까닭에. 우리는 나아가 그 종류의 행위의 발생적 동기와 그러한 것을 발생시키고야 만 사회적 분위기를 구명하며 그러한 행위의 사회적 영향을 엄숙하게 토구(討究)하지 않으면 아니 된다. 그리고 여가와 호의가 있을 때에 한하여 그러한 행위가 그 행위의 주인을 어떻게 해하는가, 그것은 어떠한 종류의 자살인가를 그에게 충고하리라. 과거에 이미 그러한 일을 저지른 사람과 피등(彼等)의 서재에서 현재 비공식으로 이러한 부정직한 불유쾌한 일을 하고 있는 이들과 앞으로 이러한 행위를 가질 위험을 가지고 있는 이들을 위하여 ─.

2

개인주의적 영웅주의는 예술의 개성 중심 사상 속에 깊이 뿌리를 박은 위에 근대의 저널리즘(조선에 있어서는 미발달의 상태에 있으면서도)은 모든 예술의 분야에 광범하게 상품성을 유도하였다.(여기 관하여는 또다시 다른 기회에 연구를 발표하려고 한다.)

 그래서 다대수의 예술이 그리고 예술의 추형(雛形)이 용감하게 실질을 지양(?)하고 형식만을 추구하기 시작하였다. 이 형태는 재전(再轉)하여 문예사의 낡은 전통의 하나인 왜화(歪化)된 개성 중심 사상과 야합하였다. 그래서 예술가는 어린 예술가 지원자까지 모두 본질적 가치를 차 버리고 자신의 명예의 작은 가련한 금자탑을 축조하기에 급급하였다.

3

 일방에 있어서 너무나 무반성한 비열하고 이기적 파벌주의가 많은 문사를 남조(濫造)하는 폐풍이 어린 예술가 지원자의 야심을 극단으로 도발하였다. 이 죄를 가장 많이 범한 것은 잡지《조선문단(朝鮮文壇)》과 최근의《조선시단(朝鮮詩壇)》이며 현재 모모 신문의 학예란은 이를 방조하고 있다. 일찍이 문단 등용문의 이름에 의하여 잡지《조선문단》은 ××형(型)의 문사를 얼마나 굉장한 형세로 문자 그대로 등용문시켰던가. 그래서 당시 해지(該誌)의 추천 소설로서 선발되는 것은 얼마나 어린 문사 지원자들의 야심적인 지평선이었던가.

 현재 잡지《조선문단》이 일방에 척기(擲棄)된 대로 앞에 말한 것과 같은 사업을 인계하고 있다. 당시에는 실로《조선문단》만이 유일한 출세의 길이라고 생각되어 마치 금방(金榜)과 같이 어린 문사 지원자들의 동경의 표적이 되었다. 출세, 오 얼마나 매혹적인 말인가. 하나 그러는 데는 첩경이 있다. 빨리 발표하자. 발표만 하면 된다. 그러면 유리해진다. 이것이 뭇 어린 예술가의 병아리들의 공통적 심리였다. 따라서 조선 시단과 모모 신문 학예란이 지극히 잡박한 중학생의 잡기장(雜記帳)처럼 되어 버린 이유도 여기 있다.

4

나는 약간의 사색을 종합한 나 자신이 미숙하다고 생각한 「정조 문제의 신전망」이라는 논문을 《조선일보》 학예란에 의뢰하여 실리게 되었던바 제9회에 이르러 그 논문은 게재 중지의 위기에 봉착하였다. 그 이유는 일간부의 말에 의하면 오해받기 쉽다는 것이다.

나는 원래 나의 논문 그것이 단연 게재 중지가 될 리가 없다고 자신할 만치 그것을 가치 있다고 인정치 않는다. 불손한 태도를 취하는 때 혹 그러할는지 모르겠다. 그러나 그런 것은 아무래도 괜찮다. 문제는 다른 데 있는 것이다. 무슨 까닭에 해학예란(該學藝欄)은 중도에서 절미(折尾)하지 않으면 아니 될 불온 차(且) 미숙한 내용밖에 못 가졌다고 보이는 논문을 9회까지 게재하였는가. 만약에 9회에 이르러서 비로소 중단하여야 할 이유를 발견하였다면 해학예란의 태도는 독자에 향하여 무어라고 말할 수 없는 경박을 범한 것이 아닌가.

그러나 그것보다 본질에 관련되는 것은 그 문제가 아니라 해학예란이 이윽고 게재 중지를 한 그 논문을 얼마 동안 실린 원인이 필자와의 사적 인연에 있었다면 동양으로 그는 경박의 비방에서 면하지 못하리라.

5

이윽고 나는 신문 학예란과 아울러 모 잡지에 대하여 이러한 선고를 내릴 수 있으리라. 그들은 표절 행위를 감히 하여서라도 출세하고 싶다는 발표욕을 도발한 일종의 표절 행위의 간접적 교사죄를 범하였다고 ─. 그리고 재차 이러한 제안은 불가능할까. 좀 비판적인 엄정한 안목을 가지고 자기의 지면에 대한 책임을 느낄 수는 없을까 하는. 그리고 문단이나 평론단에서는 작자나 필자의 이름에 구애하기 전에 우선 작품 그 물건의 가치만을 엄정한 비판의 저울 위에 올려놓을 것이 아닐까. 우리들에게는 괴테나 마르티노프나 프도푸킨이 가치 있는 것이 아니라「파우스트」나「밤」이나「아시아의 폭풍우」가 가치 있는 것이다.

6

우리는 잠깐 표절 행위의 전과자와 및 그런 경향성을 가진 사람들에게 이야기할 친절을 가지자. 문자 그대로 이야기를 하자.

당(唐)나라 때 모(某)라고 하는 도기 제조자(陶器製造者)가 있었는데 그의 오막살이의 후원(後園)에는 깨어진 도기 조각이 산더미같이 쌓여 있었다 한다. 노심초사하여 만들었다가도 회심의 작이 못 되면 그만 그 자리에서 깨어서는 후원에 버리고 버리고 한 것이라 한다. 그러다가 10년 만엔가 한 개의 회심의 작품을 얻어 거리에 들고 나갔으나 한 사람도 주의해 보는 사람이 없으므로 그는 그것을 뒷동산 흙 속에 깊이 묻어 버렸다 한다.

  이야기는 그것뿐이다. 이것은 물론 한 고전적 일화다. 그리고 이렇게 지기(知己)를 천년 후에 기다림은 오늘날에는 있을 수 없는 시대착오다. 하나 제군과 함께 우리들은 다만 유명해지는 것을 바라는 악습에서 해방되어 좋은 작품을 낳기에 일심함이 어떨까. 좋은 작품에 의하여 그가 얻은 명성이면 그야말로 천하에 부끄럽지 않은 명성이 아닐까.

  그래서 비록 이름이야 알려지든 말든 좋은 작품을 내놓았을 때 그에게는 진정한 자랑이 있을 것이다. 그래서 일시에 유명해진 까닭에 다만 기성(旣成)된 이름에 의하여 창작만 발표해서 자기 자신과 독자를 아울러 화단(禍端) 끼치는 위험에서도 자유로울 수 있으리라고 생각한다. 이러한 의미에서 익명으로 발표하는 것은 매우 겸손한 태도라고 한다. 사람들은 이렇게도 말하리라. 익명으로 발표함은 책임에서 피하려는 우회(迂回)한 태도이며 자기 자신을 경멸하는 것이라고. 그러나 그것은 기우다. 영원히 무명작가로 있는 것 ─ 얼마나 영광스러운 일이냐. 이름만을 추구하는 현 문단에서는 ─. 그 사람이 그립다.

                                ─《철필(鐵筆)》2권 1호(1931. 1)

피에로의 독백

— 포에지에 대한 사색의 단편

1 현실과 감각

　현실에 대한 산 감각의 활동과 비판밖에 나는 시를 본 일이 없습니다.

2 제2의 의미

　단어가 가지고 있는 제2의(숨은) 의미와 단어와 단어 사이의 제2의(숨은) 관계, 전연 생각하지 않던 어떤 단어와 단어 사이의 새로운 관계, 이러한 방면에 시인을 기다리는 영역이 처녀림대로 가로누워 있는 것이 아닐까.

3 사성(蛇性)

　포에시는 자기의 정열까지를 객관적으로 구상화하는 철저한 기술이다. 포에시는 배암과 같이 차다.

4 난센스

있을 수 없는 일이 대수롭지 않게 있을 수 있는 것이 어린아이의 세계에서밖에 어디 있을까.

5 너무나 작은 세계

어떤 한 개의 테마를 중심으로 다람쥐와 같이 그 주위만 회전하는 시인이 있다.
나로 하여금 말하게 하면 한 개의 포엠은 제목 같은 것이 있을 필요가 없지 아니할까.
가장 있을 수 있는 의미에서 한 사람의 시인은 일생에 한 개의 시를 계속해 쓰고 있을 것이다.

6 포에지

포에지라고 하는 것은 모든 순간에 작열하는 감각 위에 명목(瞑目)하는 꿈의 발화가 아닐까.

7 구성

우리들의 세기에 들어와서 가장 큰 발견 속에 단어의 발견이 있다. 구성 — 그것은 1. 선택받은 본질적인 현실의 단편의 2. 유기적 결합에 의하여 3. 신현실을 창조함을 가리킨 말이다. 그것은 현실의 의식적 정리이다. 그러므로 부정주의며 초현실주의다.

8 포에지

포에지는 한 개의 어드벤처다.

9 관념

그의 두뇌 속에서만 그의 지식이 활동할 때에 나는 당신이 싫습니다.

10 꿈꾸는 감각

상상 — 공상이라 함은 현실 위에 떨어지는 감각이 잠깐 현실의 구석에서 꿈꾸는 것입니다. 그것은 그 자신조차 모르는 미지의 꽃입니다.

11 당신의 성곽

당신이 당신 자신만을 말할 때 나의 흥미는 당신으로부터 도망합니다.

12 혼자 부는 피리

당신 혼자서 부는 피리를 부는 것은 그만두시오. 그러할 때 당신은 마치 사막에서 혼자 떠는 포플러의 난센스와 같이 살풍경합니다.

13 관객과 당신

관객 세계와의 관계에 있어서 움직이고 있는 당신의 혼이 읽고 싶습니다.

14 본질

어떤 일점에 대하여 너무 지나치게 말하지 말라. 당신이 파악한 본질 위에 많은 언어의 의복을 입히지 마옵소서.
"벌거숭이 사상, 감동은 벌거숭이 여자와 같이 굳세다." ─ 브르통 엘뤼아르

15 당신의 혼

당신의 혼이라고 하는 독자의 유령을 본 일이 있습니다. 세계에 향하여 다각적으로 움직이는 때 비로소 나는 당신의 혼을 봅니다. 그때에만 당신의 인간은 빛을 뿜어냅니다.

16 유토피아

어떤 상상과 공상 ─
당신의 머릿속에서만 당신의 꿈이 집을 지을 때(가련한 초현실주의자여) 나는 당신의 해골의 회설(灰屑)을 봅니다. 날아다니는 꿈을 보여 주세요.

17 일하는 일의 미

과거의 예술가는 항용 한가한 사람들의 한가한 시간을 그렸다. 일하고 있는 사람과 일의 미를 발견한 것은 문학상의 지동설과 같다.

18 시와 여자

연애를 주제로 일삼는 시인처럼 해충은 없으리라. 괴테며 단테는 어쩌면 그렇게 호색가였던가.

19 대중

위대한 표현은 대중을 공포하지 않는다.

20 위험

항상 쓸 것을 명심하라. 그러나 한 글자라도 무용한 것을 쓰는 일에서 너의 시를 방어하라.

21 구속

자유시는 낡은 시의 리듬, 선율, 격식까지를 포기한 것은 아니다. 그 구속만을 절단해 버렸다. 우리는 또다시 자유시까지 버릴 때가 왔다. 자연스러운 언어의 가장 해방된 상태에서 시를 발견해야 하겠다.

22 고전과 시체

생볼리스트나 네오 로맨티시스트의 창시자의 시를 나는 고전이라고 부른다. 그 말류(현대에 있어서도 오히려)의 시를 나는 시체라고 부른다.

23 반항

반항은 새로운 광명에의 욕망이며 스트러글이다.

24 시인

그는 시대의 사람이다. 동시에 초시대의 사람이다.

25 힘

균정(均整)이라고 하는 것은 내포한 몇 개의 힘이 타협적으로 잘 상대하고 있는 상태이다. 그것은 발휘가 아니고 위축이다. 힘은 불균정(不均整)이다.

26 신경의 비상성

시라고 하는 것은 시인의 신경이 그의 내부적 혹은 외부적 감각에 의하여 동요되었을 때 그 순간의 신경의 비상성의 표현이다.

27 이해

보는 것은 지나가는 환영(幻影)이다. 이해함에 이른 것만이 예술이 된다.

28 비약

인류의 역사를 평범에서 구해 내기 위하여 절대로 필요한 히로이즘이다.

29 민요시인

그 옛날에 민요시인은 민중의 대언자였다. 따라서 그는 웅변가 모양으로 사람의 매스에 향하여 소리치는 습관에서 산 까닭에 위대하였다.
그런데 근대의 시인은 항상 고립한 개인만을 예상하였다.
오늘날의 시인은 또 한번 오러티가 될 필요가 있지 않을까.

30 예술 활동

예술 활동의 최초의 출발은 소재 선택에서 시작한다.

31 리듬의 사망

리듬은 생볼리슴의 용만(冗漫)한 음악과 함께 사망했다. 이 시대는 그렇게 로맨틱하기에는 너무나 급한 템포로 초월적인 비약을 사랑한다.

32 쉬르레알리스트의 오류

쉬르레알리스트는 개인의 시각의 창으로 그 자신의 개인의 형이상학적 정신을 바라보려고 한다.

33 산문화

시는 맨 처음의 사제관(司祭官)과 예언자의 생활 수단이었다. 그 후에 그것은 또다시 궁정에 횡령되었다가 부르주아에게 몸을 팔았다.
 그러나 민중의 성장과 함께 시는 민중에까지 접근하여 갔다.
 리듬은 시의 귀족성이며 형식주의다. 민중의 일상 언어의 자연스러운 상태에서 발견하는 미와 탄력과 조화가 새로운 산문 예술이다.

—《조선일보》(1931. 1. 27)

취상(趣想)

— 식전(食前)의 말, 우리의 문학

이런 때는 이렇게도 생각한다.

유사 이래 가장 많은 사람들의 입에 올라 보았고 동시에 있을 수 있을 수 있는 말 중에서 가장 경박한 말이 있다. 그것은 "사람은 빵으로만 사는 것이 아니다."라는 말이다. 19세기 이래 격렬한 논쟁의 제목이 되기까지 한 이 말은 아마 일 유태인의 말인 것 같다. 나는 지금 여기서 많은 사람들의 두뇌와 궤변이 최대한도로 이 말을 중심에 두고 다량으로 분비(分泌)된 것을 아는 까닭에 이 말의 시비 판단을 새삼스럽게 되풀이함으로써 독자 제군으로 하여금 하품을 토하게 만든다든지 수없는 유심론자의 논을 크게 뜨게 하고 그보다도 더 많은 유물론자의 일소(一笑)를 사려고 하지도 않는다.

다만 나의 의도는 그 말이 말하여진 그 시간에 대하여 말하려는 데 있다. 독자를 갑갑하게 아니하기 위하여 결론으로부터 먼저 말해 버리면 그 말의 주인인 유태인 — 예수의 중추신경이 그와 같은 사유 내용을 그의 생리적 외적 영향에 의하여 사유하고 한 개의 판단 — 명제로서 그를 에워싼 군중에게 향하여 발언된 것이 식전이었던가 혹은 식후였던가 하는 데 대하여 천색(穿索)하려는 것이다.

이 경우에 식전(食前) 혹은 식후가 조반에 대한 말이거나 석반에 대한 말이거나 하는 문제 이외다. 다만 그의 위장에 식료가 되고 충전(充塡)되고 안 된 것이 문제다. 나로 하여금 말하게 한다면 그 행복스러운 유태인은 아마 식후에 그 말을 토하였을 것이다. 만약에 그렇지 않고 식전에 감히 그런 말을 하였다면 더욱이 밥 못 먹는 사람의 자격으로서 그렇게 하였다면 그는 실로 밥하고는 매우 친근치 못한 처지에서, 즉 기아의 구렁에서 방황하고 있는 만천하의 불행한 사람들에게 대하여 안색이 없을 것이다. 일 동료(一同僚)로서 그 동료에게 대한 그 이상의 불근신 극한 말의 표현은 있을 수 없을 것이다.

그 말이 만약에 생리학 교과서에서 발견되었다면 물론 바른 말이다. 아니 실연성을 가진 생리학상의 법칙이 되었을지도 모른다. 멘델의 법칙이라든지와 마찬가지로 예수의 법칙이라든지 아르키메데스의 법칙이라는 레테르까지 붙여서 — 그리하여 축음기와 같이 규칙적인 어떤 중학교 교사는 강단에서 일 생리학자로서의 예수의 나사렛에 있어서의 유년기 등에 대하여 화려한 설명을 연년(年年)이 되풀이하였을지도 모른다. 왜 그러냐 하면 빵 이외에 김치·물·공기 때때로는 쓴 약까지를 사람은 필요로 하니까 — . 그렇지만 불행하게도 그 말이 성서 속에 자리를 차지하였기 때문에 빵에 대한 절실한 자각과 반성이 없는 불근신한 유심론자에게 그들이 유물론자에게 향하여 무상 명령적으로 노호(怒號)하는 구실 — 좋은 테제를 제공한 것은 지하의 그로서도 책임을 도시 모피(謀避)할 수 없을 것이다.

그러므로 예수는 그 말을 식후에 한 것이 아니면 예언자로서가 아니고 생리학자로서 한 것일 것이다. 이것은 그를 매우 선의를 가진 견지에서 양보한 견해다. 그렇지 않고는 빵에 대하여 배수적(背水的) 입장에 있는 사람으로서 그 참조(僭造)한 언구(言句)를 어떻게 처치하여야 할까가 매우 곤란하다.

그렇지만 사적 사실에 대하여 매우 충실하려고 하는 우리는 예수의 전기자들의 수기를 일고(一考) 아니하는 불친절에 빠져서는 아니 된다. 그래서 여기서 우리는 또 한 개의 예외가 가능한 것을 발견할 것이다. 즉 그의 전기에 의하면 그는 돌로써 떡을 만드는 신통한 재조가 있었고 겨우 여남은 고기를 가지고 수많은 군중의 배를 채워 주고 몇 광주리 남았다고 한다. 이런 재간이 있으니까 그는 식전이면서도 "사람은 빵으로만 사는 것이 아니다." 하고 대언장어(大言壯語)할 수 있었을 것이다. 돌로써 빵을 변조하여 주린 군중에게 나누어 주는 대신에 아래 깔린 무수한 생명들이 빚어낸 것을 긁어 모아 놓은 사람들은 "사람은 빵으로만 사는 것이 아니다."는 말을 할 자격에 있어서 전연 결여된 것이라 아니할 수 없다.

사람들은 말한다. 조선의 문단은 왜 이렇게 위축 부진의 저조에 잠겨 있느냐. 그 진흥의 책으로 사회학적 비판을 제기한다는 분도 있고 우리에게는 어째서 위대한 음악가·발명가·학자가 없느냐고 혼자 가슴을 두드리며 비분하는 분도 있다. 그러나 그 원인을 가장 평범한 말로써 표현하면 모두 빵이 윤택지 못한 곳에 모든 일의 열쇠가 있는 것이다. 좀 더 관념적 표현을 택한다면 생산이 불활발한 곳에 모든 관념 형태도 위축하는 것 같다. 모든 사회적 문제는 그 사회의 빵의 문제의 합리적 해결에서 비로소 해결의 서광을 발견할 것이 아닐까. 그래서 어떤 사회가 빵의 분배에 있어서 매우 균제(均齊)를 잃어버렸을 때 그 사회는 결코 활발한 성장을 수행할 수 없을 것은 물론이다.

가장 암담한 일은 이러한 사회 속에 서식하면서도 탁류에 얼빠져 몰려다니는 착란 상태의 물고기 모양으로 빵에 대한, 그리고 그것을 에워싼 사적·객관적 상호작용에 대한 자각이 없는 사람의 경우다. 우리는 안다. 우리들이 처한 시간적·공간적 위치를 ——. 그러니까 우리는 이 모든 문제의 근저를 이룬 한 개의, 오직 한 개의 문제에 대한 진지한 반성과 동시에 그 해결에 매진하지 아니하면 아니 될 것이다. 우리들의 문학 —— 그 사회의 관념 형태의 일부분 —— 에 많은 접촉을 가지려고 하는 문학 지원자들도 한 걸음 퇴각하여 빵에 대하여 더 진지한 관심을 가질 것이 아닐까. 우리들의 손을 대는 일 —— 문학 —— 자체가 벌써 관념적인 까닭에 걸핏하면 관념 그것에 편중하기 쉬운 것같다.

왜 그러냐 하면 사람은 그 환경보다도 그 자신에, 또는 그 자신에게 가장 가까운 부분에게 될 수만 있으면 중심을 두려고 한다. 이러한 사람의 본능적인 구심 작용은 일찍이 지구중심설·주의론·유심론 등에서 보인다. 그러나 그것은 객관적 타당성에 있어서 매우 박약한 것이다. 이런 때는 이렇게도 생각한다.

——《조선일보》(1931. 4. 7~9)

인텔리의 장래

─ 그 위기와 분화 과정에 관한 소연구(小硏究)

　과학·종교·예술 등 자본가 사회의 모든 상층 건축에 제휴하여 자본주의 문화의 담당자로서의 인텔리겐치아가 자본주의 발전의 위에 수행한 임무는 매우 큰 것이었다. 자본가는 그 문화를 발전 향상시킴에 있어서 인텔리겐치아의 협력을 바라지 않고는 얻을 수 없었으며, 자본주의의 거대한 상층 건축은 인텔리겐치아의 헌신적 공헌과 노력의 결정이기도 하다. 따라서 인텔리겐치아가 과거의 역사 위에 드리우고 있는 그림자는 매우 큰 것이다.
　그러나 내가 그것을 문제 삼으려고 하는 동기는 결코 과거에 남긴바 그림자가 큰 까닭에 있지 않다. 이 커다란 특권적 사회층이 현 단계에 있어서 한 개의 위기로서 나타났을 때 그것은 역사적·사회적 연관에 있어서 어떠한 특질에서 유래하는 것이며 필연적 운명으로서 도래하는 위기를 어떻게 돌파하고 그 피방(彼方)에는 과연 무엇이 약속되어 있나 하는 문제다.
　"어디로─."
　이것이 금일 인텔리겐치아의 문제라고 찰맨은 갈파하였다.
　이 문제를 문제 삼을 수 있는 것은 그러나 결코 자본가 사회 그것일 수는 없다. 왜 그러냐 하면 인텔리겐치아의 위기는 그것을 포육(哺育)한 사회 그것의 위기의 반영에 불외(不外)하며 그 사회는 그 자신의 위기에 대한 아무 통어(通御)도 계획도 가질 수 없고 도처에서 모순에만 봉착하는 까닭이다. 따라서 그 사회는 인텔리겐치아의 위기에 대한 해답에도 전연 무능할 것이다. 명일을 가지고 있지 아니한 자가 명일에의 문제에 대하여 말하는 것처럼 우스운 일은 없다.

그러면 이것을 문제 삼을 수 있는 것은, 그리고 삼아야 할 자는 인텔리겐치아 자신이 아니면 아니 된다. 그보다도 더 신사회의 문화 건설을 담당하고 무대의 전면에 등장하는 자가 누구라면 그 누구야말로 이 문제의 가장 정당한 비판자일 것이다. 그리고 인텔리겐치아의 위기는 그것의 모체인 사회의 문화의 전면적 위기와 분리해서는 도저히 생각할 수 없다. 그것과의 연관성에 있어서만 문제의 정당한 해답을 도출할 것이다.

그러므로 순서로는 후자의 연구가 선행할 것이나 편의상 여기서는 우선 인텔리겐치아에 관한 제 문제가 그 객관적 관계에 있어 논의되리라. 그리고 주관적으로는 인텔리는 이성의 사도이기를 소원하면서 필경 그 작은 주관의 금자탑의 창 밖에 시야를 넓힐 수 없는 표백된 형이상학의 순교자며 창백한 얼굴의 임자인 소피스트의 무리다. 그중의 한 사람으로서 자라난 필자는 이 논문을 과학적 구명과 동시에 주관적 반성과 참회로써 써 가려고 한다. 따라서 이 논문은 약간의 주관성에 착색되는 것을 면할 수 없다.

불란서 혁명의 한 서손(庶孫)인 그 인텔리겐치아는 귀족과 승려의 봉건적 질곡 속에서 이윽고 역사의 다음 단계의 주인이 될 신흥 계급으로서의 시민층의 열렬한 대변자로서 자유와 평등의 급선봉이 되는 일에 자신의 명예를 느꼈다. 그는 항상 용기와 리

버럴리즘에 입각하여 반항하는 자의 편에 가담하였다. 그래서 시민계급은 그의 좋은 반려인 인텔리겐치아를 그들의 과거의 화려한 조력 때문에 얼마 동안은 존경하였으며 선호하였다. 그리고 봉건적 제 제도의 유물을 완전히 파괴해 버리고 그들 자신의 계급을 위한 제도를 이에 대체시키기 위하여 신흥 자본가를 인텔리겐치아의 관념적·기술적 혁명성을 백 퍼센트로 동원시키는 데 성공하였다.

신흥 시민계급이 그 자체를 성장 발전시키는 데 있어서는 사실상 인텔리겐치아의 기술상의 특성을 이용하며 그의 관념적 무기를 충분히 무장시켜 시민계급의 근위대를 편성하였다. 어용 작가는, 반동 사상가는 바로 거기에 속한다. 이 일은 다른 반면에 있어서 인텔리겐치아로 하여금 점차 그 혁명성을 거세하고 시민계급에의 예속성 즉 기생(寄生)을 조성하게 한 것이 된다.

일방에 있어서 인텔리겐치아는 관념을 농(弄)하는 습성에서 어느 사이에 그 속성의 하나로 관념성을 획득하고 말았다. 그리하여 그는 꿈의 신자로 화하였다. 그래서 인텔리겐치아는 구경에 불란서 혁명 이후 세계의 주인의 다른 한 노예다. 그러나 이 노예가 다른 한 부류의 노예와 구분되는 것은 그 자신이 노예가 아니라고 자만하는 점에 있다. 그것은 무리가 아니다. 그들은 주인으로부터 교사로, 기사로, 학자로, ××로, ××로, etc.로 존경되었으며 별다른 노예로부터의 분포물의 약간의 분배에까지 참여할 수 있은 것이 그의 환상을 만들어 낸 것이다. 여기에 인텔리겐치아의 소부르성이 있다.

그들의 일부분은 자기의 노동에 의하여, 일부분은 타인의 노동에 의하여 생활하고 있는 것이다. 이 일이 그들의 인텔리겐치아에 어떠한 영향을 미치는가. 그것은 그들을 혼란시킨다. 즉 노동자로서 그들은 최상의 노동조건에 관여하고 자본의 소유자로서는 최저의 노동조건에 관계한다. 그들은 소부르주아와 같은 지위에 서 있는 것이다. …… 그의 가슴에는 두 개의 정신이 살고 있다.

그리고 인텔리겐치아와 노동자의 본질적 차이를 형성하는 점은 어디 있는가. 나는 잠깐 게오르크 찰맨을 인용하리라.

많은 인텔리겐치아가 호구(糊口)의 자(資)에 궁하면서도 오히려 자랑스럽게 행동하는 것을 보면 그것은 있을 수 없는 일같이 생각된다. 그러나 인텔리겐치아의 특이한 지위라는 것을 생각해 보지 아니하면 아니 된다. 무엇보다도 우선 그들은 고급의 노동 귀족이다. 따라서 그들의 귀족적 의식은 유능한 근육노동자의 그것보다도 심각하다. 정신노동과 근육노동과는 비교도 아니 된다.

그들은 그렇게 믿는다. 왜 그러냐 하면 여러 가지 근육노동과 정신노동 사이에는 성질상의 차이가 있는 까닭이다. 대체 근육노동의 본질은 무엇인가. 그것은 사용가치 없는 대상을 사용가치로 변하게 하는 일이다. 이러한 물리적 변화는 자못 사람의 근육의 힘뿐 아니라 또한 기계의 힘도 능히 이 일을 할 수 있는 것이다. 그러므로 기계가 근육노동자를 밀어내어 이곳에 근육노동자의 전 분행이 양성되는 것이다. 그러면 정신노동자란 무엇일까. 그 비본질적 부분을 제하면 정신노동을 하는 것은 사람의 두뇌다. 적어도 다스린다든지, 밝힌다든지, 발견한다든지, 발명한다든지, 처방을 쓴다든지, 시를 쓴다든지 할 기계가 만들어질 염려는 우선 없다고 해도 좋다. 따라서 정신노동자는 기계도 그를 밀어낼 수 없는 것으로 그의 경제적·사회적 지위야말로 특권의 부여를 얻은 것이다. …… 이것이 정신노동자를 근육노동자부터 구별하는 것이다.

그렇지만 몽환과 관념의 신도인 인텔리겐치아 속의 천재적 분자는 예외로 망상의 경계선을 넘어서 그 자신의 생활을 획득하려고 시험하였다. 생활이라고 하는 것은 한 개의 주장이며 권리다. 그러므로 자기 자신의 생활을 획책한다고 함은 일종의 유력한 자기 권리의 주장이다. 그러나 시민계급에게 예속함으로써만 생존을 지속하는 인텔리겐치아에게는 오직 그들의 주인을 위한 주장만이 허락되었으며 그 주인에게 복종하는 권리 이외에 아무것도 없었다. 만약에 여기 한 사람의 자유로운 정신을 가진 인텔리겐치아가 있어서 그 이상의 무엇을 요구만 하면 그는 즉시 그의 주인으로부터 해고되고 말 것이다.

 그러므로 자유주의적인 인텔리겐치아의 생활의 출발은 즉 그들의 생활의 포기였다. 좀 양심 있는 인텔리겐치아는 틀림없이 그러므로 생활을 상실하고 말았다. 벌써 생활을 잃어버린 인텔리겐치아의 최초의 사람을 우리는 『악(惡)의 화(華)』의 시인 보들레르에게서 발견하였다. 점차 변질화한 이 종류의 인텔리겐치아를 우리는 흔히 예술가의 무리 속에서 산견(散見)한다. 그들은 가장 많이 자신의 운명에 대하여 반성하고 닥쳐올 미래에 대한 예감이 민속(敏速)하였던 까닭이다.

 그들의 특징은 특유한 멜랑코리에 착색된 허무주의의 생활의 순간적 향락인 관능성에 있다. 19세기 말엽에 파리나 비엔나나 모스크바 등 대륙의 도시를 흘러 다니던 데카당의 무리들은 그 전형적 종족이다. 아르튀르 랭보, 베를렌, 아서 시먼스 등의 시 속에는 잃어버린 생활에 대한 애수 — 노스탤지어의 황색의 향기가 얼마나 농후한가.

 모든 희망과 재생의 동방이요 여명인 듯이 20세기는 초췌한 이들 위에 밝았다. 새로운 생활로 — 새로운 시대에로 — 이것은 피폐한 도시의 인텔리겐치아의 영혼을 가장 명렬히 동요시킨 새 세기의 모토였다. 비엔나의 헤르만 바, 백이의의 에밀 벨아란 등은 새 세기의 대표적 전령이었다. 이리하여 20세기 벽두의 사상계는 전면적으로 이 네오로맨틱의 색채로써 담박하게 도포되었다.

그러나 새로운 시대나 새로운 생활이 인텔리의 두뇌 속에서 뇌의 분비작용으로서 출현하는 한 그것은 한 개의 개념임에 틀림없다. 즉 생활의 변이(變移) 위에 그려진 일조의 가설적·기하학적 선에 불과하다. 새로운 시대, 새로운 생활의 이름에 해당한 것으로 무엇이 인류 생활에 현출(現出)하였느냐.

구주대전(歐洲大戰)은 모든 의미에서 인류의 치기만만한 꿈을 여지없이 파괴하였다. 그리고 많은 화사한 장식에 의하여 미화되고 순화하였던 자본주의 문명과 제도가 그 추악한 나체를 정면으로 폭로하고 만 외에 다만 있는 것은 역사의 필연적 추이뿐이다. 무가 유로 변화하는 것은 오직 헤겔의 논리학에서만 가능하다. 산업을 중심으로 한 자본주의는 금일 세계적으로 그 자신이 팽창 포화의 상태에 있음은 엄연한 사실이다. 그리하여 그것이 자신의 성장을 위하여 동원시키고 있던 기술자로서의 근위대로서의 지식계급을 의연히 포용하고 부양하기에는 그 자체가 소화불량의 상태에 있다. 지식계급을 그 최대한도로 필요로 하던 시기는 벌써 경과한 것이다.

자본주의의 궁박(窮迫)을 의미하는 생산과잉은 동시에 지식계급의 과잉을 초래하고 있다. 일찍이 "……자본주의적 생산 방법은 예술 및 과학을 발달시키고 그리하여……"(카우츠키), 그리고 "……자본가적 발달과정에 있어서 소멸하지 아니하고 도리어 생장하는……"(부하린) 인텔리겐치아는 증대하였다. 그러니까 카우츠키가 말한 것처럼 이렇게 두뇌 노동자에 대한 수요가 증대하였으나 오히려 그 이상으로 급속하게 그 공급을 증가하여 여기서도 경제학의 초보적 법칙이 지배하고 있다.

여기에 대하여 찰맨은 총명하게도 예언하였다.

자본이 처음으로 신중산계급을 창조할 필요에 절박했을 때 아직 인텔리겐치아가 부족하여 따라서 지적 노동이 존중되었고 많은 보수가 그것에 지불되었을 때, 그런 때는 이 일도 인텔리겐치아의 의식에 오르지 않았다. 그들의 우수한 경제적·사회적 지위는 자연의 특권 즉 생래의 천분에 의존하는 것이라고 생각되었다. 그러나 그것도 한때의 일이었다. 만약에 다시 평온한 경제적 발달 시기가 온다면 인텔리겐치아는 즉석에 전전(戰前)에 예상하기 시작하고 있던 일 — 즉 인텔리겐치아도 또한 구두약과 마찬가지로 만들어질 수 있는 것으로 그 위에 그 수량조차 마음대로 된다는 것, 그리하여 시장으로 팔려 나오는 인텔리겐치아는 각자가 원하느니만큼만 시장에서 살 수 있는 구두약이며 기타의 물자와 마찬가지로 같은 경제의 법칙에 의한다는 것 — 을 바로 인식하리라. 이 법칙이 정확하게 실행되면 인원 정리는 없어도 공업상의 예비군 외에 인텔리겐치아의 예비군이 형성될 것이리라.

그리고 여기에 카우츠키의 평범한 설명이 또 있다. "사태는 바야흐로 달라져 왔다. 도시와 농촌에 있어서 소부르의 몰락은 오늘에는 소부르와 많은 농민도 일찍이 그 자손을 재주야 있든 없든 간에 그 호부(好否)를 불문하고 어떠한 사정이 있어도, 아무리 돈이 걸려도 인텔리겐치아로 길러 내려고 한다. 왜 그러냐 하면 이 자손은 만약에 인텔리겐치아가 되지 아니하면 프롤레타리아로 전락할 염려가 있는 까닭이다. 그러므로 정신노동의 영역에 있어서도 노동의 공급이 항상 그 수요를 초과하여 인텔리겐치아의 생산과잉이 문제가 되는 것도 아무 괴이할 것이 없다."

여기에 이르러 시민계급으로부터 지식계급의 분리의 경향의 점차 과거의 예외적·천재적 경지를 탈출하여 도도한 사회적·역사적 필연성에 의하여 전면적으로 촉성되는 것이다. 원래 지식계급이 어떠한 사회나 국가의 지배적 지위에 있은 일은 환상 이외에는 없었다. 현대의 세계를 지배하는 것은 돈이다. 경제학적 표현을 택하면 금융자본이야말로 현대의 주인이다. 그래서 금융자본의 궤하(軌下)에 지식계급은 일률적으로 행복한 경우로서는, 노예로 불행한 경우로서는 실업자로서의 자신을 발견한다.

그래서 자본주의적 생산 방법은 더욱 인텔리겐치아의 성원(成員)을 프롤레타리아에 접근한 층으로 전락시키고 이리하여 이 프롤레타리아에 접근한 층은 더욱 광범해지고 그 위에 그 생활 조건 및 노동조건은 더욱 프롤레타리아적이 되고 특권자임을 그치고 사슬 이외에는 아무것도 잃어버릴 것이 없고 그 위에 얻을 것은 한 개의 세계인 그 계급에 속하기 시작하는 것이다.

나는 잠깐 조선의 현실로 돌아오리라. 조선의 소위 개화 이래 새 의미의 지식계급의 남긴바 족적은 조선의 사회발달사상 매우 중대한 것이다. 비록 그것이 항상 조선의 신흥 부르주아지의 문화와 지배의 확립만을 의도하였으나 그 선에 연(沿)하여 기다(幾多)의 수확을 착착 획득한 것만은 사실이다. 그리고 이것이 조선 사회가 한 번만은 과정(過程)하지 아니하면 아니 될 과정이었던 이상 그 공적을 부인하는 것은 오직 급진적 관념론자만이 하는 일일 것이다.

그런데 ××의 ××주의가 조선의 부르주아지에게 대하여 점차 야유하는 태도에 나오기 시작한 후 예를 들면 조선의 부르주아지의 앞에 던져진 ××××주의의 향이(香餌)라고 볼 수 있는 지방 ××제의 실시를 앞에 두고 조선의 부르주아지는 여기에 대하여 만은 주저의 끝에 필경 그 속에서 자기의 계급의 이해와의 일련의 공통점을 발견하고 그곳으로 위집(蝟集)하려는 경향이 농후하다. 그리고 앞으로 부르주아 자신의 계급적 이해를 위하여 결성하려고 하는 경향까지 보인다. 그래서 그들은 다만 관념적·급진적 지식분자까지를 불온하다는 이유로 친근히 하지 아니하리라.

일방 금춘(今春) 이래 갑자기 조선의 운동선상에 거탄을 던진 해소론의 파급하는 파문은 조선의 지식계급의 운명에 전에 없던 일대 와권(一大渦卷)을 야기하고 있다. 그 와권(渦卷)이란 무엇인가. 즉 해소론은 두 개의 역점을 가지고 있는 것이다. 그 하나는 조선의 ×××××이 그 자신의 힘에 대한 신뢰를 깊게 하여 왔다는 점이며, 다른 하나는 만년일률(萬年一律)로 퇴영적(退嬰的)·관념적인 지식계급에의 ×××××의 직접 반발의 발현이라는 것이다. 지식계급의 권내에 일어난 결정적·치명적 선풍이란 이것이다. 종래의 그들의 무조건으로 존경과 복종을 허여(許與)하고 있던 지식계급적 지도자로부터 운동의 영도권을 그들의 손에 탈환하려는 것이다.

(사실 지식계급 그것은 그 내부의 천재적 분자에게서까지 증오를 사기에 족한 것이었다. 그리하여 그들의 집단 중의 일부의 양심 있는 인텔리겐치아가 지식계급 그것의 생활에 증오를 느낀 것은 지금에 시작한 일이 아니다. 그리하여 그들의 집합 지대인 도시를 떠나서 전원의 야인적 생활 속에

서 그 이상적 생활의 대상을 구하여 맹목적으로 그것을 동경하는 경향이 일부의 인텔리겐치아 속에 예외적으로 강렬하게 발현한 것을 보았다. 춘원(春園) 문학자의 일군을 그리고 러스킨·카펜터·톨스토이 등등에서 그 경향의 발현과 실행의 대표자를 찾을 수 있다.)

이렇게 조선의 인텔리겐치아, 더욱이 급진적 인텔리겐치아는 좌우 양익(兩翼)의 전선(戰線)에서 똑같이 배제되고 있는 것이다. (이 경우에 내가 취급하는 해소론은 일부의 인텔리겐치아의 관념적 소산으로서의 그것이 아니다. 계급 발전의 소산으로서의 그것이다.)

더욱이 농촌 피폐의 급격한 과정은 철쇄(鐵鎖) 이외에는 아무것도 잃어버릴 것이 없는 계급을 급속하게 팽대(膨大)시킬 것이다. 그리하여 조선에 있어서 공전의 계급 분화의 시기를 초래하고 있다. 생산과잉에 신음하고 있는 현 단계의 국제자본주의는 소부르주아로서의 지식계급을 근근히 수평상에 두각을 보지하고 있던 그 지위에서 수평 이하의 실업과 빈곤의 탁류 속으로 끌어내고야 만다.

지금이야 바야흐로 조선의 인텔리겐치아는 중대한 의미를 가진 역사적 크로스에 직면하고 있다. 인텔리는 어디로 갈까. 주관적으로 객관적으로 이 문제는 실로 결정적·역사적 가치를 가지고 있다. 역사의 발전 과정을 정확하게 파악하며 자기 계급의 필연적 전략을 엄연한 사회적 현실에서 배울 수 있는 인텔리만은 재차 '브나로드'의 소리를 그들 자신의 가장 궁박한 절실한 절규로서 가질 것이다. 아무 실천과 현실적 체험을 통하지 아니한 오직 입 끝뿐인 관념적 이론가 및 지도자로서 의식의 수준이 아직 저하(低下)하였던 군중 속에 명성을 박(博)하고 있던 과거의 직업적 운동자 타입의 소부르주아지·인텔리겐치아는 완전히 역사의 주도적 무대에서 청산되고 말 것이다. 집단의 내부에서 항상 헤게모니에 침을 흘리는 습관과 그리고 회피적 비겁성 등 소부르주아·인텔리의 제 속성에서 자유로울 수 없는 한, 그의 '브나로드'의 소리는 의연히 잠꼬대 이상의 아무것도 아니다.

헤게모니와 인텔리겐치아의 접근에 대하여는 루트거스가 경계한 일도 있다. 일찍이 "만약에 부르주아·인텔리겐치아가 프롤레타리아 ××에 또 신사회 수립의 지도자가 되며 신생산조직이나 신문화에 우월한 세력을 미친다면 또한 그 사정이 지속하는 한, 그것은 프롤레타리아 ××에 있어서 유해하게 되리라. 왜 그러냐 하면 부르주아 문화의 독점자로서의 인텔리겐치아는 새로운 문제를 통찰하고 해결할 능력을 가장 결여한 자임에 틀림없으니까ㅡ."

또한 찰맨은 이렇게도 말한다. "즉 가장 정당하게 말하면 인텔리겐치아는 자랑스럽게 국민에게 충고하고 이것을 지도하기 위하여 불러온 자라고 생각했으나 이것은 그들의 기만이었다. 바야흐로 그들의 다대수는 아무 충고도 할 수 없다." 진실로 그 자신의 소부르성에서 완전히 이탈하여 투쟁을 통하여 대중의 속에서 자신을 발견할 때만 '브나로드'의 소리는 그 진정한 의의를 백 퍼센트로 발양할 것이다.

그러므로 천박한 저널리스트가 해소와 같은 문제를 투쟁하고는 매우 격리된 표백된 안전지대의 인종이 명사와 유지에게 비판을 구하며 그리고 세계사의 주류의 도도 필연적인 움직임에는 맹목인 이들 관념주의자가 이러한 문제에 대하여 아무 실천적·과학적 관찰의 준비 없이 대언장어(大言壯語)하는 것은 에펠의 탑을 거꾸로 뛰어내리는 것처럼 웃기고 또한 위험한 일은 없다. 현실의 실천을 경험하고 있는 ××적 ××의 전위분자만이 그것을 말할 자격을 가지고 있어야 할 것이다.

제2로 우익의 부르주아지가 그 계급의 이해를 위하여 협동적·개량주의적 제 정책을 수립하고 의식적으로 결성하여 좌우 양익의 계급적 대립이 일층 첨예화함을 따라서 일종의 유리 계급인 인텔리겐치아의 일부는 종래의 1매 간판이었던 소위 대의명분까지를 용감하게 선탈(蟬脫)하고 가장 안전한 우익의 기치 아래로 집중하여 그 여천(餘喘)을 보지하기에 급급할 것이다.

"사회적 집단으로서의 인텔리겐치아의 ××××에 대한 태도는"하고 또 다른 측면에서 루트거스는 말하기를 "늘 혐오의 태도였다. …… 이 일은 ××××에 대하여 인텔리겐치아에게 많은 것을 기대하고 있는 막스 애들러 박사 같은 사람으로부터까지 상당히 일반으로 인정되고 있다."하고 동 박사의 사회주의자와 인텔리겐치아(23면)에서 아래의 구절을 인용하였다. 즉 "계급의식을 환기함으로써 결국에 있어서 프롤레타리아로 하여금 미래의 문화로 향하게 하는 계급 대립이야말로 인텔리겐치아를 몰아서 문화에 대한 이 욕망에 가장 완강하게 반대하는 진영 즉 부르조아지의 진영으로 쫓아 보낸다."

그리고 최후로 인텔리는 이러한 방향으로도 진출하리라고 보인다. 한 개의 계급적 사회가 그 역사적 의의를 수행하고 그 성숙기를 지나서 말기에 접근하여 왔을 때, 따라서 그 사회의 문화도 포화 상태에까지 난숙하였을 때 반드시 거기는 소피스트의 일군이 나타난다.

그들은 결단코 의식적 반동가도 아니다. 그들은 그렇게 기도하지 아니한다. 그렇다고 명일을 약속하는 역사의 새 주인의 편으로 뛰어들지도 않는다. 그들의 집단을 농후하게 특색 있게 하는 것은 그들의 독특한 회의주의와 그리고 귀족성이다.

희랍 문화의 난숙기에 나타난 일군의 소피스트의 출현은 그 사회의 지식계급의 임종의 여실한 예고가 아니면 무엇일까. 전후 급속히 성장하였다가 바야흐로 몰락의 징후를 다분히 보이고 있는 자본주의 아메리카에서 그 자본주의의 성장과 함께 급속히 발생한 새로운 지식적 제너레이션과 근자의 그들의 귀족화·회의화의 경향은 아메리카 문화의 전로(前路)에 무엇을 암시하는가. 불란서에 있어서의 앙드레 지드, 폴 발레리, 브르통 등이 더듬고 있는 길을 아메리카의 신지식군의 특성과 아무 공통점도 없다고 할 수 있을까.

인텔리겐치아의 분화와 또한 그 일부의 소피스트화의 경향은 현금에 벌써 세계적·일반적 현상이다. 희랍 문화사에서 사가는 너무나 소크라테스만을 크게 클로즈업하고 소피스트의 그림자를 희박하게 만드는 습관이 있다. 다만 궤변자로서 희랍 문화 사상의 일오점(一汚點)이라고 생각게 하며 죄인과 같이 취급하기까지 하는 것을 보았다. 그러나 희랍 문화를 지양하는 안티테제로서의 신문화에게 소피스트는 과연 아무것도 남길 수 없었던가.

그러나 나는 여기서 소피스트의 역사적·문화적 지위와 가치를 논의하는 것이 임무가 아니라 다만 조선의 인텔리겐치아도 급속하게 분해 작용을 일으켜 그 일부는 소피스트에로 향하는 길을 흐르리라 하는 것을 말하면 그만이다. 필경 이들 소피스트는 벌써 난숙한 자본주의 문명의 한 결론으로서 제출된 존재며 좋으나 궂으나 그 열매며 희생이기도 하다. 그들은 진리의 사도(使徒)이기를 원하며 표방한다. 그렇지만 지식계급의 모든 병균을 다분히 유전받아 가지고 있는 그들은 그러한 까닭에 길이 저물어 가는 낡은 진리의 박모(薄暮)의 광야를 방황하며 가장 통절하게 그 선대의 인과를 신음하고 있다. 이렇게 한번은 화려한 과거를 가진 지식계급을 결정적으로 요동시키면서 역사는 그 더듬어 갈 필연적 과정을 급속하게 과정할 뿐이다.

가장 냉혹하게 — 그러나 가장 합리적으로 — .

―《조선일보》(1931. 5. 17~24)

상아탑의 비극

— 사포에서 초현실파까지

1 뮤즈를 잊어버린 현대

예술을 위하여 젊은 때의 많은 시간과 정력을 바친 사람 중의 한 사람으로서 이 종류의 논문을 쓰는 것은 매우 고통스러운 일이다. 그것은 한 개의 비극이기도 하다. 나는 내게 있어서 숙명적인 작은 논문을 불란서의 점잖은 신사 뒤아멜의 시네마에 대한 욕설의 인용으로써 시작하려고 한다. 그는 말한다.

"시네마는 못난이들의 놀이처다. ……암산양의 똥집이다." 하고, 그러나 파리의 시민은 이러한 뒤아멜의 신랄한 냉소에는 전연 무관심하게 브르통이나 수포나 쉬르레알리슴에 관한 이야기보다는 슈발리에나 클라라 보나 낸시 캐롤 등의 주책없는 염문에 관한 화제를 즐겨서 가진다고 한다.

일찍이 말라르메가 몽롱한 장막의 저편에 감추어 놓은 포에지는 현대의 대중의 지극히 현실적인 눈에서는 아마 아라비아의 동혈(洞穴)처럼 영구히 닫혀 있나 보다. 윌리엄 블레이크가 "한 줌의 모래를 통하여 무한을 알고 일순의 짧은 시간을 통하여 영원을 느끼던", 그러한 시의 신비주의도 대중의 인식 능력의 먼 피방(彼方)

에 놓여 있는 것인가 보다. 그것을 자기의 것으로 할 수 있는 것은 오직 예외적인 천재 — 혹은 광인이나 그것에 유례(類例)한 병적 감수성의 소유자들뿐인지도 모른다.

　시는 한번 자유시에서 용감하게 그 귀족성을 포기하고 불란서 혁명의 승리자인 평민과 타협하려고 손을 내밀었으나, 금일에 이르러 이들 평민은 완전히 시를 저버렸다. 시보다도 소설 — 그중에서도 통속적인 대중소설 시네마 리뷰가 평민의, 대중의 기호를 만족시키고 있다. 그것을 반증하는 한 예가 있다. 전 세계의 병아리 미술가들의 메카와 같이 생각되고 있던 파리의 살롱 도톤(추기 미술전람회)도 작년에 와서는 아주 인기를 상실하여 버려서 마티스나 샤갈이나 키리코 같은 대가의 작품은 그곳에서는 찾아볼 수 없었다고 한다. 일부의 딜레탕트를 제외하고는 파리의 시민의 기억에서는 이제는 그들의 광영(光榮)이었던 살롱 도톤은 그림자도 없이 사라져 버렸나 보다.

　그것도 그럴 터이지 원래 유한계급의 객실에서 자라난 근대미술은 그들의 패트런인 유한계급의 말초신경이 그들에게서 떠나간 오늘날에 순수미술의 한산한 말로는 당연코 또한 필연한 것이다. 그들의 늙은 파트론은 벌써 그 객실에 세잔이나 피카소를 장식하는 것이 그들의 잉여가치에 아무러한 영향도 미치지 않는다는 것을 영리하게도 회득(會得)하고 말았다. 아방가르드의 미술가의 무리가 아무리 화사한 그들의 잡지에서 신기한 미술론을 제기하여도 도무지 새 인기를 집중하는 것은 고사하고 키슬링, 로트 등 중견작가의 전람회에서까지 군악을 울려서 겨우 관객을 부르고 있는 오늘날에 그것도 당연한 일이다. 얼마나 듣기에 참담한 미술의 조종(弔鐘)인가.

필경 거리의 화가 스틴란은 일상생활의 신비야말로 미술의 신비보다도 신비롭다고 뿜어 버리고 말았다. 근대미술의 최후의, 그리고 최초의 정직한 탄성이기도 하다. 안나 파블로바나 칼사비나 등의 발레 뤼스(러시아 무용)에 그처럼 박수를 보내던 파리 시민이 오늘에 와서는 조세핀 베이커의 암갈색의 나체에서 발산하는 그로테스크한 야성의 박력에 어떻게 황홀하고 있는가.

모차르트나 베토벤의 정통적 음악보다도 화이트 맨의 재즈가 빚어내는 야만적인 조음(噪音)과 에로티시즘 속에 현대인의 관능이 친근한 고혹을 느끼지 않는다고 누가 말할 수 있느냐. 낡은 의미의 순수한 예술에서 현대라고 하는 고객은 벌써 먼 곳에 있다. 현대는 그것들에게 경의를 표할는지는 모르나 확실히 사랑하지는 않는다. 그것은 벌써 현대와 동일한 지점에 서 있는 것이 아니라 회고의 세계에 남아 있는 일종의 달콤한 기억에 불과하다. 오직 그 친지들의 회상 속에서만 살아 있는 모든 죽은 사람의 운명과 같이 ㅡ. 아무리 우리들이 순수한 예술의 팬일지라도 우리의 안전(眼前)의 전개는 일련의 현상을 우리들에게 낡은 의미의 예술의 가을이 가까워졌다는 것을 직각(直覺)시키고야 만다. 우리들이 얻을 수 있는 재료에서 귀납적으로 획득하는 지식은 그것이 정확한 사실임을 인정시킨다.

현대라는 요부는 확실히 옛날 파르나스 산상의 뮤즈(시신)들을 저버리고 아메리카의 메커니즘과 소비에트 러시아의 집단주의로 애교에 넘치는 웃음을 보내고 있다. 혹은 에게의 맑은 바닷가에서 자란난 뮤즈들은 훤소(喧騷)와 매연으로 충일한 현대의 문명의 거리에 그만 질식하여 옛날의 상아탑 속으로 숨어 버렸는지도 모른다.

2 행복하였던 뮤즈

시의 부드러운 첫 빛은 인류 역사의 새벽보다도 더 일찍이 원시인의 야성적인 혼을 싸고 돈 것이다. 그렇지만 그것은 결코 우리들이 근대시의 이름으로 이해하는 시 — 즉 분화한 향락의 수단으로서의 시는 아니었다. 생활 — 노동 — 쾌락이 엄밀히 합일하고 있던 그들에게는 소한(消閑)의 그 향락의 봄을 특히 요하지 않았던 것이다.

시와 음악과 무도, 그것은 원시예술의 삼위일체였다. 소박한 원시인들은 전쟁이나 수렵을 앞에 두고 그 사기를 진흥시키기 위하여 그들의 부락민 속의 누구의 작인지도 모르는 시를 곡조에 맞추어 노래하며 또한 거기 맞추어 춤을 주었다. 이 경우에 그들이 노래한 시는 그들의 종족 전체의 것이었다. 거기는 시인의 주관은 문제가 아니었다. 그는 그가 속한 종족의 감정과 의사를 충실하게 대변하면 그만이었다. 그들도 또한 시인 개인의 이름 위에 화환을 씌우고 그것을 기념하고 기억하는 일에 명예를 느끼려고 하는 아무 충동도 가지지 않았었다. 이러한 습관은 확실히 현대인의 머리를 복잡하게 하는 부질없는 허영의 하나다.

여기에 누구의 입에서 처음으로 불려진지도 모르는 시가 있었다면 그들은 그들의 종족 전체의 것으로서 구전하였으며, 종족 전체를 위하여 이용하고 향락하였다. 이윽고 전설 시대로부터 역사 시대로 들어온 후 시인의 직업화의 새 현상이 나타났다. 이러한 분열이 생기는 것은 생활의 분열 즉 노동과 쾌락이 반드시 합일하지 아니하는 상태에 이르고 그 위에 유한계급(착취계급)과 노동계급(피착취계급)이 분립의 경향을 낳고, 이리하여 착취 요당하게 된 까닭이다. 그리하여 이 대립이 격화하면 할수록 따라서 향락자의 생활 정도가 향상하면 할수록 향락의 기관도 향상한 것이다. 이렇게 시인의 직업화의 현상은 희랍 사회의 분열 과정의 산물이다. 그래서 우리는 유한계급의 고급적 단계인 자본주의 사회에서의 완성된 향락의 도구인 근대시의 먼 조상을 희랍시에서 벌써 발견했다.

그들은 올림피아 경기의 우승자의 영광을 위하여 그들에게 바치는 자작의 찬가를 희랍의 시민들 앞에서 목을 빼 가며 높게 노래하였다. 그러므로 시인인 동시에 그들은 가수였으며 또한 그 노래를 리라(Lyra)라고 하는 악기에 맞추어 노래하였다. 리릭(Lyric, 서정적)이라는 말은 바로 악기의 이름 리라에서 생긴 것이다. 저 유명한 레즈비언의 시인 — 인류가 가진 최초요 최대의 서정시인 사포가 그의 노래를 부르기 위하여 리라를 들고 올림피아의 경기장에 비너스와 같은 아리따운 모양을 나타냈을 때 희랍의 시민들은 어떻게 열광하였는지 모른다고 한다.

이 시기에도 북방에 신흥 파사(波斯)의 세력의 압박을 점차 느끼게 된 희랍은 오직 신전(神殿)보호동맹과 올림피아 경기에 의하여 겨우 연합의 기회를 가지고 있던 각 도시를 한 개의 민족 관념 아래 굳세게 연락해서 각각으로 그들의 운명을 위협하고 있는 닥쳐올 폭풍우에 준비할 필요가 있었다. 그래서 이곳에 시인들에게 부과된 큰 일자리가 있었으니 그들은 마치 애국심의 전령처럼 거리와 거리를 그들의 조국에 바치는 모든 희생과 정열을 종용하며 고취하고 다녔던 것이다. 원시시대와 이 시기의 서정시의 내용을 이룬 것은 주로 전투와 이성애였다. 이것은 항상 한 종족의 적에 대한 증오와 원한과 사랑과 기쁨과 슬픔을 담고 있었던 것이다. 중세기에 이르러 시인은 밍그렐(Mingrel)의 모양으로 봉건 제후의 궁정에 나타나서 성주와 그 일족을 즐겁게 하기 위하여 하프라는 악기에 맞추어서 고시(古詩)나 혹은 자작의 시를 노래하였다.

세계는 항상 실력 있는 자의 것이다. 그 질서를 유지해 가며 제도를 운용해 가는 것은 물론 그들이다. 일찍이 종족이 한 개의 전체로서 사유하고 행동하던 시기에 시인은 아무것에도 속하지 않았다. 종족 전체가 종족의 일원에게 부과하는 의무밖에는 시인을 구속하는 아무것도 없었다. 그러던 것이 조만간 인류가 역사를 가지기 시작하고 역사의 무대에 실력 있는 자와 그렇지 못한 자가 분립·공존하면서부터 시인에게 있어서 비극적인 일은 그들은 주인을 가지지 아니하면 아니 된 일이다.

모나키[1]의 시대에는 군주를, 올리가키[2]의 시대에는 참왕(僭王)을, 데모크라시의 시대에는 귀족을, 봉건시대에는 성주와 지주를 시인은 그들의 상전으로 역사(歷事)하지 아니하면 안 되었다. 그 반동으로서 프랑수아 비용 같은 도적질을 직업으로 하는 기괴한 시인까지 생겼던 것이다. 이때까지의 시는 항상 곡조를 붙여서 노래되었던 것이다. 그리고 다소간 그것은 민중의 입에 올려져서 그들과 친근하였다. 이것을 요약해 말하면 이때까지의 시는 형식상으로는 사람들의 귀에 어필하였던 것이다. 청각을 통하여 사람의 의식 속에 새로운 심상(心象)을 현출시켰던 것이다. 그것은 음향과 의미만을 가지면 그만이다.

3 근대시의 요람

오랫동안 구주의 천지를 휩싸고 있던 암흑한 중세기의 밤도

1　Monarchy. 군주제.
2　Oligarchy. 과두제.

새벽을 맞이하는 때가 왔다. 단테, 페트라르카, 보카치오 등 여명의 선구자들이 두드리는 어지러운 종소리는 구라파에 잠겨 있던 깊은 잠을 깨어 일으켰다. 도처에서 봉건제도의 성지(城趾)에 향하여 결정적 파괴의 손이 내리고 구주에 거주하는 각 종족은 각각 민족국가의 형성에로 일로 매진하고 있었다.

"희랍과 로마의 옛날로 돌아가자!" 하는 열광적인 절규가 구주의 전 표면을 진동시켰다. 그 위에 1438년경에 독일인 구텐베르크가 완성한 활판술은 시의 형태 위에 혁명적 변이를 초래하였다. 종래에 사운드[音], 센스[意]만 가지고 있으면 족하던 시는 새로운 속성으로서 형(形)을 획득하였다. 단순히 사람의 귀를 통하여 사람의 혼에 호소하던 시는 새로이 시각의 문을 통하여 사람의 심상(心象)에 작용하기 시작했다.

둘째로 희랍적인 옛 격조를 회복하기에 노력했다. 그리고 신에 대한 무상명령적 귀의와 기독교의 독단론만이 횡행하던 무명의 광야에서 오랫동안 방황하던 구주인의 굳게 폐쇄되었던 지성의 들창이 르네상스의 여명의 햇빛으로 향하여 열려졌다. 잠들었던 사람의 혼이 해방을 갈구하며 모든 육체의 내부에서 눈을 떴다. 새로운 시는 지중해의 하늘빛같이 명랑한 지성과 따뜻한 피가 통한 인간성을 그 내용으로 담게 되었다.

그런데 문예부흥의 두 개의 특성으로서의 지성과 인간성은 그 초기에 있어서 중세기의 성벽을 파괴하는 매우 필요한 두 개의 무기였으나, 이윽고 그 적을 극복한 후에는 두 개의 성질은 서로 반발하기 시작하여 필경 균제(均齊)가 잃어지고 모순 현상이 나타났다. 사람의 주관적인 인간성까지라도 객관화하려는 욕구를 지성은 가지고 있으며, 사람의 마음속에서 한번 눈을 뜬 인간성을 어디까지라도 냉혹하려고 하는 차디찬 지성의 울타리에서 탈출하려고 애쓴다. 그러나 한번 눈을 뜨기 시작한 인간성은 결코 눈을 뜨고만 있는 정도에서 정지하려고 하지 않았다. 더 한 걸음 나아가서 그것을 움직이려고 하는 충동이 굳세게 불타오르는 것을 느꼈다. 사상은 사상의 경지를 초월하여 행동화하고 말았다. 시는 새로운 주인이던 귀족의 앞을 떠나서 또 다른 새로운 주인을 맞이하고 싶었다. 그래서 시의 혁명적 비약의 역사가 시작되었다.

독일에서는 유명한 슈투름 운트 드랑의 시대가 화려하게 전개되었다. 그 뒤를 이어 전 구라파의 천지를 휩쓸고 로맨티시즘의 파도가 도도하게 넘쳐흘렀다. 그것은 세계의 명일의 주인일 것을 약속받고 무대의 전면에 새로 등장한 불란서 혁명의 승리자인 신흥 제3계급의 정신 활동의 발현에 틀림없다. 도버해협을 건너서 대륙에 노도와 같이 밀려온 로맨티시즘의 파랑은 시의 세계에서도 낡은 희랍적인 구속을 남김없이 유린했다.

르네상스와 로맨티시즘 시대에 시가 받은 결정적 변화는 그것이 인간을 발견했다는 점에 있다. 그리고 시는 점차 분화된 향락, 소일의 수단으로 화하여 우리들이 근대시라는 명칭으로 총괄하는 특수 형태를 정(呈)하게 되었다.

4 생볼리스트의 운동

전술한 바와 같이 구주의 천지를 열병의 발작처럼 경련시키고 지나간 로맨티시즘은 틀림없이 불란서 혁명에서 얻은 제3계급의 무한한 야심과 승리의 신념과 파괴의 쾌락의 발현이었으며, 그것의 구상화의 기술가(技術家)로서만 시인은 그들의 주인에게 가장 충실히 봉사하였던 것이다. 모든 열(熱)의 현상은 냉각할 것을 예기하지 아니하면 안 된다. 발작적인 구라파의 열기도 건강을 회복할 때가 왔다. 왜 그러냐 하면 제3계급은 벌써 파괴 사업을 필하고 건설에로 향하여 새로운 출발을 하지 아니하면 안 되었던 것이다. 그것은 닥쳐올 산업혁명에 대한 준비의 시기였다.

광범한 문학사적 견지로는 로맨티시즘의 안티테제로서의 자연주의의 대두라고 사가(史家)는 말한다. 그러나 예술의 일 분야로서의 시의 역사에는 로맨티시즘 직후에는 작은 그 반동으로서 르콩트 드릴을 맹주로 한 소위 파르나시앵(고답파, 高踏派)의 고전주의 운동이 있었으나 이윽고 그것은 불이 꺼지고 보들레르의 악마주의와 말라르메, 베를렌, 랭보 등을 선구자로 한 상징주의의 시대가 시작되었다. 상징주의의 특징을 이루는 것은 그 현실도피의 경향이다.

베를렌의 시론을 잠깐 인용하자. "밝음과 어둠이 이렇게 짜내는 아슴푸레한 시보다 더 그리운 것은 없다고 —." 그리고 같은 시 속에서 "그것은 베일의 그늘에 숨기는 아름다운 눈동자다."라고 노래했다. 즉 불가견(不可見)의 세계를 유한한 언어로써 가견의 형태로 구상화하려는 것이다.

스테판 말라르메는 조르주 위네의 질의에 대하여 상징파의 신념을 토로한 회답 속에서 이렇게 말하였다. "대상을 관조하여 그것에서 생겨나는 환상 속에 스스로 영상이 마음에 떠올라오면 그곳이 시다." 하고 —. 이렇게 상징파가 꾸미려고 하는 시의 세계는 현실하고는 멀리 떠난 진공의 세계다. 그들은 착잡 다단하고 추악한 현실을 곱게 피하여

"끝이 없는 권태의
광야—"
혹은
"하늘은 동쇠빛
빛도 없다
숨어 있는 것 같기도 하고 꺼진 것 같기도 한 달빛"

이러한 별세계에 유리하였다. 그러므로 알베르 사맹은 즐겨서 박모(薄暮)를 노래하였다. 그래서 상징파는 필경에는 마테를링크의 신비주의의 온실 속으로 숨어 버리고 말았다.

그러나 나는 시가 상징파에 이르러 얻은 수확은 현실에 눈뜬 일이라고 하고 싶다. 왜 그러냐 하면 현실에 대한 인식이 전연 없이는 현실도피라는 것은 있을 수 없다. 도피하지 아니하면 아니 되도록 그렇게 추악한 것으로서 우선 현실이 인식된 뒤에 도피라는 행동이 뒤를 따를 것이다.

상징파의 선구자의 한 사람인 보들레르의 「죽음의 기쁨」이라는 아래와 같은 시를 보아라.

나는 유서를 꺼리고 분묘를 싫어한다
죽은 뒤에 부질없이 사람의 눈물을 짓게 하느니보다는
살아생전에 차라리 까마귀를 불러서
더러워진 척수의 끝까지 쪼게 하련다

오! 굼벵이여 눈 없고 귀 없는 어둠의 벗
너를 위해 부패의 아들 방탕의 철학자

기꺼워하는 의지(依支) 없는 죽음은 온다
나의 시체에 주저함없이 먹어 들어가서
죽음 위에 죽고 혼 잃은 낡은 고기에
굼벵이여 내게 물어라 아직도 고민이 있는가 없는가고

　이렇게 비참하고 절망적인 시는 현실의 암흑면에 부딪쳐 깨어지는 순정의 애처로운 비명이 아니고 무엇이냐. 그 위에 이 시파는 현실 폭로의 문학 자연주의의 운동과 항상 병행하고 있는 것만 보아도 그것은 가장 반현실적이면서도 가장 현실적인 까닭을 알 수 있겠다.

　그리고 우리는 이 시기에 상징주의 운동과 때를 같이하여 일어난 차라리 같은 운동의 반면(半面)이라고 할 수 있는 자유시 운동을 잊어서는 아니 된다. 이것이야말로 근대시의 형태에 전연 혁명적 변화를 일으킨 것이다. 한 줄에 반드시 12철음(綴音)씩 넣어야 하는 고전적인 알렉상드랭 조의 구속에서 시를 시인 각자의 주관적 창조에 의한 자유분방한 리듬의 약진에로 해방하려고 한 것이다. 이 운동의 주장자는 상징파의 시인 귀스타브 칸이었으나 그 이전에 주로 라포르그며, 풀잎의 시인 월트 휘트먼 등은 그들의 독창적인 시에 그것을 시험한 것이다.

　요컨대 18세기 이후 굉장한 형세로 발전하여 이윽고 세계의 헤게모니를 장악한 제3계급은 그 조선(祖先)은 봉건 제후 사이를 돌아다니던 상인이다. 시의 고전적 격조 같은 것을 알기에는 너무 야매(野昧)하였다. 마치 아메리카의 이민들의 무교양과 조야(粗野)가 도저히 고전적인 시를 이해하지 못한 것과 같이 ─. 그래서 항상 그의 주인의 눈치만 바라지 아니하면 안 되는 시인은 그 주인의 구미에 맞도록 새로이 시를 요리하지 아니하면 안 되었다. 그것이 자유시다.

신대륙 왕복의 기선을 타고 다니는 밀수입자의 무리가 르콩트 드릴의 장중한 시나 그 이전의 고전시를 감상할 수 없었을 것은 물론이다. 그들은 그것들을 데크 위에 집어던진 후 보들레르의 산문시집을 집어 들고는 빙그레 웃었을 것이다. "응 이것이면 알 만하다." 하고 ─ . 저 폴의 명랑하고 센티멘털한 시에 이르러서는 더욱 그러하였을 것이다. 폴이 그의 시 속에서 자주 불란서 시민 제군하고 부른 그 소리는 야시(夜市) 상인이 사람들을 향하여 외치는 싸구려의 소리와 함께 그 고객에게 손질하는 점에 있어서는 성질상의 차이는 없는 것이다.

5 생활을 찾는 시파들

19세기의 말엽처럼 음산한 시기는 아마도 유사 이래 처음 일일 것이다. 언제나 여명이 올지 모르는 실망과 무위와 권태와 무명 속에서 참담하였던 것이다. 그러나 절망한 것은 결코 제3계급, 그것이 아니었다. 그들은 산업혁명을 치르고 나서 군국주의와 제휴하여 더 굳세게 지구상의 처녀지에까지 그 지보를 닦고 있었다.

실망한 것은 물론 창백한 지식계급이었다. 지식계급 자신의 박모(薄暮)에 대한 예감이 그들의 마음을 어둡게 한 것이다. 불란서 혁명의 진두에서 의기 좋게 달고 있던 세 개의 깃발 ─ 자유·평등·박애는 인류의 위에 그 아무 데도 실현된 것을 보지 못하였다. 아니 인류라고 하는 말 자체가 한 개의 표백된 개념 이외에 아무것도 아니다. 현실적으로 있는 것은 다만 분열의 과정을 급하게 걸어가고 있는 계급의 사람뿐이다.

 자유도 평등도 박애도 다 제3계급의 살찐 복장을 더 부르게 하는 그들의 이식(餌食)이었다. 그 위에 부단히 지식계급을 위협하는 유물론적 숙명관은 그들의 어린 심장을 동계(動悸)시키기에 충분하였다. 그리하여 상징주의에 의하여 점점 각자의 고독의 세계로 숨어 버린 시인은 너무나 편협한 특수한 자신의 상아탑 속에서 돌보아 주는 자 없이 가까워 오는 단말마의 암영에 전율하였다.

 그러다가 20세기에 들어서부터 시는 그 모든 부질없는 고민과 방황에서 떠나서 오랫동안 그것이 잊어버렸던 생활을 회복하려고 하는 충동을 느꼈다. "미를 위한 미를 찾는 자의 다음에 꿈꾸는 일의 미를 구하는 자의 뒤에 오는 것이야말로 생활의 미를 찾는 사람들이라."고 1902년 휴머니즘을 모토로 내고 나온 페르낭 그레그는 표명하였다. 니콜라스 보듀안, 알베르 모켈, 졸주에 쿠 등 백이의(白耳義)인의 일단으로 된 바로크시즘 일파가 또한 사람의 정신의 고양과 생활에 대한 열애를 고창하면서 일방에 일어났다. 이 파의 선구자인 에밀 베르하렌은 「야크숑」이라는 시 속에서 "숭고하게 살아라." 하고 마치 전 인류의 생활 행진의 선두에서 호령하는 것처럼 격렬한 어조로 노래한다느니보다 부르짖었다.

 여기에 또한 생활 찬미의 시파 나추리즘의 일파가 있다. 그 주창자 부에리에는 용감하게 일상의 히로이즘을 설교하였다. 자연이 생장하는 것처럼 그것의 생명의 약동에 맞추어 우리들의 실생활을 경건과 용기를 가지고 밀어 나가자고 한 것이다. 그중에서도 가장 주목할 가치가 있는 것은 쥘 로맹의 위나니미슴(unanimisme)이다. 그가 위나니미슴을 선포하기 시작한 것은 1905년 4월이고 동년 7월에 샹느 비에르도 위나니미의 정신을 《복스》 지상(誌上)

에 고조하였다.

사람의 혼이 현실 생활에서 인지하는 것은 가장 없이 솔직하게 표출한다는 것이나 그들이 생활이라고 하는 것은 결코 개개의 생활은 아니다. 전일적(全一的) 자아의 그것이다. 그래서 그들은 군중이라는 것에 많은 매력을 느끼고 "군중은 발작(發作)이다. …… 군중은 다른 집단에 대하여, 영웅이 다른 사람에게 대하는 것과 같이 확대에 의하여 특수한 성격을 보이고 그리고 그 대소에 의하여 경험 없는 관찰자의 주목을 끄는 타입이다."라고 규정했다. 또는 "극장이나 가로는 그 자신에 있어서 각각 총체적 생존을 부여받은 살아 있는 현실적인 전일체다. 전일적 정서는 누구에게도 노래되지 않았다. 그러나 그것들은 다른 것과 같은 자격으로 작가의 정열적인 노력에 값있는 것이다. 나는 예술 속에서 위나니미슴의 자리가 남아 있는 것을 믿는다."고 로맹은 말했다.

그것은 사실이다. 위나니미슴이야말로 개성적인, 너무나 개성적인 생볼리슴과 바레스의 전통주의에 대척하여 일어난 것이고 가장 근거 있는 시간적·역사적 생명의 발전이었다. 1919년 국제적 브로커 등의 손으로 잔인한 배당표(配當表)와 같은 허위적 평화조약이 꾸며졌을 때 이 파의 시인 샹느 비에르는 휴전 당시에 이들이 가지고 있던 세계 우애(友愛)의 건설의 꿈이 너무나 무참하게 된 것을 보고 이렇게 노래했다. "세계지도 위에 뒹굴고 있는 장사치들이 민중의 발톱으로 말살하고 칼날로써 그 위에 사람을 그린다." 그리고 열강의 경제적 봉쇄 속에서 러시아 민중이 공전의 기아에 천식할 때 그는 어떤 러시아의 아이에게 보내는 시에서 군국주의자들의 일을 통분했다. 이렇게 한 위나니미슴이 전쟁에서 피폐하고 배신당한 민중의 마음속에 일으킨 기대는 당연히 컸었다.

우리는 상징주의의 몽롱한 베일의 공중에서 꿈꾸는 일에 탐닉하고 있던 시가 20세기의 동이 트기 시작한 후 갑자기 지상에 남겨 두고 간 생활이 그리워져서 새벽의 들을 다니며 미친듯이 "생활을 ─ 생활을 ─" 하고 외치고 다니는 것을 들었다. 그러나 지상에 버려두었던 생활은 그들이 다시 돌아왔을 때는 깊이 병들고 말았다. 도처에서 그것은 모순과 기만과 악의를 폭로하고 있었다. 따라서 생활을 겨우 찾아온 시는 다시 통절한 자기 붕괴의 작용을 일으키고야 말았다.

6 근대시의 자기 붕괴

문예부흥기에 그렇게 화려하게 예술의 꽃들이 일시에 피었던 레오나르도 다빈치와 가브리엘 단테의 나라 이태리는 그 후 19세기 말엽까지는 소식이 끊어져서 그동안에 우리들의 기억에 남아 있는 큰 음향은 오직 레오파르디뿐이다. 그래서 세계의 실없는 만유객(漫遊客)들의 방문이나 때때로 받으면서 이 위대한 고전 예술의 전당은 오랫동안 세계의 문화사에 적극적으로 기여한 것이 없었다.

그러다가 1909년 2월 20일, 돌연 이 존경할 만한 예술의 분묘의 죽음과 같은 침묵을 파열하고 전 세계를 진해(震駭)시킨 폭음이 있었다. 마리네티를 수반으로 한 야만적인 젊은 예술가의 무리의 손으로 봉화를 든 반철학적·반교양적인 미래파의 운동이야말로 그것이 내가 암시하려고 한 것이다. 그러나 1905년 2월 밀라노에서 발행하는 시 잡지 《시》에 침거한 젊은 시인들이, 자기들의 운동 위에 미래파라고 하는 현대문학사상 가경할 선율을 가진 명칭을 붙인 것이 미래파라는 말의 첫 출현이었다. 그래서 1910년 3월 듀란 극장에서 3천의 군중에게 그 제1회의 선언을 행하였을 때 그들은 파울 클레 씨가 말한 것처럼 "기세 좋고 흥미 있는 그리고 염증이 나지 않는 세상의 굉장한 광대"였던 것을 인정하지 않을 수 없었다.

왜? 그들의 선언은 실로 아래와 같이 공연하게 소리친다. "우리들은 미술관을 파괴하고 도서관을 부수고 도덕, 잔잔한 것 기타의 모든 투기적·공리적 수단을 타파할 것을 요망한다……. 옛날의 회화를 찬미하는 것은 장식(葬式) 행렬에 참가하는 일이다……." 그래서 그들은 그들의 소위 쾌주(快走)하는 미를 창조하기 위하여 무위와 평온에 찬 옛 화원을 여지없이 짓밟았다. 그들은 시의 고전적 약속이나 교양을 쓰레기와 같이 먼지통에 던져 버렸다. 그리하여 우리들은 미래파에게서 최초로 근대시의 붕괴 작용을 보았다.

궁지에 닥친 근대시가 한줄기의 생로로서 탐구해 얻은 이 미래파의 길은 단말마의 최후의 유린한 발버둥처럼밖에는 보이지 않는다. 그리고 "자연은 구체(球體)와 첨원형(尖圓形)과 원통형으로 추구된다."고 한 세잔에게서 출발한 최근의 회화 사상 큰 에포크를 그은 입체파의 화가 피카소의 주위에 모였던 시인 아폴리네르, 콕토, 모랑 등의 입체시가 어떻게 과거의 시를 말살하기 위하여 광태에 가까운 악희(惡戱)를 감행했는가를 우리는 보았다.

그러나 근대시뿐 아니라 예술의 모든 분야에 있어서 가장 과감한 파괴를 실행한 것은 다다의 운동이다. 이는 한 개의 예술운동이라기보다는 근대 예술의 최후의 탕자가 그 조선(祖先)의 화단을 스스로 파쇄한 것이라고 하겠다. 앙드레 지드가 "다다이즘이라고 하는 것은 결코 일정한 주장을 가지고 있는 것이 아니고, 단순한 모든 예술의 파괴운동을 가리킨 것이다."라고 말하였을 때 다다이스트 자신조차 이것을 부인할 수 없었을 것이다.

이렇게 근대시는 20세기의 초두에 와서 우연히 새로운 광명을 포착한 것처럼 보이더니 미구에 그것조차 희망의 지평선을 넘어 영구히 잃어버리고 이윽고 자기 붕괴의 작용을 일으키고야 말았다. 그것은 시라고 하는 관념 형태가 의존하는 지배계급의 자기 붕괴의 과정에 반하여 일어나는 피치 못할 작용이다. 따라서 그 생산자인 지식계급의 생활의 분열이 초래하는 필연적인 귀결이다. 생활은 명백히 예술을 규정한다. 그것은 진리다.

7 쉬르레알리슴의 비극

미래파 — 입체파 — 다다조차를 차 버린 현대의 시의 전방에는 여명과 같은 것은 아무것도 보이지 않는다. 우리들의 가슴에 그렇게 이상한 격동을 일으키던 주르 로맹도 너무 회고의 세계에만 잠긴 까닭에 필경 상징주의의 고색이 창연한 궁전 속으로 숨어 버리고 말았다.

미래파는 오늘은 완전히 무솔리니의 파쇼 국가의 충실한 번견(番犬)의 임무에 영광을 느끼고 있고 발레리의 순수시의 고탑은 너무나 고독한 까닭에 누구 하나 접근할 수조차 있는 것같지 않다. 이완글, 브르통, 사포, 아라공 등에 의하여 창도(唱導)된 초현실주의의 혁명도 결국은 다다의 자기 파괴 작용의 상속에 불과하다. 왜 그러냐 하면 그들의 좋은 선구자 재크 와게는 "예술은 한 개의 미련한 물건이다."고 하지 않았는가. 그리고 폴 엘뤼아르는 말했다. "사람으로 하여금 이것이 미다, 추다 하고 공언하며 결심하기를 강요하는 허영은 문학의 몇 시대를 지나 세련된 오류와 그들의 감상적 흥분 — 그것이 낳는 무질서에 기인하는 것이다." 하고.

그러나 쉬르레알리슴이 다다의 파괴에만 시종하지 않고 새로운 포에지에로 도달하려고 한 노력만은 긍정해야겠다. 그들 자신이 말한 것처럼 세기의 한 스틸이기를 시도한 것이다. 그러나 그들은 무엇을 발견했는가. 잠간 그들의 말에 귀를 빌리자. "꿈만이 사람에게 자유에의 모든 권리를 준다……. 쉬르레알리슴은 잠·알콜·담배·에테르·아편·코카인·몰핀의 십자로다." 그래서 그들이 의지하는 것은 무엇인가. 자살이다.

"꿈의 은택으로 죽음도 벌써 애매한 의미를 가지지 않게 되고 생의 의미도 냉담해진다."로 근대시의 최후의 층계다. 왜 그러나 하면 우리들 현실적인 세기는 쉬르레알리스트가 꿈의 세계에서 어떻게 훌륭한 에펠의 탑을 축조할지라도 전연 무관심할 것이다. 마치 세계의 진행은 나광원(癩狂院)의 존재와는 전연 무관계한 곳에서 계속되고 있는 것처럼 꿈의 사도인 쉬르레알리스트의 무리 속에는 필경 분열이 생긴다 한다. 그들 중에서 가장 파괴적 경향을 대표하고 있던 스포 등 일파가 분리하여 따로이 코뮤니스트인 쉬르레알리스트의 그룹을 만들고 프로에 봉사하는 쉬르레알리스트라는 기관지에 웅거(雄居)하였다고 한다. 그래서 작년 11월 모스코바에서 열린 국제 프로문학회에는 쉬르레알리스트 사바울이 불란서 대표로서 출석하여 붉은 기염을 토하였다고 하며 동 회의에서 프롤레타리아 작가의 인터내셔널의 위원의 한 사람으로 쉬르레알리스트로서 너무나 유명한 루이 아라공이 선출되었다고 한다.

꿈과 자살의 유혹에서 사회혁명에 — 이것은 너무나 의외의 전환이다. 그러나 이 사실은 결코 근대시의 재생을 의미하는 것은 아니다. 차라리 이 일은 근대시에 있어서 벌써 아무 데도 구원의 길이 없다는 것을 힘 있게 주장하는 것 같다.

8 근대시의 조종(弔鐘)

모든 문화 현상은 항상 필요에서 출발한다. 필요는 실로 문화 발전의 어머니다. 사회의 전 기구를 영도하고 그 질서를 유지하는 것은 실력 있는 그 사회 지배층이다. 그들은 그들 자신의 물질력의 팽대와 안전을 보증하기 위하여 사회 기구의 조직화를 기도한다.

그들과 대립하는 또는 기생하는 모든 층과 집단은 노예다. 그 자신이 노예인 것을 의식하든 말든 간에 그들이 지식계급에게 강요하는 과업은 그들을 위하여 지식을 제공한다든지, 오락을 공급한다든지 그보다도 그들의 보루를 방어하는 데 충실하다는 일이다. 그래서 시인이라고 하는 특수한 지식계급의 일 부류에 향하여 그들이 명령하는 것은 오락을 제공하는 것이다. 실생활을 떠난 유희를 위한 유희, 향락을 위한 향락으로서의 근대시의 존립의 근거도 여기 있는 것이다. 그리고 또한 관념적 최루 탄환·연막·독와사(毒瓦斯)로써 방어선에 출동하여 사람들의 정확한 인식을 방해하기 위하여 주인의 정체를 카무플라주하는 일을 그들은 또한 시인에게 요구한다.

그리하여 실력 있는 사회 지배층의 열렬한 요구 네서시티는 그것에 적당한 문화를 건설한 것이다. 이것이 광범한 자본주의 문화다. 사실 화가가 살롱이나 화상의 갤러리에 작품을 걸고, 시인이 그 시를 출판하여 각각 그것을 팔아서 그 호구의 책을 도(圖)하는 이상 예술 작품은 한 개의 상품 이상의 아무것도 아니며 예술가란 수공업자의 명칭 속에 포괄될 성질의 것이다. 예술을 위한 예술론자는 입을 모아서 예술 위에 지극히 신기루와 같은 정의(定義)로써 온갖 탈을 씌우는 것이 좋을 것이다. 그러나 라틴 쿼터[3]의 신경적(神經的) 주민은 인제는 그 이끼 낀 영광을 버림이 좋을 때가 왔다. 왜 그러냐 하면 우리들은 이제는 그들이 단순한 중세기적 시대착오의 행상인임에 불과한 것을 간파했으니까 ―.

시는 일찍이 평민과 타협하기 위하여 귀족적인 리듬을 버리고 산문시로서 나타난 때가 있었다. 알렉상드랭의 엄격한 틀을 세운 고객 때문에 그만 깨어 버리고 자유시의 새 옷을 입고 나오기도 하였다. 그러나 현대에 예술의 분야를 활보하고 있는 것은 소설이다. 그것은 그 자신의 발전을 위하여 때때로 예술의 이름 밖에 서는 것조차 주저하지 않는다. 그것보다 시네마가 현대의 관중에게 가지고 있는 매력은 가경할 정도에 있다.

대중은 물론 최초부터 시와 같은 고가의 향료에는 무감각하며, 지배층은 또한 시가 가지고 있는 특수한 오락성에 벌써 염증을 느꼈으며, 무기로서도 그것이 어떠한 대중에게도 가까이 갈 수 없는 것을 안다. 그들에게 있어서 시를 돌보지 아니 할 충분한 구실이 있다. 시인이 아무리 깃발을 갈고 간판에 온갖 근대색을 칠한다 할지라도 벌써 고객을 잃어버린 이 고풍의 화상(花商)의 운명은 아마 세상에서 가장 참담한 것의 하나일 것이다. 나먹은 매춘부여, 이제는 분칠하는 것을 그만두어라. 어떠한 화장도 너의

---

[3] 파리의 구역으로 학생, 예술가들이 많이 살고 있는 지역.

얼굴 위의 주름살을 감출 수는 없을 것이다.

그렇지만 근대시의 해체 작용의 유인(誘因)은 그보다도 더 깊은 근거를 가지고 있다. 오늘의 세계를 지배하고 있는 힘은 벌써 피로해지고 말았다. 그것의 목전에는 현재의 일각만이 있다. 명일은 없다. 거기는 처참한 생활의 자기 분열이 있다. 그곳에 시의 운명의 방향을 지시하는 결정적인 암초가 가로놓여 있는 것이다. 왜 그러냐 하면 그것은 어김도 없이 이윽고 기울어질 낡은 피라미드의 두뇌의 일 세포였으니까.

그러면 명일의 시는? 그러한 질문은 우리에게 있어서는 아주 냉담하다. 우선 생활의 문제다. 예술을 생활에서 분리하여 독이(獨異)한 대상으로 관찰하려고 할 때에 그것은 역시 낡은 사고 방법의 습관을 범한 것이다. 금일의 프롤레타리아 예술과 같은 것은 다만 과도적 의의밖에는 가지고 있지 않다. 그렇지만 이 문제는 다른 곳에서 논의할 기회를 가질 수 있을 것이다. 다만 한 가지만 가장 확신을 가지고 말할 수 있는 것은 우리들의 앞에 놓여 있는 큰 화제는 이것이다. 집단과 그 생활. 이곳에는 시네마의 영역이 무한히 크다.

—《동아일보》(1931. 7. 30~8. 9)

『홍염』에 나타난 의식의 흐름

1931년 전반기에 우리들은 두 개의 단편집 『홍염(紅焰)』과 『노령근해(露領近海)』를 가졌다. 이것들은 여러 가지 의미로서 우리들의 주목을 끌고 있다. 나는 우선 이 작은 비평에서 편의상 전자만을 취급하리라.

서해(曙海)는 벌써 문학사상 한 개의 독특한 지보를 획득한 작가다. 그의 가장 화려한 활동의 시기는 이미 과거에 속한 지 오래나 당절(當節)의 그의 작품은 실로 전연 새로운 스타일을 산문학(散文學) 위에 창조하여 완연히 근대문학의 최고봉에 도달하였던 것이다. 그래서 서해는 우리들 조선의 젊은 제너레이션이 가지고 있는 가장 큰 고전적 존재의 하나다. 문자 그대로 그는 문학사상의 존재며 고전이다. 그 이외는 알 수 없다. 따라서 이번의 그의 작품집 『홍염』도 결코 현 문단에의 적극적 의지와 노력을 포장(包藏)하고 있지 아니하다.

거기는 왕년의 그와 같이 새로운 시대에 기여하려는 아무 야심도 명일에로 향하여 움직이려는 아무 열도 발견할 수 없어서 예상대로 우리를 실망시켰다. 이러한 의미에서 『홍염』은 여명의 하늘을 붉게 태우는 적극적 의지로서의 홍염이 아니고 작자의 회고의 세계 속에서 고요히 타오르는 향수와 추억의 홍염이다.

한데 나는 무슨 까닭에 『홍염』을 문제 삼으려고 하는가. 그것은 이 작품집에 수집되어 있는 세 개의 단편 「홍염」·「저류(低流)」·「갈등(葛藤)」을 통하여 그 근저에 숨어 있는 중대한 시간적 이동의 복선이 강렬하게 나의 흥미를 도발한 까닭이다. 그것은 작품집인 동시에 한 개의 속일 수 없는 인텔리겐치아의 충실한 인간사(人間史)인 까닭이다. 즉 지식계급 그것의 변이(變移)의 제 계단이 그 대표자로서의 서해의 충계의 시간적 발전 — 혹은 퇴화(退化)라고 해도 좋다 — 의 인간 기록 『홍염』을 통하여 여실하게 그려져서 우리들의 가슴을 세게 때리는 것이 있다. 또한 일찍이 지식계급의 가장 진보적 사상이었던 인도주의가 현실 조건의 성숙을 따라 지식계급의 생활의 결정적 변화에 의하여 어떻게 냉각해 버리며 이윽고 차디찬 회신(灰燼)으로 화하는가의 한 예시가 있다.

즉 현대의 예술은 극히 적은 제외례(除外例)를 남기고는 대체로 그것은 지식계급의 감각이라고 말할 수 있다. 그것은 구상화한 그들의 신경계통의 전율이다. 그들의 생활환경에서 받는 생리적·심리적 자극의 모든 변화를 예술을 통하여 고정화시킨다. 새로운 소설의 수법으로서의 의식의 흐름이 아니라 할지라도 예술은 그 작자의, 아니 그 작자로서 대표되는 계급의 의식의 흐름을 비록 자연발생적인 불명료한 형식으로나마 담고 있는 것을 피할 수 없다. 그러한 의미에서 예술은 그 자체의 예술적 가치와는 별개로 중요한 사회학적 사료(史料)이기도 하다.

이하 나는 예술 작품으로서의 가치판단의 대상으로서 『홍염』을 취급해 나가면서 동시에 그 속에 표현된 지식계급의 의식의 흐름을 그 발전 과정을 통하여 조선의 지식계급의 전 운명(全運命)과 관련시키면서 분석 고구(考究)하려고 한다.

전성시대의 서해의 문학을 특징 있게 한 중대한 특성의 하나는 이국 정조였다. 북만주라고 하는 황무지를 그의 작품의 주인공들은 대부분 그 무대로 택하였다. 우리들에게 있어서 그것은 민족생활의 신무대인 동시에 전연 미지수인 청춘의 미래에 가로놓인 인생의 광야(曠野)이기도 하다. 거기서 인간성의 극악의 반면의 발현인 잔인과 야미(野味)와 학대와 그리고 거기 대한 사람의 가장 피비린내 나는 복수와 반항과 분문(憤懣)이 큰 소용돌이를 이루고 급격하게 선회하고 있는 곳이다.

작자는 이러한 암울한 천지에서 일어나는 주로 사람과 사람 사이의 갈등을 그의 심각한 체험에 기(基)하여 명각(明刻)하게 묘사하였던 것이다. 그것은 한 개의 가경(可驚)할 전율을 우리들의 새로운 문학사 위에 창조하였다. 그리고 그 제 단편은 항상 압축된 인생의 극적 역량을 겨누었으며 따라서 지극히 다이내믹하고 풍만한 플롯을 전개시켰다.

때때로 우리는 그의 단편이 한 방대한 장편소설에 담을 내용을 가지면서 충분히 여과 작용을 경(經)한 후에 그 에센셜한 부분만을 제시한 것처럼 보이는 것을 경험하였다. 서해의 작품의 주인공은 거의 종종(種種)의 모양으로 변형된 작자 자신을 대표하였다. 그는 작중의 주인공의 입을 거쳐 그 자신이 현실 사회에 대하여, 인생에 향하여 평상에 가지고 있던 고조된 분문을 한껏 풀어놓았으며 그가 적의를 품고 있던 대상에게 주인공으로 하여금 갖은 복수를 다하게 하고는 숨을 내쉬었다. 우리들이 성(盛)하게 박수를 보낸 것도 같은 반항적 정신에 불타고 있던 당시의 시대 사조에 작자가 굳세게 어필한 까닭이었다.

단편집 『홍염』 속에 들어 있는 단편 「홍염」은 그 시대의 그의 작품의 유형의 하나다. 거기는 비인간적 학대가 있고 잔인을 극한 복수가 있다. 작자의 예에 의한 로맨티시즘이 배허(白河)를 때때로 찾아오는 눈보라와 같이 그 근저에서 강렬하게 파동하고 있다.

다음의 단편 「저류(底流)」에서 작가는 그의 로맨티시즘을 다분히 버리고 대륙에 가까운 우리 나라의 북방의 풍속의 일폭 풍경을 전개시켰다. 거기서 양성되는 향토색을 작자의 능란한 방언의 구사에 의하여 십분 효과를 거두었다. 일찍이 존 릴링턴 싱크가 그의 조국인 애란(愛蘭)의 농민이나 어민의 멜랑콜리와 조이를 일종의 애정을 가지고 표현시킨 것처럼 우리들의 고전적 작가는 「저류」 속에서 북방의 농민들의 무자비한 자연에 대한 가벼운 공포와 그들의 눈물겨운 희망을 교향(交響)시켰다. 강렬한 북방의 흙냄새를 감추고 있는 이 일편은 매우 사랑스러운 작품이다.

여름밤의 모닥불, 그 주위에서 날을 새우며 꽃을 피우는 온갖 주책없는 이야기와 그것들은 작자의 어린 시절의 기억에서 떠올라와서 그의 향수를 꾸며내는 가지가지의 영상의 무리나 아닐까. 그 열광적인 로맨티시즘을 떠난 이후의 작자는 이 작품에서 그 주관을 많이 죽여 버렸으나, 도리어 담백한 센티멘털리즘에 타락하였다. 작품 속에서 날뛰던 작자의 주관은 이곳에서는 객관화한 작품을 고요히 바라보는 버릇을 배운 것 같다.

그러던 그가 갈등(葛藤), 아니 차라리 일 인텔리겐치아의 수기(手記)에 이르러서는 그 주인공으로 하여금 냉정히 점점 타락하는 자기를 응시하며 아픈 매질까지 스스로 가하게 한 것을 보게 되었다.

—《삼천리》(1931. 9)

청중 없는 음악회

당신은 전연 고독한 세계에서 오직 혼자서 노래를 부르는 카나리아나 태양만이 굽어보는 곳에서 아름다운 날개를 펴서 혼자 자랑하는 공작을 보았거나 혹은 그러했다는 이야기를 들은 일이 있습니까. 수카나리아나 수공작은 그들의 암컷을 위하여만 그들의 음악이나 무도를 시작하는 것입니다. 그들이 예외로 혼자서 노래 부르는 때도 그들의 환상 속에서 그 청중을 그리는 때일 것이외다. 나는 믿습니다. 우리들의 조선(祖先)들도 만약에 한 사람의 청중이나 고객조차 없었다면 아마도 그들은 아무러한 예술도 만들지 아니하였으리라고 —.

보수(報酬) — 그것이 항상 옛날의 예술가나 현대의 예술가의 마음을 흥분시켜서 예술의 제작에로 선동하는 것이 아닐까요. 올림피아의 청중들은 그들의 시인에게 계관(桂冠)을 드리지 아니하였습니까. 고대의 청중은 그들의 예술가에게 명성을 바쳤지만 현대의 고객들은 그들의 애고(愛顧)하는 예술가에게 명성 위에다 돈까지 가하였습니다.

그러나 시인은 불행하게도 옛날의 올림피아를 그렇게 성대하게 하던 충실한 청중 — 혹은 고객들을 한 사람씩 두 사람씩 잃어

버렸습니다. 고대를 떠나서 현대에 이를수록 지극히 국한된 작은 세계에만 시의 빛이 퍼지고 있을 뿐이외다.

폴 발레리가 지배하고 있는 세계 — 또는 장 콕토가 알려지고 있는 세계는 실로 망망한 태평양의 괌섬보다 더 큰 것이라고 누가 말할 수 있습니까. 발레리가 현대의 시왕(詩王)이라고 불려질 때 그의 면류관은 광범한 민중의 극히 작은 한구석에만 빛나고 있을 뿐이외다.

시인을 위하여 다행한 일은 그들의 세계의 주민은 비교적 넉넉한 살림을 하는 층에 속한 것입니다. 그렇지 아니하였던들 시인이라는 종족들은 재만 동포보다도 벌써 먼저 세계의 동정을 바라지 아니하면 아니 되었을 것이외다. 이렇게 예술의 고객이 맬서스의 인구론을 역행하면서 있을 때에 예술과 민중 사이의 증대하는 간격을 보충하는 일이 필요하게 됩니다. 이곳이 비평가들을 위하여 중대한 사명이 가로놓여 있는 것이외다. 심원하고 미묘하고 유현(幽玄)한 장식의 저편에서 잠자고 있는 예술을 민중의 앞에 주석하며 해명함으로써 민중을 예술에게 접근시키려고 하는 것이 비평가의 일이외다.

그래서 예술상의 신 유파가 새로운 상품가치를 맹렬히 스스로 선전하면서 등장할 때라거나 벌써 비평이 아주 없어진 예술사상의 과거의 유파가 새로 간판을 칠해 가지고 인기의 회복을 꾀할 때에는 반드시 그들의 충실한 대변자며 선전자인 비평가를 앞세우거나 뒤세우고 출현하는 것을 우리는 많이 구경하지 않았습니까. 실상 무슨 파니 무슨 파니 하는 새 유파의 출현에 우리가 아연 당목(瞠目)하게 되는 것은 그 파의 찬연한 존재 가치를 지각한 까닭이라느니보다 더 많이 그 직속의 비평가들의 요란한 나팔 소리 때문에 부득이 그쪽으로 눈을 돌리게 되는 때가 많지 않습니까. 비평 행위는 비평 자체가 아무리 과학적이라고 선언하며 혹은 심리적이라고 객관적이라고 자칭할지라도 그것은 자기 혹은 자기 유파의 예술 또는 자기가 있었으면 하고 바라는바 예술의 옹호입니다. 그러므로 각각의 비평가는 각각의 미학을 가지고 있으며 그것만이 진리라고 서로서로 반박하나 모두가 그의 예술 또는 그가 바라는바 예술을 독점적으로 민중에게 강요하려는 의사와 애교에 있어서는 공통합니다.

나는 전에 비평가는 예술과 민중의 중개자라는 의미의 말을 한 일이 있습니다. 그는 민중보다도 더 많이 예술의 기술에 관한 지식을 가지고 있어야 합니다. 예술가라고 하는 것은 직업적 분야의 일 전문가며 기술가 이상의 아무것도 아닙니다. 그를 아주 신비적인 왕좌에 올려 앉히는 것은 예술가 자신의 길드적 심리의 발현에 불과합니다. 비평가도 예술의 기술에 관한 각반(各般)의 지식을 가지고 있어서 그 일반적 개념을 각개의 작품 위에 연역하는 역시 특수한 기술가입니다.

일본의 쉬르레알리스트 춘산(春山)[1] 군에게 향하여 누가 쉬르레알리스트의 시를 어떻게 읽어야 하느냐고 물었을 때 그는 우선 쉬르레알리슴의 시론을 이해하여야 한다고 대답한 일이 있습니다. 마리네티의 선언 없이 미래파의 시를 읽으며 입체파의 화론(畵論)을 통하지 않고 입체파에 직면하는 것은 그것들과 보는 자의 사이에 아무러한 이해도 있게 하지 못할 것이외다. 그래서 어느덧 현재의 시인들은 그들의 시를 넓은 민중의 속에 놓아 버리지

---

[1] 春山幸夫(하루야마 유키오, 1902~1994). 일본 모더니즘 계열의 시인.

못하고 특수한 기술가들의 그룹 속에 가두어 둠으로써 그들의 시로 하여금 더욱더욱 민중으로부터 고립한 기술가적인 것을 만들어 놓았습니다.

지금의 정세를 종합하여 판단하면 민중이 자진하여 시에게 향하여 악수를 청할 가능성이나 필연성은 아무 데도 보이지 않습니다. 민중에게 있어서 당면한 문제의 전부는 생활의 문제에 걸려 있습니다. 그중에서도 더욱이 경제적 생활의 문제가 주야로 간단없이 민중의 머리를 자극하고 있습니다. 그리하여 그들은 시가 가지고 있는 이 형이상학적 관념성에까지 도달하기 위하여 교양을 쌓을 여가를 가지기에는 절망에 가깝도록 너무나 분망합니다.

사실 시는 어떠한 시대에도 사람의 형이하적 생활보다도 정신생활의 배토(培土) 위에서 생장한 것이외다. 사회적으로는 이 일은 시는 늘 경제적으로 시간적으로 여유 있는 층의 전유물이었다는 현상으로 나타났습니다. 따라서 그것은 흔히 향락적이 아닐 수 없으며 시인과 그들을 에워싼 시적인(?) 서클은 따로 발달된 예민한 감수성과 어느 사이에 형성된 (시적 용어·시상·시의 기술 등) 독이(獨異)한 교양을 특징적인 성격으로 가지기에 이르렀습니다.

그렇지만 오늘의 민중에게는 불행하게도 돌연 파르나스 산상으로 날아갈 날개의 준비가 없습니다. 민중의 현실 생활이 점차 완화되어서 시의 고좌(高座)에까지 도달할 날개를 기를 만한 여유가 생기기 전에는 그들의 관심을 시에 끌어 붙이는 것은 무망(無望)한 일입니다.

시를 위하여 지극히 불행한 일이 또 있습니다. 문학의 각 분야 중에서 시보다는 매우 연령이 어린 소설이 그보다도 키네마가 시의 존재를 위협하는 일이 그것입니다. 소설이 최초의 호흡을 시작한 것은 벌써 민중의 시대의 전야였습니다. 그것은 그것 특유의 직절성(直截性)·현실성·구사성에 의하여 괄목(括目)할 형세로 민중의 광범한 층을 흡인하고 있습니다. 그것이 가지고 있는 제 속성은 시의 제 속성인 추상성·암시성·귀족성 등과는 전연 대칭적인 것이외다. 그것은 시적인 여하한 교양과 준비의 복잡도 필요로 하지 않습니다. 다만 읽을 수 있는 자격만이 있으면 그만이외다.

그런데 지극히 최근까지도 예술비평가나 미학자가 예술로서 취급하는 것을 불유쾌하게 생각하고 있던 키네마가 오늘날 시뿐이 아니라 소설까지를 능가하려는 의기(意氣)는 가경(可驚)할 형세에 있습니다. 소설이 사람의 의식 위에 이미지(영상)를 현출(現出)시키려고 애쓸 때 키네마는 이미지 그것을 관중에게 그대로 던집니다. 읽을 수 있는 일 이상으로 더 보편적인 사람의 시각에 키네마는 소(訴)하는 것이외다. 그것은 시의 세계를 유린하고 진탕(震蕩)하기에 충분한 조음(噪音)으로 충만합니다. 시가 대영제국의 랜즈버리 공작 부인과 담소할 때에 키네마는 캘커타의 무식한 방적(紡績) 여공의 가난한 마음을 위로하고 있습니다.

시는 결국 귀족과 승려의 문학이었고, 소설은 시민의 문학이었으며, 키네마는 더한층 내려가서 제4계급의 반려가 되고 있습니다. 그래서 민중이 시의 문전에 도달하기 전에 소설과 키네마는 중로(中路)에서 고객의 전부를 빼앗아 버렸습니다. 시인은 민중에게 향하여 "내게로 오라." 하고 부르짖지만 그의 목소리가 민중의 귀에 닿기에는 그들과 시인의 거리가 너무나 멉니다. 그래서 시인은 언제까지든지 이 새로운 영웅인 민중에게 향하여 "산이여, 내게로 오라." 하고 호령하던 거만하던 마호메트와 같이 행동할 수 없습니다. 마호메트가 그의 고집을 버리고 "그러면 내가 가지." 하고 산에게로 걸어간 것처럼 시인 자신이 민중에게 걸어갈밖에 없었습니다. 시인 중에 영리한 일군은 벌써 이 일을 실행하였습니다. 그들은 공연히 전기 민중의 편인 것을 선언하며 광범한 신영토에서 갈채를 전하려고 합니다.

그렇지만 그가 완전히 시인인 것을 그치고 민중의 속으로 돌입하지 아니하는 한 그는 항상 세 사람의 맹인과 같이 민중에 대한 편견밖에는 가질 수 없을 것이며, 민중의 편에서도 그들에게 있어서는 전연 알 수 없으며 또한 상관없는 고무풍선과 같은 시를 그들의 입에 쑤셔 넣으려고 하는 시인들에게 냉담할 수밖에 없을 것이외다. 민중에게로 걸어가는 그의 걸음걸이가 아무리 굉장하고 뽐낸 것이고 화려할지라도 마호메트의 사기적 이산이수법(移山移水法)과 같이 그것은 민중에 아유(阿諛)인 것을 감출 수는 없지 않습니까.

그리고 또한 이렇게 한 극단과 극단 사이를 아무렇지도 않게 비약하는 그러한 신기한 곡예는 잠깐 관중 속에 찬물을 끼얹는 듯한 일시 상쾌한 충동을 일으킬지는 모르나 수많은 관중 속에 바다와 같은 박수를 일으켜 보려는 엄청난 허영심의 발현이 아니라고 할 수 있을까요. 사실 민중에게로 시를 가지고 가는 것은 중태에 빠진 위병환자(胃病患者)의 병실을 셀룰로이드제의 헤어핀을 가지고 방문하는 것이나 마찬가집니다. 번쩍번쩍거리나 영양이 될 수는 없고 약이 될 수는 더욱 없습니다. 전혀 그것은 사치입니다.

우리는 파리의 참새들의 입 끝에 오르고 싶던 나머지에 에펠의 탑 꼭대기로 올라간 말 못 할 녀석의 모험심에 경탄하는 것과 꼭 같은 마음으로 인기에 대한 악착하고 가련한 동경이 낳은 시인의 모험심에 동정합니다. 그와 동시에 이윽고 새로운 출현자에게로 인기가 쏠려서 더 이상 참새들이 그의 일을 지껄이지 않는 까닭에 다시 한번 잃어버린 평판을 회복하기 위하여 에펠의 탑에서 거꾸로 떨어지는 것을 시인을 위하여 경계합니다.

곡예사여, 그대가 참말로 민중의 속으로 가고 싶거든 그대의 시를 바다에 던져 버리고 그대의 교양을 벗어 버리고 벌거숭이로 가라. 시인은 언제까지나 멀리 거리를 떠난 외로운 살롱 속에서 청중도 없는 음악회에서 기괴한 목소리를 뽑아서 의기(意氣) 좋게 노래부를 것인가. 사람들의 마음이 오래인 예전에 잊어버린 거친 폐원(廢園)에서 그의 오직 하나인 벗인 아침해로 향하여 찬란하고 다채한 날개를 펴는 공작과 같이, 시인이여 그대는 언제나 혼자서 춤추는 설움에서 풀릴 것인가. 당신은 나에게 향하여 "누가 알아주지도 않는 비단을 짜는 것을 그만두라."고 권하십니까. 앞으로 내가 나의 시를 쓰레기통에 집어넣고 민중의 불덩이 속에 뛰어 들어가서 풀어지고 말는지, 그러한 미래의 일을 지금부터 보증할 수도 결론을 내릴 수도 없습니다.

그렇지만 고독한 시인이여, 안심함이 좋다. 이윽고 병자가 퇴원하면 그는 잊어버렸던 헤어핀을 차중하며 생의 새 활력을 길러가기 위하여 그대의 주악(奏樂)을 청할 것이다. 그대의 베틀에서 영롱하게 빛나고 있는 비단을 차중하여 그의 생활을 풍부하게 하고 다채롭게 하려고 그대에게로 올 것이다. 그대의 일이 사람의 정신의 샘을 가지고 있기만 하면 그대를 잊어버렸던 민중이 고민의 밤을 보내고 아침을 맞이하는 날 그대의 술잔을 차중할 것이다. 그래서 명성과 돈 — 그 아무것에게도 축복받지 못할지라도 아무 불만 없이 보기에도 참담하고 비평 없는 일 — 청중이 없는 음악을, 관객이 없는 무용을 계속하여도 좋다.

오로지 인류의 새로운 양식이 될 노작(勞作)을 남기기에 일심하면서 —.

—《문예월간》(1932. 1)

32년 문단 전망

── 어떻게 전개될까? 전개시킬까?

1. 민족주의문학은 어디로?
2. 시조는?
3. 프로문학은?
4. 극문학은?
5. 소년문학은?
6. 기타 등은?
7. 귀하는 어떤 술작(述作)을 내시렵니까?

신민족주의 문학 운동

문단의 바로미터를 직접 승강(昇降)시키는 것은 그것을 에워싸고 있는 사회의 기온입니다. 지극히 저조(低調)를 띤 우리 사회가 현재의 냉각하고 궁박한 상태를 어떻게든지 타개하지 못한다면 1932년의 문단을 단(單)히 1931년의 그것의 연장이라고 예상할밖에 없습니다. 그러나 1931년의 문단을 지배하고 있는 것이 평범과 단조와 타성의 뭇 암울한 분위기였던 것만치 그만치 이 회색의 분묘(墳墓)를 뚫고 나가고 싶은 의욕이 불타며 새해에 대한 야심과 동경과 계획이 더욱 큽니다.

그러므로 우리는 일단 새해의 문단은 '어떻게 전개될 것인가' 하는 실연적(實然的) 과제는 포기하렵니다. 문단의 현상에 대하여 단순한 사태의 자연적 발전을 전망하는 것은 생각하는 자를 비관론자를 만들 충분한 이유가 있습니다. 다만 '어떻게 전개시킬까' 하는 당위로서의 명제에 우리의 전 고려(全考慮)를 집중시킬 것인가 합니다. 우리는 믿습니다. 냉정한 반성의 뒤에 오는 약진만이 그 방향을 그르치지 않으리라는 것을 — 우리 문단이 언제 충분히 우리의 민족 생활을 시간적으로 공간적으로 파 들어갔으며 깊이 음미하고 이해한 일이 있습니까.

우리들은 공식주의에 타락하는 일에서 항상 자신을 구출해야 합니다. 작가가 너무나 지나치게 이론의 화를 입는 것은 그의 작품을 고갈시킬 위험이 있습니다. 우리는 조선 민족의 생활의 근저에서 물결치는 굳센 힘과 그 정신 속에서 새어오르는 특이한 향기를 파악하여야겠습니다. 우리가 나아가 세계에 기여할 것은 세계의 어느 구석에서도 찾을 수 없는 독특한 조선적인 것이 아니면 아니 됩니다. 애란(愛蘭)의 문학 운동의 세계적·문화사적 의의도 여기 있습니다. 세계도 또한 우리에게 그것을 기대합니다. 그러므로 리암 오플래허티[1]가 그의 풍부한 방랑 생활의 경험에도 불구하고 거칠은 애란의 해안을 그 작품의 무대로 가리는 것은 타당한 일인가 합니다. 우리는 이러한 반성 운동을 가정하고 그것을 신민족주의 문학 운동이라고 명명하고 싶습니다. 그러나 그것은 정치적 지도 원리로서 사회주의에 대한 그러한 의미의 민족주의의 제

---

1   리암 오플래허티(Liam O'Flaherty, 1896~1984). 아일랜드 태생의 단편소설 작가.

창이 아닙니다. 창백하고 연약한 조선의 문학을 다시 한번 조선 민족의 현실 생활과 정신 속에 굳세게 뿌리박음으로써 문단의 화려한 명일을 가지려는 것입니다. 이 일은 한 개인이라느니보다 많은 동지의 힘에 의하여 생기 있는 운동으로서 제기되어야 하리라고 생각합니다.

그러나 시조 같은 것을 고조하면서 고전 부흥이라 생각하는 것과 같은 단순한 회고 운동에는 반대합니다. 진고개에서 붙잡아 온 양장 미인에게 옛날 갓신을 신겨 놓으면 그 걸음이 얼마나 기괴하겠습니까. 문학의 형식에서 시간성을 전연 무시하는 그러한 무지와 고풍의 취미는 좀 냄새가 납니다. 뿐만 아니라 오늘날 시를 주무르고 있는 것은 시인의 개인적 취미 때문이지 그것을 요구하며 성장시킬 사회적 가능성은 어떠한 곳에도 보이지 않습니다. 안서(岸曙) 선생이 아무리 노여워하셔도 시는 민중과 절연 상태에 있는 것을 어찌할 수 없습니다. 민중이 요구하는 것은 직절적(直截的)인 구체적인 행동적인 것입니다. 연극의 승리의 근거가 이곳에 있습니다. 우리들은 새해에 우리들 자신의 극장을 가지자. 결코 기계적이 아닌 피 있는 호흡하는 연극을 민중은 차중합니다. 그래서 신민족주의 문학 운동이란 또한 조선 민족의 정신과 생활 속에서 연극성을 파악하려는 노력에 불과합니다. 그러함으로써만 조선 문학은 진정한 그 자신을 발휘할 것이며 세계의 한구석에서 빛나는 존재를 획득할 것이외다.

이것은 전 문단의 공기를 지배하는 한 개의 경향이어야 합니다. 프로문학이 공식을 위하여 현실을 날조하지 않고 현실 속에서 법칙을 발견하는 데 주력한다면 조금도 전술한 운동과 배치하는 것이 아닐 것이외다. 여하간 새해의 문단은 좀 다채하여야 하겠습니다. 초현실주의도 좋습니다. 즉물주의(卽物主義)도 감각파도 —. 너희들은 아무 구석에서나 너희들 자신의 특성을 가지고 대담하게 뛰어나오너라. 생기 있는 혼돈의 피방(彼方)에서는 더 높은 통일의 세계가 빛나 있을 것이다.

저의 새해의 술작(述作) 말씀입니까. 부끄럽습니다. 지금 생각으로는 여태까지 제가 대증하게 길러 가지고 온 주지적인 시론과 시집을 완결해 놓고 그것으로써 시에 결별을 고하고 조선적인 향내 나는 희곡을 많이 써 보렵니다. 최고급의 예술을 남기고 용감하게 시와 몌별한 후 인도엔가 어디로 모양을 감추었다고 하는 아르튀르 랭보의 행동은 얼마나 영웅적입니까. 저는 그를 선망합니다.

—《동아일보》(1932. 1. 10)

로맹 롤랑과 「장 크리스토프」

　사치에 흐른 현대의 교육과 사회제도의 결함은 피카델리와 브로드웨이와 은좌(銀座)와 진고개에 창백한 인텔리의 우울한 얼굴들을 대량적으로 범람시키고 있다. 일찍이 고리키는 지식 계층의 마음속에 깊이 뿌리박은 이 우울은 토스카의 벌레라고 명명하였다. 새 세기는 벌써 32년을 맞았지만 보들레르를 그 아버지로 가진 지식 계층의 세기말은 의연히 밝음을 모른다.

　일찍이 중학교 작문 선생님으로부터 "자살할 염려가 있다."고 경고를 받았으나 어린 때에는 그래도 한낱 개인적 경향에 불과하던 나의 우울도 차츰차츰 내가 지식 계층의 일원으로서 성육함을 따라 십분 토스카의 징후를 발휘하였다. 영원한 정밀(靜謐)의 세계 — 사(死)에의 유혹이 끊임없이 나의 마음을 흔들었다. 그렇지만 한편으로는 이 악착하게 따라다니는 사(死)의 짙은 그림자를 애써 부정하려고 하는 연약한 힘이 나의 혈관 속에서 움직였다. 그러나 그것은 너무나 약한 발버둥에 지나지 못했다. 나는 의연히 알베르 사맹의 부드러운 박모(薄暮)의 시(詩)와 투르게네프의 연기(煙氣) 속에서 내 자신의 혼의 느낌 소리를 들으면서 어떻게 환희의 눈물을 자아냈는지 모른다. 이러한 나의 생의 위기에 나의 귀에 생명의 복음을 속삭이며 이상스러운 음악으로 자빠지려고 하는 내 혼을 고무하는 소리가 있었다. ─ 로맹 롤랑의 굵은 목소리였다. 나는 얼마나한 감격을 가지고 일과를 쉬어 가며 그의 「장 크리스토프」를 탐독했는지 모른다. "나는 허무와 싸우는 생명이다. 밤 속에서 타는 불길이다. 나는 밤이 아니다 …… 나와 함께 싸우렴, 불타렴." 롤랑이여, 나는 아직도 그때의 당신의 목소리를 기억합니다. 밤 ─ 사(死) ─ 감상 ─ 모든 어두운 것에서 돌아서서 태양을 ─ 대낮을 ─ 웃음을 찾아서 팔을 벌리고 일어섰다. 지금 나로 하여금 생명의 찬가를 높이 부르며 유쾌하게 이 험악한 생에 직면하게 하는 낙천주의를 「장 크리스토프」의 힘에 돌리는 데 나는 결코 주저하지 않는다.

지식계급은 언제까지든지 회색의 그 운명 위에 엎드려서 울 것이 아니다. 그들 속에도 위대한 세계인 롤랑이 있어서 그들의 진두에서 만재(萬才)의 기염을 토하고 있는 것을 잊어서는 아니 된다. 그는 1915년 노벨 상금을 타자 그 전부를 구라파의 비참의 완화를 위하여 제공하였다. 전년 사코 반제티 사건[1]이 일어나서 우리들의 가슴을 써늘하게 하였을 때 롤랑은 누구보다도 먼저 피를 탐하는 아메리카의 반동주의자에게 향하여 구명 운동의 봉화를 높이 들어 지식계급, 아니 전 세계의 양심을 대표하였다. 장 콕토가 항상 새로운 것의 옹호자인 것처럼 롤랑은 다른 의미에서 가장 빛나는 진리의 승려인 것을 나는 믿는다. 나는 빨리 나의 불란서어가 상달해서 나의 생활의 성격 위에 거의 갱생을 의미하는 그렇게까지 결정적인 영향을 준 롤랑에게 훌륭한 감사의 편지를 쓸

---

1 1920년대 미국에서 있었던 살인범 재판 사건. 이탈리아계 이민 사코 반제티를 체포하여 사형에 처했으나 뒤에 진범이 밝혀져 미국 재판사상 하나의 오점으로 남았다.

날이 오기를 바라 마지않는다.

─《동아일보》(1932. 2. 19)

김동환(金東煥)론

《삼천리(三千里)》5월호를 손에 들고 나는 처음에 나의 책상의 절반이나 거의 차지하는 그 전 달 호들의 배나 되는 넓은 면적에 놀랐다. 그리고 표지의 이면에 실린 월간 형식을 월 2회 간으로 고치겠다는 계획을 보고 다시 놀랐다. 존경하는 선배 파인(巴人)이 무슨 엉뚱한(요한 씨의 평어) 일을 꾸미고 있는 것일까 하는 생각이 나의 머리를 때리는 까닭이다. 월간에서 월 2회 간으로, 이윽고 주간으로, 필경에는 주간에서 일간신문으로 고쳐서 이대신문(二大新聞)과 정립하는 거대한 언론기관《삼천리(三千里)》가 파인의 두뇌 속에서 움직이고 있는 것이나 아닐까. 그러한 그 무슨 엉뚱한 일을 생각해 낼 듯한 파인은 바로 그러한 분으로 내게는 상상된다. 그러나 그것은 엉뚱한 생각에만 단순히 그치지 않고 적어도 파인(巴人)에게 있어서는 그러한 엉뚱한 일을 저지를 듯한 위험성이 다분히 있다고 생각하여도 안전할 것이다.

《삼천리》5월호를 앞에 놓고 이러한 생각에 휩쓸리면서 나는 파인에 대하여 갑자기 무엇이든지 이야기하고 싶은 충동을 느낀다. 그러나 파인을 말하기에는 나는 너무나 그에게 대한 적은 지식밖에 가지고 있지 않다. 그것은 거의 최소한도의 지식밖에는 아니 된다. 그러면서도 어쩐지 파인을 말하고 싶은 충동에 몰려서 붓대는 잡고서도 나는 이 빈약한 최소한도 안에서밖에는 파인을 말할 수 없는 것을 스스로 슬퍼한다.

파인은 비평의 대상으로서 다방면을 가지고 있다. 시인으로서의 파인도 우리 신문학사상의 큰 존재다. 그렇지만 지금 시인 파인에 관하여 말하는 것은 벌써 고전을 말하는 일이다. 근래의 《삼천리》에서 또는 그 밖에 잡지에서 간혹 얻어 보는 그의 시를 나는 전연 무시하는 것은 아니지만 그러나 그것들에게 큰 의의를 부여하기에는 현재의 시단의 예각의 정점은 거의 1세기를 의미하도록 전방에 있는 것을 어찌하랴.

지금 나에게 이 붓대의 힘에는 지나치게 무겁기 한량없는 짐을 감히 이 연약한 붓대에 짊어지우는 모험을 하게 되는 것은 시인 파인보다도 훨씬 인간 파인의 매력이다. 그는 우리들의 문화건설 행진의 선두에서 뚜렷한 그림자를 지우면서 움직이는 한 사람의 아방가르드의 거자(巨姿)를 가지고 있다. 그는 조선이라는 피녀(彼女)의 좋은 애인의 한 사람이다.

현대의 전 사회 기구의 중심에서 그것을 움직이는 유력한 동력의 본원을 단적인 말로써 표현한다면 그것은 황금이다. 명성도 정권도 지위도 그것에서 쌓기도 하고 무너뜨리기도 한다. 우리는 반드시 만능에 가까운 황금의 위력을 숭배하는 맘모니스트는 아닐지라도 그 위력을 한마디로써 부정해 버릴 만용은 가지고 있지 않다는 것을 고백해야 한다. 그 위력이 너무나 스산하게 우리의 눈에 비치는 까닭에 세계는 마치 황금의 장난감처럼 보인다.

그런데 여기에 이러한 상식을 초월한 한 예외가 간혹 있다. 파인은 바로 이 드문 예외의 하나를 구성한다. 우리들이 아는 바에는 파인은 돈이 없다. 그러면서도 무엇이 전에 말한 그 무슨 엉뚱한 일을 저지를 듯한 가능성이 파인에게 있다고 우리로 하여금 단언하게 만드는가. 나는 생각한다. 그의 정신에 횡일하는 한 개의 비상한 정력 그것이 그 가능성을 보증하는 유일의 것이다.

그는 벌써 입지전 중의 인물이라고 하기에 족하다. 잡지계의 일고봉인《삼천리》가 거의 그 개인을 그보다도 그 비상한 정력을 배토(培土)로 하고 경제적·사회적 제곤란(諸困難)의 와권(渦卷)을 돌파하고 그렇게까지 큰 성장을 전취(戰取)한 것은 전연 경의라고 아니할 수 없다.

파인은 항상《삼천리》의 그늘에서 자라 가는《삼천리》를 바라보면서 그윽히 법열에 가까운 미소를 띨 것이다. 그렇지만 한적한 수표 교반의 황혼 속에 도시의 홍진(紅塵)을 잠간 피해 서서 교반음(橋畔吟)을 영탄해 놓는 청렴을 가질지언정 파인은 결코 여(余)가…… 여(余)가……를 연발하면서《삼천리》사장 취임 사설을 공표할 인물 같지는 않다. 그러한 곳에서도 파인의 사랑스러운 점이 숨어 있는 것이나 아닐까.

현재는 다수한 사원을 포용하고 있는 삼천리사도 근자까지는 파인의 혼자 살림에 불과하였다. 그렇다고 그것은 결코 미미하였다는 것을 1퍼센트도 의미하지 않는다. 주간도 파인, 사무원도 파인, 소사도 파인, 외교원도 파인 — 이렇게 여러 부분의 일을 한 몸에 맡아 가지고 동분서주하던 그는 일신이 도시 역(力)의 결정(結晶)이라고 하여도 과언이 아니었던 것이다.

일견《삼천리》가 저급한 오락 잡지의 일면을 간혹 가지면서도 필경 베이비 골프나 리뷰에 타락하는 것을 구원해 낸 것은 파인의 높은 지성이라고 믿는다. 그렇지만 조선의 현실은 이러한 분에게 그 개성과 신념을 충분히 발휘 신장시키기에는 첫째 경제적으로, 둘째 사회적으로 매우 불리한 처지에 있다. 그래서 그는 부득이 일정한 문화적 품위와 독자의 통속적인 취미의 중간을 걸어갈밖에 없으며 따라서 후자에 더 치우치기 쉬운 위험에 직면할밖에 없다. 분동(分銅)이 한쪽으로 기울어지는 것은 저울대 위의 지극히 작은 일점 때문이다.

그런데 우리는 한동안 이러한 불유쾌한 경향이 삼천리 위에 나타나는 것을 보고 상인으로서의 파인의 편린을 발견하고 적지 않은 불안을 느끼었다. 불안은 파인에게 대한 기대가 컸을수록 더 심각한 것이 아닐 수 없었다. 거의 아첨에 가깝도록 독자에게 향하여 정교(情嬌)를 보냈던 《삼천리》가 작추(昨秋) 이래 차츰 엄격한 태도를 회복하는 것처럼 보였다. 신간회(新幹會) 해소 이래 일반의 시야의 지평선상에는 일체 떠올라와 보이지 않는 조선 운동의 주류를 포착하여 제시하려는 노력이라든지, 우리 운동의 중심 세력의 확립을 촉진하는 듯한 기미라든지, 그러한 의식적 긴장이 편집 방침 위에 명료하게 나타났다.

그때까지는 그렇게 자신을 주장한 일이 없던 《삼천리》 속에서 한 개의 놀라운 개성적인 무엇을 발견하였다. 그 무엇은 드디어 방대한 독자군을 획득하고 그 기초 위에서 그 진실한 역량을 시험해 볼 시기가 충분히 성숙한 까닭에 필경 출현하고 말 것이나 아니었을까. 그 무엇이란 과연 무엇인가. 그것은 한 개의 얼굴이다. 김동환 씨의 얼굴이다. 최근의 《삼천리》 위에서 우리는 파인 김동환 씨의 얼굴을 농후하게 간취할 수 있었다.

거기는 상인으로서의 파인의 냄새는 아주 사라지고 벌써 환경과 고객의 눈치만 살피는 비굴에서 해방된 독특한 목적의식을 가진 강력적인 개성의 능동적인 형상이 역력하게 눈에 띄었다. 우리는 일종의 전율을 느끼면서 그 앞날을 주시할밖에 없었다. 그러던 것이 새로운 계획 아래서 면목을 일신해 가지고 나온 《삼천리》 5월 첫 호에서는 또다시 사랑스러운 존재 김동환 씨의 얼굴은 매우 희박해졌다.

일찍이 우리를 불쾌하게 만들던 선정적인 기사를 또다시 얻어 볼 때 우리는 그 기사들에서 눈을 돌렸다. 또다시 비굴과 퇴보와 오락밖에는 의미하는 것이 없는 천박한 대중성에 접근하는 듯하였다. 이 일은 전연 우리들의 예기 외의 일로서 우리들 파인의 팬을 비관시키기에 족하였다. 면목일신한 그 순간의 《삼천리》는 매우 위험한 시추에이션에 놓여 있다.

우리는 한 사람의 문화적 병사(兵士)를 상인화시키는 타락의 동기를 많이 포장하고 있는 악착한 현실에 대하여 맹목하지는 않는다. 또는 총명의 인(人) 파인으로 하여금 그의 얼굴을 나타낸 것이 조계(早計)인 것을 느끼게 만든 외적 사정이 있어서 아마 그는 감연히 일보 퇴각을 결의한 것인지도 모른다. 또는 이 일은 5월 첫 호에만 한한 일시적 현상일는지도 모른다. 그러기를 바란다.

우리가 《삼천리》 혹은 이 종류의 간행물에 기대하는 문화적 의의는 그것이 항상 민중을 일정한 문화적 수준에서 부단히 더 높은 층계로 진전시키는 곳에 있다. 어떠한 불리한 정세 아래서도 그것은 적어도 그러한 의욕까지를 버려서는 아니 된다. 그러한 의욕마저 버리고 독자의 저급한 취미에 영합하는 순간부터 타락은 시작하는 것이다.

우리들의 문화적 돌진 위에서 발견하는 노회한 상인의 풍속은 명백히 하여야 할 가증한 일이다. 그 의욕의 대상이 돈에 있든지 명성에 있든지 간에 —. 파인에 한하여 그러한 일이 없을 것을 우리는 믿고 싶다. 그는 언제든지 우리의 기우를 기우에 그치게 해 줄 줄을 믿는다. 파인은 아마도 우리를 실망시킬 최후의 사람이라고 믿는다.

나는 마음만으로 파인에게 최상급의 찬사를 바치고 싶다. 그러나 그것은 그를 사랑하는 일이 못되고 차라리 해롭히는 일이 된다. 그러므로 나는 차라리 많은 고언을 올렸다. 완성하는 순간까지도 우리는 수없는 고언의 화염을 그를 위하여 준비하리라. 망언다사.

—《동광》(1932. 7)

현 문단의 부진과 그 전망

1 그대는 왜 글을 쓰는가

　우리는 회상한다. 무서운 동란, 피폐, 주림, 비명, 부르짖음 등 대전(大戰) 직후의 그 놀라운 혼란 속에서, 인류가 또다시 새로운 가치의 건설로 향하여 출발하려고 하는 순간에 모든 예술의 기성적 분야에 아낌없이 파괴의 진흙발을 던지던 다다 운동의 마니페스토의 하나는 "그대는 왜 글을 쓰는가?" 하는 신문(訊問)을 던진 것이었다. 그래서 당시의 불란서의 작가들은 글 쓰는 일에 의식적 동기를 찾으려고 하는 이 통렬한 순간에 대하여, 잠깐 어떻게 대답할 줄을 모르고 망설일밖에 없었다. 그중의 가장 솔직한 사람들은, 전시에는 징병 기피자라는 지목을 받고 민중의 미움을 사던 자기들이, 역시 전후에도 다른 직업에는 종사할 수 없다고 느낀 까닭이라고 비통한 대답을 하였다.

　춘원(春園), 동인(東仁) 등 우리 신학(新學)의 선구자들이 눈 떠 오는 조선의 새 자손의 앞에 화려한 문학의 길을 계시한 이래, 1929년의 그 무서운 세계적 공황의 초발(初發)까지에 우리는 어떻게 문학에 대하여 열중하였으며 그것의 사회적 역할, 상품 가치

(?) 등에는 생각을 돌릴 틈도 없이, 무조건하고 그것을 사랑하였던가. 젊음이 모든 방면에 넘치었던 것이다.

그러던 것이 지금의 우리 문단은, 그 이전의 그 열광과 황홀에 비해서, 얼마나 혹심한 침체의 상태를 보이고 있는가? 우리는 다만 한 개의 문학잡지도 길러 갈 수 없다. 한 사람의 놀라운 작가나 시인도 (그러나 나는 신석정(辛夕汀) 씨의 그 아름다운 리리시즘을 잊어버린 것은 아니다.) 나타나서 우리들의 심장을 굳세게 때려 준 일은 없다. 오히려 문학의 선수들은, 한 분씩 두 분씩 붓대를 꺾어 버리고 그 대신에 혹은 괭이를 혹은 산반(算盤)을 잡으며, 차츰차츰 문학의 서클에서 모양을 감춘다.

오늘날 문학은 겨우 여러 잡지들의 영국식의 신사적 이해와 연민에 의존하여, 그 생명을 부지하고 있다. 많은 이름 높은 문인을 가지고 있는 우리들의 유일한 신문조차가 그 문예란을 애매하게 부인란 속에 해소해 버렸다.

2 생활 수단으로서의 문학

지금 어느 권위 있는 잡지가, 문인들에게 향하여, "그대는 왜 글을 쓰는가" 하고 묻는다면 아마도 김동인(金東仁) 씨만이 "다른 직업에 종사할 수 없는 까닭"이라고 대답할 수 있는 유일인(唯一人)일 것이다.

글 쓰는 사람은 다소간에 1. 명성, 2. 일에 대한 애(愛), 3. 생활 수단, 이러한 것을 글 속에 구하면서 혹은 느끼면서 붓을 잡는다. 그런데 오늘의 우리에게 있어서는, 문학은 생활 수단으로서의 가치 즉 교환가치를 0 이상으로 가지고 있지 못하다.

최근 문인들의 어떤 그룹은, 원고료를 꼭 받을 것을 결의하였다는 풍문을 들었다. 그것을 지불할 수 있었음에도 불구하고 눈을 감았다면 허물은 물론 출판업자의 편에 있을 것이나 공전(空前)의 세계적 공황의 흙물결이 미치는 위에 이중삼중의 타격으로 인하여 조선의 대중의 호주머니는 문학이라는 사치품은커녕, 그날의 생활상의 필수품조차 손에 넣을 수 없이 말라 버렸음을 어찌하랴.

생활은 대중의 앞에뿐 아니라 작가의 앞에도 속일 수 없는 엄연한 사실로 나타났다. 예술은 생활하는 속에서 피어나는 웃음이며 꽃이다. 그러므로 문인들이 단결의 강압적인 힘에 의하여서라도, 원고료를 받아야 하겠다고 결의할 수밖에 없는 것은 확실히 3면 기사 중의 생활란 자살 등과 함께, 도저히 웃을 수 없는 생활 비극의 하나다.

오늘날까지 예술이 가장 화려한 역사를 가진 시대는, 경제적으로 가장 축복받은 때였다. 희랍의 예술은 당대의 그 거대한 부를 배경으로 하고 아드리아의 바닷가에 꽃을 피운 것이다. 좋은 예술의 발달은 늘 경제와 시간 두 가지의 여유를 비료로 삼는다. 그런데 우리에게는 그러한 행복스러운 조건이 허락되어 있지 않다. "우선 생활을 주시오." 하고 문학에 향하여 청한다면 문학은 지금의 환경 아래서는 아주 대답할 자격이 없다.

그런데 문학의 이러한 경제적 조건에는 아주 안목을 두지 않았고 차라리 무기로서의 공리성에서만 붓을 잡았을 터인 프롤레타리아 문학의 영역에서까지 그 열렬하던 투사의 기염이 매우 꺼져 버린 것은, 대탄압의 눈보라의 폭위에 눌린 까닭도 있겠지만, 한편으로 계급적 전야(戰野)에서의 유력한 무기로만 관념적으로 사유되었던 문학이 실제의 경험에 의하여 그 무력성이 실증된 까닭이 아닐까?

이것은 잠깐 탈선이지만 문학은 늘 간접적이고 관념적일 수밖에는 없는 숙명을 가지고 있다. 가장 유효한 싸움을 찾는다면 전사는 마땅히 문학과 같이 본질적으로 간접적이고 관념적이고 고식적(姑息的)인 수단은 버릴 것이다.

3 문학의 혼선

오늘의 문학의 침체가 전기(前記)한 바와 같이 경제적 원인으로부터 유래함은 물론이지만 문학에게 있어서 더 치명적인 타격은 문학 자체의 목표 상실에 있다. 오늘처럼 문학이 아니 모든 예술이 대담하게 그 전통을 무시하고 어지럽게 도약한 시대는 전에 없다.

이것은 좀 오래된 이야기지만 다다이스트의 한 사람이 지면에 한 방울의 잉크물을 흘려 놓고 성모 마리아의 상(像)이라고 제목을 붙였을 때, 그때까지의 미학은 그 앞에서 다만 멍하니 입을 벌리고 있을 수밖에 없었다. 마치 비행기 앞에 갑자기 붙잡아다가 세워 놓은 야만인의 얼굴처럼 그것은 종래의 미학 이상의 것인지 아닌지는 모르지만, 종래의 미학으로서는 도저히 율(律)할 수 없는 그 이외의 것이었다.

오늘 문학의 여러 분야 즉 시, 소설, 희곡 등은 지금 각각 그 경계선을 잃어버리고 있다. 서로서로 혼란되어 있다. 그야말로 문학의 일대 혼선을 이루고 있다. 그럴 뿐 아니라 그것들은 그것들 각각의 장르를 잃어버렸다. 시는 벌써 이전에 인기가 없어졌지만, 소설조차가 그 존재의 의기(意氣)가 다한 것처럼 보인다. 소설은 웰스나 무어나 루이스쯤으로 그만 끝을 맺어도 별로 유감이 없으리라고 생각되었다. 바로 망각되려는 불쌍한 상태에 문학은 놓여 있을 것이다. 조만간 소설 이외의 것이 나타나고야 말리라는 예감이, 모든 진보적 인텔리겐치아의 가슴을 울렸다.

여기에 가장 심한 칵테일의 표본으로 제임스 조이스의 「율리시스」를 들 수 있다. 그것은 방금 세계에서 가장 큰 물의를 일으키고 있는 것이지만 사람들은 얼른 소설의 카테고리에 그것을 집어넣는다. 그러나 엘리엇이 "제군은 그것을 서사시라고 불러도 좋아."라고 한 것처럼 단순한 소설이 아니었다. 어떤 의미에서 기성문학의 종점이기도 하다.

여하간에 내가 말하고 싶은 것은 이것이다. 문학은 방금 전에 없는 자기 분열의 위기에 직면하여 분해 작용을 일으키고 있다는 것이다. 오늘의 우리 문단의 침체도 문학의 이러한 세계적 특징의 영향을 받은 까닭에도 있지 않을까.

4 전망

그러나 비관주의자여, 안심함이 좋다. 위대한 사실주의자 플로베르나 모파상 등이 현대처럼 열심으로 연구되고 논의된 적이 있는가 보라. 우리는 또한 시의 세계에 있어서도 발레리의 근기(根氣) 있는 노력을 잊어서는 아니 된다. 그는 시의 복권에 착수하였다. 그것은 아주 다른 것과 마찬가지로 가치 있는, 그리고 다른 많은 것들보다는 조자(調子)가 좋은 유희였다. 시의 세계는 그 진실을 주장하였다. 그리고 다시 한번 산문의 세계보다 위에 있는 것을 요구하였다.

우리는 또한 과거에 있어서 많은 공적을 세계문학에 기여한 세계적 실험장인 트랜지션이 유진 졸라스의 손으로 헤이그에서 다시 나타나게 되었다는 축복할 만한 보도에도 귀를 기울임이 좋다. 문학의 지평선에 돌연히 나타난 「율리시스」조차가 그 제목 자체가 표시하는 것처럼 가장 고전인 호머의 「오디세이」의 용의주도한 현대화라는 것을 생각할 때 역사는 되풀이한다는 옛 격언이 단순한 옛 격언이 아니며, 이 큰 작품이 새 문학의 출발점일지도 모른다.

조선의 진보적인 인텔리겐치아로 다시 한번 "우리는 왜 글을 쓰는가" 하는 근본적인 의문에 확신 있는 단안을 내림으로써 그러고 또한 자신의 시대적·사회적 임무를 반성함으로써 병자와 같이 힘 버린 문학을 걸머지고도 새 시대의 새벽에로 향하여 땀을 흘리며 거꾸러지며 다시 일어나면서도 꾸준히 걸어갈 것이다.

―《동광》(1932. 10)

신문소설 올림픽 시대

《조선》·《중앙》의 두 신문이 둘 다 퇴원(退院)하기 전에는 《동아일보》만이 홀로 건강 상태를 자랑할 수 있는 행복을 가졌다. 따라서 이광수 씨의 대작 「흙」과 남국의 재인 박화성 여사의 소설 「백화(白花)」는 뭇 꽃이 사정없는 서릿발 아래 쓰러진 정원에 홀로 남아 있는 한 떨기 백국(白菊)과 같이 아무 라이벌 없이 화려하게 피어 있었다. 그러하더니 《중앙일보》가 먼저 건강을 회복하여 문단의 거장 염상섭 씨의 장편소설 「백구」를 싣고, 재생한 《조선일보》 또한 독견의 「명일」과 홍명희 씨의 「임거정전」을 가지고 위풍당당하게 등장하였다.

　《동아일보》…… 이광수 씨 작 「흙」
　　　　　　　　 방인근 씨 작 「마도(魔都)의 향불」
　《조선일보》…… 홍명희 씨 작 「임거정전」
　　　　　　　　 최독견 씨 작 「명일」
　《중앙일보》…… 염상섭 씨 작 「백구」

이 밖에 《매일신보》…… 김동인 씨 작 「해는 지평선에」 등 실로 신문이 있은 후 이렇게도 화려 찬란하고 다산적인 신문소설 범람 시대를 연출한 일이 있은 것 같지 않다. 「흙」과 「명일」·「백구」와 「마도」 그리고 「향불」·「지나간 날의 의인 임거정에 대한 추모」, 「해 돋는 지평선」 등등은 현 단계의 조선인의 정신생활의 잠재의식 면에 명멸하는 대표적 환영들이나 아닐까.

여하간 이 글을 쓰는 현재(12월 3일)까지 《중앙》의 「백구」가 벌써 37회에 이르고, 《동아》의 「흙」이 제3권 13회를 넘었고, 「마도의 향불」은 22회를 지났으며, 《조선》의 「임거정전」이 7회, 「명일」이 14회째 실려 가는 중이니 앞으로 상당한 긴 시간을 두고 예의 장거리 경주를 계속하면서 소시민층의 다정다한한 독자들을 울리고 웃기고 감탄시키며 감취(酣醉)시킬 것이겠지.

1 춘원의 「흙」

인류는 지각(地殼) 위에 한 층계 두 층계 문명의 상부구조를 축조해 갈수록 지구의 표면과의 거리가 점점 먼 곳에서 자신을 발견한다. 이리하여 문명인의 가슴속에는 영원한 '노스탤지어'(향수)가 느껴 울고 있는 것이다. 사실인지 아닌지는 모르겠지만 『구약』에 의하면 사람의 시조는 흙으로 빚어진 것이라니, 그러하면 '흙'에 대한 추구는 사람된 자의 본능일지도 모른다. 그런 까닭인지 루소가 벌서 '자연에로 돌아가라'고 부르짖은 것이 18세기였고, 19세기 말엽부터 20세기 초에 이르기까지 대지의 생장이라는 작품이 '인텔리겐치아'(지식층)의 신경을 세게 울렸고, 레이몬도프의 「농민」이 도한 어떠한 감격을 도시의 홍진에 시달린 무리의 감정을 잘 세탁해 주었는가.

춘원의 「흙」이 또한 이와 같은 방향을 걷고 있는 것이 아닐까. 사람들은 혹 말할는지 모른다. 춘원의 「흙」은 그 일류의 민족주의의 토대를 이루는 「흙」이지, 결코 문명 그것하고 대립하는 그러한 의미의 문명사적 의의를 가진 흙은 아니라고.

그러나 비록 규모는 작을지 모르나 역시 「흙」 속에는 대지를 대표하는 젊은 변호사 '숭'이와 도시 문명의 황홀에게 정신을 팔아 버린 그 아내와의 대립이 있다. 이 대립이 장차 갈등을 낳고 갈등이 새 갈등으로 발전하면서 앞으로 상당한 극적 장면을 전개시킬 것이라고 생각된다. 이 대립은 그대로 현대를 호흡하는 조선의 일부의 지식 청년의 내부에서 암투를 계속하는 심적 갈등의 표징일 것도 사실이다.

춘원은 근래 젊은 층으로부터 가장 많은 화살을 맞고 있는 점으로는 기성문단에서 '레코드'를 짓고 있는 모양이다. 이 사실은 그 한편으로는 그가 젊은 층의 일체 사격을 받기에 이르도록 그만치 기성문단에 말소할 수 없는 큰 그림자를 던지고 있다는 사실의 반영일 것이다. 나는 지금이 씨의 사상적 배경에 메스를 더할 때가 아니므로 다만 한 가지 일만 암시하고 지나려고 한다. 즉 그는 근래에 이를수록 그 예술에서 생활을 파악하려고 노력하는 듯하다는 것이다.

따라서 「흙」이 신문소설로서 성공할는지 말는지는 얼른 단정을 내리기 어렵다. 그러나 씨는 항상 그의 작품의 주위에 어떤 유형의 일군의 독자를 흡인하고 있다. 그러므로 「단종애사」의 충실한 독자를 씨는 「흙」에 있어서도 잃어버리지 않고 있으리라.

2 춘해의 「마도의 향불」

표제가 이미 보여 주는 것처럼 「마도의 향불」은 어떤 선입적인 매력을 독자 속에 가졌으리라고 생각된다. 대도시의 숨은 반면의 사건을 적발하여 백일 아래 제시하며 점잖은 신사·숙녀 층의 내면생활을 폭로할 용단을 춘해는 이 소설 속에서 감행할는지 모른다. 그리만 한다면 폭로소설로서 상당한 가치가 있을 것이나 제재와 간섭이 유력한 층(?)으로부터 상당히 심할 터인즉 결국 이 소설도 폭로소설인 듯한 표제가 암시하는 목적은 거두지 못하고 말지나 않을까 보여서 「향불」의 앞길이 걱정된다.

'백화점·상점'이 나오고 여자 전문학생, 대학생(가정교사)과 젊은 '비둘기'를 가지고 싶어 하는 불량 '마담'을 배열하여 약간의 괴기 취미와 에로티시즘을 가미하여 일종의 칵테일을 빚어내는 것이 어디까지든지 신문소설인 듯하다. 다만 우리는 그것뿐으로만 그치지 말기를 바란다. 아직까지 이야기가 서막의 경지를 멀리 떠난 것 같지 않다. 요사이 '영철'은 애인인 '애희'에게 목도리를 선사했다는 등 이야기는 바야흐로 선경을 지나가고 만다. 때마침 겨울이라 목도리 없는 젊은이의 마음을 자못 감상적으로 만들 것이라고 생각한다.

3 벽초의 「임거정전」

벽초가 출옥한 지도 퍽 오래다. 오래인 침묵을 깨고 씨는 이번에 「임거정전」의 속편을 《조선일보》에 발표하는 중이다. 박학다식으로 유명한 씨. 옥중생활에 쌓인 많은 공부와 사색을 기울여 이 작품에 붓을 들었을 터이니 「임거정전」의 하회에 화려한 성과를 기대하여도 잘못이 아닐 것 같다.

현대를 멀리 떠난 시대에 배경을 잡고 투쟁적 의기에 불타는 혁명가를 주인공으로 스토리를 전개시켜 가는 것이 한 개의 야담이 아닌 것을 가르친다. 고름과 같이 별단 긴장이 없는 (또 취할 것이 없는) 시간의 연속인 조선사상에서 가장 긴장되려고 된 의미 깊은 순간이나 장면이나 인물을 적발하여 생명을 불어서 그리고 충분히 그 시대의 사적 배경을 살리면서 우리 앞에 재현시켜 준다면 그 작가가 어떠한 분이건 위대한 작가라고 부르는 데 우리는 주저하지 않으련다.

연전에 「임거정전」이 동지에 연재되었을 때에 일으킨 물론(物論)을 이번에도 다시 일으키리라고 생각된다. 그러니까 동지도 그런 것을 예상하는 까닭인지 「임거정전」은 특등석에 우대하는 모양이다.

4 독견의 「명일」

불꽃이 달리는 곳에 농염한 에로티시즘을 유로시키는 달콤한 작가에 독견이 계시다. 「청조사」 번성하던 시절에 불량소녀·소년을 마취시키던 「처녀의 화환」·「영원의 몽상」 등등과는 다른 방법으로 독견의 소설은 젊은 혼들을 뇌쇄(惱殺)시켜 마지않았다. 「승방비곡」은 영화로만도 방방곡곡에까지 유포되었으나 수만의 《조선일보》 독자를 매료시키던 '향원염사(香園艶史)'의 인상은 아직도 우리들의 뇌리에서 아주 사라져 버리지 않았다.

현대형의 여성의 심리, 더욱이 변태 심리의 묘사에 있어서 문단에 비견할 분이 별로 없는 듯하다. 독견은 이중성격을 가진 현대 야성의 한 개의 전형을 창조하였다. 그의 여주인공과 같은 유형의 여성이 근자에 와서 점점 더 증가해가는 듯하다. 「명일」에 있어서도 독견은 역시 종전의 염려(艶麗)한 필치를 잃지 않으신 모양이다.

「명일」— 그것은 우리에게 있어서 얼마나 야심적인 제목이냐, 독견의 「명일」은 매우 통속적인 형용을 빈다면 그야말로 신기루와 같은 아름다운 환영을 품고 도시를 동경하고 뛰어올라오는 두 사람의 어린 남녀를 등장시켜 가지고 이야기를 빚어낸다. 씨는 독자를 항상 이끌고 가는 데 교묘한 수단을 가지고 있는 점이 신문소설작가의 진수를 포착한 것 같았다. 아마도 「명일」에 있어서도 신문소설의 홍수 속에서도 오히려 씨는 독자를 잃지 않을 것 같다.

그런데 우연히 같은 시간 경성역에서 내린 미지의 두 남녀가 우연히 같은 여관에 들었다. 또 우연히 아래 윗방에 손님이 되었다. 필경 우연히 연애에까지 발전할 것은 물론이다. 결론이 너무나 환히 보이고 그 위에 그 우연성이 인위적으로 지나치게 흐르지나 않았을까. 아직도 회수가 적으니까 「명일」의 명일은 속단을 내리기 어렵다. 하회를 기다릴밖에 없다.

5 횡보의 「백구」

백구 — 펄펄 나는 백구 — 그것은 일찍이 다비데에게 사랑을 받았고, 근래에 와서는 '비둘기와 조개와 장미'의 시인 레몽 라디게[1]가 좋아하던 산홋빛의 발을 가진 사랑스러운 동물이다. 머리를

---

[1] 레몽 라디게(Raymond Radiguet, 1903~1923). 프랑스의 작가.

마주 대고 속삭이는 듯한 작은 두 마리의 비둘기를 그린 장면이 더욱 사랑스러웠다.

횡보는 열 손가락으로 꼽을 만치 많은 신문소설을 쓴 경험을 가지고 있고 문단 일방의 웅(雄)을 이루고 있는 대가이다. 신문소설인 까닭에 「표본실의 청개구리」에 흐르던 예술의 향기 높던 차일의 자취는 얼마 보이지 않는 것은 예상과 같이 틀림없을 것이다. 방대한 3부작을 계획하는 등 의기 점점 왕성한 횡보가 「백구」 속에서 얼마나 아름다운 이야기를 짜낼는지 하회를 보아야 알 일이지만 춘원·벽초 등의 노장을 흘겨보면서 보무당당하게 진을 펴는 것은 바라보는 사람의 가슴에 안심을 준다.

그러나 장거리 경주에 있어서는 횡보에게 선수권이 돌아갈 것을 예언하여도 안전하지 않을까. 왜 그러냐 하면 소문에 의하면 《매일신보》에 실린 씨의 소설 「무화과」는 회를 거듭하기를 수백 회에 이른 기록을 가지고 있는 단연 소설계의 누르미[2]이신 까닭이다.

그러나 필자는 불행히 《매일신보》의 독자가 아니었던 까닭에 「무화과」가 어느 사이에 떨어져 버리고 「해는 지평선에」 떴는지 모르고 있는 자신의 무식을 유감으로 생각한다. 따라서 동인 씨의 「해는 지평선에」도 필자의 고려 속에 들지 못함을 한한다. (망언을 일소에 붙여 주옵소서. 필자)

—《삼천리》 3권 9호(1931. 9)

---

[2] 누르미(Paavo Nurmi, 1897~1973). 핀란드의 장거리 경주 선수.

서클을 선명히 하자

문학상 서클(유파)이 생기는 것은 그것이 비평가·사가의 명명에 의한 일도 있다. 비평가는 항상 다소 과학적 입장을 지키기 쉬운 까닭에 성격상 분석적인 특징을 가지고 있다. 뿐만 아니라 개념화의 과정은 문명의 더 높은 계단으로의 일보 전진이라고 생각한다. 또한 후세의 사람들과 일반에게 있어서 유파 '스쿨'의 존재는 인식을 구사하게 한다. 그것은 사고의 경제며 또한 지식의 단순화다.

뿐만 아니라 '스쿨'은 문인 자체에게 있어서도 필요한 것이다. 낡은 전설에서 대척되는 지점에서 자신을 발견하는 기쁨을 의미하며, 전설과 새 출발의 경계선을 의미하는 점에서 유파는 자기발전의 한 개의 표석이다. 마티스의 야수파, 차라의 다다, 올딩턴 등의 이미지스트 운동, 스포 등의 초현실주의 — 이것들은 비평가가 반가워하고 현상이 편해질 뿐 아니라, 그들 자신이 차라리 전통을 의미하지 않는 자기 유파의 고유명사에서 더 애착을 느낀다.

또한 스쿨은 현대 자본주의 사회에서 등록상표와 간판의 의미도 가지고 있는 것을 부인하지 않는다. 나는 외람히 생각한다. 우리 문단의 타기(墮氣)의 원인의 일부분은 문인들이 각각 자신의 작은 창작실에 칩거하면서 개인의 길만 걸어가는 데도 있다고 —. 요컨대 문인의 대부분은 너무 비겁한 것이 아닐까. 용감하게 그 간판을 걸고 집단으로서 유파의 동력을 발휘한다면 1933년의 문단은 더 활기 있고 다채로워질 것 같다.

유파에 속하였음으로써 그 실질에 있어서 대단치는 않은 작가도 문학사가의 눈에 걸리는 때도 있고 혼자서는 훌륭한 작가면서도 유파의 밖에 서 있었다는 이유로 사상(史上)에서 말살되는 때도 있다. 그러니까 유파의 표방은 대단치 않은 작가에게는 생존 보존의 방편이 되기도 한다. 그것은 문단에서 회색성을 완전히 제가할 것이며 따라서 문단의 윤곽이 보는 자의 안계에 선명해질 것이다. 집단은 개인보다도 항상 예외 없이 더 큰 힘의 가능성을 가지고 있다.

—《조선일보》(1933. 1. 4)

비평의 재비평

— 딜레탕티슴에 항(抗)하여

1 관대한 비평가

그 달 그 달에 나오는 소설이나 시의 거지반을 읽으며 그 달 그 달에 나타나는 모든 소설 혹은 시의 필자(나는 감히 작가 시인이라고 말하지 않는다.)를 거진 남김없이 거두어 문제 삼는 위대한 정력을 가진 비평가에 백철 씨가 있다. 발표되는 문학작품이면 모조리 문제 삼고 싶어 하는 기적적이라고 할 만치 다방면의 유혹을 씨는 느끼는 모양이어서 과거에 우리 문단이 가진 어느 비평가보다도 관대한 성격의 주인이다.

우리는 이러한 씨의 비상한 정력에 참말 경탄할밖에 없고 자기의 취미에 의하여 작품을 취사선택하여 읽을밖에 없도록 시간과 기벽의 약속을 받는 필자와 같은 사람은 씨와 같은 정력가를 선망하여 마지않는다. 그래서 비평가로서의 백철 씨의 특성은 어디까지든지 양적 광범성에 있다.

이 일은 보는 사람을 따라서는 비평의 장점이기도 하나 동시에 단점일지도 모른다. 왜 그러냐 하면 양적으로 항상 광대하려는 의욕이 불타고 있는 까닭에 그 비평은 평면적으로 흘러 버릴 위험을 다분히 가지게 되는 것이다. 적어도 씨에게 있어서는 이 일은 타당성을 가지고 있다고 생각한다. 이 일 때문에 실로 씨의 비평에 대하여 독자는 권위를 의심하게까지 되는 것이나 아닐까!

최근(너무 늦은 듯한 느낌이 있으나) 칼버튼[1]의 논문집을 읽고 나는 이 아메리카의 젊은 비평가의 고전에 대한 비상한 이해와 결코 경박에 흐르지 않는 그 침착성에 탄복한 일이 있다. 칼버튼과 우리들의 백철 씨와는 그 비평의 기조가 되는 방법론에 있어서 관념적으로 매우 접근한 것이라고 생각되는데 그 방법론을 비평 속에 구체적으로 응용하는 태도 그것에 있어서는 혼동할 수 없는 차이가 있다고 생각한다.

칼버튼의 태도는 적어도 입체적인 것처럼 보이고 백철 씨의 그것은 평면적인 것처럼 보인다. 우대한 동반자 작가(경향적으로만)의 일람표를 만든다든지 전면적으로 긍정 또는 부정해 버리는 그러한 단순한 태도는 인식상 매우 선명하기는 하나 이윽고 작가들은 (무명작가까지가) 호적부와 같은 비평 속에서 문제되는 것을 결코 영광으로 생각하지 않도록 이 종류의 비평에 대하여 불감성이 되지나 않을까. 그때는 벌써 그 비평으로서의 생명이 소멸되어 버리는 때이다. 비평가란 것은 부여된 대상으로서의 작품을 분석하고 설명하며 판단하지 않으면 아니 된다.

판단한다고 하는 것은 가치를 제시하는 것을 의미한다. I. A. 리처즈는 비평가에 관하여 "그는 가치에 대한 건전한 비평가가 아니면 아니 된다."고 말하였다. 비평가의 이 기능은 그가 사회적인 입장에 섰든 또는 문학적인 입장에 섰든 간에 정당한 것이라고 생각

---

[1] 빅터 프랜시스 칼버튼(Calberton, Victor Francis, 1900~1940). 미국의 비평가.

한다.

비평가가 원리론적으로가 아니고 구체적으로 문학 현상을 취급할 때 인물을 중심 삼는 것과 작품을 중심 삼는 것과 두 가지 경우가 있다. 첫 번째 경우는 명성이「비평하고 싶은 매력」이 되는 것이고, 둘째 경우는 작품의 외재적 가치라든지 유파적 의의가「비평하고 싶은 매력」이 되는 것이다.

문예비평가로서의 백철 씨의 태도는 작품 중심의 것이라고 생각되나 그의 평안에 비치는 모든 작품은 평등하여 '비평될 만한 가치 있는 것'과 그렇지 못한 것과의 사이에 아무 구별도 층계도 없는 것같이 나에게는 보인다. 이 점이 씨의 비평의 치명상이 아닌가고 생각한다.

씨의 비평에서 이러한 불행을 구원해 줄 수 있는 유일의 길은 씨의 비평이 양에 있어서 가지고 있던 그 큰 정력을 질에 있어서 획득하는 것이라고 생각한다. 다시 말하면 무궤도적으로 광대하고 있던 평면적 팽창 의욕에 많은 제한을 가하고 입체적으로 심화하는 방향으로 매진하는 때 백철 씨의 비평은 완성에 더 가까운 것이 될 수 있으리라고 생각한다.

2 딜레탕티슴의 간섭

과거에 우리들이 가진 문예사조는 거진 창작 중심의 것이었다. 비평가는 고의론가 혹은 무의식적으로 시에 대하여 침묵을 지켜 왔다. 이 일은 외국에 있어서도 그러한 나라가 많다고 하나 어떤 나라에서는 문예 시평이라고 하면 반드시 시 중심의 것인 데도 있다고 한다. 시는 문학의 여러 가지 형태 중에서 가장 기교를 존중하여야 하는 숙명을 가진 형태이다. 그 어느 것보다도 전문적 지식을 요하는 것이라고 생각한다. 그럼으로 과거의 시사에 있어서 시의 새로운 운동은 그것이 이념의 혁명을 중추로 한 것보다도 더 많이 형(形)의 혁명을 기치로 내세웠다. 이념의 세계에는 기교의 문제가 침입할 여유가 없다. 이러한 일이 시평으로 하여금 특수화 고립화랄 수밖에 없이 만들어서 문예 비평가로 하여금 선의 혹 악의로 그것을 무시 혹은 경원하게 만든 것인가 하고 생각한다.

그런데 《신동아》 3월호 지상의 신춘문예평에 있어서 백철 씨가 시를 취급하였으며 더욱이 논문의 벽두에 그것을 우대한 것은 씨의 고상한 취미로부터 나온 일이라고 해석하련다. 그 속에서 백철 씨는 김억, 권구현, 김해강 양 씨와 그리고 금일 가장 각 방면에서 선전되고 있는 여류 시인 모윤숙 양이 조상(俎上)에 올려 놓여졌다. 그리고 아마도 백 씨의 예의 관대한 성격으로부터 나온 일이라고 생각하나 다행히 필자도 백 씨가 쏘려고 겨눈 과녁 한구석에 참예하는 영광을 가졌다.

그런데 이 시평에서도 백 씨는 예의 '전면적 부정'의 태도를 노골하게 보여 주었다. '전면적'이라는 말은 백 씨가 가장 애용하는 말 가운데 한 말이다. 그리고 이 말처럼 과학과 먼 말은 없다. 과학은 결코 한 개의 공리의 색안경을 통하여 모든 사물을 전면적으로 한 빛깔로 칠해 버리려는 단순하고 무모한 영웅은 아니다. 그것은 결코 과거의 법칙에 만족하지 않는다. 늘 새 법칙을 파려고 쉴 새 없이 현실의 광층을 채굴한다. 과학은 영구한 불평가다. 과학이 그 일면에 일양화의 경향을 강렬하게 가지고 있는 것은 필자도 부인하지 않으나 과학의 정신은 부여된 사물을 냉정하게 분석하여 개개의 의미를 발견하는 데 있다. "모든 것을 사랑하여라. 그런 뒤에 이해하여라." 하고 말한 로맹 롤랑은 근대의 과학적 정신의 좋은 대신자라고 생각한다.

관념적인 부정적 태도 — 맹목적 증오감은 보그라노프도 "병사적 관념"이라고 부른 바로 그것이다. 어떤 시를 사회학적 입장에서 사회적 현실적 사건과 관련시켜서 그것을 분석 제시한다고 하면 우리는 그 일에 아무 불평도 말하지 않으련다. 그 분석이 과오를 범하지 않은 한 — . 그것은 과학자의 일이다.(이런 의미에서 나는 칼버튼을 과학자라고 생각한다.)

그런데 시의 비평가는 그의 판단을 실수 없이 하기 위하여 혼연한 한 개의 시를 분석하려면 위선 그 시 속에 들어가야 한다. 이것은 매우 역설적인 말이나 나는 구구한 나의 변명을 늘어놓기 전에 다시 한번 리처즈를 인용하는 것이 편하리라고 생각한다. 그는 좋은 비평가의 자격의 하나로서 "그가 판단하면서 있는 작품에 관한 마음의 상태를 개인적인 편벽 없이 경험하는 일에 있어서 달인이 아니면 아니 된다."라고 규정하였다. 그러함에도 불구하고 어떤 비평은 그것이 취급하는 대상으로서의 시의 문전에서 그 내부의 추밀(樞密)을 알려고도 하기 전에 선입적으로 공식적으로 이 집의 내부는 '나쁘다', '좋다' 하고 판단해 버리는 지극히 소박하고 원시적인 것도 있다. 이 종류의 비평을 일삼는 비판가는 실로 아리스토텔레스 이래 모든 예술비판가가 곤란하다고 머리를 떨던 비판이라는 일을 가장 아무렇지도 않게 손쉽게 해 버리는 놀라운 수완을 가진 사무가라고 생각한다. 이만치 단순한 일이라면 장래의 비평은 로봇에게 일임하게 될는지도 모른다. 그러니까 그런 비평은 권위가 없는 것도 당연하다. 또한 항상 명일을 생각하는 돌진적인 영구히 만족할 줄 모르는 실험적인 정신이 결핍한 공식주의적 비평은 그것이 아주 취급해 못 본 '전연 새로운 것'이 돌연 그 안계에 나타날 때 일찍이 마티스 등의 전람회에 갔다가 어쩔 줄 모르고 망설이던 낡은 비평가들처럼 황망하게 자기의 고색창연한 미학의 상자를 뒤질 것이다. 그래서 이 새로운 출현물에 적용할 미학은 아무래도 찾아지지 않으니까 적시 고색이 창연한 술어를 꺼내 가지고는 이것은 '다다가 아니냐', '아니 입체파다', '그렇지도 않다 야수파다' 하고 지껄이던 그러한 실패를 되풀이할 수밖에 없는 가련한 운명에 놓여 있는 것이다. 현대의 시를 대상으로 하는 비평가는 석기시대의 기구와도 같은 다다라던 '말초신경' 등의 무딘 메스로써 대할 것은 아니다. 시에 있어서도 커밍스에 의하여 케이던스가 문제가 되었고 또는 이미지 혹은 메타포가 문제가 되고 다시 딕션이 문제되고 있는 오늘날 대전 이후의 머리로써 이것을 대하는 것은 그 비평가 자신으로서도 매우 위험한 일이오. 그러니까 대상이 된 불행한 시는 뮈세처럼 눈물 속에 피난할밖에 없을 것이다. 백 씨는 나의 실험적 시작「폭풍경보」를 다소 칭찬하면서 나로 하여금 그러한 정치적 제재를 취급하기를 친절하게 권해 주셨다. 그 호의는 물론 고맙게 생각하나 실상 시인에게 있어서 그의 시선을 정치적 제재의 한 방면에만 결박해 두는 것은 그 이상 잔인한 일이라고는 없을 것이다.

 그에게 모름지기 그의 독백적 태도로써 모든 현실의 단편을, 그리고 관념 세계 그것까지를 제재로 삼을 수 있는 자유를 주어라. 아니 브레몽의 순수시의 이념에 있어서는 제재 그것조차가 초월하였다. 정치적 예술가를 배격한 윈덤 루이스도 시인의 자유를 고조하려는 양심에서 그렇게 한 것이라고 생각한다. 현재의 나의 시가 다다가 아닌 것은 백 씨보다도 나 자신이 잘 알고 있는 일이며 또한 스스로 의식적으로 벗어 버린 관문이다. 다다를 그 선조로 한 쉬르레알리슴조차가 나에게는 불만이다. 요컨대 백철 씨의 비평은 딜레탕티슴이 이윽고 타락해 버리고 마는 필리스티니즘(비속주의)[2]에 매우 친근한 점을 가질 수밖에 없다. 시인은 정치적 철학적 사회학적 인류학적 모든 분야로부터 들려오는 모든 종류의 딜레탕티의 위협에 대하여 비겁해질 필요는 없다. 일찍이 괴테도 두 종류의 딜레탕티슴이 시에 있다. 필수한 기계적 분야를 등한에 부치고 정신적인 사건이라든지 감정을 표시만 할 수 있으면 충분하다고 생각하는 자와 예술가의 기구를 획득하야 혼도 사물도 없고 기계적 조직에 의해서만 시에 도달하려고 추구하는 자다라고 말하였다고 한다. 문학 이외의 모든 영역으로부터 문학에 향하여 간섭을 시험하는 딜레탕트들은 모조리 전자에 속할 것이어서 괴테는 그들은 예술을 해한다고 경고하였다.

  사실 비판의 여러 종류 1. 시인의 시론 2. 비평가적 비평 3. 딜레탕티슴 비평 중에서 시인에게 가장 이익 될 수 있는 것은 1의 시인들 자신의 시론들이며 가장 이익이 적고 위험이 많은 것은 최후의 것이다. 그렇지만 백철 씨의 비평 속에는 딜레탕트 이외의 것이 번쩍이고 있는데 우리는 맹목하도록 악의 있는 자는 아니다. 그리고 그 딜레탕트 이상의 것이라고 하는 것은 씨 자신이 스스로 그 잔해를 마저 탈락해 버릴 수 없는 까닭에 탄식하는 듯한 소시민성 그 속에 있다고 하는 것은 얼마나 참괴한 아이러니일까? 예를 들면 사회적 입장에선 씨는 또한 어떻게 그가 불만해 하는 카페의 대유학파 속에서도 문학적 위치를 인정할 수밖에 없었고 그

---

[2] Philistinism.

가 젊은 청소녀들의 의식을 마취시키며 가로막는 데서 얼마나 많은 해독을 끼칠 것인가를 증오하여 마지않는 이태준 씨의 소설에 의식적으로 취해 버리는가의 이유를 알 것 같다.

그의 감성은 명맥하게 그의 사상에 반역하고 있는 것을 우리는 간취한다. 사실 나는 씨가 권구현 씨와 모윤숙 양의 센티멘털리즘을 통렬하게 공격한 것은 매우 통쾌하게 생각한다. 그래서 나는 관념과 현실 사상과 감성, 딜레탕티슴과 문학적 입장 그 중간에 서 있는 씨가 시적 현실과 경험과 지성과 감성에 대하여 결코 공식주의에 구애되지 아니하고 더한층 사랑과 이해를 가질 때 우리는 씨의 비평에서 배울 것을 찾을 수 있으리라고 믿는다.

—《신동아》(1933. 5)

스타일리스트 이태준(李泰俊) 씨를 논함

1 그의 문학사적 의의

문학에 있어서 형식에 대한 여러 가지 문제가 자못 열의를 가지고 신중하게 논의되는 것은 발전체로서의 일국의 문학이 어느 정도까지 성년의 시기에 도달한 후의 일이다. 내용만이, 그리고 내용과 관련된 문제만이 문학상의 논제로서 취급되는 것은 문학의 '낭만주의' 시대여서 문학으로서는 소년기에 있다는 증거이다. 이에 반해서 사고의 방향이 내용으로부터 형식으로 옮겨져서 그것을 초점으로 하고 시대의 문학적 사유가 백열적으로 발산하는 것, 문학으로서는 그의 리얼리즘의 시대로서 중년기를 맞이한 것을 의미한다.

참말로 문학적인 소설 혹은 시는 문학의 이러한 리얼리즘의 시기에서만 완성할 수 있을 것이다. (이것은 문학사상의 리얼리즘과 구별되어 사용된 말이다.) 근대문학에 있어서 문학이 문학이라고 하는 순수한 시각에서 조망되고 평가된 일은 없다. 고전주의는 수사학과 문학을 혼동하였고, 낭만주의는 문학을 로맨스 이상이라고는 결코 보지 않았다. 졸라에게 있어서는 문학은 타자기와 같은 것이었고, 많은 경우에 예술지상주의자로서 인용되는 플로베르조차가 문학의 부분적 양태의 하나로서의 묘사의 작용을 정당한 위치에서 발견하지 못하고 그것에게 너무나 현혹되었던 까닭에 문학 그것의 진수를 파악하는 데 실패하였다. 인도주의로부터 표현파에 이르기까지의 광범한 의미에서 휴머니즘은 인간의 고뇌의 표현으로서만 문학을 의욕하였고 문학을 문학에의 위치가 아니라 종교의 말석에 그릇 끌어올린 오류를 범한 것이었다.

그래서 대전 이전에서 그쳐 버리는 근대문학사는 문학이 문학 자체를 잃어버리고 방황하는 방랑의 역사였던 것이다. 그러다가 문학이 그 자체를 차츰 인식하기 시작한 것은 영국에 있어서는 모더니즘 이후의 일이었고, 불란서에서는 순수시의 요구 속에서 그 일이 가장 명료하게 나타났다고 생각한다. 이 일은 또한 구라파뿐 아니라 가까운 일본에 와서까지 근일에 와서 성하게 들리는 청년만을 위한 문학이 아니라 성년을 위한 문학의 요구 속에서도 나타났다고 보인다. 그래서 문학다운 문학에의 열망은 오늘의 세계문학의 공통된 성격인 동시에 새로운 발전 단계이기도 하다.

조선에서도 신문학의 기운이 움트기 시작한 후 벌써 십수 년을 지나는 동안에 작품에 나타난 인생관 또는 세계관이라든지 이데올로기라든지 사상성(思想性)이라든지 하는 주로 내용에 관련된 문제에 대하여 우리의 선배들은 남들이 지나간 뒤의 길바닥을 쓸기에 꽤나 애를 써 왔다. 이 일은 흔히는 문학 이외의 영역에서 던져진 무리한 주문이 그대로 통용되기도 하였지만 문학비평가 자신도 그것을 추종할 수밖에 없을 만치 무력했던 것이다.

그래서 조선에 있어서도 오늘이야말로 순수문학이 나타나도 좋은 시기가 왔으니 그것이 가장 열심히 논의되어도 충분할 만치 시기는 성숙하지 않았을까. 나는 작가 이태준 씨를 논하라는 과제 아래서 무슨 까닭에 세계문학의 사적 발전 단계를 이렇게까지 장황하게 늘어놓는 번잡을 즐기하였을까. 그 까닭은 단순하다. 나는 순수문학에의 요구라고 하는 특권으로써 공통하게 착색된 세계문학의 일환으로서의 조선 문학의 역시 그러한 극적인 분위기 속에서 우리들이 가장 우수한 스타일리스트 이태준 씨를 부조하고 싶었던 까닭이다.

2 순수문학의 편영(片影)

우리의 문학의 독자층을 연령을 표준으로 하고 생각하면 청년기에 있는 사람이 절대다수를 차지하고 있는 줄 안다. 그래서 중년 이상의 독자들은 대개는 야담과 같은 것에 끌려가고 만다. 지금 청년기에 있는 교양 있는 문학의 독자층이 중년자가 되는 때 그들은 스스로 중년의 문학에의 요망을 가지게 될 것이다. 또한 지금까지의 작가는 대개는 처녀작을 발표한 후 지극히 짧은 동안의 화려한 창작 활동의 뒤에는 거의 약속한 듯이 타성적인 졸작 시대가 계속되었다. 그리고 교양으로서도 매우 낮은 정도의 문학이었다고 생각한다.

따라서 이태준 씨와 같은 작가가 대중적일 수가 없는 숙명을 가지고 있었다. 그는 지극히 적은 교양 있는 독자에게만 그의 특이한 문장의 향기를 가지고 가까이할 수 있었다. 이태준 씨의 작품(주로 그의 수필)에서 내가 받은 인상은 노숙하는 것이었다. 그것은 한 걸음 나아가서는 꽤 건방지다 하는 인상이기도 하였다. 노숙하다는 것, 건방지다는 것 — 그것들은 대부분의 사람을 그의 작품에서 격리시키는 원인도 되었지만 또 한편으로는 일부의 사람을 그에게로 끌어간 매력이기도 하다. 의식적으로 기도하였는지 혹은 무의식 사이에 그의 천재가 시킨 일인지 그 어느 편인지는 몰라도 그는 우리 문인 중에서 그 누구보다도 문장으로써 독자를 흡인하는 분이다. 그는 자연 혹은 인생을 평면적으로 서술하는 것을 즐기지 않았다.

그는 그가 붙잡은 대상을 향하여 야심적으로 그것을 과장하여 독자를 놀라게 하겠다는 허영으로부터 늘 자유로울 수 있었다. 광범한 세계에서 그가 발견하는 것은 지극히 적은 한 개의 단편을 에워싸고 그의 관조는 입체적으로 확대되어 가는 것처럼 보인다. 그는 대상을 지적으로 이해하려고 하기 전에 그의 투명하고 섬세한 감정에 의하여 파악한다. 지극히 소박하고 적은 자연의 한 개의 단편 위에서 그의 감성은 조는 듯이 꿈꾼다. 때때로는 그는 체호프처럼 너무나 예민한 감성 때문에 우울해지기도 한다. 그래서 그의 문장으로 하여금 빛나게 만드는 것은 실로 그 저류를 흐르고 있는 전율하는 그의 감성이라고 생각한다.

사실 필자가 처음으로 인간 이태준 씨를 — 어떤 좌담회 석상에서 — 대하였을 때에 받은 인상도 그의 작품 중에서 받는 인상과 거의 같은 것이었다. 씨의 나이는 예기하였던 것보다 매우 젊었으나 역시 그는 노숙한 중년의 인상을 주었다. 그의 깊숙하고도 어두운 눈동자를 바라볼 때에 '옳지, 저것이 감성의 서가(棲家)로구나.' 하고 나는 감탄하였다.

그러나 나의 이 글이 스타일리스트로서의 한 사람의 이상적 전형을 이태준 씨에게서 발견하였다. 그러나 너무나 최상급의 형용사로서 그를 찬란하게 꾸미기만 하였다는 느낌을 독자에게 주었다면 나는 그것을 정정할 의무가 있다. 다만 나는 우리가 가진 지극히 적은 스타일리스트 ― 물론 매우 유치한 것이나 ― 중에서 이태준 씨는 우수한 편의 한 사람이라는 것과 그리고 너무나 로맨틱한 문학의 홍수 속에서 그는 겨우 문학의 순수한 형태에 가까운 것을 가지고 있다는 것을 말하고 싶었을 따름이다.

최근에 딴 곳의 부인 잡지에 실린 그의 소설을 어떤 사람은 여학생 소설이라고 명명하는 것을 들은 일이 있다. 그가 만약에 그의 개성을 버리고 묘사라든지 스토리라든지 이런 방면의 낡은 습관에 붙잡힌다면 젊은 세대는 이윽고 그에게서 발견하는 것은 실망뿐일 것이다. 그렇지 않고 그가 어디까지든지 스타일리스트로서의 본령을 잃지 않고 새로운 소설 ― 순수한 문학에의 길로 매진한다면 그에게 있어서 명일은 빛난 것일 것이다.

―《조선일보》(1933. 6. 25~27)

「무기와 인간」 단평

1

연극다운 연극을 보지 못하는 것은 분명히 우리들이 당하는 여러 가지 불행 중의 한 가지 불행이다. 그러나 진실한 연극에 대한 열의에 타는 '극예술연구회'의 꾸준한 노력에 의하면 한 해에 두서너 번이고 가장 연극에 가까운 연극을 볼 수 있는 것은 영양 부족에 걸린 우리들의 정신을 위하여 기꺼운 일이 아니면 안 된다. 27일 밤 공회당의 가무대 위에서 '극연'의 공연을 보았다.

'극연'의 무대는 나에게는 전연 첫 대면이었으며 더욱이 상연되는 각본이 「쇼」의 「무기와 인간」인 까닭에 개막을 기다리는 나의 흥미는 이중으로 큰 것이었다. 왜 그러냐 하면 무대를 일종의 토론장처럼 생각하고 등장인물로 하여금 제한 없이 길게 작자의 사상을 함부로 말하게 하며 또한 그 사상이 유(類)에 드물게 시니컬하고 역설적인 것으로 유명한 「쇼」를 '극연'은 과연 어느 정도까지 그 실험적 무대 위에서 살릴 수 있으며 어느 정도까지의 무대 효과를 거둘 것인가 하는 호기심 때문이었다.

그러나 종막의 막이 내리자 나는 안심하고 자리를 일어날 수 있었다. 전술한 범위 안에서는 극연은 우리가 걱정하던 난관을 훨씬 돌파하고 바랄 수 있는 정도 이상의 효과를 얻었던 까닭이다. 이것은 극연의 비상한 노력과 연극에 대한 정직함에서 나온 결과라고 생각한다.

그렇게까지 복잡하고 변환적(變幻的)인 극의 발전을 더욱이 연출에 있어서 자칫하면 실패를 사기 쉬운 희극을 별로 무리가 없이 무대 위에 표현시킨 점에 대하여는 연출자 장기제 씨의 연출가로서의 비범한 솜씨에 그 공적을 돌려야 할 것이다. 출연한 배우들도 각각 맡은 범위 안에서 상당한 연기들을 보여 주었다. 그중에서도 가장 좋은 것은 이 극의 주인공이라 할 '코코레트' 병정으로 분장한 유치진 씨였다. 그는 19세기 말의 자연주의의 세례를 받은 지극히 현실적이고 히스테리컬한 '코코레트' 병정의 성격을 잘 살렸다. 다만 음성이 명랑하지 못하여 대사의 내용이 관중에게 충분히 이해될 수 없었던 것은 아쉬웠다. '패트코프' 내외로 분장한 이웅 씨와 김복진 씨는 매우 숙련된 연기를 보여 주었다. 이 일은 모두 희곡을 희곡으로서 충분히 이해할 수 있는 교양 있는 연출가뿐 아니라 교양 있는 배우만이 할 수 있는 일이다.

2

그러나 극연을 위하여 한 가지 섭섭한 일은 아직도 그들의 연극 일반에 대한 고상한 이해와 같은 정도의 무대장치가를 가지지 못한 것이다. 「무기와 인간」의 무대장치는 제1막이 좀 좋았다. 다른 막에 있어서 무대 면이 매우 단순한 것은 좋았으나 일면에 있어서 암시성이 결핍된 것은 매우 불만이었다. 따라서 그때그때의 무대 면에 그것이 꾸며야 할 분위기가 충분히 나타나지 못하였다.

새로운 극의 생명을 새로운 무대장치 위에서 용약(勇躍)하지 않으면 아니 될 것이다. 결국은 무대는 한 개의 화면이 아니고 연극의 일부분으로서 연극의 종국의 목적을 향하여 봉사하는 것이 아니면 안 되지 않을까. 우리는 지극히 불완전한 가무대인 공회당의 무대라는 약점을 알면서도 이「무기와 인간」의 무대장치는 실패라고 하고 싶다. 장래 극연 속에서는 이 방면의 천재도 나오기를 우리는 기대한다.

여하튼 우리가 극연의 무대를 통하여 현세기가 가진 가장 우수한 풍자가의 인생과 문명과 그것들의 표면을 꾸미고 있는 찬란한 가면에 대한 뼈아픈 조소를 들을 수 있는 것은 우리들의 기쁨이 아니면 안 된다.

"우리들의 로맨스는 깨어졌다."

이것은「무기와 인간」중의 대사의 한 토막이다. 대전은 인류가 가진 가지가지의 아름다운 로맨스들을 여지없이 깨어 버렸다. 그리고 인류에게 남은 것은 심각한 고민이다.

—《조선일보》(1933. 7. 2~4)

최근의 미국 평론단

── 그랜빌 힉스, 《뉴 매시즈》지에서

인상주의자의 일군

　일반으로 아메리카 문학과 함께 비평은 두 개의 계단 중의 제 2단계에 들어섰다. 그것은 비평의 발전을 위하여 한 개의 산 힘으로서 필요한 계단이다. 19세기의 후반과 20세기 초대의 비평의 저급한 상태는 부르주아지의 우수한 부분과의 그 밀접한 연결에까지 더듬어 갈 수가 있다. 비평가의 대부분은 혼란되었고 비창작적이었고 또한 매우 비겁하였다. 그들이 문학에 적용한 거의 유일의 표준은 그 시대의 도덕적 표준이었다.
　그 첫 사업은 빅토리아 시대의 도덕률로부터 문학을 해방하는 일이었다. 그래서 이 일은 1925년까지 완전히 필하였다. 비평에 있어서는 이 일은 제임스 휸키에서 비롯하여 인상주의자들의 일군의 손으로 이루어졌다. 휸키의 사업은 멘켄[1]이 인계하고 있었다. 인상주의자들은 비록 역사적으로 중대한 의의를 가지고 있지만 비평이 관련하지 않으면 아니 될 설명과 비평의 근본 문제는

---

[1] 헨리 루이스 멘켄(Henry Louis Mencken, 1888~1956). 미국의 비평가.

피하였다.

이리하여 그들은 그들의 노력을 넓혀 버렸다. 그래서 젊은 비평가들은 확실성의 탐구를 시작하였다. 20년대를 통하여 혼란은 계속되었다. 생활로부터 문학을 격리시킴으로써 그들의 인상주의를 유지하려고 하는 인상주의자들은 계속하여 활동하였다. 인도주의자들은 자본주의 안정기의 지배적인 계급철학을 제공하면서 상당한 추종자를 획득하였다. 그리고 젊은 비평가들은 경제 제도와는 연결을 가지지 아니한 사람들에게 알맞은 유한계급의 문화를 지으려고 탐색하였다.

순수한 기술적 비평이 왕성해 갔다. 어떤 때는 예술지상주의자의 현론(現論)에 서서 또 어떤 때에는 엘리엇의 사업에서와 같이 반동적 철학과 연결하여 —. 그리고 다른 파로는 반웍 브루크스의 파가 있었다. 그들은 개인적 작가와 문화적 지위와의 사이에 밀접한 연결이 있는 것을 인정하였다. 그러나 문화와 경제적·정치적 상태와의 사이에 연관성을 보지 못하였다.

1929년의 공황은 현존한 혼란을 명확하게 하였다. 그리하여 비평은 전술한 것처럼 제 2단계에 들어섰다. 얼마 아니 지나서 모든 위기적 모순에 있어서 '사회주의'가 중심적 문제라는 것이 명확해졌다. 1929년 전에도 사회주의 비평가가 있었다. 그러나 지식분자의 대부대의 좌경 운동은 '공산주의'의 문학적 적용이라는 문제 위에 주의를 집중시켰다. 이들 좌경 운동의 작가들의 대부분에게 있어서 사회주의는 전후의 비평가들이 참담하게도 실패한 문학상의 모든 문제의 해결 방법을 제시하였다는 것이 명백해졌다. 동시에 사회주의의 발흥은 여러 가지 유파의 많은 비평가들을 놀라게 하였다. 그래서 그들은 사회주의의 공격에 일신을 바쳤다.

이러한 공격들 중의 어떤 것은 검토하는 것이 좋을 것이다. 그 중의 어떤 것들은 말할 것도 못 된다. 예를 들면 일간신문에 나타난 조소와 폄하 — 하리 한센, 이저벨 페터슨과 윌리엄 소스킨의 집필 — 는 몰이해와 무정견의 혼합이었다. 그들은 매우 명료하게 비평과 정치는 분립한 것이 아니라고는 지적한다. 그보다도 더 중요한 것은 헨리 해즐리트, 조셉 우드 크러치와 엘마 머비스 등에 의하여 지도되는 자유주의자의 공격이었다 —. 그들은 모두 지난 번 선거에 노먼 토머스에게 투표하였다.

1933년 2월에 《모던 먼슬리》에 실린 그의 논문에서 보인 것처럼 이 비평가들은 똑같이 허수아비의 기술에 빠졌다. 헨리 헤이즐릿은 특별히 이 죄에 대하여 책임이 있다. 그러나 그는 그러치와 데비산보다는 나쁘지 않았다. 멘켄, 켄비와 워너 등은 같은 고안으로 다시 돌아갔다. 자유 입안적 비평가들은 그들 자신의 근거 위에 서서 마르크시스트는 대적하기를 간단하게 거절했다.

문학작품의 효과 문제

(중략)

문학의 효과의 개념은 이 가치의 표준 속에 있다는 점에 오류가 있는 것처럼 생각된다. 한 권의 책자를 읽은 뒤의 효과라고 하는 것은 그 읽는 사람이 나가서 어떤 종류의 특별한 행동을 한다는 것을 의미한 것이다. 그러나 실제의 경험에 비추어 보면 책자는 그러한 효과는 좀체로 가지고 있지 아니하고 우리에게 영향을 준 책자들은 더 침착하고 깊은 영속적인 별다른 종류의 효과를 가지고 있다는 것을 믿게 한다.

단순화한 효과의 개념은 케네스 버크가 그의 「반성명(反聲明)」 속에서 제의한 것과 같은 것이다. 그는 말한다. 한 개의 예술품에 대하여 두 가지의 완전히 다른 판단이 내려져야 한다. 그것의 효과는 비평가의 사회적 의견의 조명 속에서 판단되어야 하며 그 효과를 얻는 방법은 산학적(算學的) 표준에 의하여 판단되어야 한다고 말한다.

만약에 문학이 협착하고 직접적이고 직입적인 효과를 가지고 있었다면 참말로 그럴 것이다. 그러나 아무도 위대한 문학의 효과를 이러한 조건 아래서 규정할 수는 없다. 버크의 이론은 실로 문학을 생활로부터 분리시키려는 극의 하나이다. 물론 비평가는 작가의 목적에 동의를 표하고, 혹은 찬성치 아니할 권리가 있다. 그러나 그것은 다소 임의대로 하는 일이고 비평가가 참말로 관심할 것은 기술이라야 한다는 것을 인정한다. 버크 씨에 의하면 비평가의 관찰은 그의 철학적·사회적 견지 때문에 결코 영향을 받지 않는 것으로서 두 가지는 각각 딴 분류에 속한다는 것이다.

만약에 우리가 창조적 작가의 목표를 규정한다면 아마도 우리는 가장 잘 문학의 효과를 이해할 수 있을 것이다. 가장 단순한 형식으로 말한다면 작가의 목표는 그가 보고 이해하는 생활을 그가 선택한 방법에 의하여 표현하는 일이다. 그러므로 문학은 그 독자의 생활에 대한 영향을 준다.

그의 태도는 그의 실제의 경험의 한계의 영향을 받을 것이다. 그는 그가 일찍이 보지 못한 인물과 사건과 접촉하게 될 것이다. 그것은 경험의 양식에 있어서 변화에 의하여 변동될 것이다. 즉 그의 독서는 다른 방법으로써 인물과 사건을 바라보게 할 것이다. 그것은 경험의 재인식에 의하여 영향을 받게 될 것이다. 위대한 문학작품은 이러한 방법으로 또는 아마도 더 많은 방법으로 생활에 대한 독자의 태도를 변경시킬 것이다.

프루스트의 가치는 어떻게 규정할까

(중략)

그러나 이 성질표(性質表)는 조잡하고 불완전하다고 하더라도 완전한 마르크스주의 소설을 지정하는 데 표준이 될 뿐 아니라 모든 문학의 평가 문제의 방법이 되기도 한다. 아직까지는 우리의 요구에 완전히 일치하는 소설은 나오지 않았다. 불완전과 상대적 성공과 실패에 문제는 그치고 만다.

부르주아지의 한 사람이 쓴 소설이 프롤레타리아의 한 사람이나 혹은 그 동정자가 쓴 소설보다도 나은 경우가 있을 것이다. 예를 들면 프루스트의 『잃어버린 시간을 찾아서』라는 작품은 지금까지 프로적 입장에서 쓴 어느 소설에서보다도 더 훌륭하고 힘있게 자본주의 문명의 몰락해 가는 모양을 보여 준다.

우리는 프루스트가 우리가 쓴 소설 속에서 발견하기를 바라는 점을 많이 몰살하였다는 것과 그리고 작품 속에서 일어나는 사건에 대한 그 자신의 해석이 얕고 혼잡하다는 것을 인정하여야 한다. 그러나 그는 한 가지 일만은 훌륭하게 수행하였다. 그것은 여러 가지 일을 잘못하는 것보다는 나은 일이다.

그는 우리가 가지고 있는 제도가 부패하고 있고 가치가 없다는 것을 풍부하고 명백한 의미를 가지고 우리에게 전해 준다. 우리는 그 제도가 몰락하면서 있고 혁명하기에 적당한 것이라는 것을 본다. 그 소설은 이 이상의 일은 할 수가 없고 또한 결의와 희망을 가지고 우리를 앞으로 나아가게 할 수도 없는 까닭에 완전히 프롤레타리아 소설처럼 좋은 것이 될 수 없는 것은 더 말할 필요가 없다. 그것은 비록 실패할지라도 미래가 있는 불완전한 프롤레타리아 소설보다도 역사적 의의가 있을 수는 없는 것이다. 그러나 프루스트는 프롤레타리아의 성격이나 부르주아의 성격의 강렬한 관념도 주지 못하면서 스스로 프로적이라고 맹세하는 작가들보다는 더 나은 작가다.

어떠한 경우를 막론하고 더 중요한 점은 『잃어버린 시간을 찾아서』라는 소설은 어떤 종류의 가치를 가지고 있다고 하는 것과 그 가치는 계산되어야 하리라는 것이다. 이와 같은 평가의 방법은 좀 더 복잡한 형태로써 과거의 문학에 적용될 수가 있다. 과거의 문학은 그 기술 그것으로 정정한 것처럼 혹은 성공의 견지에서 평가될 수 있다고 한 칼버튼 자신도 그의 저서 『아메리카 문학의 자유』 속에서 비록 그가 분명하게 하지는 않았지만 그것과는 다른 표준을 사실로 적용하는 것을 분명히 보여 주었다. 책자라고 하는 것은 다음 시대의 자손을 위하여 살아 있다. 그래서 우리들의 사업의 일부분은 그것들을 살아 있게 할 수 있는 가치를 규정하는 것이다.

(후략)

─《조선일보》(1933. 8. 4~6)*

* 번역 평론.

예술에 있어서의 리얼리티·모럴 문제

1

우리는 예술에 대하여 '예술이 아닌 것'을 사유한다. 수없는 춘화는 나체화를 구별한다. 대중소설에 대하여 예술소설을 다른 것으로 분별한다. 그러면 무엇이 예술과 '예술이 아닌 것'의 구별을 짓는 표준이 되는가.

대중소설은 어떠한 로맨스를 우리에게 제공한다. 대중소설가는 다만 그 로맨스를 독자의 속에 흥미를 불러일으키도록 교묘하게 이야기(『내레이트』)하면 그만이다. 그런데 예술이 참말로 우리를 매료하는 것은 교묘하게 이야기하는 로맨스의 흥미 이외, 혹은 이상의 것이 아니면 아니 된다. 그것은 무엇인가. 위대한 예술일수록 우리는 그것이 우리를 사로잡는 힘이 더 굳센 것을 느낀다. 천박한 데로 향하여 낮아 갈수록 우리를 붙잡는 힘은 약한 것을 느낀다.

나는 (주로 소설에 대하여서나) 그 힘이라고 하는 것은 리얼리티의 힘이라고 생각한다. 예술가 자신에게 있어서 그가 (예를 들면 김동인 씨와 같이) 예술가와 대중 작가가 한 사람 속에 공존할 때에 후

자로부터 전자를 구별하는 것은 그가 흥미 있는 로맨스를 추구하
느냐, 그보다도 한 개의 인생 및 세계의 어떤 한 개의 리얼리티를
추구하면서 있느냐 하는 점이 아닐까. 나는 그렇게 생각한다.

    이야기는 매우 재미없으나, 문장은 아름답지 못하나 장혁주
씨의 소설은 높게 평가되고 있다고 유진오 씨는 말하였다고 기억
한다. 그 말은 반면에 있어서 재미있는 이야기는 예술에 있어서
매우 부수적인 것에 불과하다는 것을 의미한다. 또한 아름다운 문
장은 예술에 있어서 매우 부수적인 것에 불과하다는 것도 의미한
다. 사실 버지니아 울프의 소설 속에는 재미있는 이야기가 없다.
조이스의 『율리시스』의 일본역을 읽었더니 거기는 재미있는 이야
기는 없었다. 낡은 작가로서도 체호프나 모파상의 단편들이 우리
를 때리는 것은 재미있는 이야기 이외의 것이 아니었던가. 예술에
있어서 근본적인 것은 형상적으로 파악된 리얼리티 그것이다. 예
술가가 추구하여야 할 것도 따라서 그것이 아니면 아니 된다고 생
각한다.

2

    내가 여기서 리얼리티(현실이라고 역할까, 혹 진실이라고 역할까 하
고 망설였으나 두 가지 말이 다 리얼리티의 내포와 외연을 만족하게 나타내
기에는 별다른 의미를 붙여서 쓰여 왔으므로 나는 그대로 리얼리티라고 쓴
다. 굳이 역하려고 하면 내가 의미하는 리얼리티는 현실이라는 말보다 진실
이라는 말에 더 가까운 것 같다.)라고 하는 것은 추상한 것이다. 그러
므로 나는 반드시 모든 예술가나 예술에 있어 파악된 리얼리티가
일양화(一樣化)·표준화·일반화하는 것을 요구하는 것은 아니다.

예술가가 광대한 세계와 복잡한 인생 속에서 어떠한 리얼리티를 붙잡는 것은 전혀 그의 자유다. 그는 선택의 자유를 가지고 있다. 그가 또한 그 리얼리티를 어떠한 방법으로 붙잡느냐 하는 것도 전혀 그의 자유와 개성의 활동에 맡겨져 있다. 선택과 방법에 있어서의 개성의 활동의 자유 — 이 두 가지의 자유가 예술을 일양화의 위험으로부터 건져 주는 것이다. 이것은 예술가에게 있어서 창조적 활동에 속한다. 예술에 있어서는 독창성의 문제가 된다. 그것은 달리 말하면 방법의 문제다. 어떤 예술가에게 있어서는 방법의 독창성이 매우 빛나서 우리를 매혹하는 일이 있다. 예를 들면 우리가 최근의 이효석 씨의 작품에 있어서와 같은 때다.

어디선가도 인용한 일이 있지마는 엘리엇은 에즈라 파운드에 대하여선가 이런 의미의 말을 하였다. "내가 그에게 이끌리는 것은 그가 무엇을 말하는가 하는 점이 아니고 어떻게 말하는가 하는 점이다."라고 — . 무엇을 말하느냐 하는 것은 예술에 있어서 중요한 일이다. 또한 어떻게 말하는가 하는 점도 중요하다. 어떤 경우에 "어떻게 말하는가"— 하는 그것만이 어떤 예술의 매력이 되는 때도 있다. 그러나 더 높은 단계에 있는 완성에 가까운 예술은 결코 일면적으로 편향해서는 안 된다.

3

예술의 역사에 있어서 눈에 쉽게 띄는 부면은 방법의 변천이다. 낡은 로맨티스트는 이야기(내레이트)하였다. 낡은 사실주의자는 묘사하였다.(있는 그대로 묘사할 수 있다는 그릇된 전제 위에 서서 표현주의자들은 표현하였다. 모더니스트는 전달(커뮤니케이트)하려고 한다.)

표현주의의 열병을 지나온 지 오랜 우리에게는 모더니스트의 의견이 시간적으로도 우리와 가깝거니와 지금에 나는 그것이 가장 방법론의 진론(眞論)에 부딪쳤다고 생각한다.

4

리얼리티의 뒤에 오는 문제는 모럴의 문제이다. 리얼리티와 모럴은 혼동되어서 알려지기 쉽다. 또한 전연 대립되기 쉽다. 작가가 그 작품 속에서 사람의 행동이나 인생의 위기에 대하여 가지는 태도 — 그것은 곧 모럴을 의미한다. 많은 경우에 작가는 그 작품 속의 사람의 행동 내지 인생의 위치에 대하여 한 개의 각도 내지 태도를 가지기 쉽고, 그러한 한에서는 작가는 모럴리스트다.

그러나 나는 생각하기를 모든 작가는 반드시 모럴리스트가 될 의미가 없다고 한다. 작품 속에 작가의 모럴이 나타나는 것은 아주 자연스러운 상태에서 있어야 하리라고 생각한다. 작가가 무리하게 그의 모럴을 표시하기 위하여 작품을 만든다면 예외적인 천재를 제외하고는 실패할 것이다. 공식주의의 위험이란 이런 것이다. 작품 속에 나타나는 모럴을 지적하고 발굴하여 내 가지고 생에 있어서의 그것의 가능성과 새로운 모럴로서의 가치를 판단하여 제시하는 것은 비평가의 임무이고 결코 작가 자신이 억지로 '모럴'을 뚜렷하게 나타내려고 할 것은 아니다.

그리고 작가가 그의 작품을 통하여 가지는 모럴은 결코 강단에서나 서재에서 배운 것이어서는 안 된다. 그러한 관념적인 모럴은 작품 속에서는 대개는 고사(枯死)한 상태에서 잠깐 입원(入院)해 있는 정도의 효과밖에 얻지 못한다. 작품 속에 나타나는 모럴은 작가가 그 속에서 진지하게 냉정하게 리얼리티를 추구할 때 거기서 자연스러운 상태에서 나타나야 할 것이다.

나는 결국 이렇게 단정해 버렸다. 모럴이라는 것은 예술 작품의 평가에 있어서 또 감상에 있어서 결정적인 것, 제 일의적인 것은 아니라고 ─ . 예술 작품은 항상 한 개의 전체로서 있을 것이고 그것의 분석은 비평가의 영토에 속한 일이라고 생각한다.

그러함에도 불구하고 우리는 노골한 모럴리스트로서 예술가들의 몇몇 사람의 커다란 그림자를 문학사상에서 인정할 수밖에 없다. 예를 들면 톨스토이는 누구나 관념적 모럴리스트인 것을 용인하는 작가다. 그처럼 또한 위대한 예술가라고 선전된 작가도 아마 없을 것이다. 그런데 더욱이 그의 후년의 작품에서는 사람들은 관념적 모럴리스트로서의 그를 명료하게 간취하였을 것이다. 그것은 어떻게 분해시(分解視)하여야 할까. 나는 생각한다. 물론 톨스토이는 예외적 천재의 일면도 가졌지만, 그의 작품의 매력은 전체로서의 작품의 매력은 아니고 그 안에 담겨 있는 그의 인도주의라는 모럴 그것의 신미(新味)였다고 생각한다. 한 사람의 모럴리스트가 선전되고 친애되고 존경되는 것은 그의 모럴이 시대와 함께 변해 가는 리얼리티와 함께 있을 수 없는 까닭에 위대한 작가적 소질을 가지고 있음에도 불구하고 시대로부터 멀어지는 작가의 예를 우리는 조선에서도 발견할 수 있다.

가까운 일본에서는 이견돈(里見弴)[1] 씨의 '마고고로'라고 하는 그의 독특한 모럴의 고정화·관념화로부터 오는 그의 예술의 돈좌(頓挫)를 우리는 경험하였다. 조선에 있어서 한동안의 프롤레타리

---

[1] 사토미 히로시(里見弴, 1888~1983). 일본의 소설가.

아 문학의 왕성 시기, 그 뒤에 온 어떤 시기의 저회(低徊)라는 현상을 나는 이상과 같은 일면으로도 해설할 수 있을 것이다.

예술에 있어서 영구히 또한 결정적으로 우리에게 육박해 오는 생생한 힘은 리얼리티의 박력이다. 그것은 모든 위대한 예술의 성격이다. 늦어 가는 봄인 것처럼 너도나도 하고 어지럽게 피는 이름 모를 들의 백화(百花) 속에서 홀로 남을 수 있는 꽃은 또한 그러한 꽃이 아닐까.

(부기, 이 소론 속에서 예술이라고 한 것은 예술 일반을 가리킨 말이 아니고 대중소설에 대립하여 '예술로서의 소설'을 가리켜 편의상 예술이라고 말하였다.)

—《조선일보》(1933. 10. 21~24)

모윤숙 씨의 리리시즘

— 시집 『빛나는 지역』을 읽고

1

그것은 검은 비단결같이 부드러운 밤일는지 모른다.

그 하늘에 둥근 보름달 말고 병들어 이지러진 새파란 그믐달이 떠 있으면 더욱 좋을 것이다. 그것은 바로 시인 모윤숙 씨의 시가 느껴 울기에 좋은 밤이다. 끝없는 고적, 향토를 사랑하는 순정, 병든 청춘의 허희(歔欷), 그리고 까닭 모르는 젊을 때의 눈물, 방랑하는 영혼, 이것들은 시인 모윤숙 씨의 시의 세계를 구성하는 중요한 요소들이다.

이러한 지극히 감상적인, 망국적인 정조에 물든 세계에서 이 시인의 섬세한, 어떤 때는 아주 야생적인 리리시즘이 슬픈 피리 소리와 같이 가늘게 떨고 있는 것이다. 나는 그의 처녀시집 『빛나는 지역』을 읽고 나서 이렇게 생각하였다.

거기에 있는 것은 사로지니 나이두의 「부러진 죽지」의 힘찬 리듬이 아니었다. 차라리 비애를 품고 그 비애를 기르고 있던 뮈세의 느낌 소리에 가까운 것이 있었다. 19세기의 초기, 그렇지 않으면 가까우면 19세기의 말엽 — 저 상징파의 황혼 속에서 시인 모윤숙 씨의 시평을 쓰지 못하는 것은 확실히 우리들의 유감이다. 또한 뮈세의 시대 또는 알베르 사맹의 시대에 모윤숙 씨가 시작을 하지 못하였다고 하는 것도 그에게 있어서 비극인 것 같다.

2

시인 모윤숙 씨에 대하여는 그전부터도 과소평가와 과대평가가 기이하게 함께 있어 왔다. 그 양쪽의 원인이 모두 그가 여성이라고 하는 점에 있었다고 하는 것은 우리만이 가질 수 있는 불유쾌한 일이다. 그러나 오늘이라는 비평의 객관적 제약 밑에서는 시집 『빛나는 지역』 속의 우수한 몇 편의 시를 읽을 때 그에게 대한 과대평가에도 무리가 그렇게 없었다는 것을 긍정하게 한다. 어떤 때에는 그는 분명히 나이두의 힘찬 리듬을 본받으려 하였다. 「조선의 딸」·「빛나는 지역」·「아내의 소원」·「이별」·「여름밤의 기원」 등에는 우렁찬 리듬이 흐르고 있다. 그리고 그것들은 그의 시집 속에는 최상급에 놓일 시들이 아닐까 한다. 그것은 또한 시인 모윤숙 씨의 독특한 기분이며, 그러한 곳에만 시인으로서의 그의 개성이 굳세게 우리에게 육박해 오지 아니할까.

그는 또한 「그 처녀」·「바닷가에서」·「무지개」·「그이가 오신다기에」·「나의 별」 등의 시에는 아름다운 리리시즘을 곱게 깔 수 있다는 재분을 보이고 있다. 「이화에게」와 같은 시는 모교에 대한 귀여운 순정이 그대로 흐르는 것이 좋았다. 그런데 시집 『빛나는 지역』 중에서 그 최초의 두 편 「그늘진 천국」과 「극락수」와 같은 시의 소재를 그대로 진열한 시들은 차라리 없었으면 좋았을 것 같다. 네 편 중에서는 「빛나는 지역」의 제목 아래 모아 놓는 시들이 가장 빛났다.

3

시인 모윤숙 씨는 이러한 좋은 한편의 반면에 있어서는 매우 위험한 때때로는 그의 시에 치명상을 주는 유독한 경향을 가지고 있다. 그는 시의 소재의 감상성에 너무 붙잡힌다. 그래서 때때로 시가 그 대상과 주관과의 혼연한 일치에서 오는 창조적인 감격을 낳기 전에 소재의 감상성 그것을 가지고 독자의 딜레탕티슴에 호소하려고 한다. 그러므로 나타나는 것은 시적 감격이 아니고 소재 그것의 감상이다. 예를 들면 「우수」·「그믐밤」·「눈보라 치는 밤」·「이성단상(異城斷想)」·「왜 우느냐고」·「북간도 바람」·「봄 찾는 마음」 등에서 들려오는 것은 시인의 통곡 소리가 아니면 느껴 우는 소리고 시가 우리들의 마음에 전하는 시적 감격은 아니다. 이 센티멘털리즘의 유혹은 시인 모윤숙 씨가 그의 예술을 살리기 위하여는 한사코 극복하여야 할 장해가 아닌가 한다.

또 한편으로 그의 시를 비속한 딜레탕티슴에 추락시킬 염려가 있는 것은 그의 시상 속에 가끔 침입하는 유행가적 기분이다. 그것은 예를 들면 「밤하늘」과, 그것과 비슷한 주로 정애(情愛)를 노래한 소곡에 많이 나타났다. 일찍이 노춘성의 시 속에서 우리는 그러한 같은 경향에 염증을 느낀 불쾌한 기억을 가지고 있다.

4

모윤숙 씨의 시의 기교의 특징은 그의 음악성에 있다. 그만치 그는 매우 소박한 경지에 있다고 생각한다. 어디까지든지 리듬의 효과를 겨눈 곳에 그의 노력의 자취가 역력히 보인다. 그래서 어떤 때에는 리듬이 내면성을 잃어버리고 다만 기계적인 음악적 효과 즉 음 그 자체의 감각만 나타난 곳이 적지 않았다.

「북간도 바람」에 있어서 우리는 그 최악의 예를 보았다. 또한 「같아라」, 「있어라」, 「전조여라」 등 우리들의 신시사에 있어서는 매우 유치한 시대의 결어의 풍속을 무슨 까닭엔가 씨는 그의 최근의 시작에조차 그대로 습용하였다. 이것도 씨가 역시 너무나 시의 음악적 효과만 추구한 까닭에 시의 역사에까지 전연 무지하였던 것 같은 인상을 남긴 것이나 아닐까.

5

최후로 나는 이런 말을 『빛나는 지역』의 작자와 우리들 문학의 젊은 세대와 함께 기억하고 싶다. 우리는 한 개의 시집, 한 개의 창작 등, 아니 다달이 나오는 한 편의 창작, 한 편의 시조차 허술하게 맞고 뜻 없이 잊어버리고 싶지 않다.

우리는 항상 예술의 전야에서 낡은 전통과 나의 습작에 용감하게 만가를 보내고 새로운 경지를 날로 개척해 가는 아방가르드의 영광을 가지자. 한 개의 시집, 아니 한 편의 시로 하여금 우리들의 신문학 창설의 도정에서 한 개의 기념탑으로 남기면서 전진 또 전진할 것이 아닐까. 필자는 조선이 가진 오직 하나뿐인 여류시인과 함께 이 일을 되풀이하여 생각하고 싶다. 망평다사(妄評多謝).

—《조선일보》(1933. 10. 29~31)

여류 문인 편감 촌평(片感寸評)

나와는 이성의 문인들에게 대한 소감을 쓰라고 하나 반드시 무엇을 느끼려는 목적을 가지고 만나지 않았던 까닭에 별로 특별한 느낀 것은 없다. 그러나 그이들의 글 혹은 사람에 대하여 막연히 가진 몽롱한 생각은 물론 없지 않다. 그래서 그런 것을 소감이라고 부른다면 여기서 나는 나의 소감을 말할 용기를 분발하련다. 그리고 그것이 어디까지든지 '나의' 소감인 이상 나는 어떠한 것이고 가질 수 있으며 또한 다른 사람들도 나의 소감의 내용에 대하여 조금도 간섭할 권리가 없을 것이다. 이하 독자의 화제에 오르는 분들은 나의 자유를 기꺼이 허락해 주기를 바란다.

박화성(朴花城) 씨

언제 다시 한번 면대할 기회가 있으면 나는 씨와 담판할 일이 있다. 어떤 사무상의 관계로 전연 내게는 관계없는 일에 대한 꽤 혹독한 내용의 편지를 나는 최근 씨로부터 받은 일이 있다. 씨를 처음 만났을 때도 역시 그의 사진이라든지 이름이라든지 문장과는 딴판으로 그러한 혹독한 편지라도 씀직한 분으로 느꼈다.

그러나 그것은 그를 책망할 조건은 아니라고 생각하고 나는 웃어 버렸다. 그는 우리가 항용 만나는 '서울 사람'은 아니었다. 아무 장식할 줄도 아첨할 줄도 모르는 시골 양반이었다. 그것은 귀한 일이다. 그러므로 나는 이래 씨의 예술가적 양심과 태도에도 일종의 믿음을 느낄 수가 있었다.

최정희(崔貞熙) 씨

씨의 글을 대할 적마다 나의 머리에는 그 글의 필자가 항상 여성이 아니고 남성으로서 떠올랐다. 정작 만나 보면 북국산(北國産)답지도 않게 지극히 작으신(대단 실례올시다.) 몸에서 대체 어디서 그 남성적 패기가 나오는 것일까 하고 나는 잠깐 고개를 갸웃거려 본다. 나는 이것은 씨의 글의 한 병환이 아닌가 하고 걱정한다.(나의 이 잔걱정을 용서하시오.) 나는 때때로 이렇게도 생각한다. 씨의 이름이 남자의 이름 같은 곳에 원체 이 무리가 숨어 있는 게나 아닐까 하고, 맨스필드의 귀여운 점, 울프의 높은 향기는 남성으로서는 도저히 흉내 낼 수 없는 그 현란한 감성에서 오는 것이라고 나는 생각한다. 나는 씨에게 향하여도 오히려 그러한 것을 바라고 싶다.

강경애(姜敬愛) 씨

만나 본 일은 없는데 — 오랜 이전에 씨의 어떤 단편을 읽고 나는 곧 이분은 소설가가 되고 말리라고 생각하였다. 그가 대상에 대한 충실한 '리얼리스트'였을 때 그의 재기는 매우 빛났다. 그러나 현실 그것보다도 관념 더욱이 여러 개의 관념이 한 작품 속에 뒤섞여졌을 때 작품의 효과는 뒤범벅이 되었다. 그러나 그것은 정리할 수가 있는 일이다. 최근에는 게을러서 씨의 작품은 읽지 못하였는데 씨가 만약에 그러한 점만 세련해 가면 현재의 어느 여류 작가보다도 가장 훌륭하게 단편소설을 쓰지 아니할까 하고 생각하였다.

김일엽(金一葉) 씨

물론 역사상의 인물이다. 활이나 방패가 이제 앞으로 올 전쟁의 무기가 될 수 없는 것처럼 그가 현대에 아무것도 플러스하고 있지 못하는 것은 사실이다. 그러나 나는 결코 그 활이나 방패가 어떠한 한 시대에 그것이 가지고 있던 역사적 공로에 대하여 모르고 있는 것은 아니다.

모윤숙(毛允淑) 씨

나는 씨에게 겸손이 아니고 차라리 오만의 미덕을 권하고 싶었다.

괴테는 노래했다.

시작(詩作)은 한 개의 오만이다.
아무나 나를 욕하는 것을 끊어라.
그리고 또 노래했다.
시작(詩作)은 한 개의 오만이다.
나는 다만 홀로 그 일에 종사하련다.
벗이여, 여자여 신선한 피를 가진 자는
또한 와서 이리로 들어오라.

시인이 그의 예술에 대하여 오만하지 않고 오히려 다른 사회적 세력에 의지하여 그의 예술을 키워 나가려고 할 때 우리는 그에게 대하여 큰 불만을 느낀다. 그것은 또한 문학의 젊은 자손들에게 있어서는 오히려 치욕에 해당하는 풍속이다. 저 이마지스트의 일군이 무모(?)한 그들의 시집을 내놓을 때 그들은 결코 컬럼비아대학 총장이나 대통령의 추천을 필요로 하지는 않았다. 그러나 나는 이 시인에게 향하여 사람으로서도 오만하기를 권하려고 아니한다. 그 결과에 대하여 나는 책임을 질 수 없으니까. 그렇지만 시인으로서는 어디까지든지 오만하라. 그 결과에 대한 책임은 새로운 자손들이 오히려 영예를 느끼면서 짊어질 것이다.

김오남(金午男) 씨

여자로서 시조(時調)를 쓴다고 하는 일은 물론 존귀한 일이다. 그러나 그것은 반드시 전 여성의 커다란 명예의 하나는 되지 않는다. 영예는 오히려 한 개의 에포크를 짓는 데 있다고 생각한다. 울프 여사는 그의 『한 젊은 시인에게 보내는 편지』 속에서 이러한 의미의 말을 하였다. 새 시인들은 밀턴이 노래하고 테니슨이 노래한 같은 것을 같은 모양으로 노래하고 싶어 하지 않는다고 ─. 사실이다. 우리는 젊은 이 시인의 장래에 한 개의 혁명적인 것을 기대하고 싶다.

장덕조(張德祚) 씨

씨의 글은 색상자와 같이 화려하기 짝이 없다. 문자 그대로 재기가 활발하다. 이 작자는 아마도 가끔 가끔 등의자 위에서 기지개를 펴면서 얼룩덜룩한 테이블에 마주 앉아 코코아 차를 마셔 가면서 글을 쓰지나 않는가 하고 생각하다가 후일에 씨와 씨의 부군

P 군의 신혼 가정을 찾았더니 과연 나의 상상은 바로 맞았다.

씨의 재필(才筆)은 실로 사라센의 다채한 포장을 연상케 한다. 이러한 분은 실컷 마음대로 다니며 놀게 하고 또 마음대로 그 재분을 발휘하도록 버려두는 것이 오히려 좋지 않을까 하고 생각하였다. 그랬으면 어쨌든 무슨 큰일을 치를 것 같다. 씨뿐을 가리킨 말은 물론 아니다. 조선에서는 시인·음악가 또는 다른 방면에 있어서도 매우 커다란 미래를 가진 "무서운 어린아이"(콕토의 말)들인 여자들을 곧 결혼의 울타리 속에 혹은 번잡하고 틈없는 시종살이인 시집살이 속에 가두어 두는 것은 얼마나 큰 불행인지도 모른다. 이것도 물론 나의 소감에 불과하다.

─《신가정(新家庭)》 2권 2호(1934. 2)

문예 시평

1 문학에 대한 새 태도

원고 한 장에 일금 십 전 내지 십오 전에 팔려 나가는 곳에서 생명과 인격의 전부를 기울인 문학의 탄생을 바라는 것은 무모한 일일지도 모른다. 문학 생산을 위하여 필요한 시간과 노력의 여유는 위선 생활을 빼앗아 버린다.

이것은 마치 학창에 있던 학생들이 교문을 나선 후 한 번은 꼭 맛보아야 하는 현실의 비애와 마찬가지로 문학청년들이 문단의 현실에서 배우는 최초의 고통이다. 다만 자기의 성향이라든지 기호라든지 소질의 방향이 지시하는 대로 마치 그것을 한 개의 피할 수 없는 운명인 것처럼 생각하고 무조건하고 문학에 열중하던 문학생 시대는 행복스럽지도 불행스럽지도 아니한 막연한 무반성의 시기다. 그 시기에는 문학 이외에 생활의 부과에 대한 고려 같은 것은 할 필요도 없었다.

타성적인 전통에 대한 반역이라는 문학적 행동은 전후를 돌볼 사이도 없이 기성 문학의 이완된 공기 속으로 오직 돌진할 줄만 알았다. 그러나 문학보다는 훨씬 더 직접으로 생리적으로 우리를 제약하는 생활이 우리의 시간 속에서 문학을 위한 시간을 구축해 버리고 문학이 또한 그러한 제 일의적인 생활의 지도자로서의 능력에 있어서 아주 무자격한 것을 표시하였을 때 우리는 문학에 대하여 일종의 생리적 환멸을 느끼고 만다. 또한 어디까지든지 선택받은 행복스러운 소수를 제외하고는 지극히 적은 독자밖에 가지지 못하였다고 생각할 때 자기의 문학 활동에 대한 환멸은 거의 몸을 죽이는 듯한 비애까지를 일으킨다.

이러한 시기에 작가는 흔히 잡지사로부터 주문받는 대로 함부로 써 내던지어 그 자신이 흔히 다작 남작에 놀라도록 다산적이 되지 않으면 영구히 붓대를 꺾어 버리고 선량한 회사원이나 모방적인 학도로 전향해 버린다. 필자 자신은 전자에 속하였으나 새로이 도착되는 잡지들의 페이지를 뒤지다가도 그곳에서 자기의 무반성한 작품을 얻어 볼 때에는 그만 그 페이지를 찢어 버리고 싶은 부끄러움과 회오에 쫓긴다.

문학이 문인을 위하여 생활의 방편이 되지 못할 때 그것은 필경에는 생활의 여기와 같은 지위에 떨어지고 만다. 작가 개인의 생활에 있어서는 지금과 같은 환경에서는 그렇게 되는 것이 매우 자연스러운 일이다.

우리 문단의 표면의 현상을 지지하는 문학 활동의 대부분이 문단의 비통한 현실의 서리를 맞고는 대개는 이상과 같은 자신과 정열이 발산되어 버린 뒤의 표백된 의지의 타성의 소산이 아니면 천하에 유(類) 없이 싼 상인들의 셀룰로이드 제품뿐이라면 우리에게 남는 적막은 너무나 큰 것이다.

사실 이러한 남조품들에 의하여 문운(文運)은 한 걸음도 더 융성해지지는 않을 것이다. 또한 위대한 문학은 작가의 생활과 인격의 전부를 용해시킨 용광로 속에서 빚어져 나오는 것이고 그렇지 않고 위대한 문학의 탄생을 요망하는 것은 부질없는 일인 것 같다.

문학을 스포츠나 도박과 같은 여기의 지위에 내리쳐 버린 것은 참혹한 현실의 장난이지만 위대한 문학에의 지향은 문학을 하는 자에게 있어서 영구히 꺼질 줄 모르는 욕망의 물길이다. 여기 불만한 경계선의 한계에 언제까지든지 얽매여 두려고 하는 현실의 제약과 그것을 끊임없이 넘어서려고 하는 정신의 고투가 있다.

우리의 중에서 만약에 문학에 대한 정열이 겨우 다른 여기에 대하는 정도에 그치고 또한 자신의 작품에 대하여 아무러한 자신도 가지지 못하면서 다만 타성적으로만 문학 제작을 계속하는 자가 있다면 그 태도를 하루바삐 수정할 필요가 있지 아니 할까. 누구보다도 필자 자신이 그러한 필요한 절박한 최후의 사람인 것은 스스로 느낀다. 문학은 겨우 여기여서는 아니 될 것을 느낀다. 그것은 문학생의 작문에서 나은 것이 없다.

2 비평의 태도와 표정

한 편의 시 한 편의 소설도 여기로서 쓰여져서는 아니 될 것이다. 오직 한 편의 이행시라고 하여도 그것은 작자의 생활과 인격을 기울인 것이 아니면 아니 된다고 생각한다. 그것만이 작문의 영역으로부터 문학을 본격적인 일에까지 고양시키는 방법이라고 생각한다. 문학을 위하여 자기의 전 여생을 제공한 과거의 거장들의 전기가 지극히 숭고한 모양으로 우리의 머릿속에 살아 나온다.

우리 중의 대부분은 다시 한번 출발하여야 하지 않을까. 진실로 문학의 길은 작가가 문학에 대하여 진정한 의미에서 진격하고 정열적인 태도를 가짐으로써 시작된다고 생각한다. 여기로서 하는 문학 장난 삼아 해 보는 문학 그러한 행락적 기분 풍류적 태도로부터 우리는 자신을 구해 내야 할 것이다.

최근 학계의 일방에서 혹은 보전학보니 전문학보니 하는 학보 발간의 소식을 듣고 필자는 조선의 학계도 이제야 겨우 본도에 들어서기 시작하는 것이며 이것을 계기로 하고 이제는 할 수 없이 가짜 학자와 진짜 학자의 구별이 서고 말 것이구나. 대학의 노트를 재독(再讀)해 주던 정도의 가짜 학자들은 스스로 토대되어 가고 말 것이구나 하고 생각하였다.

문단에 있어서도 시간의 흐름은 언제든지 그러한 청산기를 가져오고 말 것이다. 작가가 생명을 기울여 붓는 문학 작가의 생활과 인격과 정열의 전부를 영양분으로 섭취하고 그 위에 발화하는 문학 남을 것은 오직 그것뿐이다. 그러함으로써 문단으로부터 아마추어와 딜레탕트를 구축(驅逐)할 수가 있으며 우리 문학이 바야흐로 본도에 들어서게 될 것으로 생각한다. 따라서 작자의 인격과 생활의 대부분을 기울여 가면서 부어 놓는 생명적인 문학에 향하여 비평이 단순히 작품의 구성이 어떠니 자연 묘사가 어떠니 심리 해부가 어떠니 하는 등의 조심스러운 장인바치의 척도만을 가지고 자질하려고 할 때 그 작품은 매우 액운에 걸린 것이 되며 그 비평은 불구임을 면치 못할 것이다. 희랍 고병(古甁)의 표면의 화초 모양의 부분 부분에 대하여 식물학자는 그 분과의 특징을 살피고 있을지 모른다. 기하학자는 구도의 선과 면에 대하여 말할지도 모른다. 그러나 불행한 일은 그들은 한 예술 작품의 내부의 정신에는 한 손가락도 건드리지 못한 일이다.

결국은 문학은 인생 일대의 사업이다. 개개의 작품은 그러한 긴 문학 제작의 도상에 피에 물들어 자빠진 좌표들이며 그러한 수 없는 미완성품 속에서 발전하는 생명을 파악하지 못하는 비평이 무슨 소용이 있으랴?

그럼으로 작가는 한 작품의 성공에 너무나 만족할 것도 아니요 일시의 실패에 너무나 낙망할 것도 아니다. 다만 영구한 그의 미완성의 연속선이 완성에로 향하는 생명의 의지에 불타기만 하면 그만이라고 생각한다.

필자는 비평의 최악의 예로서 협소하고도 가증스러운 장인바치적 비평을 들었다. 그러한 비평에서 우리가 받는 인상은 해체된 부분부분에 대한 상품학과 같은 것이다. 그것도 높은 표준에 비춰진 것이 아니고 비좁은 비평가의 기호쯤에서 나오는 것이라면 문학에 대한 오욕은 더욱 클 것이다. 이와는 딴 방면으로 우리는 많은 일면적 비평을 가지고 있다. 예를 들면 미학적 비평, 사회적 비평, 정치적 비평 등등이다. 그것들은 문학의 부분부분에 있어서는 만약 식의 진리를 말하는 까닭에 필자는 장인바치적 비평보다는 이상의 것으로 평가한다.

그러나 그 어느 것도 문학의 모든 성격을 남김없이 설명하지는 못한다. 그러한 비평들은 겨우 문학의 일면 그렇지 않으면 표면을 어루만지다가는 그만둔다. 문학은 예술을 위한 예술 논자가 생각하는 것처럼 그렇게 국한된 것도 아니고 정치주의적 비평가가 생각하는 것처럼 그렇게 단조로운 것도 아니다. 그렇게 넓고 자유로운 문학의 세계를 전체적으로 이해하는 비평가는 불행하게도 아직은 우리 지평선상에 나타나지 않았다.

3 비평의 태도와 표정

오늘의 비평가들의 공통한 심리는 대체로 판단하기에 조급한 것이다. 판단은 물론 비평의 최후의 식능(識能)이지만 판단하기 전에 우선 한 번은 대상을 분석 설명하고 최후의 식능을 비평은 잊어서는 아니 된다고 생각한다. 그것은 근대의 과학이 가르치는 방법론이다. 예를 들면 비평가 임화 씨는 매우 솔직하고 단순한 인간학을 가지고 있다. 그의 비평의 시야에는 작품이 먼저 들어오는 것이 아니고 계급적 화장을 입은 작자의 얼굴이 먼저 들어온다. 거기서부터 작품에 대한 가치판단이 아니고 작가의 인간에 대한 무수한 판단이 뛰어나온다.

이것은 소부르가……그러니까 사상(砂上)의 전각이다……파산된 정신이다. 물질적으로 파산했다……는 등등하고 그는 자못 준엄하게 논고한다. 그러한 논고들은 프롤레타리아는 좋다. 적어도 프롤레타리아인 체하는 것만 해도 좋다, 소부르는 나쁘다라는 그의 예의 단순한 모럴에서 나오는 것이다. 한 사람의 작자가 그가 사는 사회와 시대의 모순을 어떻게 그의 예술 속에서 몸으로써 고통하였느냐 하는 소위 신서리티(진격성)와 같은 것은 얼마 문제가 아니 되는 모양이다.

사회학적 비평가에게 향하여 독자와 작자가 함께 바라는 것은 한 개의 작품이 어느 부분에서 어떻게 현대의 질병과 자발적으로 의식적으로 관계하고 있는가를 분석 구명해 주는 일이 아닐까? 어떠한 소부르 작자의 작품에도 그것은 자발적으로는 반드시 나타나고 있을 것이다. 그러한 일은 간단하게 작자의 신원 조사를 하는 것보다도 몇 곱으로 어려운 일에 속한다. 자신도 독자도 작자도 그 어느 것도 계발하지 못하는 손쉬운 일에 시종하는 것은 비평가로서는 자살이다. 나는 물론 현대 비평의 새로운 발견은 그 대상이 작품에만 그치지 않고 그것이 의존해야 나오는 작자의 인간학에까지 발전한 곳에 있는 것을 모르는 것은 아니다. 그러나 그러한 인간학은 세계와 개성의 정신적 고투를 항상 찾으려고 하였지 단순히 소부르니 무어니 하는 레테르 그 위에 악의와 중상에 찬 주석까지 부쳐서 울부짖음으로써 한 작가의 노력을 전연 무시하면서 호적사와 같이 그것을 처리해 버리는 것은 본 일이 없다.

창백한 지식계급의 존재는 자본주의 사회의 숙명이다. 그 개개의 분자의 모럴의 문제가 아니다. 사회적 비평가의 메스는 아무 방위도 없는 개개의 분자에게 향하기 전에 그들이 의존하는 사회적 시대적 질병의 심소로 향할 것이나 아닐까?

비평가는 무슨 반드시 아는 체하여야 할 필요는 없다. 그의 위엄을 아무리 깊게 독자에게 감명시킬지라도 자신 혹은 남은 문학의 일에 대하여 아무것도 가하지 못하는 비평은 밤하늘에 피었다가 꺼지는 폭죽의 공허와 같은 것이다. 다만 비평가로서 체면을 뽐내기 위한 비평은 공막한 허영을 추구하기 위하여 대상의 중심에서는 점점 더 멀어져 간다. 그곳에 비평의 비극이 있다. 우선 한 작품과 그것을 빚어낸 작자의 사고의 전 과정을 이해해 주고 손쉽게 판단을 내리기 전에 한 번은 충분히 분석 설명하고 자기의 판단은 늘 최후에 붙이기를 즐거워하는 비평 — 그리고 그 근저에는 항상 문학의 발전을 위한 강한 의지가 흐르는 그러한 비평을 대망하는 것은 비단 필자뿐이랴?

이 경우에 그 비평이 가지는 표정이 어떠하여야 하리라는 것까지는 규정할 필요는 없다. 예를 들면 이헌구 씨와 같은 이는 한 개의 평론의 표정이 수필적인 것을 매우 걱정한다. 그의 가치론의 체계에서는 수필적이라는 것은 매우 저급한 위치에 놓여 있나 보다. 그가 수필적이 아닌 비평의 속성으로서 사유하는 것은 아마 알기 어려운 논리의 실마리에 감겨 있는 것을 가르친 모양이다. 말하자면 불란서적이 아니고 독일적인 것이 좋다는 말 같다.

논리라고 하는 것은 원칙이며 따라서 상식이다. 문학의 세계에 있어서 상식처럼 비속하고 무익한 것은 없다. 거기서는 고정은 죽음을 의미한다. 그런데 원칙은 한 개의 고정이다. 문학의 세계에서는 고정보다는 차라리 비약을 상식의 안전보다는 모험의 위험이야말로 높이 평가되어야 한다.

수필적이라고 하는 것은 평론의 표현 형태의 한 표정에 불과하다. 비평은 그것의 표정은 별문제로 하고 항상 문학의 새로운 발전을 위한 계발과 자극과 충동을 가지고 있기만 하면 그만이다.

4 작품과 작자의 거리

조벽암 씨의 「실업과 강아지」(《형상》 3월호)를 읽고(내가 읽은 3월의 창작 중에서는 가장 좋은 것이라고 생각하였지만) 나는 작품과 작가와의 거리라는 것을 생각해 보았다. 일찍이 나는 이 작가의 「실업과 고양이」를 읽었을 때에 작품과 작가의 거리가 너무나 가까운 까닭에 아름다운 소질의 약속에도 불구하고 소재가 충분히 정리되지 아니 한 것을 유감으로 생각한 일이 있다. 그런데 이번 작품에서는 작자는 작품에서부터 필요한 거리에까지 퇴각하여 작품 밖에 서서 작품 전체를 충분히 관찰하면서 유유하게 객관화시키고 구체화시키는 일을 배웠다고 생각한다.

모델과 화가, 캔버스와 화가 사이에는 적당한 공간적 거리가 필요한 것처럼 문학에 있어서도 대상과 작품자와의 사이에는 충분한 관찰을, 작품과 작가 사이에는 충분한 구상화를 할 만한 거리를 필요로 한다. 그 거리라고 하는 것은 공간적인 것은 물론이요 시간적인 것까지도 의미한다. 단순히 감성의 감수만으로 되는 것이 아니고 거기에는 충일된 사고의 세계가 구성되지 아니 하면 아니 되는 까닭이다.

자기 자신에게 이러한 체험까지라도 (그것을 작품화하려면) 우선 그것과 작자의 눈과의 사이에 적당한 거리를 만드는 것 — 그것은 작가에게 있어서 제일의적인 조건이며 작가로서의 필요불가결한 자세다. 또한 이 작가는 이 작품에서 비로소 한 개의 개성적인 수법을 보여 주었다고 생각한다.

나는 현대 소설의 수법을 대개 아래의 네 가지로 구별한다.

가. 의식의 면에 남는 모든 사상을 남김없이 감추어 두었다가는 얼마 동안의 시간이 지난 뒤에 슬며시 기억을 통하여 그 의식의 보자기를 펴 보고 그 속에 숨겨 두었던 사상을 하나씩 하나씩 들추어 가는 방법.(이 방법의 개조(開祖)는 물론 프루스트이고 조이스에 의하여 대성하고 우리 문단에서는 박태원 씨가 실험하였다.)

나. 영혼의 고투의 기록.(작가와 세계의 관계를 한 개의 위기에 있어서 발견할 때 그의 영혼은 분열을 시작하고 그곳에서 고심이 계속된다. 이것은 많은 인도주의 작가의 특징이었으나 반드시 건설적이 아니라도 좋다. 아무러한 건설도 의미하지 않는 파괴적인 것이라도 좋다. 우리는 그 가장 적절한 예를 도스토옙스키와 지드의 문학에서 본다.)

다. 사회와 인생의 어떠한 아이러니컬한 위치나 파세틱한 상태를 포착하여 제시하는 방법.(모든 풍자 작가와 비극 작가를 포함한 일군의 이지적 작가가 즐겨서 쓰는 수법이다.)

　라. 사회와 인생을 있는 그대로 묘사하는 리얼리스트의 수법.(소위 발자크의 방법이란 이것을 가르친 것이라고 본다. 그러나 현대의 리얼리스트가 졸라나 플로베르와 다른 것은 그들은 단순히 사물의 생물학적인 표면의 진실만 모방하려고 하지 않고 표면의 깊은 데 숨은 리얼리티를 포착하려고 애쓰는 점이다.)

　그런데 조벽암의 독특한 수법이라는 것은 첫째의 회상적인 것에 속하지 않았나 하고 생각한다. 따라서 대상에 향하여 방사되는 눈은 본질적으로 다를는지 모르지만 수법만은 박 씨와 조 씨는 서로 공통된 것을 가지고 있다고 생각한다. 그리고 이러한 작품들은 둘째의 영혼 기록이 주로 사람의 의지에 영향하고 셋째 넷째의 방법이 사람의 지성에 향하여 움직일 때 이것은 사람의 정서에 호소하는 힘을 가지고 있다. 이상의 분류는 물론 편의를 위한 것이고 사실에 있어서는 한 작품에서도 그것들이 서로 혼선을 이루고 있다고 보는 것이 더 타당할 것이다.

　그런데 이상의 네 방법에 공통한 현대 소설의 가장 현저한 특징은 그 방대한 포용력에 있다고 생각한다. 올더스 헉슬리도 비극의 가치보다도 인생의 전적 '진(眞)'을 추구한 작품의 가치를 더욱 높게 평가하여 셰익스피어보다도 호머를 더 위대하다고 하였고 와트도 현대 소설은 선택하는 것이 아니고 오히려 거절하지 않는 것이 특징이라고 말하였다. 조이스에 있어서는 그의 감성의 문을 통하여 들어오는 모든 사실을 거절한 일이 없으며 헉슬리에 있어서도 수없는 관계없는 일화라든지 여담의 침입을 자유로 허락하였다. 그래서 인간을 그리는 데도 진공 중의 사람을 추구하는 것처럼 성격만을 살리려고 하는 것은 낡은 풍속의 하나다.

사회(사회적 동물)와 자연과 본능(생물적)과 기억과 연상과 그러한 것들의 연관 작용 속에서 인간을 붙잡으려고 하는 것이 현대 소설의 새로운 노력이며 발견인 것 같다. 이러한 의미에서 장혁주 씨의 「갈보」(《문예》)에는 인간은 잘 그려졌지만 역시 낡은 소설의 형을 벗어나지 못해서 다소 불만이었다.

5 인텔리겐치아의 눈

조벽암의 「실업과 강아지」는 지식계급의 감정을 그렸다. 일찍이 이무영은 그의 창백한 얼굴에서 지식계급의 성격에서부터 오는 비극을 그렸다. 이상의 두 작품이 지식계급을 제재로 하였다는 것은 매우 흥미 있는 일이다. 그보다도 지식계급을 고민 속에서 발견하였다는 것은 더욱 의의 있는 일이라고 생각한다. 현대의 지식계급은 감정에 있어서 ××을 회피할지 모른다. 의지에 있어서 현상 타파를 즐기지 아니 할지 모른다.

그것들은 확실히 지식계급의 성격의 일면을 각각 말한다. 그러나 고민하는 인텔리겐치아는 지식계급의 또 다른 한 면이다. 그러한 고민은 현대의 지식계급의 문학 속에 혈액과 같이 스며 있을 것이다. 쉬르레알리슴은 현대 지식계급의 고민의 한 개의 극점이다. 그 문학은 주름살과 비통한 표정을 한 현대의 거울이라고 생각한다.

문학의 일은 보는 일에서부터 시작한다. 작가에게 있어서 필수한 조건은 붓만이 아니다. 그는 붓의 수업을 하기 전에 우선 작가의 눈을 준비하여야 될 것이다. 그 작가의 눈은 작가의 생활이 가장 정직하게 반영하는 생리적인 것이라고 생각한다. 생활 그 속에서 획득한 것이 아니고 서책이나 설교에서 급속하게 얻은 관념이 문학에 있어서 어떻게 실패하였다고 하는 것은 프로문학의 진영에 있어서의 리얼리즘의 새로운 제창에서 우리는 그 산 교훈을 보았다. 프로문학에 있어서도 우선 필요한 것이 한 작품 속에서 관념이 부과하는 결론을 강제하기 전에 그 작가가 프롤레타리아의 눈을 획득하는 것이 아닐까?

사실 프로 작가들의 작품을 우리가 읽고 관념이 작품 속에서 풀려 있지 못하고 날로(생경하게) 뒹구는 작품에서는 불쾌를 느끼고 차라리 프롤레타리아의 눈을 가지고 생생하게 그려진 작품에서는 깊은 감명을 받은 것을 기억한다. 번역을 통하여 읽은 소련의 큰 작가들의 작품에서 감명은 받으면서도 이 소설이 대체 프로문학인가 하고 한번은 의심까지 해 본다. 이 땅에서 프로문학이라고 배워 온 관념과는 매우 딴것이기 때문이다.

나는 이 시대에 사는 지식계급이 그 독자의 눈을 가지고 사회와 인생을 바라본 그러한 정직한 문학의 필요를 느낀다. 헉슬리나 루이스 싱클레어나 지드는 그 개성의 별을 따라서 만약 식의 시도의 차는 있을지언정 각각 지식계급의 눈을 가진 작가들인가 한다. 내가 벽암과 무영의 두 작품을 흥미를 가지고 대하였다는 것도 이 때문이다. 그러나 그들은 그 두 작품에 있어서 지식계급의 눈을 가지고 충분히 고민하는 지식계급을 붙잡지는 못한 것 같다. 그들의 눈은 모두 주로 지식계급의 생리적 고민을 붙잡았다. 그중에서도 무영의 작품에는 지식계급의 식욕이 너무나 노굴하게(음식물의 냄새를 발산할 지경으로) 들추어 냈다. 창백한 얼굴 속에 나타난 고민은 또한 시간적으로 보아서 이미 인도주의 시대의 문학이 통과해 버린 지점이 아닐까? 그것은 한 걸음도 새로운 사고의 발전을 보여 주지 못하였다. 내가 그 속에서 발견한 것은 사고의 비속성뿐이다. 그것은 그의 문장의 비속성에서부터 오는 것인지도 모른다.

현대를 호흡하는 우리들 지식계급의 고민은 생리적 식욕에서부터 형이상학적 세계에까지 지극히 넓은 진폭을 가지고 있다. 그것이 인도주의 시대의 유아한 그것과 명백히 구별되는 점이다. 다시 말하면 현대 지식계급의 사고의 날개는 천사와 악마의 사이에 퍼져 있다. 그러한 위대한 대상을 생명을 통하여 파악한 정직한 문학은 군과 나의 마음을 한결같이 붙잡고야 말리라고 단언하는 나의 보증은 단순한 대담에서만 나온 말이라고 할까? 그러한 문학을 가지기 위해서는 우선 우리는 정직한 지식계급의 눈을 준비하여야 하겠다. 나는 그것을 현상 긍정적인 지식계급의 또 다른 한 가지의 눈과 구별하기 위하여 인텔리겐치아의 눈이라고 명명한다.

—《조선일보》(1934. 3. 25~4. 1)

현대시의 발전

난해라는 비난에 대하여

새로운 시는 알 수 없다고들 말한다. 가령 정지용·장서언·조벽암·이상의 시는 알아볼 수가 없다고 한다. 나의 시에 대하여도 물론 알 수 없다고 비난하는 소리를 여러 사람의 입으로부터 혹은 글에서 듣고 보았다. "왜 남이 보고 모르는 시를 쓰느냐", 이 말은 문장 그것만으로는 한 개의 공격의 포즈를 이루고 있다. 그러나 작자 이외에 한 사람도 알아볼 수 없는 시를 쓴 시인을 나는 본 일이 없다. 다만 그 시를 알아보는 사람이 대다수냐, 그렇지 않으면 극히 소수이냐 하는 산술상의 문제뿐이다.

또한 대다수의 사람이 얼른 보고는 알 수 있는 쉬운 시만을 쓴 큰 시인을 나는 모른다. 동양의 한시인들의 예를 볼지라도 이백(李白)이나 두자미(杜子美)나 고운(孤雲)이 촌부자가 얼른 보고 알아보는 시만을 쓰지는 않았다. 시를 이해하려면 적당한 준비가 필요하다. 더 평범한 말로 하면 어느 정도의 시에 대한 교양이 필요하다는 말이다. 그것 없이 다만 새로운 시를 모르겠다고만 하고 비난 공격하는 것은 산을 내게로 걸어오라고 호령한 마호메트의 만용과 같은 일인가 한다.

정치나 경제에 관한 논문을 읽는 데도 어느 정도의 준비가 있어야 한다. 전연 준비 없이 새로운 시를 읽는 것은 대개는 소득이 없는 법이다. 그러나 새로운 시의 난해의 책임은 반드시 독자의 편에만 있는 것은 아니다. 사실 상당한 시에 관한 교양을 가지고 있는 사람에게도 난해할 지경으로 그것은 난해한 것도 사실이다.

그 원인은 단순하다. 우리가 '새로운 시'라는 개념으로 볼 때, 시 이전의 낡은 시는 시론이라는 것이 없었다. 그러니까 한 그루의 아름다운 단풍나무 혹은 한줄기의 맑은 시냇물처럼 누구의 앞에나 던져져서 감상을 받는다. 그러나 한 개의 정신 활동으로서의 새로운 시에는 그 정신 활동의 시론이 있다. 그 방법론의 인도 없이는 그 시의 속에까지 들어가기 어렵다.

나는 언젠가 시론의 유무가 곧 낡은 시인과 새로운 시의 구별을 짓는 것이라는 의미의 말을 한 일이 있다. 그래서 새로운 시는 낡은 시가 감상의 대상으로서 제공되는 것과는 딴판으로 이해의 대상으로서 제시된다. 그것은 낡은 시보다는 훨씬 지적 대상임에 틀림없다.

로맹 롤랑은 이해라고 하는 것은 대상의 모든 부분을 알고 그리고 사랑하는 것이라고 말하였다. 이것이야말로 새로운 시를 대하는 독자의 태도가 아니면 아니 된다. 또한 시인과 독자 사이에는 시에 대한 독자의 이해를 돕기 위하여 주해해 주는 충실한 중개자가 필요할 줄 안다. 그러한 좋은 주해자가 없을 때에는 시인 자신이 주해자가 되어도 좋다고 생각한다. 브르통의 시론과 선언들은 그와 뭇 쉬르레알리스트의 좋은 주해의 임무를 다했다고 생각한다.

상징주의적 감상 방법과 현대시

　내가 전회에 이해라는 말을 쓴 것을 보고 독자 중에는 놀란 사람도 있을지 모른다. 왜 그러냐 하면 지금까지는 대체로 시는 물론 모든 예술은 감상할 것으로만 알았으며 이해라고 하는 것은 과학이나 철학만을 상대로 할 때에 쓰여지는 말로 되어 왔던 까닭이다.
　그러나 시인이 그 시 속에 한 개의 독창적 세계를 설계하고 계획하는 가장 치밀한 정신 활동으로서의 새로운 시는 그 정신 활동 자체를 이해함이 없이는 결국 그 시를 모르고 말 것이다. 다시 말하면 그 시 속에는 시인이 기도한 한 개의 가치의 세계가 시인의 의도대로 실현되어 있을 것이다. 그 속에는 시인이 제시한 가치가 오직 하나 있을 뿐이다. 독자는 그 유일한 가치를 붙잡아야 할 것이다. 즉 시작의 과정에 있어서도 그 일은 매우 주지적이며 그것을 읽는 방법도 역시 지극히 주지적이라는 말이다.
　지금까지의 시와 또는 그것을 대하는 태도는 그렇지 않았다. 낡은 시 속에는 아무 계획된 시적 가치가 없었다. 그 시는 한 황혼의 수풀처럼 혹은 한 포기 들국화처럼 무심히 나타난다. 황혼이나 들국화 그것 자체는 한 개의 존재고 가치는 아니라 거기서 가치를 발견하는 것은 보는 자(시에 있어서는 독자)의 편이다. 즉 시 속에 독자가 그의 감정을 이입함으로써 발견되는 가치는 독자의 수효가 다른 것처럼 그렇게 다를 것이다. 마치 한 개의 똑같은 풍경도 슬픈 사람이 바라볼 때에는 그것은 슬픈 표정으로 나타나고 행복한 사람의 눈앞에는 명랑한 표정을 짓는 것같이 —.
　이것이 즉 감상의 태도였다. 감상할 때에는 가치는 감상을 당하는 시 속에 있는 것이 아니라 감상하는 독자의 심리 과정 속에서 형성된다. 여기에 새로운 시와 그 이전의 시를 대하는 태도의 근본적 차이가 있다.

가장 노골하게 이러한 감상의 대상으로서의 시를 쓴 것이 상징파다. 상징파의 금과옥조며 또한 가장 적절하게 그들의 본질을 밝혀 보여 준 불란서 상징파의 거장 베를렌이 그의 『시법』 속에서 주장한 것은 가장 몽롱하고 사라질 듯 말 듯한 회색의 노래다. "면사의 그늘 속에 숨는 아름다운 눈이여." "식어 가는 가을 하늘에 조요(照燿)하는 연둣빛 별떼다." 색채가 아니고 색조다. 그가 추구한 것은 — 그래서 타고르가 "님이여" 하고 노래했을 때에 그 님은 읽는 사람을 따라서 애인도 될 수 있을 것이고, 신도 될 수 있고, 자유의 여신도 될 수 있을 것이다. 그러니까 그러한 시를 읽는 사람은 마치 미궁 속에 들어온 사람처럼 그의 공상을 따라서 여러 가지로 제 각기의 해석을 한다.

우리는 이 경우에 로체의 유명한 말을 기억하지 아니 할 수 없다. "어떠한 형태를 물론하고 우리들의 공상이 그 속에 들어갈 수 없도록 냉담한 것은 아니다." 즉 이 말은 예술의 제작 과정에 있어서의 감정이입을 말한 말이지만 상징파의 시는 그 향수 과정에 있어서도 감정이입의 과정을 예상한다.

지금까지 우리 선배와 동료가 수입한 외국의 시와 시론의 대부분이 상징파 혹은 그 이전이었으므로 그들이 영향을 받고 훈도(薰陶)된 것도 역시 주로는 상징주의였던 까닭에 그리고 우리들이 교육을 받던 대학이나 전문 학교의 문과도 역시 대체로 이 정도를 벗어나지 못한 까닭에 오늘의 시단에 미만한 것은 대개는 상징주의적 시론과 감상 태도다. 이 선을 넘어선 현대의 수준에까지 우리(독자나 시인)를 이끌어 올리는 것은 부득이 우리 자신의 노력과 감성에 기대할 수밖에 없다.

초현실주의의 방법론

그러면 대체로 난해하다는 비난 속에 싸여 있는 뭇 '새로운 시'들의 새로운 방법론 — 시론이란 어떤 것인가. 그런데 조선의 새로운 시는 한 개의 통일된 시론 위에 세워진 시 운동의 형태까지는 갖추지 못하였다. 있는 것은 다만 분산적인 개개의 실험이다. 그리고 발표된 시론이라고는 거의 없다. 즉 새로운 시인 전체를 이해하기 위한 공통된 시론은 준비되어 있지 않고 그렇다고 개개의 시인은 각각 그의 시론을 보여 주지 않은 까닭에, 따라서 나의 이 해설은 매우 상상적이고 충분히 객관성을 띨 수가 없다. 한 가지만 확신을 가지고 말할 수 있는 것은 그들은 대개는 쉬르레알리슴(초현실주의)을 표준점으로 하고 혹은 그것을 넘어서고 있으며 혹은 조금 못 미쳐 있으며 혹은 그 속에 멈춰 서고 있다고 말할 수 있다. 비록 개개의 시인 자신은 의식하거나 말거나 현상으로는 이러한 말을 할 수 있다고 생각한다.

사실 서양에 있어서는 쉬르레알리슴은 로맨티시즘 이후 표현주의에서 그 최고조에 달한 일련의 주관적 시의 최후의 단계요 또한 극치라고 생각한다. 항상 외국 시단의 영향을 받으면서 성장해 온 우리 시단의 젊은 시인들이 가장 자극적인 쉬르레알리슴의 선풍에 전연 무감각할 리 없으며 또한 그것은 시의 사도가 한번은 반드시 통과하여야 할 수련의 연옥이기도 하다.

나는 이 짧은 논문에서는 차라리 쉬르레알리슴을 해설하는 것이 새로운 시와 독자와의 친밀을 돕는 가장 편의 있는 방법이라고 생각하고 그 길을 취하기로 하고 때로는 우리 시인의 시를 인용하면서 병행적으로 이야기를 진행시키기로 하였다. 그런데 그 발생지인 불란서에서도 쉬르레알리슴은 이미 역사상의 사건으로 변하였고 분열 전향 등의 뒤에 새로운 발전 속으로 해소되고 있는 것은 널리 알려진 일이다. 사실 정신운동으로서의 쉬르레알리슴은 그것이 대전 중의 광란 혼돈(狂亂混沌)한 구라파의 정신의 소산인 '다다'의 직계이니만치 오늘에 와서 벌써 사람들의 머리를 혹란시킬 수도 없다. '다다'는 아무것도 의미하지 않는다…… '다다'는 아무것도 바라지 않는다…… 이러한 말은 정신의 혼란 그것의 표현에 지나지 않는다. 쉬르레알리슴은 물론 그 정신 속에 이러한 파괴적인 부정적인 허무한 사상을 상속받아 가졌다.

　브르통, 수포, 아라공 등 쉬르레알리슴의 수령들은 사실상 '다다'의 맹장이었다. 우리는 전후의 구라파의 태도와 따라서 그 정신계의 곤혹 불안상에 대한 이해 없이 쉬르레알리슴을 이해할 수는 없다. 그러나 쉬르레알리슴 속에는 '다다'에게서는 얻어 볼 수 없는 것이 있었다. 그것이야말로 양자의 구별을 지어 주는 것이며 전자를 후자의 한 발전으로써 의의 붙여 주는 것이다. 그것이라고 하는 것은 다른 것이 아니라 질서에의 의욕이다. 그것이 나아가서는 현대시의 혁명적 방법론으로서의 쉬르레알리슴을 낳은 것이다.

　정신운동으로서의 쉬르레알리슴은 이미 그 존재의 시대적 사회적 근거를 잃어버렸다. 그것은 종식되어야 할 때를 당하여 드디어 종식되어 버렸다. 그러나 시의 방법론으로서의 쉬르레알리슴의 남긴 족적은 너무나 뚜렷하다. 그것을 그대로 답습하지는 않더라도 그것이 가리키고 있는 방향은 오늘의 새로운 시의 대부분 속에 발전하면서 있다. 내가 여기 논의하려고 하는 것도 이미 사멸해 버린 정신 운동으로서의 쉬르레알리슴이 아니고 새로운 시의 형태의 발전 위에 결정적인 영향과 암시를 던져 준 방법론으로서의 쉬르레알리슴이다.

꿈

모든 기존의 질서에 대한 용사(容赦) 없는 부정 — 그것이 '다다'의 정신이었다. 그럼으로 '다다'라는 예술은 다만 활동이 있었다. 그들은 예술까지를 미련한 것이라고 하였다.(와시에)

모든 것 드디어 생까지라도 파괴하려는 의지에 불타는 '다다'는 한편으로 보면 구원할 수 없는 절망적 정신의 발견에 틀림없다. 이렇게 허무 속에 헤매던 '다다'는 쉬르레알리슴에 이르러서는 꿈속에 한줄기 혈로를 찾았다. 현실에서는 아무것도 바라지 않던 그들은 꿈만이 사람에게 자유를 주고 모든 권리를 준다고 생각하였다. 꿈을 통하여서는 죽음조차 몽매한 것이 아니고 삶의 의미라는 것도 냉담해진다고 생각하였다.

그래서 쉬르레알리슴은 구라파의 암야 속에서 헤매는 사람들에게 꿈의 문을 열어 주려고 했다. 그것은 잠, 알콜, 담배, 에테르, 아편, 코카인, 모르핀의 마술의 십자로다. 그러나 그것은 파괴자라고 말하였다. 1924년 12월에 창간된 잡지 《초현실주의 혁명》의 선언문은 이렇게 꿈을 옹호하고 역설하였다. 꿈속인 까닭에 나무가 걸어 다니고 새가 웃고 아저씨의 머리는 대포알일 수도 있다. 그것은 현실에 피곤해진 사람이 꾸미는 예술의 위안이다. 사실 우리는 그들의 시에서 이러한 황당무계한 듯한 것을 많이 찾아낼 수가 있다. 그러나 그들이 추구한 것은 결코 로맨티시즘이 추구하는 꿈은 아니다. 또한 꿈에 대한 양자의 태도도 근본적으로 다르다. 즉 로맨티시즘은 맹목적으로 꿈속에 파묻히려고 하였으며 또한 그것이 찾은 꿈은 아름다운 것뿐이었다.

그러나 쉬르레알리슴은 결코 아름다운 꿈만을 찾지 않는다. 또한 꿈속에 파묻히는 것이 아니고 꿈 그것의 본질까지 사정없이 분석하여 꿈의 리얼리티를 탐구하려고 한다. 그러한 까닭에 쉬르레알리슴은 구경에 있어서는 리얼리즘과 접촉하는 면을 가지고 있다. 그러니 이 문제는 다음 회에 따로 이야기하련다. 이리하여 등장하는 것은 미의 문제다.

미와 추

「악의 꽃」의 시인 보들레르에 의하여 이미 로맨틱한 미는 분쇄되었다. 그래서 미는 벌써 과거의 문학사상의 전설이 되어 버렸다. 나는 앞에서 쉬르레알리슴의 추구하는 꿈도 결코 아름다운 꿈만이 아니라고 하는 말을 하였다.

여기서 폴 엘뤼아르의 말이 있다. "미추는 벌써 우리에게는 필요하지 않은 것 같다. 우리는 항상 그 밖에 것 역량 또는 우아에 대하여 유연 또는 잔인에 대하여 단순 또는 수량에 대하여만 걱정한다. 사람으로 하여금 이것이 미다 혹은 추다 하고 공언하게 하며 결심시키기를 강요하는 허영은 문명의 여러 시대를 지나면서 세련되어 온 오류 그들의 감상적 흥분 그 결과로 생기는 무질서에 기인하는 것이다. 어려운 일이나 절대로 순수하도록 힘쓰자." 그러므로 그들은 아름다운 꿈을 붙잡으려고 하는 것이 아니고 참다운 꿈을 붙잡으려고 한다. 꿈의 미가 아니고 꿈의 진이다.

초현실

그러면 대체 초현실이란 무엇인가?
그것과 꿈의 관계는 어떠한 것인가?
그들은 말한다. 우리의 의식적 활동과 꿈의 활동이 혼연하게 융화하는 곳에 초현실의 세계를 가설하였다. 즉 의식적 활동과 꿈의 활동이라는 두 가지의 모순된 활동을 초월하고 해결 짓는 종합의 세계로서 초현실을 예상했다. 그것은 실재와 꿈의 상태를 통일하는 절대적 실재라고도 한다.

자동기술

이러한 초현실의 세계를 내용으로 가지는 시는 과거의 시의 수법과는 전연 다른 수법에 의하지 않으면 아니 된다. 그래서 이에 상응한 수법으로써 고안된 것이 유명한 자동기술이다. 그것은 우리들의 꿈을 꿈의 상태에 가장 적합한 방법으로 기술하려고 하는 것이다. 그래서 어떤 때는 최면술적 문답도 시험한다.

즉 쉬르레알리스트는 자동기술에 의하여 꿈의 메커니즘을 가장 정확하고 심오하게 포착하리라고 할 것이다. 이전의 상징주의가 불가해한 신비의 세계를 가상하고 그것을 조심스럽게 암시하고 표현하려고만 한 것과는 딴판으로 쉬르레알리슴은 사람이 가진 최대의 비밀이라고 할 무의식 세계를 속 깊이 탐구해 들어가서 이것을 분석하여 밝혀 보여 주려고 하였다.

  자동기술은 또한 단순히 꿈의 기술에 그치지 않고 꿈의 상태를 고의로 불러오는 방법이려고 하였다. 여기에 이르러 쉬르레알리슴은 단순히 새로운 기술의 방법을 지어냈을 뿐만 아니라 새로운 객관을 창조하려고 하였다. 그러한 쉬르레알리슴의 방법과 세계는 사람의 정신의 가장 복잡하고 미세한 활동의 과정을 대표하고 있다.

  언어

  시가 재료로 삼는 것은 물론 언어다.
  언어는 자동기술에 있어서는 어떠한 기능을 발휘하였느냐? 더 광범하게 쉬르레알리스트는 언어를 어떻게 대우하였는가? 이 문제는 매우 중요하다. 지금까지의 문학은 우선 문장이었다. 그것은 한 개 이상의 구절로써 구성되었다. 한 구절은 여러 개의 문구나 구로 분해된다. 그 각개의 문구니 구는 다시 단어에 의하여 구성되는 것이다. 즉 단어는 문장의 한 세포로써 서로 의존하여 문장의 의미를 표현하는 데 동원되었다. 그런데 쉬르레알리스트는 문장의 요소로서의 단어보다도 언어의 기호로서의 기능을 높이 평가하고 이용하였다.

  문장이란 두뇌의 산물이다. 그런데 꿈은 두뇌의 산물이 아니고 두뇌의 메커니즘이다. 그것은 문장으로써는 포착할 수가 없다. 다만 기호만이 그것을 나타낼 수가 있다. 그리하여 쉬르레알리스트는 언어가 가지고 있는 고유한 의미를 아주 무시한다. 그리고 언어의 결합의 인습적 법칙을 전연 돌보지 않는다. 단어와 단어가

의미에 의하여 결합되는 것이 아니고 단순한 기호로서 거의 독립하여 쓰여진다.

어떤 관념이 대상으로써 부여되고 있고 그것을 독자의 의식에까지 전달하기 위하여 그것을 묘사한다든지 표현한다든지 암시하기 위하여 언어가 쓰여지는 것이 문학에 있어서는 전통적인 언어의 사용법이었다. 그러나 쉬르레알리스트는 대상을 예상하지 않는다. 기호 자체가 기술됨으로써 전연 새로운 의미를 염출하려는 것이다. 즉 지극히 관계가 먼 단어와 단어를 결합 혹은 반발시킴으로써 지금까지 있어 보지 못한 또한 예상하지 아니 하였던 돌연한 의미를 빚어낸다는 것이다.

이것이 가장 중요하고 또한 독특한 쉬르레알리슴의 방법이다. 브르통이 초현실주의 선언 속에서 초현실주의의 시작법으로 제시한 "영상의 광선"이란 이것을 가르친 것이다. 아주 다른 종류의 두 언어의 아주 돌연한 상봉에 의한 새로운 관계에서 생기는 효과를 겨눈다. 그것은 두 개의 다른 실재의 접근에도 비할 수 있다. 꿈의 태도와 몇 뭇 무의식 세계를 기술하는 데 있어서 이 방법은 가장 적합한 것임에 틀림없다.

형태미

시의 소재로서의 언어가 그 고유한 의미에 의하여 쓰여지는 것이 아니고 기호로서 쓰여지는 쉬르레알리슴은 가장 극단의 형태주의임에 틀림이 없다. 가령 회화에 있어서 표현의 소재로서의 선이나 색채가 어떠한 예상된 대상을 묘사하고 표현하기 위하여 쓰여지는 것이 아니고 선 자체 또는 색채 자체의 미라든지 그 밖에 다른 변화를 즐기기 위하여 쓰여지는 때 그것은 극단의 형태주의가 되는 것과 마찬가지다. 사실 그러한 그림 — 즉 사물의 객관적 안정성이라든지 일치를 전연 돌보지 않고 회화에 일어나는 오직 선과 색의 관념적인 결합에 의하여 가장 순수한 형태미만을 추구하는 그림을 현대의 우리의 눈은 그렇게 어색하지 아니 할 정도로 보아서 익혀 왔다.

쉬르레알리슴의 시는 드디어는 그 어떠한 정신적 내용을 가지는 것도 요구하지 않는다. 다만 사용되는 문자의 형태의 음영·수효·변화·통일 운동 등의 효과를 추구한다. 소재인 언어는 그것의 음과 형 — 다시 말하면 청각적 가치와 시각적 가치가 지극히 높게 평가된다. 그래서 활자로 나타나는 (현대시는 숙명적으로 활자에서 자유로울 수 없는 운명을 가지고 있다.) 개개의 문자는 물론 활자의 배열이 매우 인공적으로 단념하게 고려된다.

쉬르레알리슴은 이러한 형태의 독립한 가치를 주장한다. 형태 자체가 가치의 내용이요 그것은 형태 그것 외에 아무러한 대상도 미리부터 부여되어 있지 않다. 형태 자체의 결합과 구성에 의하여 적시 전연 예기한 일이 없는 의미를 어느새 나타내고 있을 뿐이다. 시의 가치 평가에 있어서 그것은 아무러한 외재적 표준의 참여도 거절한다.

막스 자코브는 말하기를 한 개의 작품의 가치는 그 작품 자체에 있는 것이지 그 작품이 현실과 어떻게 일치하느냐 하는 점에 있는 것은 아니라고 — 그래서 쉬르레알리슴은 한 걸음 더 나아가서 시의 평가에 있어서 광범한 정신의 참여조차 외재력의 간섭이라고 하여 불긍(不肯)한다.

형이상학

의미에서 해방된 시 그것은 드디어 시에서 정신까지를 거부한다.

그것은 단순히 사람의 관념적 활동의 가장 순수한 단면을 나타낸다. 그것은 가장 인공적일 것이고 또한 아무러한 혼탁이 없는 지적인 정신 활동을 담고 있을 것이다. 또한 그 정신 활동이야말로 지극히 주관적인 것임은 물론이다. 꿈을 추구하는 쉬르레알리스트의 시작에 있어서의 기호로서의 언어의 구사란 참말로 아무러한 인습적인 법칙이나 약속의 참여도 허락지 않는 전연 작자 자신의 주관적인 창작적인 것이다. 이 자못 미묘한 어떠한 지극히 주관적인 정신의 메커니즘에 참여한 일이 없는 작자 이외의 사람에게 그것은 어떻게 동감될 수가 있을까? 또한 그 정신 활동을 이해할 수가 있을까?

사실 쉬르레알리슴의 시는 역대의 어느 시파의 시보다도 난해하다는 비난 속에 서고 있다. 그러나 한 사람의 쉬르레알리스트도 그의 시가 다른 사람에게 아주 알려질 수 없다고 생각한 일은 없다.

그러면 그러한 확신은 어디서 생기는가? 그들은 믿는다. 우리들의 정신의 흐름은 물론 우선 한 번은 개인적인 것이나 드디어는 개인을 떠나서 전 우주적인 오직 하나인 정신에 합류되는 것이라고 — 시가 지어지는 과정은 전연 주관의 가장 독창적인 일에 속하나 그 지어진 결과는 사람의 선험적인 어떠한 보편적 약속에 일치한다고 믿는다.

그러니까 "불가해한 아무 것도 있지 않다."고 한 로트레아몽의 말은 그대로 쉬르레알리스트 전체의 신념이었다.

이렇게 사람의 정신이 선험적인 어떤 통일을 가정하고 정신 활동의 가장 순수한 형태를 추구하는 쉬르레알리슴은 가정 형이상학적 시파라는 말을 듣는 일에 자타 한 가지로 이론을 삽입할 수는 없을 것이다.

일 스타일리스트의 예

현대시의 이해를 돕기 위하여 한 가지 준비로서 극히 간략하게 쉬르레알리슴의 방법론의 윤곽을 대력 방불시키려는 것이 이 작은 해설의 지금까지의 목적이었다. 이하 필자는 우리들 중의 젊은 시인 몇 사람의 작품을 인용하면서 구체적으로 약간의 해설을 부연하고자 한다.

이상은 지금까지 얼마 알려지지 않은 시인이다. 잡지《가톨닉청년》을 읽은 분 가운데는 혹은 그의 일견 기괴한 듯한 시를 기억할 분이 있을 줄 안다.

일층 우의이층 우의삼층 우의옥상정원에를올라가서 남쪽을보아도 아모것도없고 북쪽을보아도 아모것도업길래 옥상정원아래 삼층아래 이층아래 일층으로나려오닛가 동쪽으로부터 떠올은태양이 서쪽으로저서 동쪽으로떠서 서쪽으로저서 동쪽으로떠서 하눌한복판에와있길래 시계를 끄내여보닛가 서기는 섯는데 시간은맛기는하지만 시계는나보다나히 젊지안흐냐는 것보다도 내가시계보다 늙은게아니냐고 암만 해도 꼭그런것만 같애서 그만나는시계를 내어버렷소.

— 이상, 「운동(運動)」

그의 시는 대부분 우리가 가지고 있는 난해하다는 시의 부류에 속한다. 그러므로 필자는 그의 시를 맨 꼭대기에 소개한다. 이 시에는 우선 아무러한 의미가 없는 것을 발견할 것이다. 모든 인도주의자를 실망시키도록 이 시인은 이 시에서 우선 표현하려는 의미나 전달하려고 하는 무슨 이야기들을 미리부터 정해 놓고 그것을 표현 또는 전달하려고 계획하지는 않았다.

또한 19세기를 통하여 우리들의 시사를 적시고 있던 눈물겨운 로맨티시즘과 상징주의의 감격도 애수도 또한 아무 데도 남아 있지 않다. 그 무엇인가를 음모하고 상징하는 새벽의 진통도 추방인과 이민들의 서러운 동무인 황혼의 애수도 구도자의 마음을 만족시키던 밤의 신비의 한 방울도 이 시는 가지고 있지 않다.

그 대신 독자는 대낮의 해안과 같은 명랑한 표정을 본다. "명랑 ─ 그렇다. 포에지는 이제는 아무러한 비밀도 사랑하지 않으리라." 그리고 독자도 느낄 것이다. 이 시에서 언어는 문장의 표현수단이 아니고 언어 자체가 구성하는 한 개의 조직체 ─ 그리고 그 조직체 속에서 개개의 단어는 전후의 다른 단어로 향하여 혹은 이끌려 가고 혹은 이끌려 오면서 일으키는 부단의 운동을 느낄 것이다. 이 시가 겨눈 목표가 거기 있는 것 같으며 그러므로 시의 제목도 그렇게 붙인 것처럼 생각된다.

이상은 사실 우리들 중에서 누구보다도 가장 뛰어난 쉬르레알리슴의 이해자다. 이 시도 역시 쉬르레알리슴의 시라고 규정해도 좋을 것 같다. 그러나 이 시인은 쉬르레알리슴의 가장 현저한 방법상의 특색을 형태에 대한 추구 ─ 즉 가시적인 그리고 가시적인 언어의 외적 형태에는 얼마 비약적 시험을 하지 않고 그보다도 오히려 언어 자체의 내면적인 에너지를 포착하여 그곳에서 내면적 운동의 율동을 발견하려고 한 점에 그 독창성이 있는가 한다. 그러한 점에서 이상은 스타일리스트다. 한 가지 흘려 버린 것은 독자가 이 시를 대할 때는 우선 과거의 전통적인 어법이나 문법의 고색창연한 정규(定規)를 내던지라는 것이다. 시인은 오히려 거진 고의로 그러한 것들을 이 시 속에서는 무시하였다. 그러한 낡은 옷을 이러한 발랄한 운동체 위에 억지로 입히는 것은 위험하고 또 무용한 일이다. 왜? 그것은 일순간에 산산히 남루가 되고 말 것이니까 —

아름다운 음악성

포도로 내리는 밤안개에
엇개가 저윽이 무거웁다.

이마에 촉하는 쌍그란 계절의 입술
거리에 등불이 함폭! 눈물겹고나

제비도 가고 장미도 숨고
마음은 안으로 상장(喪章)을 차다.

걸음은 절노 듸딜 데 듸디는 삼십ㅅ적 분별
영탄도 아닌 불길한 그림자가 길게 누이다.

밤이면 으레 홀로 도라오는

붉은 술도 불으지 않는 적막한 습관이여!

——정지용, 「귀로(歸路)」, 《가톨닉청년》 1권 5호

고자기(古磁器) 항아리
눈물처럼 구브러진 어깨에
두 팔이 없다

파랗게 얼었다.
늙은 간호부처럼
고적한 항아리.

우둔한 입술로 계절에 어그러진 풀을 담복 물고
그 속에 안을 빚을 잊은 한 오합(五合) 남는 물이
산골을 꿈꾸고 있다

떨어진 화병과 함께 깔린 푸른
황혼 그림자가
거북을 타신 모양하고
창을 너머 터덜터덜 너머갈 때

고요히 품는
담담한 향기

——장서언, 「고화병(古花甁)」, 《가톨닉청년》 2권 3호

여기서 실은 두 편의 시에는 쉬르레알리슴의 수법은 쓰여지지 않았다. 그리고 이 두 시처럼 서로 접근한 것 같으면서도 지극히 다른 카테고리에 속하는 시는 찾기 어려울 것이다.

「귀로」에서 지용 씨의 시풍을 일관하고 있는 어떠한 영탄이 그 속에서도 흐르고 있는 것을 느낄 것이다. 씨는 그의 시 「해협의 오전 2시」 속에서 "서러울 리 없는 눈물을/ 소녀처럼 짓자." 하고 노래하였다. 씨의 시를 읽을 때마다 우리는 항상 그 속에서 떨리는 일종의 영탄의 감염에서 자유로울 수는 없다. (그것은 아마도 근대 문명으로부터 쫓겨난 영혼의 고향을 잃은 근대인의 영구한 고독에서 오는 것인지 모른다.) 그러나 그 영탄은 음분한 센티멘털리즘과는 다르다. 근대적 애수의 가장 리얼한 숨결이다.

영탄이라고 하는 것은 처음에는 물론 어떤 대상 — 즉 동기를 가질 것이나 결과로 보아서는 주관의 한낮 표정에 지나지 않는다. 씨의 시를 주관적이라고 형용하는 것은 그 까닭이다. 그럼으로 씨는 매우 심각한 감상의 소유자이면서도 그것이 외부의 어떤 대상에로 향하여 발화하지 않고 주관의 내부로 향하고 있는 것을 본다. 그래서 거기는 이미지의 비약이라든지 결합에서 오는 미라느니보다는 메타포(은유)의 미가 더욱 뚜렷하게 눈에 띈다. '가 버리는 제비'나 '숨는 장미'는 아마 이 시인의 청춘 행복 지나가 버린 모든 아름다운 과거의 메타포이며 '마음이 안으로 차는 상장'은 잃어버린 모든 것 그리고 분열과 환멸에 느껴 우는 일 근대인의 실망의 가장 아름답고 또한 전연 누구의 모방이 아닌 독창적인 메타포의 미를 가지고 있다고 생각한다. 우리는 또한 이 시를 읽으면서 그 억양이 심한 독특한 리리시즘을 느낀다.

나는 다른 기회에 독립하여 이 문제를 생각해 보려고 하지만 우리말의 운율은 '가나(假名)'와 같이 단장으로만 이루어지는 것이 아니고 차라리 억양에 의하여 생기는 것이 아닌가 한다. 이 시를 읽어 보아도 그 운율은 상하로 굴곡이 많은 것을 알 것이다. 그런 의미에서 우리말은 고저와 장단에 있어서 각각 풍부한 가능성을 가지고 있어서 매우 음영이 다채한 말이라고 생각하며 그것을 증명한 사람은 금후의 젊은 시인이라고 생각한다.

지용 씨의 시는 또한 우리들의 시각에 어필(호소)한다느니보다는 차라리 우리의 청각에 어필한다. 그럼으로 시의 독자는 이러한 시에서는 그 시의 음악성을 즐길 줄 알아야 한다. 그러나 그 음악성은 소박한 자연발생적인 시인들의 시의 적시 소박한 음악성과는 달라서 작자의 작시술 속에서 개개의 말은 가장 주밀하게 취합 선택되어서 그 개개의 말이 가진 특이한 음향을 가지고 적당한 위치에 배열되어 효과를 나타내고 있는 것을 발견하리라. 지용 씨의 시는 과거의 시의 전통에 가장 가까운 시이면서 우리가 높이 평가하는 까닭은 또한 이러한 점에도 있다.

감성과 지성과 조소성(彫塑性)

이제부터 장서언 씨의 「고화병」에 대하여 이야기하련다. 독자는 전회에 실린 이 시를 다시 읽으면서 이 해설을 같이 읽기를 바란다. 전회에 말한 지용 씨의 시에는 어디 할 것 없이 생활의 냄새가 된다. 읽는 사람의 머리에 어느새 작자가 떠오른다. 아마 영탄하는 주관 — 그것은 생활 표류물인지도 모른다.

그러나 「고화병」에는 생활의 냄새가 아주 없다. 그리고 작자도 머리에 떠오르지 않는다. 읽는 동안에 점점 선명해 오는 것은 이

시 속에서 취급된 대상에 대한 아주 확실하고 특이한 시인의 인식의 각도다. 다시 말하면 시인은 도무지 그 자신의 포즈를 꾸미려고 하지 않는다. 다만 시인의 독특한 시각에서 춤추는 대상의 포즈의 변화가 있을 뿐이다. 따라서 이 시의 가치는 주로 시인이 대상을 어떻게 보는가? 하는 점에 있다고 생각한다.

취급된 대상은 황혼 속에 꽃을 꽂고 있는 한 낡은 화병이라는 지극히 평범하고 누구의 눈에도 띄기 쉬운 현실이다. 그러나 시인의 독특한 시각의 각도의 광폭 속에 들어올 때 죽었던 화병은 갑자기 숨을 쉬기 시작한다. 아주 별다른 모양을 갖추고 살아난다. 거기는 한 평범한 대상을 초점으로 하고 풍부한 이미지가 꽃을 피운다. 화병의 곡선을 눈물이라든지 구부러진 어깨와 결합하고 그 차디찬 고체를 파랗게 얼었다고 보고 늙은 간호부의 고적을 연상시키며 그 밖에도 더욱이 셋째 절 넷째 절을 통하여 그 곳에 발화하는 이미지는 풍요한 봄의 화단을 생각게 한다. 또한 이 시인은 한 번 언뜻 보기에는 관계가 지극히 먼 듯한 두 단어(다시 말하면 그것이 대표하는 두 이미지)를 결합시킴으로써 훌륭한 효과를 나타낸다. 이 시에서 이미지의 연상은 거진 고전적 풍모를 갖추고 있다. 그것은 시인의 매우 세련되고 질서 있는 감성의 소산이라고 생각한다. 직각적으로 매우 정확한 그의 감성은 이 시에 사용된 개개의 이미지에 조형적 정확상을 준다. 따라서 이 시는 지용 씨의 「귀로」와는 거의 대응적으로 가청적이 아니고 가시적이며 음악성을 가지고 있다느니보다는 아주 명료하고 투명한 회화성을 가지고 있는 것을 발견한 것이다. 억지로 말한다면 사상파(이미지스트)의 계통에 속하는 시일 것이다. 그의 예민한 감각은 그렇게 조형적인 명확성을 가지고 있으면서도 그것은 결코 기형적으로 과도하게 강조되어 있지 않다. 분방하려는 감각은 명증한 지성에 의하여 적당하게 정돈되어 있다. 이 감각이 지성의 조화 — 이것이 또한 이 시에 고전적인 풍모를 부여하는 다른 이유이다.

　이 조화의 아름다움은 그 시형에도 나타난다. 처음 두 절에서 이미지는 고요한 애급(埃及)의 춤처럼 어두운 우리의 의식 면에서 자못 조용하게 일어난다. 셋째 절에 와서 그것은 최고조에 달했다가 넷째 절에서부터 하향하기 시작하여 끝 절에서는 다시 이미지와 언어의 무희들은 소리 없이 무대면에서 사라진다. 앤더슨은 일찍이 키츠의 「나이팅게일에 부치는 노래」 속에는 후각까지 나타난다고 말하였지만 사실 「고화병」의 최후의 절은 향기까지 발산한다.

　이 피면적(皮面的) 조화는 외면적인 시형에도 나타나 있다. 키츠가 희랍적이라는 의미에서 이 시는 희랍적이라고 할 수 있다. 그 위에 전편을 향기와 같이 싸고 있는 부드러운 유머와 결코 냉혹하지 않은 아이러니는 차디찬 지성과 감성의 규각(硅角)은 감추는 미끄러운 육체다. 프로이트는 유머와 에스프리에 무의식의 작용을 인정하였다고 한다. 이 시의 고상한 유머와 아이러니는 아마도 시인의 무의식 세계의 발현인 것 같다.

　(이것은 해설의 범위를 초월하는 과분한 말이지만 나는 「고화병」을 금년 전반기에 나타난 걸작의 하나라고 생각한다.)

속도의 시 문명 비판

　포플러의 마른 가지에 가마귀 한 마리
　검은 묵바올 가튼 검은 가마귀

웨스트민스터의 사원의 종이

대영제국의 황혼을 느껴(껴, 껴, 껴) 우는 소리

가마귀는 거문 징키스시칸의 후예올시다

하나 지금은 영양부족으로 졸도의 증세까지 보입니다

신사는 아니외다

장식(葬式)의 행렬에 끌려가는 알폰소 폐황(廢皇) 폐하의 모자는 사십오 도로

기우러져 잇습니다

사모라의 키보다 큼니다

칼멘아 노래 불러라

서반아의 피를 마시면서 ─

──김기림, 「서반아의 노래」,《여성조선》 제1호(1930. 8)

가령 「파우스트」의 거대한 연극이 바야흐로 막을 열려고 하기 전 관중의 앞에 나와서 자못 기괴한 목소리로 그 연극에 대한 일장의 서사를 늘어놓는 피에로를 제군은 예상하리라. 그러한 피에로의 어조를 이 시는 본떠 왔다. 자못 변환(變幻)이 많은 방대한 세계에 독자의 연상을 안내하려고 하는 작자는 그것이 이 시의 표정에 부여하는 가장 적당한 화장이라고 생각했던 까닭이다.

이 시는 속도를 나타내려고 했다. 속도를 나타내는 방법으로는 활자의 직선적 횡렬 음향의 단속 등 외적 방법과 이미지의 비약에 의한 내적 방법의 두 가지를 필자는 시험해 보았다. 여기 쓰여진 방법은 후자의 예다. 그래서 시의 각 행이 대표하는 이미지는 또 다른 이미지를 불러온다. 나는 이것을 '연상의 비행'이라고 부른다.

그리고 수법으로는 쉬르레알리슴의 수법을 많이 응용하면서도 어떠한 주제에 의하여 의미의 통일을 소개하였다. 단어의 결합은 각각 무목적적인 것 같으면서도 어떠한 의미에 의하여 유기적으로 결합하려는 지향을 가지고 있다.

이 시의 주제는 다른 것이 아니다. 몰락한 전야를 맞은 주인공으로 하는 세계 그것의 비극이다. 사원의 종소리, 불길한 까마귀, 폐황 이는 모두 비극을 강조하기 위한 소재로 쓴 것이다. '느껴'의 '껴' 자의 음을 까마귀의 울음소리와 목메인 종소리에 붙여서 (껴, 껴, 껴) 하고 연속함으로써 의음(擬音)의 직접적인 효과를 나타내려고 했다. '영양 부족의 까마귀'는 대영제국의 말발굽 아래 깔려 있는 동방의 제 민족의 메타포임은 물론이다. 그래서 이 시는 현대 문명 그것의 폭음이려고 기도하였으며 그러함으로써 현대 문명에 대한 한 개의 비판이려고 하였다. 작자의 이러한 지향에도 불구하고 이 시가 그만한 효과를 나타내지 못하였다면 그것은 오로지 나의 기술의 미숙의 결과라고 할밖에 없다.

어느덧 회수는 독자를 지난하게 만들도록 예정을 훨씬 넘었다. 나는 이 글의 모두에서 시의 해설은 좋은 중개자나 시인 자신의 손으로라도 있었으면 좋겠다고 하였다. 그러나 그 해설이 시를 쓰는 사람 자신에 의하여 행해질 때 그 사람에게 있어서 그 일이 얼마나 고통인지를 나는 이번에 비로소 배웠다. 또한 강좌라는 성질 때문에 독자에의 전달이라는 점에 너무나 선입적으로 관념이 구속을 받은 까닭에 사고의 발전이 부자유로웠던 것은 그보다도 더한 고통이었다. 그럼으로 후일 자유로운 평론의 형식으로 여기서 불만을 느낀 나의 중단 또는 위축된 사고는 자유로운 무대를 가지고 싶다. 끝으로 나의 미숙(未熟)한 해설의 피해를 당한 이상, 지용, 서언 삼 씨의 아량을 바라고.

─《조선일보》(1934. 7. 12~22)

2

장래할 조선 문학은

문학상 조선주의의 제 양자(樣姿)

　세계의 문학은 번뇌하고 있다. 르네상스 이후의 문학의 발달은 여러 가지 '이즘'을 배태하였고 지금의 세계의 정세 밑에서 나아갈 길이 저지되었는가 하였을 때 그 자체로서도 문학의 대로의 차단된 위기를 뛰어넘지 않으면 안 되게 되었다. 민족 혹은 전통주의의 문학이냐, 세계적인 문학이냐. 다시 말하면 옛날로 다시 돌아가느냐, 새 길로 나아가느냐가 문제다. 더구나 역사가 짧고 그 환경이 다른 조선의 문학은 장차 어디로 가야 좋을 것이냐. 침체에서 그쳐 버리려는 조선의 문학은 이제 새로운 출발이 있어야만 되겠다. 그래서 조선의 문학의 새 길을 열고자 하여 제씨의 고견탁론(高見卓論)을 전달하는 바이다.

　끊임없이 움직이면서 있는 각 민족의 문학 활동에서 문학 일반을 추상하는 것은 문예학의 영분에 속한다. 현재로 생동하고 있는 한 민족의 문학의 장례를 예언하는 것은 문학 일반을 추상하는 일보다 더욱 어려운 일인가 한다. 그러나 그 맥박이 높거나 낮거나 간에 현실로서 변천해 온 조선 문학의 전 양자를 가장 잘 귀납하여 선진 제국의 문학사의 발전에서 연역하여서 조선 문학의 미래를 논단하는 것은 반드시 불가능한 일은 아닌가 한다.

그렇다고 해도 그것은 대체로 문학사가의 할 일이다. 나는 결코 이 문제에 대하여 뛰어난 예언자를 가장하지는 않는다. 다만 부여된 기회에 조선 문학의 장례에 대한 나의 평소의 사고의 일단에 발언권을 주었음에 불과하다. 그런데 다른 때에도 그렇지만 더욱이 문학에 있어서 그 장래를 운위할 때는 두 개의 태도가 있으리라고 생각한다. 첫째, 사태의 발전을 있는 그대로 객관적으로 관찰하는 경우와 둘째, 관찰에 그 당자의 모럴(윤리)이 참가하여 '이러하리라'는 것보다 '이러해야 한다'고 하는 규범을 보이는 경우가 그것이다.

전자는 어디까지든지 사실의 객관성과, 실연성(實然性)에 충실하는 과학적 태도요, 후자는 한 개의 가치론에서부터 사태의 필연성을 논하여 당위로서의 규범을 보여 주는 철학적인 태도다. 대체로는 이러한 성질의 문제를 취급할 때에는 논자의 속에 이 두 가지 태도가 혼재하는 경우가 많은가 한다. 이 문제에 대하여 학적 준비를 충분히 하지 못한 한 상식가에 지나지 않는 나는 나의 태도를 분명히 규정하기에는 너무나 비겁한 것을 고백한다. 다만 될 수 있는 대로 사실에 충실하기를 힘쓰면서 동시에 나의 가치론이 때때로 가미할 수 있는 권리를 또한 보류한다. 이러한 준비 아래서 대체로 문제를 1. 문학의 질과 양, 2. 문학사조, 3. 문학의 장르(종류)의 세 가지 방면에 있어서의 조선 문학의 장래를 논구해 보고 싶다.

어떤 나라에서도 문학에 대한 문학자의 태도는 내셔널리즘과 세계주의와의 두 가지로 대립한다. 애란(愛蘭)에 있어서는 예이츠

일파는 전자에 속하고 조이스 같은 사람은 고립한 세계주의자다. 나치스의 호령 아래 있는 독일 문학은 극단의 내셔널리즘이라고 듣는다. 그런데 조선에 있어서의 문학상의 내셔널리즘은 조선주의의 이름으로 불려진다. 이것이 조선적 특성을 가지고 세계문학에 참여하려는 강렬한 의지를 가졌을 때에만 우리는 그것을 허용한다. 그것은 구경에 가서 세계주의와 일치하는 건설적인 까닭이다.

한편에는 막연한 조선 정조를 기조로 한 조선주의가 있으나 우리는 그것의 가능성을 인정하지 않는다. 선대로부터 물려 가지고 온 우리들의 옛 노래와 현재의 우리들 중의 자연발생적인 노래들 속에 담겨 있는 조선 정조는 과연 조선 역사에 어떠한 감정을 결과했는가. 우리는 조선 정조라는 것을 정조 이상의 것이라고 생각지 않는다. 그것은 현실로서는 숱한 센티멘털리즘의 아류를 만들어 내고 있다. 한편에는 이와 유사한 또 한 개의 조선주의가 있으니 그것은 전자보다는 좀 더 의지적인 것이어서 강렬한 배타적 의욕을 보이면서 나타난다.

대체로 문학상의 배타적 내셔널리즘은 그 민족이 고립한 상태에 있을 때의 감정에 비례하는 것 같다. 그것은 외방의 포위에 대한 그 자신의 반발력의 한 개의 발현인 것 같다. 예를 들면 독일과 같이 그 민족의 운명이 다른 민족의 협위(脅威) 아래 놓여져서 항상 불안을 느낄 경우에 가장 명료한 색채를 가지고 나타나는가 한다. 그것은 항상 정치적 결벽과 관련되고 있다. 그러므로 조선에 있어서의 이 종류의 배타적 조선주의는 그렇게 활발하지는 못하다. 그러면서도 일부의 문학자 속에 속일 수 없는 감정으로서 존재하는 것은 사실이다.

조선의 문학에서 세계문학의 방향으로

이른바 조선 정조를 고수하는 편협한 감상적 내셔널리즘을 부정하고 굳센 문학 정신은 이미 좌·우 양익의 문학 속에서 동시에 대두하고 있는 것을 우리는 쉽사리 간취할 수 있다. 소박하고 추한 자연의 부정 — 그것은 언제든지 문화의 근원적인 의다. 이러한 소극적인 조선주의는 우리들의 진보의 흐름에 의하여 이윽고 깨끗하게 청산되고 말 것을 우리는 안심하고 예언해도 좋을 것이다.

또한 배타적 내셔널리즘은 오늘에 와서는 그것을 도도한 조수의 앞에 작은 목책을 세우는 무모한 선언의 되풀이밖에는 아니 된다. 위대한 독일인 괴테의 머리에 세계문학이라는 관념이 떠오른 그때보다 세계의 사정은 세계문학의 도래를 위하여 훨씬 유리하게 변해졌다. 문학은 이미 그것을 산출한 한 민족만을 영향함에 그치지 않는다. 사실 문학은 방금 급한 템포로 모든 국경을 넘으면서 있다.

문명의 급격한 발전 — 라디오·전송사진·코메트의 신기록·장단파의 이용 등등 — 은 세계의 거리를 날로 단축시키면서 있다. 그래서 세계는 어떤 종류의 정신이든지 어느새 공통하게 소유하고 향유할 수가 있도록 편리하게 되었다. 따라서 각 민족의 문학과 문학 사이에는 통일되는 것, 공통되는 것이 차츰 증가되면서 있는 것은 속일 수 없는 사실이다. 어떤 나라의 문학사든지 그것을 그 나라 단독으로 이해하려고 하는 것은 오늘에 와서는 어떻게 진부한 방법론인가는 아무도 부정하지 못할 것이다. 한 민족의 문학은 다른 민족의 문학의 영향 아래 또는 상호 영향 아래서 발전을 계속하고 있다고 함은 우리들의 상식이다.

이미 조선의 신문학의 발생과 성장을 외국 문학의 영향에서 절단시켜 가지고 사유할 수 없는 것은 무엇보다도 밝은 사실이다. 우리는 어떤 작품을 평가할 때에 그것이 어느 다른 외국 작가의 모방이라고 하는 오직 한 가지의 이유로써 그 작품을 파묻어 버리려고 하는 성급한 비평을 구경한 일이 있다. 그러나 그것은 문명의 향상 도정에 있어서 또한 문화의 발전 과정에 있어서 모방이 차지하고 있는 중대한 위치와 기능을 무시한 폭론이다. 모방이 다만 기계적으로 되어지지 않고 그 뒤에 1. 문화적 욕구가 있을 경우, 2. 창조적 의욕을 가지고 있을 경우, 그러한 때에는 모방은 창조의 어머니로서 차라리 추장(推奬)되어야 할 것이다. 이 뒤로 각 나라의 문학이 상호 간에 그 의식에 있어서, 그 양식에 있어서 공통점을 더욱더 가지게 되며 통일화·일반화하고 말 것을 당돌히 추론한다고 할지라도 르네상스 이래의 구라파의 문학사는 이 논단을 위하여 좋은 증인이 되었을 것이다. 구라파에 있어서는 이미 불란서·영국·독일 등 여러 나라의 문학의 발달이, 예를 들면 고전주의 — 로맨티시즘 — 자연주의 이렇게 거의 동일한 과정을 지나면서 왔다. 다소 간의 연대의 차이는 있을지라도 공통된 시대적 특징을 보인 점은 명료하다. 금후 세계의 문학은 더욱더욱 유사성을 많이 나타내는 반면에 어떤 민족의 독특한 문학적 성격 같은 것은 차츰 형성되면서 있는 세계문학 속에 해소되고 말지나 않을까.

따라서 고전주의나 자연주의 시대의 불란서나, 로맨티시즘 시대의 영국이나 독일처럼 그 민족만이 가지고 있는 특성을 가지고 세계 문단의 전면에 나타나서 이것을 지배하고 지도하는 일 같은 일은 아마도 이 뒤에는 바랄 수 없을 것 같다. 그래서 세계가 공통하게 소유하고 이해할 수 있는 세계적 성격을 갖춘 세계문학의 시대를 우리들의 자손은 반드시 맞을 줄 믿는다. 내가 말하는 세계문학이라는 개념은 슈트리히 등이 사용하는 그것과는 내용이 다르다. 슈트리히[1]는 초국가적 타당성과 세계적 보편성을 가진 세계문학을 현실적으로 가능하며 이미 존재한다고 생각하는 모양이다.

그래서 그는 이상적인 세계문학을 이러한 공간적 타당성 이외에 시간적으로 초시대성과 세계적 영속성을 갖출 것으로 예상하고 괴테의 『빌헬름 마이스터의 수업 시대』 같은 것에서 그러한 것을 발견하였다고 믿고 있다. 역시 독일인 일류의 관념적인 생각이다. 그러나 나의 이해력의 범위에서 그것은 다만 세계적인 문학이고 진정한 세계문학은 미래에 있어서의 역사의 어떤 발전 단계에 이르러 필연적으로 오래인 국민적 문학의 뒤를 받아 가지고 올 것인가 한다. 지금 이 세계적 영향력을 가진 문학 내지 각 민족의 문학의 사이에 나타나고 있는 세계 의식·세계 양식을 구비하면서 세계문학에 가까워질 것이 아닐까. 우리는 또한 조금치도 세계에 대하여 비겁할 필요도 인색할 필요도 없다. 문을 넓게 열고 세계의 공기를 관대하게 탐욕스럽게 맞아들여도 좋을 게다. 그러함으로써 우리는 세계적 수준을 향하여 성장할 수도 있고 또한 세계에 줄 우리의 특성이 무엇인가도 찾아낼 수가 있을 것이다.

―《조선일보》(1934. 11. 14~15)

---

[1] 프리츠 슈트리히(Fritz Strich, 1882~1963). 독일 태생의 스위스 문학사가.

신춘 조선 시단 전망

가장 효과 있는 전망은 항상 가장 치밀한 회고와 반성을 준비하기를 명한다. 그것은 똑바른 일이다. 여기에 1935년의 조선 시단에 대한 불확실한 전망기를 쓰기 전에 그 전기를 단편적이나마 지나간 한 해 동안의 시단의 사건과 풍경의 서투른 소묘를 시작하는 것도 그 까닭이다.

1 일군의 대가들

체조는 건강에뿐 아니라 우리들의 시각에 대하여도 훌륭한 구경거리다. 그러나 체조의 여러 가지 의식 중에서도 나는 '답보로'만은 싫어한다. 시작이라고 하는 것은 대체로 우리들의 정신의 체조다. 나는 지난 한 해 동안의 우리 시단을 회고할 때 우선 한 떼의 '답보로' 군을 회상하여야 하는 것을 불쾌하게 생각한다.

주로 잡지 《삼천리》의 사대주의적 편집 방침은 항상 그 잡지에 대가들의 얼굴만을 진열하는 전통을 만들었다. 그래서 우리는 주로 춘원·요한·월탄·파인·안서·소월 등 제 선배의 이름을 항상 그 목록 속에서 발견한다. 그러나 거기서 우리는 오직 타기만만한

'답보로'를 구경하고는 실망하지 않으면 아니 된다. 일찍이 그들은 모두 우리 시단에 제각기 큰 족적을 남긴 것은 부인할 수 없다. 그러나 최근의 씨들의 시작은 정신적 타기의 소산 이상의 것인 것 같지는 않다. 불행하게도 그들은 벌써 시의 전선에서 항상 돌진하는 모험은 위험한 것임을 느끼기 시작한 모양이며 매우 안전한 '답보로'를 계속하거나 그렇지 않으면 때때로는 오히려 시대에서 멀리 뒷걸음을 치고 있는 것을 본다.

요한에게도 파인에게도 월탄에게도 소월에게도 저 옛날의 그렇게 매혹적이던 「아름다운 새벽」의 신선도, 「국경의 밤」의 패기도, 「승방비곡」의 심오도, 「금잔디」의 순정도 벌써 찾을 길이 없다. 춘원은 맨 처음부터 시에 있어서의 '답보로' 이상의 과정을 공부해 본 일이 없는 것 같고, 요한의 요새의 시작은 대할 적마다 여위어 가는 옛날의 천재가 아깝고 그 밖의 분들은 대개는 시대와는 아무 관련이 없는 임간(林間) 체조장에서 극히 초보적인 '답보로'들을 계속하고 있다. 그리고 이분들을 에워싸고 약간 아니 훨씬 많은 라디오 체조군들이 열심으로 '답보로'를 흉내 내고 있다.

2 민중파

이상의 대가들은 벌써 발전하는 시단의 동향에 대하여 적극적 의지를 가지고 있지 않음은 명료하다. 그런데 한 가지 주목할 일은 그중에서 파인은 지난 8월의 《중앙일보》지상에 민요부흥론을 써서 막연하나마 한 개의 주장을 표명했다.

그는 그 속에서 대체로 네 가지의 일을 고조하려고 하였다.

1. 시인은 인민의 기쁨과 슬픔을 잘 알아야 한다.

2. 간이하게 표현할 것. 왜 그러냐 하면 민중은 복잡한 감정이나 섬세한 표현을 모르니까.

3. 울음을 보이지 말고 웃음을 보일 것.

4. 조선 냄새, 조선 빛깔을 보일 것.

시인 파인의 의견은 논의의 대상으로 삼아야 하도록 그렇게 중요한 것은 아니다. 그러나 과연 그는 필자에게 민중에게 대한 고찰을 할 계기를 만들어 준 것은 다행한 일이다. 나는 그러한 기회를 가지고 싶었다. 그것은 항상 민중의 역을 드는 것같이 보이는 이 종류의 의견은 선거 연설처럼 잘 민중에게 영합할 수 있어서 그 영향이 의외로 큰 것을 우리는 보아 온 까닭이다.

사실 이상에 열거한 파인의 민요론은 다른 사람들의 이 종류의 의견과 마찬가지로 실질적으로는 선거 연설의 내용에 가까운 것이며, 도처에서 민중 속에 박수를 환기할 가능성을 많이 가지고 있다. 그러나 선거 연설이란 대체로 그 뒤를 뒤져 보면 텅 빈 것인 때가 보통이다. 그런데 파인은 전기 논설 속에서 민중이라는 말 이외에 인민이라는 말도 썼다. 그 말들이 가진 내용이라든지 경계선은 몽롱하여 알 수가 없다.

그러면 일반으로 그러한 몽롱한 초보적인 민중주의자들이 의미하는 민중이란 무엇을 가리킨단 말인가. 불란서 혁명 직전에 있어서 시민계급은 그들의 요구를 항상 민중의 이름에 의하여 요구함으로써 거기에 한 개의 윤리적 타당성과 동시에 우세한 정치적 배경을 시위하려고 하였었다. 데모크라시는 정치에 있어서의 민중의 옹호과 그래서 본래에는 훈의(訓義)상으로는 데모크라시 속에는 대중의 권리도 포함되어 있었던 것이다. 그러나 실질에 있어서는 기만당한 것은 민중이라는 말 그 자체나, 시민계급은 민중의 이름 아래서 그 자체의 이익만을 옹호하였다.

　오늘에 와서는 민중이라는 말은 얼마 유행하지 않는다. 민중 그것을 대중과 시민계급의 두 편으로 명료하게 구별함으로써 그 상반하는 이해관계도 명료하게 하려고 한 것은 퍽 뒤의 일이다. 대중이라는 말은 결국 민중이라는 말 속에 그 말을 이용하고 있는 부분만을 구축한 나머지의 대다수의 하층에 적용된 것이다. 그런데 그 대중 속에는 말하자면 저급하고 무의식적이고 가장 생물학적인 층과 그와 딴판으로 의식적인 고급의 층이 혼재해 있는 채 아직은 구별되지 않고 쓰여지고 있다. 대중문학이라고 할 때의 대중의 전자요, 대중운동이라고 할 때의 대중은 후자다. 나는 전자만은 속중(俗衆)이라고 불러왔다.

　그러면 파인의 논설로써 대표되는 그러한 원시적인 민중주의자가 의미하는 민중은 대체 불란서 혁명 이전의 민중인가, 또는 대중인가. 그중에서도 속중인가, 의식적인 대중인가. '민중을 위하여' 되는 그들의 노작에 의하여 비익(裨益)되는 것은 과연 어떠한 민중인가. 이 점은 유감이나마 일체 명료성을 결여하고 있다. 그런데 '민중을 위하여'라는 표어는 아예 불용한 파인의 의견처럼 대체로 세 가지 일을 동시에 포함하거나 그렇지 않으면 그 일부분을 의미하는 것이다. 즉

　1. 민중의 감정과 사고에 입각할 것.
　2. 민중을 교도하는 시를 쓸 것.
　3. 민중이 알 수 있고 동시에 즐길 수 있도록 쓸 것.

　이 경우에 그들이 의미하는 민중이란 말의 내용의 상위를 따라서 그 주장의 가치도 스스로 달라지겠지만, 우선 시라고 하는 것은 그들이 생각한 것처럼 우리의 정견에 의하여 그렇게 쉽사리

주형된 한 기계가 아니고 한 개의 진리 탐구의 도정이라고 생각할 때에 이 문제는 간단하게 해결될 수 있다. 시인은 단순히 남을 위하여 쓰는 것은 아니다. 우선 자기를 위하여 쓴다. 그의 길은 인생에게 진리를 붙잡으려는 부단의 정진 속에만 뚫려 있다. 시인이 자기를 통하여 싸워 서 있는 진리 — 그것이야말로 인류의 문화에 불멸의 광채를 더하며 따라서 그가 정직한 시인이면 시인일수록 어떤 다른 사람들의 감정이나 사고를 가장하고 시를 쓸 수는 없다.

그것이 가능한 길은 오직 하나 있다. 즉 그가 가지고자 원하는 감정이나 사고의 소유자인 사람들의 생활, 그 속에 시인이 자신의 생활을 파묻는 때다. 감정과 사고는 항상 생활의 발로다. 그때에는 벌써 그것은 가장이 아니고 현실이다. 오늘의 대소 민중파는 과연 민중(어느 층이고 간에)의 생활 속에서 자신의 생활을 발견하였는가.

탁상에서 울린 민중주의의 봉화는 민중 자체에게 있어서는 아마 먼 산의 불에 불과할 것이다. 또한 근대 예술의 근본 정신은 인간 탐구의 르네상스의 정신 속에 뿌리를 박은 것을 아는 우리는 예술의 교훈적인 허세로부터 어떻게 자기 탐구의 방향을 더듬어 피투성이인 순례의 길을 떠났는가를 보아 왔다. 권선징악의 원시적인 모럴에서 자유로운 진리의 발견에로 향한 순간에 근대문학의 첫걸음이 떼어진 것이다. 더욱이 민중이라는 막연한 말을 씀으로써 속중의 감정·사고를 가지기를 권한다면 그것은 문화에의 반역이다. 비속한 감정, 비속한 사고에서 일보 일보 탈각함으로써 완성에 가까워질 수 있는 까닭이다.

민중파가 "민중이 알도록 또는 즐기도록 쓰라."고 할 때의 민중은 어구의 의미에서 유추하여 속중을 가리킨 것이라고 가정할 수 있다. 문학 속에는 속중이 즐기는 문학과 즐기지 않는 문학이 있다. 속중의 취미는 대중문학이라는 개념과 매우 근사한 것이다. 그들은 사실로 그들이 읽은 한 편의 소설이나 시가 문학임을 요구하지 않는다. 다만 그들의 비속한 감정과 사고와 일치하면 그만이다. 문제는 의외로 명료하다. 시인은 다른 사람에게 충실하기 전에 우선 자신에게 충실하여야 한다. 여기에 시인의 진지성이 있다. 현대의 시인은 너무나 군중에서 떨어진 곳에 서고 있는 것도 사실이다. 그러나 그는 그의 고독한 위치에 대하여 너무 낙심할 것은 없다. 어떠한 시대에도 진실한 시인은 수난자였다.

네가 너의 외로운 그림자에 겁을 내 가지고 황겁하게 낯선 군중에게 아유하려고 할 때에 나는 네가 네 자신조차를 잊어버리고 군중의 비속한 모럴 속에 빠져 버릴 것을 두려워한다. 만약에 시인이 진정으로 대중 속에서 (그런 경우에는 물론 의식적 대중일 것이다.) 그의 시의 새로운 살길을 찾으려고 하면 우선 생활 그것부터 변혁이 있어야 할 것이다. 그렇지 않고는 모두 허위에 불과하다고 함은 앞에서도 누누이 말한 바다. 이 점에 대하여 민중파는 매우 간편한 생각을 가지고 있다.

민중주의자들은 민중의 감정이나 생활 의욕을 가장함으로써 민중 자신의 것은 못 되어도 민중의 것에 가까운 것은 될 수 있다는 가설 위에 그들의 시작의 숭고한 동기를 합리화하려고 한다. 그러나 시작에 참말로 자각한 시인은 그러한 근사한 것의 정도에서 만족할 수 있는 지극히 편리한 양심을 가지고 있지 못할 것이다. 진지성에서 지극히 거리가 먼 타협적 태도는 시의 타락밖에는 결과할 것이 없다. 그 경우에 그는 벌써 시인인 것을 그만두고 한 사람의 거리의 장인으로 변해 버린 것이다.

시인 정지용은 언젠가 학교의 교가를 지을 수 없는 고통을 고백하는 것을 들은 일이 있다. 진정한 시는 어떠한 주문에 의하여 또는 주문자를 예상하면서 쓰여질 수는 없을 것이다. 조선에 민중을 위하여 시를 쓰는 대소의 많은 민중주의 시인들이 의미하는 민중이란 말은 이상과 같이 매우 몽롱하여 거기는 철학이 없다. 쥘 로맹 등의 위나니미슴은 집단 속에서 한 개의 철학을 구성하였으며, 유물론자들이 말하는 대중의 근거에는 과학적 분석이 있다. 그러나 조선의 흥분된 민중주의자의 머릿속에서는 계급 분화의 민중이 18세기의 옷을 입은 채 우상이 되어 남아 있다.

민중이라는 말은 오늘에 와서는 성립될 수가 없으며 완전히 분화되고 분규되었음에도 불구하고 조선의 민중주의자들은 이 개념적 잔해를 안고 황홀하며 이미 해체된 망령의 주문을 예상하면서 시를 쓴다. 나는 반드시 여기서 대중의 적이기를 스스로 선언하는 것은 아니다. 다만 시작에 있어서 생활을 통하지 않고 오직 관념적 가상에 의하여 대중의 편인 체하는 일의 허위성을 분석하려고 하였으며, 따라서 조선 시단의 일방의 시작상의 태도인 민중주의(편의상 이렇게 명명해 둔다.)와 그것의 유혹에 대하여 많은 선배와 동료와 함께 반성해 보려고 한 데 지나지 않는다.

3 시의 위기

지난 한 해 동안처럼 조선 시단이 침통한 표정을 보인 일은 없는 것 같다. 물론 한편에는 여전히 19세기적 감정을 19세기적 표현 양식으로써 노래하는 일에 조금치도 불만을 느끼지 않는 행복스러운 시인들도 있었지만, 진보적인 몇 사람의 시인의 시작 위에 또는 침묵 속에는 한결같이 한 개의 위기를 느끼게 하는 것이 있은 것 같다.

그것은 첫째로 거진 무의식적으로 소박하게 그저 씀으로써 만족해하던 지금까지의 자연발생적인 시대는 지나가고 시작 자체의 의의를 발견하려고 하는 모색의 정신 즉 전 시단적인 분위기와, 둘째로 시인 각자의 예술상의 고민과, 셋째로 외적 정세의 불안에서 오는 일 같다. 이것들이 얽혀서 한 개의 시적 위기라는 전체적 양자를 만들어 낸 것인가 한다.

시인이 그 자신의 하는 일에 아무 의혹도 가지고 있지 않은 때 그는 분명히 '행복한'이라는 형용사를 받기에 적당하다. 그러나 그러한 시인에게서 시의 새로운 발전을 구하기는 어렵다. 그들은 시는 영구히 정돈하여도 좋다고 생각함으로써 라디오 체조군의 기면병(嗜眠病)의 징후를 보인다. 오늘이나 어저께나 똑 마찬가지로 꽃을 보고 감격하고 달을 보고 님을 그리고 흰 눈을 보고 영웅의 마음을 흉내 낸다. 위기라는 말하고는 무릇 인연이 먼 층이다.

그렇지 않고 시는 발전하는 것이며 또 그러하여야 한다고 생각하는 시인들, 그들은 또한 시대와 사회의 유동상의 복판에서 자기의 위치를 의식한다. 시대의 불안, 그런 것을 그는 흡지와 같이 민감하게 흡수할밖에 없다. 그의 이지는 그의 예술 활동에 대하여 항상 비판과 반성을 준열하게 명한다. 때로는 예술 자체에 대한 불신, 즉 의혹과 불안은 실로 근원적인 데까지 도달한다. 여기서 비통한 침묵이 계속할 수밖에 없었다.

어떤 시인은 현실 그것의 다채에 현혹하여 또는 생 그것의 심한 활력에 끌려서 도리어 시의 무뢰(無賴)를 느끼고 시를 버린다. 어떤 시인은 이 위기 그것을 그대로 그 시 속에 표현함으로 순간

순간으로 겨우 그것에서 해제된다. 어떤 시인은 지금까지의 자신의 시에 대한 불만에서 새로운 출발을 계획한다. 예술주의 시인 정지용은 오랜 침묵 뒤에 카톨리시즘에로 전회했다. 그것이 옳고 그르냐 하는 문제는 별개의 토구 제목이지만 사태 그 자체는 그 시인의 속에 부단히 움직이는 예술적 정신이 그렇게 만든 것이라고 생각한다. 어떤 분으로부터 '용광로다'라는 이름을 부여받은 시인들 중에서 김해강, 김창술, 이흡 제씨는 저널리즘에 나타나는 한도 안에서는 침묵을 지키고 있고 조벽암은 자연의 리리시즘으로 복귀하는 듯하였다. 지난해 중에 출현한 이단자 이상의 시는 위기 그것의 표현이다. 이러한 시의 위기의 제양자는 조만(早晚) 초극하여야 할 것이다. 유령과 같은 관념으로서의 민중이 아니고 또 속중은 더욱 아니고, 진실로 진보적이고 의식적인 대중의 생활 속에 뛰어 들어감으로써 거기서 새로이 있는 생활 의욕 속에서 시의 동기를 발견하는 것도 한 탈출의 방법일 것이다.

어떤 시인은 신에게 의지할는지도 모른다. 또 새로운 휴머니즘이 구현의 손이 될지도 모른다. 여하간 나는 이 시의 위기는 시의 열망의 종곡이 아니고, 시의 재생의 서곡이라고 믿는다. 즉 이 위기는 시 자체에 대한 시단 전체의 자각과 또한 시인 각자의 내부에 있어서의 비약과, 최호로 외부적 정세에 대한 시인의 관심, 이러한 것은 진실로 이제로부터야 우리 시단에 현대의 호흡을 가져올 것이라고 믿는다. 다만 잊어서는 안 될 것은 시에 뜻하는 사람은 마땅히 항상 그 내부에 비약을 준비하여야 된다는 것과 어떠한 시대에서도 진보적 시인의 보수는 명성이나 유대가 아니었고 박해라는 것을 깨닫는 일이다. 그러나 "지구는 역시 돌아간다".

4 신인

고래로 대학 자체가 새로운 예술운동의 선봉이 되어 본 일은 없다. 그것은 대학 그것의 존재의 한계에서 오는 것이지만, 그것은 그것 자체의 아카데미적 정신의 반동으로서의 신정신을 기름으로써 새로운 예술운동의 요람이 될 수 있다는 아이러니컬한 특권을 때때로 발휘한다.

우리는 조선 안에서 문과를 가진 세 곳의 사학을 가지고 있다. 평양의 숭실, 경성에 연희, 이화가 그것이다. 우리는 이 문과들의 전통의 날개 밑에서 새로운 시가 나오리라고는 기대한 일이 없다. 다만 그러한 전통적 분위기 속에서 반동으로서 새로운 시가 나오지나 않을까. 또는 그러하기를 바라왔다. 그런데 지난해에는 숭실에서 김현승·민병균 등 제군, 연전에서는 몇 사람의 《삼사문학》의 동인을 내고 있어서 거기서 각각 희망 있는 요람의 노래가 들려오는 것을 느꼈다. 그들은 한결같이 라디오 체조의 무위와 무가치에는 충분히 염증을 느끼고 있는 것을 그들의 시작을 통하여 발견할 수가 있었다.

그들 각 개인에 대하여 예를 들면 영상의 과잉이라든지, 병적인 이국 취미 등은 말할 것이 많지만 그것은 다른 기회로 미루고 우선 낡은 시에 대한 불만과 시 그것에 대한 정열, 그러한 것 때문에만도 그들은 조선 시단의 진보의 일면을 증명해 주었다. 이미 일방에서는 명성이 결정된 시인 모윤숙 씨를 낸 이화에서는 그 후 노천명·주수원 등 제씨의 시작 발표를 구경하지만 아직은 새로운 시적 정신의 발로를 볼 수가 없다. 그러나 이 세 문과는 각각 양주동 씨·정인섭 씨·김상용 씨 등 우수한 문학자 또는 시인을 교수로 가지고 있으니까 금후 조선의 시단뿐 아니라 널리 문단에 많은 것을 기여할 줄 믿는다.

대체로 1934년의 후반기에는 소박한 로맨티시즘의 반동이라고도 보이는 에스프리(기지)의 시가 신인들의 시작의 대부분을 차지한 일은 주목할 현상이었다. 예를 들면 주로 동요와 짧은 시를 구경시켜 준 오장환 군과 같은 분은 비록 표현 재료로서 언어는 아직 세련되지 않은 점이 많지만, 그 놀라운 에스프리의 발화에 있어서는 때때로 콕토를 생각게 하는 대담한 곳이 있다. 만약에 조선 시단이 테니슨이나 브라우닝이나 타고르나 뮈세나 위고로부터 콕토에 가까워졌다고 하는 것은 그만치 진보를 의미하는 것이라고 생각한다.

혹은 이 신인들을 가리켜서 그들의 시작이 선진 제국의 다른 시인들의 모방이라고 하여 비난하는 것을 들은 일이 있다. 그러나 비록 모방이라고 할지라도 모방하는 그 사람의 뒤에 시인이 깃들어 있을 때 그 모방은 가치가 있다고 생각한다. 또한 선진국과 후진국 사이의 문화의 교류 속에는 항상 모방이라고 하는 일이 중대한 일을 맡아서 하는 것을 잊어서는 아니 된다. 같은 모방이라면 브라우닝의 모방과 브르통의 모방과는 시대적 의미가 다르다. 또 거기에 2년 혹은 3년의 차이가 있다고 하여 곧 늦은 편을 모방자라고 고발하는 것은 너무 경솔한 일이다.

세계문학의 최후의 단계로 향하여 각국의 문학이 서로서로 국경을 무너뜨리면서 가까워 가고 있을 때에 거기에 공통하게 움직이는 어떠한 세계 양식을 모방이라고 오진하는 일에는 나는 반대한다. 그러므로 오늘의 신인을 모방이라고 하여 비난할 때 그 고발인의 판단 속에는 혹 이러한 오진이 많이 섞여 있지 않은가 의 심한다. 다만 한 가지 우리들이 명심할 것은 우리는 결코 모방이나 에피고넨(末流)에 만족해서는 안 된다는 것이다.

그 밖에 장정심 씨가 시집 『금선』을 냈고, 황순원 씨의 시집 『방가』도 구경하였으나, 전자는 평범하였고 후자는 아직 시로서의 형성화의 과정을 충분히 밟지 않은 시 이전에 속하는 것 같았다.

시에 관련한 사건이나 문제로서는 그 밖에 안서의 역시집 『물망초』의 출판과 아울러 씨의 역시론이 《중앙일보》 지상에 발표된 일이 있었다. 씨의 역시론은 여러 가지 의미로 재미있었다. 씨는 결론으로서 번역 불가능론을 주장하였으며, 나아가서는 엄정한 의미의 객관적 번역은 있어서는 안 된다는 당위론에까지 주장을 발전시켰다. 다만 가능한 일은 원작자의 상을 따서 역자는 그 자신의 것으로 창작할 수밖에 없으며 또한 그리하여야 한다는 것이다. 씨의 역시와 함께 읽어 보면 그 역시론은 일양화(一樣化)한 씨의 역시를 합리화한 데 지나지 않는 느낌이 있어서 재미있었다.

사실 언어라고 하는 것은 끝없는 오류의 근원이며 다만 사람은 그 근사치에 만족할밖에 없는 것인지도 모른다. 한 사람의 입을 통하여 나오는 같은 말이 그 시간의 차이로부터 의미가 달라지는 극단의 예조차 발견한다. 대화와 같이 그때그때의 어조의 억양이나 표정 동작의 보조가 없이 다만 문자로 나타난 언어를 그 소재로 쓰는 시의 번역에 있어서 거의 기계적인 수학적 정확을 구하는 것은 구하는 편이 잘못이다. 여기에 번역의 한 한계가 있는 것이 사실이다. 그렇다고 해서 번역은 번역이면서도 역자가 상을 제한 외에는 마음대로 해도 좋다는 구실을 제공할 것 같지는 않다.

부득이한 한계의 범위 안에서도 그 운율·음향·분위기·정조 등에 있어서 번역으로서의 가능성은 더 넓은 것이 있을까 한다. 그 산 예로는 씨의 역시집 『오뇌의 무도』는 적어도 금번의 『물망초』처럼 그렇게 단조로운 것은 아니었으며, 거기는 각 원작자를 따라서 어느 정도의 필요한 다양성이 발현된 것을 구경하였다. 나는 씨의 번역론이 때때로 씨의 번역자로서의 재능을 스스로 죽이는 좋지 못한 결과를 가져오지나 않을까 염려한다.

에즈라 파운드는 시를 음향만을 추구하는 시와 영상과 의미를 추구하는 시의 세 부류로 나누고 전자만은 역이 불가능하다고 하였고 뒤의 양자는 가능하다고 하였다. 체계화한 역시론은 아닐지라도 아울러 참고할 점이 많다고 생각한다. 그런데 씨의 번역 불가능론은 학적으로는 토구(討究)의 여지가 많음에도 불구하고 항상 언어를 주무르는 시인으로서 언어의 숙명과 한계에 대한 한 절망적인 자각에서 나온 것이라고 생각할 때 우리는 우리 자신을 반성하지 않고는 못 견딘다. 즉 씨는 언어라는 것의 그 미묘한 작용과 변화에 대하여 시인인 까닭에 무한한 신비조차를 드디어 거기서 발견하고는 언어 그것의 번역 불가능의 결론에까지 도달한 것이다.

언어에의 자각과 파악 — 그것은 시인의 최초의 수업이다. 그럼에도 불구하고 언어를 무시한 생경한 시상의 소재를 그대로 시라고 생각하는 원시적인 사고들은 무슨 까닭에 아직까지도 문학인들 속에 남아 있을까. 이 밖에 내가 기억하는 한도 안에서는 한흑구 씨가 역시 《중앙일보》에 「현대시인의 철학적 연구」를 발표하여 조선 신시 사상의 선구자의 몇 분에 대한 연구의 일단을 보여 주었다. 이 종류의 연구는 금후 더욱더욱 있어야 할 것이며, 조선 시단의 과거는 이미 연구의 대상으로 충분히 여러 개의 제목을 품고 있다고 생각한다. 한 씨의 전기 논문은 좀 더 철학과 사상의 개념이 명확히 구별되었으면, 그리고 현실주의와 이상주의라는 너무나 단순한 두 카테고리에만 비추어 보지 말고 각각의 시인의 사상이라든지 철학을 그 자체의 특성에 의하여 발견하여 보여 주었으면 하는 희망을 가지고 하였다. 또한 현대시인의 철학적 연구(사실은 사상의 연구)이면서도 현대의 의미가 명료하지 못하였고 각 시인의 시대적 차이, 특징 등을 구별 없이 논한 것은 우리로 하여금 이해하기 어렵게 만든 혐의가 있었다.

또한 이것은 순전한 시에 대한 것은 아니지만 최재서 씨의 때때로 발표한 현대 영국 문학의 생신한 이론적 방면의 소개는 시단에도 항상 적지 아니한 좋은 영향을 미쳤다고 생각한다. 이 종류의 외국의 신문학과 그 이론의 수입은 항상 이 땅의 문단을 비익하는 일이 크다고 생각한다. 우리는 고전의 수입 음미와 아울러 우리와 함께 현대를 호흡하는 외국의 신문학의 이론과 실제에 접하는 일은 지극히 필요한 일이다. 우리는 현대에 관심하는 더 많은 독실한 외국 문학자를 가지기를 원한다.

전망이라는 제목을 걸고 회고에만 여러 회를 허비했다. 이것으로써 벌써 독자는 충분히 지리하게 생각하였을 줄 안다. 그러므로 얼마 동안 쉬어 가지고 전망의 남은 짐을 풀려고 한다. 독자의 관대한 서량(恕諒)을 빈다.

―《조선일보》(1935. 1. 1~5)

시대적 고민의 심각한 축도(縮圖)

한 사람의 작가는 작가이기 전에 우선 한 사람의 인간이다. 한 사람의 기사(技師)가 기사이기 전에 우선 인간인 것과 똑 마찬가지로 ─. 작가였다고 하는 것은 그의 한 특수한 조건이고 그는 그 일보다 먼저 또는 이상으로 인간으로서의 일반적 가치와 의무의 실현을 기도하지 않으면 아니 된다. 작가이기 위하여 그의 인간을 희생시킨다고 하는 일은 얼마나 불결한 순교(殉敎)냐. 예술을 인생 이상으로 평가한 사람들도 19세기에는 살았다. 그것은 추악한 인생에 대한 한 개의 복수로서 작가의 머리에 떠오른 사랑스러운 환상밖에 아무것도 아니다. 그 시대에는 작가들은 시대의 조류의 거친 소리가 겨우 도달할까 말까 하는 곳에 한적한 상아탑을 세우고 그 속에서 될 수 있는 대로 천사의 잠꼬대에 가까운 작품을 썼다. 그러나 오늘의 작가는 그러한 천사의 풍속을 얼마 믿지 않는다. 그는 시대의 조류의 복판에서 일을 하지 않으면 아니 된다. 그런데 시대의 조류는 반양관(半洋館)의 서재의 부근을 흐르는 게 아니라 실로 티끌에 싸인 가두(街頭)를 흐른다.

이 시대의 조류가 매우 명랑하고 순조(順調)일 때에는 우리는 그렇게 심각하게 그것을 인식하지 않으며 또 그럴 필요에 절박(切

迫)되지도 않는다. 그러나 어떤 때에는 그것은 말할 수 없이 거칠고 혼탁하여 그것을 에워싼 기상 배치가 또한 지극히 균형을 잃어서 험악한 경우가 있다. 한 개의 역사적 진통기다. 그러한 시대에는 작가는 두 가지 방면으로부터 제약을 받을 수밖에 없다. 즉 한 가지는 인간으로서의 제약, 다른 하나는 작가로서의 제약이 그것이다.

일반적 인간적 가치라고 함은 두 개의 방향으로부터 성립한다. 개인적 인격과 사회적 행동(물론 그것은 그처럼 절연(截然)한 분기점을 가진 것은 아니다.) 우선 그의 사회적 행동이 시들어 버릴밖에 없다. 따라서 그 일은 순수한 인격적 방면인 사생활에서도 탄력을 빼앗는다. 거기서 그가 인간으로서 어떠한 행동을 가지느냐 하는 것은 개개인의 윤리 관념에 의할 것이지만 여기서 과제된 중심 제목인 이에 관한 작가의 태도에 관한 평소의 사견을 피력하려 한다.

작가로서 받는 제약도 오직 막연한 분위기에서 오는 것하고 더 구체적인 직접적인 것이 있을 것이다. 그런데 문학은 작가의 신념을 표현할 수 있을 뿐 아니라 고민이나 모순도 그릴 수 있다는 것은 문학의 명예가 아니면 안 된다. 사견으로서는 문학의 능동성이라든지 적극성이라는 것은 항상 행동강령을 제시하는 일이 아니고 차라리 시대에 대한 작가의 의욕과 관심의 문제라고 생각한다. 요는 작가가 그를 에워싼 시대의 기상을 얼마나 강렬하게 감수하고 파악하여 표현하느냐 하는 데 문제가 있다고 생각한다. 그러한 한도에서 그는 능동적이고 적극적이었다고 불려질 수가 있다. 인간적으로 능동적이고 적극적이라는 일은 문학상의 그것들과는 결코 같은 것이 아니다.

우리의 주위에서는 이 시대의 고민을 가장 심각하게 축도한 작품을 그리 보지 못한다. 지극히 배회적(徘徊的)인 것이 대부분임은 유감이다.

"관찰의 타협이다."

원래 문학은 본질적으로 선언적(宣言的)이라는 것보다도 관찰적이라고 생각한다. 관찰은 문학의 지극히 중요한 면이다. 우리는 인격과 행동에 있어서 늘 더욱 선언적이고 문학에 있어서는 보다 더 관찰적이다. 이 일은 결코 문학에서 선언적 부분을 말살하는 것은 아니다. 다만 관찰을 그것보다 더 높이 그리고 무겁게 평가하는 의견이다. 심각지 못한 관찰은 우리의 문학을 관념의 화석이나 의장(意匠)에 몰아 보낸 큰 원인의 하나이다.

여하간 오늘의 작가의 앞에 놓인 길은 일등도로(一等道路)는 아니다. 꼬부라진 오솔길이다. 일등도로를 걷지 못하는 자의 모든 고뇌와 신고(辛苦)가 그에게 적응한 숙명임을 어찌할 수가 없다. 그런데 여기 재미있는 일이 있다. 오늘이야말로 셀룰로이드나 금속의 굴신성(屈伸性)이 풍부한 펜 축(軸)이 유행하지만 옛날에는 동양인은 몇천 년을 두고 오직 참대만을 붓으로 썼다. 그것은 부러는 져도 굽혀지지는 않는다. 그러한 점을 우리의 선조들은 매우 사랑했는지도 모른다.

—《조선일보》(1935. 8. 29)

을해년(乙亥年)의 시단

오늘의 우리 시단을 이야기할 때에 우리는 비관과 낙관을 할 구실을 함께 가지고 있다. 비관은 주로 시의 주위를 에워싼 혼돈 때문이고 낙관은 물론 일부의 활발한 척후대(斥候隊)의 꾸준한 탐구를 신뢰하는 까닭이다. 만약에 이 탐구의 정신이 죽었다면 그 시단은 무덤을 이야기하는 이상의 흥미를 우리에게서 자아낼 수는 없을 게다. 그 탐구의 정신은 언제든지 별 아래 대상(隊商)처럼 고독해도 좋다. 그것은 그것 자체의 발선(發先)에 의하여 그 신변에 이윽고는 망원경들을 집중시키는 새 성망(星芒)일 것이다. 스스로 나아가서 망원경에게 타협을 신청하는 것은 비겁하다.

그러므로 그 불발한 에스프리(esprit)의 보육을 위하여 생겨난 《삼사문학(三四文學)》이 기성 문인에게 향하여 충고와 같은 것을 기대하는 설문을 보낸 것은 망원경에 대한 악수의 신청에 틀림없다. 그것을 유감으로 생각하는 동안에 《삼사문학》은 벌써 연령을 느끼고 그만 폐간이 되고 오직 이시우(李時雨) 씨의 에스프리의 발화가 남았다.

이 하이칼라한 일 현대인은 우선 낡은 시에 대한 고상한 결벽을 가졌다. 그러나 될 수 있는 대로 표백된 형이상학에 승화하려는 구라파적 예술 사상의 충실한 중독을 그가 피할 수 없었던 것은 한 가지로 비뚤어진 교양 때문일까. 그러니까 씨는 오색 투명한 형이상학의 옹호를 위하여 그것에 적응할 수 있는 시적 귀족의 창설까지 바리지 않았는가. 그러나 군과 우리의 앞에서 우리가 머리를 앓아야 할 수없는 시의 문제가 가로놓여 있다. 군은 그러한 고민에 가장 민감할 수 있는 젊은 에스프리에 속하는 한 사람이다. 따라서 내일을 믿고 싶은 가장 큰 기대를 약속하는 한 사람이기도 하다.

　이 이시우 씨에 정신적 근사(近似)를 많이 가지고 있는 이상 씨의 침묵은 대체 무슨 까닭일까. 혹은 이시우 씨의 한 걸음 더 앞에서 벌써 돌부리를 걷어찬 까닭이 아닐까.

　김광균(金光均)·김조규(金朝奎)·민병균(閔丙均)·김현승(金顯承) 제씨의 세계가 아직도 조심스러운 이미지즘(imagism)에 그친 것은 매우 유감이다. 우리는 벌써부터 예복을 입기에는 너무나 젊지 않은가. 우리가 모험을 중지하나니 그러면 콜럼버스보다도 비겁해서야 될 수 있느냐. 오랜 프로 시인 임화(林和) 군은 황막한 폐허에서 혼자 소리를 높여 어두운 노래를 부른다. 이때 나로는 애절참절(哀切慘絶)한 회상의 노래는 늘 노전사의 백구의 노래를 연상시켜서 읽는 사람의 가슴을 에이나, 그것은 그의 시에 엉클어 있는 개인적·사회적 전설 때문이고 그 시경(詩境)은 의연히 센티멘털·로맨티시즘이어서 시의 진보에는 얼마 관련하고 있지 않은 것 같다. 그 밖에 이병각(李秉珏) 씨의 10월 중 《중앙일보》에 실린 아도와의 성전(聖戰)을 비웃은 풍자시는 근래의 수확이라고 생각한다.

　이 글을 쓰는 때까지는 안 나왔으나 불일 간에 정지용(鄭芝溶) 시집이 나오리라고 전하는데 이것은 금년 시단 아니 우리 신시사상의 한 피라미드를 지시할 것으로 여기 정지용 이전과 정지용 이후라는 말이 명실 함께 확립될 것이라고 믿는다. 그래서 금후의 시인은 적어도 정지용 이전에서 헤매는 도노(徒勞)는 면할 것이다.

신석정(辛夕汀) 씨의 목가의 리리시즘은 여전히 아름다웠다. 이하략(以下略) ─ . 잡지《시원(詩苑)》이 여하간에 시의 전문 잡지로서 계속하고 있는 것은 유쾌한 일이다. 다만 별장 지대의 아담한 정원이 되는 일에 스스로 만족지 말고 나아가서 시의 진보의 요람이라면 시단과《시원》을 위하여 함께 반가운 일일 것이다.

─《학등》3권 12호(1935. 12)

『사슴』을 안고

— 백석(白石) 시집 독후감

녹둣(綠豆)빛 더블브레스트를 젖히고 한대(寒帶)의 바다의 물결을 연상시키는 검은 머리의 웨이브를 휘날리면서 광화문통 네거리를 건너가는 한 청년의 풍채는 나로 하여금 때때로 그 주위를 몽파르나스로 환각시킨다. 그렇건마는 며칠 전 어느 날 오후에 그의 시집 『사슴』을 받아 들고는 외모와는 너무나 딴판인 그의 육체의 또 다른 비밀에 부딪쳤을 때 나의 놀램은 오히려 당황에 가까운 것이었다. 표장(表裝)으로부터 종이, 활자, 여백의 배정에 이르기까지 그 시인의 주관의 호흡과 맥박과 취미를 이처럼 강하고 솔직하게 나타낸 시집을 나는 조선서는 처음 보았다.

백석의 시에 대하여는 벌써 《조광》 지상을 통해서 오래전부터 친분을 느껴 오던 터이지만 이번에 한 권의 시집으로 성과된 것과 대면하고는 나의 머리의 한구석에 아직까지는 다소 몽롱했던 시인 백석의 너무나 뚜렷한 존재의 굳센 자기 주장에 거의 압도되었다. 유니크하다고 하는 것은 한 시인, 한 작품의 생명적인 부분에 해당한다. 어떠한 시인이나 작품에 우리가 매혹하는 것은 그의 또는 그것의 유니크한 풍모에 틀림없다.

시집 『사슴』의 세계는 그 시인의 기억 속에 쭈그리고 있는 동화와 전설의 나라다. 그리고 그 속에서 실로 속임 없는 향토의 얼굴이 표정한다. 그렇건마는 우리는 거기서 아무러한 회상적인 감상주의에도 불어오는 복고주의에도 만나지 않아서 이 위에 없이 유쾌하다. 백석은 우리를 충분히 애상적(哀傷的)이게 만들 수 있는 세계를 주무르면서도 그것 속에 빠져서 어쩔 줄 모르는 것이 얼마나 추태라는 것을 가장 절실하게 깨달은 시인이다. 차라리 거의 철석(鐵石)의 냉담에 필적하는 불발한 정신을 가지고 대상과 마주선다. 그 점에 『사슴』은 그 외관의 철저한 향토 취미에도 불구하고 주책없는 일련의 향토주의와는 명료하게 구별되는 모더니티를 품고 있는 것이다.

유니크하다는 것은 그의 작품의 성격에 대한 형용이지만 또한 그 태도에 있어서 우리를 경복(敬服)시키는 것은 한 걸음의 양보의 여지조차를 보이지 않는 그 치열한 비타협성이다. 어디까지든지 그 일류의 풍모를 잃지 아니한 한 권의 시집을 그는 실로 한 개의 포탄을 던지는 것처럼 새해 첫머리에 시단에 내던졌다. 그러나 그는 그가 내던진 포탄의 영향에 대하여는 도무지 고려하는 것 같지도 않다. 그는 결코 일부러 사람들에게 향하여 그 자신을 인정해 주기를 바라지 않는다. 아유(阿諛)라고 하는 것은 그하고는 무릇 거리가 먼 예외다. 그러면서도 사람으로 하여금 끝내 그를 인정시키고야 만다. 누가 그 순결한 자세에 감하지 않을 수가 있을까. 온실 속의 고사리가 아니다. 표본실의 인조 사슴은 더군다나 아니다. 심산유곡의 영기를 그대로 감춘 한 마리의 『사슴』은 이미 시인의 품을 떠나서 시단을 달려가고 있다. 그가 가지고 온 산나물은 우리들의 미각에 한 경이임을 잊지 아니할 것이다.

나는 이 아담하고 초연한 『사슴』을 안고 느낀 감격의 일단이나

마 동호의 여러 벗에게 전하지 않고는 견딜 수 없었다. 상기 같은 기쁨을 가지기를 독자에게 권하려 한다. 망언다사(妄言多謝). (발행소 경성부 통의동 76, 정가 2원)

―《조선일보》(1936. 1. 29)

『정지용 시집』을 읽고

　넥타이를 모양 있게 맨다고 하는 것만으로는 신사의 취미 이외의 아무것도 아니라고 할는지 모른다. 우단 망토를 입은 오스카 와일드는 오늘의 청년들에게는 벌써 우스꽝스럽다고 할는지도 모른다.
　그러나 고상한 교양과 세련된 감성을 표시하는 검정 넥타이를 단정하게 매고 우단이 아니라 밤빛의 라사 망토로써 그 불결한 주위로부터 자신을 가리려는 듯이 몸을 두른 한 사람의 시인이 저 센티멘털 로맨티시즘의 잡초와 관목이 우거진 1920년대의 저물음의 조선 시단이라는 황무지를 걸어가는 모양을 상상만 해 보아도 우린 유쾌하다. 검정빛 넥타이는 얼굴의 유리빛 명랑과는 딴판으로 '당나귀처럼 처량한' 그의 마음의 상장(喪章)이라.(「갈매기 귀로」) 그런 까닭에 시인 지용의 출발은 실로 이렇게도 중세기의 기사전(騎士傳)처럼 고독하고도 화사했던 것이다. 그러나 나는 결코 탱크를 타고 황무지를 침략하려고 하지는 않았다. 장갑자동차는 커녕 자동자전거조차 타지 않았다. 그것들은 그의 물제비처럼 단아한 감성에 너무 거칠었던 까닭이다. 그는 신라 다락 같은 말을 몰아서 주위의 뭍 황량에 경멸에 찬 시선을 던지면서 새로운 시의 지평선으로 향해서 황야를 돌진했던 것이다.(「말 1·2」) 1933년까지도 사람들의 무딘 귀는 그들에게 익숙지 않은 말발굽 소리를 깨닫지는 못했다. 하나 어느새 그가 달려가는 길의 좌우에서 또는 전후에서 마치 그 발자취에 놀라서 깨어난 것처럼 몇 낱의 새로운 시의 병아리들이 황망히 날기 시작했다. 이 불길한 기사는 오늘도 계속해서 달리고 있다. 이제 그가 지나온 귀중한 발자취를 한 권의 시집에 모아서 한꺼번에 바라볼 수가 있다는 것은 실로 우리들에게 행복이 한 가지 더할 일임에 틀림없다. 우리는 오히려 너무나 오랫동안 기다리던 것이 늦게야 나왔음에 야속함을 느낄 지경이다. 사람들은 이 단려한 장정 속에 쌓인 아름다운 시집에 의해서 낡은 시와 새로운 시라느니보다도 시 아닌 것과 참말 시의 경계를 다시 한번 뚜렷하게 분별할 것이다. 또한 이러한 시집에도 무슨 전설이 붙어 다니기 쉽고 그 전설은 실상은 그 책의 가치와는 아무 관계가 없는 것이나 그것이 그 책에 어떠한 인간적인 체온을 느끼게 하는 것은 사실이다. 이 시집의 탄생에 뭇 산파의 노력을 다한 박용철(朴龍喆) 씨의 어여쁜 우정은 이 시집의 뒤에 숨은 아름다운 전설의 하나일 것이다.

―《조광》 2권 1호(1936. 1)

걸작에 대하여

작가나 시인이 늘 걸작만 쓴다고 하는 것은 견딜 수 없는 일이다. 만약에 누가 계속해서 걸작만을 쓴다고 가정하면 그것은 벌써 걸작이 될 수 없다라고 하는 말은 결코 여러 개의 같은 수준은 허락하지 않는다. 한 시대 한 연도(年度) 한 파(派) 혹은 한 작가에게 있어서 뛰어나게 좋은 작품이 나타났을 때에만 그 작품에 걸작이라 칭호를 붙여 주는 것이다. 그러니까 걸작이라는 말은 그 말 자체에 영웅성을 가지고 있다고 생각한다. 그리고 민중이나 시대가 작가나 시인에게 바치는 최고의 영예를 의미하는 말이다. 일생 동안에 한 개의 걸작도 내놓지 못한 작가나 시인의 생애란 그것처럼 참담한 것은 없을 것이다. 그러나 우리는 또한 누구나 계속해서 걸작을 쓸 수는 없으니까 안심해도 좋을 것이다.

T. S. 엘리엇(Eliot)은 작가의 제작 과정에서 걸작이 나오는 것은 5년 혹은 10년 만에나 있을 일이라고 말하였다. 즉 경험의 성장이라는 것은 매우 지지한 것으로서 거의 의식에조차 떠오르지 않는다는 것이다. 그 경험이 눈에 띄지 않는 동안에는 쉴 새 없이 자라서 5년이나 10년에 한 번씩 그 총체가 모여서는 한 큰 걸작이 생기는 것이다. 그래서 시인은 그 걸작을 쓸 순간에 다닥칠 때에

망설이지 않도록 평소에 일주일에 다만 몇 시간씩이라도 시작의 연습을 계속해야 한다고 말했다.

또 시인의 얼의 성장을 그는 시인으로서의 기술적 수련의 선(線)과 인간으로서의 성장의 선의 두 선으로 나누어서 가상(假想)하고는 그러한 경험이 어떠한 절정에서는 일치하는 것이라고 추단(推斷)했다. 그가 말하는 경험이란 다름이 아니라 정열과 모험의 소산이며 또 독서와 사색 그 밖에 여러 방면의 흥미와 교제까지도 포함시킬 것이라고 설명했다.(엘리엇의 『파운드 시 선집』 「서문」 참조)

그런데 나에게는 작가를 따라서는 성격적으로 걸작을 쓰지 못할 사람과 쓸 수 있는 사람이 구별되어 있는 것같이 생각된다. 가령 어떤 사람은 한 번도 태작(駄作)은 발표하는 일이 없고 쓰는 것마다 주옥같은 가작(佳作)인 사람이 있는 그는 호메로스의 한 번 실수조차 할 성싶지 않다. 그 대신 그는 일생을 통해서 한 번도 걸작을 쓰지 못할는지 모른다.

그러나 한편에는 항용 태작을 쓰는데 가끔 가다가 엉뚱한 걸작을 내놓아서 사람들을 놀래는 작가나 시인도 있다. 그의 많은 태작은 말하자면 그의 걸작의 뭍 준비인 것같이 보인다. 그래서 제3류 이하의 비평가는 그의 태작만 들어서 악평을 하고 제1류의 비평가는 걸작을 위하여 태작을 가려 버리는 관대(寬大)를 보인다.

원컨대 일생에 한편의 태작도 남기고 싶지는 않다. 그러나 한편으로는 일생에 단 한 편이라도 좋으니 걸작을 남기고는 싶다. 그러나 그중에서 다만 하나만 가려야 된다고 하면 나는 차라리 후자의 편을 들고 싶다.

일상생활에 있어서도 아무 실수 없이 얌전하게 사는 사람이 있다. 또 항용 실수를 하는데 그러다가도 가끔 뛰어난 모험이나 비약을 감행하는 사람도 있다. 전자와 같은 생활 태도를 나는 얼마 존중하지 않는다. 그러한 생애는 자연주의 작가의 소설에나 맡겨 두면 그만이다. 그의 정치적·도덕적 공죄(功罪)에 대한 판단은 물론 다르지만 단순히 생활 태도로서는 만인의 선량한 시민보다도 한 사람의 나폴레옹에 나는 무한히 마음을 끌린다.

—《시와 소설》1호(1936. 3)

민족과 언어

얼마 전부터 내 가슴에 걸려서 아직까지도 잘 내려가지 않는 것은 '민족과 언어'의 문제다. 또 여러 제국의 그 식민지에 대한 언어 정책이 각각 어떻게 다르고 같은가 한 점도 알고 싶다.

오토 바우어(Otto Bauer)인가, 민족을 가리켜 언어공동체라고 하였다. 민족의 본질을 밝히는 데 정치적·경제적 요점을 쏙 빼놓은 것은 매우 관념적이나 여하간에 민족과 그 언어는 실로 긴밀 이상의 관계가 있는 것 같다. 이 점에서 늘 문제는 혼란을 일으키기 쉽다. 즉 원리와 정책(이상과 현실)의 혼동이 그것이다. 나는 역사의 마지막 날까지도 어느 민족이 그 언어를 끌고 가야만 된다고까지는 말하지 않는다. 그런 고집하고 어리석은 생각이 어디 있을라고.

다만 현실의 문제로서는 일의 성질이 매우 다르다. 즉 현 단계에서는 한 민족이 그 민족의 말을 내던지는 것은 역사의 진전에 대한 봉사가 아니고 도리어 그 배반(背叛)이라는 것을 깨닫는 것은 실로 중요한 일이다. 민족어의 소멸, 민족문화의 소멸, 그래서 단일 문화의 실현은 역시 민족들 사이의 물적 경계가 없어지고 훨씬 뒤에 올 일이 아닐까. 암만해도 그게 옳은 생각이다.

─《조선일보》(1936. 8. 28)

고(故) 이상(李箱)의 추억

상(箱)은 필시 죽음에게 진 것은 아니리라. 상은 제 육체의 마지막 조각까지라도 손수 길러서 없애고 사라진 것이리라. 상은 오늘의 환경과 종족과 무지 속에 두기에는 너무나 아까운 천재였다. 상은 한 번도 잉크로 시를 쓴 일은 없다. 상의 시에는 언제든지 상의 피가 임리(淋漓)하다. 그는 스스로 제 혈관을 짜서 '시대의 혈서'를 쓴 것이다. 그는 현대라는 커다란 파선에서 떨어져 표박하던 너무나 처참한 선체(船體) 조각이었다.

다방 N, 등의자(藤倚子)에 기대 앉아 흐릿한 담배 연기 저편에 반나마 취해서 몽롱한 상의 얼굴에서 나는 언제고 '현대의 비극'을 느끼고 소름쳤다. 약간의 해학과 야유와 독설이 섞여서 더듬더듬 떨어져 나오는 그의 잡담 속에는 오늘의 문명의 깨어진 매커니즘이 엉켜 있었다. 파리에서 문화 옹호를 위한 작가대회가 있었을 때 내가 만난 작가나 시인 가운데서 가장 흥분한 것도 상이었다.

상이 우는 것을 나는 본 일이 없다. 그는 세속에 반항하는 한 악(?)한 정령이었다. 악마더러 울 줄을 모른다고 비웃지 말아라. 그는 울다울다 못해서 인제는 누선(淚腺)이 말라 버려서 더 울지 못하는 것이다. 상이 소속한 20세기의 악마의 종족들은 그러므로 번영하는 위선의 문명에 향해서 메마른 찬 웃음을 토할 뿐이다.

흐리고 어지럽고 게으른 시단의 낡은 풍류에 극도의 증오를 품고 파괴와 부정에서 시작한 그의 시는 드디어 시대의 깊은 상처에 부딪쳐서 참담한 신음 소리를 토했다. 그도 또한 세기의 암야 속에서 불타다가 꺼지고 만 한 줄기 첨예한 양심이었다. 그는 그러한 불안 동요 속에서 '동(動)하는 정신'을 재건하려고 해서 새 출발을 계획한 것이다. 이 방대한 설계의 어구에서 그는 그만 불행히 자빠졌다. 상의 죽음은 한 개인의 생리의 비극이 아니다. 축쇄(縮刷)된 한 시대의 비극이다.

시단과 또 내 우정의 열석(列席) 가운데 채워질 수 없는 영구한 공석을 하나 만들어 놓고 상은 사라졌다. 상을 잃고 나는 오늘 시단이 갑자기 반세기(半世紀) 뒤로 물러선 것을 느낀다. 내 공허를 표현하기에는 슬픔을 그린 자전 속의 모든 형용사가 모두 다 오히려 사치하다. '고 이상'—내 희망과 기대 위에 부정의 낙인(烙印)을 사정없이 찍어 놓은 세 억울한 상형문자야.

반년 만에 상을 만난 지난 3월 스무 날 밤, 동경 거리는 봄비에 젖어 있었다. 그리로 왔다는 상의 편지를 받고 나는 지난겨울부터 몇 번인가 만나기를 기약했으나 종내 선대(仙臺)를 떠나지 못하다가 이날이야 동경으로 왔던 것이다.

상의 숙소는 구단(九段) 아래 꼬부라진 뒷골목 2층 골방이었다. 이 '날개' 돋힌 시인과 더불어 동경 거리를 만보(漫步)하면 얼마나 유쾌하랴 하고 그리던 온갖 꿈과는 딴판으로 상은 '날개'가 아주 부러져서 기거(起居)도 바로 못 하고 이불을 뒤집어쓰고 앉아 있었다. 전등불에 가로 비친 그의 얼굴은 상아(象牙)보다도 더 창백하고 검은 수염이 코밑과 턱에 참혹하게 무성하다. 그를 바라보는 내 얼굴의 어두운 표정이 가뜩이나 병들어 약해진 벗의 마음을 상해 올까 보아서 나는 애써 명랑을 꾸미면서

"여보, 당신 얼굴이 아주 페이디아스(Phidias)의「제우스 신상(神像)」같구려."

하고 웃었더니 상도 예의 정열 빠진 웃음을 껄껄 웃었다. 사실은 나는 뒤비비에(Julien Duvivier)의「골고다」의 예수의 얼굴을 연상했던 것이다. 오늘 와서 생각하면 상은 실로 현대라는 커다란 모함에 빠져서 십자가를 걸머지고 간 '골고다'의 시인이었다.

암만 누우라고 해도 듣지 않고 상은 장장 두 시간이나 앉은 채 거의 혼자서 그동안 쌓인 이야기를 풀어놓는다. 엘먼[1]을 찬탄하고 정돈(停頓)에 빠진 몇몇 벗의 문운(文運)을 걱정하다가 말이 그의 작품에 대한 월평에 미치자 그는 몹시 흥분해서 속견(俗見)을 꾸짖는다. 재서(崔載瑞)의 모더니티를 찬양하고 또 씨의「날개」평(評)은 대체로 승인하나 작자로서 다소 이의(異議)가 있다고도 말했다. 나는 벗이 세평에 대해서 너무 신경과민한 것이 벗의 건강을 더욱 해칠까 보아서 시인이면서 왜 혼자 짓는 것을 그렇게 두려워하느냐, 세상이야 알아주든 말든 값있는 일만 정성껏 하다가 가면 그만이 아니냐 하고 어색하게나마 위로해 보았다.

상의 말을 들으면 공교롭게도 책상 위에 몇 권의 상스러운 책자가 있었고 본명 김해경(金海卿) 외에 이상(李箱)이라는 별난 이름이 있고 그리고 일기 속에 몇 줄 온건하달 수 없는 글귀를 적었다는 일로 해서 그는 한달 동안이나 ○○○에 들어가 있다가 아주 건강을 상해 가지고 한 주일 전에야 겨우 자동차에 실려서 숙

---

[1] 미샤 엘먼(Micha Elman, 1891~1967). 러시아 출신의 미국 바이올린 연주자.

소로 돌아왔다는 것이다. 상은 그 안에서 다른 ○○주의자들과 마찬가지로 수기를 썼는데 예의 명문에 계원도 찬탄하더라고 하면서 웃는다. 서신전(西神田) 경찰서원 속에조차 애독자를 가졌다고 하는 것은 시인으로서 얼마나 통쾌한 일이냐 하고 나도 같이 웃었다.

음식은 그 부근에 계신 허남용 씨 내외가 죽을 쑤어다 준다고 하고 마침 소운(素雲)이 동경에 와 있어서 날마다 찾아 주고 주영섭(朱永涉) 한천(韓泉) 여러 친구가 가끔 들러 주어서 과히 적막하지는 않다고 한다.

이튿날 낮에 다시 찾아가서야 나는 그 방이 완전히 햇빛이 들지 않는 방인 것을 알았다. 지난해 7월 그믐께다. 아침에 황금정(黃金町) 뒷골목 상의 신혼 보금자리를 찾았을 때도 방은 역시 햇빛 한줄기 들지 않는 캄캄한 방이었다. 그날 오후 조선일보사 3층 뒷방에서 벗이 애를 써 장정을 해 준 졸저(拙著) 『기상도』의 발송을 마치고 둘이서 창에 기대서서 갑자기 거리에 몰려오는 소낙비를 바라보는데 창전(窓前)에 뱉는 상의 침에 빨간 피가 섞였었다. 평소보터도 상은 건강이라는 속된 관념은 완전히 초월한 듯이 보였다. 상의 앞에 설 적마다 나는 아침이면 정말체조(丁抹體操)를 잊어버리지 못하는 내 자신이 늘 부끄러웠다. 무릇 현대적인 퇴폐에 대한 진실한 체험이 없는 나는 이 점에 대해서는 늘 상에게 경의(敬意)를 표했다. 그러면서도 그를 아끼는 까닭에 건강이라는 것을 너무 천대하는 벗이 한없이 원망스러웠다.

상이 스스로 형용해서 천재일우(千載一遇)의 기회라고 하면서 모처럼 동경서 만나 가지고도 병으로 해서 뜻대로 놀러 다니지 못하는 것을 한탄한다. 미진(未盡)한 계획은 4월 20일께 동경서 다시 만나는 대로 미루고 그때까지는 꼭 맥주를 마실 정도라도 건강을 회복하겠노라고, 그리고 햇볕이 드는 옆방으로 이사하겠노라고 하는 상의 뼈뿐인 손을 놓고 나는 동경을 떠나면서 말할 수 없이 마음이 캄캄했다. 상의 부탁을 부인께 아뢰려 했더니 내가 서울 오기 전날 밤에 벌써 부인께서 동경으로 떠나셨다는 말을 서울 온 이튿날 전차 안에서 조용만(趙容萬) 씨를 만나서 들었다. 그래 일시 안심하고 집에 돌아와서 잡무에 분주하느라고 다시 벗의 병상(病狀)을 보지도 못하는 사이에 원망스러운 비보가 달려들었다.

"그럼 다녀오오. 내 죽지는 않소."

하고 상이 마지막 들려준 말이 기억 속에 너무 선명하게 솟아올라서 아프다.

이제 우리들 몇몇 남은 벗들이 상에게 바칠 의무는 상의 피 엉킨 유고를 모아서 상이 그처럼 애써 친하려고 하던 새 시대에 선물하는 일이다. 허무 속에서 감을 줄 모르고 뜨고 있을 두 안공(眼孔)과 영구히 잠들지 못할 상의 괴로운 정신을 위해서 한 암담하나마 그윽한 침실로서 그 유고집을 만들어 올리는 일이다.

나는 믿는다. 상은 갔지만 그가 남긴 예술은 오늘도 내일도 새 시대와 함께 동행하리라고.

─《조광》 3권 6호(1937. 6)

「심문(心紋)」의 생리

　한 세대를 대표하는 문체라고 하는 것은 그 세대가 가지고 있는 시대감각의 솔직한 표현이기도 하다. 최명익(崔明翊) 씨의 「심문」이 가진 매력의 하나는 그 문체가 지용(芝溶)……태원(泰遠)……이상(李箱)……을 거쳐서 자라 온 새 어법을 섭취하고 용해해서 한 개의 특이한 감각과 신경에 떨리고 있는 점에도 있다.
　거기에 그려진 세 주요한 성격은 한결같이 '오늘'이라고 하는 분위기 속에서 자라난 이상스러운 말하자면 '인생의 망명자'들이다. 우리들의 정신 속에는 그러한 망명자가 전부 혹은 부분적으로 깃들이고 있지나 않을까. 그래서 그것이 바로 「심문」이 빚어내는 정서에 공명하는 것이나 아닐까. 이상(李箱)의 매력의 일부도 분명히 거기 있었다고 생각한다.
　칼날 같은 감성을 가졌고 유리같이 맑은 지성을 가졌으면서도 에워싼 현실을 무너뜨리고 뚫고 나갈 의지 행동에는 연약하기 짝이 없는 사람들…… 그들은 아무 곳에고 도피할 곳을 찾는다. 혹은 여행에, 혹은 술에, 혹은 아편에…… 그들은 단순한 사회적 죄인으로서 취급하지 않고 그들의 정신과 육체에 시대가 남긴 상처들을 껴안는 작자의 따뜻한 그러나 도취하지 않는 마음이야말로

이 작품이 가진 박력의 출처가 아닐까.

　다만 아편 중독자가 스스로 몇 번이고 중독자라고 부르고 또 여옥(如玉)이가 역시 그도 중독자인 종달새를 보고 사나이의 앞에서

"너나 내나 그새를 못 참아서 이 망신이냐."

하고 말하는 것 같은 데는 너무 설명적이어서 귀에 거슬린다. 또 조롱 안의 종달새는 상징으로 쓴 모양인데 그 상징이 너무 눈에 띄도록 선명해서 상징으로서의 효과를 오히려 죽이지나 않았을까. 그리고 완벽에 가깝도록 통일된 묘사 속에서 가깝게도 "서너 집 만에야 여옥을 발견하였다."(《문장》 6월호 15면 1~2행)와 같은 줄은 소용없는 설명이어서 미끄러운 인상의 흐름에 금을 내 놓는다.

—《조선일보》(1939. 6. 2)

『성벽』을 읽고

― 오장환(吳章煥) 씨의 시집

지식인은 현실에 대한 평범한 적응자는 아닐 것이다. 그는 현실의 분석자며 또 비판자다. 그렇다면 우리는 어떤 문화의 부문에 향해서도 역사와 현실에 대한 양심을 물을 권리가 있을 터이다. 시의 쇠멸(衰滅)을 운위하는 것은 오늘 서양을 타기하는 것과 함께 유행처럼 되어 있지만, 나는 시의 쇠멸이란 소설이 천 부를 인쇄하는데 시집은 겨우 백 부를 인쇄한다는 산술적인 사실을 가리켜 말하는 것은 아니라고 생각한다. 시집은 혹은 열 부만 바쳐도 좋다. 다만 그 속에서 세대에 대한 양심이 들려올 때 우리는 어떤 유의 소설의 번영을 반드시 질투할 필요는 없다.

오장환 씨는 일찍이는 길거리에 버려진 조개껍질을 귀에 대고는 바다의 파도 소리를 듣는 아름다운 환상과 직관의 시인이었다. 그러나 이번 『성벽(城壁)』에 골라서 엮은 시편들은 그러한 꿈의 세계와는 딴판으로 성숙하고, 생각 많은 청년의 정렬에 끓는 고백으로써 꿰뚫어져 있다. 그것은 귀공자의 옷깃을 장식할 진주 부스러기는 아닐지 몰라도 분명히 읽는 사람들의 정신에 정열과 양심을 점화하는 불꽃들이다. 우리는 이 한 권을 통해서 오장환 씨의 치열한 정진의 기백과 아울러 그 건강한 진전의 방향을 알았다.

씨는 새 타입의 서정시를 세웠다. 거기 담겨 있는 감정은 틀림없이 현대의 지식인의 그것이다. 현실에 대한 극단의 불신임, 행동에 대한 열렬한 지향, 그러면서도 이지와 본능의 모순 때문에 지리멸렬해 가는 심리의 변이, 악과 퇴폐에 대한 깊은 통찰, 혼란 속에서도 어떠한 질서는 추구해 마지않는 비극적인 노력, 무릇 그러한 연옥(煉獄)을 통과하는 현대의 지식인의 특이한 감정에 표현을 주었다. 우리 시는 분명히 자랐다. 지용(芝溶)에게서 아름다운 어휘를 보았고 이상(李箱)에게서 이미지와 메타포의 탄력성을, 백석에게서 어두운 동양적 신화를 찾았다. 『성벽』 속에서 그러한 여러 여음(餘音)을 듣는 것은 우리 시가 한 전통 속에서 꾸준히 자라가고 있다는 반가운 증거다. 『성벽』 한 권은 씨가 도달한 새 계단 위에 세워진 푯말이다. 또한 우리 시의 전위부대의 견뢰(堅牢)한 일방의 보루일 것이다. (발행소 경성부 경운동 96 풍림사, 정가 1원)

—《조선일보》(1937. 9. 18)

촛불을 켜 놓고

── 신석정(辛夕汀) 시집 독후감

    석정(夕汀)이 사는 곳에 호수가 있고 없는 것을 나는 분명히 모른다. 그러나 석정의 시는 언제나 저 강한 햇볕이나 달빛조차를 피해서 산그늘에 숨은 작은 호숫가로 우리를 데리고 가곤 했다. 석정은 거기서 산비둘기들과 새 새끼들과 구름과 그러한 것들의 '이미지'의 양 떼를 기르는 어딘지 고향을 모르는 목자였다.
    이윽고 별들이 부서지는 오솔길을 거쳐서 그의 초가집으로 돌아온 뒤에도 그는 차마 대낮의 가엾은 '이미지'의 떼를 찬 어둠 속에 내버려 둘 수가 없어서 그의 침실로 그들을 끌어들인다. 이 어린 '이미지'들이 겁을 내서 달아날까 봐 그의 조심스러운 마음은 될 수 있는 대로 희미한 촛불을 켜 놓는다. 그러고는 그의 양 떼를 어루만져 준다. 다음에는 어느새 양 떼도 목자도 아름다운 꿈과 어머니의 목소리를 맞이하러 잠의 문을 연다.
    고요한 시간을 가질 적마다 '메소포타미아'의 어느 풀숲 속에 우리들의 어머니와 청춘과 꿈을 두고 온 것처럼 문득 생각하곤 하는 것은 현대에 사는 사람들의 공통한 향수인 듯하다. 석정의 시가 우리에게 다닥쳐 오는 것은 이 인류사적이라고도 할 현대인의 향수를 노래한 까닭이 아닐까. 얼른 보아서는 구약성서에서라도 튀어나올 듯한 '이미지'들인데, 만약에 그것들이 무슨 신비의 보자기라도 뒤집어쓰고 나온다면 한낱 망쳐 놓은 '마테를링크'밖에 도리 것이 없다. 다만 건강하고 원시적인 말하자면 어린이의 세계다. 이 점이 또한 우리와 쉽사리 친할 수 있는 이유이기도 하다.

그래서 그가 조용히 그의 꿈을 이야기하는 말은 결코 저 운문의 때가 다닥다닥 묻은 배우의 말이 아니었다. 자못 소박하고 자연스러운 회화의 '리듬'을 가지고 우리들의 곁에서 말을 건넨다. 여기 그의 어법의 독특한 매력이 있었다.

석정은 벌써 10년의 경력을 가진 시인이다. 혹은 그가 그렇게 아껴하는 호수의 평온을 기르기에는 오늘의 천후(天候)는 너무 험할지 모른다. 그러나 우리의 새로운 시가 적어도 새로운 풍모를 갖추게 되었다고 하면 석정의 시풍은 '시의 오늘'을 길러 온 유력한 산모의 한 사람일 것이다. 어제 씨의 첫 시집 『촛불』이 씨의 10년간의 수확을 한곳에 싣고 너무 늦게야 나왔다. 시인은 겸손하게 '촛불'이라고 불렀으나, 그러나 그것은 분명히 우리 신시사(新詩史)의 최근 일편의 한모를 황황하게 밝히던 횃불이었던 것이다. (경성 광화문통 인문사 발행, 정가 1원 20전)

—《조선일보》(1939. 12. 25)

신춘 좌담회

── 문학의 제 문제

금후 문단의 주력부대

이태준: 작년 일 년 동안은 《인문평론》, 《문장》 두 문예 잡지가 새로 나왔고, 문고, 전집 등도 예년에 비겨 많이 나왔습니다. 신인들도 신춘현상문예 외에 저희 《문장》지 추천으로 예년보다 많이 나타났습니다. 재작년까지 침체란 말이 유행했으나 작년 일 년은 대단히 활발했다고 보는데 질(質)로는 어떠했는지 알고 싶습니다.

이원조: 작년에 나온 작품은 수효만 치더라도 이백몇 편인데 이에는 물론 문장사의 공적이 크나 하여간 예년에 없는 성황이었습니다. 그런데 양으로 본다면, 대가, 신인 다 많이 썼으나 금년 일 년의 창작계의 중심은 중견작가들에게 있었다고 생각합니다. 일반적으로 보아 질에서나 양에서나 중견이 예년에 없이 정력적으로 노력했고 활약했습니다. 개개의 작품을 들어서는 말할 수 없고 또 전체적으로 본다면 《문장》이나 《조광》에 실린 총평과 동(同)의견입니다.

임화: 사실 대단히 흥미 있는 것은 중견 얘깁니다. 작년까지도 그렇게 생각지 안 했는데 금년에 보니 그 성과가 확실합니다.

현 조선 문단의 중심은 역시 중견에 있는 것 같습니다. 최근의 조선 문단의 인(人)의 구성은 금년에 들어 중견으로 확립했지요. 말하자면 우리 또래가 제일 공부했고 또 장래도 그들이 중요한 일을 하리라 생각합니다.

김기림: 신인들에게 좀 더 역량이 있었으면 하고 기대했는데 금년에 들어 보니 이전엔 슬럼프에 빠졌던 중견이 도리어 그 지위를 확립했다는 것은 사실입니다. 가령 최명익(崔明翊) 씨의 「심문(心紋)」을 예로 든다면 우리들이 그러한 것을 기다리고 있을 때에 그것이 나왔으나 그 뒤에는 겁이 나는지 위축됐든지 폭탄적으로 계속해서 나오지를 못합니다.

임화: 그러나 실력에 있어 신인들이 떨어지는 것은 사실이지요. 문학적으로 정신적으로 고생이 모자랍니다. 삼십 대 작가가 모르는, 즉 중견작가가 느끼지 못하는 것을 느껴야 할 텐데 이렇게 말하면 신인이 분개할지 모르나 금년의 성과로는 신인이 응당 가져야 할 것이 나타나지 않았습니다. 정신적 준비가 부족하다고도 할 수 있고 아주 나쁘게 말한다면 그들의 예술적 재능까지 의심할 수밖에 없습니다. 우리가 꽉 막다른 골목에 다다렀을 제 우리가 못 찾는 새 길을 개척할 것을 대망(待望)하는데 그런 점에서 심문은 대단히 평범하다 할 수 있지요.

김기림: 재능은 신인이 더 있는 것 같습니다. 부족한 것은 재능보다두 다른 것이 아닐까.

임화: 그렇지만 그 전 작가는 자기가 사는 세계만은 가졌었으나 지금 작가는 그것이 없어 뵙니다.

세대의 차이

양주동: 나는 문단과 소원하고 또 지식이 적어 잘 모르지만 중견의 지보(地步)가 확립했다 하는데 중견이라면 대개 어떤 방면으로 따지는 것인가요.

임화: 연령보다도 지금부터 칠팔 년 내지 십 년 전에 출발한 작가를 말함이지요.

양주동: 그럼, 그전 초기에 나왔든 사람, 그 중간에 나온 사람, 일이 년 전에 나온 사람, 이렇게 나누나요.

이원조: 대개 신인이니 중견이니 대가니 하는 것이 세대의 교차(交叉)에서 와야 할 것인데 과거 삼십여 년의 조선이 신문학사를 통해 볼 때엔 그것이 확연치 않습니다. 그저 대체로 초기에 나온, 사오십 된 분들, 그다음 경향문학 때에 나온 삼사십 되는 소위 중견들, 그리고 그 후에 나온 분들, 이렇게밖에 나눌 수 없지요. 그 외의 세세한 것은 일일이 따지기 어렵습니다.

이태준: 확연히 구별할 성질의 것이 못 될 것 같습니다.

임화: 경향문학 때는 전연 달랐지만 지금에는 서로 공통된 점이 있으니까.

이원조: 만년 신인이란 말이 있듯이 그 사람의 문학적 지위, 역량 같은 것으로 구별할 수도 있으나 우리가 말하는 것은 세대의 차이를 말하는 것입니다.

양주동: 그러면 대개 삼 세대로 나누고…….

이원조: 그렇지요.

정지용: 삼십 대 작가란 대체 무엇입니까.

이원조: 연령으로 삼십에서 사십까지의 작가를 말하지요.

정지용: 몇 해 전까지는 계급으로 대치하더니 근년에 연령을 가지고 대치한단 말야. 그것두 한 경향이지요?

박종화: 대별해서 기성, 신진, 둘로 나누는 것이 좋지요.

김기림: 물론 편의(便宜)할 땐 그렇게도 할 수 있지요.

이원조: 조선이란 다른 데와 달리 교차가 빠르니까요.

정지용: 경향파니 예술파니 해서 바뀐다고 보는 것보다 가령 조선 문단의 역사를 삼십 년이라 친다면 작금년에 겨우 어른이 되어 문단이 걸음을 걷기 시작한 것이라고 나는 봅니다. 그러니까 파로 나눌 것이 아니라, 암중모색 격으로 싸우는 것이, 이제 겨우 자리가 잡혔다 할 수 있지요.

김기림: 견해의 상위(相違)이지요. 발전의 형식에서 보느냐 또는…….

양주동: 중견작가 작품 중에는 어떤 작품이 있습니까.

임화: 어떤 작품이라고 들기는 어렵지만 중견 문단이 확립된 것은 신문소설을 보면 알 수 있습니다. 신문소설 쓰는 사람이 재작년까지는 지금 쓰는 사람들이 아닙니다. 이태준, 박태원, 유진오, 김남천 — 이런 사람들에게 마음 놓게 씌우게 된 것은 그들을 믿고 안심하기 때문입니다. 신문소설뿐 아니라 단편은 더구나 중견의 독보입니다. 기술 기타 여러 가지 점에서 도저히 중견을 따를 사람이 없습니다. 특히 기술엔 엄청난 차위(差違)가 있지요.

정지용: 그 연령에 달했으니까 그렇지요. 경향파가 순수예술을 시작한 것이 이제 겨우 그 성능을 발휘하는 것이지요.

임화: 내가 말하는 것은 통틀어서 말하는 것입니다.

양주동: 춘원이나 빙허 같은 이는 현대물을 이젠 못 쓸까요.

임화: 못 쓰는게 아니지만 기술에 있어 문제겠지요.「무명(無

明)」을 예로 보더라도 알 수 있습니다.

여류 작가의 부진

이태준: 그 많은 작품 중에서 여류가 아주 극소수인데 그것은 무슨 이유로 보겠습니까?

정지용: 여류야 원래 침체했지.

이원조: 그것이 원인인진 모르나 여류 작가와는 살림살이가 큰 문제 같습니다.

최정희: 그건 그래요. 남자들야 안해가 앓더라도 쓸 수 있지만 여자는 남편이나 아이가 앓으면 쓰지 못하지 않아요.

이선희: 작가가 적어서 침체한 것같이 보이기도 하지요. 안 쓰는 분이 있어도 남자는 모르지만 여자야 빠안하니까 뚜렷이 나타나지요.

임화: 실례인지 모르지만 솔직히 말하면 남자 모양으로 문학에 대해서 그만한 정열, 즉 연애라도 할 만한 정열을 가졌는지가 의문인 것 같습니다. 문학을 직업으로 안다면 살림살이쯤으로…….

최정희: 그건 여자가 되어 보지 않으면 몰라요. (소성(笑聲))

임화: 그럼 영원히 모르겠군요. (소성)

이원조: 여류가 반성할 점은 확실히 있습니다. 제 말을 끌어내어 죄송하나 제가 「지맥(地脈)」을 좋다는 것은 「지맥」처럼 현실 속에 몸을 던져라 완롱물을 만들지 말어라, 하는 데 있습니다. 여류는 문학에 좀 더 강한 정열을 가져야겠습니다.

임화: 그런 점에서 장덕조(張德祚) 씨의 신변소설은 살림의 여기(餘技) 같더군요.

(모윤숙(毛允淑) 씨 출석)

고전의 해석과 비평

이태준: 또 한 가지 금년 현상으로 문고라든가 《문장》 같은 데를 통해서 고전이 많이 나왔습니다. 또 해석 문제도 상당히 논란도 있었습니다. 사실 지금 저희들도 대단히 궁금한 것이, 지금은 대체 고전이라면 모조리 들쳐만 놓을 때인지, 들쳐진 걸 정리도 해 나가야 할 때인지, 도대체 문학인들에게 어떤 대상이 될 건지 막연합니다. 고전에 대해서 구체적인 문제에 좀 접촉해 주셨으면 합니다.

이원조: 저는 양주동 씨에게 대해서 이런 감상을 가지고 있습니다. 고려가사나 향가에 대해서 주석을 하시는 것도 좋은 일이나 그것이 과연 신문학의 생명수가 되나, 새로운 발족점이 되나 그런 점을 밝혀 주실 필요가 있다고 생각합니다. 양주동 씨의 경력으로 보아 원하는 바는 어학적 주석을 속히 끝내시고 문학적 대상으로서 연구 발의가 계셨으면 하는 것입니다.

임화: 가장 기다리는 바입니다.

이원조: 안다는 것도 급한 일이지만 알아 가지고 새 영양소를 만들어야 할 것입니다. 이에는 양주동 씨가 가장 적임자입니다.

김기림: 고전을 읽는 데는 여러 가지 방법이 있겠으나 나는 이런 방법을 취하고 있습니다. 즉 항상 그 시대라는 배경을 머리에 두고 읽어야지 이태준 씨나 박태원 씨의 소설을 읽는 것같이는 할 수 없다는 것입니다. 「춘향전」 원본을 읽고 느낀 바인데 성생활이면 성생활을 그린 데 있어 조선인의 성미(性味) 속에 이렇게 관능

적 방향이 있는 줄은 몰랐습니다. 「춘향전」은 일례입니다마는 언제든지 그 시대와의 관계를 생각하고 읽는 것이 고전에 대한 정당한 태도이라 생각합니다.

임화: 아까 원조 군도 말했지만 고전에 대한 해석보다 지금 우리들이 기대하고 있는 것은 비평입니다. 비평의 대상이 되기 전에 우리는 물론 알아야 하고 알려면 완전한 해석이 필요하기는 하나 완전한 해석이란 언제 될지 모르는 일 아닙니까. 고려가사나 향가 정도로 해석되었다면 이젠 비평이 나와야 할 것입니다. 아무리 좋은 고전이라도 독자들은 어째서 좋은지를 모르는걸요. 더군다나 해외 문학을 한 사람은 읽을 재미가 없답니다. 외래 문학보다 되려 정신적 혈통이 통치 않는다니 이것이 첫째로 양주동 씨가 밝혀 주실 문제입니다.

양주동: 고전을 대할 때엔 첫째가 어학적 연구요 둘째가 문학적 감상 혹은 비평이요 그다음으로 셋째가 그 응용적 방면, 말하자면 사회사적으로 그때 사람들의 생활관, 종교관, 생각 같은 것을 연구하는 것일 텐데 저는 아직은 어학적 연구로 바빠서 둘째의 문학적 감상이나 비평까지는 입때 손을 못 대고 있습니다. 할 작정입니다. 그러나 셋째의 응용 방면까지는 제 힘이 부족하니까 다른 학도에게 맡기렵니다.

정지용: 그럼 양주동 씨는 어학자에 그치는군. (소성)

임화: 시기 문제도 있지요. 요새 일반으로 현대인 가운데 고전을 그리워하는 마음이 있는데 우리들에게는 일반 고전 중 가장 가까운 세계가 조선 고전입니다. 그러니까 이런 공기가 떠돌 때 조선 고전에 어떤 가치 있는 것이 있나, 우선 그것을 알려 줘야 할 것입니다.

김기림: 고전은 어학의 대상, 학문의 대상인 동시에 문학사적 연구의 대상이어야 합니다. 양주동 씨의 노력은 문학사의 기초 공작으로서 공헌(功獻)이 크다 하겠습니다.

이원조: 그러나 문학적 감상과 비평이 있어야 문학사의 대상이 될 수 있지요.

정지용: 우선 주석 책이 많이 나와서 읽게 해야 하지요. 문학적 운위보다도 딱 대해서 모르니 어떻게 하느냐 말이에요. 고전문학 하는 분들이 자세한 주석을 내어서 많이 읽을 수 있는 길을 만들어 주어야 하지요. 이용 가치는 그다음이지요.

이병기: 「춘향전」도 물론 고전이겠는데 「춘향전」에 대해서는 아직도 그 시대를 잘 알 수 없습니다. 최고(最古)의 판(版)이라는 것이 일백이십 년 전에 나온 것인데 겨우 수십 장밖에 안 되는 것입니다. 지금 우리가 쓰는 말과는 다르나 원래 여러 세대를 광대 입으로 전해 온 것이라 백 년 전, 이백 년 전 말도 있고 또 지금 봐도 알 수 있는 말도 있습니다. 조선 책은 그때그때 사람이 보기 위해 만든 것이기 때문에 자꾸 고쳐 왔습니다. 그래서 그 말이 요새와는 좀 다르나 우리가 아주 모른 말은 아닙니다. 향가도 지금까지의 연구는 소창(小倉) 박사가 비로소 드러내인 것인데 소창 박사 자신 서문에서도 말했거니와 어학적으로만 연구했지 문학적으로 한 것은 아닙니다. 그러나 하여간 우리가 보아도 아직도 의미가 몽롱합니다. 그런 점에서 먼저 어학적으로 그만한 자신 있는 사람이 현대 사람도 짐작할 수 있는 말로 그 의미를 통해 놔야 할 것입니다. 일반 대중이 고전을 직접 볼 수는 없는 일이니까 충실한 학적 연구를 해서 그 의미만이라도 취하게 해 놔야지요. 그러면 다만 시대가 다를 뿐이지 감정적으로는 공통되는 점이 있는 것

이니까요. 시가(詩歌) 같은 것은 더구나 공통되는 점이 많지요. 시조로 말해도 비평 같은 것은 한 조각도 남아 있지 않고, 우리가 처음 시작한 것이니까 우리 자체로 보아서 고인처럼 못 하고 그만둘망정 진지하게 그때 사람이 어떤 심경을 가지고 노래한 것인지를 연구해야 할 것입니다.

유진오: 고전에 대해선 잘 모릅니다마는 고전엔 무엇이 있나 하는 것을 아직 당면의 문제는 아니나 우리로서는 하루바삐 알고 싶어 하는 바입니다. 그리하여 향토색을 의식적으로 탐구해서 그 정신이 어떤 것인지를 알려 주셨으면 좋겠습니다. 감정을 떠나서 고전의 정신이란 어느 시대나 똑같은 해석이 내리는 것은·아닙니다. 복고주의나 고전주의는 그런 의미에서 어학을 떠나 문학적, 문학사적인 것을 요구하는 것입니다. 말하자면 문학 이론가가 할 일입니다. 그런 것이 하루바삐 나오기를 바랍니다.

한문고전시비(漢文古典是非)

이태준: 성대(城大)에서 조선 문학이라고 한문으로 된 『격몽요결(擊蒙要訣)』을 가르칠 때, "한문은 작자가 조선인이라고 하더라도 조선 문학일 수 없다. 문학의 국적은 용어에 따라 결정되는 것이라"는 춘원의 반박이 있었는데 요즘 다시 그것이 생각됩니다. 한문 고전을 조선 문학시할 수 없을지, 혹은 한문이라도 조선식 한문이니까 그냥 조선 문학이라 할지, 그 점에 좀 말씀해 주십시오.

정지용: 그때 한문이 조선의 국학인데 그것으로 됐으면 조선 문학이지 뭐요. 강용흘(姜龍訖)의 『초당(草堂)』과는 다르지.

이원조: 국학이라고 반드시 조선 문학이라는 것은 문제입니다.

그러나 만약 조선 문학사를 쓴다면, 한문 고전도 한자리 차지할 것은 물론입니다.

임화: 신문학사를 쓰노라고 좀 보았는데 신문학사의 영역 속엔 물론 들어가야 하지요.

이원조: 조선 문학이라면 반드시 조선어로 쓴 것이어야 한다는 선입감이 있기 때문에 그렇지요. 안점(眼點)을 문학이라는 대국(大局)에 둔다면 물론 조선 문학이라 할 수 있습니다.

이병기: 옛날부터 인연 있는 것을 찾으려면 한문을 빼일 수는 없고 또 여러 가지 점에서 조선식 한문인 것이 확연합니다. 글자는 그 글자를 쓰지만 중국인에게 보이면 무슨 뜻인지 모르는걸요. 그러니까 물론 내용에 있어서도 조선화했지요. 조선 문학에서 입 때까지 무슨 문자를 사용했나 할 때에 이두문(吏讀文)과 한문과 한글의 이 세 가지라고 볼 수 있습니다. 그것들 모두가 조선 문학이지요.

이원조: 조선식 한문이 아니라기로 한문 고전을 부인할 전적 이유는 못 됩니다.

이병기: 내지에서도 『일본서기(日本書紀)』 같은 것을 일본 문학 속에 넣습니다.

김기림: 『일본서기』를 넣기는 하나 결정적은 아닙니다. 짧은 지식이나마 우리가 아는 바에도 똑같은 얘기가 서양에도 있지 않습니까. 중세기에는 거의 전 구라파가 '라틴'을 썼습니다. 법정에서까지 그랬습니다. 그러나 그 후 그들이 문학사를 꾸밀 때에 원래 문학사란 용어가 나온 것은 과학 사상이 발달된 후의 일인데, 하여간 문학사를 쓸 때에, 그때가 한창 '내셔널리즘'이 발달되었을 때이라 '네이티브'에 주력했고, 언어를 존중해서 '라틴'으로 씌

인 것은 될 수 있는 대로 배제했습니다.

이태준: 언어에 고집하는 파와 그렇지 않은 파가 있는데…….

김기림: 여하간 삽화적으로 넣기는 넣어야지요.

양주동: 신라 문학사를 날더러 쓰라면 역시 향가를 크게 쓰고 최치원(崔致遠)의 글 같은 것은 한 줄 내려서 조그맣게 쓰겠습니다. (소성)

이원조: 이조에 와서는요?

양주동: 역시 마찬가지지요. 가사를 크게 쓰고 그 외의 것은 적게 쓰지요.

번역 피번역의 문제

이태준: 번역이란 우리 문단에선 아직 그리 문제가 되지 못해 왔습니다. 번역하는 거나 번역되는 거는 문학의 수입, 수출로 보겠는데 지금의 조선 작품들이 피번역의 위치에 설 수 있습니까?

이원조: 좋은 작품이 잘만 번역된다면 문제없지요.

유진오: 지금 우리의 소설의 생산력이 질로나 양으로나 수출품이 될지 못 될지는 의문인 것 같습니다. 그리고 작품에 따라서 어떤 것은 조선어를 떠나서도 독자에게 어필할 수 있으나 어떤 것은 그 말을 빼이면 어필하지를 않습니다. 하여간에 우리 작품이 번역될 때엔 외국 사람에게 없는 것을 주어야 할 텐데 과연 그 정도가 되었는지 모르겠습니다.

임화: 원래 번역은 저쪽 사람이 와서 해야지 이쪽에서 해 가지고 봐라 해야 보지를 않습니다. 조선 문학이 가령 말의 매력을 장벽으로 하고서도 우리가 생각하고 있는 그대로 저쪽에 통용될지

가 문제입니다. 그리고 번역된 작품이 어떤 점에서 저쪽 사람의 흥미를 끄는지 그것도 생각해서 시야를 높여야 할 것입니다. 최근에 맥(麥)과 병대(兵隊)의 영역이 미국에서 환영을 받는다지만 그것도 미국 사람이 어떤 의미에서 좋아하는 것인지 추측할 수 없지요. 번역되려면 취재에 있어서 비슷비슷하다면야 기술이라도 우수해야 하겠고, 성격적인 독자성이나마 있어야 할 텐데 그렇지도 못하지 않습니까. 번역될 것을 기대한다면 세계적인 문제를 취급해야 합니다.

유진오: 그 사람들에게 없는 것을 우리가 가져야 합니다.

임화: 노신(魯迅)을 보면 압니다.「阿Q正傳(아큐정전)」과「夜明け前(동트기 전)」을 비교한다면 아큐정전은 형식은 사소설적이나 내용에 있어서 객관성을 띠었고,「동트기 전」은 이와 반대입니다. 그 차이가 노신을 세계적 작가를 만든 것 같습니다.

정지용: 사소설이라는 것은 번역하면 맛이 없을 거야.

이원조: 서양에서도 마찬가지지요.

이태준: 그러니까 극단으로 말한다면 탐정소설 같은 건 어느 나라 말로 번역해도 좋겠지요.

임화: 분석해 보면 그 작품의 테마와 소재에 달렸지요.

이원조: 그냥 써 보고 번역시키기 위해서 써 보고 하면 그 묘리를 곧 알 겁니다.

외국 문학 번역과 그 영향

이태준: 조선 사람이 중역(重譯)하지 않고 원문을 직접 갖다 한 것이 몇이나 있습니까.

정지용: 『검둥의 설움』이 직접 역(譯)한 것일걸.

유진오: 나두 한 십 년 전에 한 것이 있습니다.

임화: 대개들 심심파적으로 하기 때문에 번역한 것이 조선 문학에 영향을 주지 못합니다. 조선의 신문학 초기 때의 번역은 그 시대가 요구하는 것을 가져왔기 때문에 그렇지 않았지요.

정지용: 소설보다 시의 번역은 많았지요. 그중엔 선역(善譯)도 꽤 있을걸요.

양주동: 번역은 한대야 힘만 들었지 대우는 나쁘구…….

유진오: 동경서 되기 때문에 조선어 역의 수요가 적은 때문도 있겠지요.

임화: 동경이 빠르거든. 그리구 그때의 문학이 그것을 요구하니까.

이태준: 저널리즘 관계도 있지 않습니까.

김기림: 그때 문학이 요구했다 하지만 불순한 점이 없는 것도 아닌 것 같습니다. 내지 문단만 하더라도 번역 문인이 세력을 가지고 있어서 번역해 놓고는 앞뒤에서 떠들어서 문제를 일으키게 하는 수도 있거든요.

시평(詩評)과 모방

이태준: 작년엔 소설뿐 아니라 시도 작품으로 시집으로 굉장히 나왔습니다. 시에선 소설과 다른 무슨 문제 될 건 없을가요?

박종화: 나오긴 많이 나왔지만 질로 보아서 썩 좋은 것은 없더군요.

이태준: 소설에서 중견이 위치를 확립한 것과 같이 시단에는

그런 두드러진 현상은 없나요.

정지용: 시단에는 부대(部隊)가 정해 있지 않으니까. (소성)

양주동: 역시 그전 사람만 못한 것 같더군요. 춘원(春園), 요한(耀翰), 파인, 지용(芝溶), 기림(起林) 씨, 이미 다 정평이 있는 분들 것이 역시 좋단 말야. 지용의 『백록담(白鹿潭)』, 파인의 『정원집(情怨集)』 같은 건 참 좋습디다.

정지용: 시인은 모두 명창으로 취급하는군. (소성)

양주동: 신인들은 아직 시재(詩才)가 모자라는 것 같아.

김기림: 시인이 시인인 체하면 자신이 타락하는 것이지요.

이태준: 창작평 속엔 시에 대한 비평도 있어야 할 것입니다. 편집자로서도 이후 생각하겠습니다.

김기림: 전에는 시인을 구별하는 의식이 사회의식이더니 지금은 그것이 시대 의식으로 변했지요. 사회의식이 바꾸어 시대 의식에 근거를 두게 되었다는 것은 가벼운 일이 아닙니다.

모윤숙: 시 쓰는 사람들도 월평이 나오면 혹시 자기가 쓴 시의 평이 나오지나 않았나 하고 퍽 기다립니다마는 도무지 없어요. 좀 더 평론가들이 관심해 주어야지, 쓰면서도 섭섭해요.

양주동: 지용 씨가 이 자리에 계시지만 조선 시사(詩史)를 살펴볼 적에 감각을 가지고 나온 지용 씨의 시만큼 천하를 풍미한 것은 없습니다. 또 사실 존경할 만한 시요, 번역해서 외국 사람에게 보일 시도 그밖에 없는 줄 압니다. 그러나 가만히 보니 후진들이 모조리 '지용이즘'이거든요. 지용 씨는 말 하나 고르는데도 고심 조탁(苦心彫琢)하나 지용을 배우는 사람은 덮어놓고 모방만 하기 때문에 하나도 되지 않았거든요. 그런 점에서 지용 씨의 공죄(功罪)는 상반(相半)이지요. (소성)

김기림: 그러니까 세대론이 나오는 것입니다. 그때그때가 요구하는 시인이 계속해서 나와야 할 텐데요.

양주동: 하여간 신인들에게 모방하지 말라고 권합니다.

모윤숙: 그런 문제도 비판할 필요가 있지요.

김기림: 가령 지용 시대라는 것이 있었다면 그것에 반감을 가질 때가 와야 합니다. 언제든지 문화 현상은 발전의 형식에서 봐야 하니까요. 그러니까 신인은 불가외(不可畏)라든가 단순히 보지 말고 새로운 입장에서 나온 것을 감시해야 할 것입니다. 지용의 '에피고넨'들은 언어만 가지고 시가 되는 줄 알고 있습니다. 그러나 그러면서도 선이 굵고 '이미지'를 취급했고 '리듬' 기타의 생각이 뚜렷할 줄을 모릅니다. 요새 《시학(詩學)》, 《시건설(詩建設)》, 《맥(貘)》 등의 시 동인지가 나오는데 편집보다는 그 질이 훨씬 나아진 것 같습니다. 장만영(張萬榮) 씨 같은 분은 뛰어나게 좋습니다. 만약 그 사람들이 좌담회를 한다면 여기 앉아 있는 이들은 문제가 안 될는지도 모릅니다. (소성)

양주동: 시 짓는 사람들은 자기도 잘 모르는 말을 자꾸 갖다 쓰더군요. 중견이란 사람이 더욱 그래.

정지용: 요새 향가지.

유진오: 외래어도 아니고 한문도 아닌 것을 자꾸 쓰더군요.

임화: 아까 기림 얘기에 연달아 하는 것인데 비평뿐 아니라 시에 대해서는 일반이 좀 완고한 것 같습니다. 그러나 지금 새로운 변천이 오고 있는 듯합니다. 소설의 신세대보다 비약적입니다. 이러한 새로운 용어나 '스타일'의 탄생에 진보적 생각을 가져야 할 것입니다.

이원조: 그러면 지용의 시풍과 다른 것은 모두 신세대라고 인

정하나.

임화: 인정 여부보다 사실에 있어 달러지는 것을 말하는 거지. 지용의 '에피고넨'과는 다른 독특한 '스타일'이 탄생된다면 그것이 조선 시의 구세주지.

이병기: 지용의 시풍이 한 세대를 대표했고 이제 또 오장환(吳章煥) 같은 이들의 시가 한 세대를 대표한다면 안서(岸曙)의 시도 한 세대를 이루었는가? 문제는 그런 데 있는 줄 아는데.

시조의 현대 정신

이태준: 시조는 서재인(書齋人)의 여기에 지나지 못했는데 최근에 와선 문단적 위치를 분명히 차지하려는 기세가 보입니다. 시조가 현대문학에 합류할 수 있겠습니까.

이원조: 이전에 권구현(權九玄)이라는 이가 새로운 시험을 하다 실패한 일이 있지요.

이태준: 내지의 화가(和歌)나 배구(排句)의 위치와 어떨른지요.

이원조: 완전히 딴 세계지요.

이병기: 시조라는 것이 원래 특이한 약속이 있는 것이라 이왕에 시조를 지으려고 한 사람들도 많으나 모두 모방에 불과했고 그렇지 않은 사람은 중도에서 그만두었지요. 일종의 이상한 약속이 있는가 해서 까다로워 하는 모양입니다.

임화: 시조가 화가(和歌)만큼 현대 정신을 담아서 성공할 수 있을까.

정지용: 할 수 있겠지요.

양주동: 요컨댄 사람에 달렸겠지.

임화: 새 말로 시조를 써서 실패한 것은 형식만 시조에서 빌려 왔기 때문 아녜요. 일종의 구속을 통해서 현대시보다 아름답게 성공할 수 있나가 문제일 것입니다.

김기림: 이조 문화 속에 시조의 '포름'과 합치되는 것이 있지 않았어요.

전쟁과 문학

이태준: 우리들도 전쟁 내용의 작품을 쓸 수 있을까요. 지금 전쟁이란 이 커다란 세계적 동태를 우리도 피안시(彼岸視)하고만 있을 수는 없는데 이 현실에서 유기적으로 우리는 우리 문학에 무엇을 가져올 수 있을까요.

김기림: 물론 쓸 수는 있지만 직접 체험을 못 한 우리들이 어떻게 쓰나가 문제지요.

임화: 가서 봐야 쓸 수 있지요. 경험 없이는 묘사 못 합니다.

김기림: 직접 작가가 전쟁에 참여하거나 혹은 전장 현지에서 당하거나 해야 하지요.

이태준: 그럼 당하지 않고는 쓸 수 없다는 결론이로군요.

유진오: 두 사람이 쌈 하는 것을 묘사할 때도 보고 나서 쓰면 생생하게 쓸 수 있는데 더구나 전쟁이라는 방대한 것을 그렇게 단순하게 쓸 수는 없겠지요.

문학상(文學賞)에 대하야

이태준: 요새 여러 군데서 문학상 말이 있는데 상의 명예가 받

는 측에 있는지 주는 측에 있는지 모르겠다는 말도 유행합니다. 거기 무슨 감상들 없으십니까?

김기림: 주는 측으로 먼저 명예도 있고 채산(採算)도 있겠지요.

임화: 이번에 설정된 조선예술상이라는 것도 엽서로 설문이 왔습디다만 그런 인기투표 같은 방법으로 해서 어떨지. 전형(銓衡)은 조선에 일임하고 돈만 제공하면 마땅한 일인데, 자기는 동경에 앉아 있어 가지고 조선예술상이니 해서야 폐해도 막대할 뿐 아니라, 타는 사람으로도 창피한 일이구. (소성)

김기림: 국지관(菊池寬)의 열정을 그렇게 말하는 수 있소.

박태원: 지금 말씀하신 게 '아이러니'라는 것이로군. (소성)

유진오: 상금 제공자는 누구거나 문제는 전형에 달렸지요.

임화: 물론 조선서 해야지요.

김기림: 무슨 상이든 이쪽에서는 받는다는 말도 없는데 제 맘대루 준다고 정해 놓고 떠든다는 것은 좀 우스워.

임화: 조선 문학을 시골 문학으로 취급한단 말야.

김기림: 아무튼지 상금 제공자로서 조선 문학에 대하여 얼마나 확실한 인식을 가졌고 얼마나 심각한 관심을 가졌는지 결국 그 점에 의의가 있는 줄 압니다.

임화: 주면 불쑥 받어 두지 뭘 그래. (소성)

김기림: 그럴 수 있을까!

임화: 아무튼 '상매근성(商賣根性)'에서 나온다면 그 동기가 불순합니다. 하여간 모두 불만입니다.

《문장》의 추천제

이태준: 최후로 《문장》의 추천제에 대해서 기탄없이 말씀해 주십시요.

정지용: 가장 공평하지 뭐.

모윤숙: 그만두는게 좋아요. 선자(選者)를 바꾸든지.

임화: 매달 하지 말구 일 년에 한 번이든지 두 번이든지 소설, 시를 합해서 신인 특집호를 내면 어때요.

이원조: 선자를 바꾸는 게 좋지요. 경향이 다른 사람이 선(選)해야 그렇지 않으면 '에피고넨'만 만들어 내게 되지요.

정지용: 나한테 가까운 놈한텐 가장 엄하게 했는데 모두들 저렇게 '에피고넨'이란단 말야.

양주동: 지용이 선을 하면서도 지용다웁지 않은 것을 선해야 정말 위대하지. (소성)

임화: 선하는 사람두 사람이지만, 투고하는 사람이 우선 문제지.

이태준: 좋은 말씀들입니다. 추천을 매월하는 것은 그만치 신인들에게 기회가 잦기를 바라는 때문입니다. 그리고 선자가 자기를 닮는 사람만 뽑으리란 선입견은 너무 선자를 단순히 보는 건 줄 압니다. 그다지 아량이 없지들은 않습니다. 좋은 기록을 많이 갖게 돼 독자들이 기뻐할 줄 압니다. 대단 감사합니다.

(소화 십사 년 십일 월 이십오 일 석(夕) 명월관에서)

—《문장》(1940. 1)

언어의 복잡성

한마디 한마디의 말이 모두 그대로 각기 어떤 객체를 대표하는 것이 아니다. 가령 '개'라는 말은 그 말에 해당한 객체를 가지고 있다. 엄격하게 말하라면 그것조차도 완전한 객체는 아니다. 왜 그러냐 하면 있는 것은 한 마리 한 마리의 '노랑개', '검정개', '얼룩이'지 그저 개라는 것은 없다. 개 전체를 대표시킨 기호에 지나지 않는다. 여하간에 '개'라는 말은 그 배후에 객체의 무리를 가지고 있는 것은 사실이다. 그러나 가령 '신'이라는 말은 그렇지 못하다. 즉 사람은 그가 보나 듣는 어떤 객체를 대표시키는 말을 만드는 한편에 또 그가 마음속에서 생각하고 있는 것 상상하는 것에 이름을 붙이기도 한다. 이것이 뒤섞여 가지고는 객체를 가지지 못한 한 관념조차가 객체를 가진 듯이 쓰여지고 쓰는 데서 이른바 언어의 복잡성이 생긴다.

'신세대(新世代)'라는 말을 현재 있는 사회적·역사적 사상을 대표시켜서 쓰는 사람도 있다. 또 한편에는 같은 말을 그가 있기를 바라는 한 이념의 의미로서 쓰는 사람도 있다. 하나는 현실 속에 사는 것이요, 다른 하나는 이상 속에 산다. 가령 우연하게도 시인 이병각(李秉珏) 씨와 체부정 이병각(李秉珏) 씨가 이름이 같았을 뿐이다. 같은 외형은 가졌으나 '신세대'라는 동명이인은 각각 주소가 달랐던 것이다. 그래 놓고 논쟁을 해서는 아무것도 안 된다.

논적(論敵) 사이에 쓰여지는 말들을(전부는 못 되어도, 적어도 중요한 논점이 되어 있는 말만이라도) 밝혀 서로 규정해 놓고 한다면 진리는 훨씬 더 쉽게 잡을 수 있을 것이다. 대부분의 논쟁은 사실은 서로 외형만 같고 내용은 딴판인 말들을 가지고 오해와 고집 위에서 싸워진다. 말하자면 언어의 복잡성에 속은 것이다.

항용 시는 말의 예술이라 한다. 소설인들 안 그러랴? 하나 그 말만 가지고는 말이 시의 수단이라는 뜻인지, 목적이란 뜻인지, 도무지 분명하지 않다. 말이 목적인 적은 오직 궤변가에서뿐이었다. 말은 언제고 수단이다. 시에 있어서도 물론 그렇다. 마치 말이 시의 목적인 것처럼 오해되어 이 오해는 시단 30년대의 최후의 삼분지일을 시의 박제품의 야시(夜市)를 만들어 버렸다. 자전(字典)만 있고 그래서 그 속에서 아름다워 보이는 말을 집어 모으면 찬란한 하나 나전기명(螺鈿器皿)이 된다는 무서운 시술이 횡행했다. 언어의 복잡성은 여기서는 놀라운 결실을 했다.

—《한글》(1940. 1)

문단 불참기

— 나의 문학 10년기

나는 일찍이 문단에 나왔다고 생각한 일은 없다. 구태여 나오려고 애쓴 일도 없다. 문단이란 것은 일종 막연한 사회인데 그렇게 호적과 같은 것이 분명하게 있는 것은 아니면서도 역시 등단하는 데는 어떤 불문율인 표준이 있어서 꽤 정확하게 통용되는 모양이다. 문화의 힘이란 것은 그런 막연하면서도 표준은 서 있는 그런 것인가 보다.

사실 오늘의 문단이 필자 같은 사람에게 무언(無言)한 호적을 인정할지 안 할지는 모르는 일이지만 인정하지 않는다 할지라도 내게는 아무 불평이 없다. 발표하기 시작한 것도 우연히 신문기자였던 까닭에 자기 신문 학예란에 출장 갔던 기행문을 쓰기 시작한 데서 비롯했고 별다른 동기는 없었다. 다만 한 가지 문학을 한다는 것만은 스스로 결심했고 무엇이고 값있는 것을 만들어 보겠다는 욕심은 있었다. 가령 그래서 만들 수만 있다면 그것이 당장 인정되던 십 년 후 백 년 후 인정되던 내지는 지기(知己)를 천 년 뒤에 기다려도 좋다는 엄청난 말하자면 고려자기공(高麗磁器工)의 후예다운 자존심과 신념만은 있어야 된다고 생각해 왔다.

그래서 늘 두 개의 별명을 가지고 발표하곤 했다. 그러다가 내게 발표를 적극적으로 권해 준 선배는 실로 소오(小梧) 설의식(薛義植) 선생이었고 또 별명 말고 본명으로 하라고 강권해 준 것도 역(亦) 선생이었다. 본명으로 하라는 이유는 오직 취직에 편의 있다는 것이었다. 이렇게 불순한 동기로 말하자면 본명을 활자로 내걸었다는 것은 벌한다면 달게 자복하겠다. 상허(尙虛), 지용(芝溶), 종명(鍾鳴), 구보(仇甫), 무영(無影), 유영(幽影), 기타 몇몇이 구인회(九人會)를 한 것도 적어도 우리 몇몇은 문단 의식을 가지고 했다느니보다는 같이 한 번씩 오십 전씩 내 가지고 아서원(雅叙園)에 모여서 지나 요리를 먹으면서 지껄이는 것이 ─ 나중에는 구보와 상(箱)이 그 달변으로 응수하는 것이 듣기 재미있어서 한 것이었다. 그때에는 지나 요리도 퍽 싸서 오십 전이면 제법 술 한잔씩도 먹었다.

구인회는 꽤 재미있는 모임이었다. 한동안 물려 간 사람도 있고 새로 들어온 사람도 있었지만 가령 상허(尙虛)하든지, 구보(仇甫)하든지 상(箱)이라든지 꽤 서로 신의를 지켜 갈 수 있는 우의가 그 속에서 자라 가고 있었다는 것은 지금 생각해도 유쾌한 일이다. 우리는 때때로 비록 문학은 잃어버려도 우의만은 잊지 말았으면 하고 생각할 때가 있다. 어떻게 말하면 문학보다도 더 중한 것은 인간인 까닭이다.

지금도 나는 이렇게 생각한다. 문단이라는 것은 좀 경멸하고 달려들어도 좋다고 ─ . 나보다 나이 어린 동무들 가운데서 문단 진출을 바라는 이야기를 들을 때처럼 나는 섭섭한 때가 없다. 그 대신 그가 오직 창조에 대한 열(熱)과 야심과 신념을 말할 때처럼 반가운 적은 없다. 요(要)는 문단에 호적을 걸었느냐 안 걸었느냐는 문제가 아니다. 값있는 일을 남기느냐 못 남기느냐가 문제다.

그까짓 문단에 출세했자 기껏해서 출판기념회 같은 모임에 상론(相論)도 받는 일 없이 발기인에 한 몫 들고 안 드는 정도다.

―《문장》(1940. 2)

감각·육체·리듬

— 시단 월평

　시가 고원(高原)이나 빙원(氷原)에서 의롭게 낭랑하게 읊어진 적이 있었다. 그것은 세평과 비난 위에 초연하여 고독하였다. 그러나 사무실이나 가두나 전차 안에서 읽혀지고 또 군중 속에서 격찬된다든지 조소된다고 할지라도 시인이 그 일을 노할 까닭은 없다. 될 수 있으면 시가 더 많은 독자에게 이해되기를 원할 것이다. 다만 시인은 군중의 주문에 응해서 상품을 진열하여서는 아니 된다. 이런 의미에서 요즈음 시인이 안심하고 그 작품을 발표할 수 있는 지면이 점점 더 넓어져 가고 있다는 것은 확실히 반가운 일이다.

　김광섭(金珖燮) 씨 「백합(百合)」《인문평론》을 읽었다. 씨의 감각은 언제나 잡으면 바서질 듯이 섬세하다. 그뿐만 아니라 그 섬세한 가운데 나타나 있는 미는 '데카당'하고 바로 이웃이다. 이 시의 첫 절이 빚어내는 환상이란 상징파를 연상시키는 그런 것이다. 이렇게 섬세하고 나약한 일순의 환상을 싼 것이 바로 '피아니시모'와 같은 역시 섬세한 음악이다. 둘째 절의 첫 두 줄이 꾸며내는 '메타포'의 '뉘앙스'는 어쩐지 제1절의 고대적 장치보다는 더 솔직하게 공감된다. 밤 속에서 시인이 안타까이 쳐다보는 것은 '상함이 없는 별'이다. 우리는 이 제2절에 와서 상함이 없는 신의 것들과 상함이 많은 인간(시인)의 대립에서 오는 비극감(悲劇感)을 느낀다. 서양시의 교양을 깊이 기른 이 시인이 그것을 잘 살려서 자연에 대한 동양인적 애수를 부조(浮彫)시켰다.

오장환(吳章煥) 씨의 「신생(新生)의 노래」(《인문평론》)는 역시 이달 작품들 중에서 뛰어나게 감명이 끌렸다. 『헌사(獻詞)』이래 이 시인의 시가 우리에게 육박해 오는 힘은 어떤 육체적인 압력이다. 정신의 비극을 육체로써 체험할 때 거기서는 어떤 체온조차가 느껴진다. 정신의 비극이 다만 정신적인 모양만 갖출 때에는 거기는 싸늘한 형이상적인 미가 있다. 그러나 그것이 다시 육체를 통해서 전달될 때에는 또 다른 박력을 가지고 다닥쳐 온다는 것을 우리는 이 시인의 시에서 본다. 일찍이는 콕토의 기지에 찬탄하였고 또는 보들레르의 퇴폐의 미에 경도하던 이상한 경력을 거쳐 이 시인이 도달한 지점은 일종의 '앙팡 테리블'의 경지다. 신생의 노래에서도 보이는 것처럼 그가 구사하는 이미지들은 매우 선이 굵고 건강하다. 퇴폐적인 감각은 아주 모양을 감추었고 기지가 들어오기에는 너무 엄숙한 풍모를 가졌다. 고원이 있고 거기 짐승들이 있고 그것들이 모두 시인의 따듯한 혈맥으로 쌓여졌다. 여기 회복된 것은 지적인 현대가 잃어버렸던 육체다. 그것이 현대라는 커다란 선풍에 힘껏 부딪치는 데서 오는 일종의 운명감을 가지고 우리에게 임한다.

유치환(柳致環) 씨는 《문장》과 《조광》에 각각 하나씩 시를 썼다. 씨의 두 편의 시에서 받는 공통된 미흡은 그 리듬의 지나친 포즈에서 오는가 한다. 거기 담긴 어떤 정신의 서스펜스에 맞추기 위해서 이런 리듬을 고안했는지는 몰라도 조선말처럼 매우 감각적인 말을 주장 리듬을 통해서만 굳센 선율을 전하려고 할 때 허장성세가 되기 쉽지 않을까. 일찍이 이 실수는 소위 석일(昔日)의 용광로파의 시인들이 경험한 것이다. 조절되지 않은 리듬의 격류는 그것이 담은 비극감을 전하기 전에 먼저 독자를 강압하고 나중에는 쉽사리 지치게 한다. 유씨는 한동안 몹시 형이상학적인 색채를 가진 시를 썼다. 형이상적 시를 건조 평탄에서 구원하는 것은 '위트'였고 사상의 미였다. 그런데 이 시인의 이전 시는 형이상과의 이런 무기를 미처 갖추지 못한 것 같았다. 자칫하면 설교에 끌릴 염려가 있다. '자라투스트라'는 시라느니보다 사상의 깊이를 가지고 위협한다. 형이상적인 시를 자라투스트라적인 기분으로써 구원하려는 유 씨의 최근의 시험들은 우리들이 냉정하게 살펴야 할 일이라고 생각한다.

노천명(盧天命)의 「사슴처럼」(《인문평론》)은 작자가 될 수 있는 대로 여성적인 것에서 떠나려고 한 노력의 결과인 것 같다. 작자의 의도는 높이 평가하려고 하면서도 그 시가 우리의 인상에 샅샅이 스며들지 않는 것은 시인의 체험에서 그대로 솔직하게 오는 것이 아니고 그보다는 더 개념에서 오는 느낌을 주는 때문이다. 여러 절로 된 시편에서 절정을 맨 모두에 둔다는 것은 비소법(比小法)인데 남다른 용의를 베풀지 않다가는 실패하기 쉬운 기교의 하나다. 더군다나 비소법도 아니고 맨 첫 절부터 끝 절까지 절정에서 시작해서 절정에서 끝나는 것은 더욱 어려운 수법인가 한다. 유치환 씨에게도 그런 데가 있었다. 오장환 씨도 리듬에 있어서는 그런 데가 있는데 오 씨의 시를 평탄에서 구해 내는 것은 의미의 굴절이라고 생각한다. 노 씨의 시는 그 어휘와 어법에는 아직도 노 씨의 것이 아닌 남의 것들이 많이 남아 있다. 씨가 이 남의 것들을 잘 정리한 연후 씨 자신의 것을 붙잡는다면 씨는 촉망할 시인 중의 한 사람일 것이다.

어느새 제한된 매수를 다 썼다. 여러 잡지에서 여러 분의 시가 실렸는데 일일이 마저 취급하지 못하는 것을 유감으로 생각한다. 다만 여상현(呂尙玄) 씨의 「지진제(地鎭祭)」는 매우 재미있었는데 한 걸음만 올라 한 걸음만 더 개념이 육체를 거쳤으면 더욱 감명이 깊은 것이 되었으리라고 생각한다.

여하간에 이 달은 매우 시작이 풍성했고 우리 시의 어떤 수준을 보여 주어서 공부가 되었다. 필자의 불길한 예상을 깨트리고 참말 시의 르네상스가 온다면 필자는 언제고 필자의 단견을 사할 터이다.

―《인문평론》(1940. 2)

시인의 세대적 한계

시인이나 작가가 과연 두 세대를 살 수 있을까. 서인식(徐寅植) 씨가 이 비슷한 의견을 일찍이 제출한 일이 있었다고 기억한다. 사견으로는 원칙적으로 한 시인이나 작가는 한 세대에만 속하는 것이라고 생각한다. 그가 속한 세대에서 받은 골격이나 신경이나 표정의 원형은 그 표면의 여러 번 변모에도 불구하고 그의 인간과 창작 활동의 밑층에 혈형(血型)처럼 남아 있는 것이다. 한 세대에 화려하게 등단했던 작가나 시인의 그 뒤의 노력은 흔히는 이 원형의 숙명에 향하여 기도하는 끝 모를 모반인 경우가 많다.

가령 T. S. 엘리엇은 어쩔 수 없는 20년대의 시인이었다. 그의 비극은 30년대의 사람일 수 없는 한 숙명적인 생리에서 온다. 그가 국교(國敎)로 달려간 것은 일종의 절망적인 도망이었다. 엘리엇과 함께 역시 20년대의 사람인 허버트 리드는 30년대에는 미술 비평 속에 피신할 수밖에 없었다. 30년대는 암만해도 오든, 스펜더 등의 것이었다.

그러나 영국 시단의 다음 세대의 주인은 필시 그들도 아닌 것 같다. 가령 예이츠 만년의 「탑」이라든지 「구부러진 층계」 등에 어떤 사회적 관심이 움직이고 있었다고 할지라도 그는 근본적으로는 90년대의 사람이었고 그의 시각은 90년대의 원형에서 본질적으로 이동될 수는 없었는가 한다. 그러므로 엘리엇이면 엘리엇, 예이츠면 예이츠의 문학사적 중요성은 그가 세대적으로 속했던 시대와 관련지어질 경우에 클로즈업 되는 것이고 그 이후의 그들은 비록 그들이 꾸준히 창작을 계속한다 치더라도 문학사적으로라느니보다는 개인적 전기로서 흥미가 더 클 따름이다. 혹은 예외가 있을지 모르나 나는 아직 그 예외를 구경한 일이 없다.

신시대라는 말을 한 가치 관념으로 보아서 그런 의미의 신시대의 존재를 부정하는 견해가 있다. 혹은 그럴지도 모른다. 그러나 현상으로서는 (혹은 가치상으로는 반드시 높은 표치를 보이지 못한다 치더라도) 새로운 생리에 사는 세대가 등장하면서 있는 것만은 사실이다. 근년의 이러한 격렬한 사회적 변이에도 불구하고 세대의 교대가 오지 않았다고 하면 이는 이미 정립된 사회법칙을 일부러 무시하는 일이거나 그렇지 않으면 문단이라는 것을 무감각한 목우(木偶)의 집단으로 생각하는 일이 된다. 더군다나 "이제 겨우 몇 살인데 벌써 신세대니 구세대니 하고 가리느냐" 하는 유의 말은 문화사라든지, 문학의 사회적 관련성이라든지, 창작 활동의 자기반성의 과정이라든지에 대한 견식이나 체험과는 전연 인연이 먼 노방의 잡담밖에는 아무것도 아니다.

리드라든지 엘리엇 등의 노화 현상은 우리 주위에서도 쉽사리 찾을 수 있다. 임화 씨가 근년에 고전으로 달아난 것 같은 것은 그 현저한 일례다. 영구히 '새로워질 수 있다'고 생각되는 것은 한 시인이 세대적으로 시대와 보조가 맞는 동안의 착각인 것 같다. 이런 경우에 이미 세대와 시대 사이에 균형을 잃었다고 해서 그 당자를 채찍질만 하는 것은 그리 중요한 일이 아니다. 문제는 새 세대가 그 자신의 시대적 생리를 가지고 문학사의 다음 페이지를 어떻게 쓰느냐다.

―《조선일보》(1940. 4. 23)

20세기의 서사시

— 올림피아 영화 민족의 제전 찬(讚)

여기 쓰는 것은 결코 영화평은 아니다. 다만 레니 리펜슈탈의 훌륭한 예술에서 받은 감동에 못 이겨 그것에 서투른 대로 말[言語]의 옷을 입혀 보는 데 지나지 않는다. 그가 현대의 '올림픽'을 그리는 데 '고대'를 대위법적으로 끌어다가 살림으로써 이 격렬한 육체의 경쟁에 고전적 정신의 배경을 받쳐 준 것은 열 번, 스무 번 타당한 일이었다. 고대 올림피아의 폐허에 남아 있는 지금은 싸늘한 대리석의 신들을 이동 촬영으로 화면에 불러 모아서 오래인 격절(隔絶) 뒤에 여신들로 하여금 대면하게 하여 은근한 무언의 대화를 바꾸게 하는 장면에서는 실로 리펜슈탈의 놀라운 시적 상상력을 아낌없이 풀어 놓은 듯하다.

각 민족의 선수들이 인간의 육체적 기능의 최대한도에서 싸우는 그 백열(白熱)하는 경기 속에서 빚어내는 단련과 긴장과 열중과 발분(發奮)에 튕겨질 듯한 육체들의 아름다운 돌진·선회·움직임은 그대로가 한 무용이었다. 발분·열중·긴장·단련 — 그것들은 결국 육체의 미덕인 듯한 느낌까지 일으킨다. 기교는 때로는 보기 싫은 세공일 적이 있다. 적도(適度)의 단련을 받은 자연은 실로 과도한 기교를 부린 예술을 훨씬 능가하는 적이 있다. 이 영화를 '민족의 제전'이라고 부르는 동시에 '육체의 제전'이라고 부르고 싶은 까닭도 여기 있다.

옮겨 가는 화면 화면에 마음이 잠겨 버리면서 그윽히 속으로는 정신의 깨끗한 해골을 자랑하는 현대의 뭇 예술이 부끄러워진다. 제 민족의 문화의 경쟁도 또한 이렇게 아름답게 격렬하고 경건하고 싶다.

리펜슈탈은 '흥분하지 않는다는 미덕'을 갖추었던 듯하다. 아니 흥분을 그저 넘치게 하지 않고 어떤 절제 속에 담아 두는 겸손한 정신을 가지고 있었던 듯하다. 리얼리즘은 드디어 한 고전적 풍격을 떨쳐 입었고 또 현대 문명이 도달한 기술의 극한을 구사하여 그 거대한 구상력과 어울려서 여기에 소리와 빛과 그늘과 시의 일대건축(一大建築)을 완성하였다. 그런 의미에서 그는 실로 한편 생생한 20세기의 서사시를 탈고했다.

이런 훌륭한 자제와 공평과 고귀의 정신을 발휘한 예술을 낳은 민족은 다른 모든 결점이 있다 하더라도 다만 '뮤즈'의 이름에 의해서만은 마땅히 경탄되어 옳을 것이다. 현대 문명의 정당한 향수자와 구사자의 한 타입을 우리는 이 영화의 제작자에게서 발견한 듯 싶다.

전화(戰火)의 벽력이 서반구(西半球)를 살살이 찢어 놓은 오늘에 5대주를 얽어 놓은 올림픽의 오륜기는 그대로 한낱 통렬한 풍자 같기도 하다. 게다가 또 그 풍자의 실천에 있어서는 실로 이 영화의 산모가 한몫 중요한 임무를 맡아 가지고 있다고 함은 역사의 아이러니스. 단상에서 진정 못하는 히틀러 총통의 가슴속에서는 벌써 이때부터도 별다른 오륜의 새 산장(產匠)이 떠돌고 있었을지도 모른다. 여하간에 독일은 이 한편으로 해서 파르나스한 새로운 뮤즈를 더 보내었다.

―《조선일보》(1940. 7. 15)

시의 장래

근대라고 하는 이 파렴치한 상업의 시기를 일관해서 시는 늘 동떨어진 곳에서 고독할밖에 없었다. 파탄은 그가 벌써 집단의 혼연한 부분도 아니요, 중심도 아닌 데서 온다. 이르는 곳마다 있는 것은 갈라지고 흐트러진 개인뿐이다. 르네상스의 초기에 있어서는 시인은 오히려 집단의 예언자요, 시대의 선구일 수 있었다. 그에게 있어서 한 가지 매우 유리했던 것은 그때의 구라파는 비록 '가톨리시즘'이건 '프로테스탄티즘'이건 기독교라고 하는 공통된 정신적 지반을 고루고루 나누어 가지고 있었던 일이다. 단테라든지, 내려와서는 밀턴의 성공은 그들이 '근대정신'을 신의 손을 거쳐서 뿌린 데 있지 않았는가도 생각된다.

그러나 어느덧 시인은 근대의 힘찬 돌진에서 뒤떨어진 한 힘없는 구경꾼이었고 부질없이 중세를 그리는 비탄자가 되었다. 현대의 시인은 드디어 '근대'에 대한 열렬한 부정자요, 비판자요, 풍자자로서 등장했다. 그들은 정신적으로는 현대 그것 속에 국적을 두지 못한 영구한 망명자였다. 이러한 정신적 망명자의 눈이 그 자신의 안으로 향할 때에 거기 일어나는 것은 침통한 자기 분열일밖에 없다. 보들레르에서 시작된 이 쓰라린 과제는 오늘에 이르러서도 민감한 시인들이 드디어 도망가지 못하고 있는 연옥인 채로 남아 있다. 그의 눈이 밖으로 향할 때 그는 통렬하게 세상을 매도하고 꾸짖고 조소할밖에 없었다. 여기 근대시의 한 연면한 전통이 있다. 그것은 늘 반역의 정신에 타고 있었다.

어떤 한가로운 층이 위안을 제공하는 것을 임무로 삼는 시인도 있었다. 그것은 아마 보안경찰의 홍행계(興行係)의 사무에 속할지는 몰라도 시의 논증과는 관계없는 일이다. 또 어떤 소박하고 단순한 정서에 의지하여 살아가는 시인이 있다. 우리는 그를 가리켜 행복한 시인이라고 했다. 또 기교의 세공에 의한 말초신경의 기맥(氣脈)으로 연명하는 시인도 있다. 신경의 마멸을 따라 그 뒤에 오는 것은 곧 피로일 것이다.

그러나 현대시인과는 조화할 수 없었던 '근대'라는 세계는 실로 바로 우리의 눈앞에서 드디어 파국에 부딪쳤다. 그것은 '근대' 그것의 내부의 부분적인 어느 시대의 국부의 파탄이라든지 그런 것이 아니다. 실로 '근대' 그것의 전부를 한데 묶어서 역사는 그것을 한 결정적인 시련 속에 던졌다. 세계사는 갱신되어야 하겠다는 것, 또 갱신의 첫 징조는 벌써 보이고 있다는 것은 오늘 와서는 한낱 예언이 아니고 엄숙하게 진행하는 현실이다. 시대는 시가 게으르게도 어떤 단조로운 정서라든지 말초신경에 지지되고 있는 것을 허락할 성싶지는 않다. 그것은 모두 환자가 가지는 증후다.

시대와 시인의 끝없는 대립은 시인의 정신 속에 늘 격심한 불균형을 결과했다. 현대시인의 위기의식이라는 것은 정신적 균형에 대한 갈망과 동시에 절망에서 오는 것인가 한다. 그러면 그는 그의 정신적 균형의 지점을 언제까지고 구할 길이 없었는가. '근대'가 번영하는 동안 그것은 시인에게 만족한 해답을 줄 리 없다.

시인은 자신을 위해서, 세계를 위해서도 '내일'을 발견해야 했다. 그것은 다름 아닌 한 시대를 사는 사람의 역사적 자각과 통찰과 예감에 의하여 붙잡은 생존의 신념이다. 그것은 결코 생활의 신념을 가리킨 것이 아니다. 생활조차를 던져 버릴 수 있는 생존의 신념이다. 그것은 또한 단순한 객관세계의 개념적 구성이 아니다. 그러한 개념적인 사상의 사토(砂土)에서는 시가 말라 버린다는 것은 우리가 체험을 거쳐서 겨우 얻은 수확의 하나다.

현실의 사태가 각각으로 터뜨리는 벽력은 모든 지상의 주민의 정신에 수없는 균열을 남겼다. 그것은 조만간 메워져야 할 동혈(洞穴)들이다. 이러한 정신의 형해를 수습해서 그것에 균형을 주고 내일과 오늘 사이에 논리를 구성하여 거기서 생존의 이유와 보람을 찾아서 보여 줄 수 있는 것만이 오늘 와서는 생존의 신념일 수 있다.

우리는 투명한 지성이라고 하는 것이 시대의 격동 속에서는 얼마나 쉽사리 부서질 수 있다는 것을 눈으로 보아 왔다. 지성과 정의(情意)의 세계를 아직 갈라서 생각한 것은 낡은 요소심리학(要素心理學)의 잘못이었다. 정신을 육체에서 갈라서 생각하는 것도 오래인 형이상학적 가설이었다. 시는 그 어느 하나에만 의존하지 않는다. 바로 그것들을 통일한 한 전체적 인간이야말로 시의 궁전이다. 그리고 이러한 전체적 인간이 시대 시대의 격류 속에서 한 전체로서 체득하는 균형 — 그것이 바로 오늘의 시인이 그 내부에서 열렬하게 찾아 마지않는 일이다.

동시에 외부에서 시대가 시인에게 향해서 바라는 것은 시인을 통하여 역사를 예감하려는 일이다. 시인은 다시 연연하게 요망되고 있다. 그는 마치 중세가 바로 끝나려 하고 또 근세가 시동할 즈음에 흥분에 쌓여서 등장한 것처럼 또다시 근대의 종점, 새로운 세계의 미명 속에 서지나 않았을까.

역사의 전기라고 하는 것은 결코 한 천재의 손으로 처리되지는 않았다. 늘 집단의 참여에 의해서 추진되었다. 오늘 구라파에 있어서만 해도 세계사의 새로운 전개를 위한 여러 민족의 한데 엉켜서 연출하는 심각한 전율을 보라. 새로운 세계는 실로 한 천재의 머릿속에서 빚어지지는 않는다. 차라리 각 민족의 체험에 의해서 열어지는 것이다. 시인의 고립은 끝나 좋을 때가 온 듯하다. 최재서(崔載瑞) 씨는 시단 3세대 속에서 모더니즘이 문제되어야 할 것을 시사하였다. 그 일문만으로는 어떻게 문제되어야 하겠다는 방향이 분명치 않았다. 나는 모더니즘뿐 아니라 오늘의 시가 똑같이 반성될 근거와 필요를 여기 두어야 하리라고 생각한다.

시단에는 근년에 와서 일련의 어두운 노래가 성행했다. 그것은 어느새 센티멘털리즘의 재생인 듯한 인상조차를 주기 시작한다. 다시 말하면 암흑은 암흑인 때문에 애완되고 절망조차가 연모되는 듯하였다. 그것들이 집단의 체험으로 심화되지 못하는 동안은 격정의 '딜레탕티슴'에 그치고 말 것이다.

어떤 정치가가 정확하게도 '복잡괴기'하다고 형용한 이 전환기의 복잡괴기한 운무를 뚫고 시는 어쨌든 적으나마 끊임없는 섬광이라야 하겠고 그러함으로써 새로운 시대의 전령일 수 있고 또한 다시 집단의 소유로 돌아갈 것이다.

—《조선일보》(1940. 8. 10)

과학과 인류

고도로 발전한 모든 국민은 그들의 향상도상(向上途上)에 있어서 물질적·지적인 여러 방면의 인간 활동의 고조에 의하여 특징을 지은 단계를 거쳐 왔다는 사실을 문명의 역사는 보여 준다. 이 말은 한 시대에 있어서의 어떤 특수한 종류의 활동이 극상으로 발현되었을 적에는 다른 형식의 활동들은 퇴세(退勢)하거나 또는 그것들을 희생으로 하고 이루어진다는 말은 의미하지 않는다. 역사의 교훈은 이것이다. 일반적 국민 활동과 합류하면서 어떤 시대는 특수한 활동을 보였거나 혹은 그 시대에 어떤 보편적인 특색을 지어 주는 특정한 부문이 발전의 절정에 도달한다는 것이다. 그리하여 고대 희랍에는 철학의 한 시대가 있었고, 고대 로마에는 군국주의의 한 시대가 있었고, 중세 이태리에는 종교 예술의 한 시대가, 엘리자베스조(朝)의 영국에는 극시(劇詩)의 한 시대가 있었던 것이다. 이런 시기의 영향은 혹은 눈에 띄게, 혹은 남몰래 저 아득한 과거로부터 현재에까지 미친다. 이런 힘의 인지는 "우리는 모든 시대의 사손(嗣孫)이다."라는 귀 익은 격언 속에 나타나 있다. 현대의 특수한 활동 부문 즉 과학은 전대에 그 절정에 도달했던 어느 것보다도 더 깊이 미래를 영향할 사명을 가졌다고 우리는 믿는다.

우리가 지금 살고 있는 것은 과학의 시대라고 말함으로 해서 우리는 지금까지 가능했던 것보다는 더 밀접하게 '자연'과 교섭하고 있다는 것을 의미한다. 인류가 관찰하고 생각하는 동물이 된 적부터 그는 자연현상에 의하여 감명될밖에 없었다. 역사의 기록을 더듬는 한, 어떠한 전대(前代)에도 자연의 탐구가 ― 사실의 조직화한 관찰과 원인을 탐지하려는 노력에 있어서 이처럼 격렬한 활동을 한 적은 없다. 문명 국민에 있어서는 인류는 전대에는 오직 소수의 천재적인 개인들에게만 계시되었던 대진리(大眞理) ― 세속 생활의 지적 최고봉에도 불구하고 인간은 그 환경으로부터 떠날 수도 독립할 수도 없다는 진리를 포착하기 시작했다. 일찍이 인류의 사상을 지배하던 인간 중심의 관념은 인간을 자연의 한 부분으로 만들어 놓은 더 넓은 견해에 의하여 차츰 밀려 버리면서였다. 그 견해에 의하면 사람은 다른 유기체와 마찬가지로 그 환경에 적응하는 유기체나 그 지적 진보의 덕으로 실상 무제한한 적응성의 최상의 이익을 가지고 있는 것이다. 이 적응력은 자연의 '방법'의 인식이라는 말과 동의어라는 것이 이제 알려지기 시작했다. 다시 말하면 인류의 현재의 행운과 장래의 진보는 자연과학의 진보에 달려 있는 것이다.

인간의 우위는 과학의 진보와 불가분의 관계가 있다는 원리의 인식은 테니슨의 시구(詩句) 속에 결정(結晶)되어 있다.

눈과 눈이 지식을 갈망하며 군림하는 종족 ―
대지와 지상의 것들은 그 지배 아래 있다.
자연은 그 손에 펴 든 책자(冊子).

이 발견은 근대에 와서 무엇보다도 자연의 연구에 그 생애를 바친 사람 또는 바치고 있는 사람들의 노고에 의하여 재래된 것이다. 그들의 일이 인류의 현재와 미래의 복운(福運)의 극히 중대한 의의를 가지고 있다는 것을 깨달은 것은 우선 이 독창적인 학구(學究)의 현역군이다. 자연은 그 성실한 학도에게 있어서는 한 펴 놓은 책이라는 진리의 인식은 현대의 군호(軍號)가 되었다. 과학의 영역에서 일하는 사람은 그의 수확이 직접 혹은 간접으로 즉각 혹은 미래에 인류의 이익을 위하여 이용되리라는 생각에 격동된다. 그의 성과는 그 구경에 있어서는 엄정하게 인도적이지만 그러나 협애한 실용적 표준에 의해서 평가되거나 계량될 수 없다. 현재 도달하고 또 연년이 향상되며 있는 자연에 대한 지식의 수준은 대개는 다년간에 긍(亘)하며 왕왕은 일생을 통한 꾸준하고 고심에 찬 연구의 결과다. 그러나 그 성과의 오직 일 소부분만이 즉각에 소용된다. 또 인간에게 분명히 유용한 것은 한갓 선인들의 진리 탐구의 긴 연속의 최종 단계다. 과학의 일반적 향수가 국민에게 진정한 가치를 갖기 위하여는 그러므로 인색한 실용주의의 정신과는 관계가 없어야 한다. 왜 그러냐 하면 어떤 특정한 방면의 노작에 종사하는 사람치고 그의 성과가 언제 또는 어떻게 실용적 가치를 갖게 되나 또는 그것이 과연 실제에 응용될 것인가 아닌가의 여부도 예견할 수는 없다. 만약에 국민의 발전이 우리가 보아 온 것처럼 과학의 일반적 향수에 달렸다면 그 향수는 최고의 또 최광(最廣)의 것이어야 한다. 인류 문화의 가장 고양된 분기의 하나로서의 수준에 끌어올려야 할 것은 추상적 의미에서의 과학이고 단순히 실용적인 구체적 지식은 아니다.

과학적 탐구의 정신의 근대에 있어서의 각성은 그 자체가 어느 정도까지 우리가 요망하는 일반적 과학 문화의 이 높은 수준의 달성을 향하는 서서한 행진에 부동(符同)하는 활동으로 되었다. 현역 역군은 무수하며 또 증대해 가는 일단(一團)이다. 지식의 영야는 모든 방면에 있어서 이처럼 빠른 걸음으로 확대되어 가므로 문학과 예술의 여러 가지 진전을 명민하게 좇아가려는 보통 교육 받은 사람들은 과학의 진보와 발을 맞추어 갈 수가 없는 것을 깨닫는다. 연구자 자신조차 가치 있는 결과를 얻기 위하여 불가피적으로 전문화하였으므로 그들 자신의 연구 부문 이외의 영역에서 한 발견의 진보와 걸음을 맞추어 갈 수가 없는 것을 알 때 이것은 그리 놀라운 일이 아니다. 그 위에 새로운 사실과 원칙의 부단한 발견과 과학적 원리의 교착하는 개정과 확대는 무슨 특수한 과학적 훈련 없이 유연성을 빼앗긴 과학 지망자를 실망시키기에 족하다. 이 유연성은 재료가 자연 자체의 기록에서 직접 얻은 것이 아니라 모두 책에서 모아 온 그런 주제에 대한 융통성 없는 교육 때문에 잃어버리는 것이다.

과학 문화의 일반적 보급의 또 하나 다른 지장은 전문적 용어다. 그것은 각 부문의 과학이 신사실(新事實)의 기술(記述)에 정확성을 주기 위하여 또는 신원칙(新原則)의 공식화를 위하여 발명하는 것이 필요하다고 생각한 것이다. 그러나 현대과학 용어의 전문성이 일반의 눈에는 지장(支障)으로 보이나 실제의 연구자에게는 간편한 고안인 것이다. 비록 용어가 무훈련자에게는 무섭게 보이나 술어 하나, 기호 하나가 어떤 자연적 실재나 또는 현재의 지식으로 실재라고 생각되는 것과 조응한다. 실재는 일반으로 그 기호적 표현으로 보아 생각되는 것보다는 더 단순한 명사로 표현될 수 있다. 그 근저의 의념(意念)은 과학적 정확성을 가지고 정의하는 데 필요하다고 생각하는 용어보다는 일반으로 덜 복잡한 것이다.

그러나 모든 이런 곤란에서 떠나서 국민 발전의 최초의 요소로서의 날로 더해 가는 과학의 중요성을 생각할 때에 교육 받은 보통 인사는 자연의 방법에 대한 무지에 향하여 영구한 선전(宣戰)을 하고 있는 국제적 대부대의 성공을 무시할 수는 없다. 지식에 대한 이 탐구에는 민족·신조·국적의 구별이 없다. 모든 학구가 보편적인 목적을 위하여 공동한다. 자연에게서 빼앗은 진리는 인류의 공유재산이 된다. 이런 진리는 쉽사리 제쳐 놓을 수가 없다. 또는 고색창연한 학문으로 말살할 수도 없다. 이것들은 전대의 선지자나 예언자가 선언한 어느 것처럼 그렇게 명료하고 영구성이 있고 그 성과에 있어서나 존속성이 있는 것이다.

독자가 과학 지식의 현상을 해득하려고 원한다는 것을 허(許)한다고 할지라도 첫째 깨달아야 할 것은 과학은 그 전진을 정지할 수가 없다는 것이다. 종결이라는 의미에서 지식의 현상이라는 것은 없다. 그것은 독단적 신조를 요구하지 않는다. 그것은 제 가능성을 알고 있다. 그 위력은 자연은 과오가 없으며 인간은 제한된 시찰력과 사고력을 가진 한 해석자에 불과하다는 것을 아는 데 있다. 더군다나 과학이 차지하는 영역은 너무 광대하므로 연구와 탐색의 실제적 목적을 위하여는 절대로 소부문으로 분기되어야 한다는 것을 알아야 한다.

이러한 분기가 자연적 실재를 대표한다는 것은 아니다. 그것은 차라리 우리들의 지식의 불완전을 말하는 것이다. 인간의 능력의 한계를 생각할 적에 학구가 어떤 특수한 부문에 자신을 제한한다는 것은 필요하고도 편리하다. 그러나 편의상 이 원칙을 수용한다고 할지라도 그는 이러한 과학의 분기가 자연의 제일성(齊一

性)을 부인하는 것이라고 속단해서는 아니 된다. 그와 반대로 가장 진보한 사상가들은 자연의 제일성을 믿게 되었으며 연구의 이상은 한 개의 일반과학 또는 철학 속에 지식을 통일하는 것이라 함을 알게 되었다. 이 이상이 도달하기까지는 여러 세대수를 두고 노역할 것이나 지금도 자연에 대한 인식은 엄밀한 각 구분 속에 제한될 수는 없다는 것이 각 방면에서 나타나고 있다. 분명하게도 인위적인 경계선은 무너지면서 있다. 여러 과학 사이의 교섭은 발견의 진보를 따라서 더욱 불어 가고 또 긴밀해 간다. 협동에의 추세는 근시(近時)에 와서 열역학·천체물리학·화학물리의 물리화학·전기화학·열화학·생물화학, 그리고 생물물리학 등의 주제가 생긴 것을 보아도 알 수 있다. (번역, 영국의 '멜돌라' 원저)

—《조광》(1940. 11)

3

건국 동원과 지식계급

— 좌담회

출석자: 시인 김기림, 평론가 백철, 철학가 박치우,
의학박사 정근양 (가나다순)

8·15 직후의 각지 사정

—— 그럼 이제부터 기록하겠습니다. 8·15의 해방을 맞이한 지도 이미 반세(半歲)가 지나 오늘 건국 대업은 각 방면으로 착착 진보되고 있고, 또 3천만 동포가 한 사람도 빠짐없이 이 거룩한 신국가 건설의 성업에 동원된 것도 사실입니다. 이렇게 전 민족이 동원되어 이룩하는 대사업이니만큼 거기에는 여러 가지로 혼란과 무질서가 생길 것도 상상되는데 그 혼란과 무질서를 정리해 가는 점에 있어서 지식계급의 임무가 중대하다고 생각됩니다. 가장 냉철한 이성과 또 과학적인 비평 태도로 나갈 사람이 역시 지식계급이고 따라서 지식인의 일거일동이 곧 대중의 시범이 되어야만 할 것입니다. 그런 의미에서 오늘은 혁명기에 있어서의 지식계급의 역할에 대해서는 물론이고 지식인으로서의 냉정한 자기비판과 그리고 앞으로 실행하실 포부 같은 것을 말씀해 주시기 바랍니다. 우선 8·15를 맞이하시던 감격에 대해서 김기림 씨 말씀해 주십시오.

김기림: 나는 고향인 성진서 8·15를 맞이했는데 소련군이 진주한 이후의 일이나 이야기하겠습니다. 소련군이 북선(北鮮)에 진

주한 것은 8월 23일이었는데 무엇보다도 궁금했던 것은 소련군이 진주해 오면 대체 조선의 행정을 어떻게 해 가려는가 하는 점이었습니다. 그리고 미군과의 관계는 어떻게 되는가 그것도 궁금해서 마침 진주해 온 소련군에게 물어보았더니 소련군들은 "지금은 아무 대답도 할 수 없다. 추후에 우군 미군 사령부와 연락 협의한 후가 아니고는 대답할 수 없다"고 해서 구체적으로는 아무 말도 못하였습니다. 그리고 소련군은 진주 후에도 행정권은 일체 소련 사람에게 맡기고 조금도 간섭치 않았습니다.

— 소련군 사령부가 진주한 후에도 일체 불간섭이었습니까?

김기림: 그럼은요. 그래서 조선 사람끼리 인민위원회를 조직해가지고 소련군의 지시를 얻으려고 상의했으나 그들은 "조선인의 일은 조선인의 당신네들끼리 좋도록 하라. 우리는 일체 관계치 않는다." 하고 대답하더군요. 그들은 참말 우리의 행정에 대해서 너무나 등한시하지나 않나 하고 의심할 정도로 간섭치 않았습니다. 그래서 우리 생각에 소련군이 이렇게 우리에게 행정권을 전임할 때에는 38도 이남의 소군도 역시 행정권을 우리에게 맡겨 버릴 것이리라고 믿었습니다. 이렇게 모든 것이 우리 손에 맡겨지니까 우리는 이제야말로 우리 힘을 다해 나라를 위해 일할 수 있고 또 일하지 않아서는 안 된다는 결심을 굳게 하였습니다.

박치우: 나는 8·15는 장춘(전 신경)서 맞이했지만 실상은 8월 8일 북경 있을 때 미리 알고 있었습니다. 그날 단파방송으로 무조건 항복하리라는 것을 알았는데 10일에 들어가서 일본 정부 수뇌자들이 소위 어전회의에서 무조건 항복을 하기로 결정하였다는 확실한 뉴스를 듣고는 곧 조선으로 돌아올 생각으로 11일 아침에 천진으로 향하였습니다.

─ 해방되고 보니 역시 조선이 그리웠던 게로군요.

박치우: 아 그립다뿐이겠소. 날개가 있으면 날아오고 싶었지. 어쨌던 천진에 도착해 보니 거리의 풍경과 분위기가 표면적으로는 평상시와 다름없지만 백계노인(白系露人)을 위시해서 외국인들은 연합국의 승리로서 전쟁은 되었다고 환희에 넘쳐 있는 것이 확실히 보이더군요, 이날 밤 나도 몇몇 친구들과 함께 얼려서 축하회를 열고 대단한 기세를 올렸지요.

김기림: 조선해방축하회는 박치우 씨가 제일착으로 열어 든 셈이군요.

(일동 소)

박치우: 이를테면 그런 셈이지. 나는 그날 일부러 일본인 거리에 가 보았는데 일인 측에서는 비관에 빠져 있는 기색이 확실히 보였습니다. 그다음 날 천진을 떠나 만주로 갈라 갈 기차를 탔는데 당산(唐山)이라는 곳에 와서 일 관헌이 기차 운행을 금했기 때문에 역 구내에서 한밤을 새우고 이튿날 산해관(山海關)을 거쳐 15일 오후에야 장춘에 도착했지요. 와 보니 장춘시내 각처에서는 시가전이 벌어져 상당한 혼란 상태에 빠져 있었습니다.

─ 8월 15일이면 정전(停戰)은 되었겠죠?

박치우: 그렇지. 그때에는 정전이 되었지. 아모러나 그냥 수수방관만 하고 있을 때가 아니기에 나는 몇몇 동지들의 합의로 재류 동포들을 한데 모아 민단을 조직하는 동시에 장춘 시내에 지하조직체로 되어 있는 중국측 국민당 관계의 기관과 연락해서 "조선 민족과 중국 민족은 조금도 충돌할 이유가 없을 뿐 아니라 이번 종전으로서 한층 더 친선하지 않으면 안 된다."는 의미의 삐라와 포스터 ─ 를 국민당의 이름으로 찍어 양해를 얻어 가지고, 그 삐

라와 포스터를 국민 동포들이 일제히 여러 대의 트렁크에서 실어 가지고 중국 시가로 가서 뿌리는 동시에 중국인을 상대로 가두연설도 하고 해서 무용의 충돌을 피하려고 극력 노력했습니다.

— 그때 아직 일본 관헌이 실권을 잡고 있을 때가 아닙니까?

박치우: 아직 실권을 가지고 있을 때지요. 그러기에 엄중한 경계망을 뚫고 선전하였는데 그때의 정세로는 일부의 중국인 — 주로 하층계급의 몰이해로 조선 사람에게 대한 피해가 상당했기 때문에 부득이 임시응변지책으로 그런 선전을 했는데 그 공작이 퍽 효과이어서 혼란 상태는 2일간만 계속되고 3일째부터는 군중들도 냉정해져서 다시는 큰 충돌은 없었습니다. 그 후 약 2개월간 체류하다가 북선(北鮮)을 거쳐서 상경하였습니다.

— 그 2개월 동안에 조선 안의 정세를 알고 계셨습니까?

박치우: 네, 정확한 보도는 아니었으나 마침 국제통신에 하와이 출생인 2세 일본인이 한 사람 있어서 조선인 민단에 자주 정보를 알으켜 주었는데 그 정보를 통해서 '38도'를 경계로 미소 양군이 진주했다는 것과, 조선은 3개년간 국제통치제에 부(附)한다는 것 등 대체의 윤곽은 알고 있었습니다. 그런 정보를 들은 것이 8월 말경이었다고 기억됩니다.

— 아니 그럼 만주서는 그때 벌써 신탁통치 문제가 떠돌았던가요?

박치우: 그렇죠. 그러기 우리는 조선이 신탁통치가 되는 것은 기정사실인가 보다고 생각하고 있었습니다. 그 후 국내 소식을 풍문에 들으니까 국내에는 20몇 개의 정당이 생긴 후 인민공화국이 탄생하여 주석에 이승만 씨를 비롯해서 각층 세계의 인사를 총망라한 완전한 정부가 수립되었다고 하더군요. 그래 우리가 꼭 그

렇게만 믿고 있었지요. 인민공화국에서 발표한 정강을 보고 우리 조선에 있어서는 마땅하다고 생각했는데 모두가 안정된 줄 알고 정작 조선에 와 보니 기대가 완전히 어그러져서 대단히 실망했습니다.

(정근양 출석)

—지금 8·15를 맞이하시던 때의 감격을 말씀하시던 중인데 정 선생은 8·15를 어디서 맞으셨습니까?

정근양: 저는 경성에 있었습니다.

—그때의 감격과 주위 사정 같은 것을 좀…….

정근양: 그때의 감격은 참 부끄러운 말씀입니다만 별로 이것이라고 뚜렷이 내놓을 만한 것이 없었습니다. 8·15까지 나는 체신병원에서 근무하고 있었는데, 8·15의 라디오를 일인 직원들과 함께 들었습니다. 그 전까지도 마음의 준비라고 할까 아무런 그런 것이 없었기 때문에 그저 감격이라기보다는 이제는 조선 민족도 진실로 나아갈 길이 열렸다는 자각과, 이제부터는 전심전력으로 일을 해 보겠다는 각오뿐이었습니다.

김기림: 참 우리가 일본 제국주의의 그 악랄한 경찰 제도하에 있을 때에는 자기의 마음 하나도 자유롭게 못 가졌던 것은 사실입니다. 그렇게 일본 경찰은 놀랄 만큼 교묘하게 발달되었던 것이지요. 앞으로 그런 파쇼적 경찰이 우리 조선에도 생긴다면 큰일입니다.

지식인의 자기비판

—8·15 이후의 건설 이전의 태동적 현실에서 느끼신 점, 가

령 자기비판 같은 것을 말씀해 주십시오.

김기림: 우리 지식계급이라기보다 지식인들이 역사적 8·15를 당하였을 때에 대부분의 지식인들이 생각한 것은 이제부터는 우리나라다, 우리가 지금까지는 일본 제국주의의 압박 밑에 있었기 때문에 마음속에서 하고 싶은 말도 못 했지만 이제 앞으로는 자기가 가지고 있는 모든 것을 신국가건설을 위해서 바치겠다는 환희의 희망이라고 할까 진심에서 끌어나오는 희망이 있었을 것이라고 생각합니다. 신국가건설에 이바지하는 데 있어 기술자는 자기의 기술로써 식견을 가지고 있는 사람은 그 식견으로써 다시 말하면 자연과학자, 인문과학자, 문학가, 철학가 등이 각각 그 방면에서 자기의 기능을 충실히 최고도로 발휘하겠다는 결심이라는 역사 감각을 가지고 훌륭한 우리 신흥국가를 우리 손으로 만드는 데 있어 종래의 지식 기능을 수정 향상시켜 나가겠다는 의욕은 누구든지 왕성했으리라고 믿습니다. 그러나 실제에 있어서는 지식인이라는 것은 그 성격이 약하고 현실에 어두운 점이 있으니까 현실의 혼란한 조류가 우리가 상상하고 있던 코스와 같이 순조롭게 나가지 않는 것을 보고 요사이 와서는 어느 정도로 초조하고 있는 모양입니다. 그리고 감수성이 예민한 일부의 시인들은 비판하고 있는 공기가 보이고 있습니다. 이것은 역시 지식인의 예민한 일면이 노골적으로 나타난 것이 아닐까요? 이런 점으로 보아서 지금까지의 우리 지식인은 현실이라는 것을 너무 쉽게 안가(安家)하게 평가한 과거를 수정하여 좀 더 굳은 결심을 가지고 나가지 않으면 안 될 것이라고 생각합니다.

백철: 지식계급이란 것을 문학인 또는 문화인 등에 국한하지 않고, 일반 과학자, 기술인 등을 광범하게 포함해 생각할 때에 현

재 우리 조선과 같이 건국기에 있어 지식계급의 동원이 지대한 역할을 한다는 것은 설명할 필요가 없습니다. 소비에트·러시아에 있어서도 혁명 후의 그 계획적 건설에 있어서 기술자 등을 특별히 후대하고 있는 모양인데 말하면 지식계급이란 각기가 일 영역의 전문 기술을 대표하고 있는 특수층이니까 건설기에 있어 각 방면의 새 건설의 필요한 거기에 수응시킬 기술의 동원이 자연히 필요케 되는 때문일 겝니다. 그러나 국가가 계획적으로 지식인을 동원시키지 못하고 지금 우리 조선의 현실과 같이 정치 그 자체가 혼란을 일으키고 있는 이때는 지식인 자체가 일층 냉정해서 스스로 자기의 전문 지식과 기술을 건국에 이바지하도록 각기 부서에 나아가 거기에 충실할 필요가 있을 것 같습니다. 지금 김기림 씨의 말씀과 같이 8·15의 역사적 해방의 날을 맞았을 때 지식인들은 각기 지금까지 일제의 압박하에서 충분히 발휘 못 했던 재능과 기술을 이제야 마음껏 발휘할 때가 왔다고 흥분하고 결심하고 맹서한 것이 사실인 줄 압니다. 지식인들인 진실히 건국에 공헌하기 위하여는 해방의 날의 맹서를 언제까지든지 포기치 않을 의무가 있었을 것인데 유감인 점은 나날이 혼란해 온 그 정치의 현실에 지식인들까지 휩쓸려 들어간 경향이 있지 않은가 합니다. 문학자는 문학을 버리고 정치로 의사들까지도 병원을 지키지 않고 정치 회합으로, 그리하여 정치는 외권상으로나마 대단히 찬란한 풍경을 보이고 있는 대신 특히 경제 산업의 영역 등에 있어는 도리어 일제하의 그때보다도 훨씬 떨어져 버린 것이 사실입니다. 물론 같은 지식층이라도 순전히 기술 부문의 인과 인문 부분의 인과 사이에는 동일하게 볼 것이 아니고 경우에 따라서는 정치와 밀접한 관련하에 문화 건설을 계획해야겠지만 그때에도 역시 문화는 정치에 대한 자기 한계를 망각하지 않는 한에서의 활동이 가하다고 생각되더군요. 이와 같이 지식인, 문화인이 너무 정치로만 쏠려 가는 현상, 여기에는 아마 문화의 전통으로서 우리 조선의 문화의 힘이 약해서 정치의 압력을 당해 내지 못하는 이유도 있고 민족성의 문제도 있는 것 같습니다. 이것이 조선이 아니고 영국 민족이 이날의 현실을 당착했던들 영국의 지식인들은 좀처럼 정치의 압력에 지지 않고 좀 더 침착하게 자기의 영역을 지켜 나갔을지 모릅니다. 자기 전문의 일이 아니면 남의 일처럼 생각하고 냉연히 자기 길을 가는 그런 태도가 이런 때는 퍽 필요하다고 보여집니다. 그렇다고 물론 먼저 말한 바와 같이 정치와 비교적 거리가 가까운 문화 부문의 인이 정치에 대한 발언을 무시하는 것은 아닙니다만, 일반적 방향으로는 지식인은 좀 더 자기 영역을 지켜야겠다는 것 그것이 현실적인 건국 사명을 다할 수 있다는 것을 말하고 싶습니다.

김기림: 아닌 게 아니라 영국 국민의 현실주의가 부럽단 말이야. 먼젓번 그 총선거 때에도, 우리의 상식으로서는 의례히 처칠이 당선이 될 줄 알았는데 영국민은 그놈은 싸움은 잘하지만, 살림은 역시 살림꾼이 해얀다고 딴사람을 택했거든요.

영국의 현실주의를 배우자

박치우: 오늘의 혼란은 역시 우리 조선 민족이 반세기 동안 일본 제국주의의 압박으로 정치의 경험이 없고 정치의 훈련을 못 받은 때문이라고 생각합니다. 영국 국민이 지난번 수상 선거에 금차 대전(今次大戰)의 공로자인 처칠을 버리고 노동당의 아드리고를 내세웠다는 그 냉정한 현실주의적인 국민성을 볼 때 참말 부러웠

습니다. 공권(功權)은 훈장과는 다르니까요. 공훈은 공훈이고 정권은 정권이니 공훈과 정권을 혼동시켜서는 안 된다고 생각합니다. 그런 혼동이 우리 조선에 생긴다면 큰일입니다.

김기림: 그렇습니다. 공로가 있다고 해서 정권을 주자는 것은 정치를 옛날의 벼슬과 같이 생각하는 봉건적 사상 잔재에 지나지 않습니다.

백철: 만일 우리 민족이 오늘에 있어서도 그런 봉건적 사상을 버리지 못한다면 민주주의 국가라는 것은 도저히 수립되지 못할 줄 압니다.

박치우: 동감입니다.

김기림: 오늘의 정치라는 것은 옛날의 벼슬과 달라 광영스러운 한 개의 훈장이 아니고 전 국민이 생활을 맡는 큰 짐스러운 실무라고 말할 수 있지요. 나도 처음에는 건국 초기의 정권을 해외에서 풍찬노숙, 많은 고생을 하신 선배 제씨에게 무조건하고 받들어 드리는 것이 한 예의이고 인정이라고 생각했었는데 민족 전체의 운명을 생각지 않을 수 없는 현실에 있어서는 그런 '센티'적 생각은 절대로 삼가야 할 오류라는 것을 깨달았습니다. 끝까지 냉정히 비판하여 전 민족을 행복스럽게 할 수 있고 나아가서는 전 인류 세계에 평화를 건설할 수 있는 민주주의 정치가 — 그것이 누구인지 그 정치가만이 정권을 잡지 않으면 안 됩니다.

박치우: 그렇지요. 정치는 절대로 감정이 아니니까. 나는 과거의 공로가 크니까 선물로 정권을 달라고 하는 것은 확실히 봉건 사상입니다. 만일 우리들의 정치가가 그런 사상을 가지고 정치에 임한다면 민주주의 국가는 절대로 불가능합니다. 정권이라는 것은 백성들이 그 현실에 적당한 위정자를 선거해서 정치를 아끼는

'국민의 총의'인데 그렇지 못해 한 개의 명예 지위를 꿈꾸고 정권을 잡는 것은 지난 세기의 군주적 사상이겠지요. 요사이 정치가들은 정권을 나에게 달라고 그 정권을 강요하는 느낌이 보이는데 그런 것은 참 딱합니다. 30년 전에 독립운동하던 식으로 오늘의 조선 민중을 쉽게 끌고 나갈 수 없는 것입니다. 민주주의 국가에서는 어디까지든지 주권은 인민의 것입니다. 인민이 가장 적당하다고 인정하는 위정자를 선택하는 것입니다. 여기에는 감정이 아니라 현실이 지배하는 것입니다. 그 점은 아까 백 형이 말씀하신 것과 같이 우리는 영국 국민의 냉철한 국민성에서 많은 것을 배워야 할 것입니다.

각기 자기 분야를 지키라

―아까 백 선생께서 해방 이후 3천만이 다 같이 건국 대업에 동원되어야 하겠지만 각기 기능에 따라 과학자는 과학에, 문학자는 문학에, 의사는 인술에 출실히 직분을 지켜 나가는 것이 결과로 보아 국가 건설에 가장 효과적이게 이바지하는 길이라고 말씀하셨는데 그 점 정 선생은 의사의 입장에서 어떻게 생각하십니까?

정근양: 물론 원칙적으로 보아 그러는 것이 당연한 길이라고 생각합니다. 별안간에 정치적인 자유에 부닥치니까 워낙 정치에 굶주렸던 사람들이 거기 대한 욕망이 안 생길 리도 없겠지만 그렇다고 3천만이 모두 정치가만 된대서야 큰일이겠지요.

―그러나 요사히 정계를 볼 때에 원칙적이고 당연한 일이 당연하게 나가지 못하는 경향이 보이는 듯한 점도 없지 않습니다. 자기의 분을 지키지 않고 감격을 지나 흥분해서 맹목적으로 정치

로 달래는 분도 없지 않는 듯한데요?

정근양: 그런 경향이 우리 의학계에서도 확실히 나타나고 있습니다. 그것도 역시 우리 민족이 정치적 훈련을 못 받은 까닭이고 또 대부분의 사람들이 8·15를 맞이할 준비를 미처 못 했던 때문이라고 생각합니다. 그러나 어느 정도의 기간이 지나면 각자가 지켜 나가야 될 길을 찾아 정상으로 돌아가리라고 믿고 또 돌아가도록 지식인은 지도하지 않으면 안 될 것입니다.

김기림: 의사들이 자연히 발생하는 환자들을 치료하기에도 손이 모자라는데 요사히 정치에 날뛰는 테러로 인하야 인공적으로 사람을 살상시켜 의사들은 대단히 분주하신 모양인데 ― .

테러는 민주주의 정치가 아니다

― 요사이 각처에서 테러 사건이 빈번히 발생하는 모양인데 정 선생은 그 때문에도 꽤 바쁘시겠습니다. 테러 문제에 대해서 말씀해 주십시오.

정근양: 의사의 입장으로만도 당연히 테러 행동은 없어야 하겠습니다. 사실 죽겠는걸요. (일동 폭소) 오늘 아침에도 테러 사건이 발생하였는걸요. 요사이처럼 테러건이 빈발하면 큰 문제인걸요. 과연 테러라는 것은 그렇게 효과적일까요?

박치우: 테러로서 효과를 얻으려는 정치는 절대로 민주주의 정치가 아닙니다. 동양에 있어서 테러로 성공한 예는 선라(選羅)의 피분[1]과 중국의 장개석이 있는데 그것은 끝까지 독재정치이고 민

---

1 루앙 피분 송크람(Luang Phibun Songkhram, 1897~1964). 태국의 정치가.

주주의 정치라고는 할 수 없습니다. 그런데 이 같은 독재정치가 피분이나 장개석을 본떠서 과연 조선서도 성공할 수 있을까 하는 문제는 좀 더 신중히 생각해야 할 문제지만 적어도 현재의 세계 정세로 보아서 조선 문제는 조선 사람의 의사대로 아무렇게나 해 나갈 것 같지 않습니다. 그렇다면 미국이든 소련이든 조선에 반민주주의적인 파쇼 국가의 건립을 용허하리라고는 생각할 수 없습니다. 장개석 씨조차 세계민주주의 노선에는 어쩔 수 없어 국공합작을 비롯한 각파 연립의 국가를 개편 중이 아닙니까.

정근양: 그렇게 테러까지 하지 않으면 안 될 정치는 결국에 있어서는 독재에 지나지 않을 것이니 그럴 바에는 차라리 민중이니 민주주의니 하는 것을 내걸지 않는 것이 좋지 않을까요.

― 독재주의 간판을 보면서야 누가 따라갈 사람이 있겠습니까?

박치우: 작년 상항회담(桑港會談)에 49개국이 참가하였을 때에 아르헨티나는 파쇼 국가라고 해서 참가시키지 아니하여 문제가 일어났던 것으로 보아도 지금 전 세계는 민주주의 국가로 되어 가고 있는 것만은 부인할 수 없는 사실입니다. 더구나 연합국 측에서는 우리 조선을 민주주의 국가로 만들려는 것이 본의고 파쇼적 국가로 된다면 연합국 측의 기대에 어그러질 뿐 아니라 독립도 시켜 주지 않을 것입니다. 전 지구에 흐르고 있는 조류에 역류할 수는 없을 것입니다. 만약에라도 그런 정권이 수립된다면 우리 민족은 그 이상 불행한 일은 없을 것입니다. 폭력 대신에 설복(說伏)이라는 것도 있는데 파시스트 국가의 조직적 테러에는 어느 정도의 이론이 있는데 요사이 횡행하는 테러에는 "나의 말을 듣지 않으면 모두 죽여 버린다." 식입니다. (일동 소)

김기림: 신탁통치 문제를 계기로 하여 테러가 속발하는 모양인데 반탁이니 지탁(支託)이니 하고 크게 떠들며 동족 상살을 하지 말고 현하 국제 정세를 냉철히 판단해서 왜 신탁 문제가 일어났느냐, 왜 최고 5개년이라는 조건이 붙는가를 생각하는 동시에 어떻게 하면 하루라도 속히 독립을 가져올 수 있을가를 고찰하지 않으면 안 될 것입니다. 이런 때에는 영국인의 현실주의를 배워야 할 것입니다. 다른 사람의 말을 끝까지 들은 다음에 비로소 입을 여는데 그것은 언뜻 듣기에는 노회(老獪)하다고 해석할른지 모르나 나는 무엇보다도 그 냉정히 비판하는 수양을 배울 필요가 있다고 생각하지요.

백철: 영국인의 말이 났으니 말이지 불란서는 18세기 말엽 이후 약 30년간에 감행한 그 혁명을 가지고 부르주아 혁명이라는 것을 단기간으로 완성했으나 영국은 불혁명과 같이 많은 희생을 내지 않고, 선거권의 수정 확장 등을 가지고 피 한 방울 흘리지 않고 그 봉건적 세력을 구축하고 민주주의 국가로 전환하였다는 사실은 우리가 다시 한번 고찰해 볼 연구 과제가 아닐까 생각합니다. 그렇게 조금도 피를 흘리지 않고 불란서의 18세기 혁명과 동등의 성과를 거둔 영국은 오늘 우리 조선 민권이 많이 배워야 할 점입니다. 테러는 감정입니다. 어느 정당의 테러를 보아도 그 속에는 이론보다 감정이 많습니다. 그런 점으로 보아도 정치가는 좀 더 냉정한 입장에서 국내외의 정세를 잘 파악해 가지고 그야말로 민주주의적인 정치 운동을 해 주었으면 싶습니다.

골육상쟁의 전철을 밟지 말자

— 조선에는 자고로 당파 싸움이 심했고, 또 조선이 망했던 것도 그 때문이라고 생각하는데 8·15 이후에는 어떻습니까?

박치우: 8·15 이후에 우리가 서로 생각하고 또 염려한 것은 이 전쟁이 끝나고 조선이 해방되어 독립할 때가 오면 반드시 혼란기가 오리라는 것이었습니다. 이조 시대에 밟아 온 당파 싸움으로 인하야 일어나는 내분 상쟁의 과오를 또다시 되풀이하지 말아 주었으면 하는 근심이었어요. 나는 그 근심이 기우가 되기를 얼마나 바랐던지 모르죠. 그저 나라가 완전히 수립되기까지는 위정자고 백성이고 할 것 없이 사리사욕을 떠나서 당파 싸움을 제발 말아 주었으면 하는 생각이었는데 오늘에 와 보니 우리가 기우하고 있던 그대로가 현실로서 전개하고 있는 것은 우리 민족의 수치라고 할까 어쨌든 유감천만입니다.

백철: 유감 정도가 아니지요.

김기림: 그런 생각은 삼천만 민중 모두가 공통적으로 가지고 있고 또 그렇게 되기를 갈망했을 것입니다. 시골서 8·15를 맞은 나는 시골 있으면서 생각하기를 중앙에서 활약하시는 선배들은 각각 자기의 적당한 입장에서 최선의 능력을 다해서 애써 주실 것이니까 우리들이 서울로 가지 않더라도 충분하다, 우리는 현재하는 곳에서 국부적으로 혼란에 빠지지 않고 질서를 유지했다가 중앙에서 완전히 정부가 되면 그때에는 우리가 일시 맡았던 것을 고스란히 정부에 받들어 올리자는 신념을 가지고 일하고 있었습니다. 그런데 정작 서울에 와 보니 통일은커녕 정당이 난립이요, 당파가 난무니 참 실망했습니다.

── 당파 싸움의 근본 원인은 어디에 있습니까?

정근양: 역시 사리사욕이겠지요. 머릿속에 국가나 민족은 없고 눈에 보이는 것은 그저 명리와 물욕인 데서 싸움이 벌어질 것입니다.

백철: 우리가 보기에 가장 불쾌한 현상의 하나는 욕설이더군요. 욕설도 당파 싸움의 한 방도인지는 모르지만 차마 입에 담기조차 못할 욕설들을 마구 퍼붓거든! 정견의 상위로서 이론으로 정정당당히 싸우는 것은 얼마든지 있어야 하고 또 있어 마땅한 일이지만.

박치우: 없는 이론이 어디서 나오겠소. 이론이 없으니까 그 대신으로 욕설을 퍼붓는 것인데 ── . (일동 소)

── 저번에 어디서 들은 말인데 조선 사람이 얼마나 당파를 좋아하는지 두 사람이 모이면 당파가 셋이 생긴다구 그러더군요.

백철: 어떻게?

── 두 사람이니까 각각 한 사람씩 두 당파를 꾸미고 그도 부족해서 나중에는 둘이 합해서 한 당파를 만든답니다. 그러니 도회 삼당(都會三黨)이 아닙니까. (일동 소) 아무려나 이조 시대의 전철을 다시 밟지 않기 위해서라도 파쟁을 없애야 할 터인데 그 정책은 없을까요?

김기림: 인민 자신이 깨달아서 사리사욕을 위한 정당이나 조직체를 적극적으로 배격하는 수밖에 없을 것입니다. 앞으로서 조선 민족은 결코 어리석지도 만만치도 않을 것입니다.

박치우: 모리배에게 양심 운운하는 것은 처음부터 무리고…….

탁치를 둘러싼 좌우 양익의 대립은

― 신탁 문제를 계기로 좌우익의 대립이 격심해진 듯한데 그 점에 대해서 정 선생…….

정근양: 결국 신탁통치에 대해서 민족적 감정으로서 반대하는 것은 당연한 일입니다. 나 자신도 탁치 뉴스를 들었을 때에는 반대하지 않으면 안 된다고 흥분하였더랬습니다. 그러나 그 후에 여러 가지로 국제 정세를 살펴보고 또 냉정히 현실을 생각해 보고 어느 정도의 신탁이라고 할지 후견이라고 할지 어쨌든 그런 시기가 있지 않고는 용이히 자주독립이 안 될 것을 깨달았습니다. 그러나 한편으로는 하루라도 빨리 독립하고 싶은 것도 민족적 감정으로서 당연한 일입니다. 그렇다고 해서 아무 이유도 없이 단순한 감정만으로 반대한다든가 지지한다든가 하는 것은 큰 위험이겠지요. 그 점으로 보아 각 정당은 좀 더 신중히 연구한 연후에 민중에게 임해 주었으면 싶습니다.

백철: 신탁 문제에 대해서는 나 자신 아직도 반대해야 좋을지 지지해야 좋을지 확실한 의견을 갖고 있지 못하나 요컨대 그것이 어떤 형태로서 우리 앞에 나타나겠는지 그 현실체를 보기 전에는 시비를 논하기가 지난할 것 같습니다. 다만 막후의 삼상회의를 거부했댔자 별로 실제의 효과가 나타날 것이 아니니까 정치의 입장에서는 삼상회의의 결의를 지지하는 것이 기술상 필요할 것입니다. 그러나 신탁이란 가령 그것이 후견이라고 해석한다고 하더라도 결국 너희들에겐 아직 자주독립의 능력이 없다는 말이니까 우리 민족적 자존심으로 볼 때는 결코 명예스러운 일은 아니겠지요. 그 점에서 오늘날 다수의 민중이 탁치 반대의 감정을 가지고 있는

사실을 무시할 것이 아닌 줄 압니다. 다만 가능한 것은 탁치 문제를 둘러싸고 정객들이 민중을 흥분시키는 사실입니다. 민중이 흥분할수록 지도자는 냉정하게 그들을 유도해 가얄 것입니다. 그러니까 이번 신탁 문제는 먼저 말한 바와 같이 아직 미지수니까 지도자층에서도 여기서 민중을 끄을 때는 좀 더 합리적인 기술이 필요했을 것입니다. 그러기에 민중을 향하여 이야기할 때는 가령 삼상회의는 지지하되 탁치의 항에 한해서는 지지를 보류한다!는 등의 여유를 남겨 놓고 나가는 것, 그런 기술이 필요했을 것 같습니다.

김기림: 위정자들은 이번 신탁 문제를 기회로 연합국으로부터 우리 조선을 유리하게 전개시킬 생각보다도 이 기회에 자기네의 세력 지반을 확장하려고 들었던 것은 참말 괘씸한 일이었습니다.

혁명기에 있어서의 지식계급의 역할

— 혁명기에 있어서 외국 — 특히 노서아, 불란서, 서반아 혁명 같은 데서는 언제든지 지식층이 혁명에 나섰다고 보여지는데 우리 조선에 있어서는 어떠했습니까?

박치우: 과거의 외국 혁명 — 특히 노서아, 불란서, 기타 혁명을 보면 지식계급이 언제든지 선각자 내지 선구자의 역할을 해 왔지만 그것은 과거의 혁명이고, 현대, 더구나 우리 조선에 있어서는 사정은 좀 다를 것 같습니다. 신조선혁명의 주동 부대는 벌써 이제는 뚜렷이 엄존합니다. 지식계급이 선각자로서의 역할은 벌써 30년 전 신문화가 수입되던 때라든지 신사상이 밀려들 때에 선각자로서의 역할을 다해 왔다고 볼 수 있지 않을까요? 이제부터는 선각자라기보다는 지적 기술 부대의 일원으로서 대중 주력부

대의 활동을 도와주는 방조 부대로서 참가할 때라고 생각합니다. 그런 의미에서 계몽이라는 것이 현하 조선 지식인에게 부여된 가장 적절하고 긴급한 임무가 아닐까 생각합니다.

백철: 근대의 정치 운동과 관련해서 지식층은 중간층 소시민층 동요성 등의 불명예한 칭호를 받아 왔는데 이것이 불란서혁명이나 노서아혁명에 있어 지식인이 정치적으로 선두에 나서기는 하나 그것은 지식인의 흥분하기 쉬운 감상에서 온 일시적인 것이요 노동자와 같이 끝까지 싸워 나가지 못한다는 데서 온 비난일 것입니다. 그 점에서 역시 지식인의 정치적 수명은 극히 짧은 것이요, 정치가 그들의 본도도 아닐 것입니다. 지금 박치우 씨의 말씀과 같이 지식인은 특수한 부문을 제하고는 기술 부대로 건국에 참가해야 할 것입니다. 말하면 과학자는 어떻게 하면 사상을 세계 수준에까지 높일 수 있을까 계학(啓學)은 어떻게 하면 사상을 세계 수준에까지 올릴 수 있을까 연구해서 자기 분내에서 충실히 건설적 노력이 있을 따름입니다. 그렇다면 오늘의 문화인이 경우에 따라서 정치 계몽에 나아가지만 그것은 정치 행위가 아니고 역시 지식인의 기술자로서 계몽에 당한 것이라고 이해할 것이라고 생각합니다.

박치우: 인문과학자 예술가들도 정치적 계몽의 이름 아래에서 실천을 할 필요가 있지요.

문학자의 정치 참가 문제

── 인문과학자나 예술가가 정치에 참가할 때에는 무슨 자격으로 섭니까?

백철: 요새 지식인들이 정치에 참가하는 것은 일개 시민의 자격으로서 참가하는지 또는 문학자면 문학자로서 참가하는지 나는 분명치 않더군요. 일전에 임화 군을 만날 때에 그 점에 대해서 물어보았더니 임 군은 일개 시민으로서 참가한다고 그러더군요.

김기림: 문학인들이 정계에 들어가되 문학인의 입장으로서 참가해야 될지 혹은 일개 시민으로서 참가하는 것이 좋을지 한번 생각해 볼 과제입니다.

백철: 나는 임화 군과도 이야기했지만 문학인이 정치에 참가해도 좋으나 적어도 문학인으로서 정치에 참가하려면 문학인의 사명을 발휘하도록 해야 한다고 생각합니다. 불란서의 안드레 모루아가 쓴 역사를 기록하는 데 있어서 문학적인 눈으로 본 것과 정치가가 정치적 각도에서 본 것과는 민중을 압필하는 것이 전혀 다르다고 보았습니다. 그런 점으로 보아 우리 문학인들이 정치에 참가할 때도 자기 입장을 버리지 말아 주었으면 싶습니다.

박치우: 일전에 이태준 씨의 수필을 보았는데 그 가운데 요새 자기로서는 생활 의식이 곧 정치의식이라는 의미의 말이 있습니다. 어서 하루바삐 정계가 안정되어 우리 문학자의 생활 의식이 도로 문학 의식으로 돌아갈 수 있으면 합니다. 문학인이 정치에 참관하지 않고서는 못 배기는 것은 문학을 버렸기 때문이 아니라 소설가면 소설가가 안심하고 소설을 쓸 수 없기 때문이겠지요. 소설가가 안심하고 소설을 쓸 수 있을 만치 정치가 안정된다면 그때는 문학인의 생활 의식이 정치의식에서 문학 의식으로 돌아갈 것입니다.

김기림: 문학작품이 아무리 만들어 내는 것이라고 하여도 생활이 없으면 창조될 수 없고 생활 없이 만들어진 작품은 사회와 거

리가 멀어지고 말 것이니까 시방 당장 좋은 작품을 쓴다는 것은 어려운 일일 것입니다.

백철: 요사이 문학자들이 논문을 많이 쓰는데 그 논문이 정치가가 쓴 정치 논문과 별다른 차이가 없거든요.

박치우: 결국 시민의 자격으로 정치에 참가한 때문이겠지요.

현 정세하에서 집필하는 태도

─ 요새 작품을 쓰실 때의 태도를 말씀해 주셨으면…….

김기림: 우리가 작품을 쓸 때에 그 당장에 사회적인 효과를 노리고 쓴다면 그것은 어느 정도 민중과 같이 흥분하는 것이 아닐까 합니다.

백철: 결국 그렇겠지요. 그러기에 가령 연설을 하나 하여도 문학인은 문학적 입장을 떠나 정치가와 같은 입장에서 한다면 민중은 진지하게 감복하지 못할 것입니다. 왜 문학인이라는 좋은 조건을 버리고 정치가가 될 필요가 무엇입니까.

정근양: 금일과 같은 혼란기에 있어서는 정치가에게만 정치를 맡겨 둘 수 없다 해서 문학인도 일시민의 자격으로서 참가하는 것이겠지요. 그래서 대중을 정당한 정치 노선으로 이끌려는 생각일 것입니다. 그것은 계몽적 의식도 클 것입니다.

박치우: 아까 임화 씨가 시민으로 정치에 참가했다는 것은 역시 그런 각오로서 말한 것일 겁니다. 임화 씨 자신의 문학을 떠나서 행동하는 것은 정계가 너무 혼둔하기 때문에 초조해서 견딜 수 없었던 때문일 것입니다. 정치가 까딱 잘못하면 문학은 고사하고 문학자 자신까지 어떻게 될지 모르는 것이 요즘 조선의 실정이

며 그렇기 때문에 문학자는 문학만 아니라 자기 일신을 지키기 위해서 사실 초조치 않을 수 없을 겝니다. 파쇼 국가나 되어 보십시요…….

― 문학자들의 요새 꽤 많이 정치 논문들을 쓰시는데 후에 전집을 내실 때에 그 글들을 다 넣으실까요?

박치우: 웬걸 넣겠습니까?

― 박 선생도 꽤 많이 쓰시던대요!

박치우: 나는 쓰고 싶지 않지만 《대조》 편집자께 걸려드는 날이면 마지막이지요. 여간 독촉이 심해야지요.

― 박 선생은 원 별말씀을 다…….

김기림: 그래도 나는 창간호에는 못 썼는걸요. 나는 전집에 들어갈 것만 쓰겠습니다.

정근양: 당장의 효과를 생각할 때에는 철학은 너무나 추상적이돼 박 형은 꽤 초조하겠습니다.

민중을 정당히 이해하자

― 우수한 정치가라면 민중이 무엇을 갈망하고 있는지 그 갈망하는 바를 정당히 이해하고 또 민중을 아껴야 할 텐데 그 점은 어떻습니까?

김기림: 정치가들이 서로 싸우는 것은 자기네의 자유겠으나 제발 좀 그 파문을 민중에게까지 파급시키지 말았으면 합니다. 그 해독이란 여간 큰 것이 아니니까요.

백철: 아까 연설 말이 나왔지만 민중이 문학자의 연설을 들을 때에 문학자가 정치가와 같은 연설을 한다면 민중이 그 연설을 잘

알아들을까요. 문학자는 가장 변설이 서툴다고 하니까요.

　　김기림: 나는 강연을 많이 한 경험은 없지만 강연을 하려면 정치 연설을 해야 민중에게 인기가 있고 감격을 받겠습니다.

　　백철: 하 — 시인들도 허영에 뜬 모양이군요.

　　김기림: 결국 연설을 들으러 오는 청중의 심리는 오락장으로 오는 것과 같으니까 자기 취미에 맞는 것만 좋아하는 것 같더군요.

　　김기림: 민중보다 먼저 흥분하는 것이 지식계급이지만 흥분에서 먼저 깨는 것도 역시 인텔리일 겝니다.

　　백철: 대중처럼 소박한 것은 없으리라고 나는 생각합니다. 그 소박한 점을 정치가들은 악용하려고 들지요. 그러나 대중은 자기네의 생활을 통해서 정치를 비평하니까 소박하다고 해서 그것을 악용하면 언제든가는 그 죄악이 폭로되고야 말 것입니다. 과거의 모든 혁명이 그것을 여실히 증명하니까요.

우리 문학 수준과 금후

　　— 지식인으로서 앞으로 어떻게 나가시겠다는 포부 같은 것을 말씀해 주십시오.

　　김기림: 앞으로 우리 지식층은 외부로부터 많은 지식을 흡수해 들이지 않으면 안 되겠지요. 나 자신은 하루라도 빨리 지방으로 내려가고 싶은데 막상 내려가 놓으면 문화 기관이 다 막혀서 지식과 접촉할 기회가 적어지는 것이 걱정입니다.

　　박치우: 사실 우리는 공부를 하지 않으면 안 됩니다. 외국에 비하면 말이 아니니까요. 세계적 수준은 고사하고 우선 일본과 비교해 보더라도 형편없지 않습니까. 인문과학 같은 약간의 우리 역사

나 어문에 대한 연구를 내놓고는 형용할 수 없이 떨어졌으니 괜히 우리 것만 좋다고 떠들 게 아니라 눈을 크게 떠서 외국 문화를 열심히 흡수하지 않으면 안 될 줄 압니다.

── 해방 후 의학계의 동향은 어떻습니까?

정근양: 한 말로 의학계 하지만 실제에 있어 의학계는 기초학과 임상의 두 갈래로 분류되어 있습니다. 임상은 배워 가지고 곧 사회에 나가서 밥벌이를 할 수 있는 것이지만 기초학은 배워도 사회에 나가 곧 이용할 수도 없고 따라서 밥벌이는 안 되는 말하자면 학구적으로 나가 학자의 토대를 닦는 것입니다. 8·15 이전에는 기초학은 밥벌이가 안 된다고 해서 대개는 임상으로 흘렀는데 8·15 이후에는 임상을 떠나서 기초학으로 돌아오는 사람이 많습니다. 이 현상은 일본 제국주의 압박하에서는 학구적으로 나간대도 신전(伸展)할 여지가 없었기 때문에 일부러 기초학을 피해 왔지만 이제부터는 우리나라를 가졌기 때문에 얼마든지 전진할 수 있는 희망을 가진 때문이 아닌가 합니다. 의학계의 신진 학자들이 학문을 열망하는 태도는 매우 반가운 현상이라고 봅니다.

김기림: 지금까지 우리 조선서는 문학 계통이 많고 자연과학 계통에 뜻을 두는 사람은 적었기 때문에 기술자가 대단히 부족합니다. 사실 조선에는 자원이 얼마든지 있으며 기술 부족으로 생산을 못 해 내는 것이 얼마나 많습니까. 조선 사람이 과학에 관계를 갖지 않게 된 원인은 일본 제국주의가 우리 민족을 압박한 때문도 있지만 우리 민족 자신이 기술자를 등한시한 것도 큰 원인입니다. 우리는 하루바삐 그런 그릇된 인식을 버려야겠습니다. 기술자가 부족하다는 것은 앞으로 국가 건설을 하는 데 큰 지장이 아닐 수 없으니까요.

정근양: 동감입니다. 문화 방면도 문화 방면이지만 과학계의 빈곤은 실로 놀라운 실정입니다.

박치우: 우리 민족이 과학에 소질이 없다면 절망이지만 소질만은 충분히 있다고 봅니다. 자연과학 같은 것을 들어 보아도 우리 민족은 다른 어느 민족에 비해 보아도 손색이 없지만 더구나 왜족은 문제도 아닐 것입니다. 사실 과거에 있어서 우리의 과학자들이 남겨 놓은 업적이 결코 적었다고는 할 수 없지요. 일제의 압박 아래에 있을 때에 그렇게 핸디캡을 가지고 있으면서 일본적 수준에 달한 것이 한두 가지가 아니었다는 것은 우리 민족의 우수성을 증명하는 것입니다.

김기림: 그렇습니다. 일본의 압박 아래서 우리 조선 문학생들이 일본 학생들과 한 교실에서 공부할 때에 보면 조선 학생들의 성질이 단연 우수하거든요.

지식인으로서 정계에 대한 요망

—— 시간도 늦은 모양인데 마지막으로 지식인으로서 정계에 대한 희망 같은 것을 말씀해 주시기 바랍니다.

백철: 지식인들이 그 본분을 충분히 지켜 나가도록 하루바삐 정치적 안정을 달라는 것입니다.

김기림: 우익적 좌익적은 일종의 계급당이지만 현 단계는 민주주의 혁명 단계니까 좌우 양익이 통일이 절대로 필요하다는 것은 말할 필요도 없을 것입니다. 조선에 정당이 있어야 한다면 좌익 정당 우익 정당 이외에 진보적인 지식인 정당 같은 것도 필요치 않을까요?

박치우: 그 정당 당수는 김기림 씨가. (일동 소) 인민당 국민당 같은 정당이 그 성격으로 보아 중간에 개재해서 통일시키는 것이 필요할 듯하군요.

백철: 통일에 대한 여론 지도는 이 과도기에 있어 문화단체의 특이한 위인의 하나가 될 줄 압니다. 문화단체는 정당과 달라서 정권에 야심이 없는 것을 민중이 인정하니까 문화단체의 발언을 비교적 허심으로 신뢰할 것입니다. 그러기에 문화단체가 그 역할을 다하자면 무엇보다도 냉정히 중립의 입장에서 활동해야 할 것입니다. 가령 현하 정세로 봐서 일방의 정치에 대하여 그 진보성을 긍정하더라도 문화단체도 적어도 표면상으로는 일방적 정치에 기울어진 경향을 보이지 않고 발언을 하는 것이 효과이라고 생각되더군요. 그 점에서 금일의 문화단체들이 너무 분명히 정치의 기치를 표면한 데서 정치 발언에 민중에 대한 효과를 약하게 한 것이 있지 않는가 생각됩니다.

박치우: 사실 발언권의 소유자는 민중 자신인데 여짓껏 통일운동은 민중을 떠나서 정당끼리 하다가 이제 와서 민중에게 호소하기 시작하였다는 것은 우스운 일입니다.

백철: 민중의 소리를 대변하는 것이 지식층이겠지요. 또 그 점에 오늘날, 이 조선과 같이 뒤떨어진 현실 가운데에서 문화인의 정치에 대한 발언이 중대한 의미를 갖는 경우가 있을 것입니다.

— 그럼 기록은 이만하겠습니다. 대단히 고맙습니다.

—《대조》(1946. 7)

전진하는 시정신

　시의 정신의 자유는 그러나 언제든지 전진하는 자유일 것이며 후퇴하는 자유는 아닐 것이다. 이제 우리의 시가 만일에라도 봉건적, 특권적 귀족 문화의 세계로 물러가는 일이 있다면 이는 역사에 대한 반역일 것이다. 미신과 노예 상태의 합리화와 무지 위에 피었던 귀족적 특권층의 문화는 새로운 문명의 전개에 그만 현훈을 일으켰던 시인들이 스스로 그 정신의 안정을 구하여 의식적, 무의식적으로 동경하고 추구하는 시의 고향인 듯한 착각을 제공한 적이 있었다. 구라파에 있어서 유파로는 상징파의 주조가 그것이었고 이 땅에서도 우리들의 심리에는 적잖이 이 봉건사회의 메커니즘이 뒤섞여 있는 것을 부정할 수 없다. 시인의 정신은 현재 속에서조차 안주할 수가 없다. 그것은 차라리 미래 속에 사는 것을 명예로 삼을 것이다. 하물며 과거 속에 살려 함이랴. 정확히 말하자면 시인의 정신은 늘 현재와 미래가 나누이는 지점에 위치한다느니보다도 이동하는 것이다. 그것은 현실의 진실한 모양과 의미를 파악함으로써 거기 발생하며 자라 나가는 이상의 싹과 요소에 가장 민감하여, 또 그것을 북돋아 가는 원정일 것이다. 그러한 까닭에 인도의 옛 민요가 현명하게 표현한 것처럼 민족의 등불이며 사공이었던 것이다. 그것은 어떤 가장 난숙한 시대에서 그러했지만, 특히 시인을 에워싸고 있는 현실이 말할 수 없이 추악하고 불의일 때에 시인이야말로 새로운 세계의 계시자이며 예언자라야 할 것이다. 그러한 암흑과 무지와 압제가 오랫동안 한 민족의 무거운 운명이었을 때에 인도와 켈트의 민중은 항상 시인의 소리를 찾았으며, 또한 진실한 시인들은 민족의 심령의 귀에 늘 희망과 용기와 불굴의 정신을 속삭였던 것이다. 위대한 역사의 한 시기와 또 한 세계의 여명에서 울린 단테의 경종은 다름 아닌 미래의 소리가 아니었던가. 진보적 민주주의라는 말이 있다. 우리는 그것을 이렇게 이해한다. 불란서혁명 이후 19세기를 통하여 과거의 민주주의는 주로 맨체스터나 마르세유의 주주들이나 상인의 민주주의였던 것이다. 이제 우리가 가지려 하는 민주주의는 일부가 아니라 만인의 정치적, 경제적, 문화적 민주주의일 것이다. 시인은 말할 것도 없이 늘 진보의 편이고, 미래의 동반자일 것이다.

─《국학》(1947. 1)

정치와 협동하는 문학

1

이러한 순간에 문학과 정치의 관계를 새삼스럽게 말해야 한다는 것은 몹시 얼빠진 일 같다. 아직도 여기 대해서 부정적인 견해를 가진 사람이 있다고 하면 이는 문학과 정치의 상호 관계라는 문제를 떠나서 오늘이라고 하는 이 특수한 시대에 대한 파악은 차치하고라도 감각부터 분명치 않은 것으로밖에 생각할 수 없다.

2

조선 인민은 지금 무엇을 하려고 하는가. 그들은 바야흐로 그들의 새로운 생활을 창조하려고 하는 것이다. 단순한 정치적 주권의 소재가 이동한다는 의미의 변혁이 아니다. 그런 정도의 변혁이라면 왕씨 고려나 이씨 조선 창건 때의 역성혁명에서도 우리는 그 예를 가지고 있다. 우리는 지금 정치의 면에 있어서도 주권이 한 전제군주나 타민족의 손에 있던 오래인 암흑 정치를 일거에 내던지고 주권이 우리나라 역사가 있은 후 처음으로 인민의 손에 옮겨

질 그러한 형태를 세우려 하고 있는 것이다. 뿐만 아니라 변혁은 우리의 정치 생활의 형식에만 그치지 않고 다시 우리 생활의 사회 경제적 내용에 있어서도 모든 비근대적인 봉건적인 유제와 찌꺼기마저 일소해 버리려는 것이다. 따라서 우리의 생활의 깊이와 폭에 걸쳐 스미고 배이고 이를 에워쌀 문화에 있어서도 이에 해당한 일대 변혁이 와야 할 것이다. 널리는 우리의 세계관이 달라져야 하겠고 이러한 새 사태를 규율할 새로운 논리와 기풍이 세워져야 할 것이다.

　이것이 바로 우리가 다닥친 이 시대의 모습인 것이다. 오늘이라는 오늘은 우리나라의 역사가 있는 후 일찍이 가져 본 일이 없는 우리 민족에 있어서 가장 중대한 시간인 것이다. 여기 비한다면 아까 말한 몇의 역성혁명은 오히려 작은 사건에 속한다고 해도 무방하다. 신라 통일 시대는 노예사회에서 봉건사회로 질적으로 옮아간 점에서 사회경제사적으로도 중한 의의를 가졌다고 할 수 있으나 정치 형태에 있어서는 그 전 시대와 또 다음 시대와 내용상의 차이는 없었던 것이다. 정치·경제·문화·사회 생활의 전 영역에 있어서 조선 민족은 지금 공전의 새 시대를 맞이하고 있는 것이다. 이는 우리 가운데서 식자들은 이미 의식적으로 파악한 역사적 통찰에서 얻은 결론이나, 인민대중은 8·15를 계기로 무의식적으로 거의 본능적으로 체득한 일종의 자연발생적인 분위기였던 것이다. 말하자면 인민대중은 정치적 이론이라느니보다도 감각으로서 이 일을 느꼈던 것이다.

3

　요컨대 우리 민족이 역사상 일찍이 보지 못하던 새 시대를 맞으려 하고 있으며 위대한 새로운 생활을 창조하려는 이 시간에 있어서 우리 문학의 활동이 이 새로운 생활의 창조와 인연이 없거나 또는 사보타주한다는 일이 도대체 있을 수 있을까. 우리 문학의 활동은 다름 아닌 이 새로운 생활의 창조 그것에 그대로 연결되어 있어야 할 것이다.
　그런데 새로운 생활의 창조를 위한 사업, 즉 정치·사회·경제·문화의 면의 변혁을 추진 실현하는 가장 집중적이고 효과적인 수단이 다름 아닌 정치인 것이다. 전도나 신앙에 의해서는 이러한 사업을 이룰 수 없다 함은 이미 우리가 익히 알고 있는 일이다. 어떤 현인 군자의 양식에만 이 일을 맡길 수 없음은 지나간 날의 산 교훈이 우리에게 얼마든지 그 쓰라린 예를 보여 주고 있다. 인민의 새로운 생활의 건설은 인민 자신의 손으로 할 수밖에 없다. 인민을 늘 우매의 동의어로 돌리려고 한 것은 특권 지배층의 상식적인 속임수였다. 문학가는 이 위대한 인민의 사업의 절대한 협조자가 되어야 할 것이다. 새로운 생활의 창조를 가장 능률적으로 이루기 위하여 그 집중적인 기능의 담당 부면인 정치에 협조한다고 하는 것이 오늘의 문학의 독특한 성격일 터이다.

4

　새로운 생활의 창조의 일면으로서의 새로운 문화의 창조와 아울러 새로운 생활의 창조를 밀어 나가고 이끌어 나가는 중심 동력으로서의 정치에 협동하는 문학 — 이 두 가지 점은 오늘 정치와 문학의 관계에 대한 총괄적인 해답이라고 생각한다.

물론 우리는 우리 주위에는 8·15 직후 민족의 양심이 지배하던 동안 칩복하고 있다가 그 뒤의 혼돈을 틈타서 등장한 정치적 잡군도 무수히 있음을 안다. 그들은 공교롭게도 8·15를 위에서 내가 말한 그러한 우리 민족의 공전의 역사적 변혁의 계기로서 이해하려 하지 않고 도리어 애써 그것을 말살하려 하며 단순히 지배자의 이동에 그치는 신문기사로 축소하려고 하며 그러는 동안에 정치 혼란과 진공상태를 교묘하게 틈타서 주권을 인민의 손으로부터 횡령하려고 하는 것이다. 문학가가 이러한 부류의 준동에 흥미를 느끼지 않을 것은 물론이다. 문학가가 지지하며 협동하는 정치 세력은 피할 수 없이 이 땅에 인민의 새로운 생활을 창조하려는 노력과 성의와 실력을 가진 정치 세력일 수밖에 없다. 항상 미래와 정의와 새로운 생활을 사랑하고 추구함을 그 생명으로 삼는 문학가들에게 있어서는 그 밖에 딴 길은 없었던 것이다. 이것이 이 순간 정치와 문학의 관계에 대한 오늘의 현실에 즉한 구체적인 대답이다.

—《경향신문》(1947. 6. 8)

낭독 시에 대하여

시의 낭독 문제가 요새 매우 관심을 끄는 듯하다. 이 문제를 촉발한 것은 아마도 두 가지 사태였던 것 같다. 하나는 라디오의 시 낭독 방송이요, 다른 하나는 대회와 같은 군중 집회에서 시를 낭독할 기회가 잦게 되었다는 일이었다. 시의 낭독에 대한 논의는 후일로 미루고 이와 관계하여 한 커다란 의의를 가진 다른 문제를 여기서 살펴보고자 한다.

8·15 이후 시는 뜻밖에도 인쇄 이외의 방법에 의하는 새로운 발표 장소를 가지게 되었다. 대회와 같은 군중 집회가 그것이다. 인쇄될 책 혹은 지면을 통해서 만나는 개개인의 독서와는 아주 성질이 다른 말하자면 한 통일된 군중을 독자로 하고 마조 서는 것이다. 그 군중이라고 하는 것은 첫째 어떤 공통한 목적과 기분에 얽혀 있는 것이다. 그 통일성이라고 하는 것은 어떤 긴절한 시간 문제에 대한 관심의 공통성으로 해서 맺혀지는 것이다. 둘째로 그것은 바로 군중인 때문으로 해서 매우 암시성이 농후한 것이다. 이러한 특수한 여건이 그 앞에서 시를 낭독해야 하는 시인이 이해하거나 적어도 고려해야 할 조건들인 것이다.

역시 이러한 장소에서는 지난한 논문을 읽어 주는 것보다는 웅변이 더 쉽사리 환호와 갈채의 파도를 일으키듯이 시에도 이런 데서 읽어 효과 있는 것과 그렇지 못한 것이 스스로 갈라지게 되며 또 낭독 방법의 여하에 따라서는 같은 시편도 때로는 성공하며 때로는 묵살될 수 있는 것이다. 이리하야 시는 이제 다시 웅변과 어떻게 결합할 것이며 그 관계는 어떤 것인가 하는 문제가 새로운 의미를 가지고 논의되어야 하게 되었으며 나아가서는 군중 앞에서는 낭독을 목적으로 한 낭독 시의 새 종목이 고려되기 시작했다. 말하자면 시의 낭독에 대한 문제로부터 낭독 시라고 하는 새 종목이 어느새 나타난 것이다.

이 낭독의 출현은 약 만 3년 동안 우리 시단에 나타난 자못 중요한 현상의 하나였다고 해도 과언이 아니겠다. 나는 우선 낭독 시가 제공한 문제를 몇 개 집어내 보고자 한다. 시가 고리탑탑한 글방이나 사무소의 하나하나의 독자를 잠시 떠나서 흥분해서 호흡하고 기왕하는 군중 속에 뛰어들었다고 하는 것은 여간 큰일이 아니었다.

어떤 의미에서는 시를 온실에서 끌어내 가지고 생생한 햇빛과 거친 바람결에 쏘여 보는 것이다. 시인은 군중의 호흡과 표정과 움직임에서 새로운 시상은 물론이려니와 어떤 새로운 리듬 새로운 역학을 그 시에 받아들일 수 있을 것이다. 이러한 면을 바로 붙잡아서 살릴진대 낭독 시는 족히 우리의 새 재산임을 주장할 수 있을 것이다. 우리는 낭독 시를 통해서 우리 시에 기여받을 여러 가지 문제에 대한 탐구를 이미 끝냈다고는 생각지 않는다. 시인이 자기의 주관적인 내면 세례의 소리를 천리안식으로 전해 주는 것과는 달라서 시인도 그 한 부분에 지나지 않는 군중의 세계의 한 전형을 시인이 파악하여 그것을 표현한다는 일은 전일의 시인의 관념만으로 생각한다면 매우 벅찬 일이다.

낭독 시는 이제와 직접 관련하는 정도를 따라 현장의 성공이 달라지는 까닭으로 해서 어느새 그 시가 시간에 치우치기 쉽다는 점이 위험의 하나다. 따라서 시간의 변동과 함께 시 그것을 다른 시에 대한 관심도 사라져 가기 쉬운 것은 물론이다. 또 현장을 떠나면 다음 순간에는 그 시는 잊어버리기 쉽다는 것이다. 그러한 하루살이 일에 시인은 어떻게 만족할 수가 있을까 하는 것이다.

다음에는 직접적인 효과를 걷기 위해서는 주제에 대한 해석이 군중 자신의 해석에까지 평균화해야 되므로 해서 시에 대한 비판자들이 토로하는 난점도 무릇 비슷한 것 같다. 그러나 낭독 시라는 생소한 재산이 붙었다고 해서 우리는 조금도 당황할 것은 없다. 차라리 새 재산의 값과 쓸모와 또 더 살릴 길을 찾아내려고 노력하는 것이야말로 바른 태도겠다.

낭독 시를 쓰던 시인 자신도 아직도 실망만 하기에는 좀 이른 것 같다. 문제가 품고 있는 좋은 면과 나쁜 면을 바로 가려내서 그것을 늘 새로운 창조에로 발전시켜야 할 것이다.

새로운 것에는 늘 겁을 집어먹기 쉬운 것이 우리 물론이다. 이러한 모든 경우에 처해서 시는 제 능력을 실험할 것이며 거기서 자체를 굳게 하고 살지게 할 새로운 요소를 찾아낼 수 있을 것이다. 낭독 시는 말하자면 그러한 첫 계기의 소산인가 한다.

—《신민일보》(1948. 3. 13)

분노의 미학

— 시집 『포도』에 대하여

우리가 일찍이 설정식(薛貞植) 씨 제1시집 『종(鐘)』에서 놀랜 것은 그 찬연한 분노와 또 저주의 미였다. 시가 사람들의 방황하는 정신을 황혼과 무명으로 키 돌려 가던 것을 호프만 말에서 릴케에서 우리는 잘 보았던 것이다. 그러나 오늘 역사를 걸머진 무수한 정신들로 하여금 이 혼란한 시대의 회오리바람에도 조금치도 현훈을 일으키는 일이 없이 다시 도리어 전력을 다하여 똑바로 광란의 중심에 감성의 진점을 맞추게 하고야 마는 힘이 이렇게 섬세하고 간략한 시의 조직에서도 올 수 있다는 기적을 우리는 이제 다시 시집 『포도(葡萄)』에서 발견하고 두 번 놀랐다.

다가서며 눈을 흘기는가 하면 물러서 달래도 보고 연막을 쳤다가도 어느새 마스크를 벗고 나서기도 하고 때려도 보고 뒤흔들어 놓기도 하는 그야말로 변화무쌍하고 잔인 냉혈한 이 현실과 마주 서서 일순도 한눈을 파는 일이 없이 이를 노려보면 그 실체를 투시하고야 마는 냉철한 시정신은 『종』과 『포도』에 일관해서 떨리는 무적한 신경중추리라. 시인은 해바라기의 이미지를 즐겨 쓰고 있어서 『종』 속에서는 그것은 시인의 희망과 감상과 아니 전 생리의 한 아름다운 상징에까지 결정된 느낌이 있었다. 아름답다는 형용만으로는 여기서는 심히 부족하다. 그것은 생명의 전율에 해당하는 한 치열한 불꽃인 때문이다. 구태여 찾는다면 어떠한 유미주의도 초절한 저 고흐의 폭발물에 필적하는 격렬한 해바라기의 아마도 동종일 것이다.

그러므로 시집『종』이 벌써 십분 이색의 문이었다. 종래의 시가 다루던 감정의 종목으로는 헤아릴 수 없는 새로운 장르를 우리 시에 더하였으며 모든 이미지가 거느리는 여러 겹의 의미가 응결하여 도처에서 광채를 쏘는 상징의 아름다움은 이 시인이 우리 시에 기여한 새로운 수법의 소산일 것이다. 그리하여『종』에 대한 우리의 심취는 충분한 이유와 가치가 있었던 것이다.

이제 다시 시집『포도』는 시인 설정식 씨가 제시한 그 특이한 개성적인 시의 세계가 한층 더 탁마되고 순화되고 결정되어 일종 음영이 선명한 조소성조차 발휘하였다. 여기서도 격렬한 시정신은 전신으로써 현실 속에 부딪쳐 그리하여 이질의 두 세계의 충격으로부터는 소름 끼친 불꽃이 찬란하게 튕겨지는 것이다. 이러한 왕성하고도 사나운 정신 앞에서는 저 무지스러운 현실도 오히려 뒷걸음을 치려 한다. 해바라기의 이미지는 반복해서 포도의 이미지가 새로 클로즈업된다. 경솔하게 저 호협한 디오니소스의 과실인 줄 알지 말아라. 새로운 시대에 바치는 제단 위에서 너무나 태연스러운 신과 태양을 원망스럽게 보며 검은 과즙을 선혈처럼 빨아 신성한(?) 뭇 제단들을 적셔 놓은 반항과 모독의 상징인 것 같다.

일찍이『종』은 물론 여유작작한 여운을 남기던 저 저자의 상식적인 종이 아니었다. 차라리 그것이 지니고 있는 음악이 너무나 복잡하고 절박한 까닭에 차마 소리를 만들어 내지 못한 채 그저 괴로운 몸짓과 표정을 짓는 것이었다. 거기 시인의 불규칙한 호흡의 원인이 숨어 있었으며 때때로 생기는 시인의 한숨은 이 불규칙을 조절하기 위한 무의식적인 생리작용 같기도 하다. 그러므로 이 시인을 읽으면서 우리가 어느 결에 로런스를 연상하고 랭보를 상기함은 아주 녹유 없는 일은 아니겠다.

『종』은 분명히 지난해 우리 시단 최대의 수확의 하나이었거니와 오늘『포도』는 새해 벽두의 시단에 보내는 또 하나 영롱한 결실일 게 분명하다. 그 야만한 현실 그것에는 사실은 각각으로 죽음의 그림자가 짙어 갈 적에 우리의 곁에는 도리어 불혹의 재산이 부지불식간에 하나하나 붙어 가고 있음은 즐거운 일이다. 그리하여 우리의 재산 목록 속에 분명히『포도』는『종』과 더불어 지금 보석처럼 빛나고 있는 것이다.

—《민성》4권 4호(1948. 4)

예술에 있어서의 정신과 기술

1. 기술 문제의 바른 제기
   가. 정신과 기술과의 불가분의 관계
   나. 사회적 전달 작용
   다. 효과의 측면에서 본 기술
2. 창작 활동의 분석·향수 과정·형상화
3. 시대정신·기술 개념, 예술의 각 분야의 기술 체계 상호간과 문화의 다른 부문 및 생산 기술과의 관련
4. 결론

1

 예술이 예술이 아닌 것과 그 자체를 구별 지으며 또 그것이 일정한 목적과 수단의 한 통일의 세계며, 그리고 또 표현으로서의 효과에 있어서 정도의 차가 있을진대 그것은 일정한 기술의 체계로서의 면을 가지고 있을밖에 없다. 기술이란 무엇이냐. 차츰 앞으로 나감을 따라 그것은 밝혀지겠지만 우선 예술에 있어서 기술의 면을 아주 무시하는 소박한 견해는 예술의 실상을 붙잡아 낸

것일 수 없으며 또 예술의 사회적 기능의 충분한 발휘를 사보타주 하는 것이 된다.

그러나 지금까지는 기술 문제가 제기될 적에도 터무니없이 그것이 과장되거나 또는 그것이 걸머진 이데와 기계적으로 분리되어서 예술의 실상과는 멀리 떨어진 논의가 되기 쉬운 것이 보통이었다. 그 하나는 기술을 그것이 실려 있는 구체적인 내용에서 갈라내 가지고 마치 그것만이 독자의 목적과 가치가 있는 듯이 주장하는 기술편중주의로서 일체의 도피주의=예술지상주의 순수주의의 예술론에 내통하고 있는 것이다. 다른 하나는 예술에 있어서의 이데 또는 의미와 기술 둘을 기계적으로 갈라놓고 그 하나하나가 독립된 자격으로 관련하는 듯이 생각하는 관념론적 이원론이 그것이다. 그런 일은 없다. 그 위에 이러한 기계론은 이윽고는 이데의 기술의 분리로부터 기술의 독립을 주장하는 기술편중주의를 위한 그릇된 길을 논리적으로 준비하는 것이 되고 만다.

가령 문예부흥기의 화가들은 원근법이라고 하는 기술상의 일대 신경지를 개척하였으나 그것은 후세의 일부 논자들이 그릇 생각하듯 기술 독자의 발전이었다느니보다는 중세로부터 근세로 옮기는 이 여명기에 새로 눈뜨기 시작한 어린 리얼리즘의 정신과 떼려야 뗄 수 없는 예술적 실천이었던 일을 잊어서는 아니 된다. 이리하여 고래로 기술의 새로운 발전은 그 자체의 활동의 법칙에 의한 것이라느니보다는 늘 표현 의욕의 피할 수 없는 충동으로 해서 격발하고 추진되어 왔다는 것이 더 사실에 가깝다고 하겠다.

이리해서 기술은 예술적 창작의 전 실천 과정 — 즉 어떤 예술적 동기에서 시작해 가지고 일정한 예술적 분야에 있어서의 그것에 특수한 형상 작용을 거쳐서 한 개의 표현으로서 완성하기까지 이르는 동안의 전 실천을 일관해서 구체적으로 파악할 수 있을 따름이다. 다시 말하면 그 기술을 떠밀고 받치고 있는 정신 이데의 활동과 떨어지지 않는 충실한 내용을 가진 구체적인 것으로서 파악되어야 할 것이다.

둘째로 주의할 것은 작품으로서의 예술은 한번 예술가의 손을 떠난 이후에는 사회적 문화재로서 벌써 객관적인 존재로 되어 버린다는 일이다. 그래서는 곧 작가와 작품의 관계와는 따로 작품과 향수자의 관계라는 제2의 관계가 생기며 끝으로 이 작품을 매개로 해 가지고 작자와 향수자 사이에 한 간접적인 관계가 성립된다. 향수자가 복수일 경우에는 이러한 여러 관계는 다시 두 겹 세 겹으로 거미줄을 이루는 것이며, 또 향수자 서로서로의 사이에는 그 작가와 작품을 인연으로 해서 여러 가지 모양으로 공통된 세계가 어느새 형성되어 가는 것이다. 이렇게 해서 예술은 도저히 한 작가에게만 고유하며 그에게만 전속된 것일 수 없고 어쨌든 사회적 교섭의 얽히고 얽힌 그물 속에 던져지는 대소의 파문을 일으키고 만다. 그러한 한에서 예술은 한 사회적 행위라고 할 수밖에 없다. 예술의 이러한 기능을 우리는 전달 작용이라고 부르는 것이다. 그런데 이 임무의 효과적 실현을 기도하는 이 전달 작용은 그 자체가 벌써 기술적 활동인 것이다.

요약해서 한마디로 말하면 모든 예술은 처음부터도 전달을 예상할 것이다. 어떤 경우에는 한 작자가 자기 자신의 자위를 위해서 어떤 예술 작품을 만드는 일도 있지 않느냐 하고 강변할 사람이 있을지도 모르나 이런 경우에도 한번 객관화한 작품이라는 것은 비록 그 작자 자신에게로 되돌아온다 할지라도 그 경우의 작자는 바로 그 작자라느니보다는 향수자로서 그 작품과 마주 서는 것이다. 뿐만 아니라 그 작품이 그대로 아주 모양이 없어지지 않는 한 어느 기회에고 작자 이외의 사람들과 교섭을 가지고 말 것이다. 이러한 여러모로 보아서 예술은 피할 나위 없이 사회적 행위로서 파악되어야 할 것이다.

이렇게 예술이 전달을 목적으로 한 사회적 행위인 이상 그 전달 행위에는 일정한 내용이 있을 터이다. 그것은 전달의 의도라고 불러도 좋겠다. 그 의도의 자못 유효적절한 전달을 달성하기 위한 실로 그러한 의도의 실현을 위한 수단이라는 관점에서만 기술의 문제는 제기되어야 할 것이다.

기술은 그러므로 늘 통제와 조직을 그 본질적 과정으로서 속에 품고 있는 창작적 실천 그것인 것이다. 그러나 그 자체를 위한 통제나 자율적인 조직 활동이 아니라 어디까지든지 일정한 목적을 향한 통제요 특정한 의도에도 통일된 조직인 것이다. 어떤 예술의 분야에서든지 간에 기술은 결국 한 작품의 전체적 효과의 형성 과정에 그것과 가르려야 가를 수 없는 관계에서 말하자면 유기적으로 빈틈없이 스며 있는 것이라 하겠다. 이리하여 기술이란 한 예술적 표현의 효과와의 관계에서 평가되어야 할 것이다.

예술에 있어서의 기술은 첫째 구체적 실천의 면에서 예술적 정신과의 불가분의 관계에서 볼 것, 둘째 전달 작용을 임무로 하는 사회적 행위로서 볼 것, 셋째로 예술 창작의 동기가 아니라 실로 그 효과의 측면에서 기술을 파악할 것 — 이것만이 예술의 기술 문제를 바로 제기하는 길일 것이다.

예술을 어떤 천재의 개성에 돌리는 류의 허망한 생각은 예술의 건전한 사회면을 부정함으로써 예술의 현실 유리 내지는 그 타락을 결과하고 마는 것이다. 또 예술의 전달 작용을 무시하고 예술의 가치의 위치가 작가의 주관적 면에서 어찌 보면 동기에 있는 것으로 여기는 아마추어적 생각은 예술의 사회적 기능을 일부러 또는 저도 몰래 눌러 버리고 마는 것으로서 하나는 불건전하기 짝이 없으며 다른 하나는 유치 소박한 견해다.

특히 예술가가 그 제작 과정에 있어서 한낱 주관적 감흥의 표출로서 족하다고 생각한다면 그러한 창작 태도는 주관적 자위적 도취가 아니면 아마추어적 자기만족의 경지를 벗어나지 못하는 것이 된다. 예술가는 늘 성실한 사회적 책임에서 그의 작품이 향수자에게 전달하는 효과를 각각으로 측정하면서 창작에 종사해야 할 것이다. 그러한 필요에서 본다면 기술 문제는 결코 등한히 할 수 없는 무게를 가지고 예술가의 앞에 등장해야 옳을 것이다.

2

창작 활동의 시초에 있는 것은 물론 예술가가 느끼는 어떤 예술적 충동일 것이다. 우리는 그것을 예술의 모티브(동기)라고 해도 좋다. 예술가가 예술가 아닌 사람들이 느끼지 못하는 곳에서 또 느끼기 전에 거기서 어떤 예술적 모티브를 발견하는 것도 사실이겠다. 하지만 그것만으로서는 아직도 예술은 되지 못하는 것이다. 어디까지든지 동기요 단초인 것이다. 모티브의 가치는 아직은 그 소유자의 인간에만 속한 주관적 가치다. 그것이 충분한 예술적 형상의 조직체로 발전 형성되었을 적에 따라서 예술가가 의도한 그 자신의 경험 내용이 최대한도로 향수자에게 전달되었을 적에 비로소 예술은 성립되었다고 할 것이다. 그렇다고 하면 이 형상 공정은 기술적 과정이며 또 효과적인 전달과 그렇지 못한 것 사이에는 스스로 기술적 차이가 있다고 할 수밖에 없다.

예술가가 그 예술적 동기에 있어서의 주관적 흥분에 도취되고 만다면 아마추어적인 자기만족에 그치고 말 뿐, 사회적 기능을 십분 바랄 수 없는 것이다. 앞에서 말한 기술 편중의 편향에서 예술을 건져 내오기 위해서는 때로 이 아마추어성이 그 해독제로서 처방될 때도 있으나 그것은 그러한 특수한 예외에서뿐이다. 그와 반대로 예술적 동기가 왕성 횡일할 적에는 예술의 형성 공작, 즉 기술의 면이 등한히 다루어지기 쉬운 것이다. 차라리 예술가는 그 창작 과정에 있어서 끊임없이 자기 자신을 향수자의 위치에 바꾸어 놓으면서 자기 작품의 전달 효과를 측정해 가야 할 것이다. 화가가 때때로 팔레트를 잡은 채 캔버스에서 물러서서 그것을 눈을 주려 가지고 바라보며, 조각가가 끌을 든 채 제 작품의 테두리를 돌아다니며 살핀다든지 하는 것은 바로 이것이며, 또 초상의 베토벤은 악보 책에 마주 앉아 입을 꽉 다문 채 상상 속에서 아마도 한 연주를 듣고 있는 것일 터이다. 문학에 있어서 우리는 그 대중화를 한 구호로 삼아 가지고 부르짖어 왔다. 여기서도 우리는 문학의 대중화가 한갓 우리의 문학적 동기의 단계에 있어서의 자기 흥분에 그치지 않도록 명심해야 할 것이다. 작가나 시인이 문학의 향수자로서 대중의 입장에 자신을 늘 바꾸어 놓으면서 창작에 달라붙으며 그러함으로써 문학의 대중화의 의도만이 아니라 그 효과의 면에서 그 실현을 꾀해야 할 것이다. 그런 의미에서 문학의 대중화는 제창의 단계를 지나서 실천의 구체적 기술면을 깊이 파고 들어가야 할 때일 것이다.

그런데 여기서 명심해야 할 것은 예술적 동기라는 것은 말할 것도 없이 한 관념 현상이다. 그 관념이 자체의 운동을 홀로 해 나가는 동안에 그것에 알맞은 형식이 또한 제대로 기술적으로 정제되어 가지고 내용에 빈틈없이 뒤집어 씌워지는 것은 결코 아니라는 일이다. 그렇지 않고 동기로서의 관념이 한 작품의 어떤 전체적 의도의 싹을 지니고 있음은 사실이나 작품이 완성되었을 적의 결과와 상등한 것은 아니다. 대체로는 근사할 것일지는 몰라도 간혹 가다가는 맨 처음의 의도와는 다른 결과가 나타날 적도 있다는 것을 깨달을 필요가 있다. 동기에서 출발된 창작 활동은 그 자체의 자기 발전 과정에서 형상 작용을 완성해 가는 때문이다. 요컨대 예술이란 한 내부 갈등의 발전의 표현이라고 하겠다. 동기로서의 관념이 형상을 갖추면서 다시 생기는 관념과의 대립·반발·통일의 과정을 밟아 더 높고 더 큰 형상의 조직으로 발전하며 그러한 발전의 완결체가 작품인 것이다.

문학이나 그림이나 조각이나 건축에 있어서 그것은 작품으로서는 고정된 모양을 하고 있다. 영화나 음악·무용·연극 같은 것은 한 동태로서 제시되는 것이다. 이런 경우는 말할 것도 없거니와 작품이 고정된 모양으로 나타나는 경우에도 창작 과정을 소급해 본다면 관념의 형상 운동이었으며 더군다나 향수자에게 들어올 적에는 다 같이 그 반응이라고 하는 것은 어느 경우에도 고정된 것이 아니고 동태를 보이는 것이다.

다른 말로 바꾸어 말한다면 예술의 창작 과정이라고 하는 것은 정신의 한 형상 운동이며, 향수자는 결국은 이러한 예술가의 정신의 형상 운동의 경험을 하는 것이라고 하겠다. 처음에는 역경험을 하는 것으로 즉 형상 과정을 거꾸로 거슬러 올라가는 것인데 한번 그런 연후에는 다음에는 그 과정을 제대로 추경험을 하는 것이며, 이 역경험과 추경험의 통일을 거쳐서 재경험은 자리 잡혀 가는 것이다.

정신이 그 스스로를 형상하면서 발전하는지라 그것은 스스로를 형상하는 수단을 가진다. 형상하는 기술을 가진다고 해도 좋다. 가령 반영 과정이 아니라 형상 과정인지라 스스로 선택 작용이 참여할밖에 없다. 함부로 하는 선택이 아니라 일정한 전달 효과를 노리고 하는 의식적 활동이다. 생략되고 강조되며 이리하여 끊임없는 자기부정과 긍정 속에서도 한 통일 있는 조직 활동을 해 가는 것이다. 이러한 처리를 내용으로 한 것이기 때문에 기술은 우선 그 자체의 적확을 기대하기 위해서는 그때그때의 상에 대한 정확한 인식을 전제로 한다. 그러기 때문에 기술은 가장 철저하게 과학에서 출발하는 것이라 하겠다. 그러나 지금 말한 것은 기술의 한 모를 잠시 잠시 지도한 것뿐이지, 기술은 곧 지성만의 기능이라고 판단해서는 아니 된다. 기술은 어디까지든지 만드는 일이며 만드는 가운데 실현되는 것이다. 가령 조작가의 기술은 그의 머리에만 있는 것이 아니요, 손끝에만 있는 것도 아니요, 실로 머리와 손의 운동의 통일 속에 있는 것이다.

3

정신이 자기 발전을 통하여 형성되어 가는 과정이 예술이 형상을 획득해 가는 경로라 할 것인데 그러면 개개인의 예술가에게 있어서 움직이는 예술의 모티브로서의 정신이란 어떻게 생겨나는 것일까. 한 시대에 있어서 사람들의 생활을 (정신·물질 양면을 아울러) 영도해 가는 지향을 우리는 종합 추정할 수가 있다. 지금까지의 사가와 비평가들은 사람을 따라서는 그것을 시대정신이라고 불렀다. 사회적·역사적 존재로서의 예술가의 정신이란 그러므로 결국은 이 시대정신을 나눠 가지고 있는 것이라 하겠다. 그러나 이 기술은 비유적인 표현이요, 실은 개개의 예술가의 구체적 작품, 그 밖의 문화 영역에서 추상해 낸 한 시대의 특수한 징후가 시대정신인 것이지 헤겔의 절대정신이라든지 플라톤의 이데 모양으로 그것은 결코 초월적인 무엇은 아니다.

이 시대정신이 개개의 예술가의 창작 활동을 거쳐 나타날 적에 예술의 각 장르를 따라 거기 고유한 형상화의 수단 때문에 특수한 관념으로 변모되어서 되는 것이다. 가령 한 시대의 그림이라든지 음악이라든지 문학에 관념상의 어떤 공통된 일반적 징후를 진단할 수는 있으나 그것은 어디까지든지 각 장르 사이에 번안은 될지언정 직역은 아니 되는 것이다. 그리하여 그 사이에는 유지가 가능할 따름이다. 이렇게 해서 예술의 각 장르는 그것에 고유한 기술을 발전시켜 온 것으로 그림은 그것의 특수한 형상 수단인 선과 색채를 기초로 해 가지고 그 재료로 쓰이는 바탕 즉 프레스코 캔버스 등과 물감의 제작 기술 등 그 당시의 물질적 조건과 또 향수되는 방식에 제약되면서 어떤 고유한 기술 체계를 발전시킨다. 음악에 있어서는 음을 기초로 해 가지고 악기 제작의 기술적 조건과 연주 방식을 고려에 넣어 그것에 특유한 기술 체계를 갖게 된다고 하겠다. 문학에 있어서는 어떠냐. 다만 그것이 그림이나 조각등 조형예술과는 달라서 그 형상화가 직접적인 감성적인 것이 아니고 언어라는 조직 기호를 통한 간접적인 것인 때문으로 해서 보다 더 관념적인 점이 다를 따름이다. 그것은 기호 조직으로서의 언어가 갖고 있는 단점과 장점을 지닌 대로 그 자체의 표현 기술의 체계를 가지고 있을 터이다. 장래 언어학 특히 언어사회학·언어 심리학의 발달은 이 방향의 사실 해명에 더욱 유력한 측광을 던져 줄 것이다.

예술에 있어서의 기술 체계를 우리는 우선은 상기하면서도 그것의 과학적 해명이라고 하는 것은 아직도 난사로 되어 있음은 무슨 까닭일까. 그 첫 까닭은 오늘까지는 예술 창작은 기계적인 획일 생산과는 달라서 예술가 그 사람의 인격의 발전 형성 속에 그대로 파묻힌 채 그 속에서 우러나오고 있다는 것, 따라서 그의 예술적 기술이라는 것도 그의 인격 형성과 창작 활동에 그대로 배어 버린 채 자라 가고 있다는 것, 그리해서 어떤 담겨질 수 있는 물건처럼 갑에서 을로 그대로 용기를 바꾸어 낼 수는 없고 피와 살처럼 섞여 있기 때문에 심히 개성적인 면이 있음으로써이다. 기술 체계를 추출해서 그것을 다른 사람에게 부어 넣듯 가르칠 수는 없는 것은 이 때문이다. 가르침을 받는 사람의 인격의 발전, 정신의 형성, 창작 활동에 그대로 어울려서 한 개의 개성적인 기술 체계가 갖추어져 가는 것 같다. 그러나 앞에서도 잠시 언급한 것처럼 이 점에 있어서는 예술의 각 장르 사이에는 정도의 차가 있는 것이다. 조형예술처럼 물질적 재료를 더 많이 다루는 것일수록 그 기술 체계의 추출은 비교적 더 쉽고 문학 모양으로 의식 내부에 기회를 통하여 간접적으로 불러일으켜지는 관념 형성일수록 그 기술 체계의 추출은 더 어려운 것 같다. 그런데 기술 체계는 앞에서도 말한 것처럼 정신 형성의 과정과 각 예술 장르의 물질적 재료 또는 기호 조직에 대한 적확한 과학적 인식에 기초를 두어야 할 것이며 그러한 과학적 기초의 진보 향상을 따라 그것의 실상도 더 분명해질 수 있을 것이다.

그런데 이러한 기술 개념은 사회적 전통과 그 당시 당시의 객관적 수준을 그 행위의 한계로 삼는 표현력의 실현일 것이다. 개개의 예술 작품 사이에는 파악된 전통 내용의 풍부, 수준의 고저에 따라 기술상의 차가 생길 뿐만 아니라 예술가 자신의 통찰력과 숙련 등의 개인차로 해서 또 그 차를 심각하게 할 것이다.

그리고 예술의 각 장르는 제각기 저의 기술 체계를 형성하면서도 다른 장르의 그것과의 사이에 공통된 징후를 가지기도 하는 것이다. 가령 몽타주의 이론은 영화에서 먼저 일어난 기술상의 새 실험이었으나 소설과 시의 장면 구성에 매우 이용되었던 것이다. 심포니의 형식이 장편소설과 장시의 전체적 구도에서 얼마나 큰 시사를 주었음은 널리 알려진 일이다. 입체파의 그림 속에 3차원의 세계를 끌어넣으려고 한 것은 주로 조각에서 온 암시인 것이요, 초현실파의 그림 속에 새로운 차원으로서 시간이 등장하였던 것은 문학에서 받은 자극이었을지도 모른다. 그러나 요컨대 그러한 공통 현상이라고 하는 것은 같은 시대의 같은 시대정신의 장르를 따른 변모라고 할 수 있을 것이다.

예술의 기술이 문화의 다른 분야에서 받은 영향이 매우 큼은 한 시대의 예술과 철학·과학 사이의 항소 관련이 아무도 부인할 수 없이 큰 것을 보아도 알 것이다. 과학이 갖고 있는 기술에 대해서는 다시 논급하겠거니와 철학이 갖고 있는 사유의 기술이라는 것도 그것이 속한 시대에서 농후하게 착색되는 것이다. 과학의 방법 논리학 수학 속에서 찾아보는 사유의 기술이 또한 그렇다. 가령 변증법에 예술의 기술이 미친 영향은 문학상의 이른바 소셜리얼리즘의 제창 속에서 자못 뚜렷이 보았으며, 구체적으로 오늘의 예술의 각 분야에 실증할 수 있겠다.

특히 실은 기술 개념의 한 시대 한 사회의 생산기술의 모든 기술의 전체적 기반으로 그것에 조응하는 예술상의 기술에 갖는 관계는 구체적으로 어떻게 나타나고 있나. 이는 이 소론으로서는 조리 못 할 방대한 연구를 기다리는 과제다. 이 생산기술은 과학의 면에서 본다면 응용과학의 실현일 터임은 더 말할 것도 없다. 예술의 장르 중에서도 영화가 응용과학의 실현으로서의 생산기술과 작은 관계란 다른 분야보다 더 직접적이요, 전폭적인 것만은 속일 수 없겠다. 문학이 기술상 영화에서 얻은 부채가 얼마나 클지는 헤아리기 어려운 것이다. 그것은 양자의 공통점의 종합성에서 오는 자연스러운 결과일 것이다.

4

기술 문제는 예술에 있어서 다 알다시피 빠지기 쉬운 함정이요, 피하기 쉬운 구석이요, 그러면서도 예술의 본질에 밀접한 중요한 문제다. 과학으로 훈련되지 않은 눈을 가진 사람들이 항용 그 속에 빠져 예술을 죽였으며 생활의 존엄과 의의를 모르는 탕아들이 즐겨 몸을 그 속에 가리우고는 예술의 박제품을 가지고 입구를 카무플라주했던 것이다. 이제야 우리는 기술 문제를 바로 제기하고 옳게 파악함으로써 우리 예술이 당면해서 짊어지고 있는 사회적 임무를 자못 효과적으로 수행하는 실천에 이바지해야 하겠다. 이 소론은 이 문제에 대한 한 개의 발디딤돌이라도 놓았다고 하면 실로 다행이겠다.

—《문장》속간, 4권 1호(1948. 10)

새 문체의 확립을 위하여

 민족문화의 건설의 소리는 들린 지 오래다. 혹은 문화의 대중화 민주화를 부르짖는 소리 또한 높았다. 우리 문화 운동의 이념으로서 또 향할 바 지표로서 아무도 이론 없이 승인하는 바다. 무릇 이념은 내세우기가 쉬운 노릇이다. 어떠한 높고 아름다운 규범도 한줄기의 문구로서 족히 나타내 보일 수가 있다. 어려운 것은 이념의 제시가 아니라 실은 그 실현을 위한 실천인 것이다. 그리해서 방법의 문제는 어려운 까닭으로 해서 피차에 건드리지 않는 동안에 어느새 기피되고 잊어버린 채 휘황찬란한 이념만 허망 공중에 등등 떠 있게 되는 경우가 십중팔구다.
 두말할 것도 없이 민주 문화는 그 내용에 있어서 민주적이라야 할 터이다. 특권적인 귀족주의적인 요소를 완전히 청산한 그대로 대중의 생활에 뿌리박고 그 속에 퍼져 가서 그들의 복리를 증진하는 그러한 성질의 문화일 터이다. 그것은 문화의 내용에 있어서의 민주화다. 그러한 문화는 당연히 또 스스로의 성격에서 오는 필연한 요청으로서 대중 속에 널리 퍼져 들어가는 그러한 것일 터이다. 민주 문화의 건설이라는 요망은 그리해서 문화의 민주화를 위한 방편의 문제를 가장 진지하게 제기해야 할 것이다. 방편은 말인 것이다. 말은 한 옛날에 있어서 늘 주장 입으로 전해지는 구비의 모양으로서의 문화 전파의 일을 맡아 본 것이다. 아직 유리하고 단순한 그 당시의 문화는 이 정도의 방편을 가지고도 그리 불편 없이 보존 전달되었던 것이다.

그러나 문화가 발달하여 그 내용이 복잡다단해짐을 따라 더군다나 오늘과 같은 고도의 문화에 있어서는 그것을 보존 전달하기 위해서는 입으로만 하는 말을 가지고는 중간에 흘러 버리는 것이 너무 많을 것이요, 안전성이 있을 수가 없고 또 그 큰 규모를 도저히 담당해 낼 수가 없을 것이다. 활판인쇄술이 발명된 뒤라고 하는 것은 (물론 그 이전에도 수사 또는 목각의 형식이 있었지만) 문화의 보존 전달의 방편으로서는 글이 구어를 제쳐 놓고 가장 큰 몫을 맡아 보게 된 것은 너무나 뚜렷한 일이다. 글이란 별게 아니라 혹 청기호의 체계인 말을 글자라고 하는 시각을 자극하는 기호로서 다시 옮겨 놓은 것에 지나지 않는 것이다. 특히 표음문자라는 말이 보여 주듯이 글자라는 기호는 기호로서의 음성을 대표하는 것이요 그 음성이 대표하는 의미를 직접 대표하는 것은 아니라 적어도 일상 우리가 글이라고 부르는 것은 대체가 그런 것이다. 다만 수학의 기호와 같은 것은 음성을 대표하는 것이 아니라 바로 어떤 의미 관계를 대표하는 것임은 말할 것도 없다. 그런 까닭에 그것은 일정한 특수한 음성 체계인 민족어의 제약을 받지 않은 채 국경을 무시하고 의미가 적용되는 것이다.

그러나 그러한 소리 나지 않는 글이란 것은 예외에 지나지 않는다. 어떠한 나라의 글이고 그것은 그것에 고유한 어떤 음성 체계의 표현이라는 의미에서 모다 소리 나는 글인 것이다. 한 나라의 글의 가장 건전한 상태라고 하는 것은 그것이 그 나라의 말과 자못 긴밀하게 연결되어 있을 때다. 글이 말을 멀리 떠나면 떠날수록 그것은 병적이며 위대한 길을 걷는 것이요 또 말을 건전한 상태의 글에서 스스로를 정돈하고 자리 잡는 길을 찾는 것이다. 새로운 문체 문제의 옳은 해결의 열쇠는 다름 아닌 여기 있는 것이다.

그러나 글이 한 기호 체계로서 기술로서의 성격을 갖고 있는 까닭에 그것은 학습을 거쳐서야 내 것을 만들 수 있는 것이다. 말도 물론 나가지고 배우는 것이지만 사회적 생활의 한 인습인 때문으로 해서 방임된 상태에서도 저절로 배워 가는 것이다. 그러나 글은 의식적으로 배워 가지 않으면 말처럼 저절로 배워 가지지는 못한다. 글에는 말 이상의 인공성과 기술성이 있는 것이다. 노예사회 이래 오늘에 이르기까지 계급사회에서는 어떤 데서고 대체로는 글은 시간과 물질의 여유를 가진 특권층의 전유물이었던 것이다. 그리해서 글에는 그것이 주로 특권층의 소유였던 관계로 자칫하면 스스로를 특권의 표식이 되도록 장식하는 경향이 있어 왔다. 그리해서 심한 경우에는 글이 제 나라 말을 아주 떠나서 전연 연결이 없는 기계적인 약속으로서 특권층의 골품적 노리개 또는 독점물이던 예도 있었다. 구라파에서는 라틴이 그 예요 우리나라에서는 한문이 그 예다. 글의 역사에 있어서 가장 불건전한 시기였다. 그리하여 세종은 훈민정음을 제정함에 있어서 그 동기를 설명하여 우리나라 어음이 중국과 달라서 한자가 적용되지 않음을 한탄한 나머지 독자의 기호 방식을 만든 것이라고 한 것 같은 것은 위에서 말한 불건전한 상태를 스스로 깊이 의식한 것이라 하겠다.

글이 다음가는 온당치 못한 상태는 스스로 제 나라 말을 옮기는 특수한 기호 체계는 갖고 있으면서 글 자체가 제 나라 실제의 말에서 멀리 떨어져 스스로의 몸짓과 냄새와 맛을 가지려고 하는 때에 생기는 것이다. 문체상으로서는 문어체가 구어체를 업신여기고 그 귀족적 차림차림으로 갖추려 하는 때다. 문화의 민주화 또는 민주 문화의 건설은 그러므로 전파 방편의 관점에서 말과 글의 문제에 관련해서는 아래의 두 문제를 구체적으로 제기해야 할 것이다.

하나, 민주적인 글자 기호의 확립과 또 그 대중화

둘, 문체의 민주화

하나는 한글의 철저한 사용과 그 보급으로서 해결 지을 문제다. 적어도 한자의 힘을 빌리지 않고 한글로써 오늘의 문화의 높은 내용을 거리낌없이 다룰 수 있도록 되어야 한다. 유감이지만 오늘의 우리 어문 생활의 실제는 한문과 국어 혼합 시대를 면치 못하고 있다고 할 수밖에 없다. 이상으로서는 하루빨리 완전한 우리말·한글 상태로 우리 국어 생활을 통일하고 높여야 할 것이다. 급속하게 철저히 해야 할 것이다. 한자 금지는 한 방편이기는 하다. 그러나 그것은 소극적인 면을 가지고 있음을 면치 못한다. 바깥 모양만의 해결이다.

한자를 몰아냄으로써 부딪치는 표현과 기술상의 부족과 빈틈과 결함과 혼잡이 있다면 그러한 것들 — 즉 한자를 몰아낸 뒤에 진공이 된 구석구석을 어떻게 메울까 하는 문제는 우리 국어 생활의 실제에 비추어 그리 홀홀한 일은 아니다. 그러한 곤란을 가장 절실히 알아차리고 그 곤란을 미리 없이할 임무를 진 것이 특히 문학에 종사하는 사람들일 것이다. 그리하여 한글 철저화의 운동은 한편에 있어서 이 나라 문학인들의 절절한 노력에 의한 이에 따르는 새 문체의 확립을 얻어서 비로소 이 나라의 민주 문화의 건설은 그 보존 전달을 위한 방편의 문제한 것으로는 민족문화의 형식 문제의 해결을 기대하게 되는 것이다.

 그러면 새 문체는 어떻게 확립될 것이냐? 그 구체적인 논의는 지면 관계로 다른 기회로 밀고 여기서는 문제의 소재와 해결의 방향만을 암시함에 끊김을 유감으로 생각한다.

―《자유신문》(1948. 10. 31~11. 2)

T. S. 엘리엇의 시

— 노벨문학상 수상을 계기로

T. S. 엘리엇이 금년도 노벨문학상을 탔다고 한다. 이를 계기로 해서 엘리엇은 아마 다시 검토되어 그의 업적은 더 한번 평가를 받을 것이고 영문학 사상의 그의 위치도 어느 정도 확정이 될는지도 모른다. 엘리엇은 그러나 한갓 영문단 사람은 아니다. 1917년 빛나는 시집 『프루프록 기타 제장』[1]을 들고 나타났던 그는 어느새 1920년대에는 영시단을 완전히 독차지하다시피 했으며 그리해서 1930년대의 영시단의 새 세대는 실로 그의 나래 밑에서 자라서 솟아난 것이다. 그리하여 오늘까지 영미 두 나라의 젊은 시인으로서 그의 영향을 크나 적으나 받지 않은 사람은 거의 없을 정도다. 낭만주의 시 운동에서 한때 구라파 문단의 패권을 잡았다가 놓친 뒤로 구라파 문학 특히 시 운동의 중심은 영국에서부터 불란서로 옮아가고 만 느낌이 있었다가 이렇게 뒤떨어진 시골뜨기 영시단을 눈부신 불란서 시단의 아성에 육박시켜 세계적 수준에 끌어올린 것은 주로 엘리엇의 공적이라 아니할 수 없다.

물론 영국 현대시의 출발을 그에게서 구하는 것은 바른 견해

---

[1] 『프루프록과 그 밖의 관찰들(Prufrock and Other Observations)』.

가 아니다. 그보다도 먼저 T. E. 흄과 이미지스트 시 운동에서 비로소 영미는 여학생 취미를 벗어나서 현대시의 이름에 해당하는 새 문학의 냄새를 풍긴 것이다. 그러나 영·미의 모더니즘은 엘리엇의 이름과 함께 확립되었었다. 지금 와서 생각하면 1920년은 제1차 대전 뒤의 영문학에 있어서 자못 중요한 해였다. 이해에 그 평가는 어찌하든지 간에 저 유명한 소설 제임스 조이스의「율리시스」가 나왔고, 또 엘리엇의 획시기적 장시「황무지」가 나왔던 것이다. 그는 맨 처음에는 예언자적 시인은 아니다. 1차 대전 후 저 혼미와 불안에 찬 20년대의 정신적 징후를 그의 독특한 상징주의적 방법으로 정확하고 예리하고 함축 있게 짚어 내서 보여 준 곳에 그의 시의 남다른 성격이 있는 듯하다. 그는 다만 분석하였으며 제시하였다. 그의 시의 밑바닥에는 도리어 쌀쌀한 비웃음 소리조차가 흘렀다. 말하자면 그는 다만 병든 시대의 징후를 미시적에 가까운 정도로 세밀하게 진단할 따름, 거기에 대한 처방은 처음에는 쓰지 않았다. 그것은 마치 정신분석의 진단서와 같은 것이었다. 그의 시의 마력은 어찌 보면 시대의 병상의 깊은 구석, 남이 건드리지 못하는 비밀을 살살이 후비어 낸 곳에 있는지도 모른다. 정신분석에서는 분석은 그러나 그 자체가 새한 요법이기도 한 것이다. 그의 임리하고 처참한 진단을 기초로 해 가지고 시대는 스스로의 병상에서 회생의 설계를 세울 수 있었다.

    20년대의 말기에서 30년대로 넘어서면서 그는 점점 스스로 예언자의 풍모를 보이기 시작했다. 불란서의 자크 마리탱 등의 토미즘 부흥 운동과 호응해서 영국에 있어서의 네오토미즘의 선수와 같이 되었다. 그러나 그가 제출한 처방은 그의 환자에게 맞지 않는 가정 요법 같았다. 그의 깃 아래서 자라난 세대가 끌어낸 처방은 그의 것과는 딴판이었다. 마치 중세 의술과 현대의학의 거리와 같은 큰 틈바귀가 그 사이에 있는 것이다. 사상적으로는 스스로 종교에 있어 국교, 정치에 있어 왕당을 표방하듯 영국 보수주의의 계열에 속한다. 2차 대전 돌발과 거의 때를 같이하여 폐간된 그가 오래 주간하던 《크라이테리언》지의 종간은 한편 그의 사상적 패배의 침통한 표현이었을지도 모른다. 30년대 이후의 그의 시작 활동은 「반석」(1934), 「대가람의 살인」(1935) 등에서 보듯 기독교적 시극을 써서 교회 행사를 위한 대본을 제공한 데 그친 느낌이 있었다. 다만 그 후에 희랍극의 합창 형식을 활용하여 기술적으로 새 시험을 한 것 같은 점에 사람들의 주목을 끌었다. 요컨대 엘리엇의 가치는 어디까지든지 그 방법에 있는 것이다. 그가 개척한 시의 기술은 실로 가릴 수 없는 깊고 큰 자취를 오늘의 영미 시단에 남기었다. 그의 처방에는 불만을 품는 사람조차가 그의 진단의 진실성에는 감동하지 않을 수 없었다. 제2차 대전이 끝난 뒤의 구라파의 현상은 1차 대전 뒤의 그것과는 물론 정치적 면에 있어서는 그 요소의 배합이 근본적으로 다른 점이 있으나 정신적 징후에 있어서는 일맥상통하는 점이 적지 않은 것 같다. 불란서에서는 일찍이 1차 대전 후에 풍미하던 불안의 철학자 키르케고르의 제자 장 폴 사르트르의 실존주의가 방금 성행한다고 한다. 그럴진대 오늘 영국에는 어쩌면 당대의 불안의 시인 엘리엇이 다시 음미될 소지가 준비되어 있는지도 모르겠다. 그러나 오늘의 세대가 그에게 관심하는 것은 어디까지든지 그의 성실하고도 면밀한 진단에 있는 것으로 추단된다. 오늘의 국제 정국의 새로운 배합과 사회적·경제적 제 관계와 아울러 엘리엇의 진단에서 오늘의 세대가 끌어내올 처방은 또 그 세대 독자의 것일 터이다.

—《자유신문》(1948. 11. 7)

체험의 문학

　체험이라는 말은 반드시 몸으로 겪는 것을 의미하지는 않는 것 같다. 위대한 체험 좋은 체험 높은 체험에서 큰 작품이 나온다는 것은 거지반 누구나 아는 일이 되었다. 그런데 그 체험은 작가의 몸소 겪는 경험이 뿌리가 되고 줄기가 될 것은 물론이지만 작가는 다시 자기의 개인적 경험을 핵으로 해 가지고 유지와 이해를 통해서 자기의 경험을 넘어선 일과 처지와 인물의 세계마저 껴안아 들이는 것이다. 그리해서 유지를 통해서는 인물이나 정황의 적확한 전형을 붙잡아 내며 이해를 통해서는 작은 주시의 문을 열어 커다란 객시의 세계에 자기를 용해시키는 것이다.
　세계는 이러한 높은 의미의 체험을 거쳐 작가에게 있어 주체화하는 것이며 그의 주관은 세계와 포옹하는 것인가 한다. 큰 작품이 태어나는 것은 바로 이렇게 해서 깊어지고 부풀어 가고 충실해진 체험을 산모로 가졌을 때인 것 같다. 그런 까닭에 어떤 유별난 경험이 체험으로 깊어 가고 높아져서 큰 작품으로 모양을 갖추기까지는 상당한 시간이 걸릴 수밖에 없다. 그런데 여기서 한 가지 주의할 점은 그 경험이 가령 프루스트의 경우와 같이 작가 개인의 세계에 집중하는 데 끊기지 않고 톨스토이와 같이 민족에서 다시 인류에게로 퍼져 갈 적에 더 심각한 감동을 사람들에게 줄 수 있다는 일이다.

이런 의미에서 본다면 오늘 문학을 하는 우리는 매우 유리한 처지에 있는 것 같다. 8·15 이후 몇 해 동안의 이 남다른 경험은 작가 개인의 것이라느니보다는 보다 더 민족의 운명에 연결되어 있는 것이며 만약에 그것을 작가의 체험의 세계로 높이고 또 안을 채워 간다면 우리는 머지않아 큰 문학을 기대할 수가 있어 보인다. 또 이 남다른 역사적 체험을 핵으로 삼아 가지고 우리는 일제 40년 동안의 여러 가지 큰 사건을 예를 들면 3·1운동 같은 것으로부터 저 개화기의 위대한 진통 임오군란 같은 민족적 사건이 새로운 의미와 생기와 구체성을 띠고 문학 속에 다시 살아날 수도 있을 것이다. 8·15 이후 어느덧 4년이 지났다. 우리의 작가들도 그동안 엄청난 격동을 거쳐 이제야 차츰 자기의 경험을 정리하고 수습하며 체험을 정돈해서 그것을 작품으로 살리고 길러 낼 때가 찾아온 것 같다.

일찍이 대톨스토이는 1854년으로부터 크리미아전쟁에 참가해서 특히 55년의 세바스토폴 공략전을 몸소 겪고서 작품「세바스토폴」을 남겼거니와 그는 다시 이 체험을 기초로 해 가지고 10년의 세월을 두고 다지고 짜 올린 결과 1815년 나폴레옹의 모스코 정벌을 절정으로 한 러시아 국민의 일대 서사시라고도 할 대작「전쟁과 평화」를 능히 쓸 수 있었던 것이다. 구라파에서도 미국에서도 아직은 이번 대전을 테마로 한 큰 작품이 나오지 않은 모양으로 겨우 노만·메일러의「벌거숭이와 죽은 사람들」따위의 전쟁 풍경 소설이 나오고 있는 모양이라고 한즉 위대한 전쟁소설은 이제부터 나올 것이나 아닌가 한다. 제1차 대전의 체험이 전쟁문학다운 작품을 낳기까지는 역시 10년 가까운 시일이 걸렸던 것이다.

　이 풍랑에도 비길 이 몇 해 동안의 민족의 수난을 작가의 체험으로서 연소 승화시키고 다시 그것을 인류의 미래에까지 연결시키는 큰 작품들이 새해쯤에는 우리들 속에서도 나와 무방하겠다. 1949년은 그런 의미에서 축복받게 될지 모른다.

―《경향신문》(1949. 1. 4)

이상의 문학의 한 모습

동양에의 반역

이상도 그 생전에 조금만 생각을 달리 먹었어도 보다 더 많은 독자를 얻었을 것이고 좀 더 요란한 박수를 받았을 것이다. 그는 사실상 문학상의 상식이 가지고 있는 감수 능력의 범위를 적지 아니 벗어났던 것이다. 이 상식적인 감응에 적당히 타협하는 것 — 그것이 문학적으로 이른바 성공을 손쉽게 거두는 유력한 길이었다. 이런 의미에서는 이상의 문학은 상식의 손아귀를 좀 넘어난 말하자면 지나친 데가 있었다. 그것을 우리는 일종의 동에 드문 철저성이라고 말하여도 무방하겠다.

그런데 이 철저성이야말로 재래의 우리 문학이 불행하게도 갖추고 있지 못한 부러운 미덕이 있었던 것이다. 우리가 구라파 문학, 또는 구라파 정신에서 받는 유다른 감명은 그것이 가지고 있는 이 철저성에 연유하는 모가 크다. 철저한 관찰 — 타력이 없고 미지근하지 않고 적당히 꾸민 것이 아니고 극도로 주관을 누르고 객관에 충실하려는 태도와 방법을 철저하게 밀어 나가려는 것이 더 구라파의 리얼리즘의 안목이 아니었던가. 참된 생활을 찾아 어둠의 막다른 골목까지 파고 들어가 마지않는 곳에 19세기 막판의 러시아 인도주의 문학의 말할 수 없는 매력이 있었다. 이러한 점에서는 투르게네프의 미적지근한 감상보다는 톨스토이의 끔찍한 사랑의 종교에 더 큰 매력이 있었고, 그보다는 도스토옙스키의 심각하기 짝이 없는 추궁력에 우리는 저도 몰래 휩쓸려 들어가는 것이었다. 이런 점에서는 도스토옙스키야말로 더한층 구라파적이었다고도 말할 수 있다.

이 관찰의 시선이 자기를 에워싼 객관적인 환경인 세계에서부터 돌려져서 거꾸로 사람의 내부의 세계 — 즉 의식의 부면으로 쏠려 그것을 철저하게 파고 들어간 것이 이른바 심리주의 문학이었다. 스탕달에서 길을 연 이 의식의 분석의 경향이 프루스트나 조이스에 무의식의 세계의 남김 없는 소탕에 이르러 끝마치는 경로는 구라파 정신의 철저성의 또 다른 발로라 해도 무방하지 않을까.

그런데 대체 우리 문학이야 언제 이러한 의미의 외부 관찰의 철저한 실현을 경험한 적이 있었던가. 내부 세계의 분석을 더 어쩔 나위 없는 막다른 골목까지 몰고 가 본 적이 있었던가. 언제 아찔아찔한 정신의 단애에 올라서 본 적이 있었던가. 이른바 영혼의 심연에 마주 서 본 적인들 있었던가. 그저 적당한 곳에서 적당히 꾸려서 차려 놓은 것이 시요 소설이었던 그런 모는 없었던가. 가장 청신하고 탄력에 차 있어야 할 문학의 세계가 우리 경우에는 그러므로 너무나 인습과 경의에 찬 분위기에 휩싸여 있는 느낌이 없지 않았다. 그런 속에서 이상의 문학이 나타난 것은 분명히 큰 충격이었고 경외였고 어느 의미로는 한 타격이었을 게 옳다. 구라파적인 의미의 철저성을 터득한 이채 있는 문학이었으며 그러한 모에서는 동양에 대한 역설이었다.

동양이 더 높은 인류적인 세계적인 역사의 단계에 자신을 살리기 위해서는 한 번은 철저한 자기 역설이 필요하였고 또 그러기 위해서는 구라파적인 것의 철저한 파악과 소화가 한 번은 꼭 필요하였던 것이다.

절박한 매력

이상을 가리켜 혹은 악덕의 시인, 데카당의 작가라 한다. 그가 그리는 세계가 주장 데카당적 생활면이요, 또 등장시키는 인물이 주로 여급이라든지 거기 붙어사는 생활력 없는 거미 같은 사람이라 해서 하는 소리일 게다. 그러나 그것은 언뜻 보아 눈에 뜨이는 표면이고 하나하나의 작품이 지니고 있는 모럴의 핵심은 차라리 추한 현실과 데카당의 진흙탕을 넘어 애정과 인간성의 절대의 경지를 추구해 마지않는 어찌 보면 청교도적인 면에 있는 듯하다. 그 작품에 가끔 매우 친절한 측광을 던져 주는 그의 수상 등 속에서 우리는 그의 참말 의도를 잘 엿볼 수 있는 것이다.

자발적인 의사가 참여하지 않는 남녀의 형식뿐인 결합이야말로 매음이 아니고 무엇이랴. 진정한 사랑에 찬 빛을 쐬면서 오는 적만 여성은 천사이나 그 밖의 경우에는 제아무리 혼인이라는 제약 때문에 되풀이하여 돌아들고 돌아든다 할지라도 그것은 산 천사가 아니라, 천사의 시체에 지나지 않는다는 것이다.

그가 원하는 것은 바로 이 천사였다. 사람들은 이 무수한 천사의 시체에 사회적 위신이라는 옷을 입혀 놓고 다만 천사인 듯한 착각을 피차에 하고 있는 데 지나지 않는지도 모른다. 이상은 이 눈부신 옷을 벗겨 놓고 인간의 실체, 실사회의 정체를 들추어 내 보이려는 듯했다. 그러므로 옷을 벗기우는 편으로는 그를 악덕의 시인이라고 불러 경계할 뻔도 하다. 그러나 그 자신으로서는 이러한 모럴은 도리어 구식이었으며 19세기적인 것으로밖에 보이지 않았던지 모른다.

이상은 인간과 사회의 현실의 그늘을 손으로 눈을 가리며 지나칠 수는 없었다. 그의 속에 깃들어 있는 동양인은 그런 정도로 그저 지나치기를 바랐을지도 모르나 그는 그러한 자신의 일면을 자꾸만 부정하려 한 듯하다. 그는 늘 그의 내부에 두 개의 자기를 느낄 뿐만 아니라, 그것을 거울에 비추어 대조해 보는 것이었다. 될 수만 있으면 자기 자신으로부터조차 도망치려 하였던 듯하다. 현실과 인간과 자기 자신조차를 모델만큼 떼어 놓고 샅샅이 뒤져 보고자 한 것이었다. 그리하여 그가 다닥친 것은 밑이 없는 절망의 구렁창이었던 것은 사실이다. 그는 이 구렁창이를 넘어서지는 못하였다. 그런 의미에서는 그는 절망의 시인일세 옳다.

그러나 그는 이 절망을 절망 그대로 즐기려는 동양적인 감상가는 아니었다. 다만 그 절망의 실체와 의미를 더 철저하게 파헤치려 한 것이었다. 그가 자연 언제까지나 절망의 이편에서 망설이고 있었을까, 않았을까는 그의 너무나 바쁜 요절 때문으로 해서 영원한 숙제로 남을 수밖에 없는 문제가 되었다. 오늘의 세대가 이상에게 새 매력을 느낀다면 다름 아닌 그의 문학의 그 철저성 때문이 아닐까. 미적지근한 인습의 연장에 만족하지 않고 자기가 사는 세계와 그 속에 처한 자기의 위치와 또 자기의 의미에 대한 철저한 추궁을 거쳐서만 새로운 생활을 헤쳐 나갈 수 있기 때문이다.

작품과 작가 사이에 세운 거리가 한낱 무의미한 공간의 토막에 그치는 게 아니라 대상과 자기와의 불이 나는 교섭의 장소로서 팽팽해 있는 실례를 우리는 이상의 문학에서 유달리 구경하는 것이다. 그리하여 이상의 매력은 또한 이러한 절박한 긴장의 인력 그것일지도 모른다.

―《태양신문》(1949. 4. 26~27)

민족문화의 성격

한 민족이 낳은 작가와 작품을 통관해서 거기 공통되는 어떤 특징을 뽑아 가지고 거기서 민족적인 특수성을 규정지어 고조함으로써 민족문학을 정립하려는 시론이 때때로 있다. 그것은 민족적인 것을 시간·공간을 초월한 영원한 것으로 취급하며 부분을 전체에까지 확대하는 허무한 전제에서 출발하는 그릇된 문제 설정의 방식이다. 문화의 모든 다른 영야에서 마찬가지로 이 경우에도 오직 어찌하여 오늘 이 순간에 바로 민족문학은 제기되는가. 또 어찌하여 다른 데도 아닌 이 나라에서 제기되어야 하는가 하는 두 가지 각도 즉 역사적 사회적 각도의 교차점에서 현실적 구체적으로 문제를 설정하는 것만이 열매를 가져올 수 있는 바른 방식일 것이다.

이제 참고 삼아 근세 초기 구주 각국의 민족문학 대두의 사정을 살펴보면 그 기운은 늘 민족국가 건설의 동향과 합치하는 것이었음은 주목할 일이다. 각 나라의 근대화의 과정은 민족국가의 기초 위에서 수행되었고 그 관념적 표현이며 정신적 유대로서 민족문화, 작게는 민족문학이 배양되어 왔던 것이다. 그러므로 바로 오늘 우리가 민족문학의 문제를 제기하는 것은 주로는 우리 민족국가의 건설과 그 뒤떨어진 근대화의 과정을 단기간에 촉진하려는 오늘의 요구와 일치하는 것이다.

그런데 근세국가의 민족문학의 대두는 우선 그 국어에 의한 문학 형식의 완성이라는 형식 문제를 가지고 나왔었다. 영국에서도, 불란서에서도, 그 밖에 여러 나라에서도 먼저 중세기 동안 궁정과 귀족과 승려의 독점적인 문학어였던 라틴을 버리고 각각 제 나라의 속어에 의한 문학 그러므로 지도층에게는 미움과 조롱을 받던 속된 문학으로서 출발하였던 것이다. 그러나 그 내용인즉 인본주의의 고전 문화에의 복귀라는 문예부흥의 보편적 정신으로서 민족적이라느니보다는 차라리 범구라파적인 것이었다. 그 사정은 조선에 있어서도 매우 흡사하여 한말 특권 양반층의 문학어였던 고한문을 버리고 우리말에 의한 문학은 태동하여 드디어 신문학의 탄생을 보게 된 것이다. 저간 40년간 일제의 문화 침략의 공세 아래서 우리말에 의한 문학 형식의 완성이라는 과제는 민족문학 건설의 기초 공작일 것이다. 매우 유치하고 지지하던 상태로부터 고도의 표현 양식에까지 우리말을 끌어올리고 함축을 깊게 하는 일은 단순히 우리말로 쓴다는 일만으로 자연히 저절로 되어지는 일은 아니다. 근세 초에 있어서 구라파의 여러 나라 말이 문학어로 확립되기까지에만 해도 우수한 작가들의 노력이 절대한 힘이 되었던 것이다. 가령 예를 영국에서 들면 14세기에 초서가 그 일의 지반을 닦았고, 16세기 말에 이르러 셰익스피어가 그것을 완성하다시피 하였던 것이다. 우리는 늦은 대로 지금부터 그 일을 단기간에 해치워 놓아야 하게 되었다.

그런데 민족문학은 민족주의 문학과는 내용이 다르다는 점을 밝혀 알아야 하겠다. 정치상의 민족주의는 적어도 근세국가가 그 시장의 확보와 확장을 필요로 했을 적에 그러한 요구를 근거로 해가지고 일어난 것인데, 한편으로는 한 민족국가에 의한 다른 민족의 침략의 합리화의 형식으로 나타나며 다른 한편에는 이민족의 침략에 대한 자민족의 자기 단결을 위한 구심 작용으로 나타났다. 그런데 문화상의 민족주의는 이 두 경우를 통하여 한결같이 자민족의 민족성의 우수와 민족문화의 우월에 대하여 한 환상을 가지고 무비판하게 감정적으로 기정사실로서 시인하고 달려드는 것이다. 다만 그 방향이 하나는 공세로, 다른 하나는 수세로 갈라질 뿐이다. 전자는 다른 나라의 우수한 문화 특히 세계성의 문화의 파괴로 향하고 후자의 경우에는 다른 나라 문화 특히 문화의 세계성을 거부하는 고루한 지방주의 배타주의로 떨어질 염려가 많다. 이 두 가지 점은 국수주의 문화 이론의 기본적인 징후로서 우리가 기도하는 민족문학은 이러한 환상과는 아무 인연이 없는 도리어 반파시즘의 문학일 것이다. 이것이 우리의 장래할 민족문학의 둘째 특징이다. 자기 취약과 배타주의는 한가지로 문화, 작게는 문학의 발전을 저해하며 불건전한 방향으로 그것을 끌고 가고 말 뿐이기 때문이다.

 셋째로 우리 민족문학은 반제국주의적이라야 할 것이다. 일제가 남긴 문화적 상흔은 아직도 많이 남아 있으며 그 뿌리고 간 독소가 곳곳에서 작용하며, 또 우리의 자유 독립이 달성되는 날까지는 제국주의는 의연히 우리의 위협일 것이다. 세계사적 견지에서 보아도 제국주의의 완전한 소멸이 없이는 민족의 해방도 인민의 권리도 인류의 문화도 세계평화도 그 어느 것도 확보할 수가 없을 것이다. 그런 의미에서 우리 민족문학은 자기 방위와 혈청 작용과 인류문화에 대하여 부담한 책임에서도 반제적 성격을 고도로 가져야 할 것이다. 장래할 세계문화는 전 인류의 진정한 자유와 평화와 행복을 기초로 한 의식적인 세계성의 문화일 것이다.

넷째로 그것은 우리 문화와 정신의 급속 또 철저한 근대화 — 그것은 물론 우리나라의 물질적 경제적 근대화에 합치한다. 민주를 강행하는 의미에서 우리 사회의 후진성에서 오는 모든 봉건적 요소의 소탕에 전력할 것이다. 즉 ① 토지를 통한 노예 관계를 비롯한 모든 종류의 노예 관계 ② 남녀 기타 신분 관계로부터 오는 모든 사회적 특권과 차별 ③ 지방세·지방주의 ④ 당쟁의식 ⑤ 적서의 구별, 장자 특권 ⑥ 미신을 비롯한 모든 신비사상·운명관 ⑦ 문벌관념 ⑧ 유한사상 등등을 드디어 일소에 버리기까지에는 우리의 싸움은 자못 준열하게 문학을 통해서도 수행되어야 할 것이다.

다섯째로 우리 민족문학은 모든 특기적인 성질에서 벗어나 민족의 일부 특권층의 전용물이 아니고 민족 형성의 가장 넓은 기초가 되는 인민층의 소유요 반영인 의미에서 진정한 민족문학의 실을 거둘 수 있을 것이다. 멀리 고대 노예 소유자 사회에서는 문화는 노예 소유자의 독점물이었으며 넓은 노예층은 아무 혜택을 입지 못하였다. 한말 특권 양반층의 손에서 조선 인민대중이 일제의 손으로 팔려 넘어간 다음에는 다시 일제의 문화 침략의 희생이 되었던 것이다. 인제야 조선 인민은 그 자신의 문화를 소유해야 할 때가 왔다. 아무도 그 일을 방해하지는 못할 것이다. 문화의 소유 관계가 독점 형태에서 점차 민주 형태로 다시 편성되어야 할 것이다. 그리하여 인민을 위한 문화, 인민의 문화로부터 다시 인민의 손으로 된 문화는 우리 민족문학의 한 큰 지표가 되어야 할 것이다. 또 이 일은 우리나라에만 국한될 것이 아니라, 세계적 규모에서 문제가 되어야 하며 또 되고 있는 것이다. 고려와 이조의 봉건

사회에서는 역시 귀족층이 문화를 전유했으며 인구의 대다수인 천비와 천비적 농민은 문화의 향유에서 제외되었다.

이렇게 우리가 말하는 민족문학은 아무런 감정도 자기비하도 필요로 하지 않고 현실의 구체적인 역사적·사회적 제 계기에서 제기될 것이며 일면에 있어서는 특수한 사회적 내용을 가지면서 타면에 있어서는 세계사적 요구의 발현이라고 하여 마땅하다. 즉 문학의 민족적 형식의 완성, 반봉건주의 싸움에 의한 급속한 근대화라는 점에서는 주로 특수한 사회적 내용의 소산이라고 하겠으며 반제국주의 싸움에 의한 인류의 자유와 세계평화의 옹호, 반파시즘의 싸움에 의한 문화의 세계성의 완성과 또 진정한 인민적 문학의 수립이라는 세 가지 점에 있어서는 바로 세계사적 사명에도 연결되는 것이라 하겠다. 이것이 우리가 기도하는 민족문학의 성격이 아닐까 생각한다.

—《서울신문》(1949. 11. 3)

평론가 이원조(李源朝) 군,
민족과 자유와 인류의 편에 서라

　　해방 직후 우리들 문화인들은 누구나 민족적 감격 폭풍 속에서 제각기 가진 모든 것을 바쳐 조국 재건에 이바지하고자 하였던 것은 기억에 새롭소. 여천(黎泉, 이원조)은 응당 그 구라파적 교양과 아울러 동양 고전에 대한 남다른 온축(蘊蓄)을 들고 나올 것으로 기대하였고 편석촌(片石村) 역시 미미하나마 쌓아 오던 구라파적 교양과 또 내 나라 고전 예술에 대한 애정을 새 나라 건설의 어느 한구석에나마 살리려 염원하였을 여천이 홀연 북행한 뒤에 어언 4년, 그동안에도 많은 문화인들이 월북하였소.

　　그러나 국토가 두 조각에 나누인 대로 있는 동안은 우리 민족의 진정한 행복은 오지 않으리라 믿은 편석촌은 차라리 여기 머물러 국제 정국의 선풍 속에서 시달리는 우리 민족의 고난과 슬픔을 있는 그대로 아로새겨 자기의 예술 속에 남겨 보고자 하였소. 생각건대 우리의 본의 아닌 국토 양단이 이미 외부의 원인에 연유함인즉 우리 민족의 수난은 아직도 끝나지 않았다 할밖에 없소.

　　일찍이 연면한 수천 년의 전통 속에서 자라나서 다시 40년의 이족(異族) 압박 아래서 뭉치고 다져진 우리의 민족적 연대 감정과 의식과 정신은 우리 민족국가 건설에 또 한번 결속은 할지언정 포기할 것은 아니오. 민족은 이리하여 밤낮 역사적 범주라느니보다는 공동운명의 실감이요, 조국 재건의 원리인 것이오. 해방 후 4년의 시련을 거친 오늘에 이 명제는 우리 앞에 더 뚜렷해졌소. 민족문화 건설의 원리 또한 여기 있는 것이오.

그러나 문화는 아름다운 민족생활 건설이라는 대목표밖에는 다른 아무것에도 예속시킬 수는 없는 것이오. 정권 획득에 급급한 악착한 정략의 도구 같은 것이 되어서는 아니되고 차라리 생활의 높은 이념을 밝혀 준다는 의미에서는 정략이나 목전의 이해에서 한 걸음 초월하는 점이 문화의 자주성과 존엄이 있는 줄 아오. 당장의 필요에 맞추어 문화를 규격화하는 것은 민족문화의 자유로운 발화와 그 창의성을 죽이는 것이 될 것이오. 이북(以北)에서는 문화인을 우대한다고들 하오. 그러나 문화인으로서의 염원은 그들 자신의 행복보다도 먼저 민족 전체의 행복에 있는 것이며 또 있어야 할 것이오. 앙드레 지드의 고민이 또한 여기 있었을 것이오.

민족의 비애를 스스로의 비애로 삼고, 민족의 꿈을 스스로의 꿈으로 지닌 채 민족과 더불어 그 불행과 고난을 함께 나누는 것 — 그것은 비록 영웅의 길은 될 수 없으나 어쩔 수 없이 예술가의 기꺼운 길인가 하오. 나는 지금 여천이 무엇을 생각하고 무엇을 하고 있는지 모르오. 그러나 우리의 공동생활의 실감이요, 새 생활 새 문화 건설의 부동 원리가 바로 민족이라는 신념은 편석촌으로 하여금 끝끝내 '계급의 시인'일 수 없게 하였으며 차라리 가난한 자 남루를 달게 견디는 그러나 영광스러운 '민족의 시인'의 길을 걷게 하는 것이었오. 이것이 또한 여천과 편석촌이 갈리는 십자로인 것이오. 이 또한 인간성의 본연의 소리에 충실하려는 인류적 입장, 편석촌 대 김기림(金起林)에도 통하는 길인 줄 믿소. 유형무형의 중압이 없을진대 여천의 총명으로 이 진리를 깨닫지 못할 리 없소. 부디 돌아와 우리 함께 민족과 자유와 인류의 편에 서기를 기대하오.

—《이북통신(以北通信)》(1950. 1)

문화의 운명

— 20세기 후반의 전망

1

20세기의 고민은 물론 일일이 이 세기 자체에서 우러난 것은 아니다. 그것은 적어도 그 앞서간 4세기가 두고두고 빚어 내려온 뭇 곤란의 씨를 결국 모조리 받아 가진 것이 이제서야 수습할 수 없이 한꺼번에 파종이 되고 만 것에 지나지 않는 듯하다. 그 자체로서는 어느 정도 무고하고 애매한 피고의 처지에 서 버린 듯도 하다. 여하간에 그것은 적어도 그 전반의 반세기를 통해서 보아서는 한 수난의 세기였던 것임에는 틀림이 없다.

아테네와 로마와 르네상스도 각각 다사제제하였다. 하지만 이 세기처럼 우수한 두뇌와 수완 있는 인물이 다수하게 등장한 적은 일찍이 역사상 있은 일이 없다. 자연이 제공할 수 있는 자원이 또한 이 세기에서처럼 풍부하고 허공 중의 형체 없는 원소들조차가 붙잡혀 이용된다. 그렇건마는 오늘의 인류는 과연 얼마나 그 조상들보다 더 행복스럽게 살고 있는 것일까. 도리어 더 새로운 불안과 동요와 공포를 그 신변에 항상 거느리고 지내야 하며 그러한 속에서 일반적으로 모두가 다소간 신경쇠약이 아니면 신경과

민의 병후를 띠고 말았으며 희망과 웃음과 신뢰와 봉사와 애정이 그 습성이 되어 간다느니보다는 절망과 우울과 회의와 배신과 이기주의와 모략의 시기가 어느새 인간성을 좀먹어 간다는 것은 감출 수 없는 일이다. 개인과 개인 사이가 그럴 뿐 아니라 국제사회에서의 나라와 나라의 관계는 더군다나 심하다. 착하고 정직한 편은 늘 손해를 보아야 한다는 것은 결단코 좋은 환경에서는 있을 수 없는 일이다. 환경이 나쁘다. 그런데 환경의 기본적인 면인 자연은 이미 '주어진' 것이라 할지라도 나머지 면은 인간 자신의 손으로 만든 것 — 즉 문화인 것이다. 자연과 문화, 그것이 우리의 환경의 두 소재다. 환경은 우리의 힘을 초월한 '주어진' 것으로서도 있지만 그것을 소재로 우리가 손수 만들어 놓기도 하는 것이다. 결정론은 오늘의 인류의 불행의 책임을 항시 무엇인가 딴것에 전가하려 드나 환경의 대부분이 실상은 우리가 만들어 놓은 것이라는 점에서 인류는 솔직하게 자기의 책임을 인정해야 될 것이다. 그러므로 문화의 운명은 한편에 있어서는 어쩔 수 없는 숙명인 듯하면서도 다른 한편에 있어서는 반성과 전망과 결의와 설계를 내포한 한 개척일 수 있는 것이다.

2

에덴동산에서 아담이 따먹은 한 개의 능금은 신으로 보아서는 너무나 큰 도난이었을세 옳다. '낙원 추방'으로도 오히려 가혹하달 수 없는 큰 죄였을지도 모른다. 왜 그러냐 하면 오늘 인류가 거둔 지식의 열매는 실로 신을 무색하게 만들기에 족할 정도이기 때문이다.

자연과학에 있어서 이 세기의 반세기가 도달한 수준은 실로 놀라운 것이었다. 그 이론 방면에서는 상대성원리와 또 어느 의미로 이와 대립되는 양자론은 지식의 나무에 열린 가장 참신하고도 신기한 열매였다. 1905년에 '특수상대성이론'을 가지고 일세를 놀래인 아인슈타인은 금년 초에 이르러 그의 연래의 숙원이었던 전자력과 인력을 한 개의 방정식에 통일한 이른바 '통일장의 이론'의 완성을 발표하였다. 기술 방면에서는 원자핵의 연구에서 발전한 원자력의 이용에 이르러 한 극치에 이른 느낌조차 있다. 문화 자체가 원래가 신에 대한 한 항의였음은 물론이다. 왜 그러냐 하면 인간은 신이 준 대로인 자연에 대하여 불만을 품은 까닭으로 해서 문화에서 그것을 개조하기 시작했던 때문이다. 그러나 드디어 방사능의 비밀을 알아낸 인간은 원자력을 이용하여 산을 깎고 강을 돌리고 기후를 바꾸게 할 뿐 아니라 경우를 따라서는 결의만 한다면 지구를 스스로 깨트려 인류의 자살조차를 감행할 수 있는 데까지 이르렀다. 신은 이제야 자기에게 대한 이 엄청난 복수에 실색할지도 모른다.

　문화는 인간이 자기의 욕망을 채우기 위하여 직면하는 환경의 뭇 곤란과 불편을 부단히 제거하며 개조해 가는 구체적인 물질적 결과가 그 주요 부분으로 되어 있음은 말리놉스키의 말대로다. 그러나 그러한 구체적인 도구로서의 제작물뿐 아니라 그것을 만들기 위한 활동, 그러한 활동에 적응해 가기 위한 태도의 전부를 문화는 포함하고 있는 것이다. 나아가서는 이러한 것들을 통솔해 가며 그럼으로써 우리의 생활을 조직해 가는 뭇 제도와 질서가 그 속에 포함되어 있는 것이라고 하였다.

　철학과 예술(문학마저 포함한)은 이러한 전체적인 문화 속에서 주장 생활의 구체적 활동면에 조화되며 그것을 추진시키며 높이기 위한 사상과 태도에 관련하고 있는 것임은 물론이다. 앞에서도 보았거니와 20세기의 문화의 정수 부분을 이루고 있는 것은 자연과학과 그 기술의 면이다. 오늘도 오히려 칸트의 인식론과 19세기 대소의 형이상학의 체계가 남아서 행세하고 있다면 우스운 일이거니와 변증법적 유물론조차가 오늘의 문화의 운명을 처리해 가는 데 충분한 전부일 수 있을까. 하이데거, 야스퍼스의 실존주의는 이번 대전 뒤의 프랑스에서 다시 알맞은 풍토를 발견하여 사르트르, 카뮈 등의 새로운 사도를 얻어 부활하였다. 그러나 그것은 그것대로 이 세기의 특징인 중첩하는 문제의 폭주 속에서 정신을 잃은 인간이 그 어두운 절망의 구렁텅이에서 한 벌거숭이로서 새로운 돌출을 시험해 보려는 신경질적인 면이 없지 않다. 사르트르의 실존주의라는 저서의 최대의 낙질은 오늘의 문화의 핵심에 해당하는 과학의 문제에 대하여 지키고 있는 침묵 — 나쁘게 말하면 무식인 것 같다. 카뮈는 1947년의 문제의 걸작 「페스트」 속에서 절망을 뚫고 새어오는 한줄기 사랑의 교리의 서광을 엿보였다. 실존주의는 오늘의 문화가 당면한 뭇 과제와 그 운명을 전체적 시야에서 종합적으로 파악하지 못한 유감은 있으나 그러나 현대가 다닥친 막다른 골목(그것은 일찍이 이상의 열세 아이가 막다른 같은 골목)에서 앞을 막는 장벽에 대한 몸부림이라는 점으로 우리의 가슴에 뜨거운 무엇을 불러일으키는 것이다.(극단의 피로로 해서 이상은 몸부림만은 치지 않았다.)

한꺼번에 몰려드는 역사가 남긴 가지가지 악몽에 시달리듯 하던 이 세기의 문학이 그 여러 정신병리적 단면을 통해서 의연히 리얼리즘의 정신을 유지해 온 것은 한 다행이었으나 이번 대전 뒤의 유럽과 아메리카 문학의 한 새로운 경향인 듯이 보이는 인간성의 회복은 축복할 일이라고 생각한다. 그것은 대체로 30년대에 고조에 달했던 사회성의 요구가 도리어 공식과 관념에 떨어진 데 대한 한 반성으로서 인간의 속인 없는 진실한 요구에 문학이 다시 충실하려는 노력으로 나타났다. 아메리카에서는 헤밍웨이의 대작 「누구를 위하여 조종은 우나」(1940)에서 분명해졌으나 근년에 와서는 노먼 메일러의 「벌거숭이와 송장」(1948년)을 선두로 한 새 전쟁문학에서 바로 인계되었다고 생각한다. 카뮈는 앞에서 본 「페스트」에서 우선 관념의 가치에 대한 의문을 제기하여 관념보다도 더 피부에 닿는 가치를 다시 반성하였다. 그러나 카뮈가 도달한 해답은 차라리 관념과 인간의 새로운 조화에 있어 보인다. 그가 절망 속에서 찾아낸 탈출로는 여기 있어 보인다. 즉 인간과 인간의 협동에서 생의 새로운 보람을 찾아내는 것이다. 추구하던 자는 차라리 잃어버리는데도 단념했던 편이 도리어 공동체의 공동 목적을 위한 협동을 거쳐 다시 사랑을 얻어 내는 것이다. 카뮈는 분명히 오늘의 문화의 운명에 대하여 한 과제를 품고 있는 것이다. 민족의 문제도 이렇게 발견되는 인간의 구체적인 모에서 다시 파악해야 할 것이 아닌가. 관념이 아니고 생활의 실감 속에서 부딪치는 체온이 있는 것, 생활의 연대감 속에서 그대로 느끼는 것으로 부둥켜안을 것이 아닐까.

3

인간의 활동을 부분적으로 또는 전체적으로 통솔해 가며 조직해 가는 제도의 면에 있어서 앞으로 이 세기의 후반에 어떠한 변화가 올 것인가. 그 첫 과제는 무엇보다도 인류는 장차 어떻게 전쟁의 참화를 회피할 것인가 하는 것일 터이다. 전반기에 이미 세계적 규모의 참혹한 전쟁을 우리는 두 번 치렀다. 전쟁이 그 결산에 있어서 문화에는 압도적인 마이너스를 결과한다는 것은 아무도 부인 못 할 것이다. 이번 전쟁의 소득을 페니실린과 D·D·T와 원자탄과 전파탐지기를 가지고 헤아려서는 아니 된다. 냉전 전쟁의 형식을 거쳐 다행히 실존의 전쟁이 중화·해소된다면 다행이거니와 그렇지 않다면 전쟁의 그림자는 현실적으로 우리와 우리 자손의 눈앞에서 여전히 어른거리고 있는 것으로 보인다. 전문가의 증언을 빌리지 않는다고 해도 전쟁이 만약에 다시 일어나기만 한다고 하면 인명의 살육과 물자의 탕진과 생활의 파괴가 그 범위와 방식에 있어서 무자비한 정도가 도저히 이번 전쟁에 비할 바 아님도 상식으로 넉넉히 짐작할 수 있다.

다음으로 유엔에서 그 의도의 단초를 보였으며 아인슈타인 등을 비롯하여 아메리카 지식층이 논의하고 있으며 또한 전 세계의 문화인이 한가지로 이에 관심을 보내고 있는 세계 정부 혹은 세계 국가 — 즉 그대로 버려두어서는 전쟁의 위기로 곧장 굴러가기 쉬운 무원칙하고 무절제한 오늘의 국제 정국의 무정부 상태를 조정하여 인류의 불행을 미연에 막아 낼 수 있는 합리적인 국제적 기구가 이 세기의 후반기에는 과연 실현될 것인가. 일찍이 국제연맹은 좋은 이념에서 착상하였으면서도 열강의 국제적 마키아벨리즘의 무대로 화한 때문으로 해서 실패하였거니와 오늘의 유엔은 두번 다시 구렁에 빠져서는 아니 될 것이다. 폭로와 공격과 야유와 마키아벨리즘의 장소가 되지 않고 참말 인류의 복리에 충실한 인류의 기관이 되어 가기를 기대해야 할 것이다.

국내의 행정제도 문제로서는 독재 형식에 대한 진실한 반성과 검토가 있어야 할 것이다. 영국의 조지 오웰의 지난해의 문제작 「1984년」은 이 독재에 대한 신랄한 비판이었으나 우리의 생활양식으로서는 독재는 우리의 인간성에 배치한다. 혼란을 수습하기 위한 극히 단기간의 과도적 임시 조치로서는 혹은 허락되고 불가피한 경우도 있겠으나 그것이 여러 해에 걸치거나 더군다나 수 10년에 걸친다면 새로운 봉건적 관료주의의 온상이 될 위험이 크다. 또 폭력에 의한 정권의 교대라고 하는 것은 얼마만한 보람이 있는 것일까. 폭력은 그 희생하는 것과 얻는 것과의 계산에서 실로 신중하게 타산되어야 할 것이 아닌가. 폭력과 늘 연결되어서만 생각되는 영웅주의는 혹은 기사들의 봉건적 영웅주의의 찌꺼기가 아닌가. 로맹 롤랑이 지향한 영웅주의의 정의는 더욱 발전시켜 앞으로 확립되어야 할 것이 아닐까. 오늘 저급한 영화가 이러한 소박한 영웅주의의 폐단을 뿌리고 다니는 것은 유감이다. 특히 경제의 면에서는 계획성이 일층 무게를 가지고 채택되리라고 하는 것은 상상할 수 있다.

4

우리의 생활의 기초 면인 경제면에 계획성이 살려짐으로 해서 우리의 생활의 모든 부분을 쇄신하는 데 있어서도 계획성은 널리 새로운 풍습이 됨직하다. 그것은 곧 우리 생활에 과학이 도구(연장)로서만 등장하는 것이 아니라 생각하는 방식, 생활 태도로서도 더 침투하는 것을 의미한다. 교육은 인간성의 바른 계발을 위한 가장 계획성 있는 사업이 될 것이다. 새로운 생활환경에 적응하며 그것을 유도하는 새로운 사상과 새로운 태도의 개척과 발견과 모색을 그 사명으로 하는 철학이나 문학이 앞으로 과학과 어떠한 조화와 관계를 가지며 또 가져야 할까. 이러한 의미에서 철학과 과학의 조화·제휴의 길을 연 버트런드 러셀, A. N. 화이트헤드 등이 개척한 새 실증주의와 또 아메리카의 프래그머티즘의 조류를 계승한 과학적 경험론을 대표하는 학파의 장래에 우리는 큰 관심을 가지는 것이다. 웰스가 그리는 과학의 장래에 대한 멜로드라마라든지, 헉슬리의 「훌륭한 새 세계」에서 고발된 것은 우리의 생의 의도와 조화를 깨는 경우만을 상상한 데서 온 것이다.

문학에 있어서는 인간성의 가치의 재평가·재발견을 통하여 생활의 주체로서 또 설계자 창조자로서 그러나 늘 자기가 속한 공동체에 대한 종합적인, 전체적인 각도를 잃지 않으며 각도 맹종이 아니라 협동 속에서 생의 보람을 찾아내려는 다시 말하면 세계와 자아와의 '일'을 거쳐 맺는 기능적인 조화와 발전의 방향을 밝히는 데 혼신의 모색을 더 계속할 것이나 아닌가. 그것은 어떤 손쉬운 관념의 제시나 진열이 아니라, 오늘의 문화의 전 운명을 걸머진 채 역사의 막다른 절망의 골목을 넘어 몸으로써 새 시대를 헤쳐 나가는 어려운 길이다. 이런 의미에서는 영국의 노대가 서머싯 몸이나 그 유력한 후계자인 그레엄 그린 또 이몰린 본, 아메리카의 마칸드 등이 오늘 걷고 있는 새로운 신비주의에의 길은 한 안이한 의도요, 샛길이요, 탈선같이 보인다.

5

인간의 신에 대한 복수는 벌써 루시퍼의 그것에 못지않게 심각하게 되었다. 신에게 몰수된 낙원 대신에 인간은 제 손수 제 세계를 만들기 시작했다. 만드는 데만 열중했다. 이렇게 인간이 만든 인간의 세계는 그러나 방향이 없다. 과학은 오늘 대단한 성과를 낳기는 했다. 그것은 지성의 소산이다. 인간이 오늘 발휘할 수 있는 지성의 힘은 과연 놀라운 경지에 이르렀다. 그럼에도 불구하고 오늘의 인류의 생활과 문화의 운명이 늘 위험 신호 아래 놓여 있음은 무엇 때문인가. 지성만으로는 구원의 힘이 될 수는 없는가. 잘못은 어디 있는가.

과학의 풍속은 그 성과뿐 아니라, 사물을 처리하는 방식, 생각하는 방식, 살아가는 태도에까지 조직되며 침투되어 가야 할 것이다. 또한 우리의 생활에 기준과 방향을 그때 그때 또는 항구하게 바로 정해 주는 것은 지혜만의 힘에는 넘치는 일이다. 러셀이 '인텔리전스'라고 할 적에 단순히 지성을 가리킨 것이면 그것만으로는 부족하다. 지혜야말로 우리가 혼돈과 절망 속에서도 단단히 붙잡아야 할 새로운 지팡이가 아닐까. 근세사에서는 늘 한 방계요 '기타 등장인물'에 불과하던 동양은 이제야 세계사가 차중하는 귀중한 재산인 지혜가 처박아 둔 자기의 낡은 주머니 어느 구석에 있지나 않나 들추어 볼 때다. 근세를 통하여 서양은 과학을 무기로 오늘의 지위를 쌓아올렸다. 그러나 그 무엇인가 없는 것이 있어서 그 일이 오늘의 세계마저 혼돈 속에 처넣은 것이다. 그 '무엇'이야말로 동양이 인류의 명일에 이바지할 '지혜' 그것일지도 모른다. 서양의 절박한 자극 아래서 동양은 차츰 스스로의 재산에 날로 눈떠 갈 것이다. 우리의 생활은 물론 자연법칙이라든지 사회법칙의 결정을 받는 것이다. 그러나 그 법칙들을 이용해 가는 것도 인간이다. 행동에 바른 목표를 정해 주며 그때 그 시각에 가장 맞는 수단을 여러 가지 헛갈리는 속에서 바로 선택하는 것 ― 그곳에 지혜가 활동한 영역이 있는 것이다.

―《문예》 2권 3호(1950. 3)

소설의 파격

— 카뮈의「페스트」에 대하여

1

현실의 매력 때문에 얘깃거리의 흥미를 감연히 내버린 것은 근대 소설의 한 용단이었다. 그래서 이 얘깃거리의 흥미는 문학적으로는 한 죽은 유산으로서, 이른바 로맨스 시대의 구식 화폐인 줄만 알고들 있었다. 그러나 그것은 오늘의 통속소설이라는 특수 지대에서는 여전히 통용 가치를 발휘하고 있는 것은 웃을 수만 없는 일이다. 유럽 대륙 특히 프랑스에서는 정통적인 소설의 세계에서 청산되다시피 한 이 얘깃거리의 흥미를 종내 아주 떨어 버리지 못한 곳에 찰스 디킨스를 캡틴으로 한 영국 소설의 후진성이 있어 보인다. 그래서 디킨스에 줄을 그은 오늘의 프리스틀리, 몸 등에 대륙의 소설의 전통과는 다른 말하자면 한 별개의 영국 소설의 전통이 흐르고 있다고도 하겠다. 그래서 헨리 제임스와 같은 작가는 영국이라느니보다는 대륙의 사실주의 소설의 정통에 맥이 닿는 것이라고 하겠으며, 따라서 골즈워디의「인간 희극」의 식민지라고 해 무방하겠다.

한번 버림을 받았던 이 얘깃거리의 흥미가 오늘의 소설에서 어떻게 다시 채용되어 살려질 것인가, 또 오늘의 소설은 그 막다른 골목에서 빠져나오는 한 탈출로로서 이 얘깃거리의 흥미라는 고장을 다시 찾아 뚫고 나갈 것인가는 흥미 있는 문제인가 한다.

　여하간에 근세소설은 로맨스 대신에 현실이라는 새 영역을 개척함으로써 자기 세계를 확립한 것은 사실이다. 그러므로 사실주의는 근세소설의 존재 이유에도 필적하는 것은 사실이다. 현세소설의 어떤 분야에서 한 개의 혁신에 해당하는 대담한 모험이나 실험이 있었을지라도 그것은 크게 보면 의연히 사실주의의 테두리 안에서 일어난 것이었으며 다만 제재에 있어서 새 방면을 개척한 것에 지나지 않았던 성싶다. 가령 조이스는 사실주의를 버린 것이 아니라 다만 리얼리즘의 적용을 위한 무의식이라고 부르는 새 지역을 개척한 것뿐이었으며 그것에 적응한 새 기술을 궁리해 낸 데 지나지 않았다.

　여하간에 오늘의 소설이라고 하는 것은 어떤 아프리오리한 신의 유산이 아니라 몇 번인가 어떤 대담스러운 천재의 손으로 개척되고 발굴되는 동안에 커 가고 넓어진 문학의 영역이라는 것은 주목할 일이다. 그러므로 소설이 어떤 인습 같은 것을 생각하고 그것을 고정불변한 철칙처럼 여기고 스스로 그것에서 어긋날까 보아 조심하거나, 또는 남이 좀 그 분에서 벗어만 나면 소설에 대한 무슨 큰 모독이나 범한 것처럼 서두르는 작가가 있다면 그들에게는 근세 소설의 역사가 인습의 맹종이나 고수에서 된 것이 아니고 실상은 끊임없는 파격의 결과가 쌓이고 모여서 된 것이라는 것을 되쳐 생각하도록 해야 할 것이다.

2

가령 알베르 카뮈의 「페스트」(1947)와 같은 소설은 루이 부르쉐 소설의 개념에서 본다면 소설의 정통을 그은 것이라고는 할 수 없고 굳이 부른다면 소설의 이단이라고나 할까. 그러면서도 열 개의 얌전한 모형 소설을 읽느니보다도 한 권의 「페스트」에서 더 헤아릴 수 없는 감명을 받는 것은 무엇 때문인가. 이러한 감명을 우리에게서 격리하는, 소설의 완고한 인습 같은 것이 있다면 우리는 차라리 그런 것은 헌신짝처럼 벗어 팽개쳐 마땅할 것이다.

C. 데이루이스는 재미있는 이야기를 추구하거나 사건을 그려가는 것이 아니라 우리의 마음의 눈에 영상의 무리를 펼쳐 가는 것을 주요한 일로 삼는 일련의 소설을 가리켜 '시적 소설'이라고 불렀다. 예를 들자면 프루스트, 조이스, 버지니아 울프의 소설과 같은 것이 그것이다. 이러한 식으로 따진다면 카뮈의 소설은 '철학적 소설'이라고 불러 마땅한 부류에 속할 것이다.

철학적 소설에는 두 가지 종류가 있을 수 있겠다. 그 하나는 어떤 철학적 명제를 퍼트리거나 인상시키기 위하여 소설이라는 모양을 잠시 빌리는 것과도 같은 것이 그 하나다. 즉 어떤 철학의 선전을 위하여 소설이라는 수단을 빌려 오는 데 지나지 않는다. 톨스토이의 어떤 작품들이 의도한 것이 그것이다. 그러나 현대의 소설 독자들은 그러한 속임수에 잘 넘어가지 않는다. 대 톨스토이의 솜씨로서도 픽픽 웃고 돌아서는 독자들을 잡아 올릴 수는 없었다. 차라리 소설 독자로서는 그런 설교 냄새가 비교적 눈에 덜 띄는 「전쟁과 평화」 같은 것에 더 탄복하는 것이다. 철학적 소설의 다음 종류는 어떤 의미, 이루어진 철학적 명제를 설교하는 게 아니라, 어떤 철학적 과제를 소설 속에서 해명하며 증명해 나가는 것이다. 그것은 한 도그마로서 제시되는 것이 아니라, 가설로서 제출되는 것이다. 그러한 소설의 흥미는 내건 해답의 논리성에 있는 것이 아니라 가설 자체의 절실성과 아울러 그 작품 속에서 작가가 시험한 운산의 과정에 달려 있는 것 같다. 어느새 독자는 작가와 한 몸이 되어 그 작품 속에서 문제의 해결을 향하여 함께 몸부림치고 뒹굴게 되는 것이다. 좀 오랜 얘기지만 페이터의 「쾌락주의자 메리어스」에서 그런 편린을 보았고, 또 로런스의 시나 소설의 흥미는 주로 그의 철학에 있는 게 아니라 그 증명 방식에 있었던 것임을 우리는 쉽사리 기억할 수 있을 것이다. 카뮈의 철학적 소설은 물론 현명하게도 이 둘째 길을 걸어가는 것이다.

3

자기의 소설에서 독자의 관심을 어떤 모에 끌어 두어 끝까지 그 관심의 줄이 끊어지거나 늘어져 버리지 않도록 할까를 결정하는 것은 한 작가의 테크닉의 첫 안목일 터이다. 저속한 통속 작가들이 곧장 독자의 색정적 호기심이나 엽기, 탐정 심리를 이용하는 것은 우리가 너무나 잘 알고 있는 일이거니와, 제아무리 본격적인 예술 소설이라 할지라도 적어도 처음 첫 두 페이지에서 독자의 관심을 전편을 통해서 지탱해 갈 계기를 만들어 놓지 못한다면 소설로서 낙제하기 십상이다. 예술이라고 하는 것은 어찌 보면 새로운 관심의 발견이요 개척이기도 한 것이다. 그 관심이 이른바 테마에 늘 관련되어 있음은 물론이다.

카뮈가 「페스트」에서 설정한 관심의 계기는 그러면 어떤 데 있었는가. 그는 마치 한 중태에 빠진 환자를 다루듯, 한 도시가 직면한 어떤 위기를 선택하여 수술대 위에 올려놓고 스스로 메스를 들고 결사적인 수술에 임하는 것이다. 이 도시는 돌연 흑사병의 병마의 엄습을 받아 온 시민은 각각으로 생사의 절박한 위기에 다다치고 마는 것이다. 죽음은 예측할 수 없는 순간과 장소에서 날이 날마다 비로 쓸 듯 무수한 생명을 휩쓸어 가는 것이다. 사람들은 살기 위하여 활동하는 것이 아니라, 주검을 치우기 위하여 그날그날 살아가는 데 지나지 않는 것이다. 모든 행정기관도 사회 시설도 개인의 활동도 실로 통틀어 주검의 뒷수습을 하는 데 전력을 다할 수 있을 따름이다. 모든 목숨이 죽음에게 짓밟히고 있을 뿐 아니라 남아 있는 목숨이라는 것조차가 오로지 죽음에 봉사하기 위하여 제 차례를 기다리고 있을 뿐이다. 이 도시에서는 페스트야말로 유일한 폭군인 것이다.

 흑사병에 휩싸여 바깥세상과는 아주 차단되어 버린 세계, 그리하여 죽음이라는 폭군에게 아주 내주어 버린 고립무원한 도시 — 그것은 카뮈가 상정한 소설 속의 한 정황일 뿐만 아니라 두 겹 세 겹의 세계의 상징인 것이다. 이번 대전 중 독일군 점령하의 프랑스는 바로 납치·고문·대량 학살이 횡행하는 페스트의 도시 그것이었다. 그러나 페스트의 도시는 점령하의 프랑스만을 상징하는 것이 아니다. 실존주의자 카뮈에 있어서는 인생 그것이 또한 바로 페스트의 도시에 틀림없었다. 시시각각으로 압도해 오는 죽음의 위협 아래서 사람들은 철두철미 절망의 구렁창에 휘몰려 빠져 허위적이는 가축의 무리에 지나지 않는다. 윌프레드 오언의 말 그대로 다만 가축과도 같이 죽어 가는 그들이었다. 이러한 끝 모르는 절망 속에 감금되고 만 사람들은 외부의 넓은 세계는 물론 친구와 가족과 희망과 기쁨에서조차 완전히 차단되어 있는 한 망명자인 것이다.

그 위에 만약에 그것이 망명이라고 한다면 우리들 대부분에게 있어서는 제 집에 있어서조차 망명이었다. 지금 얘기하는 본인은 오직 망명의 일반적인 형태를 경험하였지만, 신문기자 람베르 그 밖의 많은 사람 모양으로 흑사병의 저해로 하릴없이 억류되어 저들이 만나고자 하는 사람과 가정에서 함께 차단되어 심각한 공허를 견디어 가야 하는 사람들의 경우를 그는 잊을 수가 없다. 여느 망명에서도 그들은 가장 심한 망명자였다. 시간이 우리와 마찬가지로 그들에게 거기 해당한 고난을 가져왔을 적에 그들에게는 또한 공간의 요소가 있었던 까닭이다. 그들은 그것에 포위되어 있어서 그들의 잃어버린 가정에서 그들을 격리해 버린 이 커다랗고 외딴 수용소 사벽에 머리를 부닥치는 것이었다. 이것이 틀림없다. 그들만이 아는 황혼과 그리고 그들의 한결 행복스런 땅의 새벽을 묵묵히 모색하면서 온종일 먼지 낀 거리를 외로이 거니는 것을 항용 구경하는 사람들이었다. 그들은 저들의 낙망을 총총히 흘러가는 치욕감과 제비같이 날아가는 들어맞지 않는 소식과 일몰과 함께 내리는 이슬과 허망한 거리에 때때로 아롱지는 햇볕의 저 이상스런 빛으로서 길러 가는 것이었다…….

이러한 모양으로 사람들은 망명 생활과도 같이 살아가는 것이다. 그것이 다름 아닌 인생이다 — 카뮈는 그렇게 부르짖는 것이다. 그런데 지나간 날의 모든 염세주의자·비관론자의 타입은 절망을 저마다의 고독한 세계에서 독점하고 있었던 것이다. 때를 따라서 그중의 일부 감상가들 모양으로 자기의 절망을 비싼 골동품처럼 혼자서 애완하기조차 하였다. 카뮈의 망명자들은 고립한 상태에서 절망을 축적해 가는 것이 아니라 한 공통한 운명으로서 이것을 분담하는 것이다.

개개인의 운명이라는 것은 벌써 없었다. 오직 있는 것은 흑사병이 만들어 낸 집단적인 운명과 그리고 만인이 나눠 가진 정서뿐이었다. 이러한 정서 가운데서 가장 강한 것은 그것이 빚어낸 반발과 공포의 갖은 교착이 뒤섞인 망명의 느낌과 약탈당한 편의 느낌이었다······.

4

자기의 손으로 끌어온 것이 아니라 저도 몰래 그 속에 끌려 들어오고 만 이 전자력의 장에라도 비유할 절망의 장으로서의 인생에서 사람들은 대체 어떻게 살아가야 하나. 작자는 결코 어떤 등록된 사상을 약장수와 같이 팔려 드는 것이 아니다. 작자나 작중 인물이나 독자나 마찬가지로 이 소설 속에서 헤매고 있는 것이다. 사르트르에서 보는 것과 같은 막다른 골목에 부닥친 자의 완전한 고독과, 거기서 오는 공전의 책임감과 행동 선택의 자유는 카뮈의 이 집단적인 운명의 구렁창이에 비한다면 어딘가 명랑한 탁천적인 모가 있어 보이기조차 한다. 카뮈가 스스로 자기를 사르트르의 실존주의에서 구별하려고 하는 것은 이런 데도 연유하는 것이 아닐까. 여하간에 우리는 필경 자기 자신 작자의 착잡한 해석의 운산 속에 휩쓸려 함께 모색하는 것이다. 작중의 중요 인물인 의사 류와 그에게 이 도시를 벗어나갈 수 있는 증명서를 요구하는 신문 특파원 람베르 사이에서 일어나는 힐난질은 동시에 독자 자신들의 옳게 사는 길의 모색의 투영인 것이다.

그들은 거리 한복판에 와 버렸다.
"우스운 노릇이지, 선생님 안 그렇소. 실상은 난 신문 기사를 쓰려고 세상에 태어난 것은 아니오. 그런 게 아니고 여자와 함께 살기 위해서 세상에 나올세 옳지 않겠오."
류는 그가 말한 데는 그럴 법한 데가 있을 법도 하다고 조심조심 대답했다.
"……"
람베르는 문득 말했다. "실상은 그 여자와 나는 잠시 함께 있었을 뿐인데 우리들끼리 서로 아주 좋아졌다오." 류가 잠자코 있자니까 그는 말을 이었다. "당신 지루하실 줄 알아요. 미안합니다. 내가 알고픈 것은 나이 경칠 놈의 병에 걸리지 않았다는 증명서를 써 줄 수 있느냐, 없느냐입니다. 그럼 일이 술술 풀릴 텐데……"
"……"
류는 말했다. "내가 당신을 이해하고 있다는 건, 제발 의심 마세요. 그렇지만 당신 의론은 사리가 닿지 않는다는 것 아셔야 돼요. 당신이 병에 걸리고 안 걸린 걸 난 모르니까, 그런 증명서를 쓸 수 없지요. 또 안다 치더라도 당신이 내 진찰실을 떠나서 지사실에 가는 동안에 걸려 버리지 않으리라고 내가 어떻게 보증한단 말이요. 그래 내가 안다 치더라도……"
"그래 당신 안다고 치면……"
"증명서를 써 드렸댔자 소용없을걸요."
"왜요."
"이 거리에는 당신과 처지가 같은 사람이 무척 많은데도 그들에게 탈출을 허락하는 것 같은 것은 문제도 안 되고 있으니깐요."

"흑사병에 걸리지 않았어도 말씀이지."

"그건 충분한 이유가 못되지요. 아 우스꽝스런 판국인 줄 나도 알아요. 그렇지만 우리 모두 걸려들었죠. 그러나 당했지, 별수 없지."

"그렇지만 난 이 고장 사람 아니에요."

"불행한 일이지만 이제부터는 딴사람과 마찬가지로 당신도 이 고장 사람이 되고 말았지요."

"……."

이리하여 자기의 의사 여부 없이 어느새 이 숙명의 탁류에 모든 사람은 휩쓸려 들어가고 마는 것이다. 람베르는 목소리를 높여 호소하는 것이다.

"그렇지만 제길, 선생, 당신은 이건 공동한 인간의 감정이라는 걸 알지 못하나 봐. 그렇지 않다면 사랑하는 사람끼리 이런 식으로 갈라진다는 게 어떤 건지 모르시지."

또 그는 이렇게 비통하게 의사를 비난하는 것이다.

"아니오, 당신은 이해할 수 없을 거요. 당신은 이성의 말을 쓰는 게지 심정의 말을 쓰는 게 아니오. 당신은 추상의 세계에 사는지요."

그렇다. 생활의 실체와 그리고 추상의 세계와의 대립 — 람베르의 항의는 그대로 추상에 대한 생활 그것의 항의인 것이다. 오늘의 문명이라는 것이 우리에게 옹색해졌고 또 손발에 끌리는 것이 지나치게 많다는 것은 추상의 세계가 너무 무성해 버렸다는 증거가 아니냐. 그 추상의 거미줄 또는 칡넝쿨에 휘감겨서, 생활 자체가 빈혈에 걸려 있는 것이 아니냐. 봉건체제라고 하는 것은 말하자면 복잡한 추상의 매커니즘을 꾸며 가지고 그것으로 민중의 생활을 얽어 메말라 버리게 하는 것을 특징으로 하였다. 이런 의미에서는 오늘의 유럽 사람들보다도 훨씬 더 많이 우리는 오늘 추상의 해독을 받고 있는 것이다. 한민족이라고 하는 것은 참말 실제적인 면을 가졌음에도 불구하고 한문화 자체는 굉장한 추상의 체계다. 그 한문화의 영향 아래서 일천 수백 년을 살아왔으며 한문화 중에서도 최근 수백 년 동안은 가장 철저한 추상의 정수라고도 할 주자학파의 유교 영향 아래서 살아온 우리는 필경 생활의 전부를 추상 때문에 비어 주고만 한 천재적인 관념파가 되어 버렸던 것이다. 생활 때문에 관념이 있는 게 아니라, 관념을 위해서는 생활을 주저없이 희생하려 드는 것이다. 관념의 옳고 그른 것을 생활에 비추어서 결정짓는 것이 아니라, 관념은 관념 자체로서 아름다우면 그만이다.

우리의 해방은 우선 정치적인 해방이었으나 동시에 그것은 우리의 민족적인 관념주의의 고질에서 벗어나는 정신적인 해방이기도 해야 하였다. 해방과 함께 온갖 철학, 사조, 정치사상이 한꺼번에 쏟아져 들어올 것에 우리는 우리의 생활의 현실이라는 기준에서 헤아려 받아들이지 않고, 그런 것에 대한 고려 없이 그 자체의 아름다움만 여겨보고 덤벼든, 말하자면 관념주의의 상투에 또 빠져 있었던 혐은 없었던가. 이것은 카뮈의 문제라느니보다도 차라리 우리 자신의 민족적 반성의 과제인 점에서 우리의 관심이 크다. 우리의 건국은 방금 진공관 속에서 이루어지고 있는 것도 이루어질 것도 아니다. 이 나라 이 민족의 현실 위에서 그 생활의 요구에 서서 밀어 나가야 될 것이었다. 해방은 한 돌발 사건처럼 올 것이 아니라 민족 생활의 새로운 건설을 위한 한 계기라야 했었다.

작중의 어떤 인물은 부르짖는 것이다. 한 관념을 위하여 죽을 것인가, 아닌가. 그러고는 상대편에 향하여 묻는 것이다. 그러면 사랑을 위하여 죽을 수 있느냐고.

"……내 관심을 끄는 것은 사랑하는 것을 위해서 살다 죽는 일이오."
또는
"한번 사랑을 등지기만 하면 사람이란 한 관념이오. 끔찍한 작은 관념이라오. 그래 그게 내 말하려 하는 요점이오. 우리 — 인류는 사랑에 대한 능력을 잃어버리고 만 거요. 선생, 우린 그 일을 똑바로 봐야 돼요……."

절망의 밑창에 빠졌던 사람이 자기뿐 아니라 모든 사람이 공동으로 나누어진 운명의 한 몫을 태가지고 있음에 지나지 않는다는 것을 깨닫는 순간 거기서 얻는 것은 사랑의 실감이었다. 의사 류는 람베르가 비난하듯, 추상의 세계에만 살고 있는 것은 아니다. 다만 자기의 직무에 대한 성실이 그로 하여금 람베르에게 증명서를 써 주지 못하게 할 뿐이다. 그러므로 그는 만약에 람베르가 제 힘으로 탈출할 방도를 강구한다면 그는 적어도 그것을 묵인할 만한 심정을 갖고 있는 것이다. 람베르는 도리어 딴 비합법적인 길을 밟아 탈출에 성공하게 되는 것이다. 그러나 그는 지금쯤은 그가 경계선을 넘었으려니 하고 큰 숨을 내쉬고 있는 류를 찾아 뜻밖에도 돌아온다. 애인과 만날 기쁨도 연애도 또 일신상의 안전도 그것들을 자기의 책임 아래서 그리고 또 친지들의 호의와 중립의 혜택으로 한꺼번에 얻을 수 있는 순간에, 그는 그 모두를 내던져 버리고, 죽음과 공포의 거리에 머물러 친지들과 운명을 같이하려는 것이다. 억지에 눌리는 게 아니라 자기의 완전한 자유의 사에서 차라리 안전이 아니라 고난의 길을 택하는 것이다. 인류와 함께 있다는 것과, 그 인류에 사랑을 통하여 연결되어 있기를 원하는 때문이겠다. 실존주의는 항용 행동의 방향이 아니라 그 자세를 확립하려는 데 특징이 있다고 한다. 그러므로 결론은 얼마 보여 주지 않고 그보다 포즈 그것에 주의를 끌어모으려 하는 것처럼 보인다. 사르트르는 완전한 절망과 또 철저한 고독 속에서 사람이 비로소 가질 수 있는 행동의 헤아릴 수 없는 자유와, 어떠한 결정론도 용납하지 않는, 자기에게서 시작되어 자기에게서 끝나는 빈틈없는 책임에 대하여 역설하였다. 이제 그와는 스스로 다르다고 자처하는 또 한 사람의 실존주의 작가 카뮈는 포즈를 넘어서 한 결론을 타개하여야 한다. 그러나 그것은 값싼 감상적인 사랑의 종교에 비한다면 얼마나 통절한 피의 외침이냐. 원시 기독교의 감상이 아니라, 두 개의 세계대전과 몇 개의 내란에서 수천만 생명의 탕진을 몸소 겪은 인간만이 부르짖을 수 있는 피나는 뉘우침인 것이다.

"사랑 없는 세계는 죽은 세계다. 사람이 감옥에, 자기의 일에, 그리고 의무에 대한 열중에 싫증이 나 버리는 시간이 항시 오는 것이다. 그래서는 그가 열망하는 전부가 한 사랑받는 얼굴, 사랑하는 마음의 다사롬과 신기로움 그것이고 만다……."

5

전쟁은 목적을 위한 모든 수단의 가장 잔인한 조직이요 구사인 것이다. 평상시의 정치니 법률은 사람사람의 최대공약수를 발견해서 그것을 조정해 가는 데 그쳐야 한다. 그러나 전쟁은 곧 최소공배수 안에 모든 개인개인을 휩쓸어 넣는다. 전쟁 때에만 있을 수 있는 체제를 평상시에 준비하거나 유지하는 것이 다름 아닌 전체주의의 그것이었다. 전체주의나 전쟁에서는 개개인의 가장 개성적인 것, 창조적인 것은 짓부숴 버리기 일쑤다. 그러한 전쟁과 또 독일 사람들의 전체주의 체제를 구 겹으로 해서 겪은 프랑스에 전쟁이 끝나 가 좌·우·중간의 갖은 사상의 선풍이 일시에 휩쓸려 왔었다. 그러한 격동 속에서는 방향이 아니라 우선 그 여러 방향의 착잡한 이끌림 속에서 자기의 자세부터 바로 갖추어야 했을세 옳다. 실존주의가 전후의 프랑스에서 다시 머리를 든 객관적 조건은 그런 데 있어 보인다. 그 오랜 해답 없는 운산은 카뮈에서 한 해결의 서광을 보이려 하였다. 개산에서 늘 부스러 떨어졌던 억울한 조각조각의 문제, 전체의 이름 밑에 말살되기 일쑤이던 부분의 문제, 사회적인 거시적 개괄에서 늘 무시되어 오던 심리의 미시적인 음영의 문제가 다시 두드러져 떠오른 것이다…….

  작가 카뮈의 의도는 무엇보다도 이러한 문제에 소설을 통하여 부닥쳐 보려는 데 있어 보인다. 구체적인 세태나 인정이나 사건이나 성격을 묘사한다든지 파고 들어가려는 것이 아니라, 이 운명적인 순간을 어떻게 살아가나, 그보다는 죽어 가나 하는 문제를 알레고리를 빌려 설정한 가설을 분석하며 검증해 보려고 하는 것이다. 그리하여 이 소설의 주인공은 역설적으로 말한다면 어느 인물이라느니보다는 테마를 대표하는 아이디어 자체라고 해 무방하겠다. 이런 점에 이 소설은 특수한 시험이 있어 보인다. 관념의 해석이나 해명 또는 증명을 목적으로 하는 소설이 항용 떨어지기 쉬운 메마른 개념화의 함정을, 이 소설은 어떻게 면하였나. 또 소설은 개념에서 구체적인 것에로, 형상에로 가는 것이 정도로 되어 있는데 페스트의 그것을 거꾸로 가는 것은 아니냐ㅡ. 이러한 문제들이 우리의 의문을 자아낸다.

카뮈는 분명히 어떤 인물을 그리려는 것도, 심리를 분석하려는 것도, 분위기를 빚어내려는 것도 아니다. 한 관념을 증명하기 위하여 논증하는 것이며, 정황이나 인물은 차라리 그 논증의 전개와 과정을 위한 허수아비라고 해도 무방하다. 그러면서도 부석부석한 개념의 모래알을 씹지 않게 만드는 그의 테크닉의 비밀은 거기 되풀이해서 나타나서, 이 작품을 꿰뚫은 끈이 되어 있는 테마를 대표하는 관념 그것의 절박성·긴장성의 유지에 첫째로는 있어 보인다. 다음으로는 가끔가끔 뒤섞어 놓은 단편적인 장면장면의 생기 있는 묘사가 다른 부분의 개념화를 구제할 만치 적당한 밸런스를 지탱해 가도록 배정되어 있다. 이리하여 카뮈는 흔히 소설의 함정이요 사도라고 일컫는 사지에 일부러 뛰어들어서, 거기서 관념소설이라고도 할 소설의 한 새 틀을 만들었다.

여기서 일부러라고 한 말은 당치 않은 말로서, 차라리 할 수 없이라는 말로 바꾸어 놓는 게 적절한 성싶다. 한 작가는 우선 절박한 문제를 가지고 있어야 한다. 호기심이나 괴팍이 아니라 절박한 까닭으로 해서 그러한 방식으로밖에는 써 갈 수가 없이 된다. 그리하여 새로운 타입의 탄생은 피할 수 없이 된다. 그 경우에 그는 문학의 어떤 인습이나 전부터 있어 온 약속에만 얽매여 있을 수가 없고 도리어 그것을 끊어 버리고서 새로운 모험을 시험하는 것이다.

가령 소설만 치더라도 인습이나 약속만이 고지식하게 지켜져 갈 적에 그것은 세련되고 더 연마되어 갈지는 모르나, 새 세계로 비약하는 것은 역시 가끔 결행되는 파격에 의해서만 이루어지는 것 같다. 「율리시스」나 「말테의 수기」나 「화폐위조범」이 소설의 파격이었듯이 「페스트」도 또한 그런 의미의 한 파격임에 어김

없다. 그리하여 카뮈는 오늘의 소설에 또 하나 새 페이지를 펴 보이고 말았다. 열 권의 소설을 읽는 데서 읽어 버린 시간을 한꺼번에 회복시켜 주는 그러한 소설의 하나를 그는 세상에 보내 준 것이다.

―《문학》 6권 3호(1950. 5)

시조와 현대

— 버림받는 시조의 재검토

　시조를 현대에 부활시키려는 운동은 무엇보다도 먼저 우리 문학의 잃어버렸던 가치를 찾아내서 그것을 다시 살펴보려는 좋은 의미의 문화적 반성에서 온 것이라고 생각한다. 그러므로 이 경우에는 현대가 시조를 요구한다느니보다도 고전문학에 끌리는 어떤 애정이 지나간 날의 시의 정형이라는 낡은 부대에 현대의 감성과 의식과 생각이라는 새 술을 담아 보려고 하게 하는 것이다. 그러함으로써 알루미늄이나 양은과는 다른 놋그릇의 그윽한 감촉과 별다른 쓸모를 다시 한번 찾아내려는 것이다. 새것만을 찾는 것이 반드시 좋은 것은 아니겠다. 새 보석만 찾아 헤매 다니는 동안에 제 집에 파묻혀 있는 진주는 버려둔 채로 지나치기 쉽다. 그것은 우리 고전 문화 유산 일반의 정리 문제의 한 토막으로서 당연히 등장해야 될 계제에 있으며 우리 신문학 초창기에 벌써 그 문제를 재빨리 끄집어 올린 육당이나 그 밖에 시조 부흥 문화의 선수로서 높이 등장한 위당, 가람, 노산, 조운 등의 의도와 공적은 또한 쳐들어 마땅할 것이다.
　그럼에도 불구하고 그러한 의도 자체의 윤리적 평가와는 떠나서 과연 시조라는 시의 형식이 현대 그것의 시대적 요구에 적응한 것이며 또한 할 수 있는 것인가 — 하는 문제는 특히 젊은 시인들의 머리를 한번은 스치는 것으로 되어 있다. 정형시라면 덮어놓고 반발 또는 경멸, 타기, 조롱하는 것은 오늘의 젊은 시인 또는 젊은 독자 사이에 너무나 깊이 박혀 버린 풍속이다. 그것은 유럽 상징파운동에서 물려가진 자유시라는 생각이 우리 사이에 너무나 뚜렷이 자리 잡혀 버린 데서 온 자연스러운 자세라 하겠다. 오늘 시라고 하면 동서양을 막론하고 의례 자유시를 일컫는 것으로, 그 대신 정형시라 하면 무슨 화석이라도 대하는 것처럼 다루는 것이 우리의 버릇이다. 그러나 필자는 연래로 시조에 대하여 오늘의 우리로서도 그렇게 소홀히 넘겨 버려서는 못쓸 어느 구속이 있는 듯 싶어 늘 숙제의 하나로 지녀 내려오는 터이다. 그것은 아래 몇 가지 점에 연유하는 것이다.

시조가 일종의 정형시라고 하는 것은 아무도 움직일 수 없는 상식이겠다. 그러나 그 특수한 정형의 의미는 아직까지도 남김없이 검토된 것 같지는 않다. 즉 그 정형성은 자유시로서 해결하지 않으면 달리는 길이 아주 막혀 버린 그런 의미에서 융통성이 아주 없는 고집스러운 것인가. 정형이라는 것은 원래가 그대로 그 한 '틀'이려니와 형식상의 '틀'은 시의 내면적인 형식이랄까, 즉 그 의미 형성의 방식, 다시 말하면 시상의 발전 형식하고는 어떤 유사적 관계가 있나.

시조의 정형성의 본질과 실상이 이렇게 밝혀진 연후에는 그러면 그러한 정형은 현대가 시에 기대하는 그런 감성이나 생각이나 의식을 받아들일 가능성이 있는 것인가, 아닌가, 있다면 얼마나 있는 것인가 — 하는 문제를 따져 가야 옳을 것이다. 프랑스에서 자유시 운동이 일어날 적에 새 시인들의 머리에 있는 구식 정형은 다름 아닌 알렉상드랭조였었다.

　알렉상드랭의 구속과 기계성에서 산 정형을 해방한다는 것이 그 구호였다. 정서의 갖는 움직임과 뉘앙스는 그때그때 안으로부터 우러나오는 형식에 대한 내재적인 요구로서 스스로의 '운율'을 찾아낸다는 것이다. 그리하여 자유시론자는 운율 무용론을 주장한 것이 아니라, 한 시 속에서도 자유자재한 운율의 변화를 인정한 것이 된다. 가령 극단의 자유시를 쓴 에즈라 파운드의「프로소디」가 현란 망측하다고 하는 것은 그가 영시의 기본인 '아이앰빅' 뿐만 아니라, 트로키, 댁틸, 아나페스트 등을 그때그때의 필요에 따라 마음 내키는 대로 뒤섞어 휘둘러서 한 협화적 효과를 거둘 수 있었다는 것을 의미한다. 이를 돌이켜 보면 시조는 고대 일본의 하이쿠, 단가보다는 정형적 구속이 퍽 완화되어 있어 보인다. 고시조의 대부분이 거의 초장 중장, 종장의 음수의 형식에 그대로 들어맞지는 않는다. 초장, 중장의 '3·4·4·4'의 형식은 그것을 점근선으로 잡을 한 기준일 따름이지 절대적으로 기계적으로 맞추어가야 할 지상명령은 아니다. 이 점에 시조에 대한 오해가 적지 아니 연유하는 것 같다.

　　동창이 밝았느냐 노고지리 우지진다
　　소치는 아해놈은 상기 아니 이럿나냐
　　재 넘어 사래 긴 밭은 언제 갈려 하느냐

와 같이 그렇게 찰싹 음수의 규격에 들어맞는 시조는 실제로는 퍽 드물었다.

간밤에 부든 바람 만정도화 다 지거다
아해는 비를 들고 쓸으려 하는고야
낙화 — ㄴ들 꽃이 아니랴 쓸어 무삼하리오

가마귀 검다 하고 백로야 웃지 마라
겉이 검은들 속조차 검을소냐
겉 희고 속 검은 즘생은 네 야긴가 하노라

등에서 보듯 실제의 작품은 늘 규격에서 필요에 따라 다소간 어긋난 약간씩의 변조라 하겠다. 너무나 당연한 일이면서도 정형에 이만한 융통성을 인정한 곳에 시조를 창안하고 또 실천해 온 우리 선인들의 시의 형식에 대한 천재적인 예지를 느낀다. 규격에 있어서조차 초장, 중장 꼭대기에 3음절을 놓아서 4·4조의 원시적인 소박성을 깨뜨린 곳에 이 시형의 기반이 이미 어느 정도 놓아진 문화적 분위기에 싸여 있었다는 증거가 있어 보인다. 동시에 민요에서 귀족시로 옮아간 유력한 흔적이라고도 하겠다. 그러나 시조의 정형의 묘미는 실상은 종장에 있는 것인가 한다. '3·5·(6……) 4·3'의 규격에 있어서 '5(6……)'에서 보듯 여기서는 거의 무제한에 가까운 자유로운 영역을 시상의 비약과 전환과 탈출과 연장과 발전의 갖은 변화를 위하여 남겨두었다. 앞에서 본 규격에서 필요에 따라 적당히 이탈할 수 있는 융통성이 준비되었다는 것과 또 종장에 남겨둔 너무나 너그러운 탈출로가 마련되어 있었다는 이 두 가지 점은 시조의 형식의 어떤 위대성을 표시하는 것 같다. 초장, 중장에서는 어느 정도 형식상의 타성을 느끼다가도 종장의 변화 풍부한 전개와 귀결에서 우리는 시조의 끝없는 묘미를 맛보는 것이다. 시조의 생명이 처음에 꿈틀거리다가도 이 대목에 와서는 툭 튕겨 나며 불거지는 것 같다.

그러나 시조의 정형의 진정한 신비로운 구석은 이러한 음수의 기계적인 계산을 따져 감으로써만 도달할 수 없는 것으로 그 외형을 규정하는 내면적인 약속을 깨치지 못하면 수박 겉핥기가 되는 것 같다. 즉 초장에서 상을 일으켜서 중장에서 그것을 부연하거나 발복하거나 전개하였다가 종장에 가서는 돌연 뜻하지 않은 전환이나 비약을 꾀하도록 되어 있는 내면적인 제약이 결국은 음수의 산술로 되어, 밖에 나타나 버린 것으로 볼 적에만 시조의 정형은 실로 그 본질이 해명된 것이라 하겠다. 한 개의 '이데'나 '이미지'에 대하여 그와 대립하는 질이 다른 이데나 이미지를 충격시킴으로써 거기서 시적 효과의 불꽃이 튕기도록 하는 것은 17세기의 영국 형이상학적, 가까이는 초현실파의 장기였으나 같은 착상, 적어도 그 원형을 우리는 시조 형식에서도 발견하는 것이다. 딜런 토머스는 이것을 시의 테크닉상 다이얼렉티컬한 방법이라고 불렀지만 이러한 다이얼렉티컬한 성질은 또 시조 형식의 생명에 해당하는 것으로 나는 생각한다.

문제를 돌려서 그러면 형식에 있어 이렇게 우수한 모를 가지고 있었으면서도 시조 그것이 우리들의 젊은 식욕을 그리 건드리지 못하였다는 것은 무엇 때문인가. 물론 뛰어난 예외는 얼마든지 있는 것이고 실로 그것 때문으로 해서 시조가 우리에게 있어 문제가 되는 것이겠지만 여하간 대체로 보아서 시조는 아래와 같은 두 가지 점 때문에 우리와의 사이에 커다란 도랑에 의하여 지나쳐 버린 것 같다.

첫째 그것은 봉건사회의 유교적 뭇 이념을 판에 박은 듯 되풀

이해 찍어 냈을 뿐 인간성의 자유로운 충동과 그 발로에서 우러나온 근대적인 개인적 서정시에까지 꽃피지 못해 왔던 것이다. 시조시집의 어느 것을 꺼내 놓고 보아야 거의 천편일률로 노래되어 있는 것이 유교 사상의 인습이 아니면 노류장화의 '한량' 사상, 고작해야 탈속 도피의 도교적 감상이다. 이런 이런 점에서 여성의 개인적인 경험의 절실하고 성실한 표현에 성공한 황진이에게서 우리는 비로소 근대의 개인적 서정시의 계보에 줄이 닿는 우리와 같은 핏줄을 느끼는 것이다.

　　내 언제 信이 없어 임을 언제 속였관대
　　月沈三更에 온 뜻이 전혀 없네
　　秋風에 지는 입소리야 낸들 어이 하리오

　　어져 내일이여 그럴 줄을 모르든가
　　있으라 하드면 가련만은 제 구태어
　　보내고 그리는 정은 나도 몰라 하노라

이런 시편에서 우리는 비로소 유교와 봉건사상의 냄새가 풍기는 구태의연이 아니라 봉건사회의 그늘에서 오히려 가냘프게 떨리고 있는 한 여성의 숨김 없는 인간성의 체온을 느끼는 것이다. 여성의 마음속에 얽히는 복잡미묘하고도 모순에 차 있는 애정의 논리에 우리 또한 공명하지 않고는 배기지 못하는 것이다. 그러한 청신한 세계를 다루는 것이기 때문에 특히 둘째에게서 보듯 그는 시조 정형의 약속을 제멋대로 녹여 새로운 모습조차 약동시킬 수 있었던 것이다. 둘째로 시조시인들은 대부분 우리말 본래의 자연스럽고도 펄펄 뛰는 싱싱한 어휘나 어법을 살려 부리려 하느니보다는 한문이나 한시에서 온 죽은 인습적 표현을 기계적으로 떼다 붙이는 것을 즐겨했던 것이다. 천재 시조시인 황진이로도 아래 예에서 보듯 이런 폐풍에 사로잡히는 때가 적지 않았다.

青山裏 碧溪水야 수이 감을 자랑 마라.
一到滄海하면 다시 오기 어려웨라
明月이 滿空山하니 쉬여간들 엇더리

국어 또는 한 민족의 민족시 속에 살며 그것과 함께 호흡하며 그것을 길러 가며 북돋아 주며 밀어 가는 곳에 시인의 중요한 임무와 자랑이 있을진대 지나간 날의 대부분의 시조시인은 한문과 한문 투의 얼치기 말의 죽음 무덤에서 먼지를 호흡하면서 그나마도 아무 운산에도 쓸데없는 허수 부스러기를 주무르고 있는 것이 된다. 그들은 우리말의 맥맥히 흘러서 굵어 가는 성장에 아무것도 보탤 수 없는 불행한 사람들이었다.

우리 신문학의 여명과 함께 새 시조 운동의 기운도 움직이던 것은 앞에서 본 것과 같다. 육당이 고전문학으로서의 시조의 존재에 대하여 우리의 눈을 띄어 주었다면 위당, 가람, 노산 같은 분들은 그것을 현대의 한 서정시의 형식으로 살려 보려 하였다. 그러나 새 시조는 그 주제와 수법에 있어서 독자의 구미에 맞을 만치 새 창안점을 시험했다고 할까. 우연히 복고적인 주제는 시간의 본고향이요 돌아가야 할 영구한 초당처럼 되어 있지는 않는가. 도시와 경제학과 원자물리학의 세계를 시조는 과연 맞아들일 수 없는 것인가. 앞에서 본 그 융통성과 다이얼렉터의 한계는 역시 이러한 주제를 용납할 수 없는 정도의 것인가.

물론 3장이라고 하는 형식 또는 비록 사설시조 같은 것도 있다고 하나 종장의 끝에서 '4·3'으로 닫아 버리는 옹졸하고도 비좁은 틀을 가지고는 현재 생활과 현대 문명의 다면적인 정서의 세계조차 다루어 내기 어려워 보인다. 그러나 그 어느 면 하나하나를 예각적으로 붙잡아 내는 한 에피그램의 형식으로서 시조에는 아직도 더 가능성이 남아 있는 것은 아닐까. 일본 단가에 일으킨 석천탁목(石川啄木)의 충격 정도의 것도 우리 시조는 일찍이 겪은 일이 없어 보인다. 필자의 개인적 소감으로는 천재의 출현은 어쩌면 시조에 한 번 더 새 생명을 가져올 것만 같다. 여기서 천재라고 하는 것은 물론 1%의 기적도 의미하는 것이 아니고 꾸준하고도 발랄한 문화적 창조자를 가리키는 것이다. 덮어놓고 걸핏하면 '안 된다', '못쓴다' 하고 판결부터 내리는 것은 우리가 제일 걸리기 쉬운 독단병이라고 생각한다. 우리에게는 매사에 경관이나 검찰관이나 판결관처럼 서두르는 버릇이 있다. 우리는 그보다 먼저 좋은 진단자가 되어야 할 것으로 생각한다. 비평가에 그윽히 기대하는 것도 그것이다.

내게 이 제목을 준 편에서도 혹은 현대라는 진지에 필자가 버티고 서서 한바탕 찬란하게 시조를 냅다 추겨서 독자의 가슴을 써늘하게 만들기를 예기했을지 모르지만 갑갑하고 막막할 적에 다른 시와 마찬가지로 역시 시조 속에도 외우면 훌훌 마음이 피는 것이 있을진대 이렇게 시조의 좋은 구석과 어느새 맺어진 애정이 필자로 하여금 그 맹목적 반대파를 만들지 않는 것을 어쩔 수가 없다.

겨울날 다사한 볕을 님의 등에 쪼이과저
봄 미나리 살진 맛을 님의 손에 들이과저
임이야 무엇이 없으리오마는 내 못 잊어 하노라.

를 읽고 있노라면 이렇게 우수한 시일 수 있는 형식에 새 숨결을 불어넣는 어느 황진이의 소리가 어디선가 또다시 들려올 것만 같다.

―《국도신문》(1950. 6. 9~11)

부록

해설 __ 김기림 시론의 비평사적 성격

1 『시론(詩論)』

김기림의 『시론』은 1947년 서울 백양당에서 발간했다. 책의 판형은 A6판이며 전체 250면이다. 권두에 저자 서문이 있고 총 34편의 평론을 5부로 나누어 수록했다. 당대 시단의 경향을 함께 검토하는 실천비평의 영역을 포함하고 있지만 현대시의 본질과 성격을 본격으로 논의하고 있는 이론비평서의 성격도 강하다.

김기림의 비평 활동은 스스로 명명한 '오전의 시론'이라는 말이 암시하고 있듯이 시정신의 건강성에 대한 추구와 함께 언어예술로서 시가 추구하는 미적 자율성에 대한 폭넓은 인식으로 이어지고 있다. '오전의 시론'은 1935년 모두 세 차례에 걸쳐 조선일보에 연재한 일종의 기획 평론으로 현대시의 성격과 그 변화의 과정, 시적 대상을 보는 각도의 문제와 시의 제작 과정, 현대시의 기법과 언어 문제 등을 폭넓게 다루고 있다. '오전의 시론'을 통해 김기림은 자신의 시 창작을 기반으로 발전시킨 자기 시론을 확립하게 되었다. 그의 『시론』의 중요 내용을 이루고 있는 것도 '오전의 시론'이다.

이 책의 내용을 발표 당시의 원문과 함께 정리해 보면 다음과 같다.

1. 방법론 시론
「시학의 방법」(「과학으로서의 시학」,《문장》, 1940. 2)
「시와 언어」(「시와 과학과 회화(會話) — 새로운 시학의 기초가 될 언어관」,《인문평론》, 1940. 5)
「과학과 비평과 시」(「과학과 비평과 시 — 현대시의 실망과 희망」,《조선일보》, 1937. 2. 21~26)
「비평과 감상」(「현대비평의 딜레마 — 비평·감상·제작의 한계에 대하여」,《조선일보》, 1935. 11. 29~12. 6)

2. 30년대의 소묘
「우리 신문학과 근대 의식」(「조선 문학에의 반성」,《인문평론》, 1940. 10)
「모더니즘의 역사적 위치」(「모더니즘의 역사적 위치」,《인문평론》, 1939. 10)
「1933년 시단의 회고」(「1933년도 시단의 회고와 전망」,《조선일보》, 1933. 12. 7~13)
「30년대 도미(掉尾)의 시단 동태」(「30년대 도미의 시단 동태」,《인문평론》, 1939. 12)

3. 감상에의 반역
「시와 인식」(「시의 기술·인식·현실 등 제 문제」,《조선일보》, 1931. 2. 11~14)

「시의 방법」(「시작(詩作)에 있어서의 주지적 태도 — 현대시 평론」, 《신동아》, 1933. 4)

「시의 모더니티」(「포에지와 모더니티 — 현대시 평론」, 《신동아》, 1933. 7)

「현대시의 표정」(「현대예술의 원시에 대한 욕구」, 《조선일보》, 1933. 8. 9와 「현대시의 성격 원시적 명랑」, 《조선일보》, 1933. 8. 10)

「새 인간성과 비평 정신」(「장래할 조선 문학은」, 《조선일보》, 1934. 11. 16~18)

「기교주의 비판」(「시에 있어서의 기교주의의 반성과 발전」, 《조선일보》, 1935. 2. 10~14)

「시와 현실」(「시인으로서 현실에 적극적 관심」, 《조선일보》 1936. 1. 1, 4)

「시의 회화성」(「현대시의 기술(技術)」, 《시원》, 1934. 5)

「감상에의 반역」(「현대시의 기술(技術)」, 《시원》, 1934. 5)

「시의 난해성」(「현대시의 난해성」, 《시원》, 1935. 5)

「객관세계에 대한 시의 관계」(「객관에 대한 시의 포즈」, 《예술》, 1935. 5)

「시의 르네상스」(「현대와 시의 르네상스 — 문화 부면과 그것의 향락 범위」, 《조선일보》, 1938. 4. 10~16)

「프로이트와 현대시」(「프로이트와 현대시」, 《인문평론》, 1939. 11)

4. 우리 시의 방향

「우리 시의 방향」(「우리 시의 방향」, 《조선일보》, 1946. 2. 14~15)

「공동체의 발견」(「시단 별견(瞥見) — 공동체의 발견」, 《문학》, 1946. 7)

「『전위시인집』에 부침」(「새로운 시의 생리 — 일련의 새 시인에 대

하야:『전위시인집』에 부침」,《경향신문》, 1946. 10. 31)

「시와 민족」(《신문화》, 1947)

5. 오전의 시론

「현대시의 주위」(「오전의 시론 1 — 현대시의 주위」,《조선일보》, 1935. 4. 20)

「시의 시간성」(「오전의 시론 2 — 시의 시간성」,《조선일보》, 1935. 4. 21~23)

「인간의 결핍」(「오전의 시론 3 — 인간의 결핍」,《조선일보》, 1935. 4. 24)

「동양인」(「오전의 시론 4 — 동양인」,《조선일보》, 4. 25)

「고전주의와 로맨티시즘」(「오전의 시론 5 — 고전주의와 로만주의」,《조선일보》, 4. 26~28)

「돌아온 시적 감격」(「오전의 시론 6 — 돌아온 시적 감격」,《조선일보》, 1935. 5. 1~2)

「각도의 문제」(「오전의 시론 기초편 속론 — 각도의 문제」,《조선일보》, 1935. 6. 4)

「용어의 문제」(「오전의 시론 기술편 — 용어의 문제」,《조선일보》, 1935. 9. 27)

「의미와 주제」(「오전의 시론 기술편 — 의미와 주제」,《조선일보》, 1935. 10. 1~4)

이 책의 제1부 방법론 시론은 시학 성립의 기본 요소에 관한 논의를 중심으로 하고 있다. 「시학의 방법」에서는 현대 시학과 고전 시학의 성격을 구분, 설명하고 시학의 접근 방법을 소개한다.

시학의 보조 과학, 시학과 감상, 비평의 차이, 시학의 효용성 등이 심도 있게 검토되고 있다. 「시와 언어」에서는 언어의 기능을 기반으로 하여 시어의 본질이 무엇인가를 규명하고자 했으며, '과학으로서의 시학'의 의미를 강조한다. 그리고 현대 비평의 특질을 고찰하고 시학과 감상의 차이점을 해명하고자 했다.

제2부는 주로 1930년대 시의 문학사적 의의를 탐구하고 있다. 우리 신문학에 있어서 근대 의식이 서구 편향적이었다는 점을 지적 비판하면서도 1930년대 시단의 경향을 모더니즘의 시론에 근거하여 새롭게 설명한다. 제3부는 김기림 시론의 이론적 근거에 해당하는 T. S. 엘리엇이나 T. E. 흄 등의 서구 모더니즘의 시론을 소개한다. 「시의 모더니티」에서 그가 새롭게 제시한 현대시의 특징은 독단적인 시로부터 비판적인 시로, 형이상학적인 시로부터 즉물적(卽物的)인 시로, 국부적인 시로부터 전체적인 시로, 순간적인 시로부터 경과적인 시로 이행한다. 그리고 감정 편중적인 시로부터 정의(情意)와 지성이 종합된 시로, 유심적(唯心的)인 시로부터 유물적(唯物的)인 시로, 상상적인 시로부터 구성적인 시로, 자기중심적인 시로부터 객관적인 시로 지향해 간다고 정의했다. 제4부는 광복 이후에 발표된 것이다. 모더니스트 김기림이 문학의 사회적 기능과 역할에 더 큰 관심을 기울이고 있음을 보여 준다. 제5부는 시적 언어와 의미를 중심으로 논의를 전개한다.

김기림의 『시론』은 주로 1930년대에 발표한 김기림의 중요 평론을 대부분 망라하고 있다. 초기의 김기림 시론은 감상주의에 대한 부정과 새로운 시 제작의 열망으로 요약된다. 이는 시에서 리듬 대신 시각적 이미지를 중시하고, 명랑성과 단순성을 추구하는 것으로 집약되어 있다. 또한 시인은 자신의 감정을 그대로 토로하는 자가 아니라, 지성의 작용에 의해 철저하게 계산된 의도대로 시를 제작하는 자로 인식되고 있다. 김기림의 이러한 입장은 광복을 맞아 전개되는 김기림의 시론에서 약간의 변화가 드러난다. 「우리 시의 방향」, 「공동체의 발견」 등 4부에 실려 있는 글들은 모두 시대적인 요청과 시인의 사회적 의무에 대한 것으로서, 문학인의 정치 참여를 주장했던 당시 김기림의 입장을 담고 있다. 물론 이 책은 서구 모더니즘의 시학을 바탕으로 한국 모더니즘 시의 경향을 이론적으로 체계화시킨 성과라는 점에서 의의가 크다.

2 『시(詩)의 이해(理解)』

김기림이 1950년 을유문화사에서 펴낸 시론 연구서이다. 이 책은 본문 225면, 46판으로 당시 정가 600원이다. 한국 근대문학의 성립 이후 출간된 많은 연구서 가운데 시의 본질과 성격에 관한 이론적 연구에 선편을 보인 본격적인 이론비평서에 해당한다. 특히 20세기에 들어서면서 성과를 얻은 심리학의 연구 방법을 적용하여 시적 경험과 그 표현의 방법을 이론적으로 체계화하여 설명하고 있는 점이 이 책의 특징이다. 이것은 김기림 자신이 추구하고자 했던 비평의 과학화를 위한 연구 성과를 말해 주는 것이라고 할 수 있다.

이 책에는 "I. A. 리처즈(I. A. Richards)를 중심하여"라는 부제가 붙어 있다. 실제로 이 책은 I. A. 리처즈가 남긴 『비평의 원리(*Principles of Literary Criticism*)』의 내용에 크게 기대고 있다. 『비평의 원리』는 리처즈의 비평 이론 가운데 시학의 연구에서 심리학의 관점과 방법에 대한 논의를 중심으로 삼고 있다. 김기림은 리처즈가 역점을 두어 설명했던 시의 경험, 시적 상상력, 시의 전달과 그 효과 등에 관한 심리학적 해석을 중심으로 자신의 책에서 그 내용을 정리하고 있다. 결국 김기림의 『시의 이해』는 리처즈의 비평이론을 중심으로 시의 이해를 위한 과학적 방법의 근거를 제시하고자 한 셈이다.

김기림은 이 책의 머리말에서 다음과 같이 적고 있다.

저자는 이 작은 책에서 제 공부 삼아, 우선 시의 심리학적 해명의 약도나마 시험하려 하였다. 저자가 아는 범위에서는 이 방면에 있어서 지금까지 가장 중요한 일을 한 I. A. 리처즈 교수의 이론을 길잡이로 가리는 것이 타당하다고 생각했다. 그는 1920년대에, 시에서 T. S. 엘리엇의 한 업적을 시학과 비평론에 남겼던 것이다. 이 방면에서의 그의 영향은 30년대를 거쳐 오늘에 이르기까지 실로 압도적이었다. 그의 「비평의 원리」(1924)는 지금은 그 방면의 한 고전적인 교과서처럼 되어 버렸다. 뿐만 아니라 언어학, 그중에도 의의학(意義學), 사전학(辭典學)과 교수법(敎授法), 철학 방면에까지 그의 영향은 널리 미쳐서 영국과 미국 두 나라 학계에서 이미 부동의 지위를 쌓아 올렸다. 일찌기 케임브리지에서, 현재는 미국에 건너가 하버드에서 강좌를 맡으면서 지금도 꾸준히 연구를 계속하고 있다.

저자는 교수의 이론을 소개, 비판하면서 약간의 자기 소견도 붙여 보았다. 다행히 이 작은 책을 통해서, 현대 문화의 불행한 '집시'의 일족인 시가 좀 더 깊은 이해와 친근을 얻는다면 실로 기쁘겠다. 동시에 난해하기로 이름난 리처즈 이해의 도움이라도 한편 된다면 뜻하지 않은 부산물을 거두는 셈이겠다.

『시의 이해』를 보면 한국 근대시의 감상 편향을 반대하면서 시 정신의 건강성을 강조하고, 시학의 형이상을 비판하면서 객관적 과학적인 시학의 확립을 주장했던 김기림의 관점이 잘 드러나 있다. 그는 새로운 시학으로서 비평의 과학적 방법을 모색하는 과정에서 자연스럽게 현대 비평의 선구자로 주목받던 리처즈의 이론을 접하자 그 심리학적 비평 이론을 적극 수용하기 시작했다. 그는 1차 대전 이후 서구 문학에 미친 심리주의적 방법의 영향을 주목하면서 이를 주도했던 리처즈의 비평적 업적이야말로 시의 심리학을 확립하는 데 보기 드문 성과를 거둔 것이라고 이 책을 통해 평가하기도 했다. 김기림은 리처즈가 당시 영국 시단을 압도하고 휩쓴 난해한 모더니즘의 시 운동에 이론적 근거를 제공했다는 점을 놓치지 않았다. 실제로 리처즈는 시 경험의 과학적 분석의 무게와 필요와 가능성을 스스로 깨닫고 그 일을 체계 있게 실천에 옮겼다. 시에 대한 논의가 자칫 철학이나 미학의 관념론에 빠져들기 쉬운 영역임에도 불구하고 리처즈는 대학에서 자신의 시학과 당대 시단을 연결하는 하나의 능동적인 교섭을 실천했던 것이다.

김기림은 일본 동북제국대학 문학부에서 영문학을 전공하면서 20세기 영문학 비평에서 리처즈가 이루어 낸 방법론의 과학적 확립과 심리학적 방법에 눈을 떴다. 그는 동북제대 졸업논문으로 「심리학과 리처즈(Psychology and I. A. Richards)」(1939)를 제출했으며 이 논문을 더욱 발전시켜 해방 직후 『시의 이해』(1950)를 완성했다. 김기림은 리처즈의 예술적 관점과 심리학적 방법을 중심으로 과학으로서의 시학이라는 개념에 도달할 수 있었고, 당대 한국 문학의 성격을 모더니즘이라는 개념 속에서 새롭게 규정할 수 있게 된 것이다.

3 『문학개론(文學槪論)』

김기림이 1946년 12월 문우인서관에서 펴낸 대학 교과용 문학 입문서이며 전체 46판의 128면으로 이루어졌다. 1947년 8월 일부 오탈자를 교정하고 초판과 동일 체제로 재판을 냈다. 1918년에 발표한 이광수의 「문학이란 하(何)오?」에서 문학의 본질과 영역, 문학자의 역할과 문학의 기능, 그리고 '조선 문학'의 개념 등을 개괄적으로 설명한 바 있지만 문학의 제반 특질을 설명한 문학 입문서는 이 책을 최초의 성과로 손꼽을 수 있다.

이 책의 성격을 이해하기 위해서는 먼저 저자의 서문을 참조할 필요가 있다.

장차 문학을 하려는 사람, 또 문학의 능률적인 감상을 소원하는 사람에게 있어서 소중한 일은 무엇이냐. 그 하나는 문학적 사상에 대한 과학적 인식 — 다시 말하면 '문학의 과학'이다. 그러나 그것만으로는 족할 수는 없다. 문학작품을 통한 문학의 실체에 대한 투철한 이해야말로 필요한 것이다. '문학의 과학'만을 요구하는 것은 학문적 흥미에 그치는 것이요, 문학의 이해야말로 창작이나 감상에 있어서 가장 요구되는 것이며 이러한 실제적인 기능적인 면에 있어서 '문학의 과학'은 이해 작용의 보강을 위하여 있는 것이라고 해도 과언이 아니다.

이 책에서 김기림이 강조하고 있는 것은 문학에 관한 과학적 인식이다. 특히 문학의 창작과 감상을 위해 필요한 문학의 올바른 인식과 이해를 목표로 한다는 점을 분명하게 제시하고 있다. 이와 같은 목표에 도달하기 위해 이 책은 크게 네 가지의 영역으로 서술 내용을 구분하고 있다.

첫째는 문학 연구 방법으로서 문학의 심리학과 문학의 사회학에 대한 개괄적인 설명이다. '문학의 과학'을 강조한 김기림은 20세기 초까지 서구 문학의 연구 방법으로서 방법론의 형태를 갖춘 문학 심리학과 문학 사회학을 높이 평가하고 있다.

둘째는 문학의 영역으로서 시, 소설, 희곡, 비평의 양식적 특성을 소개한다. 여기에서 주목되는 것은 미적 형상성을 중시하는 시, 소설, 희곡의 창작적 속성과 방법의 과학성을 중시하는 비평의 논리를 구별하고자 하는 태도이다. 물론 창작의 실제로서 소개하는 작품이 모두 서구 문학에 한정되고 있는 점은 서술적 태도의 문제라고 지적할 수 있다.

셋째는 세계문학의 흐름과 분포 특성을 설명하고 대표적인 작품 목록을 소개한다. 특히 세계문학이라는 개념 속에서 주로 서구 문학을 논의하고 있는 가운데 한국 현대문학의 전개 양상을 언급하고 있는 대목이 주목된다. 이것은 세계문학의 보편적 질서 위에서 한국문학을 설명하고자 하는 저자의 의욕을 말해 주는 것이기도 하다. 이와 같은 논의를 통해 이른바 한국 현대문학의 '정전'을 구축하는 하나의 기준이 만들어지고 있는 셈이다.

조선은 어떤가. 이른바 신문학은 제1차 대전 후 저 일제의 악마적 억압 아래서 자라 온 것이다. 제2차 대전 직전까지의 동안에 그래도 우리는 소설·시의 방면에서 상당한 높이를 가진 봉만(峯巒)을 쌓아 올렸다. 단편소설에서는 김동인·이태준의 작풍을 낳았으며, 최서해·이효석·김유정·이상의 몇 개 단편은 이 봉우리의 정상을 장식하는 상록수들이리라. 염상섭의 중편「만세전(萬歲前)」은 잊을 수 없는 한 산정을 이룬 작품일 것이다.

장편으로는 홍벽초의 대작「임거정전(林巨正傳)」은 그 풍부한 어휘와 능란한 어법의 구사로 일제의 우리말 말살 정책 밑에서도 뒤에 오는 문학인들을 위한 뜻깊은 준비이었다. 여러 가지 불리한 출판 사정으로 해서 좀체로 발전 못 한 장편으로서도 이기영의「고향(故鄕)」은 농민소설의 한 고전이 되었고 박태원의「천변풍경(川邊風景)」은 이 나라 사실주의 소설의 한 아름다운 결정이며 한설야의「탑」, 김남천의「대하(大河)」는 우리의 사회소설의 전도에 한 큰 기대를 갖게 한다.

시에 있어서는 이미 고인이 된 20년대 전기의 시인 이상화는 여러 가지 의미로 그 뒤에 온 시 운동에 가장 큰 영향을 준 분이며 민요시인 김소월,「님의 침묵」의 한용운은 각각 우리 신시 운동 초기의 기복의 정점을 이루고 있다. 20년대 후반기 이후의 프로 시 운동은 임화의「현해탄(玄海灘)」에 집성되었고, 정지용은 우리말의 예술적 파악의 완미에 육박한 최초의 시인이었다. 이리하여 세계의 인사로 하여금 또다시 '원생고려국(願生高麗國)'을 탄원케 할 문학의 금강산이 이 나라에 찬란히 전개될 것도 결코 오랜 일은 아니리라.

넷째로는 이 책의 부록 형식으로 덧붙인 비평의 실제적 방법에 대한 소개이다. 문학의 해석과 이해, 문맥, 장면, 가치의 상대성으로 구분하여 설명하고 있다. 이 책에서 저자인 김기림의 문학적 관점이 가장 잘 드러나고 있는 부분이다. 리처즈가 그의 '실천비평'에서 주장한 바 있는 그대로 문맥적 조건과 작품 내적 상황의 파악을 전제로 하는 분석적 방법을 김기림이 그대로 따르고 있음을 말해 준다.

4 김기림 비평과 모더니즘의 시학

시적 인식의 전환 — 제작(製作)으로서의 시

김기림의 비평은 그의 『시론』과 『시의 이해』를 통해서 확인할 수 있는 것처럼 1930년대 새로운 시적 경향을 이론적으로 규정하고 그 방향을 제시하면서 그 새로움의 의미에 대한 끊임없는 탐색으로 이어지고 있다. 그는 서구 현대시의 경향과 그 미학적 배경에 관심을 기울이면서 한국 현대시의 전개 양상을 모더니즘이라는 넓은 개념의 범주 안에서 설명하고자 했다. 이러한 모더니즘의 인식은 한국 현대시의 새로운 방법과 정신을 주도했던 김기림이 자신을 포함한 시의 새로운 변화와 그 성격에 대한 자기규정을 말해 주고 있다는 점에서 중요한 비평사적 의미를 지닌다고 할 수 있다.

김기림 시론의 출발은 한국 시문학사에서 시의 개념 자체에 대한 인식의 전환을 의미한다. 낭만주의 시대에 풍미했던 전통적인 시의 개념은 '감정의 표현'이라는 주관적 감성의 세계에 근거한다. 시인이 자신의 느낌을 언어로 표현하면 시가 된다는 이 단순한 표현론의 관점은 시의 개념을 정감의 세계와 등치관계로 이해한다는 데에 그 특징이 있다. 하지만 김기림은 감정의 자연스러운 유로(流露)를 시라고 규정했던 기존의 관점을 근본적으로 거부하고 있다. 김기림의 주장을 따르면, 시는 언어로 만들어진 하나의 구성물일 뿐 감정으로 이루어진 것은 아니다. 그러므로 시의 미적 가치는 어떤 심리적 등가물로 대치될 수 없다. 시인의 정감이라든지 시인의 판단이라든지 하는 것은 시의 창작 과정에 기능하는 것이기는 하지만 작품 텍스트의 실질적인 자료는 아니다. 시의 모든 특질은 시의 텍스트를 구성하는 언어의 논리를 따르는 것이다. 시는 시인의 감성의 흐름을 따르는 것이 아니기 때문에 아무리 그럴싸한 정서적 동기라 하더라도 그것이 미적 의미를 갖게 되는 것은 그것이 스며들어 있는 작품 자체의 언어적 문맥 관계를 통해 가능한 일이다.

김기림은 시를 '시인이 자기의 목적으로 향하여 새로운 의미의 세계를 만드는 것'이라고 규정한다. 여기에서 주목되는 것이 바로 '제작(製作)으로서의 시'라는 개념이다. 이 새로운 관점은 물론 김기림 자신의 창안은 아니다. 이미 19세기 말 프랑스의 보들레르 이후 서구의 모더니스트들이 강조해 온 새로운 관점이다. 시를 시인의 자기표현 노력의 결과로 만들어진 새로운 의미 세계의 창조라고 규정하는 것은 시 자체를 자기 완결적이며 비개성적 형식으로 파악한다는 것을 의미한다. 이 새로운 관점은 시 자체 내에서 이루어지는 언어의 구성을 주목하게 한다. 시인은 시적 언어의 본질에 대한 고도의 자의식을 보여 주며 시적 언어야말로 시인이 다루게 되는 유일한 도구임을 분명히 한다.

그런데 이러한 관점은 두 가지 방향에서 예술을 보는 관점의 새로운 전환을 요구한다고 할 수 있다. 하나는 시의 대상이라는 이름으로 지목되는 객관적 외부 현실과의 관계를 단절시킨 점이다. 이것은 예술이라는 것을 현실 세계의 반영 또는 재현이라고 생각했던 자연주의적 태도와의 결별을 의미한다. 사실주의에서 리얼리티에 대한 신념을 강조해 온 것도 비슷한 의미에서 거부한다. 현실을 통합적이고도 동질적으로 묘사하는 일에 강조점을 두었던 기존의 예술적 리얼리티의 성격에 대해서도 새로운 인식을 요구하고 있는 셈이다. 시는 더 이상 자연과 현실을 있는 그대로 묘사하거나 반영하는 것이 아니라 하나의 독자적 실체로서 자연과 현실에 대응하게 된다. 또 다른 하나는 전통적인 낭만주의적 관점에서 강조되어 온 바 있는 감정의 표현으로서의 예술이라는 신념을 거부한 점이다. 시의 세계를 신비화시켜 온 감정의 표현이라는 논점은 특히 감상성에 함몰되어 버린 한국 근대시의 경향에 대한 비판을 강하게 드러내는 것이다. 실제로 김기림은 새로운 시대의 시가 마땅히 가야 하는 길은 현실에 대한 새로운 '이데'를 제시하는 것임을 분명히 하고 있다. 김기림이 강조하고 있는 제작으로서의 시에 대한 논의는 시가 제작되는 방법 자체에 대한 실천적 관심으로 더욱 발전한다. 시인은 시를 제작하기 위해 그 방법에 관심을 두지 않으면 안 된다. 김기림은 시인이 어떤 구체적인 목적을 가지고 하나의 가치 창조를 향하여 시를 제작하는 것이라는 점을 분명히 한다. 이러한 시작의 방법은 소박한 표현주의적 방법과는 전혀 다른 별개의 새로운 방법이며 관점이다. 김기림은 이를 두고 의식적 방법론이라고 규정하는데, 이는 당시 문단에 알려지기 시작한 주지적(主知的) 태도와 일맥상통하는 개념이다. 여기에서 의식적 방법론이란 문화의 전면적 발전 과정을 의식하고 있는 가치 창조자로서 시인의 자세와 방법을 규정하고 있는 말이다. 그러므로 이러한 태도를 기반으로 만들어지는 시는 한 개의 가치 형태로서의 위치를 인정받을 수 있다. 김기림은 결국 시가 언어를 통해 조직된 것이며 한 개의 통일된 세계라는 사실을 강조하면서 시인이 단순한 표현자나 묘사자가 아니라 하나의 창조자가 되어야 함을 주장하고 있는 것이다.

시의 방법과 기술 문제

　김기림은 시를 언어의 구성물로 인정한다. 다시 말하면 시는 언어를 통해 만들어진 것이라는 뜻이다. 시라는 것이 의미의 실제적 구성물 또는 제작물이라는 새로운 규정을 통해 김기림은 결국 시가 독자적인 성격의 예술이라는 인식에 도달한다. 김기림이 강조하고 있는 '제작으로서의 시'의 개념은 시의 가치가 미적 자율성에 근거한다는 인식에 맞닿아 있다. 그는 시가 추구하고 있는 미학의 새로운 가능성을 그 독자적 자율성에서 찾고 있었던 것이다. 여기에서 새롭게 제기되는 문제가 바로 시의 기술(技術)이다. 시가 하나의 언어적 실체로서의 구성물이 되기 위해서는 기술이라는 의미의 제작 방법과 그 과정이 당연히 문제가 된다. 김기림은 시의 기술 문제가 시적 주제와 별개의 문제로 취급되어서는 안 된다는 점을 분명하게 규정하고 있다. 그가 강조하고 있는 시의 기술은 하나의 초점을 가진 시의 구성의 문제에 해당한다. 시는 하나의 언어적 전체 조직이다. 그러므로 이것은 시를 구성하고 있는 언어와 리듬에 국한되는 것이 아니며 시의 외형적 형태에 국한된 문제도 아니다. 그것은 시의 형식과 내용을 관통하는 특별한 구상 작업으로서 양식 자체의 혁명을 요구한다. 결국 시의 기술은 시적 주제와 형식에 대한 새로운 발견이라고 할 수 있다. 김기림이 시의 기술 문제를 본격적으로 논의한 글은 「시에 있어서의 기교주의의 반성과 발전」(《조선일보》, 1935. 2. 10~14)이다. 이 글에서 논의하고 있는 기교주의가 바로 시의 기술 문제의 핵심에 해당한다. 그는 이 글에서 시의 기술 문제를 중시하게 된 기교주의 발생의 배경을 설명하면서 서구 문학에서 '순수시'와 '형태시'가 빠져

들었던 문제성을 비판하고 있다. 그리고 이런 비판적 관점에 근거하여 '근대시'가 나아갈 바를 제시하고 있다. 김기림의 논의는 한국 근대시의 전반적 경향에 대한 개략적인 점검에서부터 시작되고 있다. 그는 먼저 한국의 근대시가 낡은 로맨티시즘에 안주하고 있음을 지적한다. 어떤 사고나 감정의 자연스런 노출을 그대로 시의 극치라고 내세웠고, 시적 영감(靈感)이라는 관념을 내세워 그것을 시의 원천으로 떠받들면서 시인에게 특권을 부여했다는 것이다. 여기에 '내용주의'라는 이름으로 새로운 옷을 바꾸어 입고 등장한 시적 경향도 실상은 자연 존중이라는 소박한 사상에서 출발한 시들임을 지목하고 있다. 이러한 비판적 태도는 1920년대를 풍미했던 낭만주의적 경향의 근대시와 계급 문단에서 강조한 계급의식 추구의 경향시를 동시에 거부하고 있는 것임을 알 수 있다. 그는 이와 같은 시단의 경향에 대한 하나의 중간 결산의 방식으로 기교주의가 출발하고 있음을 밝히고 있다. 그는 기교주의의 등장을 '혼돈 속에서 이루어진 진정한 시적 발견'이라고 평가하면서 기교주의는 한국 시단의 소박한 원시적 상태를 극복하려는 강렬한 문화적 욕구로 발생하였으며 시를 통한 고도의 문화 가치를 실현하고자 한다는 점에 그 문화사적 의의가 있다고 설명하고 있다.

그런데 김기림은 한국 근대시에서 기교주의의 등장이 내부적 자각에 의한 것만이 아니라 외부적 자극으로서의 서구의 시 운동의 영향을 받고 있음을 솔직하게 시인한다. 그가 서양 근대시의 대표적인 흐름의 하나로 지목한 것은 프랑스 상징파에 의하여 주도되었던 순수시 운동이다. 시의 음악성을 중시했던 순수시는 시의 본질을 시간성에 두고 편성된 낡은 형태학의 반복을 극복하지 못했다는 것이 김기림의 판단이다. 그리고 또 다른 새로운 시적 경향은 시의 회화성을 본질로 내세운 이른바 '형태시' 운동이다. 하지만 김기림은 형태시 운동 역시 분명한 시의 미학을 성립하지 못한 채 시의 외형에 대한 변화에 매달려 결국은 인쇄술의 표현에 머물고 말았다고 지적한다. 초현실파에서도 일찍이 시적 주제의 포기를 선언한 채 '순수화된' 시에는 이르지 못했다는 것이 김기림의 관점이다.

김기림이 강조하고 있는 기교주의는 근대시의 발전 방향으로서의 순수화 경향과 맞닿아 있다. 그는 기교주의를 '시의 가치를 기술을 중심으로 하고 체계화하려고 하는 사상에 근저를 둔 시론'이라고 명제화한다. 그리고 기교주의가 낡은 '예술을 위한 예술'론이라든가 '심미주의' 혹은 '예술지상주의'와는 엄연히 구별된다는 점을 강조한다. 그의 관점에 따르면 예술지상주의는 윤리학의 문제에 속하지만, 기교주의는 순전히 미학의 문제이기 때문이다. 김기림의 주장에 따르면 한국의 근대시는 1930년대 전반기에 이 같은 기교주의 경향을 보여 준다. 물론 근대시에서 기교주의 혹은 시의 순수화의 경향이란 어떤 구체적인 운동의 형태를 갖춘 일도 없고 그렇게 뚜렷하게 일반의 의식에 떠오르지 못한 것이 사실이다. 하지만 몇몇 개별적인 시인들의 창작을 통해 하나의 경향으로 추상할 수가 있었다는 것이 그의 판단이다. 물론 그는 기교주의의 편향화를 경계한다. 시의 외형이라든지 그 음악적 특성과 같은 기술의 일부에 지나지 않는 것을 추상하여 고조해서는 안 된다. 기술의 일면만을 부조(浮彫)하는 것은 확실히 명징성을 획득하는 일이지만 그것은 어디까지든지 시의 기술의 일면에 지나지 않는 것이기 때문이다. 김기림은 새롭게 등장하고 있는 초현실주의의 파괴적 요소를 지적하면서 순수시가 음악 속에, 형태시는 회화 속에 각각 시를 상실해 버리지 않을까 우려하기도 한다. 여기에서 김기림은 낡은 로맨티시즘의 감상주의와 경향시의 내용주의를 동시에 비판하면서도 기교주의가 빠져든 편향성을 경계하기도 한다. 그는 역사적 의의를 잃어버린 편향화된 기교주의는 한 전체로서의 시에 종합되어야 한다는 점을 분명히 강조한다. 조화롭고 충실한 새 시적 질서에의 지향이 요청되기 때문이다. 여기에서 그가 제안하고 있는 것이 '전체로서의 시'라는 개념이다. '전체로서의 시'는 기술의 각 부면을 그 속에 종합하고 통일해 가지는 더 높은 가치의 체계로서의 시를 말한다. 이는 달리 말한다면, 언어와 기법, 시적 정서와 인식이 모두 한데 종합 통일을 이루어 더 높은 가치를 구현할 수 있는 체계로서의 시를 의미한다.

김기림의 기교주의에 대한 논의가 '전체로서의 시'라는 개념으로 귀결되자 이에 대한 비판이 문단 일각에서 제기되면서 이른바 '기교주의 논쟁'이 평단의 새로운 관심사가 되었다. 이 논쟁은 김기림의 기교주의에 대한 논의를 경향시의 입장에서 비판한 임화의 「담천(曇天) 하의 시단 1년」(《신동아》, 1935. 12)이 그 출발점을 이루고 있다. 그런데 시인 박용철이 이 논쟁에 참여하고 한설야 등이 가세하면서 문단적 분파의 논쟁처럼 확대되었다. 김기림에 의해 내용주의 편향으로 지목되었던 경향시에 대해서는 계급 문단의 중심인물인 임화가 그 사회 역사적 의의를 대변했고, '시문학파'의 박용철은 순수시의 가치를 긍정하면서 이 논쟁에 가담했던 것이다.

김기림이 제기한 시의 기교 문제는 시론의 핵심적 요소의 하나이다. 왜냐하면 기교는 시인이 자기 경험을 다루는 가장 본질적인 요건이기 때문이다. 시인은 기교를 통해서만 자신의 소재를 새롭게 발견하고 그것을 발전시키면서 그 의미를 전달하고 그것을 평가할 수 있는 것이다. 그러므로 기교는 부수적인 것이 아니며 소재의 표면에 가하는 장식 정도로 여길 수 있는 것도 아니다. 제작으로서의 예술이라는 개념에 기초할 경우 기교는 시적 본질의 문제에 해당한다. 그 이유는 기교를 통해서만이 경험으로서의 대상을 예술적으로 객관화할 수 있기 때문이다. 그러므로 시인이 소재 내용이나 경험 세계를 중시하고 기교의 문제는 부수적인 것으로 돌린다는 것은 내용주의적 편향성을 말해 주는 것에 불과하다.

여기에서 김기림이 새롭게 내세운 것이 이른바 '전체로서의 시'라는 개념이다. 이 새로운 개념은 기교주의라는 말이 표면적으로 드러내고 있는 언어 표현 기법과 같은 좁은 의미를 벗어나기 위해 채택한 것으로 보인다. 임화는 김기림의 '전체로서의 시'라는 개념이 자신들이 주장해 온 현실 내용의 중요성을 인식한 것으로 자의적 해석을 가하기도 했지만, 김기림이 강조한 것은 기교를 버리고 내용을 가져와야 한다는 뜻은 아니다. 그는 이미 계급문학의 강한 이념적 성향이 비판되고 있는 것과 마찬가지로 1930년대 초반 문단에 등장한 순수시라든지 형태시와 같은 기교주의의 편향성도 문제임을 지적하고 있었다. 김기림은 조화 있고 충실한 새로운 질서에의 지향을 현대시의 방향으로 내세우면서 계급문학의 내용과 기교주의의 기술이 전체로서의 시에 종합되어야 한다고 주장한다. 하지만 그 구체적인 실천적 방법을 제시하지 못한 채 기교주의 논쟁을 마감한다. 그러므로 김기림의 '전체로서의 시'라는 개념은 김기림의 시론을 연구해 온 논자들의 관점에 따라 서로 다른 의미로 해석되기도 한다. 물론 김기림은 일본 동북제국대학에서 깊숙이 빠져든 I. A. 리처즈의 이론을 만나면서 자신이 내세운 '전체로서의 시'라는 개념을 더욱 확대 발전시켰고, 과학으로서의 시학이라는 비평적 방법을 자기 시론의 중심 개념으로 정착시켜 나갈 수 있게 된다.

'오전의 시론'과 과학으로서의 시학

김기림은 '오전의 시론'이라는 제목으로 세 차례에 걸쳐 자신의 시적 태도와 방법을 집중적으로 소개했다. '오전의 시론 제1편 기초론'은 1935년 4월 20일부터 5월 2일까지《조선일보》에 총 9회에 걸쳐 연재했으며, '오전의 시론-기초편 속론'을 조선일보 1935년 6월 4일부터 14일까지 발표했다. 그리고 '오전의 시론 기술편'을 조선일보 1935년 9월 17일부터 10월 4일까지 연재했다. 김기림이 사용하고 있는 '오전의 시론'이라는 말은 그의 첫 시집『태양의 풍속』의 서언에서 비롯된 것이다. 그는 자신의 시를 두고 "무절제한 감상의 배설"로부터 결별하는 작업으로 규정한다. 그는 과거로의 귀의도 거부하고 기성적인 것과의 타협도 반대한다.

내가 권하고 싶은 것은 의연히 상봉이나 귀의나 원만이나 사사나 타협의 미덕이 아니다. 차라리 결별을 — 저 동양적 적멸로부터 무절제한 감상의 배설로부터 너는 즉각으로 떠나지 않아서는 아니 된다.
탄식. 그것은 신사와 숙녀들의 오후의 예의가 아니고 무엇이냐? 비밀. 어쩌면 그렇게도 분 바른 할머니인 19세기적 비너스냐? 너는 그것들에게서 지금도 곰팡이의 냄새를 맡지 못하느냐?
그 비만하고 노둔한 오후의 예의 대신에 놀라운 오전의 생리에 대하여 경탄한 일은 없느냐? 그 건장한 아침의 체격을 부러워해 본 일은 없느냐?

까닭 모르는 울음소리, 과거에의 구원할 수 없는 애착과 정돈(停頓), 그것들 음침한 밤의 미혹과 현훈(眩暈)에 너는 아직도 피로하지 않았느냐?
그러면 너는 나와 함께 어족과 같이 신선하고 깃발과 같이 활발하고 표범과 같이 대담하고 바다와 같이 명랑하고 선인장과 같이 건강한 태양의 풍속을 배우자.(『태양의 풍속』 서문)

위의 인용에서 확인할 수 있는 것처럼 김기림은 음침한 밤의 미혹과 까닭 모르는 울음소리를 거부한다. 그리고 감상에서 나오는 탄식을 신사와 숙녀의 "오후의 예의"에 비유하고 있다. 그는 "비만하고 노둔한 오후의 예의 대신"에 건장한 아침의 체격을 드러내는 "오전의 생리"를 강조한다. 여기에서 그가 말하고 있는 "오전의 생리"는 신선하고 활발하고 대담하고 명랑하고 건강하게 살아 있는 감각에 해당한다. 이 같은 새로운 감각에 기초한 새로운 시를 지향하는 것이 그의 '오전의 시론'인 셈이다. 김기림은 '오전의 시론'을 연재하기 시작하면서 이 새로운 시도가 결코 자신의 시에 대한 사색의 총결산은 아니라고 했다. 하지만 그는 지루한 사색의 길에 푯말을 하나 세움으로써 자신의 사고를 정리하고자 한다고 분명하게 밝힌 바 있다. 이러한 결심은 그가 일본 유학을 떠나면서 당분간 당대 문단과 거리를 둘 수밖에 없게 된 과정과 연관된다고 하겠다.

김기림이 '오전의 시론 기초편'에서 주장하고 있는 내용은 크게 세 가지로 요약할 수 있다. 첫째는 현대시가 현대적인 삶의 표현 욕구만이 아니라 그것을 뛰어넘을 수 있는 힘이 필요하다는 점을 강조한다. 그가 말하고 있는 시의 시대성이라는 것은 말하자면 모더니티의 속성을 지적한 것처럼 보인다. 모더니티의 추구와 함께 그 한계를 초극하고자 하는 힘이 필요하다는 것을 강조하고 있는 것이다. 둘째는 현대시의 인간 상실을 시의 위기라고 지적하는 점이다. 예술뿐 아니라 근대 문명의 모든 영역에서 인간이 쫓겨나고 있는 사실은 누구나 쉽사리 지적할 수 있는 일이다. 인간의 결핍, 그것은 근대 문명 그 자체의 병폐다. 김기림은 문학이 인간 중심적 사고에서 멀어지면서 장식적인 것으로 바뀌는 현상을 거부하고 있다. 셋째는 현대시는 비인간화한 수척한 지성의 문명을 넘어서 지성과 인간성이 종합된 한 새로운 세계를 지향해야 한다는 점을 강조한다.

'오전의 시론 기술편'에서 김기림은 자신이 그동안 강조해 온 전체로서의 시의 개념을 기법과 언어와 형식의 영역으로 구분해 단계적으로 설명하고 있다. 그는 시를 논하고자 할 때 드러나는 태도를 사상을 위주로 하는 내용주의와 기술 또는 기법을 위주로 하는 형식주의로 구분하고 내용과 형식, 사상과 기술의 혼연한 통일체로서 시를 이해하려는 전체주의를 덧붙인다. 김기림의 주장에 따르면 영감의 원천으로 감정에서 시의 원천을 찾으려 했던 19세기 낭만주의라든지 사상의 흥분 속에서 시의 의미를 강조했던 20세기 네오로맨티시즘은 모두가 기술을 무시하거나 경시하고 있다는 점에서 내용주의에 속한다. 이에 반해 기술주의는 정서와 사상과 감흥과 영감의 만능에 대한 반역으로 등장한다. 이 새로운 경향은 시적 순수를 열망하는 시적 정열의 소산으로서 순수한 시의 본질을 기술 속에서 발견하고자 한다. 하지만 기술주의도 내용주의가 그러했던 것처럼 기술의 편중이라는 경사를 성급하게 달리게 됨으로써 시의 근원인 인간 정신의 전체적 파악에까지 발전하지 못하고 있다. 그렇지만 김기림은 기술적 혁명이 없는 예술 혁명은 생각할 수가 없음을 강조하면서 기술의 문제가 모든 문화의 근원적인 문제가 됨을 지적하기도 한다. 그는 내용주의와 형식주의 또는 기술주의의 한계를 넘어서는 방법으로서 전체주의의 개념을 다음과 같이 설명하고 있다.

개개의 시 또는 시 일반을 논할 때에 그 내용을 이루는 관념을 나는 상(想)이라고 불러서 사상과 구별하련다. 그런데 이 동기로서 생겨난 상을 한 개의 시적 통일의 세계로 조직하는 방법이 기술이겠다. 이것은 시작의 심리적 과정의 편의상 하는 분석에 지나지 않고 부여된 작품은 벌써 상과 기술의 별개의 것으로 병존하는 것이 아니라 불가분의 관계에서 서로 융합하는 것이다. 우리들의 감상과 이해와 평가의 대상으로서 제공되는 것은 실로 이러한 시 전체다. (중략)
  시에 있어서도 마찬가지다. 추상 기술의 운동은 해골의 무질서한 동요에 그칠 것이다. 거기는 기술이 유발되어 조직하는 통일된 한 개의 목적이 있어야 할 것이다. 기술이란 이러한 목적의 실현을 위한 방법의 조직이라고 생각한다. 기술주의는 1930년 전후로부터 우리 시에 약간의 기술상의 가능성을 개척 또는 암시한 것은 사실이면서도 항용 이 목적을 잊어버리기 쉬웠던 것이다. 물론 그 기술의 실험 자체를 통일하는 원리는 있었지만 — 추상화에 있어서처럼 — 그것은 장식적 평가에 지나지 않았고 인간 정신 속에 뿌리를 박은 예술적 발화 그것은 아닌 경우가 많았다.
  나는 이미 기초론에서 시의 원천으로서의 인간 정신의 문제를 제시하였거니와 그러한 기초 위에서 상과 기술의 완전한 조화의 세계로서의 새로운 시적 가치를 계획하려는 것이다. 오늘의 우리를 매혹하는 것은 실로 이러한 종합의 세계다. (「사유와 기술」, 오전의 시론: 기술편)

김기림은 기술이란 이러한 목적의 실현을 위한 방법의 조직이라고 규정한다. 그리고 시의 원천으로서의 인간 정신의 문제를 내세운다. 이 두 가지의 조화로운 결합, 말하자면 시의 내용을 이루는 상(想)과 기술의 완전한 조화를 통해 이룩하게 되는 종합의 세계가 바로 새로운 시의 가치가 된다. 전체주의의 관점이라는 것도 바로 이 같은 종합의 세계로서의 예술을 바라보는 태도라고 할 수 있다.

김기림이 '오전의 시론 기술편'에서 강조하고 있는 시의 요소는 시적 언어의 문제이다. 그는 시의 언어가 당연히 살아 있는 당대의 언어일 것을 강조한다. 여기에서 당대의 언어라는 뜻은 당대의 일상생활 속에서 사용하는 일상회화의 언어를 말한다. 일상어의 정확한 사용을 강조하는 이러한 태도는 물론 김기림 자신이 그 안티휴머니즘을 극력 비판했던 T. E. 흄의 주장과 일치한다. 이미지즘의 선구자였던 흄은 일찍부터 시에 있어서 일상어의 정확한 사용이라든지 시적 제재의 자유로운 선택, 산문적인 새로운 리듬의 창조 등을 주창했던 것이다. 물론 김기림은 언어의 의미를 소리와 모양과 함께 파악하여 가장 정확하게 운용하여 명석하고 분명하게 사용할 것을 강조한다. 전체로서의 시의 질서를 강조해 온 김기림에게는 시적 효과라는 것이 아름다운 감성에 담긴 아름다운 관념의 질서가 드러나는 것임은 물론이다.

김기림은 '오전의 시론'을 통해 자신의 비평적 태도를 정리한 후 일본 동북제국대학의 유학 생활을 시작했다. 비평의 방법에 관한 자기 탐색의 과정에 접어들면서 그가 고심했던 문제는 비평이란 것이 과학이 되어야 한다는 새로운 인식이다. 그는 비평에서 그 대상이 되는 작품을 분석하고 비교 판단하고 평가 해석하는 모든 과정이 엄밀한 과학적 방법을 전제해야 함을 다음과 같이 지적한 바 있다. 그가 지적하고 있는 문제는 방법과 논리를 생각하지 않고 의견만 제시하는 비평의 문제점이다. 그는 이를 두고 과학이기를 도피하고 성급하게 철학이고 싶어 하는 돈키호테식 비평이라고 비판한다. 그는 우리 시단이 혼미해진 근본적 이유를 시에 대한 과학적 접근 방법의 부족에서 찾고 있다. 시에 대한 형이상학적 접근이 시에 대한 올바른 지식을 심어 주지 못하고 오히려 시와는 무관한 예복을 시에 입혀 준 결과를 초래했음을 지적하고 있는 것이다. 시의 이해와 감상을 위한 비평의 과학적 태도와 방법을 강조하고 있는 그는 시 자체를 과학적 대상으로 보아야 한다는 점을 주장한다. 그리고 시에 객관적으로 접근하기 위한 방법으로서 시학의 과학화를 내세우고 있다. 이러한 김기림의 주장은 결국 과학적 방법과 객관적 논리를 앞세운 과학적인 비평, 또는 과학으로서의 시학이라는 개념과 통하게 된다.

김기림은 시의 비평에서 과학적 방법이 중시되어야 함을 강조한다. 김기림이 강조하고 있는 시에 대한 과학적 접근 또는 과학으로서의 시학은 그가 동북제대에서 본격적으로 공부하게 된 리처즈의 새로운 비평 방법과 일맥상통한다. 그는 리처즈를 이해하면서 과학으로서의 시학에 대한 신념을 굳히게 된다. 그는 새로운 시학이 시에 대하여 '무엇' 또는 '왜'와 같은 방식의 물음을 던져서는 안 된다는 점을 강조한다. 시에 대하여 '어떻게'라는 질문에서 시작하여 거기서 끝나야 한다는 것이다. 시에 대한 어떤 환상이나 이상을 심어 주는 것이 아니고 시 자체에만 집중할 것을 요구한다. 그것은 시에 대한 아름다운 꿈을 보여 주는 것이 아니라 시의 사실만을 가리켜야 한다. 이와 같은 관점에서 볼 때 새로운 시학은 '형이상학'을 벗어난 것이어야 한다. 시에 대하여 초월적인 이상을 언급하거나 불필요한 환상을 심어 주는 것은 시학의 나아갈 길이 아니다. 이를 위해서는 시학 자체가 방법과 관점의 객관성을 유지할 필요가 생긴다. 말하자면 과학적이어야 한다는 말이다. 과학으로서의 시학은 방법의 객관성이 중요하지만 주변 학문의 도움을 통해 접근 방법의 새로운 논리와 객관성을 확립하는 것도 중요하다. 여기에서 주목되는 것이 리처즈가 시학의 과학화를 위해 강조했던 심리학의 방법이다.

　김기림은 새로운 과학적 시학은 심리적 사실 및 사회적 사실로서의 시에 양면으로부터 그 인식의 출발이 이루어져야 한다고 주장한다. 하지만 이와 같은 새로운 시학이 금방 등장할 것은 아니며, 상당한 시간적 경과 뒤에 체계를 갖춘 완성에 가까운 과학으로서의 면모를 가질 날이 올 것이라고 기대하고 있다. 그는 시학의 완성이라는 것보다는 그 체계의 확충 갱신이 지속적으로 이루어질 것을 예견한다. 김기림이 강조하고 있는 새로운 과학으로서의 시학은 시의 감상에 있어서 기초 교양으로 작용하게 된다. 그리고 그것은 시의 비평에 있어서 한 가지로 기초적인 준비를 제공한다. 비평이 구체적인 작품을 취급할 때에 일반적 시학의 준비 없이는 도저히 할 수 없는 일이다. 여기에 덧붙여 시의 역사적 변화와 그 흐름을 이해하는 데에도 역시 기본적인 요건으로 작용하게 될 것이다. 시의 심리적 사회적 사실로서의 일반적 성질에 대한 분명한 인식 없이는 개개의 구체적 작품의 심리적 효과와 그 사회적 역사적 성질을 해명할 수는 없을 것이다. 특히 새로운 시학이 주목되는 것은 문화라는 것이 심리적 충동으로서 어떻게 의욕되고 또 향수되며 사회적 역사적으로는 어떤 기능을 하는가 하는 점을 밝혀낼 수 있기 때문이다. 새로운 시학은 우리의 문화생활에 대한 자각을 이 일을 통해서 더욱 높일 수 있을 것이다.

모더니즘의 새로운 인식

김기림이 활동한 1930년대는 한국문학의 전환기에 해당한다. 이 시기에는 일본 군국주의의 확대와 함께 만주사변에서부터 태평양전쟁에 이르기까지 전란의 상황이 이어졌다. 일본은 전쟁을 위해 경제적 수탈과 강제적인 인적 동원을 획책함으로써, 한국 사회 전반에 걸친 암울한 분위기를 벗어나기 어려웠다. 특히 일본의 강압적인 사상 탄압으로, 문화와 예술의 영역에서조차 민족이니 계급이니 하는 집단적인 주체와 그 이념에 대한 논의가 일체 용납되지 않았다. 이러한 시대적 조건 속에서 문학은 집단적인 조직 활동의 기반을 벗어나기 시작했다. 시단의 경우 개별적 창작 활동과 소그룹 중심의 동인 활동이 확대되었으며, 시적 인식의 전환과 함께 언어와 기법의 새로운 발견, 서정 자아의 내면에 대한 시적 탐구 등이 이루어졌다. 특히 1930년대 초반을 지나면서 시적 기법의 실험과 주지적 태도, 주관적 정서의 절제, 도시적 감각과 시적 심상의 구성 등으로 그 특징이 요약되는 새로운 시의 경향이 등장하기 시작한다. 이러한 경향과 함께 당시 문단에서는 최재서, 김기림 등에 의해 영미문학의 흄, 리처즈 등을 중심으로 하는 주지주의와 이미지즘에 대한 소개가 이루어지고 있다.

김기림은 이와 같은 당대 문학의 경향을 전반적으로 반성하면서 한국 현대문학의 후진성의 분명한 인식과 함께 그 다양한 경향의 혼류를 명확하게 규정할 수 있는 하나의 논리적 근거를 찾고

자 한다. 김기림은 한국문학이 추구해 온 '근대'라는 새로운 가치가 이미 상당 부분 그 가치를 상실했음을 지적한다. 개인주의, 자유주의, 민주주의 등의 지도 이념이 여기저기서 도전받고 있다는 것이다. 하지만 그는 그 가운데에서 새 시대에 여전히 유효한 정신적 가치를 근대를 이끌어 온 과학 정신과 근대적 상업주의의 모험적 도전은 이성과 지성의 힘에 의해 새로운 창조적 정신으로 변용될 수 있음을 말하고 있다. 결국 그는 근대 정신에서 과학 정신과 합리성을 여전히 주목했고, 거기에서 새로운 가능성을 찾고자 했다. 실제로 김기림은 1930년대에 들어서면서 시 창작과 비평적 논의에 참여해 오면서 현대시에 대한 실천적 방법에 대한 모색에 관심을 집중한 바 있다. 그는 현대시가 빠져들었던 낭만주의적 경향의 감상성을 거부하면서 시 정신의 건강성의 회복을 주장했으며, 그 냉철한 객관적 태도 자체를 두고 '주지주의'라는 용어를 사용하기도 했다. 그리고 그는 시에 대한 비평적 논의 자체를 놓고 그 방법과 태도의 과학성을 문제 삼기도 하면서 과학으로서의 시학을 내세웠다.

그런데 김기림은 막연하게 '새로운' 시적 경향이라는 말로 지칭해 온 현대시의 변화와 그 흐름을 '모더니즘'이라는 하나의 용어로 고정시켜 논의하기 시작했다. 이것은 그 스스로 자신이 서 있던 당대 문학의 현장 또는 '오늘'의 성격을 그가 '모더니즘'이라는 개념으로 정리하고 있음을 말해 준다. 실제로 1930년대 평단에서 김기림의 경우 모더니즘의 성격과 방향을 가장 본격적으로 논의하게 되었음을 알 수 있다. 김기림은 모더니즘 운동이 문학사적으로 두 가지의 문학적 조류에 대한 부정과 반발이라는 점을 강조하고 있다. 하나는 낭만주의의 감상성에 대한 것이며, 다른 하나는 계급문학 운동의 정치적 이념적 지향에 대한 것이다. 이 같은 지적은 물론 한국문학에서 문제가 되는 문학적 조류를 근거하여 설명하고 있는 것이므로 모더니즘의 일반적인 특성을 폭넓게 제시하고 있는 것은 아니다. 그러나 그가 시적 모더니티의 문제에 대해 언급하면서 지적한 시가 언어의 예술이라는 자각, 과학과 문명에 대한 일정한 감수를 기초로 한 다음 일정한 가치를 의식하고 씌어지는 지적인 시를 강조하고 있는 점은 넓은 의미에서 예술에서의 모더니즘의 본질에 다가서 있음을 볼 수 있다. 김기림이 주목한 것은 모더니즘 시의 시적 모더니티의 문제이다. 김기림은 이것을 현대 문명 속에서 자라난 '문명의 아들'이라고 비유적으로 표현했다. 자연을 음풍농월식으로 읊조리던 재래의 시에서 벗어나 모더니즘의 시는 도회적인 감각과 정서와 사고에 근거하여 이루어지고 있다는 것이다. 둘째는 모더니즘 시의 방법에 대한 문제이다. 모더니즘 시는 언어의 음성적인 자질과 언어 자체의 감각적인 심상 등의 상호작용에 의해 공간적으로 구성된다. 이것을 김기림은 '일종의 건축학적 설계' 아래서 시가 이루어진다고 말한다. 고저장단의 운율에 따라 시를 쓰던 재래의 시작법에서 벗어나 모더니즘 시는 이른바 공간적 형식을 지향하는 것이다. 이 같은 기법에 의해 모더니즘 시는 일상의 언어 속에서 그 내재적 리듬을 발견하고 '기차와 비행기와 공장의 조음과 군중의 규환'을 반영하게 된다.

김기림의 모더니즘론에서 드러나는 현대문명의 긍정은 결과적으로 일제 식민지 지배 상황에서 드러나는 종속적인 자본주의 문명에 대한 비판적 인식의 결여로 이어지게 됨은 물론이다. 김기림 자신은 이 같은 문제성을 극복하게 위해 현실 속에서의 지식인의 대중적인 역할을 강조하기도 하고 풍자와 조소를 기조로 하는 문명 비판의 주제를 시 속으로 끌어들이는 실천적 작업에도 관심을 기울인다. 그러므로 김기림의 모더니즘론은 근본적으로 모더니티의 시적 구현이라는 실질적인 문제에 근거하고 있음을 알 수 있다. 그는 제작(製作)으로서의 시를 강조하면서 시가 사물을 재구성하고 독자적인 객관성을 구비하는 그러한 가치의 세계를 드러내야 할 것을 주문한다. 그렇기 때문에 그는 시의 비평에 있어서도 순수비평이라는 이름으로 내세워진 인상주의적 접근법을 벗어나서 방법론의 과학적 근거를 확립하고자 노력했으며, 비평이 철학이기 전에 과학이어야 한다는 신념을 분명히 했던 것이다.

 김기림의 비평 활동은 1930년대 새로운 시적 경향을 이론적으로 규정하고 그 방향을 제시하면서 그 새로움의 의미에 대한 끊임없는 탐색으로 이어졌다. 그는 서구 현대시의 경향과 그 미학적 배경에 관심을 기울이면서 제작으로서의 시의 개념을 제시했고 과학으로서의 시학이라는 명제를 통해 객관적이고도 과학적인 비평적 방법을 내세웠다. 특히 그가 한국 현대시의 전개 양상을 모더니즘이라는 넓은 개념의 범주 안에서 설명하고자 한 것은 한국 현대시의 새로운 방법과 정신에 대한 자기규정을 말해 주고 있다는 점에서 중요한 비평사적 의미를 지닌다고 할 수 있다.

엮은이
권영민

충남 보령에서 태어났다. 서울대학교 국문과를 졸업하고 동 대학원에서 박사 학위를 받았다. 서울대학교 국문학과 교수로 재직했고, 하버드대학교 한국문학 초빙교수, 캘리포니아 버클리대학교 한국문학 초빙교수, 일본 도쿄대학교 한국문학 초빙교수 등을 역임했다. 현재 대한민국예술원 종신회원이며 서울대학교 명예교수, 중국 산동대학교 외국인 석좌교수로 활동 중이다. 주요 저서로 『한국 현대문학사』, 『한국 현대문학비평사』, 『서사 양식과 담론의 근대성』, 『한국 계급문학 운동 연구』, 『이상 연구』, 『한국 현대문학의 이해』, 『이상 문학의 비밀 13』, 『오감도의 탄생』, 『정지용 시 126편 다시 읽기』, 『문학사와 문학비평』 등이 있다. 현대문학상, 김환태평론문학상, 만해대상 학술상, 세종문화상, 경암학술상 등을 수상했다.

김기림 전집 2
평론

1판 1쇄 찍음   2025년 7월 23일
1판 1쇄 펴냄   2025년 8월 20일

엮은이   권영민
발행인   박근섭, 박상준
펴낸곳   (주)민음사

출판등록   1966. 5. 19. 제16-490호
주소   서울시 강남구 도산대로1길 62 (신사동)
            강남출판문화센터 5층 (우편번호 06027)
대표전화   515-2000 | 팩시밀리 515-2007
홈페이지   www.minumsa.com

ⓒ 권영민, 2025. Printed in Seoul, Korea

ISBN 978-89-374-0493-1 (04810)
ISBN 978-89-374-0491-7 (세트)

* 잘못 만들어진 책은 바꾸어 드립니다.